Sabine Pemsel-Maier
Rechtfertigung durch Kirche?

Studien zur systematischen und spirituellen Theologie

5

Herausgegeben von
Gisbert Greshake, Medard Kehl
und Werner Löser

Sabine Pemsel-Maier

Rechtfertigung durch Kirche?

Das Verhältnis von Kirche und Rechtfertigung in Entwürfen der neueren katholischen und evangelischen Theologie

echter

Die Deutsche Bibliothek – CIP-Einheitsaufnahme

Pemsel-Maier, Sabine:
Rechtfertigung durch Kirche? : Das Verhältnis von Kirche und Rechtfertigung in Entwürfen der neueren katholischen und evangelischen Theologie / Sabine Pemsel-Maier. – Würzburg : Echter, 1991
(Studien zur systematischen und spirituellen Theologie ; Bd. 5)
Zugl.: Freiburg (Breisgau), Univ., Diss., 1990
ISBN 3-429-01399-2
NE: GT

Umschlag: Ernst Loew
Druck und Bindung: Echter Würzburg
Fränkische Gesellschaftsdruckerei und Verlag GmbH
ISBN 3-429-01399-2

»Du bist nicht Öl noch Luft - nur der Verbrennungspunkt, der Brennpunkt, wo das Licht geboren wird. Du bist nur die Linse im Lichtstrom. Nur so kannst du das Licht entgegennehmen und geben und besitzen. Suchst du dich selbst 'in deinem eigenen Recht', so verhinderst du die Vereinigung von Luft und Öl in der Flamme, raubst der Linse ihre Durchsichtigkeit.«

Dag Hammarskjöld: Zeichen am Weg, Zürich-München 1968, 55.

»Du bist nicht Öl noch Luft - nur der Verbrennungspunkt, der Brennpunkt, wo das Licht geboren wird. Du bist nur die Linse im Lichtstrom. Nur so kannst du das Licht entgegennehmen und geben und besitzen. Suchst du dich selbst 'in deinem eigenen Recht', so verhinderst du die Vereinigung von Luft und Öl in der Flamme, raubst der Linse ihre Durchsichtigkeit.«

Dag Hammarskjöld: Zeichen am Weg, Zürich-München 1968, 55.

Vorwort

Die vorliegende Arbeit wurde im Sommersemester 1990 von der Theologischen Fakultät der Albert-Ludwigs-Universität Freiburg i.Br. als Inauguraldissertation angenommen und für den Druck leicht überarbeitet.
Denjenigen, die zu ihrer Entstehung mit beigetragen haben, möchte ich an dieser Stelle meinen herzlichen Dank aussprechen. Dieser Dank gilt in erster Linie Prof. Dr. Gisbert Greshake, der im Studium mein Interesse für die ökumenische Theologie geweckt, mich zu dieser Untersuchung ermutigt und sie mit großer Aufmerksamkeit begleitet hat. Mein Dank gilt auch Prof. Dr. Werner Löser für die Mühe des Korreferates sowie den Herausgebern der "Studien zur systematischen und spirituellen Theologie" für die Aufnahme in ihre Reihe.
Herzlich danken möchte ich den Kollegen am Arbeitsbereich für Dogmatik und Ökumene sowie den Mitgliedern unseres Doktorandenkolloquiums für ihre Anregungen und ihre Bereitschaft zu Gespräch und Diskussion. Beim Korrekturlesen waren mir Dr. Jürgen Lutz, bei der technischen Fertigstellung des Manuskriptes Ana M. Claret und Bernd J. Claret eine große Hilfe.
Besonderer Dank gebührt schließlich verschiedenen Institutionen für ihre großzügige finanzielle Unterstützung: dem Cusanuswerk, dessen Stipendiatin ich während Studium und Promotion sein durfte; den Diözesen Freiburg und Würzburg, insbesondere aber der Geschwister Boehringer Ingelheim Stiftung für Geisteswissenschaften für ihren jeweiligen Druckkostenzuschuß. Durch die Dr.-Kurt-Hellmich-Stiftung der Theologischen Fakultät der Universität Regensburg wurde der Dissertation ein Ökumene-Preis zugesprochen.

Freiburg, Ostern 1991 *Sabine Pemsel-Maier*

Inhaltsverzeichnis

DRITTER TEIL

Die protestantische Position

VIERTER TEIL

Ökumenische Perspektiven

Einleitung

»Heute besteht im allgemeinen ein theologischer Konsens darüber, daß die Rechtfertigungslehre als solche aufgrund der inzwischen erfolgten theologischen Klarstellungen und Annäherungen keine kirchentrennende Funktion mehr hat. Die entscheidende Frage ist freilich nach wie vor, ob dies auch für die Konsequenzen, besonders die ekklesiologischen Konsequenzen aus der Rechtfertigungslehre gilt. Das Problem, welches zwischen uns steht, ist heute also nicht mehr so sehr die Rechtfertigungslehre als einzelne Lehre bzw. als Gefüge von einzelnen Lehren, sondern das Rechtfertigungsgeschehen als hermeneutisches Prinzip und als kritischer Maßstab des ganzen christlichen Glaubens.«[1] Mit diesen Worten umreißt W.Kasper eine der zentralen Fragen des gegenwärtigen ökumenischen Dialoges. Ähnlich beurteilt O.H. Pesch die Problematik: »Der materiale Konsens in der Rechtfertigungslehre bzw. die Option auf ihn wird erkauft um den Preis, die damit verbundene kriteriologische Frage, den von anderen Gesprächspartnern nach wie vor für nicht überwunden gehaltenen kriteriologischen Dissens, nicht ernst zu nehmen. Schon gar nicht wird eine direkte Verbindungslinie von der Rechtfertigungslehre zur Ekklesiologie wahrgenommen. Man ist unter Umständen gern bereit, von Luthers unmittelbar ekklesiologischen Fragen und Auffassungen zu lernen, ohne sich aber zu vergegenwärtigen, wie diese mit seinem Verständnis von der Rechtfertigung des Sünders meist unmittelbar zusammenhängen.«[2]

In der Tat steckt in der Frage nach dem Zusammenhang von Kirche und Rechtfertigung ein ungeheures ökumenisches Konfliktpotential. Eine Untersuchung über den Zusammenhang von Kirche und Rechtfertigung hat sich zuvor jedoch einer anderen Frage zu stellen: Was hat die Rechtfertigung mit der Kirche zu tun? Haben beide überhaupt etwas

---

1 W.Kasper: Grundkonsens und Kirchengemeinschaft, in: ThQ 167 (1987) 161-181, 170.

2 O.H.Pesch: Rechtfertigung und Kirche, in: ÖR 37 (1988) 22-46, 24.

miteinander zu tun? Der Zusammenhang liegt nicht unbedingt von vornherein offen vor Augen angesichts der Tatsache, daß die Rechtfertigungsbotschaft die Beziehung zwischen dem sündigen Menschen und dem rechtfertigenden Gott, nicht aber die Kirche zum Inhalt hat. Und dennoch können Kirchen- und Rechfertigungsfrage nicht unabhängig voneinander verhandelt werden. In zweifacher Hinsicht sind sie miteinander verbunden.

Die Rechtfertigungsbotschaft verkündet, daß Gott den Sünder aus Gnade allein und aus Glauben allein gerecht macht, ohne Vorleistungen von seiten des Menschen, ohne daß er sich die Rechtfertigung zu »verdienen« oder sonstige Bedingungen zu erfüllen hätte. Damit setzt der Rechtfertigungsartikel allen Tendenzen zur Vergesetzlichung des Evangeliums - seitens der Judaisten nach Paulus, seitens der hierarchischen Kirche nach Luther - die Bedingungslosigkeit der Gnade und die christliche Freiheit entgegen. Wenn der Rechtfertigungsartikel als »Hauptartikel«[3], »articulus stantis et cadentis ecclesiae«[4] und als »Meister und Fürst, Herr, Lenker und Richter über jegliche Art von Lehre«[5] zu gelten hat[6], dann ist er nicht ein Glaubenssatz neben anderen, sondern »Mitte und Grenze reformatorischer Theologie«[7], der Artikel, der die anderen Glaubensaussagen bestimmt[8]. Als Kriterium aller Theologie ist er auch Maßstab für die Ekklesiologie; wenn ihm eine Richterfunktion zukommt, so hat er damit auch eine kirchen- und institutionskritische Funktion. Jede Ekklesiologie - und mit ihr die kirchliche Praxis - muß sich darum befragen lassen, ob nach ihrem Selbstverständnis der Grundsatz der Rechtfertigung allein aus Gnade und allein aus Glauben gewahrt ist. Oder aber werden durch die Kirche dem Menschen zusätzliche Bedingungen zum Heil auferlegt, ein »Mehr«, das über den Glauben hinausgeht, bestimmte Werke, die den Grundsatz des »sola gratia« außer Kraft setzen? Von daher ist eine »kriteriolo-

---

[3] WA 39/2, 340,14; vgl. auch BSLK 415,6-416,6.

[4] Vgl. BSLK 416; WA 37, 71,35; 72, 5ff; 40/2, 352,2: »Steht dieser Artikel, so steht die Kirche, fällt er, so fällt die Kirche.«

[5] WA 39/1, 205,2.

[6] Dies gilt unangefochten für die protestantische Theologie. Inwiefern dieser Grundsatz auch für die katholische Theologie Geltung hat, soll später erörtert werden.

[7] E.Wolf: Peregrinatio II, München 1965, 11.

[8] Der Rechtfertigungsartikel ist somit für die protestantische Theologie »kein konstruktives, sondern ein regulatives Prinzip«, das »die christliche Glaubenslehre wie ein geheimer Wächter (begleitet), der an jeden Artikel herangetragen werden kann und der ans Licht bringt, ob wir uns noch auf dem Boden der evangelischen Lehre ... befinden«: W.Trillhaas: Rechtfertigungslehre unter neuen Voraussetzungen, in: E.Wilkens (Hg.): Helsinki 1963, Berlin 1964, 91-116, 102).

gisch-applikative«[9] Anwendung des Rechtfertigungsartikels auf die Ekklesiologie nicht nur legitim, sondern geradezu gefordert[10].
Das Problem der Bedingungslosigkeit der Gnade bringt den zweiten Aspekt der Beziehung von Kirche und Rechtfertigung ins Spiel. Die Frage nach dem Heil - und eben darum geht es der befreienden Botschaft von der Rechtfertigung aus Gnade allein - kann nicht schlechterdings unabhängig von der Kirche beantwortet werden. Doch was ist die Rolle der Kirche im Rechtfertigungs- und Heilsgeschehen? Ist sie nur die Frucht der rechtfertigenden Gnade, die Gemeinschaft der Gerechtfertigten? Oder ist sie auch das Mittel, durch das die Glaubenden die Rechtfertigung erlangen? Ist also die Gnade Gottes grundsätzlich durch die Kirche vermittelt? Und was meint die Rede von einer »kirchlichen Vermittlung« genau? Hat die Kirche als Mittel des Heils konstitutive Bedeutung für die Beziehung zwischem dem Sünder und dem rechtfertigenden Gott, oder ist sie nur der äußere Rahmen, innerhalb dessen die Gottesbegegnung und das Geschehen der Rechtfertigung stattfinden kann? Es steht nichts geringeres zur Debatte als die Frage, »ob die von Gott mit ihrem hierarchischen Gefüge des Lehramtes und des Priestertums gestiftete Kirche ein begründendes Element des religiösen Verhältnisses ist, oder ob dieses Verhältnis unmittelbar auf persönlicher Ebene zwischen dem Menschen und Gott zustande kommt.«[11] Wir fragen hier nicht nach den Menschen, die um die Kirche nicht wissen oder denen der Zugang zu ihr durch äußere Umstände versperrt ist, sondern nach jenen, die die Gliedschaft in der Kirche ablehnen, wiewohl sie um ihre Bedeutung wissen. Ist die Teilhabe an der Kirche also die notwendige Bedingung, um gerechtfertigt zu werden? Oder kann Gott auch auf anderem Wege am Menschen heilvoll handeln? Und wird mit der Kirchengliedschaft dem Glaubenden nicht letztendlich ein Werk abgefordert, das das »sola gratia« der Rechtfertigungslehre grundsätzlich in Frage stellt? Halten auf diese Weise nicht »Werkerei« und Leistungsdenken durch die Hintertür wieder Einzug? Wie steht es etwa mit der konkreten Zustimmung zu jenen kirchlichen Lehren und Beschlüssen, die nicht fide divina, wohl aber fide ecclesiastica, also im Gehorsam gegenüber der Autorität der Kirche, zu glauben sind? Wie steht es mit der kirchlichen Disziplin und der regelmäßigen Teilnahme

---

9 H.Meyer/G.Gaßmann (Hg.): Rechtfertigung im ökumenischen Dialog, Frankfurt/ Main 1987, 64; 72.

10 Von katholischer Seite wird diese Forderung vor allem von O.H.Pesch erhoben, insbesondere in: Rechtfertigung und Kirche, in: ÖR 37 (1988) 22-46; von evangelischer Seite durch R.Slenczka: Gerechtfertigt vor Gott durch den Glauben an Jesus Christus, in: NZSTh 29 (1987) 294-316.

11 Y.Congar: Tradition und Kirche, Aschaffenburg 1964, 150.

am Gottesdienst? Findet hier nicht eine Vergesetzlichung der Botschaft von der befreienden Gnade statt, durch die die Rechtfertigungslehre ad absurdum geführt wird? Mit diesen Fragen schließt sich der Kreis, denn sie führen zum Richteramt des Rechtfertigungsartikels zurück.

Wir wollen die Frage nach dem Zusammenhang von Rechtfertigung und Kirche unter explizit ökumenischer Perspektive als ein zwischen Protestanten und Katholiken noch ungeklärtes Problem erörtern. Denn wir stehen vor der Situation, daß in der Ekklesiologie ein grundlegender Dissens besteht[12], der eine Einigung der Kirchen unmöglich macht, während die Konfessionen in der Rechtfertigungslehre soweit zu einem Konsens gelangt sind, daß diese, auch wenn nicht alle Unterschiede ausgeräumt sind, zumindest kein kirchentrennendes Hindernis mehr zu sein braucht.

Einen Markstein in der langen Geschichte der Auseinandersetzung um die Rechtfertigungsproblematik setzte die Arbeit von H.Küng[13], der eine grundsätzliche Übereinstimmung konstatiert zwischen der Rechtfertigungslehre K.Barths, als dem pointierten Vertreter protestantischer Theologie, und dem katholischen Rechtfertigungsverständnis, wie es auf dem Konzil von Trient gelehrt worden ist[14]. Die einstmaligen Differenzen sind für ihn das Resultat von Polemik und eingeschränkter Sichtweise sowie die Ausprägung verschiedener »Gefälle« innerhalb der Theologie, die beide ihre Berechtigung, freilich auch ihre Gefahren haben. Auf die Arbeit von Küng folgte die umfangreiche und fundierte historisch-vergleichende Untersuchung von O.H.Pesch[15] über die Rechtfertigungslehre von Luther und Thomas von Aquin als Repräsentanten katholischer Theologie. Durch sie wurde der Konsens von einer anderen Perspektive her bestätigt. Der Unterschied liegt nach Pesch in den jeweiligen Denkhorizonten der beiden Theologen begründet, die unterschiedliche Gnadenkonzeptionen zur Folge haben: Die Theologie Lu-

---

12 Die Tatsache, daß die meisten der noch ungeklärten Probleme - im Verständnis von Amt, Eucharistie, Papsttum - mit der Kirche zusammenhängen und nahezu sämtliche Dialoge sich mit diesem Thema befassen, läßt darauf schließen, daß wir hier in der Tat am Nerv der konfessionellen Auseinandersetzung stehen.

13 Hans Küng: Rechtfertigung, München 1986, 296. Zur Diskussion zu diesem Buch vgl. F.Barth: Römisch-katholische Stimmen zu dem Buch von Hans Küng »Rechtfertigung«, in: MdKI 11 (1960) 81-87.

14 So neu war die Behauptung freilich gar nicht. Bereits 1949 hatte P.Brunner in einer damals nicht sonderlich beachteten Studie über das Rechtfertigungsverständnis von Trient festgestellt, daß dieses in seinen Grundaussagen für einen lutherischen Theologen durchaus zu akzeptieren sei. P.Brunner: Die Rechtfertigungslehre im Konzil von Trient, in: ders.: Pro Ecclesia II, Berlin 1966, 141-169. - W. v.Loewenich: Der moderne Katholizismus, Witten 1955, gelangte kurz danach zu einem ähnlichen Urteil.

15 O.H. Pesch: Die Theologie der Rechtfertigung bei Martin Luther und Thomas von Aquin, Mainz 1967.

thers faßt von ihrem personal-relationalen Ansatz her Gnade als neue Beziehung des Menschen zu Gott und nimmt das Subjekt in seinem unmittelbaren Vor-Gott-Stehen in den Blick. So aber kann der Mensch nur als Sünder erscheinen, der aus eigener Kraft nichts zu tun vermag. Demgegenüber liegt bei Thomas, insofern er die Schöpfer-Geschöpf-Relation gleichsam von außen reflektiert, ein sapiential-ontologisches Wirklichkeitsverständnis vor, das Gnade als seinshafte Veränderung des Menschen begreift und darum das herausstellt, was der Mensch in der Kraft der Gnade tun kann[16]. In das Bild fügte sich schließlich noch das Ergebnis der Arbeit von V.Pfnür ein über die Aussagen der Confessio Augustana als der zentralen lutherischen Bekenntnisschrift zur Rechtfertigungslehre[17].

Der von verschiedenen Seiten aus unterschiedlichen Zeugnissen eruierte Konsens wurde in der Folgezeit von einer Reihe katholischer wie protestantischer Theologen auf seine Tragfähigkeit überprüft, von vielen - aber nicht allen - rezipiert[18] und von verschiedenen Dokumenten des interkonfessionellen Dialoges bestätigt[19]. Keines davon und auch keine der zuvor genannten Untersuchungen befaßt sich explizit

---

16 Ebd. 935ff. Wenngleich Pesch mittlerweile die genannte Ausdrucksweise wegen ihrer Mißverständlichkeit zu meiden sucht, bleibt er in der Sache nach wie vor bei dieser Unterscheidung. Vgl. ders.: Dogmatik im Fragment, Mainz 1987, 130, Anm.45.

17 V.Pfnür: Einig in der Rechtfertigungslehre?, Wiesbaden 1970.

18 Während die protestantische Theologie eher Zurückhaltung zeigt, ist die Mehrzahl der katholischen Theologen davon überzeugt, daß die Rechtfertigungslehre nicht länger kirchentrennend zu sein braucht. Dazu zählen u.a. A.Brandenburg: Martin Luther gegenwärtig, Paderborn 1969, 17-62; H.Fries: Das Grundanliegen der Theologie Luthers in der Sicht der katholischen Theologie der Gegenwart, in: K.Forster (Hg.): Wandlungen des Lutherbildes, Würzburg 1966, 157-191; W.Kasper: Einführung in den Glauben, Mainz 1972, 78ff; R.Kösters: Luthers These »Gerecht und Sünder zugleich«, Innsbruck 1965; J.Lortz: Luthers Römerbriefvorlesung, in: TThZ 714 (1962) 129-153; 216-247; K.Rahner: Grundkurs des Glaubens, Freiburg 1976, 78ff; ders.: Fragen der Kontroverstheologie über die Rechtfertigung, in: IV, 237-271. - Eine ausführliche Zusammenstellung und Auswertung der neueren Forschungsliteratur zu diesem Thema bietet M.Bogdahn: Die Rechtfertigungslehre Luthers im Urteil der neueren katholischen Theologie, Göttingen 1971.

19 Die wichtigsten Dokumente sind der sog. Malta-Bericht: »Das Evangelium und die Kirche«. Bericht der Evangelisch-lutherisch/Römisch-katholischen Studienkommission, in: DWÜ 248-270, v.a. 255f; das Dokument des nordamerikanischen Dialoges (Lutherans and Catholics in Dialogue 7): H.G.Anderson/J.A.Burgess/T.A.Murphy (Hg.): »Justification by Faith«, Minneapolis 1985; »Alle unter einem Christus«. Stellungnahme der Gemeinsamen Römisch-katholischen/Evangelisch-lutherischen Kommission zum Augsburger Bekenntnis 1980, in: DWÜ 323-328; Das geistliche Amt in der Kirche. Bericht der Gemeinsamen Römisch-katholischen/Evangelisch-lutherischen Kommission 1981, in: DWÜ 329-357, 332; die Studie des Ökumenischen Arbeitskreises evangelischer und katholischer Theologen: K.Lehmann/W.Pannenberg (Hg.): Lehrverurteilungen - kirchentrennend? I, Freiburg-Göttingen 1986, 35-75. Letztere erfährt eine äußerst kritische Beurteilung durch J.Baur: Einig in Sachen Rechtfertigung?, Tübingen 1989, der dem Ökumenischen Arbeitskreis eine oberflächliche und zum Teil verfälschende Darstellung der jeweiligen konfessionellen Position zum Vorwurf macht.

mit dem ekklesiologischen Bezug der Rechtfertigungslehre[20]. Ihr Wert darf ihnen deswegen keineswegs abgesprochen werden. Nur kann sich das Bemühen um eine Einigung der Kirchen angesichts der bestehenden ekklesiologischen Differenzen nicht damit begnügen, bei dem erreichten Ergebnis, dem Konsens in Bezug auf die Soteriologie, stehenzubleiben.

Wenn hier Übereinstimmung, im Kirchenverständnis hingegen Dissens zu konstatieren ist, und wenn beide Problemkomplexe, wie wir gesehen haben, zusammenhängen, sind verschiedene Möglichkeiten denkbar. Entweder der ekklesiologische Dissens erweist den Konsens in der Soteriologie in Wirklichkeit als eine Täuschung, weil er die Differenzen im Kirchenverständnis nicht auszuräumen vermag. Dies ist nicht grundsätzlich auszuschließen, dagegen spricht jedoch, daß dieser Konsens vielfach überprüft wurde. Oder aber die Differenzen in der Ekklesiologie sind nur scheinbar; dann aber müßten sie leicht auszuräumen sein - und dies ist offensichtlich noch nicht gelungen. Die beiden genannten Möglichkeiten setzen voraus, daß die Rechtfertigungslehre die Grundlage von Luthers Kirchenkritik bzw. Kirchenverständnis war[21], so daß eine Einigung in diesem Bereich auch die Übereinstimmung in der Ekklesiologie zur Folge haben müßte[22]. - Die dritte Möglichkeit: Der Kon-

---

20 So klammert Küng die Frage der Kirche und der Sakramente aus. Eben dies wurde von J.Ratzinger bemängelt: Die Sakramente müßten als »kritische Rückprobe« einbezogen werden: Rezension zu H.Küng: Rechtfertigung, in: ThR 54 (1958) 33-35, 33f. Küng bestreitet allerdings nicht den ekklesiologischen Charakter der Rechtfertigung, sondern setzt ihn voraus. Jede individualistische Verengung der Rechtfertigung ist ein Irrweg: »Durch die Kirche im Glauben wird der Einzelne der allgemeinen Rechtfertigung teilhaftig. So hat die Rechtfertigung, wie sie in Christi Tod und Auferstehung geschehen ist, wesentlich ekklesiologischen Charakter«: H.Küng: Rechtfertigung, 221.

21 Davon gehen aufgrund ihres methodologischen Ansatzes die Befürworter einer systematischen Lutherinterpretation aus (vertreten durch H.Bornkamm, K.Holl, E.Hirsch, H.Rückert, E.Seeberg, auf katholischer Seite durch A.Brandenburg, H.Fries, R.Kösters und O.H.Pesch). Dieselbe Meinung vertreten auch (auf katholischer Seite) W.Löser: Ein katholischer Versuch zu Luther, in: ThPh 56 (1981) 565-573, 571; sowie (protestantischerseits) K.Schwarzwäller: Rechtfertigung und Ekklesiologie in den Schmalkaldischen Artikeln, in: Cath 35 (1989) 84-105.

22 So etwa Pesch, der sich mit der vorliegenden Problematik in besonderer Weise auseinandergesetzt hat: »Tatsächlich entscheidet sich heute der Konsens in der Rechtfertigungslehre an der Auffassung von der Kirche - das ist der schönste Test auf die Richtigkeit der These Luthers, der Rechtfertigungsartikel sei der Artikel, mit dem die Kirche steht und fällt«, in: Gerechtfertigt aus Glauben, Freiburg 1982, 239. Pesch ist davon überzeugt, daß in der betreffenden Frage kein kirchentrennendes Hindernis besteht, da die katholische Kirche sich keineswegs als dem richtenden Maßstab des Rechtfertigungsartikels entzogen betrachte. Sein Richteramt muß jedoch nicht immer und überall tatsächlich in Anspruch genommen werden, sondern wird akut in konkreten Konfliktsituationen, wo die Kirche das Leben »aus dem Glauben allein« und die Bedingungslosigkeit der Gnade zu behindern droht. Vgl. dazu und zum folgenden: O.H.Pesch: Gerechtfertigt aus Glauben, 42-50; ders.: Gottes Gnadenhandeln als Rechtfertigung und Heiligung des Menschen, in: MySal IV/2, 899-907. Zum Testfall wird für Pesch das Verhalten der Kirche gegenüber jenen Gläubigen, die sich im Widerspruch zur kirchli-

sens ist in der Tat tragfähig, läßt aber einen Dissens im Kirchenverständnis zu, ohne selbst dadurch in Frage gestellt zu sein[23]. Die Differenzen wären dann auf eine jeweils konfessionell unterschiedliche Bestimmung des Zusammenhanges von Rechtfertigung und Kirche zurückzuführen. In der Tat befinden wir uns hier am Angelpunkt der Kontroverse.

Von protestantischer Seite liegt zu unserem Thema eine umfangreiche kontroverstheologische Untersuchung vor, die unmittelbar im Anschluß an das Zweite Vatikanische Konzil verfaßt wurde: Gottfried Maron: »Kirche und Rechtfertigung«[24]. G.Maron ist derzeit Präsident des Evangelischen Bundes; er war zuvor wissenschaftlicher Mitarbeiter am Konfessionskundlichen Institut in Bensheim und in dieser Funktion auch evangelischer Berichterstatter beim Zweiten Vatikanum. Da seine Arbeit die interkonfessionelle Problematik mit besonderer Schärfe vor Augen führt, soll sie im folgenden ausführlich zur Darstellung kommen. Maron nimmt hier anhand der ekklesiologischen Aussagen des Konzils eine Verhältnisbestimmung von Rechtfertigung und Kirche in der katholischen Theologie vor, die er mit dem protestantischen Rechtfertigungsartikel für schlechterdings unvereinbar erklärt[25].

---

chen Artikulation des Glaubens befinden, zumal wenn ihre Stimme öffentliches Gewicht hat: Wird dann der Konflikt innerhalb der Kirche und in der grundsätzlichen Bereitschaft zum Dialog ausgetragen? Pesch muß feststellen, daß die Kirche hier und in anderen Fällen de facto immer wieder in Widerspruch zu ihrer eigenen Botschaft von der bedingungslosen Gnade gerät. So findet an der praktischen Handhabung, an der Differenz von Sollen und Sein der Konsens in der Rechtfertigungslehre seine Grenze. Er erweist sich als Konsens auf der Basis der Hoffnung, der noch viel stärker ins öffentliche Bewußtsein der Kirche dringen müßte. Kirchentrennend sind darum für Pesch nicht die glaubensmäßigen ekklesiologischen Konsequenzen der Rechtfertigungslehre, sondern »theologische und kirchenstrukturelle Rigorismen, die Konsequenzen der Konsequenzen sind, und, allen subtilen gegenteiligen Konstruktionen zum Trotz, nur von Ferne mit der Rechtfertigungslehre zu tun haben«: in: Gerechtfertigt aus Glauben, 42.

23 Dies ist die Überzeugung der historischen Lutherforschung, vertreten durch A.Althaus, P.Brunner, W.Elert, E.Schlink sowie durch die skandinavische Lutherforschung, auf katholischer Seite durch E.Iserloh, J.Lortz, P.Manns und S.Pfürtner. Weil diese Richtung der Lutherforschung das Kirchentrennende der lutherischen Theologie nicht in der Wiederentdeckung der Rechtfertigungslehre, sondern in seinen späteren Lehren zu Kirche, Amt und Sakramenten sieht, kann sie einen Konsens in der Rechtfertigung mit einem Dissens in der Ekklesiologie ohne Schwierigkeiten vereinbaren. Was als kirchentrennend angesehen wird, hängt wiederum von der Datierung der reformatorischen »Entdeckung« bzw. von ihrer inhaltlichen Bestimmung ab; beides wird ausgesprochen kontrovers beurteilt. Die Uneinigkeit innerhalb der Lutherforschung in Bezug auf die Verhältnisbestimmung von Rechtfertigungslehre und Ekklesiologie bei Luther spiegelt sich wider in der Kontroverse zwischen K.Holl und H.J.Iwand: Zur Entstehung von Luthers Kirchenbegriff, in: G.Sauter: Glaubensgerechtigkeit II, München 1980, 198-239.

24 G.Maron: Kirche und Rechtfertigung, Göttingen 1969. Die in Klammer gesetzten Seitenzahlen beziehen sich auf dieses Werk.

25 Ähnliche Thesen wie in »Kirche und Rechtfertigung«, allerdings weniger polemisch zugespitzt, finden sich in Marons Beitrag »Recht - Rechtfertigung - Gericht«, in: G.Maron: Zum Gespräch mit Rom, Göttingen 1988, 30-44.

ERSTER TEIL
Eine Ökumenische Standortbestimmung

I. Die protestantische Herausforderung: Kirche oder Rechtfertigung

1. Auf katholischer Seite kein Thema? Zum Stellenwert der Rechtfertigungslehre

Am Anfang von Marons Untersuchung steht die Beobachtung, daß im Konzil weder die Rechtfertigungs- noch die Gnadenlehre eigens zum Diskussionspunkt erhoben wurde und der Terminus »Rechtfertigung« nur an zwei wenig aussagekräftigen Stellen vorkommt (LG 9, wo Röm 4,25 zitiert wird, sowie LG 40). Diesen Mangel macht er nicht nur dem Konzil, sondern der gesamten nachtridentinischen katholischen Theologie zum Vorwurf: Die Rechtfertigungslehre ist auf katholischer Seite kein Thema, geschweige denn der articulus stantis et cadentis ecclesiae (152ff). In Trient habe man sich nur gezwungenermaßen, wegen der Herausforderung durch die lutherischen Thesen und damit aus polemischem Interesse mit diesem Artikel auseinandergesetzt, nicht aber weil er eine zentrale Bedeutung für die gegenreformatorische Kirche gehabt hätte (159). Im Anschluß daran fand, wie Maron glaubt, keine positive Lehrentfaltung mehr statt. Vielmehr wurde vom letzten Konzil die Kirche in den Mittelpunkt aller theologischen Aussagen gerückt, so daß eine durchgehende »Ekklesiologisierung« zu konstatieren ist (151). Demnach würde eine Übereinstimmung zwischen katholischer und protestantischer Theologie allein schon dadurch verhindert, daß dem Rechtfertigungsartikel ein unterschiedlicher Stellenwert innerhalb der

Hierarchie der Wahrheiten zukommt bzw. dadurch, daß von katholischer Seite mit seinem Richteramt nicht genügend Ernst gemacht wird. In der Tat müssen Stellenwert und Gewicht einer Aussage mit ins Spiel gebracht werden, wenn darüber eine Übereinstimmung erzielt werden soll. Auch andere Theologen, evangelische wie katholische, sehen im unterschiedlichen Stellenwert der Rechtfertigungslehre eine gewisse Schwierigkeit (jedoch nicht Unmöglichkeit), zu einem endgültigen Konsens zu gelangen. Manche Protestanten fordern von der katholischen Seite ausdrücklich die kriteriologische Anwendung des Rechtfertigungsartikels auf alle theologischen Aussagen[1]. Es ist allerdings zu fragen, ob nicht Maron doch die Bedeutung der Rechtfertigungslehre für die katholische Theologie verkennt, indem er zu großen Wert auf die explizite Begrifflichkeit legt und die Sache selber dabei übersieht[2].

Auch wenn in der gegenwärtigen protestantischen Theologie die Lehre von der Rechtfertigung in eine gewisse Krise geraten ist[3] und mittels neuer Interpretationskategorien erschlossen werden muß, gibt es über ihre Bedeutung als articulus stantis et cadentis ecclesiae keinen Zweifel[4]. Der katholischen Theologie hingegen wird aus dem Mund ihrer ei-

---

1 Von evangelischer Seite vgl. H.G.Pöhlmann: Rechtfertigung, Gütersloh 1971, 23-49. Ähnlich A.Birmelé: Le salut en Jésus Christ dans les dialogues oecuméniques, Paris 1986, 124f: »La compréhension de la justification et la place accordée à celle-ci dans la vie et l'enseignement de l'Église entraînent que toute ecclésiologie doit être vue à la lumière de la justification par la foi.« Andererseits bestätigt Birmelé der katholischen Theologie eine verstärkte Zuwendung zur Rechtfertigungslehre (ebd. 120). - Von katholischer Seite wird die Forderung nach einer kriteriologischen Anwendung des Rechtfertigungsartikels auf die Ekklesiologie vor allem von O.H.Pesch erhoben in: Rechtfertigung und Kirche; ders.: Gerechtfertigt aus Glauben, 8ff; ders.: Dogmatik im Fragment, 140ff; O.H.Pesch/U.Kühn: Rechtfertigung im Gespräch zwischen Thomas und Luther, Berlin 1967, 9-36. Ähnlich äußern sich G.Müller/V.Pfnür: Rechtfertigung - Glaube - Werke, in: H.Meyer/H.Schütte (Hg.): Confessio Augustana, Paderborn-Frankfurt 1980, 106-139, 137. Ebenso S.Pfürtner: Wie weit reicht der Konsens in der Rechtfertigungslehre?, in: Orien. 45 (1981) 95-98, 97: »Der Rechtfertigungsartikel erstreckt sich ... wesentlich auf das *Kirchenverständnis*. Er verbietet dem kirchlichen Amt und seinen Trägern, sich irgendwelche göttlichen Attribute oder Kompetenzen zuzusprechen, sei es in der Gnadenvermittlung, sei es in der Lehrverkündigung oder in der kirchlichen Gerichtsbarkeit. Er hat mit innerer Logik das kirchenkritische Bewußtsein in unsere Epoche eingebracht. Denn er fordert von der Kirche aus dem Anspruch des Evangeliums, in all ihren Amtsträgern und Einrichtungen kritisierbar zu sein.« Vgl. dazu auch H.Schütte: Noch vorhandene Kontroversen im lutherisch-katholischen Dialog und Wege zu ihrer Überwindung, in: KNA-ÖKI 1988/12, 5-7.

2 Zum folgenden vgl. H.Döring: Rechtfertigung heute, in: Cath 37 (1983) 36-70.

3 Dazu O.H.Pesch/A.Peters: Einführung in die Lehre von Gnade und Rechtfertigung, Darmstadt 1981, 382.

4 Vgl. die Einschätzung der Bedeutung der Rechtfertigungslehre bei W.Andersen: Das theologische Gespräch über die Rechtfertigung in Helsinki, in: Helsinki 1963, 25-69, 52; W.Trillhaas: Rechfertigungslehre unter neuen Voraussetzungen, ebd. 91-116, 102; W.Dantine: Gedanken über den Funktionscharakter des articulus stantis et cadentis ecclesiae, ebd. 117-146, 125; G. Gaßmann: Die Rechtfertigungslehre in der Perspektive der Confessio Augustana und des lutherisch-katholischen Gesprächs heute, in: Luther 50 (1979) 52-54.

genen Vertreter bescheinigt: »Es ist so gut wie gar nicht mehr von Rechtfertigung die Rede - soweit nicht die Notwendigkeiten eines Handbuches dazu nötigen.«[5] Wenn sich die katholische Lehre dann doch dem Thema der Rechtfertigung zuwendet, muß sie sich von protestantischer Seite den Vorwurf Gefallen lassen, daß sie es in einer Weise tue, die der der Reformation nicht entspricht: Sie behandle sie nämlich, so wie es in Trient der Fall war, als ein dogmatisches Lehrstück unter anderen, als ein mögliches Theologumenon innerhalb des christlichen Glaubens, nicht aber als »Mitte und Grenze« bzw. als Kriterium der Theologie[6].

Einem solchen Vorwurf ist allerdings entgegenzuhalten: Aus »Mitte und Grenze« darf nicht ein Reduktionsprinzip werden, durch das die Vielgestaltigkeit christlichen Glaubens eliminiert wird. Sein Zentrum ist und bleibt Jesus Christus, durch den Gott die Rechtfertigung als unverdientes Geschenk der Gnade wirkt. Sinn und Ziel des Rechtfertigungsartikels ist es, dieses Zentrum christlichen Glaubens je neu zur Sprache zu bringen und auszulegen[7]. Bezeichnenderweise kommt in Luthers Kleinem Katechismus die Rechtfertigungslehre mit keinem Wort zur Sprache. Die Schmalkaldischen Artikel bekennen den gekreuzigten und auferstandenen Christus als Hauptartikel[8], ebenso die Konkordienformel[9]. Hunderte von Jahren später findet dies seine Bestätigung durch die Leuenberger Konkordie[10]. In verschiedenen ökumenischen Dokumenten wird festgehalten, daß »die Rechtfertigung ihrerseits steht und fällt mit Jesus Christus«[11], den die Rechtfertigungslehre nicht aus der Mitte der Theologie verdrängen, sondern dessen Heilshandeln sie auslegen will, »in der Absicht, Christus zu existentialisieren«[12] und ihn in

---

5 O.H.Pesch/A.Peters: Einführung in die Lehre von Gnade und Rechtfertigung, 392f.

6 So G.Müller: Die Rechtfertigungslehre, Gütersloh 1977, 116.

7 Zum protestantischen Vorwurf, Christus sei nach katholischer Auffassung nur »causa« der Rechtfertigung und als solche aus dem Rechtfertigungsgeschehen selbst ausgeschaltet vgl. die Widerlegung durch O.H.Pesch: »Um Christi willen...« Christologie und Rechtfertigungslehre in der katholischen Theologie, in: Dogmatik im Fragment, 115-150.

8 BSLK 415: »Hie ist der erste und Häuptartikel: 1. Daß Jesus Christus, unser Gott und Herr, sei umb unser Sünde willen gestorben und um unser Gerechtigkeit willen auferstanden.«

9 BSLK 487.

10 Die Leuenberger Konkordie. Dokument der Einigung reformatorischer Kirchen in Europa, in: LM 12 (1973) 271-274.

11 H.Meyer/H.Schütte (Hg.): Confessio Augustana, 62. - Ähnlich auch K.Barth: Die Kirchliche Dogmatik IV/1, Zollikon-Zürich 1953, 588: »Der articulus stantis et cadentis ecclesiae ist nicht die Rechtfertigungslehre als solche, sondern ihr Grund und ihre Spitze: Das Bekenntnis zu Jesus Christus. ... Das Problem der Rechtfertigung bedarf keiner künstlichen Verabsolutierung und Monopolstellung.«

12 H.G. Pöhlmann: Rechtfertigung, 30.

seiner Bedeutung für den Menschen zur Sprache zu bringen[13]. So und nur so ist die Rechtfertigungslehre »Gesamtausdruck des Heilsgeschehens« und »gewichtige Explikation der Mitte des Evangeliums«[14], aber nicht die einzig mögliche Interpretationskategorie des Christusgeschehens, das auf verschiedene Weise und mit Hilfe unterschiedlicher Kategorien ausgelegt werden kann[15]. Auch Paulus war in seiner Artikulation der Heilsbotschaft nicht auf diesen Terminus angewiesen oder eingeschränkt, sondern bedient sich zugleich anderer soteriologischer Begrifflichkeit[16]. Luther verhalf dann unter Bezug auf die paulinische Theologie dem *Begriff* der Rechtfertigung zum Durchbruch. Fortan wurde er zu einem Schlüsselwort reformatorischer Theologie, während er im katholischen Raum eine hermeneutische Kategorie zur Artikulation des Heilsgeschehens unter vielen blieb.
Der *Sachverhalt* der Rechtfertigung wird von der katholischen Theologie deswegen jedoch keineswegs ignoriert. »Es ist daher von der Rechtfertigung die Rede, wenn ... bestimmt wird, wo wir unseres Heiles gewiß sind, was der Zusammenhang von Wort, Glaube, Sakrament, Werk und Freiheit ist, wie unsere bleibende Widerwilligkeit gegen Gott sich zu unserer Gerechtigkeit vor Gott verhält, was die Kirche ist und zu tun hat, was die Welt vom Christen zu erwarten hat und der Christ von der Welt, wo Gott für uns offenbar wird und wo er verborgen bleibt. Daher kann man ja auch in der evangelischen kontroverstheologischen Literatur auf Schritt und Tritt erleben, daß sich ein Theologe auf die 'Rechtfertigungslehre' beruft, inhaltlich aber vom Glauben, von der

---

13 Vgl. W.Dantine: Gedanken über den Funktionscharakter des articulus stantis et cadentis ecclesiae, 125: »Aber alle dem Begriff der Rechtfertigungslehre inhärente Bezogenheit auf den Menschen, die geradezu als ein Zugespitztsein auf das Humanum hominis zu interpretieren wäre, darf und braucht nicht zu verdecken, daß darunter zentral und umfassend genug das Heilshandeln Gottes in Jesus Christus gemeint ist.«

14 »Das Evangelium und die Kirche«, in: DWÜ 255f.

15 Dies bestätigt das Schlußdokument der 4. Vollversammlung des Lutherischen Weltbundes: Theologische Kommission und Abteilung des Lutherischen Weltbundes (Hg.): Rechtfertigung heute, Stuttgart 1985, 10: »Wenn die Reformation die Botschaft von der Rechtfertigung durch den Glauben allein als den Artikel herausgestellt hat, mit dem die Kirche steht und fällt, so ging es ihr nicht um eine bestimmte Terminologie, sondern die um die Christustat selbst, um die Ehre Christi, der allein uns von unseren Sünden erlöst. ... Wir würden freilich Gottes Heilshandeln für die Welt verraten, wollten wir uns nur an eine Terminologie und nicht an die mit ihr bezeugte Christuswirklichkeit binden.« - Die Rechtfertigungslehre ist somit »nicht ein Schlüssel, der in allen Schlössern der Schrift schließt, sondern ein Schlüssel unter anderen, mit dem Christus die Schrift erschließt«: H.G.Pöhlmann, in: Rechtfertigung, 30.

16 Vgl. D.Zeller: Zur Pragmatik der paulinischen Rechtfertigungslehre, in: ThPh 56 (1981) 204-217, 216: »Was Paulus ... in bezug auf den Juden im semantischen Feld der Gerechtigkeit entwickelt, sagt er den Griechen in dem der Weisheit. ... Die Botschaft vom Heil im Kreuz Christi läßt sich in verschiedene Oberflächengestalten transformieren.« Ebenso G. Pöhlmann: Rechtfertigung, 39-49.

Weltverantwortung des Christen, von der Kirche, von der Freiheit usw. handelt.«[17] Wo von der Erlösung durch Jesus Christus, wo vom Menschen als sündiges, in seiner Schuld und Schwachheit verstricktes Wesen die Rede ist, den Gott annimmt, so wie er ist, und dem er bedingungslos das Heil zuteil werden läßt, kommt auch sachlich die Rechtfertigung zur Sprache. Von daher ist sie nicht der expliziten Begrifflichkeit, wohl aber der Sache nach in der katholischen Theologie bzw. Soteriologie durchaus präsent: in der Rede von »Heil«, »Erlösung« oder »Versöhnung«, von »Friede«, »Freiheit«, »neuer Schöpfung« oder »neuem Leben«[18]. Die Rechtfertigungslehre ist nicht die einzig mögliche Aussagegestalt des Heilsgeschehen[19], so daß die Konfessionen miteinander ins Gespräch treten können, ohne dieselbe Sprache und Begrifflichkeit zu verwenden. Auf diesem Hintergrund ist Marons Vorwurf, die Rechtfertigungslehre spiele im katholischen Bereich keine Rolle mehr, in der Weise nicht zu halten.

---

17 O.H.Pesch: Hinführung zu Luther, Mainz 1982, 266. Vgl. auch ders: Gottes Gnadenhandeln als Rechtfertigung und Heiligung des Menschen, 110: »Es scheint, daß unsere Formulierung: Gott nimmt den Menschen an, wie er ist, auf eine formalisierende Abstraktion der reformatorischen Rechtfertigungsbotschaft hinauskommt.« Ähnlich K. Rahner: XIII, 392f. Ebenso W.Löser: »Was gilt in der Kirche?«, in: JEB 30 (1987) 49-67. Löser richtet an die protestantische Theologie die Frage, ob sie nicht ausschließlich die Christologie im Licht der Rechtfertigung in den Blick nehme, anstatt umgekehrt die Rechtfertigungslehre von der Christologie her zu entfalten.

18 Selbst W.Dantine, der immer wieder auf der Vorherrschaft der Rechtfertigungslehre insistiert, hat keine Schwierigkeiten zu sagen: »Zwischen Rechtfertigung und Versöhnung gibt es keine sachlichen Unterschiede, man könnte höchstens Nuancen des Blickwinkels angeben, unter denen beide gebraucht werden: die Versöhnung kann sowohl umfassend, auf die ganze Welt bezogen ausgesagt werden, wie das in der Regel im dogmatischen Begriff des Versöhnungswerkes ausgelegt wird; sie kann aber freilich auch den damit für den Menschen gesetzten und bewirkten 'Frieden' meinen«, in: Gedanken über den Funktionscharakter des articulus stantis et cadentis, 125. Analog kann dies für die anderen genannten Kategorien zur Auslegung des Heilsgeschehens gelten, die eher die universale Dimension des Heils in den Blick nehmen, während »Rechtfertigung« stärker individuell auf den einzelnen Glaubenden ausgerichtet ist. Dabei handelt es sich um Unterschiede im Gebrauch, nicht im streng inhaltlichen Sinne, weil Gottes Heil nie nur den einzelnen Menschen, sondern immer die Gemeinschaft und die Welt im ganzen meint. In diesem Sinne fordert Paulus, daß ein jeder von uns »neue Schöpfung« werden soll (vgl. Röm 14,27 und Mt 5,10). Derselbe Sachverhalt läßt sich für die Zuordnung von »Erlösung« und »Rechtfertigung« feststellen: Wenn auch der erste Terminus eher die objektive Erlösung durch Christus am Kreuz im Unterschied zur subjektiven Dimension des Heilsgeschehens bezeichnet, ist es doch ganz im Sinn der Heiligen Schrift, zu sagen, daß sich die Rechtfertigung des Sünders in Christi Tod und Auferstehung ereignet. Vgl. dazu auch H.Küng: Rechtfertigung, 222.

19 O.H.Pesch: Hinführung zu Luther, 267, macht darauf aufmerksam, daß erst recht nicht eine bestimmte Rechtfertigungs*theorie*, ein theologisches Modell, das die Rechtfertigungsbotschaft in einer bestimmten Denk-und Sprachgestalt artikuliert, wie das paulinische, tridentinische oder lutherisch-forensische, zum Prinzip erhoben werden darf.

In der katholischen Theologie wird das Rechtfertigungsgeschehen vor allem unter dem Stichwort »Gnade« erörtert[20]. Auch wir wollen im folgenden »Gnade« und »Rechtfertigung« synonym verwenden, wohl wissend, daß »Gnade« dabei der weitere Begriff ist[21]. Denn er umfaßt im Unterschied zum ausschließlich christologisch akzentuierten Begriff der Rechtfertigung auch das Heilshandeln Gottes vor Jesus Christus, und er bezeichnet zugleich das göttliche Heilshandeln in einem umfassenderen Sinn, während der Rechtfertigungsartikel seine Aussagespitze in der Sündenvergebung hat. Im unterschiedlichen terminologischen Gebrauch scheint die unterschiedliche Akzentuierung des Heilsgeschehens auf: Während die protestantische Theologie den Schwerpunkt auf das Gericht über die Sünde, ihre Vergebung und das neue, »richtige« Verhältnis zu Gott legt[22], betont die katholische die seinsmäßige Neuwerdung des Menschen. Noch umfassender als der Begriff der Gnade ist der des »Heils«, insofern er die Sündenvergebung und Neuwerdung nicht nur des Menschen, sondern der ganzen Schöpfung umfaßt. Wenn im folgenden bisweilen recht allgemein vom Heilsgeschehen und seiner Vermittlung durch die Kirche die Rede ist, so ist dies ebenfalls in der engeren Perspektive des Rechtfertigungsgeschehens als Heilshandeln Gottes am sündigen Menschen zu verstehen. Nicht das eschatologische Heils- bzw. Rechtfertigungsgeschehen im Kontext des göttlichen Gerichtshandeln ist unser Thema, sondern es geht jeweils um den vorwegnehmend-fragmentarischen Anbruch des Heils hier und jetzt in der Geschichte.

20 In der katholischen Theologie war die Rechtfertigungslehre bis zum Konzil von Trient im Grunde kein eigenes Thema. Als Reaktion auf Luther, für den »Rechtfertigung« der Inbegriff des göttlichen Heilshandelns schlechthin geworden war, rückte das Konzil den Begriff der »Rechtfertigung« ins Zentrum der Diskussion. Im Gefolge der nachtridentinischen Theologie wurde die Rechtfertigungslehre dann erneut zu einem Untertherna der Gnadenlehre. Vgl. dazu O.H.Pesch: Art. »Rechtfertigung«, in: P.Eicher (Hg.): Neues Handbuch theologischer Grundbegriffe III, München 1985, 452-470. Der Artikel erläutert in ausgesprochen präziser Form Sinn und Inhalt des Begriffes »Rechtfertigung« und gibt einen knappen historischen Abriß über die Entwicklung und den jeweiligen Stellenwert der Rechtfertigungslehre.

21 Der synonyme Gebrauch von »Gnade« und »Rechtfertigung« soll eine einheitliche Sprachebene schaffen und vermeiden, daß ständig zwischen protestantischer und katholischer Terminologie differenziert werden muß.

22 Im Sinne der protestantischen Theologie stellt die Sündenvergebung die Mitte des Gnadengeschehens dar, die alles andere einschließt. Vgl. BSLK 520, 29f.: »Wo Vergebung der Sünde ist, da ist auch Leben und Seligkeit.«

2. Iustificatio ecclesiae?

Da das Zweite Vatikanum nicht die Rechtfertigung, sondern die Kirche zum Thema hat, führt für Maron der einzige Zugang zur Rechtfertigungslehre über die Ekklesiologie. Im ersten Teil der Arbeit (bis S. 149) stellt er die wichtigsten ekklesiologischen Aussagen des Konzils dar: zum sichtbaren Gefüge der Kirche, zur Hierarchie, zum dreigestaltigen Amt mit seinen unterschiedlichen Funktionen, zu ihrer Heiligkeit und Heilsnotwendigkeit, zu den Sakramenten, schließlich zum Problem der Einheit und der getrennten Kirchen[23]. Seine Darstellung und Einschätzung der katholischen Aussagen über die Kirche ist zwar aufschlußreich, doch im einzelnen für unser Thema weniger von Bedeutung, da sie sich von den Konzilsdarstellungen anderer evangelischer Theologen nicht wesentlich unterscheidet. Unser Interesse gilt vielmehr der Frage, wie sich die katholische Ekklesiologie in der Sicht Marons auf das Rechtfertigungsverständnis auswirkt.

Den Schlüssel für die konziliare Ekklesiologie, der auch die Tür zum Rechtfertigungsverständnis aufschließen soll, glaubt Maron in der Lehre von der Kirche als Sakrament gefunden zu haben: Die Kirche ist »Sakrament, d.h. Zeichen und Werkzeug für die innerste Vereinigung mit Gott wie für die Einheit der ganzen Menschheit« (LG 8)[24]. So wurde die Aufwertung des Bischofsamtes, in dem allein die Vollgestalt der Weihe gegeben ist, und die neue Gewichtsverteilung innerhalb der kirchlichen Hierarchie nicht primär kirchenrechtlich, sondern vom sakramentalen Prinzip her begründet (78f). Auch die Rede von der Zeichenfunktion der Laien wurde nur von der sakramentalen Grundlage her möglich[25]. In all dem sieht Maron seine Auffassung bestätigt, daß das sakramentale Prinzip für die Konzilsekklesiologie prägend geworden ist.

---

[23] Zahlreiche theologische Neuerungen des Konzils begründet Maron mit der »durchgehenden Verschiebung aller Positionen auf das Ekklesiologische hin« (79): die Bedeutung des Bischofsamtes und die davon abgeleitete Funktion des Priesters, die Begründung der Stellung des Papstes, das Verständnis der Eucharistie, die nicht mehr christologisch, sondern ekklesiologisch als das intensivste Ereignis von Kirche bestimmt wird, ebenso das ekklesiologisch begründete Verständnis der Sakramente als kirchliche Selbstvollzüge (vgl. dazu 63ff).

[24] Zweites Vatikanisches Konzil. Dogmatische Konstitution über die Kirche. Authentisch lateinischer Text, dtsche. Übersetzung i.A. der deutschen Bischöfe, Münster ^{8}1966. Bei der Zitation der Konzilsdekrete folge ich der amtlichen Zählung in LThK^{2}: Das Zweite Vatikanische Konzil, Kommentare I, Freiburg 1966.

[25] Vgl. 42: »Teilt die Kirche nicht bloß - als 'Anstalt' - Sakramente aus, sondern ist sie selbst Sakrament, dann ergibt sich ganz von selbst, daß die Laien bisher an dem ihnen zukommenden Platz fehlten.«

Das Zweite Vatikanum bezeichnet die Kirche, wie Maron richtig erkannt hat, deswegen als Sakrament[26], weil in ihr, ähnlich wie in der Inkarnation, Menschliches und Göttliches »unvermischt« und »ungetrennt« zusammenkommen. Dadurch steht sie in einem Verhältnis der Analogie zur Christusgestalt. Wenngleich Maron weiß, daß das Konzil Identitätsaussagen von Christus und der Kirche meidet und letztere auch nicht einfachhin als die Fortsetzung der Menschwerdung bestimmt (26)[27], meldet er Kritik an: Wie weit kann das Dogma von Chalkedon auf die Kirche übertragen werden? Inwieweit gilt »das einzigartige 'et', das den Gottmenschen zum 'einen Mittler' macht, auch von der Kirche« (225)? Wie weit ist Christus mit der Kirche eine unlösbare Verbindung eingegangen? Maron sieht im sakramentalen Kirchenverständnis die Gefahr, und zwar nicht nur als mögliche, sondern als bereits eingetretene, daß die Differenz zwischen Christus und Kirche verwischt und schließlich bis dahin aufgehoben wird, daß die Kirche selbst an die Stelle Christi tritt. Deshalb verfolge die Lehre von der Kirche als Sakrament im Grunde einen »ekklesiologischen Monophysitismus« (186), der das rein menschliche Element vernachlässigt und alles Tun der Kirche mit dem Werk Gottes mehr oder minder gleichsetzt. Die Kirche empfängt durch ihre unlösbare Verbindung mit Jesus Christus einen »character indelebilis«, durch den sie für alle Zeiten gewandelt, ja gewissermaßen konsekriert ist. Wo sie sich selbst als Sakrament versteht, wird Christus von ihr völlig vereinnahmt, so daß der Grundsatz des »Christus solus« nicht mehr gewährleistet ist (190f). Es gibt nur noch Christus zusammen mit der Kirche oder in Gestalt der Kirche. »'Gegenwart Christi' heißt für das Konzil: 'er ist für die Menschen heute in seiner Kirche zu finden'« (152); von ihr wird er geradezu »absorbiert« (254).

Dasselbe stellt Maron fest für die konziliaren Aussagen über das Wirken des Heiligen Geistes, durch den die Kirche ihren sakramentalen Charakter empfängt. In dem Moment, wo sich der Geist an die Kirche bindet, hat die Zeit seines freien, unverfügbaren Wirkens ein Ende; er kommt nicht mehr von außen auf die Kirche zu, sondern ist eine unlösbare Verbindung mit ihr eingegangen. Auf diese Weise wird auch er zu einer kirchenimmanenten Größe. »Die Gleichung kann also auch umgekehrt werden: wo die rechte, 'organische' Struktur der Kirche sich sichtbar und erkennbar vorfindet, da ist auch der Heilige Geist« (52).

---

[26] Vgl. auch die Bezeichnung der Kirche als Sakrament in LG 9, 48; SC 5; AG 5; GS 45.

[27] Maron erkennt durchaus, daß das Konzil bestimmte Aussagen der traditionellen Ekklesiologie gezielt nicht übernimmt, sondern sich davon absetzt.

Am deutlichsten wird die Immanenz Christi in der Kirche für Maron jedoch an der Verbindung von Heiliger Schrift und Kirche, wie das Konzil sie bestimmt. Nach dem Grundsatz, daß die Kehrseite der Lehre vom rechtfertigenden Glauben nichts anderes als das Schriftprinzip ist (163), untersucht er die Aussagen des Konzils über das Wort Gottes. Da nicht dem einzelnen Gläubigen, sondern der Kirche, genauer: dem Lehramt die verbindliche Interpretation der Schrift zukommt, ebenso wie die Autorität, das Verhältnis von Schrift und Tradition zu bestimmen, ist die Kirche die das Wort regulierende Größe, gewissermaßen das »Urwort« (172), wenngleich das Konzil diese Bezeichnung nicht gebraucht. Damit aber hat der einzelne Gläubige selber kein unmittelbares Verhältnis zur Schrift. Vor allem ist das kritische Gegenüber der Heiligen Schrift zu der Kirche grundsätzlich beseitigt; Christus, der Geist, die Kirche und die Schrift sind untrennbar miteinander verbunden. Die Heilige Schrift ist domestiziert, ihrer Freiheit, die Kirche zu richten, beraubt; die Schrift ist eingeordnet in das Kirchentum (177). So ermöglicht das sakramentale Kirchenverständnis die totale Integration der Heilswirklichkeit in den Raum der Kirche.
Die Konsequenzen liegen für Maron auf der Hand: Kritik an der Kirche wird damit praktisch unmöglich gemacht, weil keine übergeordnete Instanz existiert, die den Maßstab dafür abgeben könnte - Christus ist ja gänzlich von der Kirche vereinnahmt (179). »Gibt es für die Kirche als solche nicht mehr das richtende und befreiende Wort ihres Herrn, dann kann es also eigentlich auch keine Sünde mehr geben, die der Kirche eignet. Sünde ist dann nur noch ihren Gliedern zuzuschreiben. Es gibt also keine 'sündige Kirche', nur eine 'Kirche der Sünder'« (182). Die Unvollkommenheiten und Defizienzen der Kirche sind allein in der Sündigkeit ihrer Glieder begründet, die aufgerufen sind, sich von der Sünde abzukehren und unablässig der Heiligkeit der Kirche zu dienen. Maron sieht in diesem Punkt zugleich »die wesentliche Stelle für das Ansetzen einer Theologie der cooperatio des Menschen« (183), die seines Erachtens in einem dem katholischen Glauben eigentümlichen Semipelagianismus begründet ist. Als sündenlose ist die Kirche in ihrem Kern schon gerechtfertigt; das »simul iustus et peccator« hat für sie keine Geltung mehr; dem göttlichen Gericht ist sie enthoben. Wo sich die Kirche in dieser Weise als Sakrament versteht, wird sie zwangsläufig hypostasiert, personifiziert und zu einer selbständig existierenden Größe über den einzelnen Gläubigen konstituiert (184f). In Maria, der Sündenlosen und ganz von der Gnade Erfüllten, sieht Maron diese Hypostasierung vorgeprägt. »Maria ist somit auch eine Art Parallele zur Kirche als Ursakrament. Nach dem Dogma von 1854 ist sie nicht der

Mensch schlechthin, sondern der gleichsam dauernd 'sakramental' gewandelte Mensch« (225). Darum konnte sie auch im Werk des Erlösers mitwirken - eine Bestätigung der These von der cooperatio.
Die Kirche, die personifiziert und hypostasiert wird, erscheint als das eigentliche Gegenüber der Christen. »Da das echte Gegenüber der Kirche verloren ist, indem der Herr, sein Wort und sein Geist, in der Kirche immanent sind, tritt die Kirche selbst an die Stelle, wird sie selbst Gegenüber« (186). Das aber hat Konsequenzen für die Struktur des Glaubensaktes: »Es besteht die Gefahr, daß die Gläubigen sich zu einer dergestalt hypostasierten Kirche in einer Weise verhalten, 'die den Unterschied des Glaubens an Gott und des Geglaubtwerdens der Kirche verwischen könnte'. Die Frage nach dem 'Credo in ecclesiam' ist gestellt« (186)[28]. Richtet sich der Glaube also nicht mehr auf Gott selbst, sondern auf die Kirche? Die Antwort entscheidet, ob sie sich damit selbst zum letzten Maßstab macht und in die sündhafte »incurvatio hominis in se« verfällt (189).
Angesichts der Konzilsekklesiologie führt für den einzelnen Gläubigen der Weg zum Heil ausschließlich über die Teilhabe an der und das Mittun in der Kirche. »Empfangend und gebend sind die Christen also als Glieder stets an die Kirche als an das 'Heilszeichen' gewiesen, das das Heil nicht nur anzeigt, sondern auch 'enthält' und selbst ist. Der Einzelne ist und hat 'nichts ohne' die Kirche« (212). Im Gedanken der participatio sieht Maron die Entsprechung zur Lehre von der Sakramentalität der Kirche: Weil die Kirche als Sakrament die Gnade vermittelt, ist vom einzelnen Glaubenden die Teilhabe an ihr gefordert. »'Participatio' ist ein Begriff, der im Sinn des Konzils Gott, Kirche und Menschen miteinander verbindet; es ist ein Schlüssel, der für viele Schlösser paßt und gerade deshalb von idealer Brauchbarkeit ist. Er vereinigt in sich ebenso das aktive wie das passive Moment, das Ergreifen ebenso wie das Empfangen, und ist eben deshalb die gegebene Grundlage für alles katholische Reden von der cooperatio« (215).
Der Glaube des einzelnen vollzieht sich nur als Teilhabe am Glauben der gesamten Kirche; das gleiche läßt sich von der individuellen Heiligkeit und vom geistlichen Leben aussagen (193-198). Heilsgewißheit gibt es nur für die Kirche an sich - für den einzelnen Gläubigen nur, insoweit er sich an die Kirche hält (200). Die alte Lehre »Außerhalb der Kirche kein Heil« wurde darum, so Maron, durch das Konzil keineswegs korri-

---

[28] Vgl. dazu auch G.Maron: »Credo in Ecclesiam?«, in: MdKI 15 (1964) 1-8, 8: »Unsere Frage nach dem 'credo in ecclesiam' wird in diesem Lichte unversehens zu der alten Frage nach der Rechtfertigung des Sünders. Freilich stellt sie sich nicht mehr auf individueller, sondern auf der kollektiven Ebene kirchlicher Selbstrechtfertigung.«

giert, sondern vielmehr bestätigt, mit der einzigen Modifikation, daß die Grenzen der Kirche nicht mehr auf die katholische Kirche eingeschränkt sind. Ihr Ziel ist jedoch nach wie vor die Heimholung der anderen Konfessionen und Religionen in die eigenen Reihen. Die katholische Rede von der »Mütterlichkeit« der Kirche ist der beste Beweis dafür.

Für die Rechtfertigung sind durch einen solchen »Heilskollektivismus« (202) unverrückbare Positionen gesetzt: Der Glaubende wird gerechtfertigt allein unter der Voraussetzung der participatio bzw. des votum ecclesiae, also nur dann, wenn er zur Kirche in eine positive Beziehung tritt, sich an die Hierarchie hält und ihre Sakramente empfängt[29]. Die Folgen sind für Maron untragbar: Die unmittelbare Beziehung des Menschen zu Gott geht verloren, weil er Gott gar nicht mehr »direkt konfrontiert« (224) ist. »Das Gottesverhältnis ist ja ein kirchlich vermitteltes, was nur in der 'Mystik' durchbrochen werden kann (und auch diese 'Mystik' ist mehr und mehr 'kirchlich' geworden). Gipfelt die Rechtfertigung also in der Participatio Ecclesiae, so kann auch eine 'Selbstbegrenzung' der Kirche gegenüber dem Einzelnen schon im Ansatz nicht gedacht werden. Die Kirche ist ja das notwendige Bindeglied zwischen Gott und Mensch. Das Gottesverhältnis ist ein kollektives; der Einzelne hat Gott nur in der Kirche und durch die Kirche« (259). Die Bedeutung des Gottesglaubens geht verloren auf Kosten eines »credo ecclesiam« (222). Der eschatologisch-forensische Charakter der Rechtfertigung geht verloren, denn das endgültige Gericht ereignet sich nicht, wenn der Mensch vor dem Angesicht Gottes steht, sondern durch die Kirche, die Menschen aus der Kirche ausschließt und andere heiligspricht (246). Es gibt kein menschliches Mitwirken mit der Gnade Gottes, sondern an dessen Stelle tritt das Mittun in der Kirche (224).

Die Kirche aber wird zur causa secunda, zu einer selbständig wirkenden Größe im Heilsgeschehen. Sie ist damit nicht mehr causa instrumentalis, rein ausführendes Organ und Werkzeug Gottes, das auf das göttliche Heilshandeln hin ganz transparent ist (226). Vielmehr macht sie sich selbst zur Heilsbedingung; die Zugehörigkeit zu ihr und das Mittun in ihr wird zur Voraussetzung der Rechtfertigung und damit zu einem

---

[29] Vgl. G.Maron: Zum Gespräch mit Rom, 34: »Für die rechtliche Auffassung des Christentums zentral ist eine starke Betonung der Institution, der Kirche. Sie ist die entscheidende und tragende Größe für den katholischen Christen. ... In ihr und vermittelt durch ihre geordneten Vollzüge, geleitet vom Amtsträger göttlichen Rechts, begegnet der Christ der letzten entscheidenden Größe: Christus. An seiner Stelle, 'stellvertretend', handelt die Kirche auf Erden.« - »Von der Rechtfertigung her sieht sich nun alles völlig anders an: Nicht mehr der ordentliche Vollzug kirchlicher Handlungen ist zentral, sondern die Begegnung mit dem richtenden und freisprechenden Herrn im göttlichen Wort« (37).

vorweg zu leistenden Werk. Auf diese Weise tritt die Kirche in den Rechtfertigungsprozeß selbst ein und wird zur rechtfertigenden Instanz. »Die Kirche ist dann nicht bloß 'gerechtfertigt' und 'heilig' in einem endgültigen Sinne, sondern sie ist auch die rechtfertigende und heiligende. Der Anschluß an sie als an das Ursakrament und das Urwort ist das Heil« (191).

Eine solche Sicht von Rechtfertigung stellt für Maron eine völlige Entfernung vom Rechtfertigungsverständnis der Reformation dar. Demgemäß ist die Kirche weder Sakrament und Gnadenmittel, noch gehört sie ins Rechtfertigungsgeschehen selbst hinein. »Die Kirche hat ... von der Rechtfertigung her dienende und instrumentale Funktion, sie ist nur Botin und Zeugin ihres Herrn - und hat mit diesem ihrem Auftrag wahrlich genug zu tun. Die Kirche ist also nicht 'Brücke' (das ist allein der Mittler Jesus Christus), sie ist nur Brückenkopf« (265). Der Gegensatz zwischen den Konfessionen beruht für Maron darum nicht »entweder in der Ekklesiologie oder in der Rechtfertigungslehre, sondern beides hängt aufs engste zusammen: Im Katholizismus ist es die Kirche, die alle Aussagen, auch die über 'Rechtfertigung' und 'Heiligung' bestimmt und formt; in der reformatorischen Christenheit ist es die Rechtfertigungslehre (oder sollte es doch sein!), die auch die Auffassung von der Kirche 'regiert'. Die Rechtfertigungslehre ist dann nicht mehr und nicht weniger als eine 'Kontrollformel' zur Prüfung jeder theologischen Ausage. Eben eine solche Kontrollformel und Prüfung der Kirche wird - wie wir sahen - von der katholischen Theologie abgelehnt. Umgekehrt wird die 'Rechtfertigung' in verkürzter und veränderter Gestalt der Kirche und ihrem Sein untergeordnet. Die Frage kann deshalb in reformatorischem Sinne nur lauten: wer soll 'regieren'? Die Kirche oder die (Rechtfertigungs-)Lehre? Die Alternative kann nur lauten: Kirche oder Rechtfertigung« (251).

Nach reformatorischem Verständnis gebietet der Rechtfertigungsartikel eine umfassende Selbstbeschränkung der Kirche. Sie muß sich beschränken gegenüber Christus, den sie nicht in ihren Raum absorbieren darf; gegenüber dem einzelnen, dem sie nicht heilsbedingend vorgeordnet werden und dessen Stellung coram Deo sie nicht unterbinden darf, sowie gegenüber der Welt, die sie nicht in ihren Raum hineinholen darf, sondern auf die sie sich hinzuordnen hat. Alles andere wäre eine »vereinnahmende Ekklesiologie« (261), die ihre Vertreter nach Maron nicht nur auf katholischer Seite, sondern auch in der protestantischen

Theologie hat[30]. Die evangelische Theologie muß sich nach Maron fragen, ob es sinnvoll ist, angesichts dieser Situation überhaupt in das ökumenische Gespräch einzutreten, wenn sie nicht ihr ureigenes Anliegen, die bedingungslose Rechtfertigung des Sünders aus Gnade allein, preisgeben möchte (267).

Exkurs: Protestantische Vorwürfe im Gefolge Marons

Marons kritische Stimme ist nicht die eines einzelnen, so daß man sie als eine extreme Position abtun oder gar schlechterdings ignorieren könnte. Sie repräsentiert eine ganz bestimmte, in ihrem Gewicht nicht zu unterschätzende Richtung innerhalb der protestantischen Theologie. Dieselben oder ähnliche Vorwürfe, die er vorbringt, wurden und werden auch unabhängig vom Problemkomplex »Rechtfertigung und Kirche« von anderen protestantischen Theologen gegen die katholische Ekklesiologie erhoben.

So stößt in der protestantischen Theologie der katholische Gedanken der Analogie der Kirche zur Inkarnation auf große Skepsis[31]. Die Legitimität einer solchen Übertragung des chalkedonensischen Dogmas wird in Zweifel gezogen aus Furcht, daß auf diese Weise das einmalige Ereignis der Inkarnation zu einem generellen »gottmenschlichen Prinzip« erweitert und dadurch nivelliert wird[32]. Hinzu kommt die Unklarheit, wie diese Analogie zu interpretieren sei - ob rein funktional oder metaphysisch[33] - sowie die Frage, ob die Kategorien des Inkarnatorischen und des Sakramentalen tatsächlich miteinander identisch sind[34]. Meint die Inkarnation nicht in erster Linie das Eingehen Christi in Niedrigkeit, Knechtsgestalt und Sünde[35]?

Wo immer die Kirche sich auf ihre Ähnlichkeit mit Christus beruft, hat die protestantische Theologie den Verdacht, daß sie sich mit ihm als »Christus prolongatus« gleichzusetzen und ihr Handeln mit dem seinigen zu identifizieren sucht[36]. Auf

---

30 Maron meint damit neben A.Ritschl vor allem H.Asmussen, der durch eine sakramentale Konzeption der Kirche ihre sichtbare Gestalt stärken und die protestantische aktuale Ekklesiologie überwinden möchte. S. dazu H.Asmussen: Warum noch Lutherische Kirche? Stuttgart 1949, 92; ders.: Das Sakrament, Stuttgart 1958, 12ff. In die gleiche Richtung geht P.Meinhold: Ökumenische Kirchenkunde, Stuttgart 1962, 310: »Die Lehre von der Rechtfertigung kann ... im Luthertum nicht einen eigenen Platz gegenüber der Lehre von der Kirche behaupten. Sie ist ein Ausdruck für die Aneignung des Werkes Christi durch den einzelnen, die in der Kirche und durch die kirchlichen Gnadenmittel geschieht.«

31 Die verschiedenen Bedenken finden sich zusammengestellt bei M.Schwintek: Die Kirche der Sünder, Berlin 1969, 101-110.

32 M.Honecker: Die Kirche als Gestalt und Ereignis, München 1963, 64-75. Ebenso M.Köhnlein: Was bringt das Sakrament?, 220, Anm. 16.

33 Vgl. A.Birmelé: La sacramentalité de l'Église et la tradition luthérienne, in: Irén. 59 (1986) 482-507, 489.

34 M.Köhnlein: Was bringt das Sakrament?, 120.

35 Ebd.

36 R.Frieling: »Auf ewiglich geschieden und widernander?«, in: MdKi (Schnelldienst) II/1983, 4f; W.Dietzfelbinger: Ökumenische Fragen an die Kirchenkonstitution, in:

diese Weise würde die ganze Kirche und all ihr Tun geradezu konsekriert[37] und zum Höchstfall der gnädigen Selbstmitteilung Gottes erhoben[38]. Gegenüber einem inkarnatorisch-sakramentalen Denken, das die Sichtbarkeit und Greifbarkeit des Heils herausstellt, beruft sich die protestantische Theologie auf die Gebrochenheit alles Irdischen, wie sie die Botschaft vom Kreuz herausstellt[39].

Wo die Kirche sich und ihr Handeln als Fortsetzung der Inkarnation und der Repräsentation Christi versteht, wird, so die protestantische Befürchtung, Selbstkritik wie jegliche Kritik von außen nahezu unmöglich. Christus hat damit die Funktion des Richters über die Kirche verloren, denn die Kirche erscheint immer schon als gerechtfertigt, sündenlos und damit dem göttlichen Gericht entzogen[40]. Sie vergißt darüber, daß sie selbst der rechtfertigenden Gnade bedürftig ist und sich damit immer wieder neu beschenken lassen muß[41].

Die Einwände kulminieren in der Zurückweisung der katholischen Auffassung von der Kirche als Heilsmittel, durch das den Glaubenden die rechtfertigende Gnade zuteil wird[42]. Protestantische Theologie versteht die Kirche in erster Linie als »creatura Verbi«, als hörende, empfangende Kirche, und damit nicht als Mittel, sondern als Frucht des Heils. In diesem Sinne steht die Passivität und Rezeptivität der Kirche an erster Stelle[43]. Über der Betonung ihrer Vermittlungsfunktion werde von katholischer Seite vergessen, daß sie selbst erst durch das Wort und die Sakra-

---

J.C.Hampe: Die Autorität der Freiheit I, München 1967, 325-334, 333f; M.Honecker: Die Kirche als Gestalt und Ereignis, 88; E.Käsemann: Zur ekklesiologischen Verwendung der Stichworte Sakrament und Zeichen, in: R.Groscurth (Hg.): Wandernde Horizonte auf dem Weg zur kirchlichen Einheit, Frankfurt 1974, 119-136, 127; F.Viering: Christus und die Kirche in katholischer Sicht, Göttingen 1962, 88ff.

37 W.Dantine: Kirche und Sakramente, in: MdKI 18 (1967) 41-47, 46. Vgl. auch M.Köhnlein: Was bringt das Sakrament?, 126.

38 M.Köhnlein: Was bringt das Sakrament?, 96.

39 R.Frieling: Zusätzliche Bedingungen zum Heil?, in: KNA-ÖKI 1983/44, 5-7, 5.

40 E.Käsemann: Zur ekklesiologischen Verwendung der Stichworte Sakrament und Zeichen, 129; ebenso A.Birmelé: La peccabilité de l'Église comme enjeu oecuménique, in: RHPhR 67 (1987) 399-419. Birmelé spricht der katholischen Kirche das vorbehaltlose Bekenntnis zur eigenen Sündigkeit ab, weil sie sowohl auf der Seite der Gläubigen Gott gegenüber als auch auf der Seite Gottes bzw. Jesu Christi den Gläubigen gegenüber steht. Die Christus-Kirche-Analogie aber läßt den Gedanken von der Kirche als Sünderin nicht zu oder erschwert ihn zumindest. Nur wenn die Kirche ganz auf seiten der Gläubigen steht, so wie dies in der lutherischen Tradition der Fall ist, kann sie als sündig und heilig zugleich gedacht werden.

41 V.Subilia: Die Rechtfertigung aus Glaube, Göttingen 1981, 97. Subilia zielt mit seiner Studie in genau dieselbe Richtung wie Maron und übertrifft ihn dabei bei weitem an Polemik.

42 Der ökumenische Arbeitskreis evangelischer und katholischer Theologen nennt die interkonfessionelle Auseinandersetzung um die Instrumentalität der Kirche als eines der Hauptprobleme des gegenwärtigen Dialoges. Vgl. K.Lehmann/W.Pannenberg (Hg.): Lehrverurteilungen - kirchentrennend? I, Freiburg-Göttingen 1986, 63f. Vgl. auch die Problemskizze bei A.Birmelé/Th.Ruster: Allein seligmachend?, Würzburg-Göttingen 1988, 60-62.

43 A.Birmelé: Le salut en Jésus Christ dans les dialogues oecuméniques, Paris 1986, 244f; ähnlich das Comité mixte catholique-protestant en France: Consensus oecuménique et différence fondamentale, Paris 1987, 23. Die französische Dialoggruppe stellt die Frage nach der Instrumentalität der Kirche und ihrer Rolle im Heilsgeschehen in den Mittelpunkt. Eine deutsche Übersetzung des Konsenstextes stammt von A.Birmelé: Zum Verhältnis Grundkonsens - Grunddifferenz, in: ÖR 37 (1988) 222-230.

mente konstituiert wird[44]. Eine Mitwirkung der Kirche im Rechtfertigungsgeschehen kann angesichts dessen nur eine Mitwirkung im Empfangen sein. Das katholische Insistieren auf einer echten Aktivität der Kirche im Heilsgeschehen stößt darum protestantischerseits auf Bedenken: Wird die Kirche durch Gott geheiligt, um selbst heiligend zu wirken[45]?

Vor allem aber - so einer der Hauptvorwürfe - erscheint im Licht der Vorstellung von der Kirche als Sakrament ihre Vermittlung nicht im Sinne einer causa instrumentalis als rein ausführendes Tun, das ganz auf das Handeln Gottes hin durchsichtig bleibt, sondern im Sinne einer causa secunda als eigenständiges, von Christus abgelöstes oder sogar zu ihm in Konkurrenz tretendes Wirken, auf das er freilich angewiesen ist, um sein Heilsziel zu erlangen[46]. Viele protestantische Theologen sehen darum in der kirchlichen Vermittlung eine Bedrohung der göttlichen Souveränität bzw. der einzigartigen Heilsmittlerschaft Jesu Christi[47]. Andere vermuten in den »typisch katholischen« Lehren vom päpstlichen Primat, der Mariologie, der Heiligenverehrung und auch in der Meßopferfrage eine Infragestellung der Christozentrik des Glaubensbekenntnisses[48]. Wieder andere erklären die kirchliche Vermittlung als störendes Zwischenglied und Beeinträchtigung der Unmittelbarkeit des Menschen zu Gott[49]. Insbesondere fürchtet die protestantische Theologie, daß mit der ekklesialen Vermittlung der Rechtfertigungsgnade die Teilhabe an der Kirche zur Bedingung der Rechtfertigung gemacht wird. Die Kirche habe damit Verfügungsgewalt über die Gnade und könne ihre Zuteilung manipulieren - ein fundamentaler Widerspruch zur Botschaft von ihrer Unbedingtheit[50]. Das Prinzip »sola fide« und »sola gratia« werden auf diese Weise preisgegeben[51].

In ihrer Kritik am katholischen Verständnis ist sich die protestantische Theologie nicht einig, ob der Begriff der Vermittlung generell zurückgewiesen werden muß oder ob nur eine bestimmte Interpretation der Instrumentalität der Kirche abzu-

---

44 M.Köhnlein, 96f. - Ähnlich P.Brunner: Zur katholischen Sakramenten- und Eucharistielehre, in: ThLZ 86 (1963) 170-186, 175.

45 Comité mixte: Consensus oecuménique, 19, 38f.

46 F.Viering: Christus und die Kirche in katholischer Sicht, 47.

47 Comité mixte: Consensus oecuménique, 22f; ebenso »Rechtfertigung heute«. Eine Handreichung zum Reformationstag 1981 des Evangelischen Bundes, Göttingen 1981, 5. Das Dokument wehrt sich explizit gegen die katholische Bindung des rechtfertigenden Handeln Gottes an das hierarchische Priesteramt. Vgl. dazu auch das Moderamen des Reformierten Bundes, in: epd-Dokumentation 1981/10, 3-11, 9ff.

48 So C.J.Peter: Justification by Faith and the Need of Another Critical Principle, in: Justification by Faith, 304-315; H.G.Pöhlmann: Rechtfertigung, 382.

49 P.Brunner: Reform - Reformation, Einst - heute, in: KuD 13 (1967) 159-183, 182.

50 W.Dantine: Die kontroverstheologische Problematik der ekklesialen Elemente, in: J.Lell (Hg.): Erneuerung der Einen Kirche, Göttingen 1966, 140-154, 151; Kirche und Sakramente, 44.

51 So P.Brunner: De Ecclesia II, 91; ders.: Reform - Reformation, Einst - Heute, 182; Catholica-Ausschuß der EKD: Kleines Handbuch für evangelisch-katholische Begegnungen, Göttingen 1983, 9; R.Frieling: Zusätzliche Bedingungen zum Heil?, 5-7; ders.: Versöhnung und Konflikt. Zum gemeinsamen katholisch/lutherischen Wort zu Martin Luther, in: MdKI 34 (1983) 61f; ähnliche Bedenken äußert der Malta-Bericht, in: DWÜ 255.

lehnen, die vermittelnde Rolle der Kirche aber grundsätzlich anzuerkennen sei[52]. Wenn einige protestantische Theologen trotz Bedenken bereit sind, von einer Gnadenmitteilung *durch* die Kirche zu sprechen, dann nur unter der Bedingung, daß die Kirche sich als reine Transparenz auf Christus hin begreift und sich selbst keinerlei Verfügungsgewalt über das göttliche Heilshandeln zuschreibt[53].
Indirekte Schützenhilfe für den Angriff gegen die katholische Ekklesiologie erhält Maron - ohne daß auf seine Studie Bezug genommen würde - durch K.Schwarzwällers Untersuchung des Verhältnisses von Rechtfertigung und Ekklesiologie in den Schmalkaldischen Artikeln[54]. In der Überzeugung, daß sich die Lehre von der Kirche ausschließlich vom Rechtfertigungsartikel als dem »Hauptartikel« lutherischer Theologie herzuleiten hat, sucht Schwarzwäller die grundlegenden ekklesiologischen Strukturen der »reformatorischsten unter den Bekenntnisschriften« (84) zu erheben. Die zentrale Einsicht der Rechtfertigungslehre ist für ihn nichts anderes als die Lehre von der particula exclusiva: »Christus *allein*, aus Gnaden *allein* - Christus allein gibt und wir empfangen allein. Diese Grundstruktur hat unmittelbare ekklesiologische Konsequenzen« (91). Weil die Menschen nur Empfangende sind, die von sich her nichts tun können, und das Heil allein an Christus hängt, der zugleich das einzige und alleinige Haupt der Kirche ist, können, wie Luther richtig erkannt hat, Papsttum, Sakramente, Messe, ja die gesamte Kirchenstruktur im letzten nicht heilsrelevant sein.
Daß Christus allein gibt und handelt, heißt für Schwarzwäller zugleich: »Er hat keinerlei Mittlerinstanz zwischen sich und den Seinen eingesetzt, sondern handelt unmittelbar an uns durch sein Evangelium und Sakrament. Dieses sein Wort aber gilt 'per sese' und schließt jedwede Mittlerinstanz aus« (92). Zwar wird auch von Luther nicht bestritten, daß sich Gott irgendwelcher vermittelnder Instanzen bedient, sowenig wie er die Notwendigkeit des Amtes leugnet, doch sie haben keinerlei Eigenbedeutung, da aus der im Rechtfertigungsartikel artikulierten Exklusivität des Handelns Gottes bzw. Jesu Christi die Unmittelbarkeit der Menschen zu Gott notwendig folgt: »Man kann es so zusammenfassen, daß die Kirche die Gemeinde der Menschen ist, die sich, gerade auch als Gemeinde, von ihrem Herrn beschenken und erhalten und auf seinen Weg führen lassen, ohne durch irgendeine Leistung, Institution oder gar Person etwas zwischen sich und ihren Herrn zu schieben« (98). Die sakramentale Sichtweise der Kirche auf katholischer Seite und ihre Betonung der Notwendigkeit der sakramentalen Gnadenvermittlung erscheint damit unmög-

[52] Dies ist die grundsätzliche Überzeugung des Comité mixte. Es geht davon aus, daß zwischen den Konfessionen Konsens besteht hinsichtlich der Tatsache, daß die Kirche Instrument des Heiles und aktives Subjekt der Gabe Gottes ist. Umstritten sei nur die Bestimmung dieser Instrumentalität. Zu einem ähnlichen Ergebnis gelangt die Groupe des Dombes: Pour la communion des Églises, Paris 1988; ebenso A.Birmelé: Le salut en Jésus Christ, 244f. Birmelé will die Instrumentalität der Kirche jedoch ausschließlich im Sinne einer »instrumentalité passive« verstanden wissen. Die Diskussion um den Instrumentalitätsbegriffes zeigt, daß die Verwendung ein und derselben Terminologie noch keine Übereinstimmung in der Sache bedeutet. Unseres Erachtens sind gerade die vom Comité mixte verwendeten Formulierungen so allgemein gehalten, daß ihnen zwar jede Seite zustimmen kann, daß es ihnen aber umgekehrt an begrifflicher Präzision mangelt, so daß sie die eigentliche Problematik gar nicht erfassen.

[53] Vgl. dazu A.Birmelé/Th.Ruster: Kirche - allein seligmachend?, 84.

[54] K.Schwarzwäller: Rechtfertigung und Ekklesiologie in den Schmalkaldischen Artikeln, in: Cath 35 (1989) 84-105.

lich. Sie verstößt für Schwarzwäller zugleich gegen ihren eschatologischen Charakter: »Jeder Gedanke an einen Christus prolongatus oder an eine in Analogie zur Inkarnation aufzufassende sakramentale Qualität der Kirche oder ihrer Ämter ist mit dem eschatologischen Wesen der Kirche inkompatibel und scheidet notwendigerweise aus. Die Kirche ist und bleibt *unmittelbar* ihres Herrn, wie ihn der 'Häuptartikel' vorstellt. Aussagen über sie leiten sich unmittelbar aus diesem Artikel her« (101). Letztlich geht es bei allen diesen Überlegungen um die Frage, »ob wir uns der Herrschaft Christi und der Wirkung des Geistes - sicher ist sicher! - durch Ämter und Strukturen, durch Theologie und Theorien versichern oder aber uns samt diesen der Unabsehbarkeit des gnädigen Wirkens unseres Gottes und Herrn preisgeben wollen. Genau das aber ist es, was der wirklich ernst genommene 'Häuptartikel', was die Rechtfertigungslehre fordert« (103).

In eine ähnliche Richtung wie Maron und Schwarzwäller weist die Position von E.Herms[55]. Er sieht allerdings die grundlegende Differenz zwischen den Konfessionen noch tiefer als in der Ekklesiologie, nämlich im unterschiedlichen Verständnis der Offenbarung angesiedelt. Für die katholische Theologie gehört die Weitergabe der Offenbarung, beginnend mit der Überlieferungstätigkeit der Apostel, und das Resultat dieser Weitergabe, die Kirche, konstitutiv mit zum Offenbarungsgeschehen hinzu. Dabei erscheint die Weitergabe in katholischer Sicht als sakramentale Vergegenwärtigung bzw. Symbolisation und Repräsentation. Dies meint, daß die göttliche Offenbarung in der Kirche in menschlicher Gestalt begegnet, das opus Dei im opus hominum, eine Vorstellung, die Herms als eine nicht legitime Vermischung von Menschlichem und Göttlichem zurückweist[56]. Für die Ekklesiologie hat dies zur Folge, daß das Handeln der Kirche als Manifestation und Repräsentation des göttlichen Handelns erscheint[57].

Der Vorwurf von Herms richtet sich offensichtlich gegen das sakramentale Verständnis der Kirche und ihre damit verbundene Vermittlungsfunktion. Dagegen stellt er die protestantische Position: »Reformatorischem Verständnis zufolge ist und bleibt Offenbarung dasjenige Handeln Gottes selber, durch welches er selber das Wahrsein seines Evangeliums evident macht.«[58] Diese Evidenz, die den Menschen dazu bewegt, die Heilsbotschaft anzunehmen, wird nicht durch menschliches bzw. kirchliches Tun bewirkt, sondern allein durch das Wirken des Heiligen Geistes im Herzen der Gläubigen. Aus diesem Grund kann das göttliche Handeln durch den Menschen nur bezeugt, niemals aber vergegenwärtigt, repräsentiert oder vermittelt werden. »Die reformatorische Lehre denkt demgegenüber das opus Dei, in dem Gott seinen Gnadenwillen durch seine Offenbarung realisiert, so, daß dieses Werk das opus hominum, dieses Handeln Gottes zu bezeugen, zwar ermöglicht und,

---

55 E.Herms: Einheit der Christen in der Gemeinschaft der Kirchen, Göttingen 1984. Eine Zusammenfassung seiner Thesen bietet sein Aufsatz Ökumenischer Konsens, in: EK 19 (1986) 101-103. Vgl. auch ders.: Überlegungen zum Dokument »Das Herrenmahl«, in: ZThK 78 (1981) 345-366.

56 Unseres Erachtens würde eher zutreffen, wenn Herms den entscheidenden Unterschied nicht im Offenbarungsverständnis ansetzte, sondern in der Auffassung vom Verhältnis zwischen göttlichem und menschlichem Handeln im Heilsgeschehen.

57 Im Hinblick auf den Glauben hat dies zur Folge, daß er »aktuell keine andere Form annehmen (kann) als die der praktischen Zustimmung zur Tätigkeit der Bischöfe«: E.Herms, in: Einheit der Christen, 78f.

58 Ebd. 111.

wo es geschieht, frei bewährt, aber unter gar keinen Umständen mit diesem menschlichen Werk zusammenfällt oder durch es selber vergegenwärtigt wird.«[59]

3. Die kontroverstheologische Problematik

Die interkonfessionelle Kontroverse in der Zuordnung von Rechtfertigungslehre und Ekklesiologie stellt sich auf dem Hintergrund der Vorwürfe Marons und anderer Theologen in seinem Gefolge folgendermaßen dar: Während die katholische Theologie die Verwiesenheit des Rechtfertigungsgeschehens auf die Wirklichkeit der Kirche und damit die enge Verbindung von Rechtfertigung und Kirche herausstellt, allein schon durch die Tatsache, daß sie durch die Sakramentenlehre miteinander verklammert sind[60], weist die protestantische eine Beteiligung der Kirche am Rechtfertigungsgeschehen zurück. Wo katholischerseits unbefangen von einer »Vermittlung« der Rechtfertigung durch die Kirche gesprochen wird - worin die Teilhabe an der Kirche zur Erlangung der rechtfertigenden Gnade impliziert ist - vermutet man auf protestantischer Seite das Verfügenwollen der Kirche über die Gnade, die Beeinträchtigung der christlichen Freiheit und die Auferlegung zusätzlicher Bedingungen zum Heil. Ist es katholische Überzeugung, »daß Gott, um uns mit sich in der gleichen Gemeinschaft des Glaubens zu vereinigen, nicht nur von außen seine geschriebenes Wort und im Innern eines jeden seinen Geist, sondern eine öffentliche und allgemeine Institution vorgesehen hat, die als solche den Beistand des Geistes empfängt«[61], macht man auf protestantischer Seite die Gottesunmittelbarkeit eines jeden Glaubenden geltend[62]. Unter Berufung auf die kritische Funktion des Rechtfertigungsartikels, der gerade die Unverfügbarkeit der Gnade zu wahren sucht und in seiner Richterfunktion die Kirche in ihre Grenzen weist, wehrt man sich hier dagegen, die rechtfertigende Gnade an

---

59 Ebd. 145.

60 So wurde vom Trienter Konzil bestimmt, daß durch die Sakramente »jede wahre Gerechtigkeit ihren Anfang nimmt, wächst und nach dem Verlust wiederhergestellt wird« (DS 843). Die rechtfertigende Gnade wird durch die Taufe vermittelt (DS 799); wenn sie durch sündhaftes Tun verlorengegangen ist, wird sie durch das Sakrament der Buße zurückgewonnen (DS 807, 839, 894).

61 Y.Congar: Tradition und Kirche, 151.

62 Dabei geht es, wie wir an Maron deutlich sehen konnten, nicht um eine philosophische Klärung von »Gottesunmittelbarkeit«. »Vermittelt« ist die Gottesbeziehung des Menschen dann zu nennen, wenn die Kirche für ihr Zustandekommen konstitutive Bedeutung hat. Ist dies nicht der Fall, so ist, ganz im Sinne Marons, das Verhältnis des Menschen zu Gott ein unmittelbares, ohne daß deswegen die Wirklichkeit der Kirche bestritten würde - sie ist nur nicht entscheidend für die Relation zu Gott.

die Wirklichkeit der Kirche zu binden. Ein Zusammenhang zwischen beiden besteht für die protestantische Theologie nur, insofern der Rechtfertigungsartikel der kritische Maßstab für das kirchliche Selbstverständnis ist. Dieser Gedanke wird umgekehrt vom Konzil überhaupt nicht geltend gemacht. Scheint hier die Kirche das entscheidende Kriterium aller Theologie zu sein, ist es dort der Rechtfertigungsartikel.

Das Problem der ekklesialen Heilsvermittlung und der damit verbundenen Instrumentalität der Kirche führt auf die Frage nach dem Zueinander von göttlichem und menschlichem Handeln. Beide Konfessionen sind sich darin einig, daß die beiden Pole weder einfachhin miteinander zu identifizieren sind, noch daß sie in einer grundsätzlichen Konkurrenz zueinander stehen. Dennoch gibt es wesentliche Differenzen: Mit der katholischen Bestimmung der Kirche als Sakrament ist impliziert, daß das göttliche Handeln durch das menschliche zum Ausdruck kommt, daß es durch das menschliche verleiblicht, sichtbar gemacht, vergegenwärtigt und damit zugleich zugeeignet wird. In diesem Sinne kommt dem menschlichen Tun »soteriologische« Qualität zu. Von protestantischer Seite wird nicht die Existenz des Menschlichen in der Kirche bestritten, wohl aber, daß es Ausdruck und Instrument des Göttlichen sein soll; allenfalls wird ihm die Aufgabe der Bezeugung zugesprochen.

Es stellt sich die Frage, ob diese Sichtweise nicht im Grunde einen ekklesiologischen Nestorianismus darstellt, der zwischen der menschlichen und der göttlichen Seite der Kirche in ähnlicher Weise trennt wie die nestorianische Christologie zwischen der menschlichen und der göttlichen Natur Jesu Christi. Eine solche Sichtweise steht in der Gefahr, daß die Kirche entweder im Sinne eines Spiritualismus ausschließlich als eine rein geistige Wirklichkeit angesehen und ihre menschlich-sichtbare Seite für unbedeutend (und darum veränderlich) erklärt wird, oder aber, daß ihre göttliche Dimension schlichtweg geleugnet und die Kirche als eine rein menschliche (und darum in ihren Strukturen wiederum veränderbare Einrichtung) verstanden wird. Auf jeden Fall sind dann die menschlichen Strukturen in der Kirche nicht Vermittlung des Göttlichen, sondern eine rein menschliche Wirklichkeit und insofern allenfalls der äußere Rahmen für das Wirken Gottes, der am Menschen unsichtbar und unmittelbar in dessen Seele handelt. Die katholische Gefahr ist demgegenüber die eines ekklesiologischen Monophysitismus, indem das Menschliche in der Kirche mit dem Göttlichen in eins gesetzt wird. Dies kann (muß aber nicht) mit einem überzogenen Institutionalismus Hand in Hand gehen, der die sichtbaren Strukturen der Kirche in einer überzogenen Weise herausstellt, in der Überzeugung, daß in ihnen Gott selbst begegnet. So haben beide ekklesiologischen Konzeptionen ihre Gefahren und werden sich wechselseitig zur Anfrage.

Das Problem des Zueinander von göttlichem und menschlichem Handeln sprengt den ekklesiologischen Fragehorizont und führt auf die theologische Grundfrage nach dem wechselseitigen Verhältnis von Gott und Mensch, Schöpfer und Geschöpf. Schließt das »solus Deus«, das von protestantischer Seite immer wieder geltend gemacht wird, die geschöpfliche Mitwirkung aus, oder ist die Alleinwirksamkeit im Sinne einer »Alleswirksamkeit« zu verstehen, gemäß der zwar alles von Gott kommt, er den Menschen dabei aber einbezieht[63]? Die katholische Position läßt keinen Zweifel: Gott schaltet die menschliche Wirklichkeit nicht aus, sondern nimmt sie in seinen Dienst und setzt auf diese Weise den Menschen in sein Eigenes frei[64]. Analog dazu weist er der Kirche als seinem Instrument eine aktive Rolle im Heilsgeschehen zu. »Gott vergegenwärtigt also sein ein für allemal in Christus gesprochenes Offenbarungswort in der Geschichte so, daß er das menschliche Tun der Kirche in Anspruch nimmt, erweckt und führt; er vergegenwärtigt es nicht an der Kirche vorbei, sondern in der Kirche und durch die Kirche.«[65] Wie beurteilt die protestantische Theologie ein so verstandenes Mit-Wirken-Lassen des Menschen durch Gott? Ist ihre Stellungnahme so eindeutig, wie Maron es vorgibt?

Gesetzt den Fall, Maron hätte recht, so wären nicht nur die bisherigen ökumenischen Bemühungen weitgehend fruchtlos geblieben bzw. durch das Zweite Vatikanum ad absurdum geführt worden, sondern auch das weitere Gespräch sähe sich vor große Schwierigkeiten gestellt, sofern es überhaupt noch für sinnvoll erachtet wird, ein solches zu führen. Im Grunde hätte sich dann an der Unüberbrückbarkeit der Gegensätze zwischen protestantischem und katholischem Glauben, wie F.Schleiermacher sie beschrieben hat, nichts geändert - »daß ersterer das Verhältnis des Einzelnen zur Kirche abhängig macht von Christo, der letztere aber umgekehrt das Verhältnis des Einzelnen zu Christo abhängig macht von seinem Verhältnis zur Kirche.«[66] Die protestantische Ekkle-

---

63 Vgl. dazu W.Kasper: Der Bruch ging nicht in die Fundamente, in: KNA-ÖKI 1980/52, 5-7; 53/54, 7-10; ders.: Grundkonsens und Kirchengemeinschaft. Kasper ist der Überzeugung, daß das Grundproblem zwischen den getrennten Kirche, auf das auch die Differenzen in der Ekklesiologie zurückzuführen sind, die rechte Verhältnisbestimmung von Gott und Mensch im Heilsgeschehen ist.

64 Vgl. dazu H.J.Pottmeyer: Kontinuität und Innovation in der Ekklesiologie des II. Vatikanums, in: Kirche im Wandel, 89-110, 103f.

65 J.Feiner: Die Vergegenwärtigung der Offenbarung durch die Kirche, 506.

66 F.Schleiermacher: Werke III, hg. u. eingel. von O.Braun/J. Bauer, Aalen 1967, 161. - J.A. Möhler stimmte dieser Gegenüberstellung ausdrücklich zu: Die Einheit in der Kirche oder des Prinzip des Katholizismus, hg. von J.R.Geier, Darmstadt 1957, 405.

siologie und das katholische Kirchenverständnis wären damit schlechterdings unvereinbar. Wir sind allerdings der Ansicht, daß Marons Position in der pointierten Weise, wie er sie vorstellt, nicht zu halten ist, nicht nur seine Beurteilung der katholischen Ekklesiologie auf der Grundlage des Zweiten Vatikanums, sondern auch seine Darstellung der protestantischen Position. In der Tat wurde seine Untersuchung sowohl von katholischer Seite - was zu erwarten war - wie auch von protestantischer nicht widerspruchslos hingenommen.

Exkurs: Die Kritik an Marons Darstellung

O.H. Pesch, der sich ausführlich mit Marons Untersuchung auseinandergesetzt hat[67], kritisiert sein hermeneutisches Verfahren: Er interpretiere die Texte grundsätzlich nach der schlechtesten Möglichkeit, ohne ihre positive Aussageabsicht überhaupt zu berücksichtigen. In der Tat macht Maron nicht einmal den Versuch einer Würdigung dessen, was mit der Rede von der Kirche als Sakrament ausgesagt werden sollte. Dabei übersieht er die neuen Akzente, die die Ekklesiologie des Zweiten Vatikanums gegenüber der von »Mystici Corporis« setzt[68], ebenso wie die katholische Konzilskritik. »Ganz und gar aber fehlt jede Andeutung, daß etwa Luthers Rechtfertigungslehre durchaus einen bedeutenden hermeneutischen Schritt vom Neuen Testament in die Neuzeit hinein darstellt, und erst recht ein Indiz des Bewußtseins, daß von Luther zu uns ein weiterer hermeneutischer Schritt nötig sein könnte. ... Als ob man nicht längst über die Vorstellung von der Rechtfertigungslehre als einem 'Materialprinzip' des Protestantismus, weil zu einfach, hinaus wäre!«[69] Der Protestant W.Geppert[70] rügt Marons schmale Argumentationsbasis: Es ist nicht legitim, das Kirchenverständnis allein von der Rechtfertigungslehre herzuleiten, da noch eine Fülle anderer Faktoren hierfür eine Rolle spielen. Auch bedeutet die Tatsache, daß ein Gläubiger am Leben der Kirche teilnimmt, noch nicht automatisch seine Rechtfertigung, solange diese Teilnahme rein äußerlich bleibt[71]. Zudem entspreche Marons Kirchenverständnis in einzelnen Punkten nicht dem der Reformatoren[72]. Vor allem erhebt Geppert gegenüber Maron den Vorwurf, daß er nach seiner eigenen Aussage im Vorwort nur einen kontroverstheologischen Problemaufriß geben wolle, dann aber eine fertige Lösung liefert. Maron gestand in der Tat auch später zu, daß sein Ton beim Empfänger wohl lauter, d.h. polemischer, an-

---

67 Der Versuch einer Teilantwort auf Maron ist die erste Studie von »Kirche und Rechtfertigung«: »Die Rechtfertigungslehre - immer noch kirchentrennend?«, 13-55.

68 O.H.Pesch: Aus der Lutherforschung, in: ThQ 150 (1970) 413-433, bes. 425-428.

69 Ebd. 428.

70 W.Geppert: Marcel Lefebvre, Tübingen 1980, 84-94.

71 Ebd. 88.

72 Gepperts Begründung in diesem Punkt ist allerdings nicht sonderlich schlagkräftig: Er verweist auf einzelne Aussagen in den Bekenntnisschriften, die betonen, daß die Kirche das Reich Gottes ist und ewig bleiben werde (89-92). Eine solche unkritische Argumentation vermag wenig zu überzeugen.

kommt, als es von ihm selber intendiert ist. Er erhebe keineswegs den Anspruch, selbst im Besitz der vollen Wahrheit zu sein; vielmehr habe er nichts anderes als die evangelische Anfrage formulieren wollen[73].
Einwände gegen Maron erheben auch die Arbeiten von H.Jorissen[74] und J.Lutz[75]. Beide gehen davon aus, daß eine ökumenische Verständigung ohne Martin Luther nicht zu erreichen ist und haben demzufolge das Verhältnis von Rechtfertigung und Kirche in dessen Theologie zum Gegenstand ihrer Untersuchung gemacht. Unabhängig voneinander und unter Berufung auf einen unterschiedlichen Textbestand stimmen beide überein: »Die Alternative: Kirche oder Rechtfertigung ist vor Luther und von ihm her nicht zu verantworten. Luthers Rechtfertigungslehre ist weder anti-sakramental noch anti-ekklesial.«[76]
Jorissen gelangt zu dem Ergebnis: »Vermittlung des Heils durch äußere Heilsmittel und Rechtfertigung durch den Glauben stehen nämlich in Luthers Theologie ... in einem untrennbaren, komplementären Beziehungs- und Bedingungsverhältnis von göttlicher Zu-Eignung und menschlich-existentieller An-Eignung, von Extra nos und Pro nobis des Heils. Wort und Sakrament vermitteln das ein-für-allemal außer-uns für-uns geschehene Heilswerk Christi in die Gegenwart. Sie sind so die (von Gott gesetzte) und gewirkte Bedingung dafür, daß Rechtfertigung über den Zeitenabstand hinweg möglich ist.«[77] Das »sola fide« richte sich somit nicht gegen eine kirchliche Heilsvermittlung, sondern gegen jegliches menschliche Eigenwerk bzw. -verdienst. Die Bindung des göttlichen rechtfertigenden Handelns an die Kirche sei für Luther Ausdruck der gottmenschlichen Struktur der Heilsvermittlung, wie sie in Jesus Christus selbst grundgelegt ist; der Konkretheit seiner bleibenden Mittlerschaft entspricht die Konkretheit der vermittelnden Kirche. Die Kirche ist jedoch auf keinen Fall eigenständiges Heilssubjekt - dies ist Christus allein. »Das bedeutet eine radikale Instrumentalisierung (aber gerade dadurch auch eine der menschlichen Verfügungsgewalt entzogene Unverfügbarkeit) der äußeren Heilsmittel. Sie sind Heilsmittel nur in der Hand Christi. Darin kommt zugleich die Struktur sakramentaler Heilsvermittlung am klarsten zum Ausdruck.«[78]
Ausgehend von der lutherischen Unterscheidung zwischen iustitia prima, der Rechtfertigung des Sünders durch Gott, und iustitia secunda, dem durch die iustitia prima ermöglichten Fortschreiten des Gerechtfertigten in der Gnade zur Vollendung hin, erschließt J.Lutz die Bedeutung der Kirche für das Rechtfertigungsgeschehen[79]. Entscheidend ist dabei die Feststellung, daß für Luther das Wachstum in der Gnade nicht nur die Realisierung der eigenen Rechtfertigung darstellt, sondern als prie-

---

73 G.Maron: Auf dem Weg zu einem ökumenischen Lutherbild, in: ThRv 50 (1985) 250-283, 247.

74 H.Jorissen: »Ökumenische Erschließung Martin Luthers«, in: K.Schäferdiek: Martin Luther im Spiegel heutiger Wissenschaft, Bonn 1985, 201-223.

75 J.Lutz: Unio und communio, Paderborn 1990.

76 H.Jorissen, 221f. Die noch unaufgearbeiteten Differenzen in der Ekklesiologie sind nach seiner Ansicht nicht in der Rechtfertigungslehre selber begründet.

77 Ebd. 212. Vor allem die Buße wird nach Jorissen für Luther zum Ort der Rechtfertigung.

78 Ebd. 217.

79 Lutz stützt sich bei seiner Untersuchung auf ekklesiologisch relevante Texte der Jahre 1519-1528.

sterliches Tun heilsrelevante Bedeutung für die Rechtfertigung der Mitglaubenden hat[80]. Denn die sich im Glauben vollziehende unio mit Christus schließt die Teilhabe an seinem Priestersein mit ein. Wie für Christus bedeutet dies für den einzelnen Glaubenden das Für-Sein, Geopfert- und Gekreuzigt-werden für die anderen, nicht nur um eines glückenden Lebens in der Weltordnung, sondern um ihres Heiles willen[81]. Mortificatio carnis und caritas erga proximum sind dabei für Luther die beiden Aspekte ein und desselben Geschehens. Indem die äußeren Vollzüge des Glaubenden für den anderen das Wirken Christi repräsentieren und zum Anreiz für seinen eigenen Glaubensvollzug werden, muß ihnen nach Lutz heilsmittlerische Bedeutung zugesprochen werden[82]. Die Kirche erweist sich so als communio sanctorum, als die Gemeinschaft derer, die sich durch ihr priesterliches Tun gegenseitig den Weg zur Rechtfertigung bereiten - und in diesem Sinne als Mittel der Rechtfertigung[83].

Abschließend ist festzustellen, daß das sakramentale Kirchenverständnis auf protestantischer Seite nicht durchweg auf Ablehnung und Kritik stößt, sondern, allerdings von seiten einer Minderheit, auch positive Würdigung erfahren hat[84]. So wurde von einigen protestantischen Theologen die Ablösung der Vorstellung von der Kirche als »Christus prolongatus« durch die Bestimmung der Analogie durchaus als Fortschritt anerkannt[85]. Begrüßt wurde aber vor allem die Überwindung einer rein juridischen Sichtweise der Kirche und die Berücksichtigung ihrer spirituellen Dimension[86]. Manche halten darum das sakramentale Kirchenverständnis geradezu für eine Hilfe innerhalb des ökumenischen Dialoges[87].

Einzelne protestantische Theologen sehen in der Sakramentalität der Kirche ein für das eigene Denken fruchtbar zu machendes Modell, um die verschiedenen Dimensionen von Kirche, die geglaubte und die erfahrene, die heilige und die sündige, die göttliche und die menschliche, zueinander in Beziehung zu setzen. Auf diese Weise könnte die für die protestantische Theologie nach wie vor bestehende Problematik eines doppelten Kirchenbegriffs - hier die wahre und verborgene, dort die äußerlich

---

80 Vgl. J.Lutz: Unio und communio, 178f; 213f.

81 Ebd. 182-188.

82 Ebd. 222ff.

83 Vgl. ebd. 267-269.

84 Die Vorstellung von der Sakramentalität der Kirche ging sogar ein in den Evangelischen Erwachsenenkatechismus, hg. von W. Jentsch/H.Jetter u.a., Gütersloh 1975, 1125: »Jesus Christus als der menschgewordene Gottessohn und die Kirche als sein Leib bilden das eine Urmysterium, das Ursakrament.«

85 So etwa von A.Birmelé: La sacramentalité de l'Église, 496: »Le théologien protestant notera en premier lieu que l'Église se n'est plus tout simplement identifiée à l'institution ecclésiale comme cela avait été souvent fait depuis le Moyen Age. ... Vatican II a reçu cette requête en insistant sur le fondement pneumatologique de l'Église et en parvenant, grâce à l'introduction de la notion de sacrement à une synthèse incluant et la vision spirituelle et la vision institutionelle de l'Église.«

86 A.Birmelé: Le salut en Jésus Christ dans les dialogues oecuméniques, Paris 1986, 222. - In eine ähnliche Richtung geht P.Meinhold: Die Konstitution »De Ecclesia« in evangelisch-lutherischer Sicht, in: De Ecclesia II, 536-549.

87 So der reformierte Theologe H.Ott: Das Mysterium der Kirche, in: J.C.Hampe: Ende der Gegenreformation?, Stuttgart-Berlin 1964, 164-170, 166. Vgl. auch ders.: Gedanken eines reformierten Theologen zur Constitutio dogmatica »De ecclesia«, in: De Ecclesia II, 556-568, 564.

sichtbare Gemeinschaft - überwunden werden. So ist für J.Moltmann die Kategorie der Sakramentalität geeigneter als die Figur der »paradoxen Identität«, die beide Ebenen der Kirche einfach nebeneinanderstellt, oder die der Antizipation, welche die Spannung zeitlich durch das Verhältnis von gegenwärtiger Wirklichkeit und eschatologisch begründeter Hoffnung aufzulösen sucht[88]. Allerdings bedarf nach Moltmann das Denkmodell der Sakramentalität unbedingt einer Erweiterung durch die Pneumatologie, weil allein die eschatologische Gabe des Geistes die Kirche zum Sakrament macht. Daß der Aufweis des wechselseitigen Bezugs der verschiedenen Ebenen der Kirche ein echtes Anliegen auf protestantischer Seite ist, zeigen verschiedene Untersuchungen, die mittels eines soziologischen Zugangs, etwa des Institutionsbegriffes, zu einem vertieften *theologischen* Verständnis der empirischen bzw. institutionellen Kirche zu gelangen suchen[89]. Keine von ihnen knüpft direkt am Begriff des Sakramentes an; er könnte sich jedoch als Vermittlungskategorie anbieten, so daß sich von da her ein Verständnis für die katholische Ekklesiologie erschließen könnte.

Die Sakramentalität der Kirche fand, zumindest dem Begriff nach, auch Eingang in verschiedene ökumenische Dokumente, vor allem in die des Weltkirchenrates[90]. Dabei ist eine gewisse Zurückhaltung gegenüber dem Begriff »Sakrament« zugunsten von »Zeichen« und »Werkzeug« festzustellen, wohl um sich nicht eine einseitige Übernahme katholischer Terminologie vorwerfen lassen zu müssen. Vor allzu voreiligen Schlüssen im Blick auf eine Übereinkunft in der Frage des sakramentalen Kirchenverständnisses muß allerdings gewarnt werden, da die Begriffe offensichtlich wenig reflektiert wurden und entsprechend unvermittelt auftreten. Insbesondere der Zeichenbegriff wird in uneinheitlicher Weise verwendet: er wird »entweder als gegeben vorausgesetzt oder als Anteilhabe an dem grundlegenden, wahren Zeichen, Jesus Christus, verstanden, oder als Gabe Gottes an die Kirche oder als eine Berufung, die immer wieder neu realisiert werden muß«[91]; er wird auf der einen Seite im Sinne von »Hinweis«, »Beispiel« verstanden, auf der anderen im Sinne der wirksamen Gnadenvermittlung. Trotz solcher Unklarheiten ist grundsätzlich festzuhalten, daß das sakramentale Vorstellungsmodell vom Weltkirchenrat nicht abgelehnt, sondern als Hilfe angesehen wird, um die Aufgabe der Kirche in der Welt näher zu bestimmen.

---

88 Vgl. J.Moltmann: Kirche in der Kraft des Geistes, München 1975, 230: »Sakramentales Denken wird in mehr oder weniger angeführter Weise immer dort auf das Verständnis der geglaubten und erfahrenen Kirche angewendet, wo man vom Sein der einen *in* der anderen spricht.« Damit hat Moltmann das Grundprinzip von Sakramentalität exakt erfaßt.

89 Die wichtigsten sind W.D.Marsch: Institution im Übergang, Göttingen 1970; T.Rendtorff: Theologische Probleme der Volkskirche, in: Zur Sache. Kirchliche Aspekte heute, H. 12/13: Volkskirche - Kirche der Zukunft?, Hamburg 1977, 104-131; vgl. auch U.Kühn: Die theologische Bedeutung der empirischen Kirche, in: J.Rogge/ G.Schille (Hg.): Theologische Versuche IX, Berlin 1977, 131-144.

90 Ausführlich dazu G.Gaßmann: Kirche als Sakrament, Zeichen und Werkzeug, in: Die Sakramentalität der Kirche in der ökumenischen Diskussion, 171-201; H.Mühlen: Die Ekklesiologie der Kommission für Glauben und Kirchenverfassung des Ökumenischen Rates der Kirchen und das Vaticanum II, in: R.Bäumer/H.Dolch (Hg.): Volk Gottes (FS J.Höfer) 603-638; R.Weibel-Spirig: Christus und die Kirche, Zürich 1972.

91 G.Gaßmann: Kirche als Sakrament, Zeichen und Werkzeug, 195.

Die Kritik, die von verschiedenen Seiten laut wurde, zeigt, daß die letzte Entscheidung in der Frage nach der Verhältnisbestimmung von Kirche und Rechtfertigung noch nicht gesprochen ist. Es lohnt sich also, diesen Zusammenhang nicht nur in der katholischen, sondern auch in der protestantischen Theologie noch einmal unter anderer Perspektive in den Blick zu nehmen.

II. Vorgehen und Methode der vorliegenden Untersuchung

Da Maron eine Generalabrechnung mit der Ekklesiologie des Zweiten Vatikanums vornimmt, richtet sich unser Interesse auf die Bestimmung des Verhältnisses von Kirche und Rechtfertigung, wie es in der gegenwärtigen Theologie im Umkreis des Konzils entfaltet worden ist. Die zeitliche Begrenzung ist auch insofern begründet, als auf diesem Konzil die katholische Kirche ihr Selbstverständnis in einer Weise artikuliert hat, die mit anderen ekklesiologischen Bemühungen nicht zu vergleichen ist[92]. Daß ein solches Bemühen zugleich entscheidende Konsequenzen für das Verhältnis zu den anderen Konfessionen, den Fortschritt - oder Rückschritt - in der Beziehung zu ihnen hat, liegt auf der Hand. Die weitere Bestimmung »im Umkreis« wurde bewußt gewählt, da manche Überlegungen und Entwürfe, auf die wir zu sprechen kommen, in ihren Wurzeln bis in die Zeit vor dem Konzil zurückreicht.
Eine Arbeit über den Zusammenhang von Ekklesiologie und Rechtfertigungslehre in der gegenwärtigen Theologie steht vor dem Problem, was denn *die* katholische und erst recht *die* evangelische Theologie sei bzw. wo sie konkret greifbar wird. Wenn Maron sich in seiner Untersuchung auf die Aussagen des Zweiten Vatikanums bezieht, kann er sich damit ohne Zweifel auf einen theologischen Konsens innerhalb der katholischen Theologie berufen[93]. Doch konziliare Aussagen machen eine weitergehende, gleich ob aus der Pastoral oder aus dem wissenschaftlichen Nachdenken erwachsende Reflexion nicht überflüssig. Wie den Konzilsergebnissen selbst der Weg durch die Entwürfe verschiedener Autoren bereitet wurde, ohne die die Konzilsarbeit überhaupt nicht hätte zustandekommen können, so bedürfen sie der Rezeption und vielfältigen Interpretation durch die Theologie, die sich nicht nur in Gestalt

---

92 Zur Einführung vgl. die umfassende Aufsatzsammlung: G.Baraúna (Hg.): De Ecclesia I-II, Freiburg-Frankfurt/Main 1966.

93 Vgl. U.Betti: Der theologische Verbindlichkeitsgrad der Konstitution, in: De Ecclesia I, 186-198.

von päpstlichen und kurialen Verlautbarungen vollzieht[94]. Der Sinn von Konzilsaussagen besteht somit weder darin, theologische Reflexion zu ersetzen noch das angezeigte Problem inhaltlich voll auszuschöpfen und in allen seinen Dimensionen zur Sprache zu bringen, sondern ihre Aufgabe ist es, die Richtung zu weisen, Grenzen zu ziehen und das Fundament zu legen, auf dem weitergebaut werden soll[95]. Das Fundament läßt dabei durchaus unterschiedliche Baustile und Entfaltungen zu. Treue zum Konzil meint nicht, daß über dessen Ansatz hinaus nichts Eigenständiges konzipiert werden dürfte, sofern die den Konzilsaussagen eigene Grunddynamik als Maßstab gewahrt bleibt. Von daher ist es legitim, wenn wir zur Klärung des Verhältnisses von Rechtfertigung und Kirche jeweils verschiedene Entwürfe katholischer und evangelischer Autoren heranziehen[96]. Sie wurden freilich nicht beliebig herausgegriffen, sondern es handelt sich um Entwürfe, denen aufgrund ihres Gewichtes innerhalb der vielen Stimmen im Chor gegenwärtiger Theologie und aufgrund der ihnen zuteil gewordenen Rezeption »repräsentative« oder zumindest typische Bedeutung innerhalb der jeweiligen konfessionellen Lehre von der Kirche zugesprochen werden darf. Da niemals nur eine bestimmte Strömung den Anspruch erheben kann, »repräsentativ« zu sein, werden innerhalb einer Konfession je zwei Konzeptionen zur Sprache kommen, die für unterschiedliche oder entgegengesetzte Richtungen stehen und in diesem Sinne Eckwerte, möglicherweise sogar Extrempositionen markieren. Auf diese Weise soll versucht werden, dem Spektrum theologischer Reflexion, das sich vor allem in der protestantischen Theologie als ausgesprochen breit erweist, ein Stück weit gerecht zu werden. Mit Karl Rahner und Hans Urs von Balthasar sind die beiden führenden Grundpositionen katholischer Theologie vertreten, deren ekklesiologische Entwürfe, wie sich zeigen wird, in einem gewissen

---

94 Vgl. H.J.Pottmeyer: Vor einer neuen Phase der Rezeption des Vaticanum II, in: G.Alberigo/J.P.Jossua/H.Pottmeyer (Hg.): Die Rezeption des Zweiten Vatikanischen Konzils, Düsseldorf 1986, 47-84.

95 J.Ratzinger: Zur Lage des Glaubens, München 1985, 32.

96 Die verschiedenen ökumenischen Dialogdokumente bieten zum vorliegenden Thema bislang eher eine Problemanzeige denn fundierte Ergebnisse oder Vermittlungsvorschläge, so daß deren Untersuchung zu einer Klärung noch wenig beitragen würde. Vgl. dazu: »Das Evangelium und die Kirche«, in: DWÜ 255; »Justification by Faith«, 304-315. Die Römisch-katholisch/evangelisch-lutherische Kommission, deren Gespräch über die Rechtfertigungslehre seit März 1986 mittlerweile in die dritte Phase tritt, hat als nächstes zur Diskussion anstehendes Thema »die Frage nach der Kirche und der Art ihrer Instrumentalität in Gottes Heilsplan« und damit die Frage »nach den wechselseitigen Bezügen oder Implikationen von Rechtfertigungsverständnis und Kirchenverständnis« gewählt. Vgl. dazu: Gemeinsamer Bericht einer katholisch/lutherischen Planungssitzung über »Die zukünftige Arbeit der Gemeinsamen römisch-katholisch/evangelisch-lutherischen Kommission«, in: Rechtfertigung im ökumenischen Dialog, 24.

Spannungsverhältnis zueinander stehen. Noch in weit größerem Maße sind die Positionen von Wolfhart Pannenberg und Gerhard Ebeling durch eine solche Spannung gekennzeichnet: Während Pannenberg eher katholisierende Tendenzen nachgesagt werden, ist Ebeling ein Repräsentant lutherischer Theologie.

Die Hinzuziehung einer größeren Anzahl von Beiträgen hätte möglicherweise der Vielfalt theologischen Denkens noch mehr entsprochen. Daß nur die vier genannten und nicht mehr Autoren bearbeitet werden, hat mit seinen Grund darin, daß für die Beantwortung der Frage nach dem Zusammenhang von Kirche und Rechtfertigung die Darstellung der jeweiligen Ekklesiologie nicht ausreicht, sondern dafür das gesamte systematische Gefüge mit in Betracht zu ziehen ist. So kann, wie sich später im einzelnen zeigen wird, das Kirchenverständnis nicht unabhängig von der Christologie oder von der Bestimmung der Gott-Mensch-Relation im Heilsgeschehen diskutiert werden. Uns erschien eine Auseinandersetzung, die sich auf einige markante Positionen beschränkt und dafür in die Tiefe geht, methodisch sinnvoller, als möglichst viel Textmaterial zur Sprache zu bringen. Die Bandbreite der grundsätzlich in Frage kommenden Beiträge ist ohnehin viel zu reich, als daß sie voll ausgeschöpft werden könnte.

Außer dem Thema der Ekklesiologie soll dort, wo es nötig ist, in knapper Form die Soteriologie bzw. das jeweilige Rechtfertigungsverständnis zur Sprache kommen[97]. In diesem Zusammenhang ist auch auf die Bedeutung der Heiligung einzugehen, durch die der Mensch in der Kraft der Gnade befähigt wird, Werke der antwortenden Liebe zu tun und die »Früchte des Geistes« zu bringen, um so die empfangene Gnade zu mehren. Dabei ist zu beachten, daß die Zuordnung von Rechtfertigung und Heiligung von den Konfessionen in unterschiedlicher Weise bestimmt wird: Die protestantische Theologie leugnet nicht ihren inneren Zusammenhang, unterscheidet jedoch die Heiligung als nachfolgenden Akt bzw. als Wirkung streng von der Rechtfertigung, damit die Unverfügbarkeit der Gnade gewährleistet bleibt, die nicht durch gute Werke verdient werden kann. Dagegen insistiert die katholische Theologie auf der Einheit beider Momente, weil die mit der Rechtfertigung von Gott geschenkte innere Heiligung die Möglichkeit zur persönlichen Heiligung begründet[98].

---

97 Gemeint ist dabei »Rechtfertigung« im weitesten Sinne, nicht nur das individuelle Heilsgeschehen am einzelnen, sondern auch die objektive Versöhnungstat Gottes in Jesus Christus, in der die Rechtfertigung des Sünders ein für allemal geschehen ist.

98 »Zu trennen, besser: zu unterscheiden sind Rechtfertigung Gottes und Heiligung des *Menschen*; insofern sind Rechtfertigung und Heiligung zwei 'Etappen'. Zu identifizieren sind Gottes Rechtfertigung und *Gottes* Heiligung; insofern sind Rechtfertigung und

Die vorliegende Untersuchung umfaßt vier Teile. Im Anschluß an die Position Marons folgt im 2. Teil zunächst eine knappe Übersicht über die Grundzüge des sakramentalen Kirchenverständnisses und die sich daraus ergebenden Fragen. Anschließend werden im 2. und 3. Teil die Entwürfe der vier genannten Autoren auf ihre Aussagen zum Verhältnis von Kirche und Rechtfertigung untersucht, dargestellt und zueinander in Beziehung gesetzt. Dabei sollen kurz die Fragen zur Sprache gebracht werden, die sich von der katholischen Position aus an Maron und die Theologen in seinem Gefolge ergeben. Nicht zuletzt um dieser Rückblende willen wurden nicht die protestantischen Entwürfe, sondern die katholischen an den Anfang gestellt. Die Untersuchung von Pannenberg und Ebeling soll erweisen, ob die protestantische Theologie einheitlich unter Marons Standpunkt zu subsumieren ist oder ob sie nicht doch den Zusammenhang von Rechtfertigung und Kirche differenzierter beurteilt, als er es tut. Dann muß sich zeigen, ob der konfessionelle Gegensatz in dieser Frage tatsächlich ein unversöhnlicher ist, oder ob die Konfessionen nicht doch auch in diesem Bereich ein Stück weit aufeinander zugehen können. Im letzten vierten Teil werden wir versuchen, Gründe für die bestehenden Differenzen und Möglichkeiten der Versöhnung aufzuzeigen.

Das Leitmotiv, das die gesamte Untersuchung durchzieht, ist die Frage, welche Rolle der Kirche im Heilsgeschehen jeweils zukommt bzw. inwiefern von einer »Vermittlung« der rechtfertigenden Gnade durch die Kirche gesprochen werden kann. Dabei ist das Stichwort »Sakramentalität« keineswegs die einzige Möglichkeit, diesen Gedanken zu artikulieren, sondern wir werden ebenso auf andere Theologumena (wie das von der Mütterlichkeit der Kirche) zu achten haben. Die Fragerichtung ist je nach Konfession eine andere: Von protestantischer Seite ist in der Diskussion um die heils- und gnadenvermittelnde Funktion der Kirche auszugehen vom realen Wirken Christi in seiner Kirche und die Frage zu reflektieren, worin der Sinn und die Bedeutung von Kirche liegen, wenn ihre heilsmittlerische Funktion grundsätzlich abgelehnt wird. Die katholische Theologie, die an der Vermittlungsfunktion der Kirche festhält, muß demgegenüber zeigen, »daß man zwar nur in der Kirche und sogar nur durch die Kirche Christi ist, aber nicht zu ihren Bedingungen«[99]. - »Das Kirchenverständnis ist nur dann kein Einwand gegen eine einheitsstiftende Rechtfertigungslehre, wenn die Kirche das sola fide einräumt einschließlich der darin mitgesetzten Selbstrelativierung.

Heiligung zwei 'Seiten' des einen und selben Vorganges«: H.Küng, in: Rechtfertigung, 317.

[99] O.H. Pesch: Gerechtfertigt aus Glauben, 54.

... Wir fragen nach der römisch-katholischen Kirche. Kann sie jene Selbstrelativierung leisten, die in der Tat die unersetzliche Voraussetzung für einen glaubwürdigen Konsens in der Rechtfertigungslehre ist? Leistet sie diese Selbstrelativierung bereits?«[100]

[100] Ebd. 41f.

ZWEITER TEIL

Die katholische Position

Hinführung: Die katholische Auffassung von der Kirche als Sakrament

Die Vorwürfe Marons bündeln sich, wie wir gesehen haben, im Angriff auf das sakramentale Kirchenverständnis, seine inkarnatorische Begründung und die damit verbundene heilsmittlerische Funktion der Kirche. In der Tat stellt »Sakramentalität« ein Reizwort für protestantische Ohren dar, begründet im Protest der Reformatoren gegen ein magisches und verdinglichtes Sakramentsverständnis, gegen das Verfügenwollen über die Gnade in den verschiedenen Formen der Werkerei und in einer falschen Auffassung vom opus operatum[1]. Bezeichnenderweise hatte Luther erwogen, den Begriff »Sakrament« nur noch auf Christus anzuwenden[2], diesen Gedanken jedoch wieder verworfen, so daß er an den Sakramenten der Taufe und des Abendmahls festhielt. Auf diesem Hintergrund ist es nicht verwunderlich, daß das sakramentale Kirchenverständnis zu den umstrittensten Themen im ökumenischen Dialog zählt.

Die starke emotionale Belastung des Begriffes erschwert ein sachliches und unbefangenes Gespräch und reicht hin bis zu der Forderung, ihn

---

[1] Die Schwierigkeiten der protestantischen Theologie mit dem sakramentalen Denken schlagen sich bis heute u.a. in einer Ungeklärtheit des eigenen Sakramentsbegriffes nieder. Ausführlich dazu A.Schilson: Das Sakrament als Problem protestantischer Theologie, in: HerKorr 34 (1980) 133-138; A.Skowronek: Sakrament in der evangelischen Theologie der Gegenwart, München 1971, der die vielfältigen Ansätze in der evangelischen Sakramententheologie aufzeigt.

[2] WA 6, 551,9-16; 487,20-29. Ebenso K.Barth: Kirchliche Dogmatik IV/2, 59; R.Bultmann: Theologie des Neuen Testaments, Tübingen 1970, 138; H.Thielicke: Der evangelische Glaube III, Tübingen 1978, 342. Die genannten Autoren lehnen nach wie vor eine Anwendung des Sakramentsbegriffes über Christus hinaus ab.

auf die »schwarze Liste« von im ökumenischen Dialog tunlichst zu meidenden Termini zu setzen[3]. Abgesehen davon, daß der Verzicht auf die Bezeichnung »Sakramentalität« in der Praxis schwer zu realisieren sein dürfte, entbindet jedoch die Elimination des Begriffes, so hilfreich sie zur Entspannung vielleicht sein mag, nicht von der Auseinandersetzung um die Sache selbst. Wenngleich die katholische Theologie erkennt, daß eine sakramentale Sichtweise auch die Gefahr des Mißbrauchs in sich birgt und triumphalistisch interpretiert werden kann[4], sieht sie im sakramentalen Kirchenverständnis nicht zwangsläufig eine Glorifizierung und Gleichsetzung der Kirche mit Christus. Vielmehr kann sie durchaus gute Gründe für diese ekklesiologische Bestimmung geltend machen. Auf diese Weise wollte man unter anderem Korrekturen an der traditionellen Ekklesiologie vornehmen und bestehende Aporien überwinden[5].

Im folgenden sollen im Rahmen eines knappen Überblicks die Grundzüge des sakramentalen Kirchenverständnisses dargestellt werden, wie es auf dem Zweiten Vatikanum konzipiert wurde[6]. Die konziliare Ekklesiologie bildet ja den gemeinsamen Ausgangspunkt und Hintergrund für die ekklesiologischen Entwürfe der katholischen Autoren Rahner und von Balthasar. Ihr jeweiliges Verständnis der Kirche, ihrer Sakramentalität und ihrer Vermittlungsfunktion wurzelt in den Vorgaben des Konzils, die dann vom einzelnen entsprechend weiter entfaltet wurden. Insofern kommt in der folgenden Hinführung so etwas wie der »kleinste

---

3 O.H.Pesch: Das katholische Sakramentsverständnis im Urteil gegenwärtiger evangelischer Theologie, in: Dogmatik im Fragment, 340-361, 359.

4 Die Gefahren wurden von katholischer Seite durchaus erkannt und ernstgenommen. So warnt W.Kasper: Wort und Sakrament, in: ders.: Glaube und Geschichte, Mainz 1970, 285-310, 294: »Eine einseitige Herausstellung der Kirche als Ursakrament führt zu einem Bild der Kirche als einer quasi-mythologischen Hypostase, die völlig unkonkret und unfaßbar bleibt, die freilich auch völlig unangreifbar geworden ist.« Ähnliche Bedenken äußert A. de Halleux: Les principes catholiques de l'oecuménisme, in: RTL 16 (1985) 316-350, 338: »Mais sans le correctif d'autres images également traditionelles, comme celles du peuple ou de l'épouse, cette ecclésiologie serait mal garantie contre le danger d'une conception monophysite des rapports entre les membres de la tête, entre les sarments et le cep.« Kritik kommt auch von S.Dianich: Wo steht die Ekklesiologie?, in: Conc 17 (1981) 100-107, sowie von A.Ganoczy: Einführung in die katholische Sakramentenlehre, Darmstadt 1979, 113f. Er befürchtet, die Sakramentalität könnte im Sinne einer ex-opere-operato-Wirksamkeit mißverstanden werden, so als sei die Kirche Gnadenzeichen kraft ihrer bloßen Existenz.

5 Ein ausführlicher historischer Abriß dazu findet sich bei U. Valeske: Votum ecclesiae I, München 1962.

6 Eine Darstellung der ekklesiologischen Entwicklung bis zum sakramentalen Kirchenverständnis der Neuzeit, insbesondere über die Enzyklika »Mystici Corporis« bis zum Zweiten Vatikanum würde den Rahmen der vorliegenden Arbeit sprengen. Hier sei darum nur auf die entsprechende Literatur verwiesen: F.Viering: Christus und die Kirche in katholischer Sicht, 11-78; J.Ratzinger: Das neue Volk Gottes, Düsseldorf 1969, 90-95; U.Valeske: Votum ecclesiae, v.a. 160-195.

gemeinsame Nenner« der katholischen Position zum Ausdruck. Des weiteren hat die Hinführung den Sinn, Mißverständnisse über die Bedeutung der Kirche als »Sakrament« auszuräumen und die offenen Fragen aufzuzeigen, die sich aus der Bestimmung des Konzils ergeben.

Das Göttliche im Menschlichen als Grundstruktur des Sakramentalen

Die Lehre des Konzils von der Sakramentalität der Kirche ist nicht ein mögliches ekklesiologisches Theologumenon, ja in ihrem eigentlichen Sinn auch keine »Lehre«[7]. Sie verweist vielmehr auf eine Grundstruktur der Wirklichkeit, die nicht nur für die Kirche ihre Geltung hat, sondern die in der Schöpfung angelegt ist: daß Gott sich in der und durch die Welt bzw. das Menschliche zur Erscheinung bringt. In diesem Sinne ist das Sakramentale ein Transzendentale von Schöpfung und Erlösung, das die gesamte göttliche Heilsökonomie durchzieht[8]. Sakramentalität

[7] Die Literatur zur Sakramentalität der Kirche ist mittlerweile zahllos; es seien nur einige Beispiele angeführt, die selbst wieder Literaturhinweise bieten: J.Auer: Die Kirche - das allgemeine Heilssakrament, Regensburg 1983; W.Beinert: Die Sakramentalität der Kirche im theologischen Gespräch, in: J.Pfammater/F.Furger (Hg.): Theologische Berichte IX: Kirche und Sakrament, Zürich-Einsiedeln-Köln 1980, 13-66; ders.: Das neue Gottesvolk als Sakrament des Heils, in: MySal IV/1, 287-307; L.Boff: Die Kirche als Sakrament im Horizont der Welterfahrung, Paderborn 1972; R.Coffy/R.Varro: Église signe de salut au milieu des hommes, Lourdes 1971 - Paris 1972; Y.Congar: Un peuple messianique, Paris 1975; H.Döring: Grundriß der Ekklesiologie, Darmstadt 1986, 100-166; M.Eham: Gemeinschaft im Sakrament?, Frankfurt 1986, 42-221; J.A.Möhler-Institut (Hg.): Die Sakramentalität der Kirche in der ökumenischen Diskussion, Paderborn 1983; C.Journet: Le mystère de l'Église selon le deuxième Concile du Vatican, in: RThom 65 (1965) 5-61; W.Kasper: Die Kirche als universales Sakrament des Heils, in: E.Klinger/K.Wittstadt (Hg.): Glaube im Prozeß, Freiburg 1984, 221-239; ders.: Die Kirche als Sakrament des Geistes, in: W.Kasper/G.Sauter: Kirche - Ort des Geistes, Freiburg 1976; ders.: Theologie und Kirche, Mainz 1987, 237-254; ders.: Die Kirche als Sakrament der Einheit, in: IkaZ 16 (1987) 2-8; R.Kress: The Church: communion, sacrament, communication, New York 1985; L.Larnicol: L'Église, sacrement du salut, in: EeV 79 (1969) 397-408; H. de Lubac: Le sacrement de Jésus Christ, in: ders.: Méditation sur l'Église, Paris 1953, 175-203; G.Martelet: De la sacramentalité propre à l'Église, in: NRTh 105 (1973) 25-42; E.Schillebeeckx: Sacramentum salutis, Leipzig 1973; Th.Schneider: Die dogmatische Begründung der Ekklesiologie nach dem Zweiten Vatikanischen Konzil, in: H.Althaus (Hg.): Kirche. Ursprung und Gegenwart, Freiburg 1984, 79-118; O.Semmelroth: Die Kirche als Ursakrament, Frankfurt 1953; ders.: Die Kirche als Sakrament des Heils, in: MySal IV/1, 309-356; P.Smulders: Die Kirche als Sakrament des Heils, in: G.Baraúna (Hg.): De Ecclesia I, 289-312; H.Volk: Die Kirche als Sakrament des Heils, in: W.Seidel (Hg.): Kirche - Ort des Heils, Würzburg 1987, 33-68; J.L.Witte: Die Kirche, »Sacramentum unitatis« für die ganze Welt, in: De Ecclesia I, 420-452.

[8] Auf die Kontroverse um die natürliche Theologie und die Möglichkeit einer natürlichen Gotteserkenntnis kann hier nicht eingegangen werden. Für beide Konfessionen ist allerdings festzuhalten, daß dem neuzeitlichen Wirklichkeitsverständnis mit seiner säkularisierten Denkenweise und dem Verfügenwollen über die Wirklichkeit von sei-

meint: »das Heil hat leibhaftige, greifbare, geschichtliche, inkarnatorische und gesellschaftliche Struktur. Gott begegnet uns nicht rein geistig, sondern in weltlichen Strukturen.«[9] Gottes Heil und Gnade sind nicht schlechterdings unsichtbar und ungreifbar, sondern wollen sich im Bereich des konkret Sichtbaren bzw. des Menschlichen verleiblichen. Der Begriff des Sakramentalen ist somit »die theologische, von den Daten der Offenbarungsurkunde her legitimierte Interpretation der Spannungseinheit von Göttlichem und Menschlichem, die sich in den beiden fundamentalen Größen Offenbarung und Geschichte grundlegend manifestiert.«[10] Der Begriff »Sakramentalität« interpretiert diese Spannung im Sinne der Transparenz, gemäß der das Göttliche im Menschlichen aufleuchtet, sichtbar und wirklich gegenwärtig wird. Das Proprium des Sakramentalen ist darum die Verbindung von Transzendenz und Immanenz; es ist »die Transparenz der Transzendenz in der Immanenz.«[11] Damit ist das Sakramentale zugleich ein Relationsbegriff, der Göttliches und Menschliches, Transzendenz und Immanenz, Sichtbares und Unsichtbares nicht einfach nebeneinander-, sondern zueinander in Beziehung setzt und die äußere Dimension als Darstellung und Vermittlung der inneren, nämlich der Gegenwart Gottes und seiner Gnade begreift[12].

Die beiden Pole von göttlich-unsichtbarer und menschlich-sichtbarer Wirklichkeit bestimmen nicht nur das christliche Wirklichkeitsverständnis, sondern sie konstituieren die Kirche in ihrer Spannung von innen und außen, von geistlicher Wirklichkeit und konkret geschichtlicher Gemeinschaft, von Ereignis und Institution, Heilsgemeinde und Heilsanstalt, Charisma und Amt[13]. Das zentrale Anliegen des Konzils be-

---

nen Voraussetzungen her ein Zugang zum Phänomen der Sakramentalität schwerfällt. Dazu P.Hünermann: Die sakramentale Struktur der Wirklichkeit und die Sakramente des Glaubens, in: Die Sakramentalität der Kirche in der ökumenischen Diskussion, 202-212. Zum Problem einer sakramentalen Weltsicht vgl. auch H.Mühlen: Entsakralisierung, Paderborn 1971.

9 O.H.Pesch: Dogmatik im Fragment, 355; vgl. auch Th.Schneider: Zeichen der Nähe Gottes, Mainz 1987, 48f.

10 W.Beinert: Die Sakramentalität der Kirche, 54f.

11 W.Beinert: Jesus Christus - das Ursakrament Gottes, in: Cath 38 (1984) 340-351, 341. Die Formel wurde ausführlich entfaltet von L.Boff: Die Kirche als Sakrament im Horizont der Welterfahrung, 123-147.

12 Vgl. L.Boff: ebd. 478.

13 Vgl. dazu Th.Sartory: Göttliches und Menschliches in der Kirche, in: US 10 (1955) 8-19, 8f. - In der katholischen Ekklesiologie wurde das »sakramentale Gleichgewicht« zwischen den beiden Polen nicht immer in der rechten Weise gewahrt, sondern es lassen sich Akzentverschiebungen in der einen oder anderen Richtung beobachten. Dies gilt besonders für die Zeit des Aufstiegs der Kanonistik und die Zeit der Gegenreformation, in der das Gewicht in einseitiger Weise auf die äußere, sichtbare Seite der Kirche gelegt wurde. Ausführlich dazu M.Eham: Gemeinschaft im Sakrament?, 316.

stand nun gerade darin, die verschiedenen Dimensionen von Kirche - ihre sichtbar-institutionelle und ihre unsichtbar-geistige Wirklichkeit - in ihrem wechselseitigen Zusammenhang aufzuzeigen und zu erfassen[14]. Der vorkonziliaren Ekklesiologie war dies noch nicht gelungen[15]. Angesichts dessen bot sich der Begriff des Sakramentalen geradezu an[16]. Seine Anwendung auf die Kirche will zeigen, daß die ihr zugrundeliegenden und sie als Kirche konstituierende Dimensionen des Göttlichen und des Menschlichen nicht einfach, wie noch in der Enzyklika »Mystici Corporis«[17], als zwei völlig voneinander getrennte Wirklichkeiten nebeneinandergestellt oder mittels einer Hilfskonstruktion zusammengezwungen werden, sondern daß das eine im anderen seinen Ausdruck findet, sich in ihm verleiblicht[18]. Auf diese Weise gelingt eine Zusammenschau und Integration der verschiedenen Momente[19].

Das Konzil konkretisiert die wechselseitige Verbindung durch die Begriffe des »Zeichens« und des »Werkzeugs«. Damit sollte zum einen die Sichtbarmachung des Göttlichen durch die Kirche, zum anderen seine

---

14 Vgl. O.Semmelroth: Die Selbstdarstellung der Kirche auf dem Zweiten Vatikanischen Konzil, in: ThAk 1 (1965) 53-73. - Das Anliegen des Konzils zeigt sich bereits in der Gesamtanlage der Dogmatischen Konstitution über die Kirche, in der die Kapitel über die Struktur der gesellschaftlich-sichtbaren Kirche eingefaßt sind von je zwei Kapiteln, die das innere Wesen der Kirche zum Thema haben.

15 Vgl. dazu die Kritik von F.Viering: Christus und die Kirche in katholischer Sicht, 40; sowie von J.Ratzinger: Das neue Volk Gottes, 232.

16 Wenngleich der Begriff »Sakrament« in der Heiligen Schrift in Bezug auf die Kirche nirgendwo vorkommt, handelt es sich dabei doch keineswegs um keine Erfindung des Konzils, wie Maron behauptet. Vielmehr wurde am biblischen Begriff »mysterion« angeknüpft, der, in der Übersetzung mit »sacramentum«, in der Patristik weiter entfaltet und auch auf die Kirche angewandt wurde. Vgl. dazu E.Jüngel: Die Kirche als Sakrament, in: ZThK 80 (1983) 432-457, 433. Eine Übersicht über die Begriffsgeschichte und -entwicklung von der Patristik bis hin zum zweiten Vatikanum bieten W.Beinert: Die Sakramentalität der Kirche im theologischen Gespräch, 13-66, und M.Bernards: Zur Lehre von der Kirche als Sakrament, in: MThZ 1969, 29-54.

17 Pius XII: Enzyklika »Mystici Corporis« vom 29. Juni 1943, in: AAS 35 (1943) 193-248; dtsche. Übersetzung: Über den Mystischen Leib Jesu Christi und über unsere Verbindung mit Christus in ihm, hg. vom Erzbischöflichen Seelsorgeamt Köln, Düsseldorf 1946.

18 Vgl. dazu J.Alfaro: Das Geheimnis Christi im Geheimnis der Kirche nach dem Zweiten Vatikanischen Konzil, in: R.Bäumer/H.Dolch (Hg.): Volk Gottes, Freiburg 1967, 603-638; O.Semmelroth: Die Kirche als »sichtbare Gestalt der unsichtbaren Gnade«, in: Schol. 28 (1953) 23-29.

19 Vgl. L.Boff: Die Kirche als Sakrament im Horizont der Welterfahrung, 338. Demgegenüber kritisiert G.Lindbeck: Die Kirchenlehre des Konzils ist ein Übergang, in: J.C.Hampe: Die Autorität der Freiheit, 359-372, daß »Lumen Gentium« drei Kirchenbegriffe unverbunden nebeneinander stellt: die Kirche als Heilsmysterium, als pilgerndes Gottesvolk und als Institution des göttlichen Heils. Er übersieht, daß gerade das Modell der Sakramentalität die verschiedenen Ebenen miteinander vermittelt: die Kirche ist Sakrament sowohl als Institution wie als Volk Gottes; gerade als Sakrament aber ist sie Mysterium und nicht nur äußere Organisation.

kirchliche Vermittlung ausgesagt werden[20]. In der Kirche als rechtlich verfaßter, hierarchisch strukturierter, institutionalisierter Größe wird Gottes Heil selber leibhaftig und greifbar: »Die mit hierarchischen Organen ausgestattete Gesellschaft und der geheimnisvolle Leib Christi, die sichtbare Versammlung und die geistliche Gemeinschaft, die irdische Kirche und die mit himmlischen Gaben beschenkte Kirche sind nicht als zwei verschiedene Größen zu betrachten, sondern bilden eine einzige komplexe Wirklichkeit, die aus menschlichem und göttlichem Element zusammenwächst« (LG 8). Wichtig ist in diesem Zusammenhang, daß nicht nur Amt und Hierarchie sakramentaler Charakter zugesprochen wird, sondern der Kirche als ganzer in allen ihren Lebensäußerungen.

Die Analogie zur Inkarnation

Das Konzil leitet die Sakramentalität der Kirche her vom Geschehen der Inkarnation, denn hier wie dort verbinden sich im Sinne einer »theandrischen Struktur« göttliches und menschliches Element. So erhält die Kirche ihre Bestimmung nicht von den sieben Einzelsakramenten, sondern vom »Ursakrament« Jesus Christus, in dem Gott selbst in unüberbietbarer Weise sichtbar-leibliche Gestalt angenommen hat, so daß sich in ihm das Sakramentale in größter Dichte konkretisiert[21].
Trotz ihrer inkarnatorischen Struktur ist aber die Kirche von Christus grundsätzlich unterschieden. Aus diesem Grund, und nicht um einer bloßen Begriffsdifferenzierung willen, wird innerhalb der theologischen Literatur - allerdings nicht von Anfang an, sondern erst nach vertiefter Reflexion - zwischen Christus als dem Ur- und der Kirche als Grund- oder Wurzelsakrament unterschieden, eine Differenzierung, die oftmals von protestantischer und leider auch von katholischer Seite nicht hinreichend zur Kenntnis genommen wird[22]. Das Konzil nimmt keine be-

---

[20] Aus diesem Grund sollte man innerhalb der Lehre von der Kirche als Sakrament den Unterschied zwischen dem transzendentalen Ansatz, der die Kirche vor allem in ihrer Zeichenfunktion erfaßt, und dem dialogischen, der stärker ihre Instrumentalität hervorhebt, nicht in der Weise betonen, wie L.Boff es tut, in: Die Kirche als Sakrament im Horizont der Welterfahrung, 334.

[21] Zu diesem Thema vgl. O.Semmelroth: Die Kirche als Ursakrament, 50; sowie die umfangreiche Darstellung von E.Schillebeeckx: Christus, Sakrament der Gottesbegegnung, Mainz 1965.

[22] O.H.Pesch: Dogmatik im Fragment, 335, nimmt die Sache leicht: »Es entbehrt nicht der Ironie, daß es auf katholischer Seite eine Zeitlang gebraucht hat, bis man bemerkte, daß man ja gleichzeitig auch Christus als das Ursakrament bezeichnete.« Das

sondere Unterscheidung vor, betont jedoch, daß die Kirche »gleichsam« (»veluti«), also in einem uneigentlichen, übertragenen Sinn Sakrament ist (LG 1).

Der inkarnatorischen Begründung der Ekklesiologie ist es nicht immer gelungen, insbesondere nicht in der Corpus-Christi-Mysticum-Ekklesiologie, den Unterschied der Kirche zu Christus adäquat zum Ausdruck zu bringen. Dem Zweiten Vatikanum kommt demgegenüber das Verdienst der Klärung und Korrektur des bisherigen Ansatzes zu, indem die Zuordnung von Christus und Kirche durch den Begriff der Analogie entscheidend präzisiert wird: »Deshalb ist sie (die Kirche) in einer nicht unbedeutenden Analogie dem Mysterium des fleischgewordenen Wortes ähnlich« (LG 8). Analogie aber bezeichnet ein Verhältnis von Ähnlichkeit und Unähnlichkeit zugleich, in dem nach der Regel des 4. Laterankonzils die Unähnlichkeit sogar größer ist (DS 806). Ähnlichkeit und Unähnlichkeit, Identität und Differenz bringen eben jene das Sakramentale konstituierende Spannungseinheit zum Ausdruck. Jegliche Identifizierung von Christus und Kirche wird damit zurückgewiesen; die Kirche ist keine Fortsetzung der Inkarnation oder der Person Christi, »sondern des in ihm begonnenen und durch ihn allein fürderhin ermöglichten Heilshandelns Gottes in der Welt«[23]. Darum ist die Analogie auch keine ontologische Wesensdefinition, sondern eine Funktionsbestimmung, eine »struktur-funktionalistische Aussage«[24] über das Wirken der Kirche.

Das tertium comparationis der beiden Analogate ist die Verbindung des göttlichen und des menschlichen Elementes nach dem chalkedonensischen Dogma des »unvermischt« und »ungetrennt«. Die Kirche kann darum niemals von Christus getrennt werden, so als könne er sie jemals ganz verlassen; sie behält andererseits ihre Eigenwirklichkeit, weswegen es unzulässig wäre, ihr ausschließlich göttliche Eigenschaften zuzuschreiben. Worin nun liegt die Differenz, die eine univoke Übertragung des christologischen Dogmas auf die Ekklesiologie verbietet[25]?

Nichtbeachten der Differenzierung in der Terminologie provoziert jedoch geradezu die Identifizierung von Christus und Kirche.

23 W.Beinert: Die Sakramentalität der Kirche, 59.

24 H.Döring: Grundriß der Ekklesiologie, 106. Ebenso O.Semmelroth: Die Kirche als Sakrament des Heils, 309.

25 Vgl. C.Journet: Der gottmenschliche Charakter der Kirche - Quelle dauernder Spannung, in: De Ecclesia I, 276ff. Ebenso Th.Sartory: Die Gefahr der Kategorie des »Inkarnatorischen« für die Ekklesiologie, in: W.Bauer u.a. (Hg.): Ich glaube eine heilige Kirche (FS H.Asmussen) Stuttgart 1963, 64-79; O.Semmelroth: Die Kirche als Sakrament des Heils, 318f. Bereits vor dem Konzil hatte Y.Congar: Dogme christologique et Ecclésiologie, in: A.Grillmeier/H.Bacht (Hg.): Das Konzil von Chalkedon III, Würzburg 1954, 239-268, auf die Grenzen der Übertragbarkeit der Christologie auf die Ekklesiologie hingewiesen.

Christus ist mit der Kirche nicht, so wie der göttliche Logos mit der menschlichen Natur, in der Weise der hypostatischen Union verbunden, die einen einzigartigen Fall der Einigung des Menschen mit Gott darstellt, sondern im Geist und damit in der Weise der Relation: »Wie nämlich die angenommene Menschennatur dem göttlichen Wort als lebendiges, ihm unlöslich verbundenes Heilsorgan dient, so dient auf eine nicht unähnliche Art das soziale Gefüge der Kirche dem Geist Christi, der es belebt, zum Wachstum seines Leibes (vgl. Eph 4,16)« (LG 8)[26]. Die Vereinigung Christi mit der Kirche ist somit nicht eine der Person, sondern eine der Liebe, der Zusage und der Verheißung, seine Gegenwart nicht eine sarkische, sondern eine geistige[27].

Es ist das besondere Verdienst H.Mühlens, aufgezeigt zu haben, was die Weise der Verbundenheit im Geist von derjenigen der hypostatischen Union unterscheidet[28]. In der Menschwerdung wie in der Sendung des Geistes handelt es sich jeweils um die Sendung einer göttlichen Person nach außen, durch die sie sich in einer geschaffenen, sichtbaren Wirklichkeit darstellt. Doch während der Logos in *eine* einzige menschliche *Natur* eingeht und diese erst personhaft macht (weil die Menschheit Christi außerhalb der Personeinheit mit Gott gar nicht denkbar ist), sendet Christus seinen Geist in eine *Vielheit von Personen*, um sie mit sich und untereinander zur Einheit der Kirche zu verbinden. Der Unterschied ist zum einen der von Natur und Person, zum anderen der von Einheit und Vielheit. »Im ersteren Fall handelt es sich - um im Rahmen der traditionellen Terminologie zu bleiben - um ein Verhältnis von Person zu Natur, im zweiten um ein Verhältnis von Person zu Person, bzw. einer Person (des Heiligen Geistes) zu vielen Personen. Deshalb ist die Kirche auch keineswegs als eine 'Inkarnation des Heiligen Geistes' aufzufassen, oder sein Verhältnis zu ihr als eine Art hypostatischer Union. Ein Verhältnis unter Personen ist per definitionem keine hypostatische Union, sondern eben eine Vereinigung von schon existierenden Personen.«[29] Während die menschliche Natur Jesu Christi wegen der Personeinheit mit dem Logos ohne Sünde ist, bleiben die vielen menschlichen Personen grundsätzlich der Sünde unterworfen und können aus der Verbindung mit dem heiligen Geist ausbrechen - das soziale Gefüge der Kirche

---

26 Daß der Geist die Kirche zum Sakrament macht, betont auch LG 48: »Auferstanden von den Toten, hat er, Christus, seinen lebendigmachenden Geist den Jüngern mitgeteilt und durch ihn seinen Leib, die Kirche, zum allumfassenden Sakrament des Heils gemacht.«

27 Vgl. Y.Congar: Die christologischen und pneumatologischen Implikationen der Ekklesiologie des II.Vatikanums, in: G.Alberigo/Y.Congar/H.Pottmeyer (Hg.): Kirche im Wandel, Düsseldorf 1982, 111-123; C.Journet: Der gottmenschliche Charakter der Kirche, 277.

28 H.Mühlen: Una mystica persona, Paderborn 1964; ders.: Das Verhältnis zwischen Inkarnation und Kirche in den Aussagen des Vaticanum II, in: ThGl. 55 (1965) 171-190; ders.: Der Kirchenbegriff des Konzils, in: J.C.Hampe: Der Geist der Freiheit I, 291-312.

29 H.Mühlen: Das Verhältnis zwischen Inkarnation und Kirche, 188. Mühlen betont, daß, gerade weil die Kirche nicht die Inkarnation des Geistes ist, Raum bleibt für das freie Wirken des Geistes, der nicht ausschließlich an die sichtbaren Strukturen von Amt und Institution gebunden ist.

kann dem Geist den Dienst auch verweigern. Die ausdrückliche Einbeziehung des Geistes, durch die die Analogie zur Inkarnation um die pneumatologische Dimension erweitert wird, ist von entscheidender Bedeutung und ein Novum in der Ekklesiologie des Lehramtes[30]. Wenngleich von evangelischer, aber auch von katholischer Seite der Konstitution christomonistische Tendenzen und das Aufgehen der Sendung des Geistes in derjenigen Christi zum Vorwurf gemacht wurden[31], ist doch unverkennbar, daß man auf diese Weise die Gegenwart Christi in der Kirche wie auch sein bleibendes Gegenüber zu ihr herauszustellen suchte.

Daß es dem Konzil nicht um eine undifferenzierte Gleichsetzung der Kirche mit Christus ging, wird auch daran deutlich, daß es explizit auf den eschatologisch-endzeitlichen Charakter der Kirche hinweist (LG 48-50), die als pilgerndes Gottesvolk nicht das Ziel des göttlichen Heilshandelns, sondern selber zur Vollendung unterwegs ist[32]. Weil sie noch die Gestalt der Welt und der Sünde an sich trägt, ist sie ecclesia reformanda, die sich immer neu vom Evangelium in Frage stellen lassen muß[33]. Ihre Verbindung mit Jesus Christus trägt darum grundsätzlich den Charakter der Zusage und der Verheißung an sich.
Schließlich macht die Rede von der Kirche als »universales Heilssakrament« unmißverständlich klar, daß Kirche nicht Selbstzweck ist, sondern daß sie innerhalb der Heilsökonomie eine Sendung in der und für die Welt wahrzunehmen hat[34]. Nur von der doppelten Transzendenzbe-

---

30 Zur Neuentdeckung der pneumatologischen Dimension der Kirche durch das Konzil vgl.: Y.Congar: Die christologischen und pneumatologischen Implikationen der Ekklesiologie des II. Vatikanums, 111-123; M.-D.Chenu: Die Neubelebung der trinitarischen Grundstruktur der Kirche, in: Conc 17 (1981) 453-460; R.Erni: Pneumatologische und triadologische Ekklesiologie in ihrer Bedeutung für Struktur und Leben der Kirche, in: US 36 (1981) 226-241; W.Kasper/G.Sauter: Kirche - Ort des Geistes, Freiburg 1976; M.Kehl: Kirche - Sakrament des Geistes, in: W.Kasper (Hg.): Gegenwart des Geistes, Freiburg 1979, 155-180; A.Laminski: Die Entdeckung der pneumatologischen Dimension der Kirche durch das Konzil und ihre Bedeutung, in: Sapienter ordinare, Leipzig 1969, 392-403; E.Zizioulas: Die pneumatologische Dimension der Kirche, in: IkaZ 2 (1973) 133-147.

31 Vgl. H.J.Pottmeyer: Der Heilige Geist und die Kirche, in: TThZ 92 (1983) 45-55, 48.

32 Vgl. O.Semmelroth: Die Kirche als Ursakrament, 95.

33 Vgl. dazu H.Meyer: Sündige Kirche?, in: ÖR 38 (1989) 397-410. Meyer zeigt anhand verschiedener Beispiele auf, daß in der katholischen Tradition und erneut im 2. Vatikanum dem Bekenntnis zur Heiligkeit der Kirche immer das ihrer Sündigkeit und die Bitte um Vergebung an die Seite gestellt wurde. Umgekehrt ist man sich auf protestantischer Seite bewußt, »daß die Rede von der Sündigkeit der Kirche oder der Sünde in der Kirche schon hier und jetzt eine Grenze finden muß, wenn man die göttliche Zusage, die Kirche werde in der Wahrheit bleiben und nie von Irrtum und Sünde überwältigt werden, nicht schwärmerisch verflüchtigen will« (403). Ein Unterschied zwischen den Konfessionen besteht allerdings insofern, als die Heiligkeit der Kirche sich nach katholischem Verständnis rechtlich-institutionell konkretisiert, insbesondere in der Unfehlbarkeit des kirchlichen Lehramtes.

34 Vgl. O.Semmelroth: Die pastoralen Konsequenzen aus der Sakramentalität der Kirche, in: L.Scheffczyk/W.Dettloff/R.Heinzmann (Hg.): Wahrheit und Verkündigung II, Paderborn 1967, 1489-1505.

wegung her, in die sie hineingestellt ist, auf Gott und auf die Welt hin, erschließt sich ihre Bestimmung.

Damit sollte deutlich geworden sein, daß das sakramentale Kirchenverständnis keinen ekklesiologischen Triumphalismus intendierte[35], sondern eine Korrektur an der bisherigen Ekklesiologie, die entweder die äußerlich-institutionelle und die innere geistliche Dimension der Kirche unvermittelt nebeneinandergestellt oder aber die Kirche mit Christus mehr oder minder identifiziert hatte.

Die innerkatholische Diskussion um die Instrumentalität der Kirche

Ausgangspunkt und Anlaß für die Auseinandersetzung mit dem sakramentalen Kirchenverständnis war für uns die umstrittene Frage nach der Vermittlung der rechtfertigenden Gnade durch das Sakrament Kirche. Wenn die Kirche nach der Bestimmung des Konzils als Sakrament »Zeichen« und »Werkzeug« des Heils ist, kommt ihr die Funktion des Instrumentes zu, die Gnade sichtbar zu machen, sie gegenwärtig zu setzen und so den Menschen zu vermitteln. Auf diese Weise setzt die Kirche die heilsvermittelnde Tätigkeit Christi in seinem Auftrag fort. Daß darin Sinn und Aufgabe der Kirche besteht[36], ist ein Grundsatz katholischer Theologie, den nicht erst das Zweite Vatikanum aufgestellt hat, sondern der in der Rede von der Kirche als Sakrament nur noch einmal neu und pointiert formuliert wurde[37]. Gottes Heilshandeln ist freilich nicht in einer solchen Weise kausal an die Kirche gebunden, daß er nicht über sein Instrument hinaus frei wäre[38]. Grundsätzlich gilt jedoch:

---

[35] Vgl. G.Martelet: Horizon théologique de la deuxième session du Concile, in: NRTh 96 (1964) 449-468, 454; H.Mühlen: Der Kirchenbegriff des Konzils, in: J.C.Hampe (Hg.): Die Autorität der Freiheit, 291-308.

[36] Vgl. J.Feiner: Die Vergegenwärtigung der Christusoffenbarung, in: MySal I, 497-544; H.Fries: Die Kirche als Träger und Vermittler der Offenbarung, in: F.Holböck/ Th.Sartory (Hg.): Mysterium Kirche in der Sicht der theologischen Disziplinen, Bd.I, Salzburg 1962, 1-36; 323-345; D.Wiederkehr: Die Kirche als Ort und Subjekt des Heilsgeschehens, in: M.Löhrer/Ch.Schütz/D.Wiederkehr (Hg.): MySal Ergänzungsband, Einsiedeln 1981, 251-263.

[37] Dieser Gesichtspunkt wird von Maron bei seiner Generalkritik am Zweiten Vatikanum in keiner Weise mitbedacht.

[38] Für die Kirche gilt hier derselbe Grundsatz, den Thomas von Aquin in bezug auf die Sakramente formuliert hat: Gott ist über seine Sakramente hinaus frei, so daß er die Gnade auch ohne sie mitteilen könnte (STh III, 72,6). Dieses Prinzip entbindet jedoch nicht von der Klärung des instrumentalen Charakters der Kirche, ebensowenig wie es zur Basis einer Ekklesiologie erhoben werden kann, da es im Blick auf etwaige Ausnahmesituationen (z.B. Begierdetaufe) formuliert wurde. Katholische wie protestanti-

»Gott hat *das* Heil gewirkt, und dieses *ist* verwirklicht, und *als* ein Verwirklichtes ist es *zu verwirklichen.*«[39] Die Kirche ist damit nicht nur passiver Ort, in den sich das Heil von oben her einsenkt. Sie ist nicht nur seine Empfängerin; vielmehr kommt ihr eine aktive Rolle im Heilsgeschehen zu - der allerdings das Hören und der Empfang des Wortes unabdingbar voraufgeht[40].

Entsprechend der thomanischen Bestimmung der Sakramente als »instrumenta separata«[41] wurde auch das Wirken der Kirche im Sinne einer causalitas instrumentalis verstanden, der kein Eigenwirken zukommt, sondern die reines Wirken der ihr übergeordneten Hauptursache, Gott selber, ist. Schon weit vor dem Zweiten Vatikanum erhob die protestantische Theologie den Vorwurf, im katholischen Denken werde die Kirche in zunehmendem Maße zur causa secunda, indem ihr ein eigenmächtiges, von Gott abgelöstes Handeln oder eine notwendige Mitwirkung im Heilsgeschehen als »Partnerin Jesu« zugesprochen wird[42]. Die beiden Begriffe gegeneinander auszuspielen, erweist sich als wenig sinnvoll, da sie unterschiedlichen Kontexten entstammen und nicht in direkter Bezugnahme aufeinander geprägt wurden.
Den Begriff der »causa secunda« verwendet Thomas zur Bezeichnung der Wirkweise der Geschöpfe im Gegensatz zur erstursächlichen Allwirksamkeit Gottes, der »causa prima«[43]. Als Ursache alles Seienden ist Gott in allem Wirkenden wirksam und begründet so erst die Möglichkeit dessen Wirkens. Die Geschöpfe wirken nur als Zweitursachen, ohne daß sie deswegen bloße Marionetten in der Hand Gottes wären. Als causae secundae kommt ihnen vielmehr wirkliche Ursächlichkeit und Eigenaktivität zu, die sie in grundsätzlicher Abhängigkeit von Gott und gemäß der ihnen von Gott gegebenen Natur entfalten. Gott als causa prima schaltet also die geschöpflichen Zweitursachen nicht aus, sondern setzt sie erst in Kraft[44]. Weder die Kirche noch der Gedanke der kirchlichen Vermittlung spielen in Thomas' Reflexion über die causa secundae eine Rolle; vielmehr ist sein Thema die Ursächlichkeit und Wirkweise der Geschöpfe. »Die Kategorie der Erst- und Zweitursächlichkeit ist ... gerade nicht dazu ausgebildet worden, vermittelte oder vermit-

---

sche Theologie betonen, daß dieses Prinzip nicht als Grund dafür dienen darf, die Sakramente oder die Kirche geringzuschätzen oder zu mißachten, weil niemand die Gnade Gottes erlangt, der den von ihm gestifteten Weg dorthin mißachtet.

39 R.Schulte: Die Einzelsakramente als Ausgliederung des Wurzelsakramentes, in: MySal IV/2, 46-155, 68f.

40 Vgl. DV 1; 24.

41 STh III, 62,5.

42 Die Vorwürfe finden sich zusammengestellt bei H.Schütte: Protestantismus, Essen [2]1967, 238ff, sowie bei F.Viering: Christus und die Kirche in katholischer Sicht, 46-63. Das causa-secunda-Denken, so Viering, sei eine Folge der inkarnatorischen Begründung der Kirche und ihrer Herleitung vom chalkedonensischen Dogma, gemäß dem die menschliche Natur Christi ein selbsttätig mitwirkender Faktor im Erlösungsgeschehen ist.

43 Vgl. Sth I, 8,1; 22,2; 103,5; 105,5.

44 Ausführlich zu dieser Frage B.Weissmahr: Gottes Wirken in der Welt, Frankfurt 1973, 12ff.

telnde Ursächlichkeit zu erfassen, sondern dazu, das Wirken *endlicher* Seiender als *deren eigenes* Wirken metaphysisch voll-gültig zu begreifen.«[45]
Der Begriff der »causa instrumentalis«[46] bezeichnet demgegenüber bei Thomas die Wirkweise der menschlichen Natur Jesu Christi[47] als der leibhaft sichtbaren Anwesenheit und Wirkweise Gottes in der Welt sowie, davon abgeleitet, die Wirkweise der Sakramente[48] als in die Geschichte hineinreichende Verlängerung der menschlichen Natur Christi. Zwischen Christus und den Sakramenten ist zu differenzieren, insofern die menschliche Natur wegen der hypostatischen Union »instrumentum coniunctum« ist, an das sich Gott ganz und gar gebunden hat, während die Sakramente »instrumenta separata« sind, gegenüber denen Gott in seinem Heilsweg frei bleibt. Beiden ist gemeinsam, daß das Instrument im Unterschied zur Hauptursache, der causa principalis, die aus eigener Kraft wirkt, nur durch die Teilhabe an ihr als der das Werkzeug bewegenden Wirk- und Ordnungsmacht wirkt[49]. In diesem Sinne kann auch die Kirche als causa instrumentalis verstanden werden; Thomas nimmt diese Gleichsetzung jedoch nicht vor. Entscheidend ist, daß dort, wo der Sachverhalt der Vermittlung geklärt werden soll, allein die Vorstellungen von Prinzipial- und Instrumentalursächlichkeit Anwendung finden, nicht aber das Schema von causa prima und causa secunda[50]. Der völlig unterschiedliche Bedeutungshintergrund verbietet eine Vermischung der beiden Kategorien und macht es nötig, daß die Diskussion um die Instrumentalität der Kirche auf andere Weise geführt werden muß.

In der Tat hat die protestantische Kritik an der katholischen Auffassung von der kirchlichen Heilsvermittlung innerhalb der katholischen Theologie zu einer verstärkten Diskussion über die Instrumentalität der Kirche geführt. Dabei zeichnen sich zwei auf den ersten Blick anscheinend einander entgegengesetzte Richtungen ab. Sie werden repräsentiert durch J.M.R.Tillard[51] auf der einen und B.Sesboüé[52] auf der anderen Seite. Beider Ausgangspunkt ist die Frage: Ist die Kirche nur Frucht der

---

45 R.Schulte: Wie ist Gottes Wirken in Welt und Geschichte theologisch zu verstehen?, in: Th.Schneider/L.Ullrich (Hg.): Vorsehung und Handeln Gottes, Freiburg 1988, 116-167, 124. Dieser Beitrag beleuchtet auf sehr instruktive Weise die Weisen und Möglichkeiten des göttlichen Wirkens in Welt und Geschichte.

46 Vgl. dazu auch W.Kern: Art. »Instrumentalursächlichkeit«, in: LThK² V, 716f.

47 Sth III, 2,6.

48 Sth III, 62,5.

49 Vgl. dazu J.Geiselmann: Christus und die Kirche nach Thomas von Aquin, in: ThQ 107 (1926) 198-222; 108 (1927) 233-255.

50 Vgl. dazu ausführlich R.Schulte: Wie ist Gottes Wirken in Welt und Geschichte theologisch zu verstehen?, 124.

51 J.M.R.Tillard: Vers une nouvelle problématique de la justification, in: Irén. 55 (1982) 185-198; Église et salut, in: NRTh 116 (1984) 658-685; Les sacrements de l'Église, in: B.Lauret/F.Refoulé (Hg.): Initiation à la pratique de la théologie III, Paris 1982, 385-466.

52 B.Sesboüé: Les sacrements de la foi, in: MD 116 (1973) 89-121; Le contentieux sur la foi entre Églises séparées, in: Unité des chrétiens 46 (1982) 14-21; Y a-t-il une différence séparatrice entre les ecclésiologies catholique et protestante?, in: NRTh 119 (1987) 3-29; Analyse catholique, in: Comité mixte: Consensus oecuménique, 83-90.

Rechtfertigung, oder ist sie selbst konstitutiv am Rechtfertigungsgeschehen beteiligt, so daß von einer »iustificatio a Deo et ecclesia«[53] gesprochen werden kann und muß?

Tillard, der letzteres bejaht, betont, daß die Heilsinitiative deswegen keineswegs bei der Kirche liegt, sowenig wie sie sich selbst rechtfertigen kann[54]. Doch kommt ihr eine wirkliche, aktive Mitwirkung in der Rechtfertigung zu. Denn die Kirche wird nicht nur selbst auferbaut durch das Wort Gottes, sondern sie sagt dieses weiter, sie ist Versammlung durch den Ruf Gottes und ruft selbst zur Versammlung auf, ihr wird von Gott her Versöhnung zuteil, und sie selbst versöhnt die Menschen, sie empfängt die Sakramente und ist selbst deren Spenderin[55]. So gleicht sie auch in der Rechtfertigung nicht einem bloßen Kanal, durch den die Gnade hindurchgeht, sondern sie gibt aktiv weiter, was sie empfängt[56]. Auch die biblischen Bilder vom Leib und der Braut bezeugen diese ihre Rolle[57].

Für B.Sesboüé hingegen ereignet sich die Rechtfertigung allein zwischen Gott und Mensch. Von einer eigenständigen Mitwirkung der Kirche kann nicht die Rede sein[58]. Die Kirche ist vielmehr selbst Gabe und Frucht des Heils, Empfängerin der Rechtfertigung, die sie in der sakramentalen Feier an die Menschen weitergibt. Gerade auf die sakramentale Dimension, wo sich die Rechtfertigungsgnade in einer Feier verleiblicht, so wie sich die Gnade in Christus verleiblicht hat, legt Sesboüé großes Gewicht[59]. Die Kirche ist Sakrament, weil sie die Feiergestalt der Rechtfertigung, nicht aber weil sie »Mitwirkerin« im Rechtfertigungsgeschehen ist[60]. Sie kann ihre Aufgabe, Feier der Rechtfertigung

---

53 J.M.R. Tillard: Vers une nouvelle problématique de la justification, 186.

54 Ders.: Église et salut, 670.

55 Ders.: Vers une nouvelle problématique de la justification, 189. Vgl. auch ders.: Les sacrements de l'Église, 404: »l'Église se fait elle-même.«

56 Ders.: Église et salut, 670: »L'Église n'est pourtant étrangère à la préparation, la manifestation et la diffusion de ce Salut. Épouse et Mère, elle transmet ce qu'elle reçoit, prêche, baptise, nourrit (par les moyens de grâce que l'Esprit depose en elle à cet effet) les enfants de Dieu nés de la foi et du sacrement.«

57 Ebd. 677: Die Kirche ist »agente de la justification«. - Eine ähnliche Position vertreten G.Chantraine: Ce que Luther peut apporter à une théologie catholique de la grâce, in: NRTh 115 (1983) 358-368; C.Larnicol: L'Église, sacrement du salut, 397-408; J.L.Witte: Einige Thesen zur Sakramentalität der Kirche, in: R.Groscurth (Hg.): Katholizität und Apostolizität, Göttingen 1977, 74-91.

58 B. Sesboüé: Les sacrements de la foi, 93.

59 Ebd. 92: »L'économie sacrementelle est la célébration ecclésiale de la justification par la foi.« Vgl. auch ebd. 95f.

60 Vgl. Ebd. 120: »L'Église n'a jamais prétendu confisquer la grâce dans ses sacrements, ni à interdire à Dieu d'agir en dehors des rites qui lui sont confiés.«

zu sein, nur wahrnehmen in reiner Transparenz und Durchlässigkeit auf Gott hin.
Hier Rechtfertigung allein zwischen Gott und Mensch, dort »iustificatio a Deo et Ecclesia« - die beiden Positionen scheinen in der Tat konträr[61]. Um so erstaunlicher, ist es, wenn Sesboüé die Divergenzen in der Sache als gar nicht so tiefgreifend beurteilt, sondern den eigentlichen Unterschied in der sprachlichen Formulierung sieht, wo Tillard Extreme nicht scheut[62]. Auch für Sesboüé ist die Kirche in der Rechtfertigung nicht schlechterdings passiv, sondern ihre Passivität begründet eine wirkliche Aktivität, insofern Jesus Christus selbst in der Eucharistie oder der Sündenvergebung die Akte der Kirche als seine eigenen ansieht[63]. Sesboüés Hinweis läßt aufhorchen und zeigt, daß sich hinter unterschiedlicher sprachlicher Artikulation die Gemeinsamkeit in der Sache verbergen kann, so wie umgekehrt die gleiche Begrifflichkeit inhaltliche Übereinstimmung nicht unbedingt verbürgt.
Die hier kurz skizzierte innerkatholische Diskussion macht deutlich, daß das Zweite Vatikanum im Hinblick auf die Sakramentalität der Kirche, ihre Instrumentalität und die Frage der Gnadenvermittlung viele Fragen offenläßt. Mit der Herleitung der ekklesialen Sakramentalität vom Ursakrament Jesus Christus ist nur eine Richtungsanzeige gegeben[64]. Gleiches gilt für die Verbindung der Begriffe »Zeichen« und »Werkzeug«, die nicht zufällig ist und das Wirken der Kirche im Heilsgeschehen ein Stück weit präzisiert. Doch weder der zugrundeliegende Zeichenbegriff noch die Art und Weise ihrer »Werkzeuglichkeit« und damit ihrer Vermittlungsfunktion werden näher expliziert. Von daher ist es an der Zeit, unser Augenmerk auf die verschiedenen ekklesiologi-

---

[61] A.Birmelé: Le salut en Jésus Christ, 233, hält die Position Tillards als typisch katholische für Protestanten nicht akzeptabel, während er in der Interpretation Sesboüés einen verheißungsvollen ökumenischen Ansatz sieht.

[62] Vgl. B.Sesboüé: Analyse catholique, 58: »A ce titre l'Église devient sujet de l'agir sauveur de Dieu dans le Christ, non pas au sens ou elle ajouterait une causalité du même type que celle de Dieu, ni au sens ou elle interviendrait à côté de l'action divine, mais en tant qu'elle exerce une causalité instrumentale, informée par la causalité principale, c'est-à-dire en tant qu'elle agit sous la grâce. C'est, à mon sens, ce que vise Jean-Marie Tillard dans les articles évoqués par André Birmelé, à travers des expressions sans doutes extrêmes et que je n'emploierais pas en raison même de leur ambiguité possible. Je ne dirais pas pour ma part que l'Église 'se donne les sacrements' ou que le salut nous arrive 'par Dieu et par l'Église', parce que ces formules sont trop rapides et peuvent donner à penser que la causalité de l'Église s'exerce sur le même plan que celle de Dieu. Mais le contexte de son discours montre bien comment il les entend.«

[63] Ebd. 56.

[64] So fehlt im Konzilstext auch eine Erklärung, wie sich die Sakramentalität der Kirche zu der der sieben Einzelsakramente verhält. Es ist allerdings deutlich zu spüren, daß der Eindruck eines zusätzlichen achten Sakramentes auf jeden Fall vermieden werden sollte.

schen Entwürfe zu richten und zu untersuchen, wie sie die Rolle der Kirche im Rechtfertigungs- bzw. Heilsgeschehen im einzelnen bestimmen.

Erstes Kapitel

Karl Rahner

Zu Rahners Theologie

Eine Auseinandersetzung mit Karl Rahner[1] über den Zusammenhang von Kirche und Rechtfertigung gebietet nicht nur die Kritik Marons am sakramentalen Kirchenverständnis, an dessen Ausarbeitung im Rahmen des Konzils Rahner maßgeblich beteiligt war, sondern auch und vor allem seine Theorie vom anonymen Christentum[2]. Mit ihr versucht Rahner aufzuzeigen, wie ein Mensch die Rechtfertigung erlangen kann, ohne die Teilhabe an einer christlichen Kirche und ohne ein explizites Glaubensbekenntnis abgelegt zu haben, weil Gottes universaler Heilswille im übernatürlichen Existential jedem das Angebot von Gnade und Heil macht, unabhängig davon, ob er Christ ist oder einer bestimmten Kirche angehört. Die Lehre vom anonymen Christentum entfaltet Rahner im Rahmen seiner Transzendentaltheologie, die im Gefolge von J.Maréchal zum Anliegen hat, »den Glauben dadurch zu erschließen, daß sie nach den Bedingungen der Möglichkeit von Offenbarung im Selbstverständnis des Menschen und seiner Geschichte fragt.«[3] Ihr Ansatz ist somit ein dezidiert anthropologischer, der freilich nicht die

---

1 Eine Einführung in Rahners Theologie, mit umfassenden Angaben zur Sekundärliteratur zu verschiedenen Einzelthemen bietet B. van der Heijden: Karl Rahner, Einsiedeln 1973; des weiteren L.Roberts: The Achievement of Karl Rahner, New York 1967 (mit Zusammenfassungen der wichtigsten Aufsätze Rahners); J.Speck: Karl Rahners theologische Anthropologie, München 1967 (ohne jedoch auf seinen philosophischen Hintergrund einzugehen) sowie P.Eicher: Die anthropologische Wende, Freiburg/Schweiz 1970.

2 Wichtige Texte dazu sind: Dogmatische Randbemerkungen zur Kirchenfrömmigkeit: V, 379-410; Die anonymen Christen: VI, 545-554; Atheismus und implizites Christentum: VIII, 187-212; Kirche, Kirchen und Religionen, VIII, 355-373; Anonymes Christentum und Missionsauftrag der Kirche: IX, 531-546; Zum Problem des anonymen Christen: X, 531-546; Mission und »implizite Christlichkeit«, in: SM III, 547-551. - Die Sekundärliteratur zu diesem Thema ist ausgesprochen umfangreich; entsprechende Hinweise finden sich bei van der Heijden, 249-252. Die wohl umfassendste Untersuchung stammt von N.Schwerdtfeger: Gnade und Welt, Freiburg 1982 (hier wurde eine Fülle von Literatur verarbeitet). Eine gelungene Kurzdarstellung des Problems bietet K.Riesenhuber: Der anonyme Christ nach Karl Rahner, in: ZKTh 86 (1964) 286-303.

3 K.Rahner antwortet E.Simons: Zur Lage der Theologie, Düsseldorf 1965, 25. Vgl. auch Art. »Transzendentaltheologie«, in: SM IV, 986-992; IX, 95-113.

Heilswirklichkeit vom Subjekt und dessen transzendentalen Erkenntnisbedingungen deduzieren will, sondern die Hingeordnetheit des Menschen auf die Offenbarung aufweisen, die nicht eine von außen hinzutretende Wirklichkeit, sondern dessen innerste Bestimmung ist. Die Rede vom übernatürlichen Existential bringt die Einheit von menschlicher Natur als Verwiesenheit auf Gottes Fülle und Gnade als ihrer Wesenserfüllung zum Ausdruck.

Durch die Überzeugung vom universalen Heilswillen Gottes, der als dauernd gegebene Potenz im Menschen die Disposition zur Annahme der göttlichen Selbstmitteilung begründet, werden die Zugehörigkeit zur konkreten Kirche und die kirchliche Heilsvermittlung keineswegs für belanglos erklärt. Vielmehr mündet diese Überzeugung in eine reflektierte Ekklesiologie, die die Kirche für den Glaubenden unserer Zeit einsehbar und annehmbar machen will. Ekklesiologische Fragen bilden darum einen deutlichen Schwerpunkt von Rahners theologischer Arbeit[4]. Hier ist freilich zu beachten: »Karl Rahners Theologie der Kirche darf überhaupt nicht nur den ausdrücklich ekklesiologischen Beiträgen entnommen werden. Die Kirche wird oft nur indirekt thematisiert, wenn es um die vielfältigen Vollzüge des christlichen Lebens geht. Sie ist fast so etwas wie ein stets gegenwärtiges Medium, wie man die Luft zum Atmen braucht.«[5]

Methodisch sind in Rahners Entwurf zwei Zugänge zum Phänomen »Kirche« zu unterscheiden, wenngleich nicht völlig zu trennen. Zum einen verfolgt er eine essentiale Ekklesiologie, die bei der irreversiblen Bleibendheit der Selbstmitteilung Gottes in der Geschichte ansetzt und ihr Augenmerk auf die Sichtbarkeit und die Verleiblichung der Gnade in der Kirche, besonders in ihrer institutionell-strukturellen Dimension legt. Dieser Ebene gilt unser Hauptaugenmerk; von daher wird auch die

---

4 Die wichtigsten Beiträge Rahners zum Thema Kirche: Kirche und Sakramente, Freiburg 1961; Grundkurs des Glaubens, Freiburg 1984, 313-387; Ekklesiologische Grundlegung, in: HPTh I, 117-148; Die Träger des Selbstvollzugs der Kirche: ebd. 149-215; Die Disziplin der Kirche: ebd. 323-332; Kirche im Wandel: VI, 455-478; Konziliare Lehre der Kirche und künftige Wirklichkeit christlichen Lebens: ebd. 479-498; »Ich glaube die Kirche«: VII, 103-120; Das neue Bild der Kirche: VIII, 329-354; Über das Ja zur konkreten Kirche: IX, 479-497; Zur Struktur des Kirchenvolkes heute: ebd. 558-568; Vom Mut zum kirchlichen Christentum: XIV, 217-230. - Zusammenfassungen von Rahners Ekklesiologie bieten: J.Speck, 182-211; L.Roberts, 224-260. Einzeluntersuchungen: J.Herberg: Kirchliche Heilsvermittlung, Frankfurt 1978 (die Arbeit befaßt sich mit der Bedeutung der kirchlichen Heilsvermittlung, ohne jedoch die Frage auf die Rechtfertigungsproblematik zuzuspitzen); M.Kehl: Kirche als Institution, Frankfurt 1976, 171-238; M.Malinski: Das Leben der Kirche nach Karl Rahner, Rom 1966; M.Meyer: Universales Heil, Kirche und Mission, Münster 1976; W.A. van Roo: Reflections on Karl Rahner's »Kirche und Sakramente«, in: Gr. 44 (1963) 465-500. Weitere Literatur zum Thema Kirche ist verzeichnet bei van der Heijden, 241f. Anm. 270.

5 K.Lehmann: Karl Rahner und die Kirche, in: ders.(Hg.): Vor dem Geheimnis Gottes den Menschen verstehen, Freiburg 1984, 120-135, 121.

Vermittlungsfunktion der Kirche zu entfalten sein. Die andere Linie ist die einer existential orientierten Ekklesiologie, die ihren Ausgangspunkt bei der charismatischen Berufung des einzelnen nimmt und diese pneumatologisch in die Kirche einbindet.

I. Das Rechtfertigungsverständnis Karl Rahners

1. Das Vorweg von Rechtfertigung und Gnade im übernatürlichen Existential

Das jeweilige Verständnis der Kirche hängt für Rahner unter anderem auch vom Rechtfertigungsverständnis ab[6]; ja, es ist überhaupt nur von der Rechtfertigung her zu gewinnen[7]. Aus diesem Grund ist es nötig, die diesbezügliche Konzeption Rahners näher in den Blick zu nehmen[8]. Die Grundlage aller Rechtfertigung ist der universale Heilswille Gottes, der jeden Menschen zur Teilhabe an seinem Leben beruft. Diese Bestimmung zum Heil ist keine dem Menschen äußerlich bleibende Absicht Gottes, sondern eine existentiale Bestimmung, die seine Situation von vornherein prägt und verändert[9]. Das im übernatürlichen Existential[10] jedem Menschen geschenkte Vorweg der Gnade Gottes vor seiner personalen Entscheidung dafür oder dagegen macht die freie Annahme des göttlichen Gnadenangebotes überhaupt erst möglich[11]. Das übernatürliche Existential ist das Vorweg der Rechtfertigung vor aller Heilsaneignung in der persönlichen Entscheidung[12]. Bezeichnet »Rechtfertigung« den subjektiven Akt der Annahme der Erlösung, so ist mit dem

---

6 VI, 352: »Das Verständnis also des Wesens der Kirche hängt wesentlich vom Verständnis dessen ab, was wir Rechtfertigung, Heiligung, Salbung und Versiegelung mit dem Heiligen Geist, Teilnahme an der göttlichen Natur, Einwohnen des dreifaltigen Gottes, Neuschöpfung der Kreatur nennen.«

7 IX, 352.

8 Dazu die Art. »Rechtfertigung«, in: LThK^2 VIII, 1042-1046 und SM IV, 42-50. Rahner geht von einem Konsens in der Rechtfertigungslehre aus (vgl. Fragen der Kontroverstheologie über die Rechtfertigung: IV, 237-271; Gerecht und Sünder zugleich: VI, 262-276).

9 IV, 250: »Im voraus zu seiner subjektiven Stellungnahme *ist* der Mensch ein anderer (als er als bloßes Geschöpf und bloßer Sünder wäre), weil die Erlösung in Christo geschehen ist.«

10 Zusammenfassende Erläuterungen zum übernatürlichen Existential: I, 323-345; IV, 209-236; Art. »Existential«: SM I, 1298-1300.

11 Ausführlich dazu s. T.Mannermaa: Lumen fidei, Helsinki 1970.

12 Vgl. IV, 250: »Im voraus zur subjektiven Heilsaneignung ist der Mensch innerlich bestimmt durch ein übernatürliches Existential, das darin besteht, daß Christus in seinem Tod den sündigen Menschen vor dem heiligen Gott 'gerechtfertigt' hat.«

übernatürlichen Existential ihre objektive Seite ausgesagt[13]. Damit ist die Möglichkeit von Gnade und Rechtfertigung im Modus des Angebotes an die menschliche Freiheit immer und überall, nicht nur im expliziten Christentum und der expliziten Kirche, gegeben[14]. »Mindestens einmal nach der Lehre des Zweiten Vatikanischen Konzils gibt es einen allgemeinen, überall Rechtfertigung anbietenden Heilswillen Gottes, ist räumlich und zeitlich in der gesamten Geschichte der Menschheit eigentlicher Glaube, eigentliche Hoffnung und Liebe, die Gott selber mitteilen und den Menschen rechtfertigen, möglich, also auch außerhalb des worthaft verfaßten, sakramentalen und gesellschaftlich institutionalisierten Christentums bis zu einem theoretischen Atheismus inklusive.«[15]
Wegen der objektiven Vorgegebenheit der Gnade lehnt Rahner jene Vorstellung vom stellvertretenden Sühnetod Jesu ab, nach der Jesus am Kreuz etwas tut, was der Mensch eigentlich selbst leisten sollte, aber nicht kann. »Die Erlösung von Jesus Christus her hebt die Selbsterlösung des Menschen nicht auf, sondern konstituiert sie.«[16] Die anstößige Rede von der Selbsterlösung meint nicht eine aus eigener Kraft zu leistende Befreiung, sondern sie entspringt der Einsicht, daß Gott, wo es um das Heil des Menschen geht, diesem nichts erläßt, sondern die freiheitliche Heilsentscheidung fordert. Wenn auch ein jeder durch das übernatürliche Existential des objektiven Erlöstseins realontologisch bestimmt ist, ist der einzelne deswegen noch nicht subjektiv gerechtfertigt. Rechtfertigung ist niemals denkbar als ein an der personalen Grundoption vorbei oder gar gegen sie sich ereignendes Geschehen[17]. »Um diese Selbstverständlichkeit zu verdeutlichen, darf man durchaus behaupten, daß jeder Mensch sich durch die Tat seiner eigenen Freiheit erlöse, daß Selbsterlösung und Fremderlösung keine sich gegenseitig ausschließenden Begriffe sind.«[18]

---

13 SM I, »Erlösung«, 1298; XIV, 99. Rahner will mit dieser begrifflichen Unterscheidung keineswegs die subjektive von der objektiven Dimension trennen; auch die vorausgehende objektive Erlösung kann an sich Rechtfertigung genannt werden, solange damit nicht die Notwendigkeit einer subjektiven Rechtfertigung durch die personale Annahme der Rechtfertigungsgnade verdunkelt wird (vgl. SM IV, 44).

14 XIII, 311f.

15 Ebd. 311.

16 XV, 244.

17 IV, 250.

18 XV, 261.

2. Selbstmitteilung Gottes und Vergebung der Sünde

Karl Rahner versteht das Rechtfertigungsgeschehen nicht wie die protestantische Tradition in erster Linie von der Sündenvergebung her[19], sondern als die »eigentlichste Selbstmitteilung Gottes in sich selbst an die geistige Kreatur«[20]. Dies meint nicht eine besondere göttliche Gnadengabe, sondern, im Sinne der gratia increata[21], bei der alle Gnadenlehre ihren Ausgangspunkt nehmen muß, daß der Geber sich selber gibt[22]. Daß nicht »Vergebung«, sondern »Selbstmitteilung« die zentrale Kategorie von Rahners Soteriologie ist, hat seinen Grund darin, daß er die Soteriologie nicht auf eine Lehre allein von der Sündenvergebung beschränken, sondern sie supralapsarisch konzipieren will: »Eine 'harmartologische' Engführung der Soteriologie ist zu vermeiden.«[23] Denn der Mensch ist auf die Gnade Gottes verwiesen, nicht nur insofern er Sünder ist, sondern weil die menschliche Natur ihre Erfüllung nur in der gnadenhaften Selbstmitteilung Gottes finden kann[24]. »Die Erlösungsbedürftigkeit des Menschen ist nicht in erster Linie und einfachhin und von vornherein zu verstehen als die Bedürftigkeit für die Aufhebung einer eigentlichen Sündigkeit des Menschen, sondern seine Erlösungsbedürftigkeit liegt der faktisch natürlich gegebenen Sündigkeit des

---

[19] Rahner hat die Tiefe des reformatorischen Sündenbewußtseins und dessen Bedeutung für die Konzipierung der Rechtfertigungslehre genau erkannt: »Die reformatorische Christenheit war im tiefsten und radikalsten Sinne eine Christenheit des erschrockenen Gewissens des Sünders vor Gott. Sie glaube - durchaus mit Recht -, daß man nur dann Christ werden und sein könne, wenn man radikal vor Gott kapituliere. Wenn dem Menschen die unendliche Heiligkeit und Gerechtigkeit Gottes aufgeht, wird er zutiefst der erschrockene Sünder«: VI, 263.

[20] XIII, 314. Zu Rahners Verständnis der Gnade als Selbstmitteilung Gottes siehe die Art. »Selbstmitteilung Gottes«, in: LThK^2 IX, 627 und SM IV, 521-526; »Gnade«, in: LThK^2 IV, 991-1000 und SM II, 450-465; »heiligmachende Gnade«, in: LThK^2 V, 138-142; Zur scholastischen Begrifflichkeit der ungeschaffenen Gnade: I, 347-375; IX, 242-256; Grundkurs des Glaubens, 123-142. Rahners Gnadenverständnis wurde im einzelnen untersucht von J.Egbulefu: Menschengeist, Gnade, Gottesschau, Münster 1982.

[21] XIV, 54. Insofern die Gnade *Selbst*-mitteilung Gottes ist, ist sie primär ungeschaffene Gnade; die Unterscheidung von gratia creata und increata ist demgegenüber sekundär.

[22] Vgl. SM IV, 522: Sie meint »die Möglichkeit und Wirklichkeit, daß Gott nicht nur in Wirkursächlichkeit das von ihm verschiedene Andere schöpferisch hervorbringen kann und bringt, sondern in einer eigenen ungeschaffenen göttlichen Wirklichkeit die reale Bestimmung der Kreatur werden kann ('finitum capax infiniti'), ohne dadurch aufzuhören, Gott, d.h. der von nichts Abhängige zu sein, der unendlich bleibend, von nichts anderem her bestimmt wird.« Vgl. auch I, 35f.; IV, 12ff. - Im Begriff der Selbstmitteilung sind zwei Momente verankert: Gott als der ganz Andere, und Gott als das Non-aliud, insofern er die tiefste Bestimmung des Menschen ist (vgl. XV, 194).

[23] SM IV, 590.

[24] Eine ausgezeichnete Darstellung von Rahners Anthropologie stammt von K.Fischer: Der Mensch als Geheimnis, Freiburg 1974.

Menschen voraus.«[25] So geht das göttliche Gnadenangebot der Sünde immer schon voran; diese ist zugelassen nur innerhalb der universalen Prädestination zum Heil[26].

Mit seinem Verständnis der Rechtfertigung als Selbstmitteilung Gottes will Rahner die Notwendigkeit der Vergebung keineswegs bestreiten[27]. A. Grün trifft in diesem Zusammenhang die Feststellung: »Vergebung ist hier jedoch nicht als ein bloßes Zusagewort, als ein Freisprechen oder Nichtanrechnen einer Schuld verstanden, sondern als ein seinshafter Prozeß: als das siegreiche Sichdurchsetzen der göttlichen Gnade gegenüber der Sünde. Vergebung ist bei Rahner nicht ein iuristischer, sondern ein ontologischer Begriff. Gott vergibt dem Sünder die Schuld, indem er ihm seine Gnade mitteilt.«[28] Selbstmitteilung und Vergebung sind somit »zwei faktisch *immer* verbundene Momente der einen göttlichen Selbstmitteilung in der ungeschaffenen Gnade an die Welt«[29]. Von daher bedeutet Rechtfertigung für Rahner selbstverständlich »auch die Vergebung der Schuld, die dem Sünder aus freier Gnade Gottes erlassen wird«[30]. Die Formulierung »auch« zeigt, daß der Rechtfertigungsbegriff bei Rahner von vornherein unter einem anderen Gesichtspunkt konzipiert ist als in der klassischen lutherischen Tradition: Kommt dort alles an auf die Gerechterklärung des Sünders, so ist bei Rahner das zentrale Geschehen das der Selbstmitteilung Gottes, zu dem *auch*, aber nicht primär die Vergebung der Schuld gehört[31]. Diese Sichtweise zeichnet nach Rahner vermutlich in besonderer Weise das katholische Erlösungsverständnis aus: »Das Christentum kann in seinem letzten Wesen nicht erfahren und begriffen werden durch die Sündigkeit des Menschen und die Befreiung von Schuld. Vielleicht ist das (ich möchte hier darüber nicht urteilen) eine spezifisch katholische These, durch die sich die katholische Gnaden- und Erlösungslehre von der reformatori-

---

25 XV, 241. Vgl. dazu den gesamten Aufsatz »Das christliche Verständnis der Erlösung«: XV, 236-250.

26 SM II, 455; SM IV, 591; XV, 256.

27 Vgl. dazu auch seine Ausführungen in Grundkurs des Glaubens, 97-121: Der Mensch als das Wesen der radikalen Schuldbedrohtheit.

28 A.Grün: Erlösung durch das Kreuz, Münsterschwarzach 1975, 103.

29 SM I, 1163.

30 XIII, 336.

31 Auch Rahners Schuldbegriff ist von der göttlichen Selbstmitteilung her konzipiert: »Schuld ist in der konkreten Ordnung als 'Sünde' das freie ... Nein zu Gottes unmittelbarer intimer Liebe im Angebot seiner Selbstmitteilung durch die ungeschaffene, vergöttlichende Gnade«: SM I, 1160.

schen unterscheidet.«[32] Wenngleich sich Rahner der damit verbundenen Problematik durchaus bewußt ist[33], hält er dies doch für die angemessene Auslegung des Heilsgeschehens: »Wenn wir heute sehen, wie schwer die Rechtfertigung als Vergebung der Sünde allein heute bei den Menschen ankommt, wenn überdies für einen katholischen Theologen Gott und seine Zusage seiner selbst an den Menschen (wie immer sie auch genauer verstanden werden mag) schon im Voraus zur Sünde reine Gnade ist ..., darf man ruhig die Selbstmitteilung Gottes an die Kreatur als zentraleres Thema denn Sünde und Sündenvergebung empfinden.«[34]

Exkurs: Rechtfertigung und Kreuz

Die Vorgabe der Rechtfertigung im universalen Gnadenangebot Gottes wirft die Frage nach der Bedeutung des Kreuzesgeschehens für die Erlösung des Menschen auf[35]. Es ist die Frage nach dem Stellenwert der Inkarnation angesichts des transzendentalen Heilswillens Gottes. Grundsätzlich stehen für Rahner beide in einem wechselseitigen Begründungsverhältnis. Der göttliche Vergebungswille begegnet dem Menschen im geschichtlichen Ereignis der Inkarnation[36], doch wird er von der Geschichte nicht *bewirkt*, sondern als ihr Vorweg in ihr konkret. »Weil es einen Heilswillen Gottes gibt, gibt es Kreuz und Auferstehung Jesu; nicht aber: Weil es das Kreuz gibt, gibt es uns gegenüber den Heilswillen Gottes. Gott wird nicht durch das Kreuz von zürnender Gerechtigkeit umgestimmt zu vergebender Liebe, sondern der grundlos von vornherein vergebende, sich der Welt trotz ihrer Schuld und diese überwindend mitteilende Gott führt das Kreuzesereignis herauf.«[37]
Die paulinischen Interpretationen des Todes Jesu als »Opfer«, »Lösegeld« und »versöhnendes Blut« betrachtet Rahner als bloße Hilfskonstruktionen und warnt vor einer falschen Opfer- und Sühnevorstellung, weil dadurch die alleinige Heilsinitiative Gottes nicht gewahrt und das Vorweg der Gnade im übernatürlichen Existential nicht ernst genommen werde. Gegen Anselms Satisfaktionstheorie erhebt er massive Bedenken, weil sie nur die zürnende Gerechtigkeit Gottes im Blick

---

[32] XV, 241. Rahner sieht im Unterschied zwischen Natur und Gnade, der im Voraus zu aller Sünde gilt, den Grund dafür, daß Gnade und Schuldvergebung nach katholischem Verständnis nicht einfach identisch sind.

[33] Erfahrungen eines katholischen Theologen, in: K.Lehmann (Hg.): Vor dem Geheimnis Gottes den Menschen verstehen, 105-119, 112f: »Und so sei hier, wenn auch ein wenig ängstlich, eingestanden, daß in meiner Theologie in einer sicher problematischen Weise das Thema der Sünde und der Sündenvergebung gegenüber dem Thema der Selbstmitteilung Gottes ein wenig im Hintergrund steht.«

[34] Ebd. 112.

[35] Eine ausführliche Darstellung von Rahners Soteriologie und Staurologie bietet die bereits genannte Arbeit von A.Grün: Erlösung durch das Kreuz.

[36] SM I, 1170.

[37] XII, 261.

habe, seine vergebende Liebe hingegen verdunkle; ebenso lehnt er die Vorstellung von der Genugtuung durch den Gehorsam des Sohnes im Sinne eines Tauschgeschäftes oder einer juristisch verstandenen Sühnevorstellung ab, nach der ein Unschuldiger die Strafe für die durch die Sünde verletzte Ordnung auf sich nehmen muß. Trotzdem kann Rahner an einer wirklichen Erlösung *durch* das Kreuz sprechen und somit am Tod Jesu »für uns« festhalten[38], so daß das Kreuz in seiner Bedeutung nicht eliminiert wird[39].

Allerdings kennt Rahner kein echtes Drama zwischen dem Sünder und dem wegen der Sünde zürnenden Gott[40]. Denn weil Gott sich immer schon mitgeteilt hat, ist die heilsgeschichtliche Dramatik im Grunde aufgehoben, da der Ausgang der Geschichte und das menschliche Schicksal im ganzen schon entschieden sind. Das Heilsdrama spielt sich im einzelnen Menschen ab, wo alles darauf ankommt, ob dieser die ihm objektiv vorgegebene Erlösung in freier Entscheidung annimmt und so subjektiv die Rechtfertigung erlangt[41]. Das Fehlen des dramatischen Moments wie das einer echten theologia crucis wurde Rahner von protestantischer Seite[42], aber auch von H.U. von Balthasar zum Vorwurf gemacht[43]: das Kreuz habe nur die Funktion, den göttlichen Heilswillen greifbar zu machen. Rahner vergesse die unzähligen Schriftstellen, die vom Zorn Gottes über den Sünder und vom Gericht handeln und gehe an der biblischen Vorstellung von der Unumstimmbarkeit Gottes

---

38 Jesu aktives Wirken am Kreuz besteht in seiner Annahme des Todes, der für Rahner nicht nur Erleiden, sondern Tat höchster Freiheit ist, und in seiner radikalen Auslieferung an die Sünde. Somit verdankt der Mensch sein Heil dem ewigen Heilswillen des Vater wie dem Gehorsam des Sohnes. Zu Rahners Deutung des Todes als aktives Sich-zur-Vollendung-bringen vgl.: Zur Theologie des Todes, Freiburg 1958, 30f.; zum Tod Jesu als tiefste Erfahrung der Sünde vgl. Betrachtungen zum ignatianischen Exerzitienbuch, München 1965, 222f.

39 Es ist vor allem das Anliegen von A.Grün, den Nachweis für die Bedeutung des Kreuzes in Rahners Theologie zu erbringen.

40 Auch seine transzendentale Christologie, die vor allem am Wesen des Gottmenschen interessiert ist, nimmt nicht wirklich das Kreuz in den Blick; vielmehr liegt der Akzent auf Christus als dem absoluten Heilsbringer, nach dem der Mensch Ausschau hält (vgl. XIII, 172-187). Eine knappe, aber präzise Zusammenfassung der Grundzüge dieser Christologie bietet A.Schilson: Christologie im Präsens, Freiburg 1974, 80-89.

41 Bezeichnend ist folgende Äußerung, in: Gnade als Freiheit, Freiburg 1968, 56: »In der Alltäglichkeit unseres frei personalen Lebens geschieht das eine Drama Gottes und des Menschen in ewige Endgültigkeit hinein.« Der Begriff des »Heilsdramas« zwischen Gott und Mensch hat für Rahner ansonsten so gut wie keine Bedeutung.

42 So M.Köhnlein: Katholische Worttheologie, Stuttgart 1969. Nachdem er zuerst die Unklarheit des Begriffes »Selbstmitteilung Gottes« bemängelt, führt ihn seine Untersuchung über Rahner Theologie zu dem Ergebnis, »daß die theologia crucis nicht die großen Grundlegungen seiner Gnaden- und Erlösungslehre bestimmt. Sie wirkt bei ihm eher wie eine zusätzliche Korrektur«: 183f. und öfters.

43 H.U. von Balthasar: Cordula oder der Ernstfall, Einsiedeln ^{4}1975, 90f. Nach seiner Überzeugung wird durch die Lehre vom anonymen Christentum die Entscheidung für Christus von der Ebene von Kreuz und Martyrium auf die der Nächstenliebe verlagert (84f), vor allem aber die Kreuzestheologie an sich abgewertet. Vgl. auch: ders.: Geist und Feuer, in: HerKorr 30 (1976), 72-82, 76, wo Balthasar betont, daß weniger das anonyme Christentum in der Theologie Rahners seinen Anstoß errege, sondern vielmehr das Ausblenden des stellvertretenden Sühnetodes Jesu. Daß Balthasars Rahner-Darstellung und -Rezeption nicht frei von Mißverständnissen und Verzerrungen ist, wird nachgewiesen von C.Kappes: Freiheit und Erlösung, Münster 1986, 56-141. Vgl. dazu auch N. Schwerdtfeger: Gnade und Welt, 50f.

vorbei; die Stellvertretung Jesu unterscheide sich nicht von der bloßen solidarischen Mitmenschlichkeit, in der ein jeder für den anderen da ist; das »pro nobis« werde statt auf Christus auf Gott selbst bezogen, der in seinem Heilswillen für die Menschheit ist; das Leiden Jesu gerate aus dem Blick; schließlich werde in Sorge um die Abwehr einer einseitigen monophysitischen Sicht des Gottmenschen ein ebenso einseitiger antiochenischer Akzent gegensetzt.

II. Der mehrdimensionale Kirchenbegriff

Rahners Ekklesiologie ist bestimmt durch eine objektiv bestehende Mehrdimensionalität in der Wirklichkeit der Kirche[44]. Ein Verständnis dafür eröffnet die Sakramententheologie, die zwischen dem äußeren, gültigen sakramentalen Zeichen (sacramentum) und der inneren Gnadenwirklichkeit (res sacramenti) unterscheidet. Beide sind nicht zu trennen, weil das sakramentale Zeichen immer auf die Gnade hingeordnet ist, soll es nicht seinen Sinn verlieren. Beide müssen aber doch als zwei Ebenen unterschieden werden[45]. Genau diese Struktur ist nach Rahner auch der Kirche zu eigen. So unterscheidet er einen engeren Kirchenbegriff, der die konkrete, sichtbare, hierarchisch gegliederte, institutionell verfaßte und rechtlich organisierte Kirche bezeichnet - dem »sacramentum« entsprechend - vom weiteren Begriff des »Volkes Gottes«, der gnadenhaften Verbindung der Menschheit mit Gott als der »res«. »Kirche« ist eine mehrschichtige Wirklichkeit: »Kirche als gestiftete sakralrechtliche Organisation und Kirche als durch die Menschwerdung geweihte Menschheit«[46], die im universalen Heilswillen Gottes gründet. Gott beruft die Menschen nicht als einzelne, jeden für sich zur Gnade, sondern in der Gemeinschaft, als sein Volk.
Das übernatürliche Existential schafft eine »naturhafte Einheit aller Menschen, die als potentia oboedientialis dem Heilswerk Gottes an der Menschheit zugrunde liegt, in dem Sinn, daß die Menschheit nicht bloß die nachträgliche, rein gedankliche Summation der vielen einzelnen ist.«[47] Die Gnade, die Gott dem Menschen anbietet, ist von vorherein »Gnade des Bundes«, »einigende Gnade, durch die der einzelne in der

---

[44] Zum folgenden siehe vor allem: Die Gliedschaft in der Kirche nach der Lehre der Enzyklika Pius' XII. »Mystici Corporis Christi«: II, 7-94 (nirgendwo sonst betont Rahner die Notwendigkeit eines doppelten Kirchenbegriffes mehr); vgl. auch VI, 546; Kirche und Sakramente, 20.

[45] II, 20; VIII, 512, 534ff; Kirche und Sakramente, 88.

[46] II, 93.

[47] Ebd. 85.

einen Menschheit, im Volk Gottes gemeint ist«[48], das von ihm angebotene Heil »Heil der Kirche«[49] im weitesten Sinne, weil es dem Menschen in der Gemeinschaftlichkeit zuteil wird. Damit ist vor der persönlichen Entscheidung des einzelnen und unabhängig von seiner tatsächlichen Begnadigung allein durch das Gnadenangebot Gottes die ganze Menschheit konsekriert und zum Volk der Kinder Gottes erhoben[50]. »Dieses Volk Gottes liegt seiner rechtlichen und gesellschaftlichen Organisation in dem, was wir Kirche nennen, in ähnlicher Weise voraus wie ein bestimmtes gesellschaftliches Volk in der Ebene der innerweltlichen Wirklichkeit seiner Organisation im Staat vorausgeht.«[51] Die Gliedschaft am Volk Gottes gehört zu den Bestimmungen der konkreten Menschennatur. Als solche ist sie eine ontologische Bestimmung, nicht nur eine abstrakte Idee. Jeder Mensch ist aufgerufen, zusammen mit dem göttlichen Heilsangebot sich in die konsekrierte Menschheitsgemeinschaft einbeziehen zu lassen. Das votum Ecclesiae wird nicht nur in einer reinen Innerlichkeit vollzogen, sondern in konkreten Taten des Glaubens und der Liebe, in jedem sittlich guten Akt. Während Rahner in den frühen Schriften die Zugehörigkeit zum Volk Gottes bereits in der Zugehörigkeit zu der einen Menschheitsgemeinschaft begründet sieht[52], betont er später stärker den Entscheidungscharakter dieses Voraus und bindet ihn an die Interkommunikation und Annahme des anderen[53]. Die Begegnung mit dem Nächsten wird so zum Grundakt menschlichen Daseins, weil sich daran die Annahme der Gnade entscheidet[54]. »Wo immer ... der Mensch im freien Akt einer gnadenhaften Rechtfertigung durch Glaube und Liebe als Person seine konkrete Naturwirklichkeit total annimmt, wird die Gliedschaft am Volke Gottes Ausdruck dieses rechtfertigenden Aktes. Der Rechtfertigungsakt hat also selbst als seinen Ausdruck eine von ihm verschiedene Wirklichkeit bei sich, die die Gliedschaft am Volke Gottes ist, welche selbst wie-

48 VIII, 528.

49 V, 489.

50 Wie schon der Ansatz beim universalen Heilswillen zeigt, spricht Rahner vom »Volk Gottes« nicht im Sinne des biblischen Begriffes, sondern im Sinne einer transzendentaltheologischen Kategorie, mittels derer die Verwiesenheit des Menschen auf die Kirche in seinem Aussein auf das Heil plausibel gemacht werden soll.

51 II, 89.

52 I, 299-311.

53 Vgl. VIII, 223.

54 VII, 296; VI, 286ff.

derum eine reale Hinordnung auf die Gliedschaft an der Kirche im eigentlichen Sinne hat.«[55]

Rahners Theologie ist von Anfang an vom Interesse an der konkreten Kirche bestimmt[56]. Ist sie, theologisch gesehen, »mehr« als das Volk Gottes? Warum bedarf es einer solchen Kirche überhaupt? Diese Frage zielt nicht auf den Unterschied zwischen dem sich bewußt zu Christus und seiner Kirche bekennenden Gläubigen und der anonymen, unreflektierten Christlichkeit, die noch nicht zum ausdrücklichen, in freier Entscheidung getroffenen Bekenntnis gelangt ist[57]. Denn könnte nicht, rein hypothetisch betrachtet, das explizite, bewußte Bekenntnis zu Jesus Christus und der Kirche sich in einem rein innerlichen Akt vollziehen? Könnte nicht gerade derjenige, der sich bewußt zum Christentum bekennt, auf die konkrete Kirche mit ihren Strukturen verzichten, da diese ihm womöglich in seiner Beziehung zu Gott nur hinderlich sind? Und weiter gefragt: Wie steht es mit jenen Menschen, die sich zwar bewußt zu Christus bekennen, die aber ebenso bewußt in Distanz zur konkret verfaßten Kirche treten?

---

55 II, 91. - Ausgehend vom mehrdimensionalen Kirchenbegriff sucht Rahner das Problem der Heilsnotwendigkeit der Kirche folgendermaßen zu lösen: Eben weil Kirche nicht nur auf ihre äußere Gestalt begrenzt ist, gibt es Gnade auch außerhalb der sichtbaren Kirche, können Menschen auch außerhalb ihrer gerechtfertigt werden. Die sichtbare Kirche ist vom unsichtbaren Volk Gottes zwar zu unterscheiden, kann jedoch niemals von ihm abgelöst werden, weil dieses ja die Voraussetzung ihrer Existenz ist. Das »Volk Gottes« ist auf explizite Kirchlichkeit hingeordnet; umgekehrt ist die bewußte - schuldhafte! - Ablehnung der konkreten Kirche Zurückweisung der Zugehörigkeit zum Volk Gottes, ohne die es kein Heil gibt.

56 Dagegen wurde mehrfach der Einwand erhoben, mit der Selbstmitteilung Gottes werde doch nicht gleich die Kirche im expliziten Sinn miterkannt, da diese ja eine zutiefst geschichtlich bestimmte Wirklichkeit ist, ganz zu schweigen davon, daß sie aus der transzendentalen Erfahrung des Menschen keineswegs deduziert werden könne. Dies wird von Rahner auch nicht behauptet. Vielmehr sucht er von der menschlichen Transzendenzbewegung in den Akten der Erkenntnis und der Freiheit her einen Zugang zur Kirche zu erschließen, die dem einzelnen als geschichtliche Realität von außen entgegentritt.

57 Von Rahner her ist es unbestritten, daß ein solches Bekenntnis Konsequenzen für die persönliche Heilssituation nach sich zieht, weil es einerseits eine größere Heilssicherheit bedeutet, andererseits aber auch ein Mehr an Verantwortung erfordert. Ausführlich dazu V, 155f; VI, 491; VII, 248; IX, 498f, 513ff.

III. Die inkarnatorische Struktur der Gnade

Das entscheidende Argument Rahners für die konkrete Gestalt von Kirche ist die inkarnatorische Gestalt der Gnade[58], die Tatsache, daß sie nicht bloß in einer rein innerlich-spirituellen Beziehung zwischen Gott und Mensch besteht, sondern wirklich in die Welt hinabsteigt und sich in den sichtbaren Dimensionen der Wirklichkeit zur Erscheinung bringt[59]. Damit kommt ihr eine »quasi sakramentale Struktur«[60] zu: So wie das sakramentale Zeichen die unsichtbare Gnade sichtbar macht, so erscheint sie zeichenhaft-leibhaftig in den Strukturen dieser Welt.
Rahner gelangt zu dieser Einsicht zum einen auf anthropologischem Weg über eine Philosophie und Theologie des Symbols, zum anderen über eine Betrachtung der konkreten Heilsgeschichte.

1. Theologie des Symbols

a. Symbolhaftigkeit der Wirklichkeit und Realsymbol

Rahners philosophischer Zugang zu einem inkarnatorischen Gnadenverständnis setzt an im Kontext der Symboltheologie[61] bei dem Grundsatz: »Das Seiende ist von sich selbst her notwendig symbolisch, weil es sich notwendig 'ausdrückt', um sein eigenes Wesen zu finden.«[62] Da alles Seiende sich in seinem wesensgemäßen Selbstvollzug ausdrückt, waltet in jedem das Verhältnis von Symbol und Symbolisiertem. Alles Seiende ist trotz seiner Einheit in sich differenziert und damit plural. Daß sich Pluralität und Einheit gegenseitig nicht ausschließen, ist nur so

---

58 Die inkarnatorische Struktur ist *das* Wesensmerkmal des christlichen Gnadenverständnisses (IX, 511). Vgl. II, 75; III, 59; V, 155f.; VI, 547ff.; IX, 508, 511f.; X, 410; HPTh II/2, 55f.; Kirche und Sakramente, 15-18.

59 W.Schmölders: Inkarnatorische Struktur, Innsbruck 1973, stellt in seiner Dissertation heraus, daß die inkarnatorische Struktur für Rahner nicht nur ein theologisches Denkmodell ist, sondern die Grundstruktur der Wirklichkeit selber bezeichnet (weswegen die Wirklichkeit auch nicht in Natur und Gnade als zwei getrennte Welten aufteilbar ist). Das konkrete Ergebnis der inkarnatorischen Dynamik ist an erster Stelle die Kirche, dann das Sakrament und das Wort (37). - Zu einem ähnlichen Ergebnis gelangt A.Dulles: The ignatian experience as reflected in the spiritual theology of Karl Rahner, in: Philippine Studies 1965, 471-491.

60 II, 128.

61 Zum folgenden siehe vor allem: Zur Theologie des Symbols: IV, 275-311; wichtige Hinweise finden sich auch in Kirche und Sakramente. Für N.Schwerdtfeger: Gnade und Welt, 288, ist das Symboldenken Inbegriff von Rahners theologischer Grundausrichtung.

62 IV, 278.

möglich, »daß das Eine sich entfaltet, das Plurale also aus einem ursprünglichst 'Einen' in einem Entsprungs- und Abfolgeverhältnis herkommt, die ursprünglichste Einheit, die auch die das Plurale einende Einheit bildet, sich selbst behaltend in eine Vielheit sich entläßt und 'ent-schließt', um dadurch gerade zu sich selber zu finden.«[63] Dieser Vollzug der Einheit in die Außengestalt hinein ist das Symbol. Von diesem Ansatz her gelangt Rahner zur Bestimmung des Realsymbols - auch wesentliches Symbol oder Ur-Symbol oder konstitutives Zeichen genannt - in der Abgrenzung von arbiträr festgelegten Zeichen oder Chiffren, den sog. Vertretungssymbolen, die auf einer nachträglichen, rein konventionellen Übereinkunft beruhen[64]. »Das eigentliche Symbol (Realsymbol) ist der zur Wesenskonstitution gehörende Selbstvollzug eines Seienden im anderen.«[65] Es ist »jene raumzeitliche, geschichtliche Erscheinung und Greifbarkeit ..., in der sich ein Wesen, in Erscheinung tretend, anzeigt, und, sich anzeigend, gegenwärtigsetzt, indem es diese von sich real verschiedene Erscheinung bildet. Bei den 'wesentlichen Symbolen' ist das Zeichen als 'Erscheinung' ein inneres Moment im Erscheinenden und sich selbst Vollziehenden, wenn es auch vom Erscheinenden real verschieden ist.«[66] Es ist also nicht bloß ein äußeres Zeichen für eine von ihm real verschiedene Sache, sondern die dem Seienden eigene Selbstvermittlung. »Es handelt sich um ein inneres und wechselseitiges ursächliches Verhältnis: das Sich-Zeigen setzt sich in seinem eigenen Wesen und Da-Sein, indem es sich in seiner (von ihm verschiedenen) Erscheinung zeigt.«[67] Das Verhältnis zwischen dem Symbolisierten und seinem Realsymbol ist weder das einer »transeunten Effizienz«, noch das einer bloß äußerlichen Kundgabe, sondern das einer (quasi-)formalen Kausalität[68]. Die Einheit von Symbol und Symbolisiertem - und zugleich die dialogisch-kommunikative Dimension der Symbolhaftigkeit - kommt besonders im Urwort des Herzens zum Ausdruck, das für die innerste Mitte der Person steht[69]. Zur Veranschaulichung des Symbolverhältnisses dient Rahner vor allem die Leiblichkeit des Menschen: Der Leib offenbart, was und wer der Mensch

---

[63] Ebd. 282.

[64] Ebd. 279.

[65] Ebd. 290.

[66] Kirche und Sakramente, 34f.

[67] Ebd. 35.

[68] IV, 286-290; Kirche und Sakramente, 31-37.

[69] Ausführlich dazu III, 379-390: »Siehe dieses Herz«. Prolegomena zu einer Theologie der Herz-Jesu-Verehrung; ebd. 391-418: Einige Thesen zur Herz-Jesu-Verehrung.

ist[70]. Er erfährt den Leib darum als Realsymbol, als ihm eigene und doch nicht schlechthin mit ihm identische Wirklichkeit. Zugleich ist er Medium seines Selbstvollzuges, denn der Mensch kommt nur zu sich selbst, wenn er in Akten der Erkenntnis und Freiheit in die Welt hinausgeht[71]. Damit ist er konstitutiv auf Leiblichkeit verwiesen. Der Leib ist also nicht eine nachträgliche Verlautbarung der Seele, sondern das, worin sie erst zu ihrem Wesen kommt, ein Moment am Selbstvollzug des Geistes[72]. Es gibt überhaupt keine rein geistigen Akte - auch keine Glaubensakte - die sich in einer bloß transzendentalen Innerlichkeit ereignen; vielmehr handelt der Mensch immer als Einheit von Leib und Seele[73]. Eine nur transzendentale Religiosität, die die Gottesbeziehung ausschließlich in de spiritueller Innerlichkeit vollzieht, ist für Rahner darum gar nicht denkbar[74]. Auch der Akt des Glaubens und der Hingabe an Gott mündet unweigerlich in einen leibhaftigen Ausdruck, in dem die innere Haltung »qualifiziert greifbares Ereignis in der Öffentlichkeit jenes Gnadenmediums«[75], nämlich der Kirche, wird[76]. Schon von der Leibhaftigkeit des Menschen her gesehen ist die Kirche nicht nur ein unsichtbares Reich der inneren Gnadenverbundenheit, sondern sichtbare, raumzeitliche Gemeinschaft[77].

b. Symbolhaftigkeit Jesu Christi und der Kirche

Nicht nur der Mensch, sondern Gott selbst drückt sich im anderen seiner selbst aus. Er ist in seiner Einheit zugleich Pluralität, weil es »in der höchsten Einfachheit Gottes doch eine wahre und reale (wenn auch 'nur' relative) Unterschiedenheit der 'Personen' gibt«[78], und zwar nicht als Ausdruck der Defizienz, sondern höchster Vollkommenheit. An die-

[70] Vgl. IV, 306: »Der Leib ist das Symbol der Seele, insofern er als der Selbstvollzug der Seele (wenn auch nicht als deren adäquater) gebildet wird, und sich die Seele in dem von ihr verschiedenen Leib selbst anwesend sein und in 'Erscheinung' treten läßt.«

[71] Vgl. XII, 423.

[72] Vgl. Die Einheit von Geist und Materie im christlichen Glaubensverständnis: VI, 185-214.

[73] II, 127. - Zu demselben Ergebnis führt ihn die Reflexion über die Verwirklichung menschlicher Freiheit, die sich ebenfalls in der raumzeitlichen Materialität ausdrückt (III, 128).

[74] I, 209; III, 59, 128f.; V, 151; VII, 492; VIII, 578; HPTh II/1, 28-31.

[75] II, 137.

[76] Auch das zum Heil notwendige votum Ecclesiae hat, wie bereits erwähnt, sichtbar-leibliche Struktur, etwa in der Hinwendung zum Nächsten oder in der Treue zu seinem Gewissen (II, 56).

[77] Vgl. II, 129.

[78] IV, 288.

ser Stelle wird deutlich, daß Rahners Symboltheologie nicht aus einer abstrakten philosophischen Spekulation erwächst, sondern vom christologischen und trinitarischen Mysterium her entworfen ist. Letztendlich ist der trinitarische Gott, der sich in Christus offenbart, die Grundlage für jegliches Symbolverständnis[79]; die Christologie bildet das zentrale Kapitel einer Symboltheologie[80], die an die johanneische Logoschristologie anknüpfen kann. Innertrinitarisch drückt sich der ursprungslose Gott im Logos aus; er ist das Realsymbol des Vaters[81], denn »der Vater ist er selbst, indem er das ihm wesensgleiche Abbild als den von sich anderen gegenüberstellt und so sich selbst hat.«[82] Der Vater aber sagt sich nicht nur innertrinitarisch, sondern auch in die Welt hinein aus, und zwar durch den Logos, der, sich selbst entäußernd, die Menschheit Christi konstituiert[83]. So setzt sich in ihr die Symbolfunktion des Logos in der Welt fort. »Der menschgewordene Logos ist das absolute Symbol Gottes in der Welt, das unüberbietbar mit dem Symbolisierten erfüllt ist, also nicht nur die Anwesenheit und Offenbarung dessen in der Welt, was Gott in sich selbst ist, sondern auch das ausdrückliche Da-Sein dessen, was (oder besser: wer) Gott in freier Gnade der Welt gegenüber sein wollte, und zwar so, daß diese Haltung Gottes, weil so ausgedrückt, nicht mehr zurückgenommen werden kann, sondern die endgültige und unüberbietbare ist und bleibt.«[84] Die Menschheit Christi ist damit nicht nur Maske, »Livree« , »Vermummung Gottes«, sondern wirkliche Selbstaussage des Vaters[85].

Nach dem Tod des Sohnes findet die Symbolfunktion der Menschheit Jesu in der Welt und für sie ihre Fortsetzung in der Kirche. Als Real-

---

79 Es gilt allerdings doch zu differenzieren: Der ontologische und der trinitarische Symbolbegriff weisen, obgleich sie in gegenseitigem Bezug entwickelt worden sind, unterschiedliche Akzentuierungen auf, die sich letztlich nicht völlig vermitteln lassen. Der ontologische Symbolbegriff setzt an beim Seienden, das sich um seines Selbstvollzuges willen ausdrückt, ohne daß damit schon ein dialogisch-kommunikatives Moment intendiert ist. Anders der Symbolbegriff, wie er im Rahmen von Trinität und Christologie entfaltet wird: Hier ist immer schon die Mitteilung Gottes an Mensch und Welt und insofern der dialogische Akt mitgedacht. Trotz dieser unterschiedlichen Akzentsetzungen kann aber von *einem* zugrundeliegenden Symbolverständnis ausgegangen werden.

80 Rahners Symbolverständnis in christologischem Horizont wurde ausführlich erarbeitet von J.H.P.Wong: Logos symbol in the christology of Karl Rahner, Rom 1984.

81 Vgl. dazu J.H.P.Wong, 194: »For, while all created beings are sacramental signs or 'presence and manifestation' of God, only the humanity of Christ is the *Realsymbol* of God.«

82 IV, 292.

83 Vgl. ebd. 293: »Die geschöpflich-endliche Aussage nach außen ist eine (freie, weil einen endlichen Gegenstand habende) Fortsetzung der innergöttlichen Setzung von 'Bild und Gleichnis' und geschieht wirklich ... 'durch' den Logos.«

84 Ebd. 293f.

85 Ebd. 149f., 123, 294; Grundkurs 222.

symbol verweist die Kirche nicht nur auf die Gnade Gottes, sondern sie enthält wirklich, was sie anzeigt, so daß in ihr die symbolisierte Wirklichkeit selbst exhibitiv anwesend ist. So wie die Menschheit Christi Realsymbol Gottes ist, darf die Kirche als Gemeinschaft von Glaubenden in ihrem konkreten Glaubenszeugnis Realsymbol der Gegenwart Christi und des Vaters sein[86]. Dem widerspricht nicht, daß sie als menschliche Wirklichkeit eine gesellschaftliche, juridisch organisierte und institutionalisierte Seite hat. »Wo eine freie Entscheidung im Symbol kundgetan und in ihm selbst vollzogen werden soll, ist die juridische Verfaßtheit und die freie Gesetztheit gerade das, was aus dem Wesen eines Realsymbols heraus in diesem Fall gefordert und erwartet werden muß. Eine Wirklichkeit, die *nicht* existentieller Art ist, kann sich nicht auf diese freie und juridisch verfaßte Weise so ausdrücken, daß das Symbol gleichzeitig auch Realsymbol ist, das die Wirklichkeit des Symbolisierten selbst enthält, weil diese sich selbst in dieses andere des Symbols hineinvollzogen hat. Dies würde dem Wesen dieses bestimmten Symbolisierten widersprechen. So aber liegt der Fall nicht, sondern genau umgekehrt, wo es sich um eine Wirklichkeit handelt, die eine freie Setzung Gottes selbst ist und eine gesellschaftliche Struktur hat.«[87]
Der Sinn der Reflexion über die Symbolhaftigkeit Christi und der Kirche besteht nicht darin, das Ereignis der Inkarnation oder die Kirche selbst philosophisch zu deduzieren. Es geht vielmehr darum, ihr faktisches Gegebensein von einer allgemeinen Ontologie des Symbols her gewissermaßen nachträglich einsichtig zu machen[88]. Der Mensch kann auf den Logos als das absolute Symbol Gottes und auf die Kirche als seiner symbolhaften Verleiblichung in Zeit und Raum aufgrund der allgemeinen Symbolhaftigkeit alles Seienden nur hoffen; ihr Eintreffen bleibt die freie unableitbare Tat Gottes. Zudem kann die Erschließung der Wirklichkeit »Kirche« auf dem Wege einer transzendentalen Deduktion nur rein formalen Charakter haben. Der konkrete Weg zur Einsicht in die inkarnatorische Struktur der Gnade führt für Rahner über die konkrete Heilsgeschichte, das Christusereignis und seine Fortsetzung in der Kirche[89].

---

[86] IV, 297, 300.

[87] Ebd.

[88] Vgl. VIII, 51f.

[89] J.Herberg: Kirchliche Heilsvermittlung, 172, unterscheidet darum bei Rahner zwischen einem formalen Gnadenbegriff, wie er innerhalb der transzendentalen Reflexion gewonnen wurde und einem materialen, durch die Heilsgeschichte erfüllten, der sich aus der konkreten Gottesoffenbarung ergibt.

2. Transzendentalität und Kategorialität

a. Ihre wechselseitige Vermittlung in der Heilsgeschichte

Gottes Selbstmitteilung erreicht den Menschen nicht in der Innerlichkeit seines Herzens, sondern in konkreten geschichtlichen Ereignissen - und damit im Bereich des Leibhaftigen, Greifbaren[90]. So gibt es von Anfang an eine konkrete Heilsgeschichte, beginnend mit dem Volk Israel als einer sichtbaren Gemeinschaft mit Führern und Propheten und auserwählten Personen, an denen Gottes Heil zeichenhaft sichtbar wird bis hin zu Christus und seiner Kirche. Die gnadenhafte Selbstmitteilung ist somit nie eine schlechterdings transzendentale, sondern sie hat eine kategoriale Struktur[91]. Unter dem Kategorialen versteht Rahner das Leibhaftige, Gegenständliche, konkret Greifbare, sinnlich Anschaubare[92]. Insofern sich der transzendente Gott der Kategorialität des Geschöpflichen bedient, um sich dem Menschen mitzuteilen, ist er nicht der schlechthin der Welt enthobene, sondern er ist die sich in der Kategorialität auslegende Transzendenz, die geschichtliche Offenbarung der transzendentalen Selbstmitteilung Gottes[93]. »Bezeichnend ist dabei, daß die Ebene der Transzendentalität in einem Extrapolationsschritt geschichtlich-ontologisch gedeutet wird als sich selbst mitteilender Gott, als Offenbarung, als Selbstzusage Gottes; entsprechend wird die Ebene der Kategorialität der Selbstzusage Gottes als ein konkreter, geschichtlicher Mensch, eben als der 'absolute Heilsbringer', dann als Kirche ausgelegt.«[94]

Das gegenseitige Bedingungs- und Vermittlungsverhältnis[95] von Transzendentalität und Kategorialität bildet die Grundlage für Rahners

---

[90] Zur Geschichtlichkeit der Offenbarung s. vor allem: Grundkurs des Glaubens, 143-179; Geist in Welt, München ²1957, 124; Hörer des Wortes, München ²1963, 87.

[91] Vgl. Grundkurs, 157-164. Zum wechselseitigen Vermittlungsverhältnis von Kategorialität und Transzendentalität vgl. L.B.Puntel: Zu den Begriffen »transzendental« und »kategorial« bei K.Rahner, in: H.Vorgrimler (Hg.): Wagnis Theologie, Freiburg 1979, 189-198.

[92] Vgl. Geist in Welt, 124; Hörer des Wortes 87; Grundkurs des Glaubens 43, 47, 71, 89, 156ff.; SM II, 942ff. Für Rahner ist katholische Theologie immer »Leibhaftigkeitstheologie« (XII, 416).

[93] Vgl. B. van der Heijden, 218; HPTh I, 120: »Damit ergibt sich aber, daß die Geschichte des Heils, der Gnade, der göttlichen Selbstmitteilung von der Offenbarung in ihrer transzendental-übernatürlichen Voraussetzung ... und in ihrer geschichtlichen Kategorialität (Offenbarungswort, Inkarnation, Kirche) eine strenge Identität hat und dieselbe eine Geschichte ist.«

[94] L.B.Puntel: Zu den Begriffen »transzendental« und »kategorial« bei Karl Rahner, 192.

[95] Dieses Verhältnis ist in den Strukturen des geistigen Subjekts angelegt, »dessen Transzendentalität auf das Absolute hin immer schon die Bedingung der Möglichkeit kategorialer Erkenntnis und Freiheit ist und dennoch in dieser Funktion nicht radikal auf-

Symboltheologie und für den Zugang zum Phänomen des Sakramentalen überhaupt[96]. Denn die Transzendenz im kategorialen Bereich, das Göttliche im Geschöpflichen, die Gnade in verleiblichter Gestalt - dieses wechselseitige Bedingungs- und Spannungsverhältnis ist im Begriff der Sakramentalität ausgesagt. Das Realsymbol - wir können nun sagen: Sakrament - ist die Vermittlung zwischen Transzendentalem und dem Kategorialem, die an beiden Bereichen teilhat[97]. Die Symboltheologie ist somit nichts anderes als sakramentales Denken, vom kirchlich-sakralen Bereich auf die allgemein-abstrakte Ebene der Ontologie transponiert: »Der Begriff der 'res sacramenti' korrespondiert nämlich dem des Transzendentalen, der Begriff 'sacramentum (tantum)' dem des (bloß) Kategorialen und der Begriff 'res et sacramentum' als der Einheit der differenten Momente dem des Realsymbols.«[98]

b. Die Verleiblichung der Gnade in Christus und in der Kirche

Die kategoriale Selbstmitteilung Gottes gipfelt im Christusereignis, in dem der sich selbst mitteilende Gott und die menschliche Annahme in unüberbietbarer Weise zur Einheit kommen[99]. Aus diesem Grund ist Christus als Selbstaussage Gottes die gelungene, unüberbietbare Kategorialisierung der göttlichen Transzendenz und die Christologie der geschichtlich einmalige Fall von sich selbst überbietender, radikaler Anthropologie[100]. Auf diesem Hintergrund versteht Rahner Christus als das Ursakrament, das die Gnade nicht nur anzeigt, sondern in dem sie sich in unüberbietbarer Weise inkarniert und vergegenwärtigt hat. Wiederum treffen hier der Begriff des Realsymbols und der des Sakramentes aufeinander und interpretieren sich gegenseitig. »Sakramental« meint dabei »die eine und bleibende, zeichenhafte, inkarnatorisch

---

geht, sondern eine Möglichkeit hat, auf die Unmittelbarkeit Gottes hin durch die Gnade radikalisiert zu sein, ohne dadurch in ihrer Funktion als Bedingung der Möglichkeit innerweltlicher kategorialer Erkenntnis und Freiheit aufgehoben zu werden« (XIII, 318). Durch die Kategorialität kommt die menschliche Transzendenz als die unbegrenzt über sich hinausgreifende Bewegung des menschlichen Geistes zu ihrer Selbstauslegung.

96 Vgl. P.Eicher: Die anthropologische Wende, 305ff.

97 N.Schwerdtfeger: Gnade und Welt, 231. - Ähnlich A.Gerken: Offenbarung und Transzendenzerfahrung, Düsseldorf 1969, 25: »Es wird uns damit hier gegenüber dem Schema 'kategorial - transzendental' der ... angezielte Begriff angeboten, und zwar jetzt in einer auf die Theologie des Glaubensereignisses hingeordneten Spezifikation, der Begriff des 'Sakramentalen'.«

98 N.Schwerdtfeger: Gnade und Welt, 74f.

99 HPTh I, 120. Zur Christologie Rahners vgl. Grundkurs, 180-312.

100 IV, 148; V, 205; Art. »Inkarnation«, in: SM II, 824-840.

strukturierte Präsenz des eschatologischen Heiles Christi, eine Präsenz, in der Zeichen und Bezeichnetes, 'unvermischt und unverwandelt' vereint sind«[101]. »Sakramental« - »inkarnatorisch« - »realsymbolisch« sind somit für Rahner parallele und durchaus austauschbare Kategorien. In Christus ist endgültig bestätigt, was sich durch die gesamte Heilsgeschichte hindurch abzeichnet: daß alle Gnade von ihrem Ursprung und Wesen her eine inkarnatorisch-sakramentale Tendenz hat, weil sie in raumzeitlicher Weise zur Erscheinung und Wirkung kommt. Sie ist nicht nur von Christus verdient, »sondern trägt etwas von der Eigenart dessen an sich, der sie als Gottmensch definitiv in die Welt eingeführt ... hat. ... Sie soll und will sich ihrem eigenen Wesen gemäß also gestaltend, überformend und heiligend über das ganze vielschichtige Wesen des Menschen ausbreiten, bis in seine Leiblichkeit hinein.«[102]

In Jesus Christus hat sich die Gnade in unüberbietbarer und darum eschatologisch-endgültiger Weise verleiblicht[103], so daß sie irreversibelbleibend in die Geschichte eingestiftet ist[104]. Seitdem kann die Menschheit nicht mehr aus der Gnade herausfallen, nicht mehr als ganze verlorengehen, will Gott sich nicht wieder von neuem offenbaren. Aufgrund dieser Endgültigkeit ist die Rechtfertigung nicht nur als Angebot, als Möglichkeit da, sondern als für alle Zeiten tatsächlich wirksame. »Die Gnade ist nicht nur in der Welt, die Gnade ist nicht nur als angebotene da; sie ist seit und durch Christus auch als faktisch siegreiche da, die Welt kann nicht nur gerettet werden, wenn sie *will*, sie *wird* tatsächlich (als ganze) gerettet, weil Gott in Christus *bewirkt, daß* sie *will*. Sie ist die erlöste, nicht nur die erlösbare Welt. In und durch die eschatologisch siegreiche Gnade ist das Schicksal der Welt als ganzer schon entschieden.«[105]

Nach dem Tod Jesu Christi ist die Kirche die bleibende Kategorialisierung der göttlichen Transzendenz in der Geschichte[106]. Da die Dynamik

---

101 Kirche und Sakramente, 22.

102 II, 126, 127.

103 »Endgültigkeit« meint das geglückte Ineinsfallen von transzendentaler Selbstmitteilung Gottes und deren geschichtlich-kategorialer Selbstauslegung im Menschen Jesus Christus.

104 Vgl. M.Kehl: Kirche als Institution, 198: »Erst da, wo das Kategoriale, also die geschichtliche Wirklichkeit des Menschen, zur Kategorialität Gottes selbst wird, ist die Selbstmitteilung Gottes 'endgültig' und 'eschatologisch' Wirklichkeit geworden. ... In der gottmenschlichen Wirklichkeit Jesu, die stets im Modell der Chalkedon-Begrifflichkeit 'ungetrennt und unvermischt' gedacht wird, hat die Transzendenz Gottes eine kategoriale Gestalt sich so 'angeeignet', daß es zu einer unwiderruflichen Einheit der beiden Momente kommt.«

105 IV, 338; vgl. III, 116.

106 Vgl. IX, 511.

der Verleiblichung nicht außer Kraft gesetzt wird, ist die Kirche keine spiritualistische Größe gemeinsamer Gesinnung, sondern sichtbare, leibliche Kirche, in der die Gnade »als dauerndes Ereignis in geschichtlicher Greifbarkeit, in inkarnatorischer Leibhaftigkeit in der Welt anwesend«[107] ist. Damit ist sie selbst Sakrament[108]. Aus der Sakramentalität aller Gnade erwächst das Sakrament Kirche, das sich weiter in die sieben Einzelsakramente ausfaltet[109]. »Die Kirche ist nun die Fortsetzung, das Gegenwärtigbleiben dieser eschatologischen Realpräsenz des siegreichen und endgültig in die Welt eingestifteten Gnadenwillens Gottes in Christus. Die Kirche ist das Anwesendbleiben jenes sakramentalen Urwortes endgültiger Gnade, das Christus in der Welt ist, das Gesagte bewirkend, indem es im Zeichen gesagt wird. Als solches Bleiben Christi in der Welt ist die Kirche wirklich das Ursakrament, der Ursprungspunkt der Sakramente im eigentlichen Sinn des Wortes. Von Christus her hat die Kirche schon eine in sich sakramentale Struktur. Sie hat eine raumzeitliche, geschichtliche Greifbarkeit (mit der doppelten Dimension des Volkes Gottes und dessen rechtlicher, gesellschaftlicher Verfaßtheit); in ihr, die sein Leib und seine Braut ist, bleibt Christus als diese geschichtliche und eschatologische Selbstzusage Gottes an die Welt in dieser Welt und ihrer Endgeschichte gegenwärtig.«[110] Aus der inkarnatorischen Strukturfolgt für Rahner notwendig die kirchliche Verfaßtheit der Gnade: »Alle Gnade ist Gnade der Kirche, hat eine ekklesiologische Struktur.«[111] In Amt, Sakramenten, Institutionen, Lehrentscheidungen, Frömmigkeitsformen, insbesondere auch in ihrer Missionstätigkeit[112] schafft sie sich ihre Verleiblichung. »Die Kirchlichkeit allen Heiles leugnen würde entweder heißen, daß die Gnade nicht immer inkarnatorisch, geschichtlich und darum kirchlich ist, oder würde

[107] VII, 334.

[108] Rahner spricht zunächst undifferenziert sowohl von Christus als auch von der Kirche als »Ursakrament«, bis er später (ab X, 384) zwischen Christus als Ur- und der Kirche als Grundsakrament unterscheidet.

[109] Kirche und Sakramente, 21. - Rahner gewinnt sein Verständnis von der Kirche als Sakrament also nicht von den sieben Sakramenten, sondern von der Gnadenlehre und der Christologie her.

[110] Kirche und Sakramente, 17. - Es handelt sich hier um eine für die Ekklesiologie Rahners zentrale und ausgesprochen aussagereiche Passage.

[111] II, 120.

[112] Dies gegen den wiederkehrenden Vorwurf, die Theorie vom übernatürlichen Existential mache die missionarischen Aktivitäten der Kirche überflüssig (vgl. die Darstellung bei B. van der Heijden, 284-286). Im Gegenteil: Die inkarnatorische Dynamik der Gnade fordert, daß sich die Mission in ihren Dienst stellt (IX, 513). Die missionstheologische Relevanz der Lehre vom anonymen Christentum wird aufgewiesen in der bereits genannten Studie von M.Meyer: Universales Heil, Kirche und Mission.

implizieren, daß man sein Heil ohne Gnade Christi wirken könne.«[113] Weil die Gnade dem Menschen nur durch die Kirche zuteil wird, ist die Rechtfertigung für Rahner ein zutiefst ekklesiales Geschehen. Das Bußsakrament, durch das die verlorengegangene Rechtfertigungsgnade wiedergeschenkt wird, führt dies deutlich vor Augen[114]: Der Sünder wird mit Gott versöhnt, indem er mit der Kirche versöhnt wird und ihren Frieden erlangt. Ebenso wird er als Kind Gottes angenommen, indem ihn die Kirche in der Taufe in ihre Gemeinschaft aufnimmt.

3. Qualifizierte Leibhaftigkeit der Gnade in der Kirche

Gegenüber Rahners Begründung der Sakramentalität der Kirche könnte der Einwand geltend gemacht werden, daß aus der Tatsache, daß die Gnade grundsätzlich kategorial, leibhaftig-inkarnatorisch ist, noch nicht notwendigerweise ihre Kirchlichkeit folgt. In der Tat betont Rahner ausdrücklich, daß es Gnade auch außerhalb der expliziten Kirche gibt[115]. Denn seit Jesus Christus kann die Welt gar nicht mehr schlechterdings gnadenlos sein, sondern ist »konsekriert«, ist der Ort, an dem Gott dem Menschen seine Gnade anbietet[116], vor allem über die Mitmenschlichkeit und die Beziehung zum Nächsten. Die Welt ist das quasi-sacramentum Gottes; es gibt nichts in ihr, was nicht zur Erscheinung der Gnade werden könnte, auch nicht das scheinbar Gottfernste, weil Gott am Kreuz die ganze Welt angenommen hat[117]. Seit Christus gibt es keine Zweiteilung mehr in einen rein sakramentalen und einen rein profanen Bereich. Wenn und insoweit als die Menschheit die absolute Selbstmitteilung in Jesus Christus wirklich annimmt und in der Geschichte gegenwärtigsetzt, ist sie Kirche[118]. Kirche und Welt verhalten sich darum nicht zueinander wie »gnadenvoll« und »gnadenlos«, sondern »Kirche verhält sich zu diesem Heil der Welt wie in der individuellen Heilsgeschichte sakramentales Wort zur Gnade. Diese beiden

---

[113] Kirche und Sakramente, 20.

[114] II, 177f; VIII, 447-471; XI, 479-488. Es ist bezeichnend, daß in Rahners Arbeiten zur Bußgeschichte die Kirche einen zentralen Stellenwert einnimmt (vgl. dazu den gesamten Band XI seiner Schriften).

[115] Vgl. VI, 484.

[116] Darum ist es für Rahner selbstverständlich, »daß alle diejenigen Christen, die außerhalb der katholischen Kirche keine schwere Schuld gegen den Spruch ihres religiösen oder sittlichen Gewissens sich haben zuschulden kommen lassen, den heiligen Geist der Rechtfertigung und der Gnade besitzen»: VIII, 366.

[117] Vgl. I, 411.

[118] HPTh I, 119.

Größen haben in der individuellen Heilsgeschichte einen inneren Zusammenhang, sind aber nicht identisch; jede kann der anderen in der Zeitlichkeit der Geschichte vorausgehen; Gnade kann schon gegeben sein, wo das Sakrament noch nicht gegeben ist; gültiges Sakrament kann noch seine Erfüllung durch die Gnade finden müssen, die durch es angezeigt wird.«[119]

Was unterscheidet also die Verleiblichung der Gnade in der Kirche von der Welt, verstanden als der Raum nicht-expliziter Kirchlichkeit? Es ist die eigentümliche Ambivalenz und Zweideutigkeit, die der Gnade in der Welt anhaftet. »Die menschlichen und weltlichen Dinge, die Zeichen des Heils (oder Unheils) werden, stehen in einer seltsamen Zweideutigkeit. ... Zweideutig sind diese Symbole ... darum, weil diese Dinge, die Zeichen des Heils sind, sich im Verlauf der Geschichte dieses Heils, die auch die der Welt selbst ist, wandeln, weil sie selber hineingerissen sind in die Geschichte des Werdens des Heils von Adam bis zur Wiederkunft Christi, in der das Heil wirklich in die Welt (und nicht nur in den Geist) kommt. Diese Symbole stehen der Geschichte des Heils nicht statisch als unveränderliche Größen gegenüber, sie werden nicht 'verwendet' zu einem Zweck, der ihnen selbst äußerlich wäre. Weil die Welt selbst hineingezogen ist in den 'jetzt' seit Christus sich vollziehenden Wandel in einen neuen Himmel und eine neue Erde und weil dieser Wandel noch andauert, darum sind diese Dinge in ihrer Zeichenhaftigkeit so seltsam zweideutig, darum reden sie vom Alten und vom Neuen.«[120] Die Gnade in der Welt bleibt verborgen, verdeckt unter Schuld und Ablehnung. Denn wenngleich die Geschichte als ganze nicht mehr zum Unheil ausgehen kann, gibt es in ihr im einzelnen vielfaches Unheil und Schuld und Zurückweisung der Gnade. Bei den weltlichen und menschlichen Wirklichkeiten ist darum »das Zeichen ..., an das Gott seine Gnade geknüpft hat, selbst innerlich 'bedroht', nämlich in der Möglichkeit, von sich aus ungültig zu werden, des Charakters, die Greifbarkeit der Gnadenzusage Gottes zu sein, von sich selbst her beraubt zu werden.«[121]

Was in der Welt nur keimhaft angelegt ist, findet in der Kirche seine Entfaltung. In ihr erlangt die Gnade »geschichtliche Eindeutigkeit«[122] und »qualifizierte Leibhaftigkeit«[123]; sie ist »die geschichtlich authenti-

---

119 VIII, 339.

120 VII, 128f.

121 Kirche und Sakramente, 26.

122 V, 407.

123 II, 133.

sche Erscheinung der Gnade, die überall als Heil sich anbietet«[124], in ihr aber *am deutlichsten* in Erscheinung tritt. Was in der Welt erst noch verborgen gegeben ist, erscheint in der Kirche in »voller geschichtlicher Greifbarkeit«[125]. Damit führt Rahner in das allgemeine Prinzip der realsymbolischen Repräsentation eine Abstufung hinein[126]. Gegenpol zur Ambivalenz der Gnade in der Welt sind die sieben Sakramente, »die eindeutige, bleibende, von Gott unwiderruflich gemachte und als solche erkennbare, geschichtlich greifbare Zusage der Gnade an den einzelnen Menschen durch den Gott des neuen und eschatologischen Bundes.«[127]

IV. Kirche als eschatologische Heilsgemeinde

1. Die Endgültigkeit der Gnade

Die Verleiblichung der Gnade in der Kirche ist endgültig-unwiderruflich aufgrund der Endgültigkeit der Selbstmitteilung Gottes in Jesus Christus[128]. Darum ist die Kirche selbst »eschatologische Heilsgemeinde«[129]. »Weil die Kirche die Gegenwart Christi als des eschatologisch-endgültigen Heiles und der endgültig siegreichen Gnade Gottes in der Welt ist, darum ist ihre Erscheinung, ihre geschichtliche Greifbarkeit, ihr heilproklamierender Wortcharakter von eschatologisch-definitiver Art, d.h. aber: dieser Zeichencharakter kommt ihrer Wirklichkeit definitiv und unzerstörbar, endgültig und für immer zu.«[130] Wäre dies nicht der Fall, könnte sie also als Zeichen hinfällig werden, dann be-

---

[124] VIII, 340.

[125] X, 425. Dazu W.Schmölders: Inkarnatorische Struktur, 20: »Das Verständnis der inkarnatorischen Gnadenstruktur ist also noch nicht erreicht durch eine allgemeine Verhältnisbestimmung von Göttlich und Menschlich, etwa indem gesagt würde, daß die Gnade immer geschichtlich vermittelt ist, sondern es ist wesentlich ihre kirchliche Vermittlung, die den Sinn von inkarnatorisch erst voll erschließt, weil in der Kirche der Verleiblichungsprozeß der Gnade seinen Höhepunkt erreicht.«

[126] N.Schwerdtfeger: Gnade und Welt, 387 weist darauf hin, daß Rahner innerhalb des Begriffes des Realsymbols unterscheidet zwischen »'Objektivation', d.h. einem Realsymbol, das noch nicht das Symbolisierte als solches anzeigt, und 'Erscheinung', d.h. einem Realsymbol, das die es setzende und in ihm gesetzte Wirklichkeit eindeutig ausdrückt (vgl. VII, 428ff; auch III, 68ff).« »Erscheinung« ist dabei nicht nur eine Verdeutlichung der Objektivation, sondern stellt die an sich verborgene Realität erst vollends her und verleiht ihr Wirksamkeit. Die Gnade hat sich zwar auf vieldeutige Weise in der Welt objektiviert, doch erst in der Kirche »erscheint« sie in Eindeutigkeit.

[127] Kirche und Sakramente, 10, 30; vgl. IV, 329-348.

[128] Zum folgenden siehe vor allem: Kirche und Parusie Christi: VI, 348-367.

[129] IV, 365.

[130] IV, 338.

dürfte es einer neuen Offenbarung und Gnadenmitteilung; dann wäre aber auch Christus nicht der definitiv-endgültige Heilsbringer, als den ihn der Vater ausgewiesen hat. Deshalb kann die Kirche - und darin liegt der entscheidende Unterschied zur Synagoge - wohl in einzelnen Personen, aber niemals in ihrer Gesamtheit der Gnade verlustig gehen; sie kann nicht als ganze zu einem entleerten Zeichen werden[131]. Im Sinne der »ungetrennten und unvermischten Gottmenschlichkeit der Kirche«[132] ist sie als Zeichen zwar nicht mit der Gnade selbst zu identifizieren, aber auch nicht von ihr zu trennen. Zwar muß der einzelne um sein Heil »in Furcht und Zittern« bangen und hoffen, doch die Kirche darf sich in ihrer Gesamtheit als heilige, gerechtfertigte Gemeinde bekennen[133].

Die unbedingte Heilsgewißheit, die der Kirche zugesagt ist, ist der Grund dafür, daß sie »nicht bloß die nachträgliche Summe der fehlbaren und glaubenslos sein könnenden einzelnen ist, sondern die wirksam prädestinierte Gemeinde der von Gottes Gnade Umfaßten.«[134] - »Nirgends zeigt sich deutlicher, daß das Wesen der Kirche eben nicht nur die Summe ihrer Einzelglieder ist.«[135] Wenngleich sich Rahner ausdrücklich gegen eine falsche Hypostasierung zur Wehr setzt, welche die Kirche als abstrakte Größe über den Gläubigen verstehen will[136], ist die Kirche für ihn aufgrund ihrer Heilsgewißheit doch mehr, nämlich Gegenüber, Träger und Grund des Glaubens, der dem einzelnen Glaubenden zeitlich vorausgeht.

Nicht alle Vollzüge der Kirche haben den Charakter des endgültigen, unverstellten Gnadengeschehens. Um des eschatologischen Charakters der göttlichen Selbstmitteilung, um der endgültigen Bleibendheit der Gnade in der Geschichte willen aber gibt es bestimmte Strukturen, in denen die Präsenz der Gnade indefektibel gewahrt und so die objektive Heiligkeit der Kirche geschichtlich garantiert ist: Gemeint ist das Amt mit seinen verschiedenen Vollzügen der Leitung, Lehre und Heiligung, das Wort und schließlich die Sakramente[137]. In ihnen ist die absolute

---

131 Könnte die Kirche jemals aus der Gnade herausfallen, dann wäre sie nicht eine endgültig-eschatologische, sondern eine vorläufige, überholbare Größe. Dann könnte es Kirche allenfalls noch in Gestalt von Menschen geben, die jeweils aufs Neue von Gott ergriffen werden. Kirche wäre dann nur in der Gestalt eines ständigen Entstehens und Vergehens. Vgl. auch: Das Dynamische in der Kirche, Freiburg 1958, 39.

132 II, 83.

133 VI, 340ff.

134 IV, 353.

135 IV, 342.

136 VI, 342; VII, 112.

137 HPTh I, 138.

Heilsgewißheit der Kirche leibhaftig geworden, die nicht gleichsam unsichtbar über der Kirche schwebt, weil ihr die inkarnatorische Struktur aller Gnade und die Dynamik zu Verleiblichung zu eigen ist. Als objektive, nicht an die subjektive Heiligkeit des Amtsträger gebundene Verleiblichungsgestalten sind Amt und Sakramente die bleibende geschichtliche Präsenz des Gnadenangebotes an die Menschen, weil sich Gott hierin unverbrüchlich zugesagt und mitgeteilt hat[138]. Darum kann das Amt - nicht der einzelne Amtsträger - niemals der Gnade ganz verlustig gehen, darum können die Sakramente niemals zu entleerten Zeichen werden[139].

Darüber hinaus ist Kirche nicht nur das eschatologisch-endgültige *Angebot* der Gnade, sondern auch ihre unwiderrufliche *Annahme*[140], das Ergebnis der Gnade auf ihre Annahme hin. Sie ist insofern eine eschatologische Größe, »als dieses Selbstangebot durch seine eigene Kraft (durch die prädefinierende Macht der Gnade) ihm tatsächlich Annahme von seiten der Menschheit erwirkt und von sich aus diese Annahme als endgültige, als Sieg der Liebe Gottes unaufhebbar sichert.«[141] Die freie Entscheidung des einzelnen in Glaube, Hoffnung und Liebe wird dadurch keineswegs außer Kraft gesetzt, da dem einzelnen die irreversible Annahme gerade nicht zugesichert ist, weil dieser sie erst noch in eigenverantworteter, freier Entscheidung annehmen muß (oder aber sie ablehnen zu müssen meint). Doch ist mit der Selbstmitteilung Gottes nicht nur das Heil als potentielle Möglichkeit, sondern »die Kraft der Annahme des Heiles dazu«[142] gegeben. Zeugen der siegreich angekommenen bzw. angenommenen Gnade in der Kirche sind die Heiligen[143], gleich ob von der Kirche als solche ausgewiesen oder ob im Verborgenen wirkend. Zeugen sind die verschiedenen Ausprägungen subjektiver Heiligkeit im Unterschied zur objektiven des Amtes, insbesondere die evangelischen Räte als das deutlichste Zeichen der siegreich angenommenen Gnade[144]. Nicht allein die Heilsgegenwart Gottes in Amt, Sakramenten und Institutionen macht darum das Wesen der Kirche aus, sondern gerade auch die Heiligen bzw. die Räte[145], »weil zu

---

[138] VII, 431.

[139] HPTh I, 155ff.

[140] Zur Einheit von Angebot und Annahme vgl. VI, 348-367.

[141] IV, 354.

[142] VIII, 395.

[143] Vgl. Die Kirche der Heiligen: III, 111-126.

[144] Vgl. Über die evangelischen Räte: VII, 404-434.

[145] Amt und Heilige bzw. Räte dürfen dabei nicht im Sinne einer Trennung der Funktionen von Angebot und Annahme der Gnade gegeneinander ausgespielt werden. Rahner betont die innere Einheit von Person und Amt, die gewahrt werden muß trotz der be-

diesem Wesen ... die siegreich ihre Annahme erwirkende Gnade als angenommene und als solche erscheinende gehört.«[146]

2. Gegenwärtigkeit und Ausständigkeit

Als eschatologische Größe steht die Kirche in der Spannung zwischen der Unvollendetheit und Ausständigkeit auf das je Größere des Reiches Gottes hin auf der einen Seite und des unwiderruflichen gegenwärtigen Anbruchs dieses Zukünftigen auf der anderen Seite. Rahner bestreitet nicht, daß die Kirche sich als eine auf der Pilgerschaft befindliche und am Ende selbst zu überwindende Größe zu verstehen hat: »Die Kirche lebt ... richtig verstanden, immer von der Proklamation ihrer eigenen Vorläufigkeit und ihrer geschichtlich fortschreitenden Aufhebung in dem kommenden Reich Gottes, dem sie entgegenpilgert.«[147]
Sie hat jedoch zur Vollendung und zur Parusie Christi »ein besonderes und von dem anderer kreatürlicher Wirklichkeiten verschiedenes Verhältnis, weil sie selbst eine eschatologische Wirklichkeit ist, d.h. in ihr die vollendete Zukunft, unbeschadet ihrer Ausständigkeit, schon eine wirkliche Gegenwart besitzt, sie also gewissermaßen im Ziel auf das Ziel hin pilgert.«[148] Die eine Dimension schließt die andere nicht aus; »die Ausständigkeit der Zukunft hebt ihre wahre Gegenwart nicht auf. Denn die Lehre von der Gnade (zumindest nach katholischem Verständnis[149]) besagt nun einmal, daß Gott in seiner *Selbst*mitteilung das Prinzip der Bewegung auf das Ziel ist, das er *selbst* ist.«[150] Die Zukunft ist demnach nicht eine noch ausstehende Verheißung, sondern sie ist in der Gegenwart bereits präsent, freilich in der Weise des Angelds und Anbruchs. Für die Rechtfertigung bedeutet dies, daß sie dem Menschen nicht nur verheißen, sondern tatsächlich gegeben ist: »Die heiligende Rechtfertigung ist *als* übernatürliche Selbstmitteilung Gottes an den Menschen, die im Ereignis der Rechtfertigung schon wahrhaft geschieht und nicht bloß als zukünftige und noch gänzlich ausstehende Gabe ver-

---

rechtigten antidonatistischen Regelung, gemäß der die Wirksamkeit von Amt und Sakrament von der persönlichen Heiligkeit des Amtsträgers unterschieden werden muß.

[146] VII, 431.

[147] VI, 351.

[148] Ebd.

[149] Wiederum stuft Rahner hier sein Gnadenverständis als ein typisch katholisches ein.

[150] VI, 354, Anm. 1.

heißen wird, selbst schon in Wahrheit und Wirklichkeit die Gabe des ewigen Lebens.«[151]

V. Christus und die Kirche: Gemeinsamkeiten und Unterschiede

Aus dem inkarnatorischen Ansatz folgt für Rahner die Struktur- und Funktionsgleichheit von Christus und Kirche. Die Kirche ist das »Gegenwärtigbleiben des menschgewordenen Wortes in Raum und Zeit«[152], die Fortführung der Verleiblichung der Selbstmitteilung Gottes in der Geschichte[153]; sie ist wie Jesus Christus Realsymbol und Sakrament (Rahner verwendet häufig für beide die gleichen Termini). Die Kirche ist zwar nicht die *Fortsetzung Christi*, doch die *Fortsetzung seiner sakramentalen Funktion in der Geschichte*. Dieser Unterschied läuft leicht Gefahr, eingeebnet zu werden, wenn dies auch nicht der Intention des Autors entspricht. Eine Reihe von Formulierungen sind darum mißverständlich, für protestantische Ohren geradezu anstößig: Die Kirche ist »die Fortsetzung der Gegenwart Christi in der Welt«[154], »die Weiterung der Geschichtlichkeit und Sichtbarkeit Jesu durch Zeit und Raum«[155], »die geschichtliche Bleibendheit seiner Existenz«[156], die »Präsenz Gottes«, nicht aber der »präsente Gott«[157]- die sprachliche Differenzierung stößt hier an ihre Grenzen.
Es trifft allerdings nicht zu, daß Rahner die Kirche auf der ganzen Linie mit Christus identifiziert oder ihr göttliche Eigenschaften zuschreibt[158]. Den wesensmäßigen Unterschied erkennt er genau: »Nun ist die Kirche gewiß nicht einfach so die bleibende Anwesenheit Christi in der Welt bis zu seiner Wiederkunft, daß alle Aussagen über Christus als das Ursakrament des Heils univok auch von der Kirche gemacht werden können. Sie ist nicht einfach er, sondern steht, obzwar sie sein Leib ist,

---

[151] VI, 352.

[152] IV, 297.

[153] Ebd; Kirche und Sakramente, 17.

[154] Kirche und Sakramente, 19.

[155] VIII, 185.

[156] Ebd. 340.

[157] HPTh I, 121.

[158] Vor allem M.Köhnlein: Was bringt das Sakrament?, 95, hat den Vorwurf geäußert, die Kirche werde wegen ihrer engen Verbindung mit Jesus Christus im Bereich des Göttlichen, in einer Art hypostatischen Union angesiedelt und als »Christi zeitliche und sachliche Prolongatur« verstanden.

ihm auch unterschieden, empfangend und dienend gegenüber; sie ist nicht im selben Sinn das Ziel und die Vollendung selbst wie er.«[159] Rahner wehrt sich gegen »die ewige Versuchung der Kirche, sich selbst bloß von ihrem Wesen ('iuris divini') her zu denken«[160], so als existiere sie losgelöst von den konkreten Menschen. Vielmehr will er das Menschliche als Konstitutivum von Kirche ernstnehmen. »Ein ekklesiologischer Monophysitismus hat kein Recht in einer katholischen Ekklesiologie und Pastoraltheologie. Dieses Menschliche an der Kirche ist nicht eine Unvermeidlichkeit oder ein trüber Rest einer Kirche, die eigentlich die unsichtbare Kirche der Prädestinierten sein müßte. Das Menschliche ... ist - ungetrennt und unvermischt - ein inneres Moment an der Kirche selbst.«[161]

Die Kirche ist ebensowenig die Prolongatur Christi wie sie »Platzhalter und Repräsentant Gottes«[162] ist. Als Sakrament ist sie nicht die res, die Gnade selbst, sondern »nur« sacramentum, das die Gnade anzeigt und wirksam gegenwärtigsetzt[163]. Sie ist nur das Zeichen des göttlichen Heilshandelns, das der Geschichte dieser Welt angehört und ein Ende hat, wenn die Vollendung, die Gottesherrschaft selbst, anbricht[164]. Zudem ist sie Sakrament nicht von sich her, sondern indem sie an der Sakramentalität Jesu Christi partizipiert und diese von ihm her als Geschenk empfängt. Die Kategorie des Sakramentalen führt damit nicht zu einem falschen Triumphalismus und einer Glorifizierung der Kirche, sondern macht ihren fragmentarischen Charakter geltend[165]. Christus und die Kirche nehmen ihre sakramentale Funktion auf unterschiedliche Weise wahr. Aufgrund der hypostatischen Union ist Jesus Christus als Sakrament die unüberbietbare Einheit von transzendentaler Selbstmitteilung Gottes und deren vollendeter Annahme durch den Menschen. Die Kirche hingegen ist weder mit Christus noch mit dem Vater in der Weise einer personhaften Einigung verbunden. Wenn sie auch als ganze des Heils nicht verlustig gehen kann, ist es doch grundsätzlich möglich, daß sie im einzelnen die Annahme der Selbstmitteilung Gottes verweigert und daß einzelne konkrete Handlungen doch gnadenentleert

---

159 HPTh I, 133.

160 IX, 558.

161 Ebd. 559.

162 HPTh I, 121.

163 Vgl. dazu auch II, 80: »Die Kirche ist die Verleiblichung der Gnade Christi, die dennoch von dieser göttlichen Gnade, die immer das souveräne Geheimnis der Freiheit Gottes bleibt und nie von Menschen überwältigt werden kann, wesentlich verschieden bleibt.«

164 IV, 302.

165 VI, 328.

sind, so wie beim Sakrament gültiger Empfang und Fruchtbarkeit und damit Zeichen und Bezeichnetes auseinandertreten können, wenn die dafür erforderliche Disposition - der Glaube - fehlt. Rahner trifft darum die Unterscheidung: »Kirche als leibliche Gegenwart Christi und seiner Gnade zusammen mit Christus und seiner Gnade« und »Kirche, insofern sie von dieser Gnade und inneren Gottverbundenheit unterschieden werden muß und dennoch auch so eine gültige christliche Wirklichkeit ist und bleibt.«[166] In der Kirche besteht darum grundsätzlich die Möglichkeit zur Sünde[167]. Rahner geht in seinen diesbezüglichen Aussagen über die des Konzils hinaus[168]: Sünde ist für ihn nicht nur eine Wirklichkeit *in* der Kirche, sondern eine Wirklichkeit der Kirche selbst; sie ist nicht nur »Kirche der Sünder«, sondern selbst sündige Kirche. Weil die Kirche nur in ihren Gliedern besteht und keine hypostasierte unsichtbarspirituelle Wirklichkeit neben oder über ihnen ist, sondern »die sichtbar und rechtlich organisierte Summe der Getauften«, »ist die Sünde ihrer Kinder Makel und Befleckung des heiligen geheimnisvollen Leibes Christi selbst«[169]. An den Aussagen Rahners zur Sündigkeit der Kirche wird am deutlichsten, daß Kirche weder ein geschichtsloses Ideal noch eine von den Menschen losgelöste Institution über den Gläubigen ist, sondern nur in den Gläubigen existiert. Da die Sünde die Kirche in ihrer Gesamtheit betrifft, ist per se kein Bereich von ihr ausgenommen; man kann sich auf keinen »innersten heiligen Kern« berufen, der davon unberührt bliebe[170]. Auch die Amtsträger, nicht nur in ihrem privaten Tun, sondern selbst dort, wo sie im Namen der Kirche handeln, und die institutionellen kirchlichen Vollzüge können ihr verfallen. Denn: »Wenn die Kirche handelt, leitet, Entscheidungen fällt (oder nicht fällt, wo sie getroffen werden sollten), wenn sie verkündet, und zwar jeweils den Zeiten und geschichtlichen Lagen entsprechend verkündigen soll, dann geschieht dieses Handeln der Kirche nicht durch ein abstraktes Prinzip und nicht durch den Heiligen Geist allein, sondern dieses ganze Handeln der Kirche ist zugleich Handeln von konkreten Menschen.

---

[166] II, 80.

[167] Vgl. zum folgenden: Die Kirche der Sünder: VI, 301-320; Sündige Kirche nach den Dekreten des 2. Vaticanischen Konzils: VI, 321-347.

[168] Vgl. M.Schwintek: Die Kirche der Sünder, 77: »Hier begegnet eine Tiefenschau des Problems Kirche und Sünde, wie sie zuvor nirgendwo im Raume der katholischen Theologie zu finden ist.« Schwintek sieht eine deutliche Nähe von Rahners Äußerungen zu reformatorischem Gedankengut: »Sie könnten rein formulierungsmäßig Ausdruck evangelischen Rechtfertigungsglauben in ekklesiologischer Sicht sein« (83).

[169] VI, 309.

[170] Eine gewisse Ausnahme, auf die Rahner an dieser Stelle zwar nicht explizit eingeht, auf die er aber mehrfach hinweist, ist die Wirkweise des Sakramentes als opus operatum, unabhängig von der persönlichen Heiligkeit des Spenders.

Und da diese eben sündigen können, da sie schuldhaft eng, schuldhaft egoistisch, bequem, eigensinnig, sinnlich, träg sein können, wird sich auch diese ihre sündige Haltung selbstverständlich auch in jenem Handeln auswirken, das sie *als* Kirchenmänner und im Namen der Kirche als Handlung der konkreten Kirche setzen.«[171]
Zwar reicht die Macht der Sünde nicht so weit, daß die Kirche durch sie vernichtet werden könnte, weil sie eschatologische Heilsgemeinde und das unzerstörbare Sakrament des Heiles ist, das durch die Kraft der Gnade Gottes in der Gnade bleibt[172]. Aus diesem Grund ist das Verhältnis von Sündigkeit und Heiligkeit in der Kirche nicht ein gleichberechtigtes Nebeneinander. Vielmehr ist das letztlich entscheidende Prädikat ihre durch die eschatologische Tat Gottes gewirkte Heiligkeit. Und dennoch ist die Sünde Realität. Ihretwegen ist die Kirche nicht nur Verleiblichung der Gnade, sondern auch ihre Verhüllung und Verstellung. Die Sündigkeit gibt dem Glaubenden jedoch kein Recht, sich von der Kirche zu distanzieren: »Man kann sie nie verlassen, ohne im selben Maße auch das zu verlieren, was man vorgibt, retten zu wollen.«[173] So ist die Kirche Gemeinde der Sünder, die mit unter dem Kreuz steht, sie ist

---

[171] VI, 309f.

[172] Genau dieser Punkt wird von Schwintek kritisiert. Zwar weiß auch die protestantische Theologie, daß Gott dafür sorgt, daß die Kirche aus der Gnade und Heiligkeit niemals herausfallen kann. »Aber das ist *seine* Verheißung, *seine* Zusage ..., die nicht in eine institutionelle Sicherung umgewandelt und damit verfälscht werden darf. Es gibt in diesem Sinne keine objektiven, der Kirche inhärenten 'Sicherungen', von denen in der katholischen Theologie und sachlich auch bei Rahner gesprochen wird. ... Wenn unter dem unfehlbaren Kern das Fundament unseres Glaubens, Christus selbst, sein Wort und Werk und Handeln an uns im Heiligen Geist, verstanden würde, nicht ein der Institution inhärierender letzter 'göttlicher Bereich', dann wären wir uns einig« (77). Hier wird in der Tat ein grundlegender Unterschied zwischen den Konfessionen offenbar, wie er auch in der Diskussion um die päpstliche Unfehlbarkeit zum Tragen kommt. Nach katholischer Sicht, die Rahner exemplarisch vertritt, muß die Zusage Gottes konkret greifbar werden, soll sie nicht eine bloße Versprechung auf Zukunft hin sein. Nach protestantischem Verständnis hingegen bleibt Gottes Verheißung über der Kirche, ohne in ihr konkret faßbar zu werden. »Evangelische Theologie wird an dieser Stelle nicht von einem 'letzten Innen' sprechen, sondern - wenn man so will - von einem 'letzten Außen' oder 'Oben', dem lutherischen 'extra nos'« (113). Allerdings steht bei Rahner nicht die Bindung der Gnade an eine bestimmte menschliche Institution im Zentrum, die dadurch gewissermaßen vergöttlicht würde, sondern er kennt eine unverbrüchliche, durch menschliche Sündigkeit nicht zu beeinträchtigende Gegenwart der Gnade in Amt und Sakrament. Schwintek, der in undifferenzierter Weise vom »Institutionellen« spricht und jenen unfehlbaren, innersten sündlosen Bereich, an dem Rahner seines Erachtens festhält, ansonsten nicht klar benennt, nimmt nicht wirklich zur Kenntnis, daß es nicht menschliches Tun ist, das die Kirche zur eschatologischen und damit der Sünde im letzten entzogenen Heilsgemeinde macht, sondern das Wirken *Gottes* selbst, das in Amt und Sakrament unverstellt zutage tritt. Bezeichnend ist in diesem Zusammenhang Schwinteks Bemerkung: »Wenn mit diesem letzten, innersten Bereich im Grunde Gottes Wirken in seiner Kirche durch Wort und Sakrament gemeint wäre, gäbe es keine Kontroverse zwischen uns. Aber an dieser Stelle meinen doch beide Seiten etwas Verschiedenes« (113). Ist dies tatsächlich der Fall?

[173] VI, 315.

ecclesia semper reformanda, die ständig auf die vergebende und rechtfertigende Gnade angewiesen bleibt.

VI. Kirche als Medium der Gnade

1. Kirche als Werkzeug und sakramentale Ursache

Als Realsymbol und Sakrament des Heils verweist die Kirche nicht bloß auf die Gnade als auf eine von ihr getrennte Wirklichkeit, sondern setzt sie wirksam gegenwärtig[174], wie auch die Sakramente wirksame Zeichen der Gnade sind. In diesem Sinne ist sie Vermittlerin der Gnade, »Gnadenmedium«[175], das dem Menschen den Zugang zum Heil eröffnet[176]. Auf diese Weise gelangt die Gnade erst zu konkreter Objektivation und universaler Verbreitung in der Geschichte. Ansonsten bliebe die leibhaftig-konkrete Mitteilung des göttlichen Heilswillens auf vergangene Zeugen eines vergangenen Ereignisses beschränkt; die der Gnade innewohnende Dynamik käme zum Erlöschen. Freilich kann die Kirche die Gnade nur vermitteln, weil Christus in ihr wirkt: »Indem Christus durch die Kirche am Menschen dadurch handelt, daß er seiner Gnade eine konstitutive Zeichenhaftigkeit verleiht, macht er, nicht sein Diener und nicht der Sakramentenempfänger, seine Gnade innerlich am Menschen wirksam.«[177] Die Heilsvermittlung der Kirche ist darum »natürlich nicht univok zu der des Gott-Menschen selbst. Sie ist abgeleitet und ministerial. Denn sie ist eine, die von Christus empfängt, immer umgriffen bleibt von seiner größeren Macht, da er sich nicht notwendig ihrer kerygmatischen und sakramentalen Vollmachten bedienen muß.«[178] Rahner kann alles Tun der Kirche als Erscheinung und Gegenwärtigsetzung der Gnade begreifen: »die Gnade als Wahrheit in ih-

---

[174] Vgl. Kirche und Sakramente, 15-18; II, 243-258; IV, 293-297.

[175] II, 137.

[176] Rahner trägt dabei der konfessionellen Gestalt der Heilsvermittlung durchaus Rechnung: II, 137: »Der nichtkatholische Christ wird die gnadenhafte Erfahrung des Geistes, der in ihm versöhnend und heiligend wirkt, durch die Vermittlung desjenigen geschichtlichen Christlichen machen, das ihm in seiner Kirche begegnet. Dieses Christliche seiner Kirche bedeutet für ihn tatsächlich eine wahre und positive christliche Heilsvermittlung.« Es ist also keineswegs der Fall, daß sich nur in der katholischen Kirche die Rechtfertigungsgnade verleiblicht. Der nichtkatholische Christ darf und muß nach Rahner an seiner jeweiligen konfessionellen Vermittlungsgestalt festhalten, solange ihm nicht klar ist, daß diese Vermittlung in der katholischen Kirche ihre Fülle und volle geschichtliche Greifbarkeit findet.

[177] II, 131.

[178] HPTh I, 56.

rem ständig erneuten, fortschreitenden Lehren ...; die Gnade als Forderung an den Menschen in ihrem Hirtenamt in Recht und Gebot; die Gnade als Heiligung des Menschen in ihren Sakramenten; die Gnade als Übergabe an Gott in ihrem Opfer, das sie täglich feiert.«[179]

Indem die Kirche die Gnade zeichenhaft vermittelt, ist sie zugleich Ursache der Gnade: »Das sakramentale Zeichen ist Ursache der Gnade, insofern sich die Gnade gibt, indem sie sich anzeigt.«[180] Dabei handelt es sich um eine Ursächlichkeit besonderer Art, nicht um ein Kausalverhältnis, in dem Gnade und Zeichen als zwei verschiedene Größen, von denen die eine durch die andere bewirkt wird, voneinander zu unterscheiden wären[181], sondern um eine sakramentale bzw. realsymbolische Ursächlichkeit[182]: »Das gegenseitige Bedingungsverhältnis erlaubt nicht, Gnade und Gnadenzeichen noch als zwei schlechthin einander getrennt gegenüberstehende Wirklichkeiten aufzufassen, von denen die eine nur Ursache, die andere nur Wirkung wäre. Vielmehr ist von zwei Momenten eines sich geschichtlich bildenden Wesensvollzugs zu sprechen, auch wenn die gegenläufigen Bedingungen nicht derselben Art sind. In diesem Sinn ist das sakramentale Zeichen Ursache der Gnade. Das Zeichen gehört eben zur Vollendung des Wesens dieser Gnade, die sich gerade darin geschichtlich als irreversibel meldet.«[183]

Mit diesem Verständnis von Ursächlichkeit präzisiert Rahner nicht nur die Zuordnung von »Zeichen« und »Werkzeug«, sondern durchbricht die Kategorien von causa secunda und causa instrumentalis auf eine ganz andere Weise der Ursächlichkeit hin. In solchem realsymbolisch-sakramentalen Sinne - und nicht im Sinne einer moralisch effizienten Ursache einer Wiedergutmachungsleistung -, als die geschichtlich irreversible Erscheinung und Vermittlung der vergebenden Liebe Gottes[184]

---

179 II, 130.

180 Kirche und Sakramente, 36.

181 Vgl. Kirche und Sakramente, 23. Eine solche Vorstellung erscheint Rahner völlig unzulänglich. Die Ursächlichkeit könnte dann nur entweder als eine moralische gedacht werden, analog etwa zu der des Gebetes, im Sinne der Geltendmachung einer Forderung, oder als eine instrumentale, bei der nicht klar ist, worin ihr eigener Beitrag besteht, oder als eine nur juridische bzw. intentionale Ursächlichkeit, in dem Sinne, daß dem Empfänger der Gnade damit ein Rechtstitel erteilt wird. Diese Bestimmungen greifen deswegen alle zu kurz, weil damit der Kirche eine Zeichenhaftigkeit *und* eine Wirkursächlichkeit zugesprochen und so die Einheit von Zeichen und Ursache verkannt würde.

182 Vgl. XV, 247: »Ontologisch genau verstanden gehört diese Ursächlichkeit zunächst einmal eher in den Bereich der formalen und materialen Ursachen, nicht aber oder abgeleitet davon zu den *transeunt* effizienten Ursachen.»

183 XII, 268.

184 XV, 258.

ist auch das Kreuz Ursache der Erlösung[185]. Weil Christus *durch* die Kirche handelt, ist ihr Handeln nicht schlechterdings menschliches Tun, sondern ein Moment am göttlichen Heilshandeln selbst, von ihm ermächtigt und getragen. So sind die Sakramente als menschliche zeichenhafte Gemeinschaftshandlungen wirkliches Tun Gottes. Gleiches gilt für die Verkündigung: Das Wort Gottes ereignet sich »durch Christus und - durch die, die er sendet«[186]. Das erlaubt freilich nicht die Gleichsetzung des menschlich-kirchlichen Handelns mit dem göttlichen selber. Nicht jedes Wort der Kirche ist die Wahrheit schlechthin und darum mit dem Wort Gottes einfach zu identifizieren, nicht jede Handlung der Kirche ist schon ein Ereignis der Gnade. Aber wir haben Gottes Wahrheit nur in menschlichem Mund, Gottes Wirken nur in menschlicher Gestalt; anders als in menschlicher Vermittlung haben wir zu ihm keinen Zugang. Wenn Rahner ausführlich über die Bedeutung der kirchlichen Heilsvermittlung reflektiert, läßt er keinen Zweifel daran, daß sie als Mittel nicht Selbstzweck, sondern auf ein größeres Ziel hingeordnet ist. Alle greifbare kategoriale Wirklichkeit der Kirche hat nur insoweit Bedeutung, »als sie das Zeichen, die Inkarnation und die Vermittlung dieser gnadenhaften Wirklichkeiten ist, die den Menschen mit den Mitmenschen und so mit Jesus Christus verbinden und damit in das Geheimnis dessen einweihen, das wir Gott nennen.«[187] Das Wesentliche an der Kirche ist darum nicht ihre leibliche Gestalt, sind nicht Strukturen, Institution und Hierarchie, sondern »die übernatürliche Gemeinschaft der unvertretbar einmalig einzelnen in der inneren Gnade, in der Wahrheit und Liebe Christi, in der Selbstmitteilung des dreipersönlichen inneren Lebens Gottes ist das Innerste und das Höchste an dieser vielfältigen Wirklichkeit der Kirche und dasjenige, für das alle anderen Wirklichkeiten dienend da zu sein haben, auf das sie hingeordnet sind und von woher sie allein ihren Sinn, ihr Recht und ihre Würde erhalten, in dem Maße, in dem sie als Medium des konkreten Vollzugs der eigentlichen pneumatischen Gemeinschaft wirklich dienen.«[188].

---

[185] Vgl. XII, 267: »Die Wirksamkeit des Kreuzes beruht darauf, daß es ursakramentales Zeichen von Gnade ist.« Ebenso XV, 247: »Es hat wirklich eine Ursächlichkeit, nicht als ob es den es ja selber ursächlich setzenden Heilswillen bewirkte, sondern weil es gerade die Wirkung dieses Erlösungswillens in der Welt in geschichtlicher Greifbarkeit irreversibel macht.«

[186] III, 360.

[187] XII, 531.

[188] Ebd. 106.

2. Participatio ecclesiae

a. Die Kirchlichkeit des Glaubens

Die kirchliche Heilsvermittlung impliziert für den Glaubenswilligen den Eintritt in den Glauben der Kirche[189], denn Glaube ist »participatio ecclesiae«. Die Kirchlichkeit des Glaubens ist keine dem Menschen von außen auferlegte Forderung[190]; vielmehr kann es überhaupt keinen isolierten Glaubensakt geben, weil der einzelne durch die universale Begnadung der Menschheit immer schon in die Gemeinschaft des Glaubens und der Gnade einbezogen ist: »Wir glauben immer in der Gemeinde der von Gott Angeredeten, der Hörenden und der Glaubenden. Und darum auch in der Kirche.«[191] In diesem Sinne ist die Frage, inwiefern ein »Mitsein« in der Kirche für die Rechtfertigung notwendig ist, für Rahner falsch gestellt, denn von seinem Ansatz her ist Kirchlichkeit ein Strukturmerkmal des Glaubens. Einen privaten christlichen Glauben kann es aufgrund des universalen Heilswillens Gottes nicht geben. Die Kirchlichkeit des Glaubens ist aber auch deswegen gefordert, weil kein Mensch als einzelner die Fülle des Glaubens für sich vollzieht. Die Bindung an die Objektivität der Kirche ist ein notwendiges Regulativ der Autonomie des Subjektes und im Gegenteil sogar ein Gegenpol zu seiner Begrenztheit: »Das Christentum ist die Religion des fordernden, meine Subjektivität gleichsam aus sich herausfordernden Gottes erst dann, wenn es in einer Kirchlichkeit autoritativer Art entgegentritt.«[192]
Die participatio ecclesiae realisiert sich für Rahner als »Geglaubtwerden« der Kirche, das vom Glauben an Gott genau zu unterscheiden ist, weil das personale Sichanvertrauen, das den Glaubensakt auszeichnet,

---

[189] Zur Kirchlichkeit des Glaubens s. besonders: Dogmatische Randbemerkungen zur Kirchenfrömmigkeit: V, 379-410; »Ich glaube die Kirche«: VII, 102-120; Vom Mut zum kirchlichen Christentum: XIV, 11-22; Zur Situation des Glaubens, ebd. 23-47. - Bezeichnend ist VII, 112: »Glaube ist darum immer auch die vertrauende und liebende Hingabe an den Glauben der Kirche, Mitvollzug des Glaubens der heiligen Gemeinschaft der Wahrheit, die der Herr durch sein Fleisch, seinen Geist und seine rechtliche Stiftung begründete. ... Die Kirche ist nicht bloß die Trägerin, die die Botschaft Christi an den einzelnen ausrichtet (um wie ein Postbote wieder zu verschwinden), sondern das dauernde Medium des Glaubens, innerhalb dessen geglaubt wird.«

[190] Vgl. Grundkurs des Glaubens, 376: »Durch das, was wir Kirche nennen, wird das, was wir von Gott her sind, in der Konkretheit der Geschichte vermittelt; und es wird nur in und durch diese Vermittlung in einem vollen Maße unsere eigene Wirklichkeit, unser eigenes Heil. Darum ist und muß Kirche sein. Sie ist einfach die Selbstverständlichkeit für den Christen jedweden Bekenntnisses, die Selbstverständlichkeit dessen, was die notwendige Dimension seines christlichen Daseins ist.«

[191] V, 388.

[192] Grundkurs, 334.

sich nicht auf die Kirche beziehen kann[193]. Die Kirche kann nur um des Evangeliums willen geglaubt werden, nicht aber um ihrer äußeren Autorität willen[194]. Die dem Glaubensakt eigene Kirchlichkeit schließt zwar den Gehorsam gegenüber der Kirche, Amt und Institutionen, ihrer Lehre und ihren Geboten ein, doch meint sie nicht schlechthinnige Kritiklosigkeit und Einverständnis mit allem, was in ihr getan wird[195].

b. Christliche Freiheit

In Spannung zur Kirchlichkeit des Glaubens steht die christliche Freiheit[196]. Sie ist dem Menschen nicht von Natur zu eigen, sondern eschatologische Heilsgabe, die allein durch rechtfertigende Gnade zuteil wird[197]. Mit der Rechtfertigung wird dem Menschen die Freiheit der Kinder Gottes geschenkt, die keine bloße Wahlfreiheit und nicht nur Befreiung von Sünde und Tod, sondern Freiheit zur Liebe bedeutet. Als Sakrament des Heils ist die Kirche darum die sakramentale Greifbarkeit dieser Freiheit bzw. ihre Anwesenheit in der Welt: »Sie *verkündigt* zunächst in ihrem Wort als der Botschaft Christi diese Freiheit, nicht so, daß sie nachträglich *über* sie doziert, die ohnedies auch da wäre, sondern so, daß sie sie gegenwärtig macht, *indem* sie sie proklamiert. Sie gibt dem Menschen diese Freiheit, indem sie im *Sakrament* wirksam das göttliche Pneuma vermittelt, das die Freiheit ist. Ihr *Leben* ist *Zeichen* dieser Freiheit, insofern sie in ihren geheiligten Gliedern die Liebe zu Gott und zu den Menschen lebt.«[198]

Gerade weil sie Kirche aus sündigen Menschen ist, auch in den Trägern ihrer Autorität, kann sie in bestimmten Handlungen die Freiheit des einzelnen verletzen und so ihre eigene Zeichenhaftigkeit verdunkeln[199]. Wie alle gesellschaftlichen Institutionen stehen auch die der Kirche in der Gefahr, Freiheit zu manipulieren, ohne daß »Manipulation« dabei

---

193 Ebd. 392.

194 Ebd. 396. Rahner wendet sich damit gegen Augustinus, der von sich sagt, daß er dem Evangelium nicht glauben würde, wenn ihm die Autorität der Kirche nicht dazu Anlaß gäbe. Im einzelnen kann die Kirche für Rahner zwar wohl äußeres Glaubwürdigkeitsmotiv sein, doch die entscheidende Autorität ist allein das Evangelium.

195 Vgl. XIV, 18f.

196 Zum Thema Freiheit: Die Freiheit in der Kirche: II, 95-114; Würde und Freiheit des Menschen: II, 247-277; Theologie der Macht: IV, 485-508; Theologie der Freiheit: VI, 215-237; Institution und Freiheit: X, 115-132; Freiheit und Manipulation in Gesellschaft und Kirche, München 1970.

197 II, 100; vgl. XIV, 249.

198 II, 104.

199 Vgl. II, 272f.

zwangsläufig negativ zu werten ist[200]. Da menschliche Freiheit sich nicht nur als innerlicher Akt, sondern stets in einer konkreten, gesellschaftlich verfaßten Wirklichkeit vollzieht, wird sie grundsätzlich von den Freiheitsvollzügen anderer mitbestimmt, so wie sie umgekehrt selbst deren Freiheitsraum »manipuliert«. Diese Beeinflussung gilt in besonderer Weise für das Institutionelle, auch im Bereich der Kirche: Es ist als »unschuldige Manipulation«[201] Bestimmung und insofern auch Begrenzung des persönlichen Freiheitsraumes. Die Manipulation verliert jedoch ihre Neutralität, sobald sie von der konkupiszenten Verfaßtheit und Sündigkeit des Menschen infiziert ist[202].
Gegenüber solcher sündhafter Beeinflussung und Verstellung der Freiheit in Gesetzgebung, Verwaltung und auch im kirchlichen Lehramt hat die Freiheit eindeutigen Vorrang, ohne daß damit kirchliche Institutionen schlechterdings für freiheitsgefährdend deklariert würden[203]. Wo sich der Mensch der sündhaften Manipulation der Freiheit bewußt wird, darf er der Kirche den Gehorsam versagen, ohne deswegen gleich seine Rechtfertigung aufs Spiel zu setzen. Denn es gibt in der Kirche eine letzte Freiheit, die den einzelnen seinem Gewissen und der Führung des Heiligen Geistes anheimstellt, ohne ihn der Willkür zu überlassen. Weil der Geist auch außerhalb kirchlicher Institutionen wirkt, kann gelten[204]: »Das Kirchliche und das kirchlich Konkrete einerseits und das Christliche und vor Gott, dem Schöpfer des Allgemeinen und des Einzelnen, Gerechtfertigte anderseits fallen nicht adäquat zusammen.«[205] Aufs Ganze gesehen lassen sich jedoch Freiheit und Gehorsam, der individuelle Glaube und seine Kirchlichkeit nicht gegeneinander ausspielen. Rahner ist sogar der Überzeugung, daß es einen absoluten Konflikt zwischen persönlicher Gläubigkeit und Gnadenerfahrung auf der einen und Kirchlichkeit auf der anderen Seite nicht geben kann,

200 Zum folgenden vgl. v.a. Freiheit und Manipulation in Gesellschaft und Kirche, München 1970. Die hier dargelegten Grundpositionen sind verkürzt auch enthalten in: Theologie der Macht, IV, 485-508; sowie Institution und Freiheit: X, 115-132.

201 Manipulation in Gesellschaft und Kirche, 39.

202 Ebd. 19-22.

203 Ebd. 43; vgl. X, 130ff.

204 Zur Bedeutung des Charismatischen für die Kirche s. ausführlich S. 108ff.

205 II, 112. - Rahner insistiert darauf, daß ein Christ, auch wenn er gegenüber bestimmten Dogmen den dafür nötigen absoluten Glaubensassens nicht aufbringt, dennoch die Rechtfertigung erlangen kann, sofern er die Dogmen nicht explizit leugnet. »Auch ein solcher noch im Werden stehender, bestimmte Artikulationen des einen und ganzen Glaubens noch nicht mit einem absoluten Assens realisierender Glaube kann ein heilschaffender und kirchlicher Glaube sein«: XIV, 39. Vgl. dazu auch XVI, 217-230: Offizielle Glaubenslehre der Kirche und faktische Gläubigkeit des Volkes.

weil das gnadenhafte Wirken Gottes in seiner Kirche dies nicht zulassen würde[206].

3. Kirche als Heilsfrucht

Die Kirche kann nur deswegen Heilsmittel sein, weil sie selbst Frucht der Gnade und der Rechtfertigung ist[207], d.h. durch das Wort zusammengerufene und glaubende Gemeinschaft. Sie kann das Heil nur weitergeben, weil sie es selbst empfängt, weil sie auf Gottes Wort hört, die ihr geschenkte Gnade in Offenheit annimmt und weil sie durch die Sakramente auferbaut wird. Gerade wenn sich die Kirche als Heilsfrucht reflektiert, geht ihr die eigene Ausständigkeit auf das Heil selbst, auf das je größere des Reiches Gottes auf, weil sie in ihrem Glauben und ihrer Annahme der Gnade immer dahinter zurückbleibt: »Muß sich die Kirche selber als Heilsfrucht und Glaubensgemeinde in diesem Sinne verstehen, dann muß sie sich immer als die noch vorläufige, die ihre Vollendung noch suchende, als die sich selbst überwindende verstehen, wenn anders wir die Vollendung, die sie sucht, nicht mehr Kirche, sondern Reich Gottes nennen.«[208]
Die Kirche würde sich falsch verstehen, würde sie sich nicht schon im ersten und grundlegenden Selbstvollzug begreifen und annehmen als »Heilsgesellschaft«[209], als die Gemeinde der Hoffenden bzw. der Glaubenden und in diesem Glauben das Heil Empfangenden[210]. Denn der Glaube ist die Grundlage aller Verkündigung, alles kirchlichen Tuns, von dem her es überhaupt erst seine Berechtigung erhält[211]. Wenn vom Wesen der Kirche die Rede ist, so ist sie jeweils in ihren beiden Grunddimensionen zu bedenken: »als die verkündende Trägerin des offenbarenden Wortes Gottes als Heilszusage an die Welt und gleichzeitig als die hörend glaubende Adressatin ..., an die dieses Heilswort Gottes in Christus gerichtet ist«[212], als verkündigend glaubende und als glaubend verkündigende in einem. Auf diesem Hintergrund verliert die häufig und nicht nur von Protestanten kritisierte Rede von den Sakramenten

---

206 Vgl. Gnade als Freiheit, 91-100.

207 VI, 348-367.

208 VI, 350.

209 XI, 384; vgl. VI, 350.

210 VI, 350; ebenso VII, 111-113; VIII, 252: »Sie begreift erst, was sie als Heils-'anstalt' ist, wenn sie sich selbst als Heils*frucht* versteht und vollzieht.«

211 VI, 349.

212 X, 385.

als »Selbstvollzügen der Kirche« ein wenig von ihrer Anstößigkeit[213]. Denn die Sakramente können nur deswegen Selbstvollzüge der Kirche genannt werden, weil zuvor gilt: »Wort und Sakrament konstituieren die Kirche.«[214] Nur weil sie durch die Sakramente auferbaut wird, kann sie diese im Sinne des Selbstvollzuges weitergeben[215]. Für Rahner sind die beiden Dimensionen des Heilsmittels und der Heilsfrucht niemals voneinander zu trennen: »Die Kirche ist ja mindestens zum Teil gerade Heilsmittel, insofern sie die eschatologisch durch die prädefinierende Macht der Gnade Gottes konstituierte, glaubende und bekennende Gemeinde derer ist, die die siegreiche Gnade der vergöttlichenden und vergebenden Selbstmitteilung Gottes an die Menschheit rühmen und als 'Mitarbeiter Gottes' im Dienste der Gnade eben gerade durch dieses glaubende Bekenntnis missionarisch die Menschen zur Annahme dieser göttlichen Gnade bewegen. Schon von da her kann die Kirche als institutionelles Heilsmittel und die Kirche als Heilsfrucht nicht adäquat voneinander unterschieden werden.«[216] Darum empfängt nach Rahner die Kirche mit der Rechtfertigung immer zugleich den Auftrag zum Heilshandeln[217].

Bei dieser wechselseitigen Verwiesenheit kommt dem »Vollzug« der Kirche als hörender und glaubender eine zeitliche und sachliche Priorität vor dem Akt des Vermittelns und des Lehrens zu[218]. Die Dimension der Heilsfrucht ist die primäre und umfassendere, aus der jegliche vermittelnde Tätigkeit erwächst. Unter diesem Gesichtspunkt trägt Rahners Kirchenverständnis dem Ansatz der protestantischen Ekklesiologie durchaus Rechnung. Dennoch läßt sich nicht verkennen, daß der inhaltliche Schwerpunkt der Ekklesiologie Rahners auf der kirchlichen Heilsvermittlung liegt.

---

213 Die Tatsache, daß Rahner nur wenig von der durch das Wort und die Sakramente auferbauten Kirche und dafür umso mehr von ihr als Trägerin der Sakramente spricht, stieß auf heftige Kritik. So forderte P.Brunner: Zur katholischen Sakramenten- und Eucharistielehre, in: ThLZ 86 (1963) 170-186, 176, daß »das Verhältnis zwischen Kirche und Evangelium und dementsprechend auch das Verhältnis zwischen Kirche und Sakramenten ... grundsätzlich genau in umgekehrter Richtung gesehen werden« müsse, da die Kirche ihr Dasein schließlich dem Wort und den von Christus gestifteten Sakramenten verdankt. Ähnliche Bedenken erhebt auch W.A. von Roo: Reflections on Karl Rahner's »Kirche und Sakramente«, 465-500.

214 IV, 314.

215 Dennoch ist die Rede von den »Selbstvollzügen« zuhöchst mißverständlich und sollte besser vermieden werden. Nach traditioneller Lehre sind die Sakramente gerade nicht menschliche Vollzüge, sondern Handeln Christi, und der Amtsträger, der sie spendet, »nudus minister«, durch den Christus hindurch handelt.

216 VI, 359f.

217 VIII, 222.

218 HPTh I, 124.

VII. Formen der Heilsvermittlung

1. Wort und Sakrament

a. Sakramentaler Charakter des Wortes

Die kirchliche Vermittlung der rechtfertigenden Gnade geschieht für Rahner in Wort und Sakrament[219], die, wie sich im folgenden zeigen wird, beide nicht unverbunden nebeneinanderstehen, sondern aufeinander verwiesen sind. Weil das Sakrament durch das Wort konstituiert wird, während die Materie nur sekundäre, verdeutlichende Wirkung hat und bei manchen Sakramenten fehlen kann, will Rahner das Sakrament ganz vom Wort her verstanden wissen[220]. Denn das Wort gehört »zu den *konstitutiven Elementen* der Heilswirklichkeit Christi für uns selbst.«[221] Das Wort Gottes ist für Rahner nicht bloße Information und Mitteilung *über* Gott, sondern als Wort des sich selbst zusagenden Gottes seine wirkliche Selbstmitteilung und somit wirkliche Gegenwart und Leibhaftigkeit der Gnade[222]. Es ist nicht doktrinäre Mitteilung, sondern exhibitives, wirksames und ereignishaftes Wort, das wirkt, was es proklamiert, das die Wirklichkeit, die es zur Sprache bringt, auch setzt, so wie das Realsymbol die bezeichnete Wirklichkeit selbst enthält[223]. Rahners realsymbolische Konzeption bestimmt auch sein Wortverständnis: es ist sakramental im weitesten Sinn[224]. Das Wort Gottes ist zugleich Wort der Menschen, die es als Beauftragte in der Autorität Gottes an andere weitersagen. »Das Wort Gottes wird von der Kirche gesagt und bleibt dabei in seinem Charakter als Wort Gottes grundsätzlich und aufs ganze lauter erhalten.«[225] Darum ist nicht nur das unmittelbar von Gott an die Menschen ergehende Offenbarungswort, sondern das in der Kirche be-

---

[219] Zu Rahners Sakramentsverständnis: Kirche und Sakramente; Die Sakramente als Grundfunktionen der Kirche, in: HPTh I, 323-332; Personale und sakramentale Frömmigkeit: II, 115-141 (vgl. HPTh II/1, 70-76); Überlegungen zum pastoralen Vollzug des sakramentalen Geschehens: X, 405-429; Was ist ein Sakrament?: X, 377-404; Grundkurs des Glaubens, 396-413; E.Jüngel/K.Rahner: Was ist ein Sakrament?, Freiburg 1971. Zur Auseinandersetzung mit Rahners Sakramentsbegriff vgl. M.Köhnlein: Was bringt das Sakrament? - Der zentrale Beitrag zur Wort-Sakrament-Problematik: Wort und Eucharistie: IV, 313-355; des weiteren: Theologische Bemerkungen zum Begriff »Zeugnis«: X, 164-180.

[220] Vgl. X, 379f.

[221] Sendung und Gnade, 262f.

[222] III, 360.

[223] Vgl. III, 292f.; IX, 370; X, 165.

[224] III, 299.

[225] IV, 318.

zeugte und verkündete Wort heilskräftiges Wort, wirkliches Heils- und Gnadenereignis[226]. Dies gilt für jedes in der Kirche verkündigte und zu Gehör gebrachte Wort Gottes, nicht nur für das Wort, das Wesensmoment des Sakramentes ist, auch nicht bloß für die Schriftlesung, sondern ebenso für die abgeleiteten und defizienten Modi der Verkündigung, wie die theologische Rede oder die sittliche Belehrung[227], ohne daß damit gesagt wäre, daß jedes Wort der Kirche Offenbarungswort bzw. mit dem göttlichen Wort identisch sei. Wo immer in der Kirche Zeugnis geschieht, ist nicht nur eine Mitteilung von Worten, sondern »immer und überall Ereignis der Gnade, Annahme dieser Gnade, Bewegung auf die Unmittelbarkeit Gottes hin gegeben, ob dies ausdrücklich reflektiert wird oder nicht. Zeugnis ist faktisch ein gnadenhaftes Ereignis, oder es ist gar nicht wirklich Zeugnis.«[228]
Dabei dient das Wort nicht nur der Vorbereitung und Disposition auf die göttliche Gnade, es schenkt dem Menschen nicht nur die aktuelle Gnade als Voraussetzung für die habituelle Selbstmitteilung Gottes, sondern wirkt die Gnade selbst[229]. »Dieses Wort ist also sicherlich das Ereignis, in dem sich Gott selbst in seiner eigenen Wirklichkeit und Herrlichkeit als ewiges Heil dem Menschen rechtfertigend und heiligend mitteilt.«[230] Rahner ist sich bewußt, daß das Konzil von Trient nicht das Wort, sondern die Sakramente als Quelle der Rechtfertigungsgnade anführt, doch er sieht darin keinen Widerspruch zu seinem Entwurf. Denn das Konzil kennt nicht nur Gnadenereignisse, die der sakramentalen Rechtfertigung vorangehen, sondern auch das votum sacramenti, bei dem die rechtfertigende Wirkung allein am Glauben des Menschen hängt. Damit ist für Rahner auch in Trient der Ansatz für eine entsprechende Theologie des Wortes vorhanden[231]. Rahner verneint ausdrücklich, daß es eine Gnade gebe, die nur durch das Sa-

---

[226] Ebd. 321, 337.

[227] Alles Tun und Reden der Kirche kann zur Erscheinung der Gnade werden. Vgl. II, 130: »die Gnade als Wahrheit in ihren ständig erneuten, fortschreitenden Lehren ...; die Gnade als Forderung an den Menschen in ihrem Hirtenamt in Recht und Gebot; die Gnade als Heiligung des Menschen in ihren Sakramenten; die Gnade als Übergabe an Gott in ihrem Opfer.«

[228] X, 168.

[229] Das dauernde Angebot der Rechtfertigungsgnade im übernatürlichen Existential schließt die Möglichkeit der aktuellen Gnade nicht aus. Rahner bestreitet auch nicht einen möglichen Unterschied zur habituellen Gnade als der Selbstmitteilung Gottes. Er will beide jedoch nicht als zwei völlig verschiedene Gnadenwirkungen ansehen, zumal es keine kirchenamtliche oder lehramtliche Erklärung zu der Frage gibt, ob die gratia actualis dasselbe oder etwas anderes ist als die Selbstmitteilung Gottes (SM IV, 47).

[230] IV, 336.

[231] Ebd. 332f.

krament erlangt werden kann und sonst nicht zu erlangen ist[232]. Alles, was hinsichtlich der Gnadenwirkung vom Sakrament gesagt wird, kann auch vom Wort gesagt werden, ohne daß deswegen Wort und Sakrament schlechterdings gleichzusetzen wären.

b. Das Sakrament als höchster Wesensvollzug des Wortes

Das Wort in der Kirche ergeht in unterschiedlicher Dichte und Intensität. Sein ereignishafter, exhibitiver Charakter weist eine Stufung auf, wie es sie auch im profanen Reden gibt, wo ein Fachgespräch anderen Charakter hat als eine Liebeserklärung. »Ein Wort katechetischer Information hat gewiß nicht denselben Charakter als Wort wie dasjenige, das den Tod des Herrn proklamiert, oder das, das einem in seiner konkreten Situation die Vergebung der Schuld zuspricht.«[233] Mit dem unterschiedlichen exhibitiven Charakter geht eine verschiedenartige glaubensfordernde Qualität und verpflichtende Kraft einher. Gründe dafür sind »die Verschiedenheit der Inhaltlichkeit der Rede; die daraus erwachsende Verschiedenheit ihrer Gewichtigkeit; die Verschiedenheit des Engagements von seiten der Kirche; die wesentliche Verschiedenheit der existentiellen Bedeutung der Situation auf seiten des Hörenden und Empfangenden, in die hinein dieses Wort als Wort Gottes und erlösende Antwort auf diese jeweilige Situation gesprochen wird«[234] und anderes mehr. So gibt es Worte, die den Menschen in seinem Glauben absolut einfordern und darum auch eine absolute Verbundenheit mit der Wirklichkeit der bezeugten Sache haben, und andere, die wohl Wirklichkeit und Wahrheit mitteilen wollen und doch nicht die letzte unlösbare Verbindung von Wort und Wirklichkeit damit beanspruchen[235]. Die Gegenwart Gottes und seiner Gnade im Wort kennt darum verschiedene Stufen.

An der Spitze der Stufung steht das Sakrament, das eindeutig wirkt, was es bezeichnet: »Die höchste Wesensverwirklichung des wirksamen Wor-

---

[232] II, 116; vgl. IV, 354: Der Sinn der Unterscheidung von Wort und Sakrament ist nicht eine Aufteilung von Gnadenwirkungen. Von daher kann Rahner auch das Priesteramt vom Wort her verstehen und nicht ausschließlich von seiner kultischen Funktion her: Der Priester ist vor allem derjenige, der zum Dienst am Wort der Kirche bevollmächtigt ist (IX, 385). Vgl. auch ebd. 370: »Der Priester ist der auf eine ... Gemeinde bezogene, im Auftrag der Kirche als ganzer und so amtlich redende Verkünder des Wortes Gottes derart, daß ihm die sakramental höchsten Intensitätsgrade dieses Wortes anvertraut sind.«

[233] X, 382.

[234] IV, 328.

[235] Ebd. 326.

tes Gottes als Gegenwärtigung der Heilstat Gottes im radikalen Engagement der Kirche (d.h. als deren eigene, volle Aktualisation) bei entscheidenden Heilssituationen des einzelnen ist das Sakrament und nur es.«[236] Zwei Merkmale sind es, die das Sakrament auszeichnen: »Wort als vollste Aktualisation der Kirche in ihrem absoluten Engagement und Wort in die entscheidenden Heilssituationen des Menschen hinein.«[237] Das Sakrament ist die Radikalisierung des Wortes, weil hier die Gnade ihre volle sakramentale Verleiblichung erlangt[238], »weil sich erst in der voll ausgebildeten geschichtlichen Greifbarkeit des Ganzen, d.h. im Sakrament, das eigentlich gemeinte Ganze und dessen entscheidendes Moment voll zur 'Erscheinung' bringt.«[239] Auch die fortschreitend sich vertiefende Rechtfertigung, das Wachstum in der Gnade bleibt von einem Prozeß sakramentaler Verleiblichung von der Firmung bis zur Krankensalbung begleitet[240].

Das Sakrament als der radikalste Fall des Wortes Gottes bietet nicht eine andere Gnade oder ein »Mehr« gegenüber einer möglicherweise defizitären Gnadenwirkung des »bloßen« Wortes; es wird hier auch »nicht ein neuer Weg beschritten, sondern der eine Weg des Heils und der Gnade bis zum Ende gegangen.«[241] Ebenso ist die Rechtfertigung nicht ausschließlich an die sakramentale Verleiblichungsgestalt gebunden, denn der rechtfertigende Glaube ist in der Regel schon vor dem Empfang des Sakramentes gegeben. »Wer glaubend, liebend und hoffend Gott sucht, ist schon gerechtfertigt, Kind Gottes und Tempel des Geistes, bevor er die Wassertaufe empfangen hat. ... Mindestens im Normalfall kommt der reuige Sünder als schon gerechtfertigter, dem

---

236 Ebd. 329.

237 Ebd. 337.

238 Zur protestantischen Kritik an diesem Ansatz vgl. M.Köhnlein: Katholische Worttheologie, 149-269; 262: »Rahner hat von Anfang an auf Grund hermeneutischer Vor-Urteile über die 'Wirklichkeit' und 'Seinsdichte' der Offenbarung dem Sakrament alles zugestanden, was nach biblischen Daten bereits der Wortverkündigung hätte gehören können: die Kraft, alle Christusereignisse eschatologisch unbedingt und soteriologisch radikal zu vergegenwärtigen. Nur formal konnte Rahner Wort und Sakrament bruchlos auf *einer* worttheologischen Linie einholen. Inhaltlich hob er das Sakrament über die bloß worthafte Verkündigung hinaus auf eine höhere Stufe eschatologischer und inkarnatorischer Qualität. ... Die katholische Gnadentheologie wird nach wie vor dadurch vorbelastet, daß sie davon ausgeht, die 'Wirklichkeit' müsse eine ganz bestimmte Massivität aufweisen, um das Heil tragen zu können« (262f). Köhnlein übersieht die Notwendigkeit von konkreten, eschatologisch und soteriologisch *unbedingten* Vermittlungsgestalten, in denen die Gnade absolut und definitiv unverstellt zur Erscheinung kommt.

239 IV, 346.

240 SM IV, 47f.

241 II, 137.

die Sünden vergeben sind, zum Bußsakrament.«[242] Wer dann das Sakrament empfängt, tut nicht etwas völlig anderes als vorher, sondern »dasselbe greifbarer und darum intensiver an sich und läßt durch sein Mittun greifbarer und darum intensiver an sich geschehen, was er zuvor tat und an sich geschehen ließ im stillen Kämmerlein seines einsamen Betens.«[243] Von diesem Ansatz her gelingt es Rahner, die beiden »Wege« der Rechtfertigung, den sakramentalen und den außersakramentalen Weg (wie ihn auch das Konzil von Trient am Beispiel der Begierdetaufe kennt, deren Verhältnis aber von der Tradition nicht voll befriedigend geklärt werden konnte) zueinander in Beziehung zu setzen. »Wir dürfen beide Wirklichkeiten von vornherein nicht als zwei je in sich selbst und disparat nebeneinanderstehende Größen betrachten, sondern als Phasen und Momente eines und desselben ganzen Vorgangs. ... Im Sakrament, das unwürdig, aber gültig empfangen, 'wiederauflebt', haben wir die geschichtliche Greifbarkeit des Heilsereignisses vor der Gnade; in der Rechtfertigung vor dem Sakrament haben wir die umgekehrte Situation: die eigentlich gemeinte Sache ist schon gegeben, bevor ihre geschichtlich sakramentale Erscheinung voll ausgebildet ist und dann Sakrament genannt wird.«[244]

2. Formen nichtamtlicher Heilsvermittlung

a. Die gesamte Kirche als Trägerin der Heilsvermittlung

Gnade erscheint und ereignet sich in der Kirche nicht nur in Gestalt von Wort und Sakrament - sie darauf einzuschränken, wäre falscher sakramentaler Enthusiasmus[245]. »Es gibt gewiß und legitim über die 'Sakrament' genannten Bekundigungen des mit der Kirche gegebenen Heiles hinaus solche Bekundigungen, die - aus welchen Gründen auch immer - zwar nicht 'Sakramente' genannt werden und werden sollen, aber doch echte Bezeugungen dieses Grundsakramentes des Heiles, Kirche genannt, sind und von daher durchaus an der Wirksamkeit des Grundsakramentes und seiner eigenlichen sakramentalen Bezeugung partizipieren.«[246] Denn: »Wo immer Heil in der individuellen Heilsge-

---

[242] VIII, 413.
[243] II, 136.
[244] IV, 346.
[245] X, 205.
[246] XVI, 274.

schichte geschieht, ist es auch heilsmittlerisch für alle anderen.«[247] In diesem Sinne ist die Kirche als ganze Sakrament, realsymbolische Präsenz und Vermittlerin der göttlichen Gnade, nicht nur in ihrem Amt[248] und auch nicht nur in den Heiligen und Räten, sondern in allen Gerechtfertigten bzw. sich um ihre Rechtfertigung Mühenden, die dafür Zeugnis ablegen[249]. Andernfalls wären die Kirche als Heilsvermittlerin und die Kirche als Heilsfrucht material voneinander unterschieden - das Amt als Träger des Handelns, die Laien als passiver Gegenstand ihres Tuns. Damit wäre aber das allgemeine Priestertum aller Gläubigen völlig außer Acht gelassen und mit ihm der bereits aus Taufe und Firmung erwachsende Auftrag, dem anderen zum Heil zu werden. »Jedes Glied der Kirche ist also nicht nur Mitträger der Konstitution der Kirche als Heilsfrucht, sondern auch (und in gleichem Maße) Mitträger der Konstitution der Kirche als Heilsvermittlung.«[250] Eben dies macht für Rahner das spezifisch katholische Kirchenverständnis aus: »Die Kirche ist nicht nur Heilsfrucht, also die Gemeinde derer, die das Heil Gottes durch Christus im Glauben entgegennehmen, wie es für eine protestantische Kirchentheologie mindestens naheliegt, die Kirche ist nicht nur in ihrem Amt heilsvermittelnd, wie es eine klerikale Verkürzung der katholischen Ekklesiologie nahelegen könnte, die Kirche ist auch nicht nur heilsvermittelnd in ihren 'Vollkommenen', 'Pneumatikern', wie es eine spiritualistische Tendenz seit Origenes in der ostkirchlichen Theologie gerne sieht, sondern jeder ist an seinem Platz, mit seinem Charisma (das keinem fehlt, der mit Christus verbunden ist) bedeutsam für den Leib Christi und 'Mitarbeiter' Gottes (1 Kor 3,9; Kol 4,11; 3 Joh 8 usw.).«[251] Dem einzelnen kommt heilsmittlerische Bedeutung zu, wo er aufgrund eigener Überzeugung glaubt, wo er, auch gegen den Druck der öffentlichen Meinung, seinen Glauben öffentlich bekennt, wo er die Liebe zu Gott rückhaltlos in der Liebe zu den Menschen verwirklicht und wo er von der in der Rechtfertigung erlangten Vergebung der Sünden und der Freiheit Zeugnis gibt[252]. In diesem Sinne trägt auch das Gebot der Nächstenliebe nicht einfach nur Sorge, daß es unter den Menschen erträglich zugeht, sondern »ist die Proklamation der Heilssorge und der Heilsmöglichkeit jedes für jeden.«[253] Jeder einzelne ist

---

[247] VIII, 231.

[248] Vorfragen zu einem ökumenischen Amtsverständnis, Freiburg 1974, 28.

[249] HPTh I, 125, 130, 140.

[250] Ebd. 141.

[251] Ebd. 142.

[252] Sendung und Gnade, 105.

[253] VIII, 226.

darum von unschätzbarer Bedeutung für die Kirche[254] und konstitutives Moment ihrer sakramentalen Heilsvermittlung.

b. Gnade als Empfang und Wirken

Weil jeder Glaubende für die anderen heilsmittlerische Bedeutung annehmen kann und soll, reicht es nicht aus, Gottes Gnade als ausschließlich persönliche Rechtfertigung in Empfang zu nehmen, ohne andere in diese Gnade miteinzubeziehen. »Nach dem ganzen eben auch in diesem Sinn 'katholischen' Verständnis sind die ursprünglich echten religiösen Akte in der Gnade Gottes nicht nur passiver Empfang der Gnade Gottes, sondern solche Tat Gottes, darin durch Gott dem Menschen ein wahrhaftes Tun geschenkt wird, und zwar ein solches, das im mystischen Leibe Christi wirkliche, wenn auch, was Umfang und Weise angeht, in der Verfügung Gottes verborgen, heilsbedeutsam wird für andere.«[255] An Maria wird exemplarisch offenbar, was für das Wesen der ganzen Kirche bestimmend werden soll: »daß die Annahme für sich persönlich das Heil der anderen bedeutet und die Annahme, die Mitarbeit am Heil der anderen genau der Akt ist, in dem man die Gnade Gottes für sich selbst annimmt.«[256] Für wahres Christsein ist es darum unerläßlich, daß der Glaubende dem Heil der anderen restlos dient. »Kein Glied des mystischen Leibes Christi lebt für sich allein, jedes hat eine Dienstfunktion für die anderen Glieder. ... Somit eignet zunächst *allen Christen* eine missionarische Vollmacht und ein missionarischer Auftrag.«[257]
Was Rahner hier im Blick auf Verkündigung und Mission entfaltet, hat seine Gültigkeit auch für das Rechtfertigungsgeschehen. Rahner legt großen Wert darauf, die Lehre von der Rechtfertigung vor einer individualistischen Verengung zu bewahren. Vielmehr muß die gnadenhafte Tat Gottes am Menschen zugleich als die Stiftung wahrer Gemeinschaft

---

[254] Ausführlich dazu: Über die heilsgeschichtliche Bedeutung des Einzelnen in der Kirche, in: Sendung und Gnade, 89-113; Der Anspruch Gottes und der Einzelne: VI, 521-536.

[255] Sendung und Gnade, 106.

[256] Sendung und Gnade, 132. Vgl. ebd. den gesamten Aufsatz: Maria und das Apostolat, 127-147, der die Einheit von Empfang und Wirken nachdrücklich herausstellt.

[257] HPTh II/2, 63. Vgl. auch X, 425: »Die eigentlichen Kirchenmitglieder wirken ihr Heil, *indem* sie voll diese ihre Zeichenfunktion den anderen gegenüber erfüllen. Das schließt nicht aus, daß grundsätzlich alle Menschen zu einer solchen Funktion berufen sind, d.h. von niemand grundsätzlich und von vornherein gesagt werden kann, dieser konkrete Mensch komme sicher nie in die Situation, in der seine individuelle Heilsgeschichte sich bis zu dem Punkt entwickle, an dem er das Heil nicht nur empfangen, sondern auch, *um* es zu empfangen und zu behalten, als Moment an diesem Grundsakrament, Kirche genannt, es verkündigen müsse.« Ähnlich auch XIV, 320f; SM IV, 1339.

unter den Menschen verstanden werden[258], als »die übernatürliche Gemeinschaft der unvertretbar einmalig einzelnen in der inneren Gnade«[259]. Aus der Rechtfertigung erwächst dem Menschen der Auftrag zum Wirken: Die rechtfertigende Gnade »verleiht Können und Tun der Kinder Gottes, gibt einen Auftrag und stellt eine Aufgabe und einen Sollensanspruch.«[260] Aus diesem Grund sind für Rahner Rechtfertigung und Heiligung als das durch die Gnade ermöglichte Wirken des Menschen nicht zwei getrennte Vorgänge, sondern zwei Aspekte ein und desselben Gnadengeschehens[261]. In der Heiligung soll der Mensch das »Werk« der antwortenden Liebe tun, das freilich ebensowenig wie der Glaube eigene Leistung, sondern reine Gnade ist. »Alles Preisen der objektiven Würdigkeit dieses Werkes des Gerechtfertigten darf nur verstanden werden als Rühmen der wahrhaft schöpferischen Gnade Gottes, die wirklich lebendig macht, so aber gerade nur ihr eigenes Werk 'krönt'.«[262]

c. Interkommunikation als Bedingung der Heilsvermittlung

Rahner begründet die Möglichkeit der nichtamtlichen, »privaten« Heilsvermittlung mit der anthropologischen Verfaßtheit des Menschen, der »Existenz in Interkommunikation« ist. Die menschliche Existenz ist von Schöpfung her in allen ihren Vollzügen auf die Mitmenschlichkeit verwiesen. Der Mensch könnte überhaupt nicht existieren, wäre er nicht von Geburt an in die Gemeinschaft der anderen eingebunden. Die mitmenschliche Gemeinschaft aber verdankt sich nicht menschlichem Bemühen, sondern hat ihren Grund in der Gemeinschaft von Gott und Mensch bzw. in der göttlichen Selbstmitteilung. Mit ihr ist erst »die Möglichkeit einer zwischenmenschlichen Interkommunikation gegeben von radikalem Ernst, Endgültigkeit und Geborgenheit, wie sie natürlich der bloß formale Begriff von Interkommunikation allein nicht hergibt.«[263] Umgekehrt gilt, daß der Mensch dort, wo er seine interkommunikative Verfaßtheit in ihrer unbegrenzten Dynamik annimmt, Gott selbst begegnet: »Wo zwischenmenschliche Interkommunikation die letzten Möglichkeiten ihres faktischen (verschwiegen von Gott und in

---

[258] SM IV, 43.
[259] Ebd. 104.
[260] Ebd. 44.
[261] IV, 249-251.
[262] Gnade als Freiheit, 175.
[263] VIII, 228.

ihm selbst gegebenen) Wesens erreicht, ist sie schon Begegnung mit Gott (mag sie sich das ausdrücklich sagen oder nicht), weil sie selbst in der Selbstmitteilung Gottes gründet.«[264] Aus diesem Grund ist die Nächstenliebe immer zugleich ein Akt der Gottesliebe[265].

Wenn der Mensch im anderen Gott begegnet und umgekehrt selbst für den anderen zum Ort der Gottesbegegnung wird, dann kommt der Interkommunikation für die Suche nach Heil konstitutive Bedeutung zu; dann ist sie ein Moment der Existenz in Heil oder Unheil[266]; dann trägt ein jeder Verantwortung für das Heil seines Mitmenschen. In diesem Sinne ist »im Reich der Gnade jeder von jedem Gerechtfertigten« abhängig[267] und die Rechtfertigung folglich von der Kirche nicht zu trennen[268].

Die Solidarität aller Menschen in Heil und Unheil erschließt sich Rahner auch in der Reflexion auf das Wesen menschlicher Freiheit[269]. »Personen, die ihre Freiheit vollziehen, sind keine berührungsfremden Leibnizschen Monaden. Jede Freiheitstat des einen verändert daher die vorgegebenen objektiven Möglichkeiten der Freiheitstat des Nächsten, erweitert, verändert, begrenzt den Freiheitsraum des anderen, und zwar im voraus zu dessen freier Setzung.«[270] Wo der Mensch in freier Entscheidung in irgendeiner Weise heilvoll handelt, da wird auch die Freiheit des anderen zum Heil bestimmt, da erhält dessen Freiheitsvollzug eine Dynamik zum Guten, die es ihm ermöglicht, sich Gott und seiner Rechtfertigung zuzuwenden[271]. So sind die Menschen im Vollzug ihrer Freiheit durch alle Zeiten und alle Räume hindurch solidarisch, »und dies ist auch dort noch wirklich, wo jemand einen letzten Protest in Freiheit gegen diese Solidarität erheben würde«[272]. Rahner lehnt zwar in diesem Zusammenhang den Gedanken der Stellvertretung ab[273], wie

[264] Ebd. 229.

[265] Vgl. VI, 277-300: Über die Einheit von Nächsten- und Gottesliebe. »Die kategorial-explizite Nächstenliebe ist der primäre Akt der Gottesliebe, die in der Nächstenliebe als solcher Gott in übernatürlicher Transzendentalität unthematisch, aber wirklich und immer meint«: ebd. 195.

[266] VIII, 226.

[267] VI, 407.

[268] Rahner beklagt, daß das Wort »Kirche« in gegenwärtigen Gnadentraktaten so gut wie nie vorkommt, ebenso wie in der persönlichen Tat des Glaubens der ekklesiologische Aspekt unberücksichtigt bleibt (II, 120).

[269] Zum folgenden s. Gnade als Freiheit, 59-62.

[270] Ebd. 60f; vgl. auch IV, 492f.

[271] Die entsprechende Gegenbewegung dazu ist die Bestimmung des Freiheitsraumes und der Freiheitsvollzüge der anderen zum Bösen. Dieser Gedanke bildet die Grundlage für Rahners Erbsündenlehre.

[272] XV, 263f.

[273] Vgl. dazu: Versöhnung und Stellvertretung: XV, 251-266.

dies schon in seiner Interpretation des Kreuzesgeschehens und seiner Rede von der »Selbsterlösung« des Menschen anklingt[274]. Im Glauben ist der Mensch unvertretbar; wo das Ja zu Gott ausbleibt, kann ein stellvertretender Glaubensakt dem Menschen die Rechtfertigung nicht erwirken[275]. Rahner hält jedoch an einer Solidarität im Heil fest, insofern der Glaube immer auf die Mitmenschlichkeit verwiesen bleibt: »Es ist im Gebiet des Heilsvollzuges eine Solidarität der Menschen untereinander und mit dem Gottmenschen gemeint, die bis in die letzte Wurzel unserer Existenz, bis in die Dimension der Heilsentscheidung hineinreicht. Es ist damit gemeint, daß es eine *heilshafte* menschliche Solidarität gibt, daß - mit anderen Worten - die konkrete Wirklichkeit jedes geistigen Subjektes, Mensch genannt, auch durch die Wirklichkeit der anderen und auch durch deren Freiheitstaten mitbestimmt ist.«[276]

3. Unterschiedliche Intensitätsgrade

Innerhalb der verschiedenen Formen kirchlicher Heilsvermittlung gilt es laut Rahner nach unterschiedlichen Intensitätsgraden zu differenzieren. So wie das Wort weist auch das Handeln der Kirche je nach Intensität der Verleiblichung verschiedene Stufen der Dringlichkeit und des existentialen Engagements auf[277], bis zu jenen Akten, wo es »qualifizierte Leibhaftigkeit« bzw. »qualifizierte Öffentlichkeit«[278] erhält. Diese ist dort gegeben, wo die Kirche als institutionelle, amtliche Kirche auftritt, denn hier bringt sie sich eindeutig als Sakrament zur Darstellung[279]. Damit ist nicht eine Wertung oder gar Abwertung ausgesprochen hinsichtlich des persönlichen Glaubenseinsatzes des einzelnen. Wäre dies der Fall, so wäre in der Tat anzufragen, warum denn gerade das institutionell-amtliche Heilshandeln Ausdruck des radikalen Engagements sein soll und nicht das im Alltag gelebte, unter Widrigkeiten und Bedrohungen durchgehaltene christliche Zeugnis, das Martyrium oder das außergewöhnliche Leben der Heiligen, das dem Menschen höchstes Engagement abverlangt. Daß gerade in Amt und Sakrament die höchste

---

[274] Vgl. XII, 260.

[275] Aus diesem Grund unterscheidet Rahner genau zwischen Heilsvermittlung und Heilsvollzug, den die vermittelnde Tätigkeit der Kirche nicht erwirken und den sie keinem abnehmen kann (X, 560).

[276] XV, 262.

[277] Zum folgenden vgl. VI, 222-229.

[278] II, 133.

[279] Vgl. HPTh I, 157f.

Intensität in der Heilsvermittlung gegeben ist, liegt darin begründet, daß die Kirche als geschichtliche Präsenz der Gnade ihr Wesen in höchster Weise dort vollzieht, wo die Gnade nicht nur als Angebot, sondern als wirklich siegreich angekommene und die Kirche selbst als die eschatologische Heilsgemeinde geschichtlich in Erscheinung tritt[280]. Weil die Kirche hier die Gnade in unfehlbarer Weise zusprechen kann, sofern der Mensch ihrer Wirkung keinen Riegel vorschiebt[281], tritt hier der inkarnatorische Charakter der Gnade am deutlichsten in Erscheinung, artikuliert sich ihre Leibhaftigkeit am unmißverständlichsten als eine qualifizierte[282]. Das Sakrament ist damit nicht nur der radikalste Fall des Wortes Gottes, sondern der Höchstfall der Heilsvermittlung und die höchste Aktualitätsstufe der Kirche überhaupt[283].
Daß die sakramentale Heilsvermittlung in der Weise des opus operatum wirkt, meint im Sinne der traditionellen katholischen Auslegung, daß durch den Vollzug des sakramentalen Zeichens die Gnade bewirkt wird ohne Rücksicht auf die Würdigkeit und persönliche Heiligkeit des Spenders, nicht aber (gegen das nicht auszurottende protestantische Mißverständnis!) ohne Rücksicht auf den Glauben des Empfängers. Eine solche absolute Zusage und Gnadenmitteilung Gottes kann jedoch, wie Rahners Ausführungen zur nichtamtlichen Heilsvermittlung gezeigt haben, auch an andere Faktoren geknüpft sein: Wer etwa im Namen Jesu betet und nach dem Heil verlangt - und daß er dies tatsächlich tut, darüber hat er so viel oder so wenig Gewißheit wie über seine Disposition beim Sakramentenempfang - der wird von Gott erhört werden; und was für das Gebet gilt, hat auch seine Geltung für die Lesung der Schrift oder das Hören des Gotteswortes[284]. Der Unterschied zwischen den nichtsakramentalen Weisen der Gnadenmitteilung und ihrer sakramentalen Gestalt darf von daher nicht überspitzt werden: »Das zweite ist nur *einer* der möglichen Fälle des ersten. ... Im ersten Fall ist das *Zeichen* (nämlich das Gebet, die Reue usw., das also, was der einzelne Mensch als solcher 'privat' tut), an das Gott seine Gnade geknüpft hat, *selbst* innerlich 'bedroht', nämlich in der Möglichkeit, von

[280] Kirche und Sakramente, 69; HPTh I, 148.

[281] Vgl. Das Dynamische in der Kirche, 38; Kirche und Sakramente, 10, 26.

[282] II, 133. - Dies soll jedoch nicht heißen, daß alle Vollzüge des Amtes sakramental und damit unfehlbar wirksame Gnadenvermittlung sind. Der einzelne Amtsträger kann sehr wohl der Sünde verfallen, die dann auch seine Amtshandlungen infiziert. Worauf es Rahner hier ankommt, sind die sakramentalen, vom Amt vermittelten Vollzüge.

[283] Dazu ausführlich: Was ist ein Sakrament?: X, 503-519. Vgl. Kirche und Sakramente, 20f: Wo die Kirche »in ihrer amtlichen, gesellschaftlich verfaßten Öffentlichkeit und Ausdrücklichkeit als Heilsmedium der Gnade dem einzelnen in der letzten Aktualisation ihres Wesens begegnet, da haben wir Sakramente im eigentlichen Sinn.«

[284] Ebd. 24.

sich aus ungültig zu werden, des Charakters, die Greifbarkeit der Gnadenzusage Gottes zu sein, von sich selbst her beraubt zu werden. Im zweiten Fall hat das Zeichen eine unwiderrufliche, eschatologische Gültigkeit ..., daß es selber nie diese Eigentümlichkeit, solche Greifbarkeit des Ja Gottes zum Menschen zu sein, verlieren kann. Es kann auf ein Nein des Menschen treffen, dieser kann sich dem Wort Gottes versagen und das Wort Gottes über sich stehenlassen. Aber seit Christus, und erst seit ihm, kann er nicht mehr verhindern, daß dieses Wort ihm zugesprochen bleibt.«[285] Angesichts dessen müßte die Bedeutung des als opus operatum bezeichneten Sachverhaltes neu entfaltet werden[286], nämlich von der Irreversibilität und Unverbrüchlichkeit der Gnade in der Geschichte her, die nicht nur als definitives Angebot, sondern als faktisch siegreiche gegenwärtig ist[287]. Die personale nichtsakramentale Heilsvermittlung *kann* Zeichen und Mitteilung von Gnade sein, wo sie in ihrer tiefsten Wirklichkeit als solche erkannt und angenommen und nicht durch menschliche Unzulänglichkeit und Sündhaftigkeit verstellt wird[288]. »Hier kann man immer nur sagen: *Wenn* diese Greifbarkeit wirklich enthält, was sie besagt, dann ereignet sich hier ein Gnadenangebot Gottes. Bei den Sakramenten des Neuen Bundes kann man aber absolut sagen: Hier geschieht in aller Wahrheit Erscheinung des begnaden wollenden Gottes.«[289] In diesem Sinne ist eine *objektive*, sowohl von der menschlichen Sündigkeit wie von der Art des persönlichen Zeugnisses unabhängige Gnadenvermittlung unverzichtbar[290]. Denn wenn auch fraglich bleibt, ob hier die Gnade *angenommen* wird, so gibt es keinen Zweifel, daß Gott hier und jetzt die Gnade anbietet.

---

285 Ebd. 26.

286 Ebd. 22-30; IV, 337ff.

287 Vgl. XVI, 401: »Die siegreiche, endgültige, unwiderrufliche Bedeutung des Wortes der Kirche in ihren sakramentalen Zeichen nennt man auch die Wirksamkeit der Sakramente von ihnen selbst her, mit dem lateinischen Wort 'opus operatum'.« - Seinem worttheologischen Ansatz entsprechend kann Rahner die Wirkweise des opus operatum auch vom Wort her bestimmen: »Wort als vollste Aktualisation der Kirche in ihrem absoluten Engagement und Wort in die entscheidenden Heilssituationen des Menschen hinein« (IV, 337).

288 In diesem Sinne *kann* sie in der Tat opus operatum genannt werden, denn der Terminus ist nicht auf das sakramentale Geschehen eingeschränkt (IV, 334).

289 Kirche und Sakramente, 29f.

290 So bezeugt der Amtsträger nicht sein eigenes Christsein, sondern Christus selbst; er spricht nicht nur als ein vom Wort Ergriffener, sondern spricht das Wort Gottes selbst (III, 310).

4. Der eine Mittler und die Vielfalt der Vermittlungen

Wer an der Vermittlung der Gnade durch die Kirche festhält, muß ihre Zuordnung zur Mittlerschaft Jesu Christi klären, wenn er sich nicht dem Vorwurf aussetzen will, er verletze damit das Dogma von dessen alleiniger Heilsmittlerschaft. Rahner sieht zwischen den beiden Formen der Vermittlung kein Konkurrenzverhältnis[291]. Er will jedoch die kirchliche Vermittlungstätigkeit nicht als abgeleitete, untergeordnete Partizipation an dem einen Mittlertum Jesu Christi verstehen. Darum sucht er von der anthropologischen Verfaßtheit des Menschen, von seiner Existenz in der Interkommunikation als transzendentalem Verstehenshorizont einen Zugang zur Mittlerschaft Christi zu eröffnen. Diese erfährt durch die vielfältigen menschlichen Vermittlungen keine Beeinträchtigung, sondern sie stellt den eschatologisch vollendeten und so einmalig höchsten Fall menschlicher Interkommunikation und Heilssolidarität dar[292]. »Die Bedingung der Möglichkeit einer Heilsmittlerschaft Christi und ihrer glaubend personalen Realisation ist die Interkommunikation aller Menschen bis in die letzte Tiefe ihrer Existenz, bis in ihr Heil hinein und die konkretexistentielle 'Realisation' und Erfahrung dieser radikalen Interkommunikation.«[293] Die Communio, in der die Gerechtfertigten miteinander verbunden sind, ist somit die existentialontologische Bedingung, die das Christusereignis sich selbst zur Voraussetzung macht[294].

In Jesus Christus erlangt die Interkommunikation als die Geschichte des Dialogs von Gott und Mensch ihren unüberbietbaren Höhepunkt. Darum ist er der Mittler schlechthin. Seine einzigartige Mittlerschaft hebt die heilssolidarische Kommunikation jedoch nicht auf, sondern setzt sie erst in Gang. »Alle interkommunikatorischen Heilsvermittlungen hängen an ihrem einen Ziel und an ihrer eschatologischen Endgültigkeit in Christus, aber eben darum *sind* sie, und sie sind nicht nur sekundäre und letztlich überflüssige Konsequenzen aus der Heilsmittlerschaft Christi, sondern ebensosehr die Voraussetzungen, die sich die Mittlerschaft Christi schafft, mit anderen Worten die Bedingung ihrer Möglichkeit, die freilich Gottes souveräne Gnade selber schafft in und durch ihren Willen zu Jesus Christus - freilich genau so wie umgekehrt

---

291 Zum folgenden vgl. vor allem: Der eine Mittler und die Vielfalt der Vermittlungen: VIII, 218-235.

292 Ebd. 223.

293 Ebd.

294 Ebd. 224.

dieser gewollt ist 'für uns Menschen und um unseres Heiles willen'.«[295] Christus integriert alle nur denkbare Vermittlung in sich[296]. Er relativiert sie, so daß sich keine von ihnen mit seiner absoluten Heilsmittlerschaft gleichsetzen kann, und er setzt sie gleichzeitig in Kraft, so daß es keinen Bereich gibt, der von dieser Vermittlung ausgeschlossen ist. Durch das Christusereignis erhält alle menschliche Vermittlung eine neue Qualifikation: Sie ist nicht mehr nur ein existentialontologisches Moment am menschlichen Wesen, sondern hat, im Sinne der Partizipation, selbst christologisch-ekklesiologischen Charakter[297].

VIII. Unmittelbarkeit zu Gott und kirchliche Vermittlung

Der Einwand Marons und anderer protestantischer Theologen gegen die kirchliche Vermittlung der Rechtfertigung findet seine Zuspitzung in dem Vorwurf, damit werde jegliche Gottesunmittelbarkeit zunichte gemacht. Nachdem die Notwendigkeit und Vielfalt der kirchlichen Heilsvermittlung dargestellt wurde, soll Rahners Entwurf auf diesen Vorwurf und die damit gegebene Problematik befragt werden.

1. Vermittelte Unmittelbarkeit

Rahner versteht das ganze Geschehen der Rechtfertigung als »Befreitheit auf die Unmittelbarkeit Gottes hin«[298]. Er begründet dies mit der traditionellen, auf dem Trienter Konzil formulierten Lehre, daß mit der Rechtfertigung die Eingießung der drei göttlichen habituellen Tugenden des Glaubens, der Hoffnung und der Liebe verbunden ist[299]. »Der Ternar der göttlichen Tugenden bedeutet im katholischen Ver-

---

295 Ebd. 232f.

296 Innerhalb der Vielzahl der Vermittlungen ist zu differenzieren, »soweit wir etwas von der bestimmten heilsgeschichtlichen Funktion eines einzelnen, etwa der Heiligen Jungfrau, innerhalb der Geschichte des Heils glaubend wissen« (ebd. 235). Grundsätzlich ist die Heilsvermittlung Mariens von der aller Gläubigen jedoch nicht unterschieden. Ausführlich dazu: Zur konziliaren Mariologie, in: StZ 174 (1964) 87-101.

297 Kirche und Sakramente, 232.

298 XIII, 312. Vgl. auch II, 252: »Die Person ist berufen zur unmittelbaren personalen Gemeinschaft mit Gott in Christus, und zwar dauernd und unausweichlich, ob sie diese Berufung in Erlösung und Gnade annimmt oder sich ihr schuldhaft (erbsündig oder persönlich schuldig) versagt.«

299 Dabei ist es für Rahner irrelevant, ob die heiligmachende Gnade und die drei Tugenden miteinander identisch oder nur untrennbar verbunden sind.

ständnis eine Unmittelbarkeit des Menschen zu Gott, wie sie ohne diese als Gnade Gottes gegebenen göttlichen Tugenden schlechthin unmöglich wäre.«[300] Durch die göttliche Selbstmitteilung wird die menschliche Transzendentalität auf die Unmittelbarkeit Gottes hingeordnet[301]. Solche Unmittelbarkeit ist »nicht bloß die Wiederherstellung und das Gegebensein irgendeines guten und richtigen Verhältnisses des Menschen zu Gott als dem Herrn und Schöpfer, nicht bloß die Vergebung der Sünden des Menschen«[302], sondern sie besagt, nicht nur in einem existentiellen, sondern auch in einem ontologischen Sinn, daß Gott sich in seiner eigenen absoluten Wirklichkeit an das Geschöpf mitteilt und es zur Gemeinschaft mit ihm beruft.

Die Unmittelbarkeit zu Gott steht für Rahner zur kirchlichen Vermittlung in keinem Gegensatz, insofern nur als eine vermittelte denkbar ist: »Wo der Mensch die Erfahrung seiner gnadenhaften Gottunmittelbarkeit macht, ist sie die in Christus und durch die Kirche vermittelte Unmittelbarkeit.«[303] In diesem Sinne ist das Sakrament Kirche nicht Hindernis, sondern Ermöglichung der Gottesunmittelbarkeit des Menschen. Daß eine solche Vorstellung nicht einfachhin paradox, sondern ein Grundprinzip des Christlichen ist, wird deutlich an der Mittlerschaft Jesu Christi.

2. Die christologische Begründung der Vermittlung

Seine Vorstellung von einer vermittelten Unmittelbarkeit macht Rahner an der bleibenden Bedeutung der Menschheit Jesu fest[304], die, wenngleich in keiner Schuldogmatik vergessen, in der Regel im durchschnittlichen Glaubensbewußtsein keine besondere Rolle spielt. Dabei ist sie für das Gottesverhältnis des Menschen von entscheidender Bedeutung, weil dieser keinen anderen Zugang zu Gott hat als im Durchgang durch den Menschgewordenen. »Jesus der Mensch war nicht nur einmal von entscheidender Bedeutung für unser Heil ..., sondern er *ist*

---

[300] Vgl. XIII, 314: »In dem Ternar der drei göttlichen Tugenden, und nur in ihm hat man es aber mit Gott in sich selbst in Unmittelbarkeit zu tun.« Ebenso 312, 316, 317ff.

[301] XIV, 42; XII, 55; XIII, 183. Vgl. dazu auch L.Scheffczyk: Christentum als Unmittelbarkeit zu Gott, in: IkaZ 6 (1977) 442-450. - Die absolute und unüberbietbare Gottesunmittelbarkeit, durch die sich die Existenz Jesu auszeichnet, erlangt der Mensch allein in der visio beatifica.

[302] XIII, 313.

[303] HPTh I, 56; XII, 252, 256. Vgl. auch Grundkurs des Glaubens, 90-96.

[304] Zum folgenden: Die ewige Bedeutung der Menschheit Jesu für unser Gottesverhältnis: III, 47-60.

jetzt und in Ewigkeit als der Menschgewordene und Geschöpfgebliebene die dauernde Offenheit unserer Endlichkeit auf den lebendigen Gott unendlichen, ewigen Lebens, und er ist darum auch in seiner Menschheit die geschaffene, im Akt unserer Religion stehende Wirklichkeit für uns, derart, daß ohne diesen Akt auf seine Menschheit hin und durch sie hindurch (implizit oder explizit) der religiöse Grundakt auf Gott gar nicht sein Ziel erreicht.«[305] Auch in der Vollendung begegnet der Mensch Gott vermittelt durch die Menschheit Christi[306].
Nicht nur die vermittelnde Menschheit Jesu, sondern in gleicher Weise die kirchliche Heilsvermittlung hat die Gottesunmittelbarkeit des Menschen zum Ziel: »Hebt die Vermittlung des Menschen Jesus zu Gott die Unmittelbarkeit zu Gott nicht auf, sondern konstituiert sie gerade diese, dann kann man eben nicht behaupten, daß durch jedwede 'Vermittlung' zu Jesus Christus schon begrifflich ohne weiteres eine Unmittelbarkeit zu ihm aufhöre.«[307] Im Christusereignis wird konkret, »wie die christliche Erfahrung der schlechthinnigen Absolutheit Gottes begegnet: nicht in einem Überspringen und Weglassen des Endlichen, sondern gerade vermittelt durch das Endliche, die 'Welt'.«[308] Das richtige und volle Verhältnis zur Welt ist damit schon die Unmittelbarkeit zu Gott selbst[309]. »Nicht erst und erst recht nicht allein vollzieht der Mensch sein unmittelbares Verhältnis zu Gott in weiseloser Mystik, in der die Welt als wesenlos untergeht und abgetan wird. Das Kategoriale, die geschichtliche und konkrete Weltaufgabe des Menschen, wo sie aus dem Ternar der göttlichen Tugenden heraus getan wird (und eben dies ist möglich und notwendig zugleich), ist die Vermittlung zur Unmittelbarkeit Gottes.«[310] Dieses Prinzip gilt nicht nur für die explizit religiöse Kategorialität der Sakramente und anderer kirchlicher Vollzüge, sondern für alle, auch für die scheinbar »profanen« Vermittlungen (sofern damit nicht ein schuldhaftes Nein zu den kirchlichen Vermittlungsgestalten einhergeht)[311].

---

305 Ebd. 57. Vgl. auch VII, 291: »Die eigentliche christliche Beziehung zu Gott ist, in ihrer Unmittelbarkeit selbst, vermittelt durch die Beziehung zu Jesus, also durch eine geschöpfliche Wirklichkeit.«

306 IV, 302.

307 VIII, 234f. - Aus diesem Grund stellt auch die Heiligenverehrung keine Konkurrenz zur Gottesverehrung dar (vgl. VII, 288, 301).

308 Ebd. 293. vgl. auch XII, 295.

309 Ebd. 293.

310 XIII, 317.

311 In besonderer Weise gilt dies für den Akt der Nächstenliebe. Vgl. VI, 229: »Der Akt der Nächstenliebe ist der einzige kategoriale und ursprüngliche Akt, in dem der Mensch die kategorial gegebene ganze Wirklichkeit erreicht und darin die transzen-

Ihr Fundament hat diese Vorstellung in der wechselseitigen Vermittlung von Transzendentalität und Kategorialität, das wir als das formale Prinzip des sakramentalen Denkens bezeichnet hatten. Hier gründen die Strukturen von Rahners Denken, die seinen gesamten theologischen Entwurf durchziehen. Wesentlich sind sie von der ignatianischen Frömmigkeit beeinflußt[312]. Von daher kann es in der Gottesbeziehung nicht um ein Überspringen der Welt gehen, sondern um ein »Gott-in-allen-Dingen-Finden«. Denn die Dinge der Welt sind »das Mittlerische, und sie sind dennoch nicht einfach die Gabe Gottes selbst; denn er gibt sich uns selbst.«[313]

3. Das Schöpfer-Geschöpf-Verhältnis

Der Gedanke einer sakramental zu verstehenden Vermittlung zur Unmittelbarkeit Gottes impliziert eine bestimmte Sichtweise der Schöpfer-Geschöpf-Relation, die Rahners Konzeption der kirchlichen Heilsvermittlung zugrundeliegt[314]. Der Gott, der das Kategoriale der Welt in seinen Dienst nimmt, sich in diesem symbolisch ausdrückt und sich durch dessen Vermittlung mitteilt, stellt keine Konkurrenz zum Menschen dar. So wird auch die menschliche Freiheit durch die göttliche Allmacht nicht ausgeschaltet, sondern erst ermöglicht und zur wahren Freiheit befreit. Das Zueinander beider Wirklichkeiten ist zu denken als »eine Geschichte der Freiheit zwischen Gott und der personal geistigen Kreatur, die von der souveränen Macht Gottes so in ihre Wirklichkeit eingesetzt ist, daß sie ein freies Verhältnis zu Gott selber hat, kreatürliche Freiheit und Umfangenheit dieser Freiheit durch die Freiheit Gottes sich dabei aber nicht gegenseitig aufheben.«[315]
So ist das Verhältnis von Gott und Mensch bei Rahner zutiefst vom Gedanken der Analogie bestimmt: »Nähe der Selbstmitteilung Gottes und Eigensein der Kreatur wachsen im gleichen, nicht im umgekehrten Maße.«[316] Gott muß den Menschen nicht klein halten oder verdrängen,

---

dentale und gnadenhafte, unmittelbar erfahrene Erfahrung Gottes macht.« Vgl. auch XIII, 319.

[312] Dazu ausführlich: Die ignatianische Mystik der Weltfreudigkeit: III, 329-347.

[313] Einübung priesterlicher Existenz, Freiburg 1970, 286.

[314] Vgl. dazu Grundkurs des Glaubens, 83-96: Das Verhältnis des Menschen zu seinem transzendentalen Grund: Kreatürlichkeit.

[315] XV, 191.

[316] VIII, 601; vgl. auch III, 53; IV, 151; I, 183: »Die radikale Abhängigkeit von ihm (Gott) wächst nicht in umgekehrter, sondern in gleicher Proportion mit einem wahrhaftigen Selbstand vor ihm.«

um seine Größe zu erweisen, sondern dessen Größe und Eigenständigkeit gereicht Gott zur Ehre[317]. »Das Grundgeheimnis des Christentums ist nicht, daß Gott eine von ihm verschiedene Welt geschaffen hat, ... die ihm je mehr Ehre gibt, je mehr sie verschwindet, sondern daß die Gnade, die letztlich Gott selber ist, die Welt vergöttlicht.«[318] Ein solches analoges Gottesverständnis weist Rahners Denken als ein typisch katholisches aus. Die protestantische Theologie betont vor allem da, wo sie im Gefolge der dialektischen Theologie steht, demgegenüber sehr viel mehr die unendliche qualitative Differenz zwischen dem Schöpfer und seinem Geschöpf, das Trennende der Sünde und die göttliche Erhabenheit und Transzendenz. Die Struktur solchen Denkens prägt sich aus bis in die Ekklesiologie, wenn es um das Zueinander von göttlichem und menschlichem Handeln in der kirchlichen Heilsvermittlung geht. Rahner legt großes Gewicht darauf, daß Gott, indem er sich in der Kategorialität des Menschlich-Geschöpflichen ausdrückt, nicht zu einem Teil der Welt wird, sondern der Welttranszendente bleibt. Aus diesem Grund muß die Beziehung zu ihm immer als eine durch ein von ihm Verschiedenes vermittelt gedacht werden, sei es als Gott repräsentierendes Wort, sei es als Sakrament - »immer ist Gott in Beziehung zu uns da durch etwas von ihm in seine Unterschiedenheit von ihm Gesetztes«[319]. Doch zugleich ist Gott, indem er sich an die Welt weggibt, die innerste Wirklichkeit der Welt[320]. Er ist nicht nur im einmaligen Ereignis der Inkarnation für eine begrenzte Zeit in der Geschichte präsent, sondern seine Immanenz ist konstitutiv für sein Verhältnis zur Welt überhaupt[321]. Eine solche Sichtweise des Zueinander von Transzendenz und Immanenz Gottes bildet die Grundlage für ein sakramentales Verständnis der Wirklichkeit, das die Sakramente nicht nur als punktförmige Ereignisse der göttlichen Gnade in der Welt erscheinen läßt, son-

---

317 Vgl. dazu: Über die Eigenart des christlichen Gottesbegriffs: XV, 185-194.

318 VIII, 303.

319 Ebd. 189.

320 Rahner versteht bereits die Schöpfung als Selbstmitteilung Gottes: Gott schafft das andere, indem er an seiner Wirklichkeit teilgibt; er setzt nicht nur das von sich Verschiedene, sondern konstituiert die Unterschiedlichkeit zu sich, »indem er sie als seine behält« (IV, 158). »Wenn und insofern die geschaffene Welt als Adressat der göttlichen Selbstmitteilung verstanden wird ..., wenn - mit anderen Worten - die Welt im Vorgang der Selbstmitteilung Gottes entsteht, dann ist natürlich in der Welt eine Immanenz Gottes gegeben (immer natürlich entsprechend den innerweltlichen Unterschieden), die nicht bloß die des Schöpfers im Geschöpf, sondern diejenige ist, die die christliche Theologie in der Frage der Einwohnung Gottes in der geistigen Kreatur durch die Gnade entwickelt. Diese Einwohnung ist dann nicht mehr als nur partikuläres Vorkommnis da und dort innerhalb der Welt verstanden, sondern als ein grundlegendes Verhältnis Gottes zur Welt überhaupt«: X, 237.

321 Dazu ausführlich IX, 236ff.

dern als Verdichtungen der immer und überall anwesenden Gnade Gottes versteht[322]. Durch ein solches sakramentales Weltverständnis ist der Horizont für das sakramentale Kirchenverständnis eröffnet. Dieses verliert den Verdacht, zu einer Sakralisierung der Kirche zu führen, wenn Sakramentalität nicht vom Höchstfall der Heilsvermittlung, dem Sakrament, her gedacht wird, sondern von der im weitesten Sinne zu verstehenden Sakramentalität aller Wirklichkeit her.

IX. Das Charismatische

1. Verleiblichung des Geistes in der Kirche

Das inkarnatorische, vom Grundsatz der geschöpflich-kategorialen Verleiblichung und Vermittlung aller Gnade bestimmte Kirchenverständnis Karl Rahners schließt die pneumatologisch-charismatische Dimension der Kirche nicht aus, sondern ein[323]. Denn Rahner versteht die Sendung des Geistes in die Kirche unter dem Gesichtspunkt der Verleiblichung und Sichtbarwerdung: »Vor der Fleischwerdung des Logos gab es keine *dauernde* Sichtbarkeit des Unsichtbaren. Es gab Geist, aber er wehte bloß und ließ sich nirgends nieder, er wurde nie 'sichtbar'. Jetzt aber in der Fülle der Zeiten ist eine solche Sichtbarkeit geschehen: im fleischgewordenem Logos und in seinem Leib, der Kirche.«[324] So wie die inkarnatorische Tendenz aller Gnade im Christusereignis kulminiert, wohnt dem Geist seit dem Neuen Bund unwiderruflich die Tendenz auf Verleiblichung und Sichtbarwerdung inne[325]. Weil der Geist selbst eschatologische Gabe ist, bindet er sich endgültig an die Kirche, so daß »charismatisch« gerade nicht mit »sporadisch« oder »nur ab und zu gegeben« gleichzusetzen ist[326]. Das geistlich-charismatische und das inkarnatorische Prinzip gehen damit Hand in Hand[327]. Die Kir-

---

322 Ausführlich dazu X, 405-429: Überlegungen zum personalen Vollzug des sakramentalen Geschehens.

323 Die Gnade und das Wirken des Geistes lassen sich, wie Rahner betont, schon deswegen nicht gegeneinander ausspielen, weil der Mensch durch den Geist die heiligmachende Gnade empfängt (vgl. DS 1525, 1529f). »Pneuma bedeutet für uns in dem streng theologischen Sinn der übernatürlich erhebenden und vergöttlichenden Gnade eine wirkliche *Selbst*-mitteilung Gottes in sich selbst«: XII, 589.

324 VIII, 186.

325 Das Dynamische in der Kirche, 38.

326 Ebd. 41.

327 XII, 46: »Die transzendentale Erfahrung der Radikalität des Geistes wird wie jede andere durch kategoriale Objekte vermittelt.«

che steht am Schnittpunkt beider Prinzipien als der Ort, wo das Wirken des Geistes sich an eine konkrete Verleiblichungsgestalt bindet.
Kategoriale Verleiblichungsgestalt des Geistes ist zum einen das Amt, dem er als bleibendes Vermächtnis und Beistand verheißen ist[328]. Wenngleich Institution und Charisma nicht miteinander identifiziert werden dürfen, sind sie auch auf keinen Fall grundsätzlich zu trennen. Das Amt als institutionalisierte, rechtlich geordnete Größe ist selbst charismatisch, freilich nicht in allen seinen Vollzügen, sondern dort, wo es sich im letzten engagiert, gleich ob es sich dabei um die Spendung eines Sakramentes oder um eine definitive Lehrentscheidung handelt[329].
Außer dem Amt wird das Wirken des Geistes konkret in Gestalt der verschiedenen Charismen, d.h. jener gnadenhaften Begabungen und Berufungen, wie sie jedem Gerechtfertigten verliehen sind[330]: in den verschiedenen Formen subjektiver Heiligkeit, im Leben nach den evangelischen Räten, in der Vielfalt der verschiedenen Gnadengaben, in denen die kirchlich-soziale und kirchenaufbauende Funktion aller rechtfertigenden Gnade zum Ausdruck kommt[331]. Rahner spricht hier auch von »freien« Charismen[332], weil sie nicht auf sakramentalem und rechtlich geregeltem Wege durch die Institution dem Menschen verliehen werden, sondern »unmittelbar von oben«[333] kommen.

2. Das Charismatische als kritisches Potential

Das Charismatische steht zum Institutionellen nicht nur im Verhältnis der Einheit und Kontinuität, sondern auch in dem der Spannung und Polarität. Denn es ist das »geschichtlich Neue, das Ungeplante und Unmanipulierte«[334], das was sich außerhalb der festgefügten Strukturen

---

[328] Ebd. 39.

[329] Ebd. 38ff.

[330] Das Dynamische in der Kirche, 43-45.

[331] IX, 415f.

[332] HPTh I, 155.

[333] Ebd. 147. - Richtete die ältere katholische Ekklesiologie ihr Augenmerk vor allem auf das ans Amt gebundene Charisma, so hebt Rahner die Bedeutung der freien Charismen hervor, die im Unterschied zum eschatologisch-irreversiblen Gnadenangebot in Amt und Sakrament Konkretionen des tatsächlichen Angenommenseins der Gnade sind. Denn trotz ihrer Zusammengehörigkeit ist zu unterscheiden »zwischen dem Glauben als amtlich verkündetem und dem Glauben als heilswirksam existentiell angenommenen, zwischen dem gültigen sakramentalen Zeichen und dem gnadenhaft faktisch wirksam werdenen Sakrament, zwischen einer institutionellen und einer charismatischen Struktur der Kirche« (VI, 360).

[334] Gnade als Freiheit, 116.

von Amt, Sakrament und Institution ereignet und ein Kirchenverständnis verbietet, das allein vom institutionellen Prinzip her konzipiert ist[335]. Es bekundet sich in Neuaufbrüchen in der Geschichte der Kirche, im Wirken der Heiligen, in neuen Formen im Bereich der Spiritualität und in all jenen Erscheinungen, die sich dem freien Wirken des Geistes Gottes verdanken, der sich nicht einfangen und verwalten läßt. Unter diesem Gesichtspunkt tritt das Charismatische in einen gewissen Gegensatz zum Institutionellen, genauer: in »Gegensatz zu dem *bloß* Institutionellen, vom Menschen Verwaltbaren, Berechenbaren, in Gesetzen und Normen Faßbaren«[336]. Zwar ist dem Amt aufgrund seines charismatischen Charakters die Vollmacht zu eigen, Verwalter und Regulativ der freien Charismen zu sein, diese zu ordnen und in ihrem Zusammenspiel zu lenken, nicht zum Zwecke ihrer Beherrschung, sondern als Dienst, der die nötige Entfaltungsfreiheit und die Einheit der vielen Geistesgaben sichert[337]. Umgekehrt ist jedoch das Charismatische die notwendige Motorik und das Korrektiv des Institutionellen[338].
Indem es dieses ständig auf den Geist Gottes verweist, trägt es ein kritisches Potential in sich, das der kriteriologischen Funktion des Rechtfertigungsartikels, wie ihn die protestantische Theologie herausstellt, entspricht. Die Möglichkeit des freien, unplanbaren Gnadenwirkens zeigt, daß Kirche nicht eine nach festen Regeln funktionierende Heilsanstalt ist, sondern daß ihr eine Offenheit zu eigen ist, die von Gott selbst herrührt und die sie von allen menschlichen Institutionen unterscheidet[339]. »Das Charismatische in der Kirche bezeichnet den Ort, an dem in der Kirche Gott als der Herr der Kirche über die Kirche als ein offenes System verfügt.«[340] Die Kirche ist darum nicht ein geschlossenes autoritäres und totalitäres System, das von einem Zentrum aus, etwa dem Bischof von Rom, bestimmt wird, sondern das sich durch die Offenheit für Gottes Wirken auszeichnet. »Das Charismatische ist somit, wenn man so sagen darf, transzendentaler Art, kein Moment im System der Kirche, sondern eine Eigentümlichkeit des Systems im ganzen.«[341]
Die Möglichkeit des freien, nicht an Amt und Institution gebundenen Wirken des Geistes liegt im Gottsein Gottes selbst begründet. Er wäre nicht der Allmächtige und Herr über seine Kirche, hätte er nicht die

---

335 Das Dynamische in der Kirche, 43-45.

336 Ebd. 39 (Hervorhebung von mir); vgl. auch II, 112; 227-246, bes. 244f.

337 Das Dynamische in der Kirche, 52-55.

338 X, 419.

339 Vgl. II, 114; VI, 521-536; 499-520; VII, 77-90.

340 IX, 422.

341 Ebd. 428.

Möglichkeit zu handeln, ohne sich der von ihm gesetzten Institutionen zu bedienen. Das Institutionelle in der Kirche ist eine legitime Größe, »aber sie bleibt umfaßt von dem charismatischen Walten des Geistes in der Kirche, der in einer vom Menschen und von der Institution nicht adäquat vorausplanbaren Weise das offene System der Kirche immer wieder der Zukunft entgegenführt, die er selbst und sonst niemand verfügt hat. Es gibt das Charismatische in der Kirche, dieses ist nicht bloß dialektisch auf gleicher Ebende dem Institutionellen zugeordnet, sondern das Erste und Eigentümlichste unter den formalen Wesenszügen der Kirche überhaupt.«[342] In diesem Sinne kommt dem Geist der Primat vor der Institution zu[343]. Wenn wir bedenken, wie Rahner an anderer Stelle die Bedeutung von Amt und Sakrament als irreversibel-unverstellte Verleiblichung und Vermittlung der Gnade hervorhebt, ist unverkennbar, daß seine Äußerungen zum Verhältnis von Charisma und Institution in einer gewissen Spannung zueinander stehen. M.Kehl sieht den Grund dafür im zweifachen Ansatz der Ekklesiologie Rahners: Während der essentiale sakramental-inkarnatorische Ansatz die Bleibendheit der Gnade in der Geschichte herauszustellen sucht und darum besonderes Gewicht auf die Bedeutung von Amt und Sakrament legt, hat der existentiale Ansatz mehr die direkte Gottesbeziehung des Menschen im Blick[344]. Von daher ist Rahners Konzeption in sich keineswegs widersprüchlich; letztlich gehört diese Spannung mit zum Wesen der Kirche.

Exkurs: Die Unmittelbarkeit der Gottesbegegnung im charismatischen Ruf

Das Charismatische in der Kirche schließt den konkreten göttlichen Willenszuspruch, wie er z.B. in den ignatianischen Exerzitien gegeben ist[345], ein, ebenso den

---

342 Ebd. 431.

343 XV, 392.

344 Vgl. M.Kehl: Kirche als Institution, 233: »Die dogmatisch-sakramentale Konzeption argumentiert auf der Ebene des Zeichens ('sacramentum'); und da kommt dem Institutionellen die Funktion der eindeutigsten und intensivsten Darstellung der Kirche als *Zeichen* der endgültigen Selbstmitteilung Gottes in Jesus Christus zu. Der anthropologische Ansatz dagegen argumentiert auf der Ebene der 'Sache' des Heiles selbst ('res'); und da kommt dem Institutionellen nur die Funktion eines dienenden 'Mittels' gegenüber dem in der Welt fruchtbar gewordenen Heiles zu. Insofern kann von einem Widerspruch zwischen den beiden Ansätzen und Beurteilungen nicht die Rede sein.«

345 Dazu ausführlich: »Die Logik der existentiellen Erkenntnis bei Ignatius von Loyola«, in: Das Dynamische in der Kirche, 74-148; Betrachtungen zum ignatianischen Exerzitienbuch, München 1965. Eine ausführliche Darstellung von Rahners Deutung der igna-

unmittelbar an das Geschöpf ergehende Anruf Gottes, wie ihn der Mensch in der Berufung und besonderen Beauftragung zum Dienst in der Kirche erfährt. Es stellt sich die Frage, ob auch für diese innerste personale Berufung das Prinzip der Verleiblichung des Charismatischen gilt. Oder handelt es sich in diesen Fällen um rein innerliche Geisterfahrungen und damit um rein transzendentale, nicht kategorial vermittelte Gnadenereignisse? In der Tat bezeichnet Rahner solche Geisterfahrungene als das zu Christus »Unmittelbare«[346], das »unmittelbare(n) Gesagterhalten dieses Willens direkt durch Gott selbst, wobei Gott unmittelbar mit seinem Geschöpf handelt«[347], deswegen weil der Herr »auch unmittelbar seine Kirche lenkt und seine Befehle, seine Antriebe den gewöhnlichen Christen nicht immer und zuerst durch die kirchlichen Vorgesetzten übermittelt, sondern sich durchaus das Recht vorbehalten hat, dies auch unmittelbar auf die verschiedensten Weisen zu tun, die mit einer Einhaltung eines 'Instanzenbezuges' nicht viel zu tun haben.«[348] Denkt Rahner hier an eine nicht durch kategoriale Gegenstände vermittelte transzendentale Unmittelbarkeit zu Gott?

Grundsätzlich schließt Rahner die Möglichkeit einer »reinen«, d.h. »entkategorialisierten« Transzendenzerfahrung nicht aus, doch er sieht sie als absolute Ausnahmeerscheinung[349] in der sog. naturalen Mystik gegeben[350]. Auf keinen Fall bedeutet sie eine Intensivierung des Gnadengeschehens oder eine »reinere« und »unverstelltere« Transzendenzerfahrung[351]. Wenn Rahner im Rahmen der Exerzitieninterpretation von der »Unmittelbarkeit« Gottes spricht, dann nicht deswegen, weil es hier um eine entkategorialisierte Erfahrung ginge, sondern weil sie nicht »das Geräusch der Worte«[352] kennt und nicht unbedingt an einem bestimmten äußeren Ereignis festzumachen ist[353]. Rahner charakterisiert die Gottesbegegnung in den Exerzitien deshalb als eine objektlose[354], weil sie nicht an bestimmte Gedanken gegenständlicher Art oder an einen konkreten Wahlgegenstand gebunden ist,

---

tianischen Exerzitien bietet M.Schneider: »Unterscheidung der Geister«, Innsbruck-Wien 1983, 79-133.

346 Das Dynamische in der Kirche, 46, 47.

347 Ebd. 79.

348 Ebd. 62.

349 B. van der Heijden, 212 und P.Eicher, 291, vertreten die These, daß es sich bei der reinen Transzendenzerfahrung um eine Ausnahme gegenüber seiner sonstigen Konzeption handelt. - Demgegenüber ist K.Fischer: Wovon erzählt die transzendentale Theologie?, in: ThQ 157 (1977) 140-142, 140, der Meinung - der wir uns anschließen -, es gehe dabei um »eine bloß methodische Abstraktion präzisiver (nicht: exklusiver) Art«, um die Gottgewirktheit hervorzuheben.

350 Vgl. XII, 428-438: Mystische Erfahrung und mystische Theologie; XII, 64ff.

351 Bezeichnend ist in diesem Kontext auch, daß es im Falle eines Berufungserlebnisses für Rahner überhaupt keine Rolle spielt, wie diese Berufung erfolgt. Der Betreffende muß nicht eine innere Stimme Gottes gehört oder eine besondere Vision erfahren haben; enthusiastische Erlebnisse sind keineswegs die Voraussetzung, sondern bedürfen eher der besonderen Prüfung. Vgl. auch: Die enthusiastische und die gnadenhafte Erfahrung: XII, 54-75.

352 Das Dynamische in der Kirche, 132. Rahner bezieht sich auf eine Formulierung des Ignatius von Loyola (Briefwechsel mit Frauen, Freiburg 1956, 382-389).

353 Außergewöhnliche, enthusiastische Erlebnisse, eine spürbare himmlische Inspiration sind nicht erforderlich, sondern eher verdächtig. Vgl. Horizonte der Religiosität. Kleine Aufsätze, hg. von G.Sporschill, Wien 1984, 41.

354 Das Dynamische in der Kirche, 118.

und bezeichnet den mit ihr verbundenen Trost als »ohne Ursache«, weil der Mensch keinen konkreten Grund dafür anzugeben vermag, sondern nur weiß, daß dieser von der göttlichen Liebe herrührt[355].

»Ohne Ursache« ist jedoch nicht gleichbedeutend mit »ohne Vermittlung«. Denn auch die Berufung hat einen konkreten, kategorialen Inhalt, der dann wiederum Anlaß und Vermittlung für ein deutlicheres Innewerden der transzendentalen Gnadenerfahrung sein kann[356]. Auch die unmittelbare Gotteserfahrung in den Exerzitien ist eine verleiblichte, insofern nämlich »das ursprüngliche Kernerlebnis ... der Unmittelbarkeit zu Gott sich gleichsam unter einer eindeutigen Einwirkung Gottes in den Satz, das Urteil, den Befehl usw. kategorialer Art hineinkonkretisiert und darum diese Verleiblichung des religiösen Kernerlebnisses selbst den Charakter einer unmittelbaren Mitteilung Gottes hat.«[357] Hinzu kommt, daß der Mensch von Gott nicht »in der reinen Transzendenz des Geistes auf das Absolute erreicht werden (kann), sondern konkreterweise dort, wo wir selbst sind, in unserem Fleisch und Blut«[358], also durch das Medium der menschlichen Natur und die Vermittlung der Sinne. Denn die Eigenständigkeit des Geschöpfes wird im Gnadengeschehen nicht aufgesogen, sondern gewahrt[359]. Aus diesem Grund gibt es keine uninkarnatorischen Gnadenerfahrungen, sondern immer nur »menschgewordene«: »In dem, was auch der charismatisch bewegteste Mensch und Christ beim Wehen des Geistes erfährt und ergreift, findet er *auch* immer wieder sich selbst.«[360]

Zusammenfassung

Aufgrund seines universalen Heilswillens bietet Gott jedem Menschen im vorweg zu seiner personalen Heilsentscheidung und unabhängig von der Zugehörigkeit zur Kirche im übernatürlichen Existential die rechtfertigende Gnade an. Rahner versteht dabei das Rechtfertigungsgeschehen nicht primär von der Sündenvergebung, sondern vom Gedanken der Selbstmitteilung Gottes her, insofern der Mensch auf die Gnade nicht nur als Sünder verwiesen ist, sondern kraft seines Menschseins, dessen Transzendentalität allein in der Selbstgabe Gottes Erfül-

[355] Ebd. 119.

[356] XII, 71, 74.

[357] Das Dynamische in der Kirche, 138, Anm. 56.

[358] Betrachtungen zum ignatianischen Exerzitienbuch, 83.

[359] Aus diesem Grund richtet Rahner an die Formen der (östlichen) Mystik, die an einer reinen Transzendenzerfahrung festhalten, die Frage: »*Wenn* und *insofern* eine wie immer sich theoretisch verstehende östliche Mystik einen solchen Begriff einer Vermittlung zur Unmittelbarkeit verwerfen wollte, so wäre sie darauf aufmerksam zu machen, daß sie dann konsequent auch den endlichen Adressaten einer solchen Unmittelbarkeit zu Gott selbst im Ereignis einer solchen mystischen Theologie untergehen lassen müßte, die bleibende Bedeutung der Geschichte in ihrer Konkretheit und den Begriff einer guten Endlichkeit verwerfen müßte«: XIII, 215.

[360] Herausforderung des Christen, Freiburg 1975, 78.

lung findet. Wenngleich für jeden Menschen die Möglichkeit der Rechtfertigung gegeben ist, ist sie doch ein zutiefst ekklesiales Geschehen, das auf die Vermittlung durch die konkrete sichtbare Kirche mit ihren konkreten Strukturen und Institutionen verwiesen bleibt. Rahner unterscheidet dabei einen doppelten Kirchenbegriff: Kirche im weitesten Sinne als die von Gott begnadete Menschheitsgemeinschaft, in die der Mensch aufgrund des göttlichen Heilswillens immer schon aufgenommen ist, und Kirche als eine sichtbare, rechtlich strukturierte und institutionalisierte Größe, zu deren Zugehörigkeit sich der Mensch explizit entscheiden muß. Die konkrete Gestalt der Kirche ist von der inkarnatorischen Struktur der Gnade gefordert, die ihrem Wesen nach auf Verleiblichung und Sichtbarwerdung angelegt ist. Rahner begründet diese inkarnatorische Struktur zum einen allgemein philosophisch von einer Ontologie des Symbols her: Alles Seiende drückt sich notwendig im anderen seiner selbst aus, um sich selbst zu vollziehen, so wie die Seele im Leib. Ausgehend von diesem Gedanken entfaltet Rahner den Begriff des Realsymbols, das die bezeichnete Wirklichkeit nicht nur als eine vom Zeichen getrennte anzeigt, sondern an ihr teilhat und sie auf diese Weise gegenwärtig setzt. In diesem Sinne ist Christus das Symbol Gottes, in dem Gott selbst anwesend ist; die Kirche aber ist die Fortsetzung seiner realsymbolischen Funktion in der Geschichte. Zum anderen begründet Rahner die Verleiblichung der Gnade vom Prinzip der gegenseitigen Vermittlung von Kategorialität und Transzendentalität her: Der transzendente Gott teilt sich dem Menschen im Kategorialen von Welt und Geschichte mit.

Der zweifache Begründungsansatz mündet in die Einsicht von der sakramentalen und damit kirchlichen Struktur der Gnade. Die Kirche ist die bleibende Kategorialisierung der göttlichen Transzendenz in der Geschichte, ist Realsymbol und Sakrament, das die Gnade im Sinne eines signum efficax gegenwärtig setzt. Zwar kann alles Geschöpfliche zum Verweis auf die göttliche Wirklichkeit werden und damit sakramentalen Charakter annehmen, weil sich Gott in seiner Selbstmitteilung zum innersten Sein der Welt macht. Doch während die Gnade in der Welt ambivalent und durch die Sünde verstellt bleibt, erlangt sie in der Kirche qualifizierte Leibhaftigkeit.

In der Kirche ist die Gnade nicht nur leibhaftig gegenwärtig, hier erlangt sie irreversible Bleibendheit, die vom eschatologisch-endgültigen Charakter der göttlichen Selbstmitteilung her gefordert ist: Will Gott sich nach dem Christusereignis nicht immer wieder von neuem mitteilen, darf die Kirche aus der Gnade nicht herausfallen. Aus diesem

Grund ist in Amt und Sakrament die unverstellte Gegenwart der Gnade garantiert.
Als Zeichen ist die Kirche zugleich Vermittlung der Gnade, durch die der Glaubende Zugang zum Heil erhält. In diesem Sinne kommt ihr eine besondere - realsymbolische bzw. sakramentale - Ursächlichkeit zu. Die Kirchlichkeit bzw. kirchliche Vermitteltheit aller Gnade impliziert die participatio ecclesiae, die Teilhabe am Glauben der Kirche, die nicht eine dem Glaubenden von außen auferlegte Forderung darstellt, sondern die aus der inkarnatorischen - und d.h. gemeinschaftlichen - Dimension der Gnade erwächst. Die mit der Rechtfertigung geschenkte christliche Freiheit steht zu solcher participatio ecclesiae nicht im Widerspruch. Dort wo die Kirche die Freiheit allerdings in sündhafter Weise manipuliert, ist der Glaubende zur Kritik an ihr aufgerufen, ohne sich jedoch grundsätzlich von ihr zu trennen zu dürfen. Über der Bedeutung der Kirche als Sakrament des Heils darf nicht vergessen werden, daß sie die Gnade nur vermitteln kann, weil sie selbst Heilsfrucht, d.h. hörende, glaubende und die Gnade empfangende Kirche ist.
Rahner unterscheidet verschiedene Formen der kirchlichen Heilsvermittlung. Neben den Sakramenten ist das Wort wirkliches Gnadenmittel, das seine höchste Intensität jedoch im Sakrament erlangt. Von entscheidender Bedeutung ist, daß sich Vermittlung der Gnade nicht in ihrer amtlich-institutionellen Gestalt erschöpft, sondern überall dort, wo Heil geschieht - im persönlichen Zeugnis, Bekenntnis oder konkretem Tun - hat dies heilsmittlerische Bedeutung für die anderen. In diesem Sinne hat die Kirche als ganze sakramentale, heilsvermittelnde Funktion. Ein jeder Glaubende ist zu solchem heilvollem Tun aufgefordert, weil mit dem Empfang der Gnade immer der Auftrag zur fruchtbaren Weitergabe an die anderen - und von daher mit der Rechtfertigung immer die Heiligung - verbunden ist. In der Mitmenschlichkeit, besonders in der Begegnung mit dem Nächsten, erweist sich so die interpersonal-soziale Strukturiertheit aller Gnade. Von daher kann Rahner auch sagen, daß im Reich der Gnade jeder Gerechtfertigte vom anderen abhängt.
Die Möglichkeit zu solcher kommunialer Heilsvermittlung gründet in der mitmenschlichen Interkommunikation, die als solche über sich hinausweist auf den Dialog des Menschen mit Gott. Auf diesem Hintergrund ist auch die Heilsmittlerschaft Jesu Christi zu verstehen als der höchste und gelungenste Fall der Interkommunikation. Dieser schließt jedoch nicht im Sinne eines Exklusivitätsanspruches alle menschlichen Vermittlungen aus, sondern setzt diese erst in Gang und nimmt sie in Anspruch; dabei bleibt er um des Fortganges der Vermittlung willen

immer auf sie angewiesen. Die subjektiven Formen der Heilsvermittlung machen die amtlich-sakramentale keineswegs überflüssig. Das Sakrament stellt vielmehr den Höchstfall der Gnadenvermittlung dar, weil in ihm als opus operatum die Gnade qualifizierte, nicht durch die Sünde des Spenders verstellte Leibhaftigkeit erlangt.

Die kirchliche Heilsvermittlung ist nicht Selbstzweck, sondern Vermittlung in die Unmittelbarkeit zu Gott, wie sie dem Menschen im Rechtfertigungsgeschehen geschenkt wird. An der bleibenden Bedeutung der Menschheit Jesu wird die Grundstruktur des Gnadengeschehens bzw. der Gottesbegegnung deutlich: Sie vollzieht sich nicht im Überspringen der Welt, sondern vermittelt durch das Geschöpflich-Kategoriale, in besonderer Weise durch die Menschheit Jesu, nach seinem Tode schließlich durch die Kirche. Von daher stellt die menschliche Wirklichkeit keine Konkurrenz zur göttlichen dar, sondern Gott nimmt sie in seinen Dienst, um sich und seine Gnade dem Menschen mitzuteilen.

Die inkarnatorische Struktur der Kirche findet ihre Ergänzung im charismatischen Element, im Wirken des Geistes, das gleichermaßen die Dynamik der Verleiblichung in sich trägt. Denn in der Kirche hat sich der Geist unwiderruflich sichtbar gemacht und verleiblicht, sowohl im Amt als auch in den freien Charismen, die die siegreiche Annahme der Gnade bezeugen. Von daher stehen für Rahner das charismatische und das inkarnatorische Prinzip keineswegs im Gegensatz zueinander. Weil sich der Geist in der Kirche an Amt und Sakramente gebunden hat, ist er vom Institutionellen nicht zu trennen, aber umgekehrt auch nicht einfachhin damit zu identifizieren. Das Charismatische, das gerade das Unvorhergesehene und nicht Planbare in der Kirche bewirkt, kann als kritisches Korrektiv der Institution fungieren, so daß ihm eine dem Rechtfertigungsartikel vergleichbare Funktion zukommt.

Diskussion

Sakramentalität der Kirche und sakramentales Wirklichkeitsverständnis

Rahners Entwurf bietet eine in sich geschlossene Darstellung der Kirche als Sakrament. Sein besonderes Verdienst ist es, daß er die Sakramentalität der Kirche nicht einfachhin als ein mögliches ekklesiologisches Modell vorstellt, sondern sie zum einen von einer Symbolontologie, zum anderen von der wechselseitigen Vermittlung von Transzen-

dentalität und Kategorialität in der Heilsgeschichte begründet und im Rahmen eines sakramentalen Wirklichkeitsverständnisses entfaltet, das die Kirche und insbesondere die sieben Sakramente als Orte der Verdichtung des Sakramentalen begreift[361]. Wenn Maron Rahners ekklesiologischen Entwurf zurückweist, so zieht er diesen Kontext so gut wie gar nicht in Betracht.
Besondere Würdigung verdienen Rahners Ausführungen über die Kirche als Einheit von Heilszeichen und -ursache, verbunden mit dem Hinweis, daß es sich bei solcher Zeichen- oder Symbolursächlichkeit nicht um ein Kausalverhältnis im Sinne der causalitas efficiens handelt. Auf diese Weise wird die Zusammengehörigkeit von »Zeichen« und »Werkzeug« aufgezeigt und zugleich die Art und Weise der Heilsvermittlung präzisiert: Die Kirche kann als Medium die Gnade nicht im effizienten Sinne erwirken, doch sie kann und soll sie symbolisieren und auf diese Weise zur Gegenwart bringen.

---

361 In dieselbe Richtung geht auch der Entwurf von E.Schillebeeckx: Sacramentum salutis, der deutliche Parallelen zu Rahner aufweist. So trifft sich Schillebeeckx mit Rahner in der Einsicht, »daß die Gnade Christi uns nicht nur innerlich nahekommt. Seine Gnade tritt auch sichtbar auf uns zu: Das ist die bleibende Folge der Menschwerdung des Sohnes Gottes, ein Mysterium, dessen Schleier das Martyrologikum von Weihnachten lichtet: voluit consecrare mundum. Durch die Menschwerdung des Sohnes wird die Welt in das persönliche Verhältnis Gottes zum Menschen und des Menschen zu Gott aufgenommen. In Einheit mit der inneren Gnade wird die ganze Schöpfungswelt so zu einer 'äußeren' Gnade, zu einem Gnadenangebot in sakramentaler Gestalt« (220). Wie Rahner betont Schillebeeckx die Bedeutung des Mitmenschen und der Gemeinschaft als sakramentales Zeichen und Angebot der Gnade Gottes. »Durch die volle sakramentale Gestalt der Mitmenschlichkeit Christi wird diese allgemeine Sakramentalität der Mitmenschlichkeit nicht zunichte gemacht oder sozusagen nur auf 'die formalen Strukturen' der sichtbaren Kirche übertragen. Im Gegenteil: Gerade durch die geschichtliche Erscheinung des Menschen Jesu Christi, des Sohnes Gottes, kann im jetzt schon erschienenen Christus und um seinetwillen die sakramentale Gnadenkraft der Mitmenschlichkeit erst in ihrer vollen Bedeutung verwirklicht werden. Die allgemeine Sakramentalität der Mitmenschlichkeit wird in der Gemeinschaft, die wir die Kirche nennen, nur *konkretisiert*« (ebd. 308). Wo immer die Gnade wirksam ist, vollzieht sich darum innerhalb der Menschheit »ein Verkirchlichungsprozeß« (300, 309). Geriete diese Verleiblichungsgestalt der Gnade in Vergessenheit, so ginge für Schillebeeckx die entscheidende Dimension der Inkarnation verloren. »In menschenfreundlicher Rücksicht auf die personale Eigenart der Menschen, die auf Grund ihrer Leiblichkeit in einer Welt von Menschen und Dingen leben und darin und daran zu geistiger Vollreife kommen, bietet Gott uns das Reich der Himmel immer auch in irdischem Kleide an. So war es im Alten Bund, so beim 'ephapax' (Hebr 9,12) der einmaligen Menschen-Erscheinung des erlösenden Gottes, und so verlangt es die göttliche Pädagogik in der sakramentalen Kirche als irdischem, sichtbarem Heilsorgan des lebendigen, unsichtbaren Kyrios. Die göttliche Heilsveranstaltung ist wesentlich eine sakramentale Heilsökonomie; denn obschon der pneumatische Christus uns auch außerhalb der sakramentalen Sichtbarkeit der Kirche treffen und beeinflussen kann, so kann er sich - *auf Grund seiner verklärten Körperlichkeit* - *für und an uns nur gegenwärtigsetzen* (und so sein begnadigendes Auftreten in vollem Maße auswerten), indem er sich irdischer, unverklärter Elemente als sichtbarer Symbolmomente seines himmlischen, unsichtbaren Heilsaktes bedient« (342f).

Gefahren einer inkarnatorischen Ekklesiologie

Es ist unverkennbar, daß Rahners Ekklesiologie, insofern sie in der inkarnatorischen Struktur der Gnade wurzelt und bis ins letzte, bis ins Geistverständnis, dem Prinzip des Inkarnatorischen verhaftet bleibt, Ausdruck eines genuin katholischen Denkens ist. Ihre ökumenische Relevanz wird angesichts der protestantischen Skepsis gegenüber allen Formen des inkarnatorischen Denkens in Frage gestellt. Rahners Ekklesiologie wirft aber nicht nur von seiten der protestantischen, sondern auch von seiten der katholischen Theologie eine Reihe kritischer Anfragen auf. Denn wo der inkarnatorisch-sakramentale Ansatz mit einer solchen Ausschließlichkeit vertreten wird, birgt er Gefahren. Im Zuge des inkarnatorisch-sakramentalen Denkens wird die Kirche und ihre Heilsvermittlung ganz in ihrer Kontinuität zu und in ihrer Bezogenheit auf Jesus Christus in den Blick genommen. Darin liegt nun aber ein Hauptangriffspunkt der Ekklesiologie Rahners. Denn die *Funktionsgleichheit* kann leicht als *Wesensgleichheit* und damit die Kirche als »Prolongatur Christi« mißverstanden werden. Es soll Rahner nicht unterstellt werden, daß er eine solche Gleichsetzung tatsächlich anzielt. Daß er immer wieder die Differenz zwischen Christus und der Kirche betont, läßt sich nicht leugnen. Wenn darum im folgenden Rahners Position in einzelnen Punkten kritisiert wird, so geht es nicht um ein Entweder-Oder, sondern um bestimmte Akzente und Schwerpunkte seiner Theologie, die ein Einfallstor für Mißverständnisse sein können.

Nicht genügend Berücksichtigung bei Rahner findet die Tatsache, daß die Kirche nicht nur in Einheit mit Christus »Leib Christi« ist, sondern ebenso sein Gegenüber, wie es in der biblischen Ekklesiologie vor allem im Bild der Braut zum Ausdruck kommt, das Rahner so gut wie nie verwendet. Die Betonung der Einheit von Christus und Kirche dürfte auch der Grund dafür sein, warum in Rahners Schriften den Reflexionen über Heilsvermittlung, Amt und Sakramenten größerer Raum zukommt als denjenigen über die Kirche als Frucht der Rechtfertigung - ohne daß diese Ebene völlig ausgeblendet würde. Wo jedoch die Kirche als das Gegenüber, das Andere zu Christus in den Blick genommen wird, tritt stärker die Dimension des Hörens, Glaubens und Empfangens sowie die Angewiesenheit der Kirche auf die Rechtfertigung - und damit die Differenz zu Christus - ins Bewußtsein[362].

---

[362] Nochmals muß betont werden: Es ist nicht so, daß Rahner sich der Stellung der Kirche als Gegenüber Christi überhaupt nicht bewußt wäre (vgl. HPTh I, 133), doch er geht nur wenig darauf ein.

Auf dieser Linie müßte mit größerer Deutlichkeit gezeigt werden, daß die Kirche in Christus immer ein *kritisches* Gegenüber hat, das sie und ihre Vollzüge beständig in Frage stellt. Dieses kritische Potential je neu zur Geltung zu bringen, wäre die besondere Aufgabe der Pneumatologie innerhalb der Ekklesiologie. Rahners Entwurf kann diese pneumatologisch-charismatische Dimension ebenso wie der Aufruf zu Kritik an der Kirche, dort wo nötig, zwar nicht abgesprochen werden. Doch die Pneumatologie kann ihre kriteriologische Funktion nicht in der geforderten Weise entfalten, weil sie in den inkarnatorischen Ansatz integriert wird bzw. weitgehend in ihm aufgeht. Im Rahmen des inkarnatorischen Denkens kann auch die Möglichkeit der kirchlichen Vereinnahmung oder Verfügung über die Gnade nicht immer hinreichend geltend gemacht werden. Rahner weiß zwar um die Möglichkeit der sündhaften Manipulation der Freiheit des einzelnen durch die Institution, doch ändert dies nichts an der Tatsache, daß die Kirche die eindeutigste Verleiblichung und Vermittlung der Gnade ist und bleibt[363].

Die Aporie des inkarnatorischen Ansatzes bekundet sich dort am deutlichsten, wo von der Sündhaftigkeit der Kirche die Rede ist. Zweifelsohne nimmt Rahner diese Sündhaftigkeit ernst, doch es bleibt die Frage, wie sie mit der eindeutigen, qualifizierten Verleiblichung der Gnade in der Kirche zu vereinbaren ist. Ist kirchliche Verleiblichung der Gnade unter Umständen nicht genauso ambivalent wie die weltlichen Erscheinungsformen der Gnade? Ist nicht alles Symbolische von seinem Wesen her mehrdeutig? Bezeichnenderweise verfällt Rahner in widersprüchliche Formulierungen, wenn er die Sündigkeit der Kirche mit ihrer Bedeutung als Sakrament zu vereinbaren sucht. Er ist sich bewußt, daß die Sünde in der Kirche »Widerspruch zu ihrem Geist, Verzerrung und Krankheit an ihrem Erscheinungsbild«[364] ist. Sie »ist nicht offenbarender Ausdruck dessen, was die Kirche in ihrer eigenen, lebendigen Wurzel ist, sondern ist dessen verhüllender Widerspruch, ist gewissermaßen exogene Krankheit ihrer Leiblichkeit, nicht endogener Erbschaden der Kirche selbst.«[365] Aber auch die sündige Kirche ist »(im Gegensatz zu allen menschlichen, von ihrem ursprünglichen Ideal abfallenden Organisationen) die Braut Christi und das Gefäß des Heiligen Geistes, die alleinseligmachende Kirche«[366], und auch »das schuldig

---

363 Freilich würde eine schuldhafte Vereinnahmung oder Verstellung der Gnade durch die Kirche die Vorgegebenheit der Rechtfertigung im übernatürlichen Existential nicht antasten, denn immer ist es Gott selbst, der rechtfertigt, und nicht die Kirche.

364 VI, 314.

365 Ebd. 313.

366 V, 310.

Menschliche an der Wahrheitsverkündigung der Kirche ist kein Kriterium, das gegen die Rechtmäßigkeit und verpflichtende Hoheit ihrer Verkündigung sprechen würde.«[367] Freilich handelt es sich bei diesen Aussagen nicht einfachhin um Paradoxa, sondern hier bekundet sich das Geheimnis, daß die Gnade in der Kirche unter der Unansehnlichkeit der Knechtsgestalt verhüllt bleibt, so daß ihre wirksame Präsenz nur im Glauben erkannt werden kann[368]. Aber müßte nicht gerade deshalb neben der Verleiblichung der Gnade nicht auch von der Verleiblichung der Sünde in der Kirche die Rede sein, dort nämlich, wo sie es an Transparenz auf Gott hin fehlen läßt und den Menschen durch schuldhaftes Verhalten den Zugang zu Gott verstellt? Zwar gilt ohne jeden Zweifel für die Sakramente, daß sie unverstelltes Gnadengeschehen sind, doch kann dies eben nicht schlechterdings für jeden Akt der Kirche ausgesagt werden. Müßte darum, wenn die Kirche als Verleiblichung und Vermittlung der Gnade thematisiert wird, den Differenzen hinsichtlich der Intensität und Verbindlichkeit der kirchlichen Heilsvermittlung, die Rahner klar herausgearbeitet hat, nicht noch deutlicher Rechnung getragen werden, wenn diese nicht doch wieder ein Stück weit eingeebnet werden sollen? In diesem Zusammenhang kann nicht oft genug betont werden: Die Kirche ist als ganze nicht nur von der Sakramentalität Jesu Christi genau zu unterscheiden, sondern sie ist auch in anderer Weise Sakrament als die sieben Einzelsakramente, weil im Unterschied zu ihnen nicht alles, was durch die Kirche geschieht, reines Gnadenereignis ist[369].

---

[367] VII, 120.

[368] Ebd. 110. Rahner versteht die Sünde als Teilhabe der Kirche am Kreuz Christi. So wie der Gekreuzigte die Sünde der Menschheit sichtbar macht und siegreich austrägt, stellt die Kirche den Widerspruch und das Leiden an der Sünde dar: »Wenn die Kirche an der Sünde leidet, erleidet sie die Erlösung von ihrer Schuld; denn sie leidet ihre Schuld in Christus, dem Gekreuzigten«: VI, 313.

[369] Ebenso meint die Rede von der inkarnatorischen Struktur der Gnade nicht die ununterbrochene Fortsetzung des Ereignisses der Inkarnation. Th.Sartory: Die Gefahr der Kategorie des »Inkarnatorischen« für die Ekklesiologie, 64-79, warnt vor möglichen Mißverständnissen: »'Sakrament' ist also in keiner Weise gleich 'Inkarnation', wie ja auch wohl niemand auf den Gedanken käme zu sagen, Christus werde in der Eucharistie Brot, so wie er in der Inkarnation Mensch geworden ist. ... Wenn in der Eucharistie die Realpräsenz lokal-dinglich verstanden wird, hat das in der Ekklesiologie zur Folge, daß die tatsächliche Einleibung Christi in der Kirche ebenso lokal-dinglich mißverstanden wird und es zu unangemessenen Identifizierungen zwischen Christus und der Kirche ... kommt. Christus ist auch in der Kirche auf eine ganz eigene Weise, die vom Modus der Realpräsenz in der Inkarnation und im Sakrament zu scheiden ist« (71f).

Noch in einem weiteren Punkt bereitet Rahners Theologie protestantischem Denken Schwierigkeiten, nämlich hinsichtlich seinem Verständnis des Eschatologischen, das mit dem inkarnatorischen Denken eng verbunden ist. Als eschatologische Wirklichkeit steht die der Kirche in der Spannung von »jetzt schon« und »noch nicht«, zwischen der in Christus schon erlangten und der noch ausstehenden Rettung. Die Relationsbestimmung dieser beiden Pole ist jeder Ekklesiologie zur Aufgabe gestellt; durch die jeweilige Interpretation erhält sie ihr Gepräge[370]. Rahner leugnet den futurischen Aspekt der Vollendung und die Ausständigkeit des endgültigen Heiles keineswegs und betont, daß die Kirche immer von der Proklamation ihrer Vorläufigkeit und Aufhebung im Reich Gottes lebt. In seiner Eschatologie dominiert jedoch eindeutig die präsentische Dimension[371]: Die Kirche ist als Sakrament die geschichtliche Gegenwart der Gnade, die Präsenz des Eschatons; in ihr ist die Rechtfertigung unaufhebbar präsent - im Ziel bewegt sie sich auf das Ziel zu. Denn im Unterschied zum einzelnen Gläubigen ist sie definitiv zur Rechtfertigung bestimmt und kann der Gnade nicht mehr verlustig gehen.

An einem solchen Verständnis von der Präsenz der Gnade in der Kirche, das als durchaus repräsentativ für das katholische gelten kann[372], entzündet sich die protestantische Kritik. So hält M.Köhnlein Rahner vor, er löse die Dialektik des Eschatologischen auf in eine lineare Pfeilstrebigkeit. Dies sei nicht zuletzt daran deutlich zu erkennen, daß er eschatologische Sachverhalte vorwiegend im Perfektum beschreibe,

---

370 H.Döring: Kirchen - unterwegs zur Einheit, Paderborn 1969, 46-65, hat, vor allem anhand der Texte der Weltkirchenkonferenzen, die Grundzüge der katholischen und der protestantischen Ekklesiologie herausgestellt. Dabei kommt er zu dem Schluß: »Die eschatologische Sicht ist die eigentliche Perspektive von Offenbarung, Inkarnation, Kirche, Gnade, Sakramenten und Tugenden. Deshalb ist die unterschiedliche Interpretation des Eschatologischen der 'Ausgangspunkt der abweichenden Logik der christlichen Gemeinschaften'; denn jede wesentlich anders geartete Deutung des Eschatologischen hat eine andere Grundvorstellung der Kirche und der kirchlichen Einheit zur Folge« (46).

371 Vgl. W.Thüsings Beurteilung von Rahners Christologie, in: K.Rahner/W.Thüsing: Christologie - systematisch und exegetisch, Freiburg 1972, 257f.: »Der transzendentale Ansatz Karl Rahners, der infolge der Reflexion auf das Chalkedonense zu sehr präsentisch erscheinen könnte, ist in Wirklichkeit jedoch offen für futurische Christologie. ... Jedoch müßte der futurische Teil des Spannungsfeldes vom NT her stärker ausgefüllt und in seiner wirklichen Bedeutung für die Christologie gesehen werden.«

372 Vgl. dazu die Untersuchung von H.Döring: Das Ringen um die Einheit der Kirche, 46-65: Auch er stellt fest, daß, in der protestantischen Theologie die futurische Dimension des Heils eindeutig im Vordergrund steht, während in der katholischen Interpretation die präsentische dominiert.

statt sich des Futurs zu bedienen. »Dabei sind 'endgültig' und 'eingestiftet' die häufigsten Interpretamente von 'eschatologisch'. Das Perfektum offenbart nach Rahner die Wesenstiefe des Eschatologischen. Das Futurum hingegen zählt nicht eigentlich zum Kern eines eschatologischen Sachverhaltes, sondern kommt als abschließendes Zielmoment noch dazu. Dementsprechend sind die polaren Begriffe zum perfektischen 'endgültig-eingestiftet' etc. keine direkten Futura, sondern mehr präsentische Ausdrücke 'gefährdet - verhüllt - zweideutig - desavouierbar - dialektisch - unvollendet - nicht voll realisiert'.«[373] Köhnlein macht dieses Verständnis des Eschatologischen auch verantwortlich für die Bedeutung des Leiblich-Greifbaren bei Rahner: »Ein 'endgültiger' Sieg muß zugleich 'greifbar' sein«[374], muß in einem konkreten Zeichen, der Kirche, antreffbar sein. Köhnleins Kritik können wir deswegen nicht ganz zustimmen, da sie übersieht, daß Rahner um die Ausständigkeit des Heils sehr wohl weiß, so daß ihm eine *Auflösung* der eschatologischen Spannung zwischen dem »jetzt schon« und dem »noch nicht« des Heils nicht zum Vorwurf gemacht werden kann - jedoch wohl eine gewisse *einseitige* Akzentuierung.

Es ist in der Tat nicht zu übersehen, daß das sakramentale Kirchenverständnis das Präsentische der Gnade deswegen herausstellt, weil es ihm um die Greifbarkeit des Heils hier und jetzt geht[375]. Von daher verfällt es leichter als das protestantische Kirchenverständnis der Gefahr, das Gegenwartsmoment über das der Zukünftigkeit dominieren zu lassen, die Gnade, so wie sie in menschlich-kategorialer Gestalt in der Kirche begegnet, schon als das Endgültige zu fassen und darüber zum einen die Sündhaftigkeit der Kirche, zum anderen die je größere Ausständigkeit des Heils im Reich Gottes zu übersehen. Nach Th.Sartory - und ihm stimmen wir zu - müßte dieser Gefahr durch die Verwendung pneumatologischer Kategorien abgeholfen werden: »Der Mangel der Kategorie des Inkarnatorischen liegt darin, daß sie das Eschatologische nicht genügend zur Geltung bringt. *Allein* das Eschatologische würde anderer-

---

[373] M.Köhnlein: Was bringt das Sakrament?, 112. - Auch G.Maron, 183 und A.Peters: Luthers Rechtfertigungslehre in der Interpretation der modernen katholischen Theologie, in: NZSTh 12 (1970) 267-293, machen Rahners Heils- bzw. Rechtfertigungsverständnis ein eschatologisches Defizit zum Vorwurf. Ebenso H.Rückert: Die Rechtfertigungslehre als kontroverstheologisches Problem, in: ders.: Vorträge und Aufsätze zur historischen Theologie, Tübingen 1972, 295-309.

[374] M.Köhnlein: Was bringt das Sakrament?, 112.

[375] Vgl. H.Döring: Das Ringen um die Einheit der Kirche, 52: »Die Interpretation des Eschatologischen nach katholischem Verständnis hat also die sakramentale Konzeption der Kirche zur Folge. Darum gilt: Das Verhältnis von hereingebrochener Gottesherrschaft und Heilsgemeinde, von Eschaton und Kirche, die Verbindung von übernatürlicher Wirklichkeit und sichtbarer Gestalt werden von der katholischen Theologie in sakramentalen Kategorien wiedergegeben.«

seits ebenfalls ungenügend sein. Man hilft sich katholischerseits nun so, daß man zum Inkarnatorischen präzisierend das Eschatologische anfügt, wie man ebenfalls den Gedanken der Analogie anführt, um nicht zu ungebrochen die Identität von Christus und Kirche zu verstehen. Ich bin insofern skeptisch gegen diese Methode, weil diese korrigierenden Kategorien *hinzugefügt* werden. Sie müßten bereits im Denkansatz selbst enthalten sein. Dies scheint mir aber bei der Kategorie des Pneumatischen der Fall zu sein. Der Charakter des Pneumas ist nämlich durch und durch inkarnatorisch und eschatologisch zugleich.«[376]

---

376 Th.Sartory: Die Gefahr der Kategorie des Inkarnatorischen, 73. M.Kehl: Kirche als Institution, 200, sieht hingegen den Grund für das Vorherrschen der präsentischen Dimension der Gnade in der Fragestellung Rahners begründet: Wo nach dem eschatologischen Heilsbringer *in der Geschichte* gefragt wird, steht konsequentermaßen die Gegenwart der Gnade hier und jetzt im Vordergrund.

Zweites Kapitel

Hans Urs von Balthasar

Zu Balthasars Theologie

Einen eigenwilligen Ansatz innerhalb der katholischen Theologie und Ekklesiologie, der dennoch richtungsweisend wurde, bietet Hans Urs von Balthasar[1]. Die Trilogie, das Kernstück seines Schaffens, um das herum sich die anderen Schriften gruppieren, will das Offenbarungs- und Heilsgeschehen unter den Aspekten von »Herrlichkeit«, »Theodramatik« und »Theologik«, entsprechend dem Transzendentaliengefüge von pulchrum, bonum und verum, in seiner Bedeutung erschließen. Den Ausgangspunkt bildet eine am »pulchrum« orientierte theologische Ästhetik, die dem Menschen die Offenbarung Gottes als Herrlichkeit vor Augen führen will. »Gott kommt nicht primär als Lehrer zu uns ('wahr'), als zweckvoller 'Erlöser' für uns ('gut'), sondern um SICH, das Herrliche seiner ewigen dreieinigen Liebe zu zeigen und zu verstrahlen in jener 'Interesselosigkeit', die die wahre Liebe mit wahrer Schönheit gemein hat.«[2] Von Balthasars Ziel ist es, dem »blind gewordenen Menschen« einen Zugang zum Phänomen Christi über eine theologische Ästhetik zu erschließen, die in der traditionellen Dogmatik zumeist unberücksichtigt bleibt. Dadurch aber wird eine wesentliche Dimension der Offenbarung ausgeklammert. Im Zentrum der Ästhetik steht der zu »Herrlichkeit« korrespondierende Begriff der Gestalt, der von Balthasars Offenbarungsverständnis bestimmt.

Um das Gute, Heilvolle der Offenbarung geht es in der »Theodramatik«, die »das 'bonum' als das geschichtlich dramatische Zueinander der göttlich-dreieinigen und der sündig-erlösten menschlichen Frei-

---

1 Eine gute Gesamtdarstellung seiner Theologie bietet M. Lochbrunner: Analogia Caritatis, Freiburg 1981. Weitere wichtige Arbeiten: M.Albus: Die Wahrheit ist Liebe, Freiburg 1976; H.Heinz: Der Gott des Je-mehr, Bern-Frankfurt 1975; W.Tinnefeldt: Ekstasis der Liebe und Einfaltung des Glaubens, Mainz 1975; K.K.J.Tossou: Streben nach Vollendung, Freiburg 1983 (er stellt Balthasars Theologie unter pneumatologischem Gesichtspunkt dar). Eine Zusammenfassung von Balthasars Grundgedanken bietet J.O'Donell: Hans Urs von Balthasar - Gestalt seiner Theologie, in: IkaZ 18 (1989) 318-332.

2 Rechenschaft, Einsiedeln 1965, 27f.

heit«[3] und damit die Versöhnung Gottes mit der Welt in Jesus Christus als freie Initiative seiner Liebe zum Thema hat. Hatte die Ästhetik zwar in der Herrlichkeit des Handelns Gottes das »Gute« seiner Liebe mitgezeigt, so kann es doch durch einen rein vom Schauen bestimmten ästhetischen Zugang nicht erfaßt werden. Denn: »Es ereignet sich nicht anderswo als auf der Weltbühne - und diese ist für den Lebenden seine jeweilige Gegenwart -, es entscheidet sich im Drama der immer ablaufenden Weltgeschichte.«[4] Die Dramatik erwächst aus dem Zusammentreffen des göttlichen Erlösungshandelns mit der menschlichen Freiheit, die sich dem Willen Gottes in Sünde verschließen kann. Im Kontext der Erlösungslehre hat Balthasars Rechtfertigungsverständnis seinen Ort. Dabei steht weniger der Gedanke der Rechtfertigung, sondern der der »Liebe Gottes« im Mittelpunkt. Hat die »Dramatik« das göttliche Handeln mit dem Menschen zum Gegenstand, so die »Theologik« »die göttliche (genauer: gottmenschliche und darin immer schon theologische!) *Aussageweise* dieses Handelns«[5]. Sie reflektiert, »wie die unendliche Wahrheit Gottes und seines Logos imstande sein kann, sich in dem engen Gefäß menschlicher Logik«[6] adäquat auszudrücken.

Das Werk von Balthasars bietet, wiewohl es eine stringente Gliederung aufweist, keine theologische Systematik im eigentlichen Sinn. Möglicherweise hat dies seinen Grund in seinen Vorbehalten gegenüber jeglichem Systemdenken, das er als »Bewältigungsdenken« ablehnt, weil es für das Staunen keinen Raum mehr läßt und leicht in die Hybris verfällt, das unfaßliche Geheimnis Gottes in eine feste Begrifflichkeit und ein System zu zwingen[7]. Wenngleich die Kirche zu den zentralen Themen in seinen Schriften zählt[8], hat er keinen eigenen Ekklesiologie-Traktat verfaßt. Im Geleitwort zu »Sponsa Verbi«[9] äußert er sich über

---

[3] Theologik I, Einsiedeln 1985, XX.

[4] Theodramatik I, Einsiedeln 1973, 19.

[5] Herrlichkeit I, Einsiedeln ^{2}1967, 11.

[6] Ebd.

[7] Vgl. Cordula oder der Ernstfall, 54.

[8] Außerhalb der Trilogie sind die wichtigsten ekklesiologischen Beiträge Balthasars enthalten in: Sponsa Verbi, Einsiedeln ^{2}1971; Verbum Caro, Einsiedeln ^{2}1965; Pneuma und Institution, Einsiedeln 1974; des weiteren: Wer ist die Kirche? Freiburg 1965; Schleifung der Bastionen, Einsiedeln ^{4}1961; Warum bleibe ich in der Kirche, in: W.Dirks/E.Stammler (Hg.): Warum bleibe ich in der Kirche? Zeitgenössische Antworten, München 1971, 17-25; Der antirömische Affekt, Freiburg 1974. - Balthasars Kirchenverständnis wurde untersucht von: J.Fessio: The origin of the church in Christ's kenosis, Regensburg 1974; M.Kehl: Kirche als Institution, 239-311; W.Link: Gestalt und Gestaltlosigkeit der Kirche, Rom 1970; E.Ortner: Geist der Liebe - Geist der Kirche, Linz 1981. Alle diese Arbeiten befassen sich nicht unmittelbar mit dem Thema der Heilsvermittlung.

[9] Dieser Band enthält ausschließlich Aufsätze zur Ekklesiologie.

seine ekklesiologischen Reflexionen über alle Maßen zurückhaltend: »nichts weniger als systematische Ekklesiologie, aber vielleicht ein paar Bausteine zu einer künftigen.«[10]
Balthasar betreibt Theologie und Ekklesiologie nicht mit einem ausgesprochen ökumenischen Anliegen, wenngleich diese Intention ursprünglich hinter der Abfassung der »Herrlichkeit« stand. Den Dialog mit der protestantischen Theologie suchte er vor allem im Gespräch mit Karl Barth[11], in dem diese seiner Ansicht nach ihre konsequenteste Gestalt gefunden hat. Er selbst versteht sich als katholischer Theologe, nicht im Sinne einer einseitigen Konfessionsbindung, sondern weil er von der ganzen Fülle und Universalität der Wahrheit her zu denken sucht, wohingegen er dem protestantischen Denken vorwirft, diese Fülle zu reduzieren und bestimmte Momente auszuklammern. Dies gilt auch für das protestantische Kirchenverständnis, das nach seiner Überzeugung die Kirche als notwendige Vermittlerin des Christusereignisses verleugnet, weil es in einseitiger Weise vom Ich und der existentiellen Dimension des Heils ausgeht[12].
Balthasars Theologie ist eine besondere Denkbewegung zu eigen, die dem Gegenstand nicht durch Analyse, sondern im Umkreisen gerecht zu werden sucht. Auch wir werden in unserer Darstellung bisweilen nach dem Muster eines Zirkels verfahren, so daß ein und dasselbe Thema unter verschiedenen Aspekten erscheint. Dies ist mit dadurch bedingt, daß Balthasar in der »Herrlichkeit« im Rahmen seiner ästhetischen Gestaltlehre einen anderen Zugang zur Kirche entfaltet als in der »Theodramatik« und »Theologik«, die beim konkreten Menschen und seiner Freiheit ansetzt. Beide Zugänge - die sich nicht in allem miteinander vermitteln lassen - sind in den Blick zu nehmen und in ihren Eigenheiten zu wahren. Eine weitere Eigentümlichkeit, die Balthasars Theologie prägt, ist seine Sprache, sein Hang zu Bildern und Metaphern[13]. Er vermeidet philosophische Begrifflichkeit und ontologische Kategorien und greift stattdessen auf die Bildersprache der Schrift und der Patristik zurück. Denn: »Keine Theologie wird je die dichterischen und Bilddimensionen der Schrift vollgültig in abstrakte Begriffe übersetzen.«[14] Dies hat einerseits einen gewissen Verlust an Präzision zur Folge, verglichen etwa mit der in ihrer Bedeutung genau festgelegten

---

10 SV II, Geleit.

11 Vgl. dazu: Karl Barth, Köln-Olten ²1962.

12 Ebd. 257f.

13 Ausführlich dazu M.Lochbrunner: Analogia caritatis, 53-78.

14 Herrlichkeit III/2,2, Einsiedeln 1969, 249.

Begrifflichkeit bei Rahner, ermöglicht jedoch ein hohes Maß an Anschaulichkeit und Aussagekraft.

I. Das Erlösungsgeschehen als Erweis der Herrlichkeit Christi

1. Die Offenbarungsgestalt Jesu Christi

Balthasar sucht ein ästhetisches Verständnis der Offenbarung anhand der Kategorie der Herrlichkeit Gottes zu erschließen[15]. Durch die gesamte Geschichte der Offenbarung erweist Gott seine Herrlichkeit, vom Kabod Jahwes im Alten Testament bis zur Doxa Theou im Neuen Bund[16]. Dabei wandelt sich ihr Charakter »vom abstrakt-sinnenhaften zum konkret-personalen kabod, der immer mehr als die Gesamtäußerung der im Bundesgeschehen offenbaren Eigenschaften des Bundesherrn verstanden wurde. ... War dieses Ich im dialektischen, sinnenhaften kabod noch abstrakt-herrlich (in Macht und Heiligkeit), so wird es durch die Grundbegriffe der Bundeswirklichkeit konkret herrlich: als Gnade, Recht, Treue, Erbarmen, und im Deuteronomium als unbegreiflich erwählende Liebe.«[17] Diese Bewegung kulminiert im Christusereignis. Erst hier, in der »Wucht« des Handelns Gottes in Jesus, erschließt sich die Herrlichkeit Gottes in ihrer ganzen Größe und Unfaßbarkeit; nur von da her vereinen sich ihre einzelnen Erscheinungen zur Mitte[18].

Der »Begriff«[19] der Herrlichkeit ist nicht abzulösen von dem der Gestalt, denn das Schöne und Herrliche, die Schlüsselbegriffe einer theologischen Ästhetik, stehen »im Kreuzungspunkt zweier Momente ..., die Thomas species und lumen, Gestalt und Glanz nennt«[20].

---

[15] Zu Balthasars ästhetischem Ansatz: M.Hartmann: Ästhetik als ein Grundbegriff fundamentaler Theologie, St.Ottilien, 1985; J.A.Kay: Theological Aesthetics, Bern-Frankfurt 1975; J.Schmid: Im Ausstrahl der Schönheit Gottes, Münsterschwarzach 1982.

[16] Balthasar entfaltet seine Gedanken über die Herrlichkeit Gottes in den verschiedenen Bänden der »Herrlichkeit«; vgl. vor allem Herrlichkeit III/2,1, Einsiedeln 1966, 31-80. Eine Zusammenfassung bietet der Aufsatz »Die christliche Gestalt«: PuI, 38-60.

[17] H III/2,1, 383.

[18] H III/2,2, 222.

[19] »Herrlichkeit« ist weniger als Begriff denn als Chiffre zu verstehen (H III/2,2, 224f). Das Wort hat weniger den Charakter der Definition, sondern den des Verweises auf die göttliche Liebe und Schönheit.

[20] H I, 10.

Bezeichnet letzteres Moment mehr den Aspekt der Schönheit, so das erste den der Verleiblichung und Sichtbarwerdung: Die Herrlichkeit Gottes ist keine abstrakte Eigenschaft, sondern nimmt in der Offenbarung konkrete Gestalt an. Für Balthasars Offenbarungsverständnis gilt wie für Rahner, »daß das Transzendente im 'Kategorialen' unmittelbar anwest und sich manifestiert«[21]. Gott anders als durch die Weltgestalt vermittelt wahrnehmen zu wollen, wäre falscher Spiritualismus[22]. Alle Offenbarung ist in diesem Sinne gestalthaft; Jesus Christus aber ist die Offenbarungsgestalt und die Gestalt des Christlichen schlechthin, ohne die es in eine allgemeine Religionsphilosophie eingeebnet würde[23].
Die Gestalt Christi trägt in sich die objektive Evidenz, die »Evidenz eines Summus«[24], in ihrer begrenzten Form endgültiges Heilshandeln Gottes zu sein, denn ihr ist eine unüberbietbare innere Stimmigkeit zu eigen in der Korrespondenz von endlicher Form und dem in ihr sich darstellenden Lichtglanz Gottes[25]. In ihr wird die Herrlichkeit Gottes nicht etwa reduziert und in das kleine Gefäß der Menschheit gepreßt[26], sondern ist reiner Ausdruck des Geschehens der trinitarischen Liebe, die sich an den Menschen preisgibt, ist die »gestalthafte Verwirklichung einer unendlichen und deshalb geheimnisvollen ... Liebesabsicht Gottes mit seiner Schöpfung«[27]. Das ganze Leben und Wirken Jesu ist Auslegung dieses Liebeshandelns Gottes an den Menschen: »Christi dramatische Gestalt ist in ihren Grundartikulationen - Menschwerdung, Reichsverkündigung und Kirchenbereitung, Leiden, Einigung mit den Toten, Auferstehung und Einigung mit dem Vater, Wiederkehr am Ausgang der Geschichte - die einfache Selbstdarstellung einer einzigen Haltung, die der effiziente Ausdruck der Liebe Gottes zur Welt ist.«[28] In dieser Einheit von Innen und Außen, die jeden aufklärerischen Dualismus von res cogitans und res extensa überwindet, liegt ihre unübertreffbare Bedeutung. Während alles Seiende teil hat an der Dualität von Erscheinung und Sich-Ausdrückendem[29], sind die beiden Momente in Christus eins. Gott bedient sich der Menschennatur nicht wie eines äu-

[21] Theodramatik III, Einsiedeln 1980, 404.

[22] Vgl. H I, 290.

[23] Dazu ausführlich H I, 413-505. Der Alte Bund, Abraham, die Patriarchen, das Volk Israel, die Propheten sind die Vorläuferschaft der Offenbarungsgestalt.

[24] Spiritus Creator, Einsiedeln 1967, 64.

[25] H III/2,2, 15, 193; VC 122f.

[26] H I, 315.

[27] PuI, 343.

[28] Theodramatik II/1, Einsiedeln 1975, 79.

[29] Theologik II, Einsiedeln 1985, 245.

ßerlichen Werkzeugs, sondern drückt sich in ihr »von innen her durch ihr seinshaftes Ausdrucksgefüge aus«[30]. »Die sichtbare Gestalt 'verweist' nicht nur auf ein unsichtbares Tiefengeheimnis, sie ist dessen Erscheinung, sie offenbart es, indem sie es freilich zugleich auch birgt und hüllt. Sie hat ... ein erscheinendes Außen und eine inwendige Tiefe, die aber beide an der Gestalt nicht trennbar sind. Der Gehalt liegt nicht hinter der Gestalt, sondern in ihr.«[31] Die Gestalt ist dabei sowohl Verbergung wie auch Selbstkundgabe des Innen, »höchste Offenbarkeit in tiefster Verhüllung«[32]. In diesem Sinne birgt sie ein Je-mehr in sich: in der Enthüllung ist sie mehr als die Enthüllung[33]. Jesus Christus wird als die Gestalt der Offenbarung nur dann wahrgenommen, wenn in ihm diese Einheit von Göttlichem und Menschlichem erkannt wird. »So wie eine Gestalt der Natur, zum Beispiel eine Blume, nur dann als das gesehen wird, als was sie sich gibt, wenn sie als Erscheinung einer bestimmten Lebenstiefe gesichtet und 'empfangen' wird, so wird die Gestalt Jesu nur dann als das gesehen, als was sie sich gibt, wenn sie als die Erscheinung einer göttlichen, alle Weltnatur übersteigenden Tiefe aufgefaßt und entgegengenommen wird, wozu der erblickende Mensch sachgemäß nur durch die Gnade Gottes, d.h. durch eine Anteilnahme an dieser gleichen Tiefe ermächtigt werden kann, die ihm der völlig neuen Dimension des Gestaltphänomens, das Gott und Welt in sich begreift, proportioniert.«[34]

Die Gestalt Christi ist als die Selbstdarstellung Gottes nicht bloßes Zeichen, das auf den von ihm getrennten Gott verweist, sondern Gottes höchster Selbstausdruck und tiefste Wahrheit[35]. Damit entspricht Balthasars Gestaltbegriff dem des Realsymbols bei Karl Rahner[36]; wie für ihn ist auch für Balthasar der Mensch in seiner Leib-Seele-Einheit Urphänomen der Gestalt[37], so daß sich die theologische Kategorie von der anthropologischen Erfahrung her erschließt. Auch spricht Balthasar selbst von Christus als dem Ursakrament[38] und dem »Symbol«[39], in dem der Vater als der Sich-Ausdrückende sich widererkennt.

---

30 H I, 441.

31 Ebd. 144; vgl. auch 111: »Das Licht fällt nicht von oben und außen auf diese Gestalt, sondern bricht aus ihrem Inneren hervor.«

32 Ebd. 439.

33 Ebd. 109.

34 Ebd. 146.

35 Ebd. 163; PuI, 342.

36 Rahner hat selbst seinen Symbolbegriff zu dem der Gestalt in Beziehung gesetzt; vgl. IV, 277; 286-291.

37 H I, 111.

38 Ebd. 554.

2. Herrlichkeit als Liebe

In Christus erweist sich Gottes Herrlichkeit nicht als beziehungslos in sich ruhende Schönheit im Sinne der Herrlichkeit des Seins, sondern als die dem Menschen zugewandte Gnadenherrlichkeit und damit als unendliche, alle Menschen einschließende Liebe. »Das Sachwort Schönheit 'kehrt sich' im Verlauf der theologischen Ästhetik 'um' in das Personalwort Liebe. Herrlichkeit, in der die Konnotation der Schönheit mitschwingt, ist letztlich *trinitarische Liebe.*«[40] Der trinitarische Gott ist die Liebesfülle in sich selbst, insofern er als trinitarischer Einheit im Füreinander und gegenseitige Hingabe ist[41].
Als Gott, »dessen Souveränität nicht im Festhalten des Eigenen, sondern in seiner Preisgabe sich kundtut, so daß diese Souveränität sich jenseits dessen ausbreitet, was sich innerweltlich als Macht und Ohnmacht gegenübersteht«[42], verströmt er sich in kenotischer Selbstentäußerung liebend nach außen, indem er sich selbst an die Menschheit weggibt[43]. Die Schöpfung ist eine erste Form der Kenose auf die Welt hin, denn sie fordert die Selbstbeschränkung des Schöpfers aufgrund der seinen Geschöpfen geschenkten Freiheit. Die kenotische Bewegung setzt sich fort im Bund, der von Gott her als unauflöslicher angelegt ist, gleich wie sich sein Volk verhielte. Sie erlangt ihren Höhepunkt im Christusereignis, wo Gott in die Knechtsgestalt des Fleisches eingeht[44]. Hier kulminiert sie im Kreuzesgeschehen »als die Übernahme ... des konkreten Menschenschicksals, das unter dem 'Fluch' der Sünde und des ersten und zweiten Todes steht«[45]. Denn es zeigt sich, daß der Mensch dem Abstieg der göttlichen Liebe in freiheitlicher Entscheidung mit der verweigerten Annahme begegnet - der Liebe steht die Sünde entgegen[46]. Die menschliche Sündhaftigkeit impliziert im Ver-

---

39 TL II, 246.

40 M.Lochbrunner: Analogia Caritatis, 164.

41 Die Dreifaltigkeit ist die Auslegung der göttlichen Liebe. Vgl. Klarstellungen, Einsiedeln [4]1978, 60: Wäre Gott nicht dreieine Liebe in sich, bedürfte er notwendigerweise der Welt, um lieben zu können. Damit ist die Trinitätslehre die Voraussetzung aller Soteriologie.

42 PuI, 32.

43 Die Kenosis hat ihre ontische Voraussetzung in der innertrinitarischen Entäußerung der göttlichen Personen, so daß die ewige Seinsart Gottes selbst kenotisch ist (PuI, 55).

44 H III/2,2, 118; TD III, 308.

45 H III/2,2, 196.

46 Vgl. TD II/1, 56: »Soll Theodrama sein, ist dessen erste Voraussetzung, daß 'neben' oder 'innerhalb' der absoluten göttlichen Freiheit andere, nichtgöttliche, geschaffene Freiheit existiert, die in einem wahren Sinn am Selbststand der göttlichen Freiheit teilnimmt, sowohl in der Entscheidung für Gott wie in der gegen ihn.« Als Grundgesetz

hältnis von Gott und Mensch jenes dramatische Moment, das den Schritt von der Ästhetik zur Theodramatik fordert. Von daher ist es nötig, die Grundzüge von Balthasars Erlösungs- bzw. Rechtfertigungsverständnis in den Blick zu nehmen[47].

3. Das Erlösungsgeschehen

Am Kreuz, wo »die perverse endliche Freiheit all ihre Schuld auf Gott als den einzigen Angeklagten und Sündenbock wirft«[48], kommt Freiheit gegen Freiheit zu stehen, erreicht das Drama zwischen Gott und Mensch seinen Höhepunkt. Im Gegensatz zu Rahner, bei dem Balthasar das Fehlen einer echten theologia crucis sowie des dramatischen Momentes überhaupt rügt[49], konzentriert sich seine Soteriologie auf das Kreuz, das nicht nur quasi-sakramentale Manifestation einer immer schon erfolgten Versöhnung Gottes mit der Welt ist, sondern der Ort, wo das Heil der Welt und die Rechtfertigung des Sünders auf dem Spiel steht[50]. Wiewohl auch Balthasar ausgeht vom allumfassenden Heilswillen Gottes, ist für seine Theologie nicht der Gedanke der universalen Begnadung im Vorweg zur persönlichen Heilsentscheidung bestimmend, sondern das Moment der Sünde[51]. Das Kreuz ist von daher nicht nur die Offenbarung der göttlichen Liebe, sondern zugleich seines Zornes. Eben weil er ein gnädiger Gott ist, muß er auch zürnen können

---

der Menschheitsgeschichte ist dabei festzuhalten, daß das Je-mehr der göttlichen Liebe ein Je-mehr des Hasses und der Sünde hervorbringt (TD III, 314).

47 Balthasars Soteriologie ist zusammenfassend dargestellt in: Mysterium Paschale: MySal III/2, 133-319; »Dramatische Soteriologie«: TD III, 295-398, v.a. 309-336. Wir können im Rahmen unserer Arbeit nur in ausgesprochen schematischer und verkürzter Weise einige Linien von Balthasars Erlösungsverständnis aufzeigen. Seine Soteriologie wurde im einzelnen untersucht von J.Naduvilekut: Christus der Heilsweg, München 1988; sowie von C.Kappes: Freiheit und Erlösung, Münster 1987 (aufschlußreich sind dabei die Bezüge auf Karl Rahner und die Untersuchung der Rahner-Interpretation von Balthasars).

48 TD III, 312.

49 Vgl. Cordula oder der Ernstfall, 90.

50 Zur Auslegung des Kreuzesgeschehens vgl. H III/2,2, 187-220. Balthasar kritisiert die Ablehnung von Anselms Satisfaktionstheorie, die sich darauf beruft, daß die Vorstellung eines durch eine geschichtliche Tat zu versöhnenden Gottes anthropomorph sei und der Vater seinen Sohn von vornherein aus erbarmender Liebe zur Welt sende. Für Balthasar wird so die Sendung des Sohnes verfälscht zu einer bloß symbolischen Darstellung dessen, was ohnehin immer schon gegeben ist. Vgl. Theodramatik II/2, Einsiedeln 1978, 220; sowie die Anselm-Interpretation in TD III, 235-241.

51 Vgl. TD II/2: Die Frage, ob Gott eine Mitteilung von Logos und Pneuma ohne Menschwerdung und ohne das Kreuz im Sinn hatte, erhält von der Offenbarung her keine Antwort, weil Gott immer schon mit der Sünde des Menschen rechnet. Hinter seinen Heilsratschluß, der immer schon um die Sünde weiß, ist kein Rückgang möglich.

- eine Aussage, die sich durch die ganze Heilige Schrift zieht und vom göttlichen Bundeswillen her keineswegs verharmlost wird[52]. Als Zorn gegen die Verweigerung der Liebe ist er »Gottes unendliche Güte, 'aber jetzt gegen das Böse gewendet'.«[53]

Jesus Christus, der ohne jede Sünde ist, erleidet das göttliche Zornes- und Strafgericht »an unserer Stelle«[54]. Er übernimmt die Sündigkeit und mit ihr die Todes- und Entfremdungserfahrung der ganzen Menschheit, die ihn bis ins letzte das von Gott Trennende der Sünde und die äußerste Gottverlassenheit erfahren läßt[55]. Am Kreuz trifft der göttliche Zorn »auf eine göttliche Liebe, die des Sohnes, die sich diesem Zorn aussetzt und ihn entwaffnet und buchstäblich gegenstandslos macht.«[56] Die Liebe des Sohnes tritt in Erscheinung als »Leersein des absoluten Liebesgehorsams für den absoluten Befehl«[57], als Gehorsam, der, indem er auf jede Selbstverfügung verzichtet und allein den Willen des Vaters zu erfüllen sucht, das sündige Nein der Menschheit durch sein Ja überholt. Jesus erfährt den Willen des Vaters am Kreuz als totale Überforderung, als ihm unbegreifliches Gesetz, das er nur durch einen blinden »Kadavergehorsam«[58] zu erfüllen vermag. Solche Liebe sprengt die Grenzen des Menschlichen; sie ist nur trinitarisch zu erfassen, als innertrinitarisch begründete Liebe der zweiten göttlichen Person[59]. Der Vollzug der Existenz Jesu »auf sein einzigartiges Ende in Gottverlassenheit und Hölle hin wäre spätestens im Todesschrei ohnmächtig als Anmaßung in sich zusammengebrochen, *wenn* der kenotische Gehorsam Jesu nicht göttliches Wort in göttlicher Antwort gewesen wäre. ... Ohne Präexistenz hätte Gott nicht wirklich *sich* gegeben und nicht *alles* in *sich* hineingenommen.«[60] In diesem Sinne tobt sich am Kreuz nicht einfach-

---

[52] TD III, 316. Von Balthasar beruft sich dabei vor allem auf Laktanz, De ira Dei, hg. v. H.Kraft/A.Wlosok, Darmstadt [4]1983, 4.

[53] Theodramatik IV, Einsiedeln 1983, 240.

[54] TD II/2, 221.

[55] Die Fähigkeit und der Wille dazu erwachsen Jesus aus seiner vom Vater gegebenen und allein im Hervorgang aus dem Vater gründenden Sendung (vgl. TD III, 311).

[56] TD III, 327. Eine Darstellung von Balthasars Christologie muß hier unterbleiben. Vgl. dazu die Arbeit von G.Marchesi: La Cristologia di Hans Urs von Balthasar, Rom 1977.

[57] H III/2,2, 196.

[58] Zum Begriff »Kadavergehorsam«, seiner Herkunft und Deutung s. H III/2,2, 213f; Theologie der drei Tage, Einsiedeln 1969, 124.

[59] Die Liebe des Sohnes ist von Ewigkeit her eine dem väterlichen Ursprung gegenüber antwortende, ohne innertrinitarisch »Gehorsam« genannt werden zu können. Erst mit der Menschwerdung in Jesus Christus nimmt sie den Modus des Gehorsams an, als »die kenotische Übersetzung seiner ewigen Sohnesliebe gegenüber dem 'je-größeren' Vater«: Theologie der drei Tage, 62.

[60] H.Heinz: Der Gott des Je-mehr, 251. - Vgl. PuI, 139: Die »tiefste kontemplative und dialogische Intimität, in der der Vater den Sohn begleitet, ist die wesentliche Voraus-

hin Gottes Zorn über die Sünde aus, sondern es erweist sich als ein Geschehen trinitarischer Liebe[61]. Hier erreicht die Kenose der göttlichen Liebe ihren Höhepunkt, indem Gott nicht nur ins »Andere« seiner selbst geht, sondern in sein Gegenteil, weil er die Sünde und Verlorenheit des Geschöpfes in sich hineinnimmt und als »die äußerste Gebärde Gottes selbst«[62] um der Menschheit willen seinen eigenen Sohn dahingibt[63]. In seinem maßlosen Liebesgehorsam kann Jesus diese Liebe Gottes zum Zuge kommen lassen: »Armut, Durchsichtigkeit, Gehorsam des Sohnes zum Vater hin ist identisch mit Auftrag, Vollmacht, Re-präsentierung des Vaters auf Erden.«[64] So wird im Kreuzesgeschehen die Liebe Gottes, die sich in die Sklavengestalt hinein erniedrigt, in unüberbietbarer Weise offenbar, erweist sich seine Herrlichkeit als Liebe. Dies ist der Grund dafür, daß am Kreuz nicht jede Gestalt zerbricht, daß es nicht die Ungestalt schlechthin ist, sondern zur »Übergestalt«[65] wird, die als solche dann im Zentrum der theologischen Ästhetik zu stehen hat.

Der Herabstieg der göttlichen Liebe am Kreuz überholt jeden Aufstiegsversuch von seiten des Menschen und mündet in den Höllenabstieg Jesu am Karsamstag[66]. Die Deutung des Karsamstagsgeschehens, die entscheidende Prägung durch die Karsamstagserfahrungen Adrienne von Speyrs erfahren hat, gehört ins Zentrum von Balthasars Erlösungs- und Rechtfertigungslehre. Jesus steigt hinab »in das von Gott Verdammte, worin Gott nicht gefunden werden kann«[67], als »jene(n) 'Rest', der im Schöpfungswerk des Vaters nicht aufgehen konnte, weil er dem Menschen Entscheidungsfreiheit für oder gegen Gott gelassen hatte«[68]. Im Höllenabstieg ist Christus »jedes geistigen

---

setzung für den Ölbergdialog, wo der Vater als Liebender sich verhüllt und sich zu einem rein fordernden Willen formalisiert, wie im Sohn sich die ganze Liebe in den reinen, geforderten und überfordernden Gehorsam konzentriert, in die alles entscheidende 'Kraftprobe' der göttlichen Liebe, in der der Sohn zum 'Gottesknecht' und deshalb in seiner Erhöhung zum Kyrios wird, in der auch nach Paulus die Rechtfertigung aller Sünder und die Erlösung des Kosmos sich ereignet und der am Kreuz Erhöhte nach Johannes alle an sich zieht.«

61 TD IV, 241.

62 Klarstellungen, 45.

63 Mysterium Paschale, 200.

64 PuI, 145.

65 SC, 56.

66 Zur Karsamstagstheologie vgl.: Abstieg zur Hölle: PuI, 387-400. Ausführlich wurde das Problem untersucht von W.Maas: Gott und die Hölle, Einsiedeln 1979, 244-256; H.Heinz: Der Gott des Je-mehr, 184-194; W.Löser: Im Geistes des Origenes, Frankfurt 1976, 237-246.

67 TD IV, 242.

68 H III/2,2, 216.

Lichtes vom Vater her beraubt, er muß in reinem Gehorsam den Vater dort suchen, wo er ihn auf keinen Fall finden kann.«[69] Indem sich hier die kenotische Struktur der Existenz Jesu zur völligen Unterwerfung unter den Willen des Vaters und zur Übernahme der absoluten Gottverlassenheit verdichtet[70], ereignet sich die radikale Solidarisierung mit dem Todeslos aller und die Übernahme der Schuld auch derer, die sie nicht mehr bereuen können[71]. So weit reicht Gottes Einsatz für die verlorene Welt, daß er seinen Sohn zu ihrer Erlösung preisgibt und in die Gottverlassenheit des Kreuzes und der Hölle führt[72]. Durch Christi Abstieg wird die Hölle in ihrer Zugangslosigkeit zu Gott verwandelt. Denn Gott in seiner unendlichen Liebe überholt die menschliche Verweigerung und jedes mögliche Nein, nimmt die Chaosmacht der Sünde und des Todes in sich hinein und eröffnet so der verwirkten hoffnungslosen Freiheit einen Weg[73]. »Es wäre, abstrakt betrachtet, dem absolut über sich selbst frei verfügenden Gott möglich gewesen, anders als auf diese Weise Erlösung zu bewirken. Aber daß er gerade diese und keine andere Weise ergriffen hat, gründet darin, daß es Gottes tiefster Eigenart entspricht, was dieser absteigende Weg der Liebe kundtut. Hier erscheint Gott bis ins äußerst Mögliche. Hier zeigt sich, daß Gottes Liebe weitergeht als nur etwa bis zur Schöpfung. Nein, Gott geht ein, entäußert sich in die Modalitäten von sündenbestimmter, todverfallener, gottentfremdeter Existenz.«[74]

In Kreuz und Höllenabstieg ereignet sich die Versöhnung zwischen Gott und Mensch, die Rechtfertigung des Sünders im admirabile commercium, im »Platztausch zwischen der Situation des Sünders mit Gott und derjenigen des einzigen Sohnes«[75]. Hier erlangt die göttliche Liebe und Herrlichkeit ihre höchste Evidenz: »Was Gottes Herrlichkeit in ihrer (guten) Wahrheit ist, das sollte in Jesus Christus, zuletzt in seinem absoluten Kreuzes- und Höllengehorsam offenbar werden.«[76] Die johanneische Kategorie der Herrlichkeit stellt für Balthasar keinen Ge-

---

69 Erster Blick auf Adrienne von Speyr, Einsiedeln ^{3}1975, 57f.

70 H III/2,2, 212.

71 Ebd.

72 PuI, 33. Am Karsamstag wird darum der Bund Gottes mit den Menschen endgültig besiegelt, »wo Gott das Wunderbare wirkt, daß von beiden Seiten her, vom Gott der Gnade und Treue und vom Menschen der Sünde und Treulosigkeit kein Rest mehr zu erledigen übrigbleibt, ... wo jedes Nein zur angebotenen Liebe Gottes eingesammelt ... und durchgetragen wird zum vollkommenen Ja zu Gott (und zum Willen des Gottes, der die Welt erlösen wird)«: SC, 305.

73 Vgl. ebd. 194; Klarstellungen, 43f.

74 M.Albus: Die Wahrheit ist Liebe, Freiburg 1976, 123.

75 TD II/2, 220.

76 H III/2,2, 225.

gensatz zur paulinischen Kategorie der Gerechtigkeit Gottes dar; keineswegs schließt die Gestaltlehre die Rechtfertigungslehre aus. Schon vom Alten Testament her sind die Herrlichkeit und die Gerechtigkeit Jahwes Parallelbegriffe[77]: indem Jahwe sich dem Menschen gegenüber als gerecht erweist, offenbart er seine Größe und Herrlichkeit. Der Zusammenhang, der in der Schöpfung und im Alten Bund noch verhüllt bleibt, wird durch das Leben und Sterben Christi eindeutig in Kraft gesetzt und bestätigt: In der Offenbarungsgestalt Jesu Christi offenbart sich die göttliche Herrlichkeit, indem der Menschheit Gerechtigkeit und Rechtfertigung zuteil wird.

Gottes Herrlichkeit vollendet sich in der Auferstehung als der einmaligen, analogielosen Tat der durchtragenden göttlichen Liebe. Weil der Sohn in unendlichem kenotischem Gehorsam bereit ist zur äußersten Erniedrigung, wird er vom Vater in unüberbietbarer Weise erhöht. Sein Abstieg in die Gottesentfremdung mündet in den Aufstieg, die Demütigung in die Verherrlichung, der Tod am Kreuz in die Auferstehung, wo ihn der Vater als seinen Sohn ausweist und ihm Recht gibt[78]. Hier wird offenbar, daß sein Tod nicht Scheitern ist, sondern der freiwillige Liebestod des Sohnes, wird bestätigt, daß sein Gehorsam nicht passive Unterwürfigkeit ist, sondern der Weg zum Vater[79]. Erscheint in Kreuz und Höllenabstieg die göttliche Herrlichkeit »sub contrario«, bricht im Osterereignis die Doxa Gottes glanzvoll und unverhüllt hervor[80]. Erst damit schließt sich die Offenbarungsgestalt Jesu Christi zur integralen Gestalt. Während die großen Gestalten der Geistesgeschichte, die Balthasar in einer phänomenologischen Überschau dem Christusereignis voranstellt, von der Tragik des Scheiterns ihres Lebensplanes behaftet sind, überwindet die Gestalt Christi diese Tragik, »indem das absolute Zerbrechen aller innerweltlichen Erfüllungen am Kreuz überholt wird durch die alles und gerade auch diese totale Tragik rechtfertigende Auferstehung von den Toten.«[81] So ist erst mit der Auferstehung das Geschehen der Erlösung wirklich vollendet: »Erst durch Ostern wird gänzlich klar, was Gott mit seiner Erniedrigung, seinem Abstieg ge-

---

77 Ebd. 276-279. - Vor allem die johanneische Theologie hat diesen Zusammenhang aufgegriffen und die Rechtfertigungslehre unter veränderter Terminologie entfaltet, so daß Balthasar hier anknüpfen kann.

78 Theologie der drei Tage, 134, 146-148.

79 Vgl. TD II/2, 46: »In ihr offenbart sich, wer Jesus Christus in Wahrheit war, wie recht er mit seinem Anspruch hatte, wenn er im Namen und mit der Autorität seines göttlichen Vaters auftrat, wie befugt er war, die Sünde der Welt auf sich zu nehmen und wegzusühnen. ... Auferstehung ist letzte Identifikation des Hauptspielers, Erweis der Legitimität seiner 'Thronprätendenz'.«

80 H III/2,2, 225.

81 PuI, 51.

meint hat: den Menschen zu erlösen, ihn wieder zu sich selbst und damit zu ihm zurückzuführen. So wie die Auferstehung Jesu der Gang zum Vater ist, so wird auch der nachfolgende Christ dahin mitgenommen - als Erlöster.«[82]

4. Die kirchliche Vermittlung der göttlichen Liebe

Die Rechtfertigung des Sünders am Kreuz ereignet sich als objektive Tat Gottes vor und unabhängig von der individuellen Aneignung der Erlösungsgnade: »Die aller menschlichen Entscheidung vorausliegende Tat Gottes muß als der Auftakt und die Voraussetzung aller durchgeführten Rechtfertigungen Einzelner betrachtet werden.«[83] Von Balthasar spricht dabei nicht von objektiver und subjektiver Erlösung, sondern unterscheidet zwischen der versöhnenden Tat Christi am Kreuz als der ersten Rechtfertigung und ihrer zweiten und endgültigen Form »als das persönliche An-sich-Geschehen-Lassen der befreienden Freiheit Gottes, als das Sich-Ergießen-Lassen des Geistes in unsere Herzen«[84] im persönlichen Glauben. Doch wie vollzieht sich diese zweite und entscheidende Form der Rechtfertigung? »Geht es nur um den Übergang vom Indikativ der Rechtfertigung zu einem Imperativ, diese im Glauben zu ergreifen und uns dadurch innerlich heilen zu lassen und mit Christus und in seiner Nachfolge Buße zu tun? Aber woher erhält der 'ungläubige' Sünder den die Rechtfertigung ergreifenden Glauben?«[85] Mit diesen Fragen lenkt von Balthasar den Blick vom Erlösungsgeschehen auf die Kirche, die in das Drama zwischen göttlicher und menschlicher Freiheit einbezogen ist, insofern sie vermittelnd zwischen Gott und der Menschheit steht. »Die Kirche ist im Plan Gottes das nicht zu vermissende Zwischenglied zwischen der Liebe Gottes und der Liebe der Menschheit. Jesu großes Abschiedsgebet ist genau diesem Plan gemäß aufgebaut: Glaubens- und Liebeseinheit der Kirche *als* Vermittlung zwischen der Liebeseinheit in Gott und der herzustellenden Liebeseinheit aller Menschen in Gott.«[86] Die Kirche ist damit aus dem Rechtfertigungsgeschehen nicht zu eliminieren.

---

[82] M.Albus: Die Wahrheit ist Liebe, 146.

[83] Theologik III, Einsiedeln 1987, 247.

[84] Ebd. 249.

[85] TD III, 327.

[86] Klarstellungen, 148f.

II. Die Fortsetzung der Offenbarungsgestalt in der Kirche

1. Die Gestalt der Kirche

In der Kirche setzt sich die Gestalthaftigkeit der Offenbarung in der Geschichte fort; hier vollendet sich die Verleiblichung, indem sie kirchlich und auf diese Weise kosmisch wird[87]. Aus diesem Grund, aber auch um der Leibhaftigkeit des Menschen willen[88], bedarf es der konkreten, sichtbaren Kirche mit Institutionen und festen Strukturen. Die Kirche ist darum ebensowenig wie der Alte Bund eine nur beliebige geschichtliche Station, sondern beide bilden als Umkreise der einen Mitte mit Christus zusammen eine einzige Gestalt.

Der Sinn von Kirche erschließt sich allein von Christus her, so daß alle Aussagen über sie sich an der Christologie auszuweisen haben. Denn: »Der Wurzelgrund, aus dem die Kirche sich entfaltet, ist die Fleischwerdung des Wortes Gottes.«[89] Der Zugang zu ihrem Verständnis führt für Balthasar allein über die Christologie: »Es gibt keine Ekklesiologie, die im Kern nicht Christologie wäre.«[90] Diese Beziehung ist jedoch nicht im Sinne einer falschen Identifizierung mißzuverstehen, da die Kirche mit Gott nicht hypostatisch vereinigt ist. »Weil die Kirche sich niemals mit ihrem Herrn identifizieren kann, auch nicht als sein 'Leib' und seine 'Braut' ('ein Fleisch'), wird es sich hierbei immer nur um eine Analogie in der Differenz handeln können.«[91] Die Gestalt der Kirche ist nicht einfach die statische Prolongatur der Offenbarungsgestalt Jesu Christi. Sie ist von Christus selbst fundamental unterschieden, so daß sie sich niemals an seine Stelle setzen oder ihn vertreten kann. »Das wird freilich immer nur dort gelingen, wo jede ethische oder mystische Verwechslung des Gliedes mit dem Haupt, jede den Abstand überspringende Identifikation im Glaubenssinn und Glaubensgehorsam vermieden wird, was durch die immerwährende Betrachtung der objektiven Offenbarungsgestalt ... ohne weiteres möglich ist.«[92] Umgekehrt ist die Kirche von der Offenbarungsgestalt auch nicht gänzlich abzulösen, auch dann nicht, wenn sie sich als zerfahrene, unkenntliche, in sich

---

87 TD II/1, 378.

88 TL III, 380: »Für uns im Fleische Weilende muß alles Geisthaft-Charismatische in sichtbare Strukturen eingebunden sein.«

89 SV, 333.

90 Ebd. 22.

91 Ebd. 322.

92 H I, 270.

durch und durch widersprüchliche Gestalt erweist. Trotz der an ihr erscheinenden Defizienzen hat sie innerlich Anteil an der Gestalthaftigkeit und Herrlichkeit Jesu Christi[93]. Wird Christus von der Kirche und den mitmenschlichen Bezügen, in die er zu seinen Lebzeiten eingebunden ist, losgelöst, so wird er als Offenbarungsgestalt abstrakt, wie Balthasar gerade in der protestantischen Theologie festzustellen glaubt[94]. Die Kirche ist mit der Leiblichkeit und Menschlichkeit Jesu Christi auf geheimnisvolle Weise engstens verbunden[95]. Daß es Strukturen, daß es Amt und Sakramente in der Kirche gibt, beruht nicht auf der Willkür Gottes, die einen Raum sichtbarer Kirchlichkeit festgelegt hat, »sondern auf der positiven Endlichkeit der Menschwerdungsstruktur Christi, an der die Kirche als sein 'Leib' teilhat und als solche mit seinem Geist begabt und entsprechend beauftragt ist.«[96] Darum darf sie nicht spiritualistisch verkürzt werden, »als ob die äußere, sichtbare, hierarchische nur ein symbolisches Gerüst wäre, in welchem eine solche Gnade unfindbar bleibt, und man zu einer geistlichen Kirche zurückkehren müßte.«[97] Wie bei Rahner ist auch nach Balthasar dem Heiligen Geist die Tendenz zu Gestalt und Leibhaftigkeit zu eigen[98], tritt zum inkarnatorischen Moment das pneumatologische; jeglicher spiritualistische Geistenthusiasmus wäre widerchristlich. Nicht erst in seinem Hinausgang in die Welt, sondern schon innertrinitarisch ist der Geist die Gestalt der Liebe, »die als Person objektivierte Liebe von Vater und Sohn«[99], die deren Einheit übergreift und über sie hinausgeht. In der Kirche drängt der Geist auf Leibhaftigkeit hin[100]; die Struktur der Menschwerdung gilt auch für das Wirken des Geistes. »Von Christus her muß die Kirche ... einen ebenso körperhaft-sichtbaren wie geisthaft-unsichtbaren Aspekt besitzen; eine rein subjektiv-geisthafte Kirche könnte auf keinen Fall die durch die Geschichte waltende Repräsentation seiner bleibenden Gegenwart sein.«[101] Das Prinzip der Verleiblichung wird durch die Auferstehung Christi und den Umstand, daß er in der Kirche nicht in der Weise der sarx, sondern in der des Pneuma prä-

---

93 H I, 206. - Ihre endgültige Herrlichkeit erlangt die Kirche erst bei der Wiederkunft Christi.

94 Der antirömische Affekt, 115.

95 SV, 161.

96 TL III, 310.

97 H III/2,2, 75.

98 Vgl. PuI, 95.

99 SC, 97.

100 TL III, 272.

101 Ebd. 226.

sent ist, nicht außer Kraft gesetzt. »In der Tat wird die Inspiriertheit der Gestalt Christi nicht aufgrund seiner Auferstehung in die Kirche hinein universalisiert, so daß sie ihre konkrete Gestalthaftigkeit in etwas bloß 'Pneumatisches' hinein verlöre, vielmehr erweist sich die Inspiriertheit der Kirche Christi darin als echt, daß sie das Paradox Christi durch alle Geschichtszeiten hindurch fortführt: gleichzeitig endgültig gestalthaft (organisch) bestimmt und universal zu sein.«[102]
Ähnlich wie bei Karl Rahner wird auch Balthasars Denken von einem zutiefst inkarnatorischen bzw. sakramentalen Grundzug bestimmt, wenngleich, wie wir noch sehen werden, das Inkarnatorische bei ihm - und darin liegt der entscheidende Unterschied zu Rahner - nicht das einzige bestimmende Element seiner Ekklesiologie ist. Die Inkarnation stellt für ihn das Grundgesetz für alles Gestalthafte und Sakramentale in der Kirche dar[103]. Entsprechend versteht er den gesamten Entwurf der »Herrlichkeit« als ein antignostisch ausgerichtetes Plädoyer für die Fleischwerdung des Wortes.

2. Die Transparenz der Kirche auf die Gestalt Christi

Sinn und Aufgabe der Kirche ist die Bezeugung, Vergegenwärtigung und Repräsentation der Offenbarungsgestalt Christi in der Geschichte[104], damit sie anderen Menschen eingestaltet und diese ihr gleichgestaltet werden. Bezeugung in Verkündigung und Tun der Kirche ist der einzige Weg, auf dem die Menschen der Offenbarungsgestalt selber begegnen. Das Zeugnis gehört darum konstitutiv zur Kirche hinzu und stellt nicht nur ein äußeres oder nachträgliches Moment der Offenbarungsgestalt dar[105]. Dabei ist der grundlegende Unterschied zwischen Christus selbst und dem Zeugnis zu wahren, das nur hinweisenden Charakter hat. Immer hat sich »zwischen dem hinweisenden Zeugnis und der Sache ein höchst lebendiger Raum aufgetan, und zwar so, daß das Zeugnis unbedingt zur Sache gehört und ein Stück von ihr ist,

---

[102] PuI, 56.

[103] H I, 553f.

[104] H I, 577. - Vgl. Das Ganze im Fragment, Einsiedeln 1963, 140: Die Kirche im Heiligen Geist ist die Weise, »wie der erhöhte Christus, der für sich das geschichtliche Eschaton erreicht und dessen Grenze übersprungen hat, sich seiner Verheißung gemäß mitten in der zeitlichen Geschichte gegenwärtigt.« Vgl. dazu auch: Kirche als Gegenwart Christi, in: Neue Klarstellungen, Einsiedeln 1979, 52-61.

[105] Balthasar kann von daher sagen, daß Christus die Kirche »braucht« als seine Gehilfin, die ihn nach seiner Himmelfahrt repräsentiert und sein Werk fortsetzt (TD II/2, 314).

die Sache aber, als das Bezeugte, das Zeugnis wesenhaft übersteigt«[106]. Der protestantischen Theologie macht Balthasar zum Vorwurf, daß sie die kirchliche Bezeugung als ein der Gestalt fremdes und sie bloß verdunkelndes Element ansieht - eine einseitige, ja falsche Sichtweise, weil sie damit »die prägende Kraft des sich der Welt mitteilenden Christus unterschätzt.«[107]

Die Kirche ist zur adäquaten Bezeugung nur dann in der Lage, wenn sie selbst keine sich gegenüber Christus verselbständigende Eigengestalt besitzt[108], sondern in reiner, selbstloser Transparenz auf Christus als die Hauptgestalt der Offenbarung verweist, an der alle Gestalthaftigkeit der Kirche Maß zu nehmen hat. Während jedes menschliche Werk eine objektive, von seinem Urheber abgelöste Eigengestalt besitzt und auch besitzen darf, hat die Kirche darauf keinen Anspruch, weil sie ihre Gestalt nicht sich selbst verdankt, sondern allein dem Wirken Christi, der sich ihr eingestaltet hat[109]. Er, der selbst reine Durchsichtigkeit auf den Vater hin ist[110], ist ihr Ur- und Vorbild. »Ist schon der Gottmensch reine Re-duktion, wie könnte die Kirche (als sein 'mystischer Leib') etwas anderes sein!«[111] Um die geforderte Transparenz und Durchlässigkeit auf Christus hin zu erreichen, hat die Kirche wie Christus selbst in die Bewegung der Kenosis einzutreten; diese ist das erste Kriterium ihres Daseins in der Welt[112]. Steht in der Mitte der Kenose Christi das »Leersein des absoluten Liebesgehorsams für den absoluten Befehl«[113], bis hin zur Bereitschaft, Kreuz und Tod auf sich zu nehmen, so ist die Kirche in gleicher Weise zum Gehorsam und in die Kreuzesnachfolge gerufen[114].

---

106 Ebd. 521.

107 H I, 507.

108 Ebd. 535.

109 Ebd. 536.

110 H III/2,2, 114.

111 Das Ganze im Fragment, 98.

112 Ebd. 148f.

113 H III/2,2, 199.

114 Vgl. dazu: Kenose der Kirche?, in: PuI, 119-132.

III. *Die kirchliche Antwort auf das göttliche Heilshandeln*

1. Die Kirche als Antwortgestalt

Das heilvolle Liebeshandeln Gottes verlangt auf seiten des Menschen ein Handeln, das ihm entspricht, verlangt eine Antwortgestalt[115]. Denn das Zukommen Gottes auf die Menschen in Christus ist untrennbar von seinem Ankommen bei ihnen. Die Kirche ist jene »vom Sohn her erwirkte Antwortgestalt auf die im Sohn erfolgte Gestaltwerdung Gottes in der Welt«[116]. Die Fähigkeit zu antworten erwächst der Kirche nicht aus eigenem Vermögen, sondern allein aus Gottes Gnade[117]: Sie ist darum niemals »Mittelpunkt der Gestalt, auf die hier zu weisen war. Sie ist Mond, nicht Sonne. Widerschein, nicht die Herrlichkeit selbst. Besser: Antwort des Verherrlichens, und insofern einbezogen in das herrliche Wort, dem sie antwortet, in den Glanz der Liebe, ohne den sie nicht schiene.«[118] Im Antworten auf die Offenbarungsgestalt kommt Kirche erst zu sich: »Die Objektivität der Gabe ist als Gottes Gründungsakt Ecclesia in fieri, diese wird Ecclesia in facto esse mit der Annahme ihrer selbst, d.h. im antwortenden Tun der von Gott im voraus bereiteten Werke, also im wirklich 'heilig und untadelhaft sein vor ihm in Liebe'. Aber diese Antwort, als subjektive, kann der objektiven Gabe der Liebe nicht wie ein selbständiges Subjekt gegenüberstehen.«[119]
Der Antwort geht das Hören, dem Mitteilen das Empfangen voran. Im Hören und im Empfang liegt der Grundakt von Kirche schlechthin. »Die erste und alles andere durchwaltende Grundform der Antwort kann für den Christen folgerichtig also nur die alles verdankende, christlich gesagt: die *eucharistische Grundform* sein.«[120] Nicht die Heilsvermittlung ist zeitlich und sachlich die primäre Dimension der Kirche, sondern der gläubige Empfang des Heils und der rechtfertigenden Gnade.

---

[115] TD II/2, 313.

[116] Das Ganze im Fragment, 97.

[117] Vgl. Karl Barth, 123: »Das Geschöpf ist so sehr von Gott her, daß es von ihm sogar dies erhält: nicht nur zu empfangen, sondern auch zu antworten.«

[118] H III/2,2, 511.

[119] PuI, 181.

[120] M.Albus: Die Wahrheit ist Liebe, 168.

Die vom Menschen geforderte Haltung gegenüber der göttlichen Offenbarungsgestalt ist die des Wahrnehmens und Hörens, des Aufnehmens und Empfangens, des Sich-beschenken-Lassens, kurzum: der Kontemplation[121]. Im Unterschied zur »reinen Kontemplation«, der Lebensform von bestimmten Ordensgemeinschaften, ist sie der christliche und kirchliche Akt schlechthin. Damit ist eine »aufnehmende Haltung reinen Geschehenlassens«[122] gemeint, jene rezeptive Offenheit, die nicht die Offenbarungsgestalt in ihren Zugriff zu bekommen sucht, sondern die Gestalt Christi in ihrer Selbstevidenz wirken und sich so zeigen läßt, wie sie es von sich her tut. Diese Haltung ist die Voraussetzung dafür, die in Christus aufscheinende tiefere Wirklichkeit Gottes wahrzunehmen und zum Glauben zu kommen. Sie ist alles andere als Gleichgültigkeit, sondern größtmögliche Disponibilität: »Nicht als bloß negative, resignierte Gelassenheit, weil man selber nichts zu bieten hat und daher Gott die Erlaubnis gibt, selber zu nehmen, was er will und braucht, sondern als eine positive, anbietende Indifferenz, für die es unterschiedslos höchste Freude ist, alles etwa Besessene hinzugeben oder Geforderte zu tun, was der göttlichen Majestät wohlgefällig sein mag.«[123] Sie ist mehr als Anbetung und Ehrfurcht vor dem Geheimnis Gottes, nämlich die ganzheitliche Antwort des Glaubens an Gottes Wort. Denn das Hören bleibt nicht in sich; es fordert vom Hörenden eine Entscheidung und mündet, wenn es ein wirkliches Aufnehmen ist, in die Antwort. In dieser Antwort legt sich die Kontemplation aus in der Trias von Glaube, Hoffnung und Liebe: Glaube als die Ergebenheit, über sich von der göttlichen Liebe ganz verfügen zu lassen, Hoffnung als das Begründen seiner Existenz in Gott und Liebe als Antwort auf Gottes grundlose Liebe[124]. Die Antwort der Kontemplation schließt die unbegrenzte Hingabe ein, die in der Nachfolge Christi Gott vor allem den Vorzug gibt, die bereitwillig über sich verfügen läßt als »die aufnehmende Fülle für die sich ergießende Fülle Gottes«[125], die sich in seinen Dienst stellt und seinen Willen als Geschenk annimmt.

---

[121] H.U. von Balthasar/K.Hemmerle: Institution - geflohen und gesucht, 131.

[122] Glaubhaft ist nur die Liebe, 55.

[123] Der Zugang zur Wirklichkeit Gottes, in: MySal II, 15-46, 37.

[124] Vgl.: Philosophie, Christentum, Mönchtum: SV, 349-387; VC, 100-134; H 1, 130ff; Wer ist ein Christ?, Einsiedeln ^{3}1966, 82.

[125] SV, 381.

Kontemplation so verstanden, als Empfangen wie Über-sich-verfügen-Lassen, ist nicht zu verwechseln mit Passivität[126]. Freilich ist das Geschehenlassen des Wortes für den Christen nicht Aktivität und Aktion im Sinne von Leistung und Werk[127]. Doch es fordert den Gehorsam, der passiv nur ist, insofern er auf die Selbstverfügung verzichtet, ansonsten aber höchste Aktivität bedeutet, weil er die Bereitschaft besagt, alles zu empfangen; es fordert die Hingabe, die Zustimmung, ganz über sich von Gott verfügen zu lassen. Damit mündet die Kontemplation unweigerlich in die Aktion. Zwar gilt für Balthasar im Christentum der unbedingte Primat der Kontemplation und des Gebetes vor jeglicher Aktivität, weil nur ein Handeln in Offenheit und Hingabe dem Willen Gottes entspricht, doch schließt dies die andere Seite nicht aus, sondern macht sie erst möglich. Am reinsten ist diese Einheit in Jesus Christus verwirklicht: Er tut nichts aus sich selber, sondern nur das, was der Vater ihm aufgegeben hat. »Für uns folgt daraus unmittelbar, daß wir in einer glaubenden Schau des Heilswirkens Gottes in Christus in das Mitwirken eingeladen werden, daß aber auch wir aus uns selber nichts tun können, sondern hinschauen müssen auf das Gezeigte, um nicht eigene eitle Pläne ins Werk zu setzen, sondern einzustimmen in das Tun Gottes.«[128]
Empfangen, Hingabe, Kontemplation ist der Grundakt der ganzen Kirche, der Laien wie des Amtes. Das Amt ist in gleicher Weise darauf angewiesen, die Gnade Gottes in Empfang zu nehmen, bevor es sie weitervermitteln kann. Deutlich wird dies daran, daß sich der Amtsträger die Sakramente nicht selber nehmen kann, sondern sie von der Kirche her entgegennimmt. Amt, Institution und Sakramente sind nicht wie bei Rahner primär Vollzüge der Kirche, sondern als »Gebärde Jesu Christi zum Menschen hin«[129] Zeichen des Vorweg der Gnade vor allem menschlichen Tun: »Der sakramentale Rahmen verbürgt das Voraus des Empfangs vor der von uns gegebenen Antwort und angemeldeten Forderung.«[130]
Wenngleich Rahner auch um den Primat der hörenden Kirche vor der lehrenden und vermittelnden weiß, hat Balthasar diesen Aspekt des Empfangens als kirchlichen Grundakt in seiner Theologie ausführlicher und akzentuierter herausgearbeitet. Von daher erscheint die Kirche im Rechtfertigungsgeschehen in erster Linie selbst als die Empfängerin der

---

[126] Zum folgenden vgl.: Aktion und Kontemplation: VC, 245-259; Jenseits von Kontemplation und Aktion?: PuI, 288-297.

[127] H I, 407.

[128] PuI, 292.

[129] H I, 557.

[130] Die Wahrheit ist symphonisch, 63.

rechtfertigenden Gnade; ihre Vermittlung ist demgegenüber ein keineswegs unwichtiges, aber doch sekundäres Geschehen.

3. Die Kirche als Braut

a. Jungfrau oder Hure

Als Antwortgestalt steht die Kirche Jesus Christus als »die andere« gegenüber, die bei aller Einheit zugleich von ihm unterschieden ist. Dieses Gegenüber von Christus und der Kirche bringt Balthasar vor allem im Bild der Braut zum Ausdruck. Dabei handelt es sich um eine zentrale Metapher, die immer wieder von neuem entfaltet wird[131]. Balthasar führt auf diese Weise die Ekklesiologie der Patristik und der mittelalterlichen Hoheliedkommentare[132] weiter; zugleich knüpft er an an J.M.Scheeben, der dieses Motiv in besonderer Weise ausgearbeitet hat[133].

Braut ist die Kirche, insofern sie hörende, empfangende, sich öffnende, zur Hingabe und Verfügung bereite Kirche ist, also Kirche der Kontemplation. Sie ist Braut als Volk Gottes, in den Laien wie im Amt. Ihr Braut-Sein ist der kirchliche Grundakt, der allem kirchlichen Tun vorausgeht. Nicht das inkarnatorische Moment ist also die primäre Dimension von Kirche, sondern die bräutliche[134]. Hierin liegt der entscheidende Unterschied zu Rahner und das Korrektiv zu dessen ausschließlich inkarnatorisch begründeter Ekklesiologie, das Balthasars Kirchenverständnis größere Differenziertheit verleiht. Denn im Brautmotiv scheint die grundsätzliche Distanz der Kirche zu Christus auf, die jegliche Glorifizierung unterbindet. Die Kirche erscheint als Jungfrau und Braut ohne Makel[135], wenn sie die Offenbarungsgestalt Christi in glaubender Kontemplation annimmt und reine Transparenz auf Christus hin ist. »Jungfräulichkeit« steht für ihre Bereitschaft zur Hingabe an den Willen Gottes. Damit Hand in Hand gehen der Gehorsam, sich

---

[131] Dies zeigt schon die Sammlung seiner Aufsätze zur Ekklesiologie unter dem Titel »Sponsa Verbi«.

[132] Vgl. dazu H.Riedlinger: Die Makellosigkeit der Kirche in den lateinischen Hoheliedkommentaren des Mittelalters, Münster 1958.

[133] H I, 104. Vgl. J.M.Scheeben: Handbuch der katholischen Dogmatik VI/1: Erlösungslehre, hg. von G.Feckes, Freiburg [2]1954, 377f.

[134] Vgl. PuI, 283.

[135] Vgl. SV, 33: Die Jungfräulichkeit zählt zu den Empfehlungen Christi, die den Weg zum Kreuzesgeheimnis eröffnen sollen, »und jungfräulich ist die Kirche in ihrem Gesinnungskern (2 Kor 11,2).«

seinem Willen zu fügen und die Armut, im Geiste wie auch im wirklichen Leben, um Fassungsraum für die Fülle Christi sein zu können. Exemplarisch ist diese Haltung der Jungfräulichkeit im Rätestand verwirklicht, der die Kirche in ihrer Eigentlichkeit und formalen Verfaßtheit sichtbar macht[136].

Die Kirche kann sich der Liebe Gottes und der Offenbarungsgestalt aber auch verschließen. Sie kann, anstatt sich ganz die Gestalt Christi einzuprägen, eine davon abgelöste, eigenmächtige Eigengestalt ausprägen - sie kann in die Sünde verfallen. Dann erscheint sie als Anti-Braut, als die treulose Hure, die die Brautschaft verweigert[137], nicht mehr als Kirche im eigentlichen intendierten Sinn, sondern nurmehr als ein defizienter Modus davon, als »Misch- oder Kompromißgestalt«[138]. Mehrfach hat Balthasar das Thema der sündhaften Kirche aufgegriffen[139]. Die Begründung für die Möglichkeit der Sünde gelingt von seinem Ansatz beim Braut-Sein der Kirche leichter als von einer Inkarnationstheologie her: Wo die Kirche als eine zwar mit Christus verbundene, aber ihm doch nach wie vor gegenüberstehende Größe gedacht wird, ist die sündhafte Abkehr von ihm eine reale Möglichkeit.

b. Die Einheit von Braut und Leib

Das Braut-Sein der Kirche ist nicht abzulösen von ihrer Existenz als Leib-Christi-Sein. »Braut« und »Leib« stehen im Neuen Testament[140] für die beiden grundlegenden Weisen des Verhältnisses von Christus und der Kirche: die Brautmetapher dafür, daß sie von Christus so verschieden bleibt wie eine Person von der anderen, die Leibmetapher für ihre untrennbare Einheit. Wie entgegengesetzt der Bedeutungsgehalt der beiden Bilder auch scheinen mag, sind sie doch einander verwandt. Denn Braut und Bräutigam sind »zwei in einem Fleisch« (Eph 5, 22); ihr Gegenüber mündet in die Vereinigung, ohne daß ihre Verschiedenheit dadurch aufgehoben würde.

---

[136] PuI, 155.

[137] Sofern die Kirche sich bekehrt und durch Gott von der Sünde gereinigt wird, ist sie die »casta meretrix«. Vgl. dazu den gleichnamigen Beitrag über die Darstellung der sündhaften Kirche in der Schrift und in der Auslegung der Kirchenväter, in: SV, 203-305.

[138] H I, 544.

[139] So etwa in TD III, 423; TD II/2, 246, wo Balthasar von der Versuchung der Kirche spricht, gerade von ihrem Bewußtsein der Erwählung her; ebenso in H I, 503f, 544; SV, 335.

[140] Wichtige Abschnitte zur Kirche als Braut und Gattin sind enthalten in Eph 5, sowie im letzten Kapitel der Apokalypse. Auf das Leib-Gleichnis greift vor allem Paulus in seinen Briefen zurück.

Für Balthasar ist die Kirche Christi Leib, weil sie ihm selbst entspringt[141], weil er im Geist in sie eingegangen ist und sie sich ihm ganz und gar verdankt. Die Leibmetapher will besagen, daß sie »nichts anderes ist und sein kann als eine Ausdehnung, Mitteilung, Teilgabe der Personalität Christi«[142] bzw. »die im Glauben wissende Elongatur des vermittelnden Wesens und Werkes Christi«[143]. Ihr LeibSein folgt aus der inkarnatorisch-gestalthaften Dimension aller Kirchlichkeit: als Leib ist sie die Verlängerung der inkarnatorischen Leiblichkeit Jesu in der Geschichte[144]. Wie für ihr Braut-Sein gilt auch hier, daß nicht nur dem Amt bzw. dem Institutionellen diese Eigenschaft zukommt, wenngleich es in besonderer Weise »Verleiblichungsgestalt« ist, sondern der Kirche als ganzer[145].

Das Leib-Sein der Kirche ist das Novum des Neuen Bundes. Das Volk Israel verstand sich selbst wohl als Braut Jahwes, nicht aber als sein Leib, womit ein ungeheures Mehr an Intimität ausgesagt ist. Dadurch wandelt sich auch der Charakter ihrer Bräutlichkeit. Im Alten Testament in erster Linie ethisch-juridisch vom Bundesgedanken her verstanden, wird diese nun ganz und gar personal gefaßt. »Sofern Brautsein jetzt ganz im Ein-Fleisch-Sein (von ihm her und zu ihm hin) begründet erscheint, hat die Bräutlichkeit des die Offenbarung empfangenden Subjekts notwendig eine der Inkarnation des Wortes Gottes analoge Inkarnation vollziehen müssen.«[146] Die Kirche ist Braut nur als Christi Leib und umgekehrt; sie ist Leib mit Christus und Braut ihm gegenüber[147]. Darum ist sie als Braut nicht die schlechthin andere, die Christus zu Beginn seines Wirkens als eigene Größe schon vorfindet, sondern sie ist allererst von ihm begründet[148]. Als Christi Leib aber ist sie weder mit Christus identisch, noch verliert sie ihre Eigenständigkeit, sondern steht ihm in selbständiger Personalität gegenüber, »die sich

---

141 Vgl. TD 2/2, 314: Die Herkunft der Kirche aus der Seite Christi am Kreuz.

142 SV, 150f.

143 TD IV, 113; ebenso PuI, 183.

144 Vgl. PuI 278-281; Neue Klarstellungen, 53-61.

145 Damit weiche ich ab von der Auffassung von W.Link: Gestalt und Gestaltlosigkeit der Kirche, Rom 1970, 327ff. Er unterscheidet die empfangende Kirche der Kontemplation (»Braut«) von der stellvertretenden Kirche der Institution (»Leib«) und dem Volk Gottes als der verwirklichenden Kirche der Laien. Damit ist die Unterschiedenheit von Amtsträgern und Laien zwar einerseits richtig erfaßt, doch Link übersieht, daß die Bezeichnungen »Braut« und »Leib« sich jeweils auf die gesamte Kirche, nicht nur auf einen bestimmten Stand, beziehen, und daß dort, wo Kirche in ihrem ureigenen Wesen verwirklicht ist, der Unterschied von Priestern und Laien aufgehoben ist (vgl. SV, 333).

146 H III/2,2, 84.

147 Vgl. TD II/2, 421; SV 22, 193, 194.

148 Neue Klarstellungen, 119-124.

dadurch von der zwischenmenschlichen abhebt, daß Christus sie nicht vorfindet, sondern sie kraft seiner eignen Hingabe aus sich und zu sich hin erwirkt.«[149] Mit dieser dialektischen Bestimmung grenzt sich Balthasar ab von zwei einseitigen Ausprägungen im Verständnis des Verhältnisses von Christus und der Kirche: von jener, die beide als eine Person sieht, so daß ihre Anhypostasie die Folge ist, und von der, welche die Kirche nur als Gegenüber, als Partner Christi versteht[150].

In der Einheit mit und der Gegenüberstellung zu Jesus Christus spiegelt die Kirche das allgemeine Schöpfer-Geschöpf-Verhältnis wider[151], das nicht durch eine innergeschöpfliche Analogie erschlossen werden kann. Die Kirche »ist gleichzeitig das Eine (mit Christus) und das Andere (ihm gegenüber), in einer Abhängigkeit und Freiheit, für deren Zusammensein es schlechthin keine geschöpfliche, nur eine trinitarische Analogie gibt. Sie ist die sich ins 'andere' (geschaffene) Subjekt sich ergießende Gnade und Fülle Christi, nicht nur Akt, sondern auch Ergebnis, aber doch nie vom Akt zu lösendes Ergebnis. Darum kann die 'Braut' sich selber nie endgültig als ein 'Gegenüber' denken wollen, sondern nur ihrem Ursprung, der ihr Herr ist, entgegendrängen.«[152] Sie ist beides: »etwas restlos aus ihm Entstandenes, sich seiner Erlösungstat am Kreuz Verdankendes, und trotzdem darin ihm Antwortendes, Gegenüberstehendes 'hergestellt', in das hinein er seine Fülle und Fruchtbarkeit ergießen, entfalten, darstellen kann.«[153]

Der Aspekt des Leibes und der der Braut bilden eine untrennbare Einheit[154], so daß sie überhaupt nicht als zwei voneinander abgelöste Dimensionen gedacht werden können, auch nicht im Sinne eines zeitlichen Nacheinander. Einerseits ist das Leib-Sein der Kirche das Primäre[155], denn in ihm gründet jedes Gegenüber, so daß erst auf diesem Fundament von ihr als Braut die Rede sein kann. Andererseits bedarf es eines Gegenübers, das Christus mit sich einen kann. Darum muß an beiden Aussagen festgehalten werden: »der *personalen*, kraft der die Kirche ein 'Jemand' ist, den der Herr geliebt und für den er sich dahingegeben hat, ein 'Jemand', der also in gewisser Weise bereits existiert; und der *somatischen*, kraft der die Kirche als das, was sie ist, nämlich als

---

149 H III/2,2, 454. Vgl. auch: Karl Barth, 116.

150 TD II/2, 260 ff.

151 SV, 194.

152 Ebd. 22.

153 Die marianische Prägung der Kirche, in: W.Beinert (Hg.): Maria heute ehren, Freiburg 1979, 264-279, 269.

154 An vielen Stellen wird dies deutlich, etwa SV, 22, 193f.

155 Neue Klarstellungen, 120, 122.

die Herrliche ohne Makel und Runzel, doch erst ganz aus diesem Kreuzesereignis entsteht und hervorgeht.«[156]

4. Die marianische Bestimmung der Kirche

Der Typos christlicher Glaubenshaltung und Kontemplation ist Maria. Als die reine Braut, an der alle Bräutlichkeit der Kirche Maß zu nehmen hat[157], ist sie Ur- und Vorbild der ecclesia. Damit ist sie zugleich Inbegriff der Geschöpflichkeit[158], weil sie den höchsten Akt der Kreatur gegenüber Gott vollzieht, nämlich die in freier Verantwortung getroffene Bereitschaft, auf ihn zu hören und seinen Willen zu tun. So verkörpert sie in ihrer ganzen Person die Offenheit und Hingabe an Gott. In ihrem »fiat«, mit dem sie ihre Zustimmung zur Menschwerdung und zum Kreuzestod Jesu gibt, wird sie zum aufnahmebereiten Gefäß, das in unbegrenztem Gehorsam dem Wort Gottes Raum gibt[159]. In ihrem Verzicht auf Selbstverfügung, ihrem »Angebot zum Verbrauchtwerden«[160] besteht ihre Kenose, die die Grundform aller kirchlichen Kenose ist. Sie erscheint nicht als heroischer Akt des Selbstverzichtes, nicht als besondere persönliche Leistung, sondern ist reine Gnade, gründend in der Hingabe des Sohnes. Diese Hingabe beantwortet sie »mit dem vollkommenen Jawort der 'Magd des Herrn' (als Grundhaltung der Kirche), worin der Mensch Gott sein läßt, was er sein will, und sich von ihm schenken und einformen läßt, was und soviel er will.«[161]
Maria ist darin nicht einfach passiv, nicht bloß rezeptiv-hinnehmend, sondern ihre Bereitschaft fordert von ihr gespannte Wachsamkeit und höchste Aktivität[162]. Damit verkörpert sie die geglückte Einheit von Kontemplation und Aktion. Indem sie sich zum Gefäß des Wortes macht, ist in ihr »reine Verfügbarkeit (Kontemplation) zu größter Wirkung (Aktion) hin«[163]. So ist sie die adäquate Antwort, wie sie Gott von

---

156 SV, 150.

157 Zum folgenden vgl. vor allem: TD II/2, 269-330; Das marianische Prinzip, in: Klarstellungen, 65-72.

158 TD III, 330; vgl. HC, 160.

159 Vgl. PuI, 143: »Bei Maria braucht nicht parlamentiert und dialogisiert zu werden.«

160 PuI, 128.

161 H III/2,2, 184. Vgl. dazu auch H.U. von Balthasar/J.Ratzinger: Maria, Kirche im Ursprung, Freiburg 1980.

162 Vgl. auch Das Katholische an der Kirche, Köln 1972, 10: Maria empfängt das Wort Gottes »nicht als leerer Abgrund, in reiner Passivität, sondern mit der aktiven Bereitschaft, mit der ein weiblicher Schoß den männlichen Samen empfängt.«

163 VC, 255.

seinem Geschöpf erwartet und die zum Prinzip aller kirchlichen Antwort wird. Sie ist »jene Subjektivität, die in ihrer weiblichen und empfangenden Weise der männlichen Subjektivität Christi durch die Gnade Gottes und die Überschattung seines Geistes voll zu entsprechen vermag. In Maria findet die aus Christus entströmende Kirche ihr personales Zentrum und die Vollverwirklichung ihrer kirchlichen Idee.«[164] Aufgrund ihres bedingungslosen Glaubens ist sie das Urbild aller Gerechtfertigten[165] und der Grund für die Möglichkeit der Gnade und Rechtfertigung in der Welt[166].
Als die reine Magd ist Maria Typos und Realsymbol der Kirche, ihr Grundakt, das Glauben, Empfangen, ihre Hingabe und Verfügungsbereitschaft der kirchliche Grundakt schlechthin. Die Ekklesiologie ist darum für Balthasar niemals abzulösen von der Mariologie[167]; je marianischer Kirche ist, desto eigentlicher ist sie Kirche. Was sich an Maria archetypisch ereignet - Magd des Herrn und Schoß für die unendliche Liebe Gottes zu sein - soll zum Gesetz eines jeden Christenlebens werden. Wäre die Kirche durchweg marianisch, würde sich die Institution im Grunde erübrigen; umgekehrt erhält diese dadurch ihre Legitimität, daß sie sich selbst der marianischen Norm unterstellt[168].

Exkurs: Die Rolle Marias im Erlösungsgeschehen

Bedingungsloser Glaube und Hingabebereitschaft begründen die besondere heilsgeschichtliche Stellung Marias, die sie ins Erlösungsdrama zwischen dem Vater und dem Sohn eintreten läßt. Wegen ihrem im tiefsten Glauben gesprochenen Jawort ist sie die Mutter Jesu, »nicht aufgrund einer isolierbaren leiblichen Mutterschaft ..., sondern aufgrund ihrer ganzen personalen Haltung vollkommen dienstbereiten Glaubens«[169]. Dieser vermittelt zwischen den ungetreuen Bundesgenossen des Volkes Israel und den zukünftig Glaubenden. Maria wird so zum Anfang von Kirche; wird Kirche erst später, etwa bei der Bestellung des Zwölferkreises angesetzt, so wird ihr Eigentliches verfehlt. In Maria ist sie erstmals verwirklicht, und zwar in der vollkommenen Weise der »immaculata« (Eph 5,27), wie sie nie wieder eingeholt werden wird.

---

[164] SV, 169.

[165] HC, 161.

[166] Vgl. H I, 326: »In ihr geht Sion über in die Ecclesia, in ihr geht das Wort über in das Fleisch, in ihr geht das Haupt über in den Leib.«

[167] TD II, 267.

[168] Schleifung der Bastionen, 77; H I, 203f.

[169] Die marianische Prägung der Kirche, 274.

Maria ist aber nicht nur Anfang, sondern gewissermaßen »Urzelle«, Ermöglichungsgrund der Kirche, denn sie spricht ihr Ja in archetypischer Stellvertretung anstelle des ganzen Menschengeschlechtes. So wie der Alte Bund stellvertretend auf den Glauben Abrahams gegründet war, schafft Maria mit ihrem Glauben, der die Überbietung des Abrahamglaubens ist, die Voraussetzung, daß alle anderen Menschen in den von ihr eröffneten Raum eintreten und als Glieder des einen Leibes heranwachsen können. In diesem Sinne ist sie nicht nur die Mutter Jesu, sondern Mutter aller Gläubigen. Ihr Jawort wird so zum Ermöglichungsgrund für die Gnade in der Welt, zur Grundlage eines jeden personalen Glaubensaktes und zur Bedingung der Möglichkeit für die Existenz von Kirche überhaupt. In diesem Sinn ist sie wirklich mater ecclesiae, die geistliche Mutter derer, die in der Kirche das Leben empfangen[170]. Dabei bleibt Maria selber Glied der Kirche. Sie ist wie alle anderen Menschen vom Kreuz her erlöst und durch Christi Gnade gerechtfertigt, doch dies in besonderer Weise, denn sie ist vor-erlöst, damit sie die Mutter des Erlösers werden kann[171]. »Hier wird etwas wie ein Zirkel sichtbar (die Wirkung ist Ursache der Ursache)«[172], ein unauflöslicher Kreislauf von Gottes Gnade und menschlicher Antwort, in dem sich ihr »fiat« der Gnade Gottes verdankt, die am Anfang von allem menschlichen Tun steht, in dem sich aber ebenso die Menschwerdung dem Jawort der Mutter verdankt.
In diesem Sinne kann Balthasar sagen, daß Maria im Heilswerk »mitwirkt«. Ihr Jawort ist wohl »Tat«, doch Tat als Antwort auf Gottes Tun. Ihr Mitwirken besteht gerade in der Hingabe an das Heilshandeln Gottes und im Empfangen - auf geistiger Ebene im Empfang des Wortes und des Willens Gottes, leiblich im Empfang seines Sohnes, im Verzicht auf alle Einwände gegen den Willen Gottes, in der Bereitschaft, die eigenen Kräfte ganz seinem Plan zur Verfügung zu stellen. Dies entspricht nicht dem Zusammenarbeiten eines Meisters und eines Gesellen auf ein und derselben Ebene, sondern es ist bestimmmt durch den Abstand zwischen Schöpfer und Geschöpf, der in der Rede von der »Magd« seinen deutlichsten Ausdruck findet. Und dennoch ist es ein echtes »Mitwirken«, weil Gott das Geschöpf, das er mit Freiheit begabt hat, nicht vergewaltigt und seine Zustimmung zur Menschwerdung nicht überspielt, eine Zustimmung, die freilich in seinem Versöhnungswerk selber gründet.

5. Die Weiblichkeit der Kirche

a. Die Polarität der Geschlechter

In der marianischen Haltung des Empfangens bekundet sich für Balthasar das typisch »Weibliche«, im Gegensatz zur »männlichen« Haltung

170 Vgl. H I, 95; Die marianische Prägung der Kirche, 278.
171 Ausführlich dazu: Die marianische Prägung der Kirche, 274. Balthasar betont immer wieder, daß wir die Stellung Marias letztlich nicht durchschauen können (vgl. HC, 140).
172 TD II/2, 273.

des aktiven Wirkens und Gestaltens[173]. Das ganze Leben Marias ist »weibliches Leben, das ohnehin mehr als männliches Gestaltung vom Mann, vom Bräutigam, vom Christus und von Gott her erwartet. Es ist jungfräuliches Leben, das kein Gestaltungsgesetz kennen will außer Gott und der Frucht, die Gott ihm zu tragen, zu gebären, zu nähren und aufzuziehen gibt. Es ist mütterliches und bräutliches Leben zugleich, dessen Hingabekraft vom Physischen bis zum höchsten Geistigen reicht. In alledem ist es schlicht verfügenlassendes Leben.«[174]

Die Polarität von »männlich« und »weiblich« ist zum Verständnis der Theologie Balthasars von zentraler Bedeutung[175] und bestimmt als Denkschema auch die Ekklesiologie. Er unterscheidet zwei Grundformen der Anthropologie, die die Geschlechterdifferenz ausprägen: die männliche, die ausgreift auf die Welt, die aktiv wirkend und gestaltend ist, und die weibliche, die sich mehr passiv, erwartend, empfangend verhält. Die Polarität sieht er in den Mythen anglegt und durch den biblischen Schöpfungsbericht bestätigt, der, unter Betonung der grundsätzlichen Gleichrangigkeit der Geschlechter, den Mann als zeugend, gestaltend und führend darstellt, die Frau hingegen als Antlitz und Antwort, als Empfängerin, bestimmt zum Austragen und Gebären der Frucht[176]. Entscheidend ist für Balthasar jedoch die heilsgeschichtliche Verankerung dieser Polarität in Maria, die in ihrer Hingabe die reine weibliche Haltung realisiert[177]. Die Mann-Frau-Relation ist die weltliche Abbildung des Gott-Geschöpf-Verhältnisses: »Der Primat des Zeugenden und Erschaffenden vor dem empfangenden und fruchtbar austragenden Schoß ist unaufhebbar, die Weiblichkeit *aller* Kreatur (ob sie männlich oder weiblich ist) gehört zu ihrem Wesen.«[178] Das Geschöpf ist »weiblich«, insofern es rezeptiv, als potentia oboedientialis vor Gott in

---

[173] Vgl. Die Würde der Frau: HC, 134-141; TD II/1, 334-349. Die Weiblichkeit der Kirche ist nicht dasselbe wie ihre Bräutlichkeit: Erstere ist marianisch bzw. von der Geschlechterpolarität her begründet, letztere christologisch,vom Verhältnis der Kirche zu Christus.

[174] H I, 542.

[175] Vgl. TD II/1, 334-349; TD II/2, 260-267.

[176] SC, 336; SV 165.

[177] Letztlich findet sich die beschriebene Polarität in der Trinität wider. Vgl. TD IV, 80: »Trinitarisch erscheint der Vater als der ursprungslos Zeugende gewiß primär (über)-männlich, der Sohn als der Geschehenlassende zunächst (über-)weiblich, aber dann als der mit dem Vater zusammen aktiv Hauchende wieder als (über-)männlich, der Geist als (über-)weiblich.« - In: Die Würde der Frau, in: IkaZ 11 (1982), 346-352, konstatiert Balthasar im Vater eine doppelte Form der liebenden Hingabe, eine männliche aktiv-schenkende, in der er den Sohn hervorbringt, sowie eine weibliche passiv-empfangende, insofern sich der Sohn ihm wieder zurückgibt, so daß im Vater wie im Sohn die Archetypen beider Geschlechter angelegt sind.

[178] SC, 137; ebenso TD II/2, 264.

der Haltung des Hörens, Empfangens, Gehorchens steht, insofern es sich ihm vorbehaltlos, mit ungeteilter Existenz zur Verfügung stellen muß, insofern es wie Maria aufnehmender Schoß zu sein hat, will es selber Frucht bringen[179]. Auf diesem Hintergrund erscheint Maria als der Inbegriff der Geschöpflichkeit[180], sowohl in seiner Posivitität und Würde, weil jeder Mensch von Gott zum Fruchtbringen und Wirken berufen ist, wie auch in seiner Armut und Verwiesenheit auf die Fülle Gottes. Das Verhältnis der Kirche zu Christus ist eine Konkretion des allgemeinen Schöpfer-Geschöpf-Verhältnisses bzw. der Relation von Maria zum Vater: Die Kirche ist von ihrem Wesen her weiblich-marianisch-kontemplativ, ihr Grundakt das Empfangen, das Sich-beschenkenlassen, die Offenheit für Gottes Willen, die Bereitschaft, über sich von Gott verfügen und sich in seinen Dienst nehmen zu lassen. Die Weiblichkeit ist darum die grundlegende Dimension von Kirche.

In diese Weiblichkeit ist das Prinzip des Männlichen eingestaltet, verkörpert durch Amt, Institution, Hierarchie. Damit bestimmt die Spannung »männlich - weiblich«, »empfangend - aktiv wirkend« nicht nur die Heilsgeschichte, sondern auch das innerkirchliche Leben. Bereits zu Lebzeiten Jesu tritt als Antipode zum marianischen das petrinische Prinzip als das des Leitens und Verwaltens, des Amtes und der Institution. Maria und Petrus sind die beiden Realsymbole der Kirche[181], die ihr durch die Geschichte hindurch eingestiftet sind. Die beiden Pole, die sie repräsentieren, werden erneut sichtbar bei der Kirchengründung an Ostern im Wechselspiel zwischen den Aposteln und den Frauen am Grab, wo es nicht um private Rivalitäten, sondern »um die Ausbalancierung zwischen der Kirche als 'Braut' Christi und als hierarchischer Institution geht«[182]. In der Folge ist der Vertreter des Amtes »männlich«, insofern ihm eine aktiv wirkende und heilsvermittelnde Funktion zukommt, der Laie hingegen weiblich-empfangend, ohne daß damit Rangunterschiede verbunden wären.

Die Aufgabe von Amt und Institution ist es, den Herrn der Kirche zu repräsentieren: »Institution ist die Verbürgung der immerwährenden

---

[179] Für Balthasar ist das Geschöpf nicht das gestaltende Subjekt, das die Welt entwirft, sondern es steht der auf es eindringenden Welt in der Haltung der Offenheit und Rezeptivität gegenüber.

[180] Da die Haltung der Hingabe und des Gehorsams einerseits in Jesus Christus exemplarisch vorgeprägt, auf der anderen Seite aber nicht der Gottmensch, sondern Maria Urbild der Geschöpflichkeit wie auch der Kirche ist, stellt sich die Frage nach dem Verhältnis der Menschheit Jesu zu Maria. Dieses Problem wurde von Balthasar offensichtlich nicht erschöpfend geklärt.

[181] Der antirömische Affekt, 186.

[182] Theologie der drei Tage, 189.

Gegenwart des Bräutigams Christus für die Braut Kirche; sie ist deshalb Männern anvertraut, die, obschon zur umgreifenden Weiblichkeit der Kirche gehörig, aus ihr genommen und in ihr verbleibend, Amt und Funktion besitzen, den auf die Kirche befruchtend zukommenden Christus zu verkörpern.«[183] Das Institutionelle hat die Kirche beständig auf ihre Weiblichkeit und ihr Braut-Sein aufmerksam zu machen, indem es das Vorweg der Gnade signalisiert, das aller menschlichen Antwort geschenkhaft vorausgeht. »Daß Kirche als 'Braut' ihr Sein und Leben immerfort aus den Quellen des menschgewordenen Gottes erhält und nie sich selber verdankt, wird inkarnatorisch dadurch evident, daß das von Christus ihr eingestiftete Amt ihr die belebende Substanz (im Sakrament der Eucharistie) und das vergebende Wort (in der sakramentalen Absolution) zuspricht, daß also innerhalb ihrer 'Braut'-Gestalt die Opposition sich abbildet, die in ihrem Verhältnis zu Christus grundgelegt ist.«[184] Die Kirche bedarf des männlichen Amtes, um sich ihrer Weiblichkeit bewußt zu werden. Umgekehrt aber ist das Amt in die Weiblichkeit der Kirche eingebunden, weil seine grundlegende Haltung vor Gott keine andere als die bräutliche des Empfangens ist. Insofern ist es von seinem Wesen her nicht nur Repräsentation des Herrn, sondern auch des Braut-Seins der Kirche; das Petrinische ist »Transparenz nach außen der innern Bräutlichkeit«[185].

b. Der Primat des Weiblichen

Amt und Institution als das männliche Prinzip der Kirche sind in der umgreifenden Sphäre des Weiblichen verankert: »Die Kirche ist zuerst - und dieses Zuerst ist ein bleibendes - weiblich, ehe sie im kirchlichen Amt die ergänzende männliche Seite erhält. Weiblich ist die Kirche zuerst, weil ihr Erstes und Umfassendes ihr Sichverdanken ist, empfangend wie weitergebend.«[186] Weiblich ist sie, weil ihr grundlegender Akt der des Hörens, Empfangens, Aufnehmens, der Hingabe und Übereignung an Gott ist. Wo sie in dieser Weise »Gefäß« ist für Gott, da realisiert sich ihr eigentliches Wesen, nicht aber in ihrer Verwaltung[187]. In diesem Sinne ist das weibliche Prinzip die Grundlage aller kirchlichen Heilsvermittlung. Darum ist der Kleriker nicht »mehr« Kirche als der

---

[183] TD II/2, 325.

[184] Ebd. 326.

[185] H III/2,2, 91.

[186] Die marianische Prägung der Kirche, 276.

[187] SV, 382.

Laie, »weil die aktive Vermittlung instrumental, der passive Empfang dagegen endzwecklich ist und innerlich hingeordnet, ja wurzelhaft bereits eins mit der weiblichen Aktivität des Samentragens, Gebärens und Erziehens«[188]. Zu solch weiblichbräutlichem Empfangen ist auch das männliche Amt aufgerufen, das die Gnade nur weitergeben kann, weil es sie empfangen hat. Von ihm sind Gehorsam und die Übereignung an Gott in besonderer Weise gefordert, damit es »jenes besonders von Christus herausgeformte 'Formsein für die Herde'«[189] sein kann. Der marianische Grundakt des Empfangens und der Hingabe, des geschehenlassenden Glaubens und Hörens auf Gott umfängt Amt[190], Hierarchie und Sakrament und macht sie überhaupt erst möglich. Er ist konstitutiv für alles kirchliche Tun: »Das marianische Fiat ist umgreifende - in seiner Vollkommenheit uneinholbare, aber schützende und lenkende - Form für das ganze kirchliche Leben. Es ist die innere Gestalt der Communio, sofern diese weit mehr ist als ein menschliches Miteinander-Auskommen, vielmehr ein gegenseitiges unbegrenztes Raumgewähren in sich selbst.«[191]

Dem marianischen Prinzip kommt darum auch ein zeitlicher Primat zu: »Dieser weibliche, kirchliche Glaube ist der Schoß, der austragen kann und dem dazu die helfenden kirchlichen Funktionen eingestaltet werden. ... Die Funktionen der tragenden und gebärenden Kirche, nur in ihrem Schoße sind sie geborgen, eingebettet zwischen Empfang und Empfang.«[192] Darum existiert Kirche nicht erst mit der Berufung und Bevollmächtigung der Jünger, sondern seit dem Jawort Mariens. »Die verwirklichte Idee der Kirche steht am Anfang, alles Spätere, auch das Amt mit seinen Heilsfunktionen, ist demgegenüber sekundär, wenn auch nicht nebensächlich. ... In Maria ist die Kirche schon leibhaft, bevor sie in Petrus organisiert ist.«[193] Vor allem aber kommt der marianischen Dimension ein sachlicher Primat zu. Jesus hat die Kirche nicht ins Leere hinein gestiftet, sondern in den Glauben Marias und seiner Jünger. Darum gilt für den Anfang von Kirche: »Etwas an 'Braut' muß dasein, damit Jesus sich selbst, (seine Vollmacht-Schlüssel, seine Hirten-Liebe) ihr überantworten kann.«[194] Weil dieser Glaube nicht selbstän-

---

[188] Ebd. 166.

[189] Ebd. 108.

[190] Darum bildet das allgemeine Priestertum der Gläubigen, das für Balthasar in Maria grundgelegt ist, das Fundament für das Amtspriestertum (TD 3, 371).

[191] Der antirömische Affekt, 173.

[192] SV, 166.

[193] Die marianische Prägung der Kirche, 275f.

[194] TD II/2, 394f.

dige Leistung und Verdienst, sondern von der Gnade Gottes gewirkt ist, weist er jene Zirkelstruktur auf, die für jedes Miteinander von Gott und Geschöpf ihre Geltung hat. »So ist Kirche Christi immer zugleich beides: das, was in der Selbsthingabe Christi konstituiert wird und das, was dieses Konstituiertsein je-schon und je-neu vollziehen und ratifizieren muß: keiner dieser zwei Aspekte ist vom anderen trennbar. In dieser Verfaßtheit ist die Kirche (Ur-)Sakrament; sie empfängt ihr eigenes Wesen vom Wesen Christi her unfehlbar (*'ex opere operato'*), aber so, daß sie diesen Empfang als Subjekt (*'ex opere operantis'*) ratifiziert und damit sich selber vollzieht.«[195]

IV. Kirche als Vermittlung der Gestalt Christi

1. Die Kirche als Medium der Offenbarungsgestalt

Indem die Kirche in ihrer Antwort Jesus Christus gegenwärtig sein läßt, ist sie zugleich Medium der Offenbarungsgestalt[196]. Sie ist ihre Vermittlungsgestalt[197], »Ausprägung der Gestalt Christi im Medium derer, die ihm nachgefolgt sind, und die er als die Seinen bezeichnet«[198], »ein Relationalsystem ..., das in seiner Gestalt dann verständlich wird, wenn es auf plausible Weise die Größen, die durch das Medium hindurch vermittelt und verbunden werden müssen, zusammenbringt«[199]. In diesem Sinne ist sie Sakrament, das sacramentum mundi schlechthin, durch das der Welt die Christusgestalt präsent gemacht wird[200]. In diesem Sinne ist insbesondere das Amt Repräsentation Christi, haben die Symbole der Kirche »die Kraft einer Vergegenwärtigung der Gnade, die sie bezeichnen und enthalten«[201]. Als Sakrament hat die Kirche sich aber auch überflüssig zu machen, dann wenn bei der Vollendung der Welt die Gestalt Christi selbst sich offenbaren wird, denn dann wird

---

[195] Ebd. 395.

[196] Zum folgenden vgl. H I, 506-581: Die Vermittlung der Gestalt.

[197] Größere Eindeutigkeit als dem Medium Kirche ist der Heiligen Schrift zu eigen. Denn während die kirchlichen Strukturen prinzipiell dem menschlichen Mißbrauch ausgesetzt sind, ist sie vom Geist positiv inspiriert. Da die Schrift aber nur in der Kirche richtig verstanden und ausgelegt werden kann, lassen sich die beiden Größen nicht gegeneinander ausspielen (H I, 180).

[198] Ebd. 540.

[199] Ebd. 537.

[200] Neue Klarstellungen, 58. Von Balthasar bezieht sich bei seiner Rede von der Kirche als Sakrament ausdrücklich auf Karl Rahner (TL III, 328, Anm. 90).

[201] H III/2,2, 507.

das, woraufhin sie unterwegs ist, ohne Sakramente und Strukturen sein[202].

Wie sich für Karl Rahner Zeichenhaftigkeit und Vermittlungsfunktion der Kirche gegenseitig bedingen, so weist auch Balthasar eine Trennung von Offenbarungs- und Vermittlungsgestalt zurück. Eine solche Trennung macht er der protestantischen Theologie zum Vorwurf, dort wo sie die menschliche Vermittlung als ein bloß äußerliches oder gar von der Offenbarungsgestalt entfremdendes und sie verdunkelndes Moment auffaßt[203]. Umgekehrt lehnt Balthasar aber auch das andere Extrem ab, nämlich die Identifizierung von Offenbarungs- und Vermittlungsgestalt, wie sie in Bezug auf die Schrift in der frühen protestantischen Theologie vertreten wurde[204]. Er wehrt sich auch gegen die Vorstellung, daß sich zuerst die Offenbarung ereignet und dann, in einem quasi sekundären Akt, ihre Vermittlung stattfindet[205], da die Offenbarung erst dann wirklich Offenbarung ist, wenn sie in der Welt ankommt, von ihr aufgenommen und weitergegeben wird. Aus diesem Grund zählt für Balthasar die Vermittlung der Offenbarungsgestalt konstitutiv zur Offenbarung mit dazu.

Wo der Ansatz zum Verstehen der Kirche bei ihrer Gestalthaftigkeit und ihrer Transparenz auf Christus gewählt wird, erscheint die ekklesiale Vermittlung statisch; sie ist im Gestalt*sein* der Kirche gegeben. Balthasar reflektiert in diesem Kontext noch nicht die Dynamik menschlichen freiheitlichen *Tuns* - das im Rahmen der Ästhetik auch noch gar nicht zum Zuge kommen kann[206]. In der »Theodramatik« kommt dann mit der menschlichen Freiheit die Dynamik der Sendung mit ins Spiel, auf die später noch ausführlich einzugehen ist. Gnadenvermittlung ereignet sich unter diesem Gesichtspunkt nicht schon aufgrund des bloßen Daseins der Kirche, sondern in ihrem konkreten Tun. Die Problematik des ästhetischen Ansatzes liegt darin, daß Kirche, wenn sie ausschließlich unter dem Aspekt des Gestalthaften wahrgenommen wird, als statisch-geschichtslose und abstrakte, von den konkreten Personen losgelöste Größe erscheint. Balthasar steht hier vor

---

[202] H I, 583; H III/2,2, 475.

[203] H I, 507-509.

[204] Ebd. 511f.

[205] Ebd. 516.

[206] Der Vorwurf, in seinem Entwurf fehle das dynamisch-freiheitliche Moment begegnet vor allem in jenen Arbeiten, die, noch vor Vollendung der Trilogie geschrieben, sich nur mit Balthasars ästhetischem Ansatz befassen, wie z.B. E.Ortner: Geist der Liebe - Geist der Kirche, 251. Wir können diesem Vorwurf im Blick auf das Gesamtwerk nicht zustimmen, weil Balthasar die dynamische Perspektive in der Theodramatik und der Theologik aufgearbeitet hat.

derselben Schwierigkeit wie Karl Rahner: Wenn Kirche primär christologisch, d.h. im inkarnatorisch-gestalthaftem Sinn, verstanden wird, steht sie in allzu direkter Kontinuität zu ihrem Haupt Jesus Christus. Dies führt dazu, daß Kirche idealisiert[207], ihre Sündhaftigkeit, die ihr als menschlich-geschichtlicher Wirklichkeit zu eigen ist, hingegen übersehen wird. Erst wo die Geschichte der Kirche und ihr Charakter als Gemeinschaft von konkret handelnden Menschen herausgestellt wird, können ihre Defizienzen besser in den Blick kommen.

2. Die Institution als »Kristallisation der Liebe«

Im Kontext der Gnadenvermittlung kommt in der Theologie Balthasars dem Institutionellen besondere Bedeutung zu, das er angesichts der antiinstitutionellen Strömungen im Zuge der neuzeitlichen Freiheitsgeschichte neu zu begründen sucht[208]. Institutionen in der Kirche sind dem Glauben nichts Äußerliches oder Entfremdendes[209], sondern Verdichtungen des Gestalthaften[210]. Balthasar nennt Jesus Christus selbst »Institution« der Liebe Gottes, insofern diese sich in ihm verkörpert und bleibend verleiblicht. »So ist nicht erst die Kirche in ihrer Gliederung oder in ihren einzelnen Einrichtungen als Institution zu bezeichnen, sondern bereits ihr Prinzip, Jesus Christus selbst, sofern er als der Sohn des Vaters dieser einzelne Mensch ist und zugleich der, um den herum alles Heilsgeschichtliche zur Gestalt kristallisiert.«[211] Von der Christologie her legitimiert sich jegliche Institution als Verleiblichungsgestalt der Liebe und Gnade Gottes. In diesem Sinne versteht Balthasar die Institution als »kristallisierte Liebe« Gottes, »wie Wasser, das Eisform angenommen für eine Zeit: die Zeit des Winters bis zum Jüngsten Tag, die Zeit, da wir 'fern vom Herrn pilgern' und, von der Sündenwelt

---

207 Es trifft unseres Erachtens nicht zu, daß die ekklesiologische Idealisierung in einer heimlichen »Einheitsidee«, die Balthasars Gottesvorstellung bestimmt, zu suchen ist, für die die Würde und Freiheit des anderen und in Entsprechung dazu die plurale Meinungsvielfalt in der Kirche eine Schwierigkeit darstellt, wie E.Ortner, 253 behauptet. Vielmehr ist es Folge und Eigenart der Gestaltlehre, stärker die Ähnlichkeit anstatt die Unterschiede von Christus und Kirche in den Blick zu nehmen.

208 Zum folgenden vgl. besonders: Pneuma und Institution, in: PuI, 204-235; Charis und Charisma, in: SV, 319-331.

209 PuI, 283.

210 Zum Folgenden vgl. den bereits genannten Beitrag: H.U. von Balthasar/K. Hemmerle: Institution: geflohen und gesucht.

211 Ebd. 343.

noch nicht geschieden, der Zucht und unpersönlichen Strenge bedürfen.«[212]

Daß es institutionelle Objektivationen der Gnade und Liebe Gottes in räumlicher Weltgestalt gibt, ist zunächst weltbedingt[213], weil die Organisation des menschlichen Zusammenlebens auf Strukturen, Gesetze und Regeln angewiesen ist. Der eigentliche Grund für die unabdingbare Notwendigkeit von Institutionen ist jedoch die Sündigkeit des Menschen. Um des unverstellten, eschatologischen Charakters der Offenbarungsgestalt, des Ein-für-allemal der Fleischwerdung Gottes willen bedarf es unaufhebbarer, eindeutiger Zeichen der bleibenden Gegenwart Jesu Christi in der Kirche als etwas, »das ihn für die Glaubenden und Liebenden präsent macht, ohne daß man sich seiner auf magische Weise bemächtigen, sich an seiner göttlichen Freiheit vergreifen könnte«[214]. Nur wenn solche Eindeutigkeit gewahrt ist, kann ein jeder ohne Übergriff an der Ur-Gestalt teilhaben[215]. Bei Balthasar begegnet damit das gleiche Argument zur Begründung des Institutionellen wie bei Rahner. Institution, Amt und Sakrament sind »die Garantie Christi, daß seine Menschwerdungsgnade unverändert, unverkleinert, unangepaßt an die enge Subjektivität des Menschen in ihrer himmlischen, unerfaßlichen Fülle immerdar zur Verfügung steht«[216], daß die Herrlichkeit und Gerechtigkeit Gottes unversehrt durch menschliche Beschränkung und Sünde den Glaubenden zuteil wird. Ihr Sinn ist der des Korrektivs, ohne das die Kirche den Verführungen ihres eigenen Geistes ausgeliefert wäre. »Sie sind Schutzvorrichtungen, um die unmittelbare Gegenwart des Mysteriums Christi in jeder Gegenwart und an jedem Ort zu garantieren.«[217] Nur durch das Institutionelle ist die dauernde Gegenwart Christi in der Kirche verbürgt. Denn »das Ereignis (événement) der 'Geburt' der Kirche aus Christus ist ein dauerndes, jejetzt geschehendes, und die bleibende Amtsstruktur (institution) ist die Garantie für die Möglichkeit, jederzeit am ursprünglichen Geschehen teilzugewinnen.«[218]

Damit ist das Institutionelle »Funktion und Elongatur der Menschwerdung des Wortes Gottes, Werkzeug ihrer Werkzeuglichkeit, die selbst so transparent auf Gott ist wie die leiblichen Stimmwerkzeuge transpa-

---

212 SV, 335; vgl. 27, 36, 331; SC 443.

213 SV, 36.

214 Ebd. 53.

215 Ausführlich dazu Neue Klarstellungen, 52-57.

216 SV, 335.

217 Die Kirche ist Kommunion, in: LS 31 (1980) 97-105, 105. Vgl. Neue Klarstellungen, 56.

218 TD II/2, 326.

rent sind auf die mit ihnen artikulierte Sprache.«[219] Am deutlichsten sichtbar wird dies an der Wirkweise der Sakramente. Sie bilden das Kernstück der kirchlichen Ästhetik, weil Christus hier in einer aller subjektiven Schwankung überlegenen gültigen Gestalt vor uns tritt und sich uns einprägt[220]. Analoges gilt für das Amt: »Die Vermittlung des Amtes ist die Vermeidung der heillosen Möglichkeit, daß der Empfänger des Fleisches und Blutes Jesu oder seiner Reinigung im Wasserbad oder seiner Absolution ... auf keinen Umweg über die Heiligkeit, Gläubigkeit, Vollkommenheit eines Menschen angewiesen ist, sondern durch ihn - wie immer er subjektiv beschaffen sein mag - unmittelbar die sich anbietende Gnade des Herrn empfangen kann.«[221]
Insofern Balthasar die institutionelle Heilsvermittlung als Gestaltwerdung der Liebe Gottes versteht, ist sie für ihn zugleich Fortsetzung der Kenose Christi und damit Sichtbarmachung der Wirklichkeit des Kreuzes. Er konstatiert eine Analogie zwischen der Erniedrigung Christi in die Knechtsgestalt hinein und der Unterwerfung des einzelnen unter die Institution: »Das Eingehen des Sohnes Gottes in die Enge der von der Sünde Adams geschwächten Menschengestalt ist in der Tat vergleichbar mit dem Eingewiesensein der vom Heiligen Geist belebten Christen in die Enge der kirchlichen Institution; beide Unterwerfungen unter eine starre, nicht zu sprengende Gestalt haben, als Demütigung, einen soteriologischen Sinn.«[222] So wie Christus am Kreuz die Liebe des Vaters nur in der Verbergungsgestalt, als Forderung bis hin zur Überforderung und sein Wille als von ihm gesetzte Regel und unbegreifliche Norm begegnet[223], so wird das Fordern des Amtes in seiner Zuspitzung als äußerer, nicht einsehbarer Befehl, als »Kreuz« und Last erfahren. In besonderer Weise ist dies dort der Fall, wo Menschen in sündhafter Abkehr von Gott ihren eigenen Weg zum Heil suchen und in den Anweisungen des Amtes nur die nicht ihrer Erwartung entsprechende, von ihnen fordernde und sie herausfordernde »gesetzhafte Gestalt«[224] zu erblicken vermögen. So haben Amt und Institution die Funktion, für den Gläubigen die Wirklichkeit des Kreuzes zur Darstellung zu bringen, wo die Liebe Gottes in der Verhüllung in Erscheinung tritt. Das Ärger-

219 PuI, 351.

220 H I, 560.

221 H.U. von Balthasar/K.Hemmerle: Institution - geflohen und gesucht, 131.

222 PuI, 129; vgl. auch VC, 217.

223 Vgl. Die Kirche ist Kommunion, 103: Nach Balthasar nimmt am Kreuz die Liebe zwischen dem Vater und dem Sohn unpersönliche Züge an; »der Vater verbirgt sein Antlitz, damit die Forderung der Liebe nur noch wie ein absolutes Müssen, ein 'Gesetz', ein kategorischer Imperativ erscheine«.

224 PuI, 229.

nis des Institutionellen ist unentbehrlich, denn es ist die »Klammer, in die der Geist den Sünder nimmt, um ihn zu dem zu führen, was der Glaube, die Hoffnung, die Liebe eigentlich meinen.«[225] Das Amt verfehlte sich jedoch selber, würde es sich in erster Linie von seiner Autorität und Vollmacht her verstehen. Von ihm ist in besonderer Weise die Transparenz auf die Offenbarungsgestalt Christi hin gefordert; je größere Durchsichtigkeit es erlangt, um so größer ist seine Glaubwürdigkeit und die Legitimität, selbst von anderen den Gehorsam zu fordern. Auch dort, wo es als fordernde Autorität auftritt, hat es Ausdruck der göttlichen Liebe zu sein, »'Spalier' für den Aufstieg der personalen Liebe«[226]; nur unter dieser Bedingung kann umgekehrt der Gehorsam ihm gegenüber zum Ausdruck kirchlicher Liebe werden.

3. »Anima ecclesiastica«

Weil der Mensch nur durch die Kirche unverstellten Zugang zur Christusgestalt erlangt, ist Kirchlichkeit ein Grundzug christlicher Existenz: Die einzelne fromme Seele muß zur »anima ecclesiastica« werden[227]. Von Balthasar reflektiert dabei weniger die Frage, ob der Mensch nur auf diesem Wege das Heil erlangen kann und was mit jemandem geschieht, der die Kirchlichkeit seines Glaubens gezielt verweigert. Vielmehr geht es ihm um eine positive Darlegung der Bedeutung der Kirche für den Glauben. Kirchlichkeit gehört für ihn konstitutiv und nahezu selbstverständlich zum Glauben; sie wird von ihm nicht als Beeinträchtigung der persönlichen Glaubensfreiheit erfahren, sondern, im Gegenteil, als deren Ermöglichung.

Durch die kirchliche Disziplin, auch wenn sie bisweilen uneinsichtig bleiben mag, wird die durch die Sünde verstellte Freiheit erst zu sich selber befreit: »Dem Grundwillen des Deliquenten wird dadurch zum siegreichen Durchbruch verholfen, daß der entfremdete Wille zur Sünde ... zum Erliegen gebracht wird. Was wie Zwang erscheint, ist Funktion einer vom Kirchenglied grundsätzlich bejahten Erziehung zur

---

[225] Ebd. 229. - Vgl. dazu M.Kehl: Kirche als Institution, 306: »Weil die Gemeinde sich exzentrisch gebärdet, d.h. aus der Liebe der Kirche, aus ihrer Communio der gegenseitigen (eucharistischen) Hingabe herausbricht, muß sich auch das Amt exzentrisch zeigen, d.h. aus seiner eigentlichen Gestalt als Amt der demütig-dienenden Liebe herausgehen und als unerbittlich fordernde, formale Autorität auftreten, gerade um die Gemeinde wieder in die ursprüngliche Communio der Liebe einzugliedern.«

[226] TL III, 227.

[227] H I, 246; PuI, 144f. Vgl. auch den Beitrag: Die Kirche lieben: PuI, 162-200.

Freiheit.«[228] Die Bindung des Glaubens an die Kirche und die Einfügung in die Gemeinschaft der Glaubenden bedeutet eine notwendige Enteignung[229] seiner selbst, Verzicht auf die eigene Subjektivität und die Bereitschaft, seinen privaten Glauben in die größere Wirklichkeit der Kirche hinein objektivieren zu lassen, in der Einsicht, daß die »forma Christi« nur in der Form der Kirche gegeben ist. Auf diese Weise wird der einzelne vor einer ins Sektiererische abgleitenden subjektiven Charismatik und der bloßen Berufung auf die persönliche Gotteserfahrung bewahrt und seiner subjektiven Maßstäbe entwunden, »um sie dem Herrn der Kirche einzuhändigen«[230].

Die »anima ecclesiastica« ist dort gegenwärtig, wo »sich der Glaubende immer tiefer mit dem die Kirche als solche konstituierenden Glaubensakt an die Offenbarung Gottes in Christo« und damit mit der Kirche selber identifiziert[231]. Solche Identifikation ist nicht als Glaube »an« die Kirche mißzuverstehen, im Sinne der Über- und Hingabe an sie, wie er nur gegenüber Christus möglich ist. Der Kirchenglaube ist keine Übereignung an die Kirche, sondern ein »Zeichenglauben«[232] - der Glaubende glaubt nicht der Kirche, sondern nimmt ihr autoritatives Zeugnis über Christus an, um so Christus zu glauben[233]. Der Glaubende soll selbst Kirche zu werden, sie lieben »als die schon gegebene Wirklichkeit dessen, was in mir Sehnsucht, Anlage, Möglichkeit ist, als die Fülle dessen, was in mir jedenfalls nur partiell und einseitig vorhanden ist. So kehrt sich, wenn es um Wesen und Kern der Kirche geht, die Formel von der partiellen Identifikation geradezu um: ich, der Partielle, gelange zur totalen Identifikation mit mir selbst nur durch eine totale Identifikation mit der Kirche.«[234] Das »sentire cum Ecclesia« soll sich so zu einem »sentire Ecclesiae« wandeln. Dies schließt Kritik an der Kirche jedoch nicht aus, sofern sie aus Liebe zu ihr vorgebracht wird und sie nicht als Kirche in Frage stellt[235].

---

228 TD II/2, 397, Anm. 8.

229 H I, 328ff.

230 Die Wahrheit ist symphonisch, Einsiedeln 1972, 88.

231 Klarstellungen, 86.

232 H I, 203.

233 Ebd. 203: »Nirgends fordern die Glaubensboten den Glaubensakt des Gläubigen für sich ein, denn Glauben heißt alt- wie neutestamentlich sich ganz, mit Verstand, Wille und Herz, dem sich zuvor schon ganz hingebenden Gott unterwerfen.«

234 PuI, 197.

235 Ebd. 196ff.

4. Kirchlicher Gehorsam

Von Balthasar begründet den Gehorsam gegenüber der Kirche christologisch, als Nachvollzug des Gehorsams Christi[236]. Von seinen Jüngern, zuvor schon von Maria, schließlich von allen Christen wird der gottmenschliche Gehorsam in den mitmenschlichen hinein übersetzt[237]. Dieser ist ein Gebot an die ganze Kirche, nicht nur an die Laien[238]. So wie der Laie sich im Nachvollzug des Kreuzesgehorsams der amtlichen Institution unterwerfen muß, hat sich der Amtsträger in die Kreuzesgestalt des Amtes hineinverfügen und hineinpressen zu lassen, in der ständigen Bereitschaft zur Demut vor dem Herrn, um die Vollmacht seines Amtes ausüben zu können[239].

Wenngleich sich der kirchliche Gehorsam auf den Herrn selbst richtet und es ein »Moment des unmittelbaren Gehorsams jedes Christen an Gott in Jesus Christus«[240] gibt, ist der Gehorsam doch immer kirchlich bzw. hierarchisch vermittelt[241]. Alle Autorität in der Kirche hat die Aufgabe, den einzelnen in den Glaubensgehorsam gegenüber Christus einzuführen[242]. Gegen die Gehorsamsforderung der Institution ist keine Berufung auf das freie Wirken des Geistes möglich: »Sowenig die Weltveränderung, die Jesus herbeiführen wollte, in der Richtung auf eine Sprengung seiner Leiblichkeit ... ging, sowenig kann der Christ an den Stäben der Kircheninstitution rütteln, um durch deren Zerbrechen in die Freiheit des Heiligen Geistes oder der Kinder Gottes zu gelangen.«[243] Denn Schrift, Amt, Sakramente, Tradition, ja auch das Kirchenrecht, sind selbst vom Geist erfüllt und stehen im Dienste des Pneumatischen[244]. »Zwischen Pneuma und Institution besteht nur für den unvollkommenen menschlichen Blick eine Spannung, aus der Perspektive des Geistes sind sie ebenso zusammengehörig.«[245] Wie bereits in den

---

236 Die Verbindung zeigen vor allem: PuI, 133-162: Christologie und kirchlicher Gehorsam; sowie Gehorsam im Lichte des Evangeliums, in: Neue Klarstellungen, 128-144.

237 Neue Klarstellungen, 133.

238 Vgl. SV, 26: »Gehorsam ist nicht ein Attribut des 'Kirchenvolkes' allein, sondern das Attribut der Ecclesia als ganzer, lange vor ihrer Differenzierung in einen lehrenden und einen hörenden Teil.«

239 SV, 116 f; H I, 545.

240 Neue Klarstellungen, 128.

241 Ebd. 134. Das Zueinander von Unmittelbarkeit zu Gott und kirchlicher Vermittlung wird ansonsten von Balthasar kaum reflektiert.

242 PuI, 146. Vgl. auch den Beitrag über Autorität, in: Klarstellungen, 80-87.

243 PuI, 130.

244 Vgl. TL III, 294-330.

245 Ebd. 227. Vgl. dazu: PuI, 201-235.

Ausführungen über das Institutionelle angedeutet, leitet Balthasar den kirchlichen Gehorsam vom Kreuzesgehorsam Jesu her. Wie am Kreuz der Wille des Vaters von Jesus nur mehr als unbegreifliches Gesetz erfahren wurde, so können Institution und Amt dem Glaubenden Gehorsamsforderungen auferlegen, die ihm uneinsichtig und unvernünftig erscheinen mögen. Wie der Gehorsam Jesu am Kreuz überfordert wurde, so muß sich auch der Christ in der Kirche überfordern lassen[246]. Im Gehorsam gegenüber der Autorität der Hierarchie bildet sich der volle Gehorsam Christi gegenüber dem Vater ab.

Auf der anderen Seite aber ruft Balthasar auf zu Wachsamkeit und kritischer Überprüfung der kirchlichen Autoritäten. Daß sich in seinen Schriften geradezu konträre Aussagen feststellen lassen, darf nicht als Hinweis auf Inkonsequenz, Wankelmütigkeit oder Unklarheit des eigenen Standpunktes gewertet werden, sondern erhält seinen Stellenwert durch den jeweiligen Kontext[247]. Vertritt er auf der einen Seite die Legitimität eines uneinsichtigen Kadavergehorsams, lehnt er auf der anderen einen blinden, rein defätistischen Gehorsam ab: »Gehorsam als Vollzug der innersten bräutlichen Haltung der Kirche selbst Christus gegenüber wäre höchste Idee und Kern der Nachfolge: ecce ancilla. Gehorsam, von dieser innersten Haltung abgelöst (vielleicht mehr durch die befehlende als durch die gehorchende Instanz) und schlechthin als Werkzeug in den Dienst der Hierarchie als solcher gestellt, kann und muß Anlaß zu Mißbräuchen geben.«[248] Fordert Balthasar ein »sentire ecclesiae«, so kennt er auch die Möglichkeit der offenen Kontestation gegenüber der Kirche, die über die brüderliche Zurechtweisung eines Amtsträgers hinausgeht und deren Unterlassung feige Nachgiebigkeit wäre[249]. Die Möglichkeit zur Kritik an der Kirche ist begründet im unfehlbaren sensus fidelium der Gesamtkirche, der nicht in einem demokratisch-numerischen Sinne Geltung hat, der aber auch nicht immer mit dem amtlichen Glaubenssinn Hand in Hand zu gehen braucht. Die Kirchengeschichte hat gezeigt, daß der wahre Glaube sowohl vom Glaubenssinn des Kirchenvolkes durchgehalten wurde, »im

---

246 Neue Klarstellungen, 137.

247 Die jeweilige Intention ist darum genau in Rechnung zu ziehen. So müssen Balthasars Aussagen über Gehorsam und kirchliche Autorität in »Der antirömische Affekt«, der das Papsttum von der mitmenschlichen Konstellation um Jesus zu begründen sucht, vom Ansatz her zwangsläufig in eine andere Richtung zielen als »Schleifung der Bastionen«, das ausdrücklich mit der Absicht der Kritik an kirchlichen Mißständen verfaßt wurde.

248 SV, 139.

249 Neue Klarstellungen, 93, 137. Vgl. PuI, 154: Die Kontestation wird geradezu zur Pflicht, wo das Amt sein Selbstverständnis als Dienstamt einbüßt und seine eigene Verpflichtung zum Gehorsam gegenüber dem Evangelium vergißt.

Gegensatz zu einem wankenden und uneinigen Episkopat«[250], als auch durch ein paar wenige, die dafür unter Umständen das Martyrium auf sich nehmen mußten. Der sensus fidelium fordert die Mitverantwortung aller Kirchenglieder. Zwar kann und darf diese das Dienstamt nicht ersetzen oder ausschalten[251], doch ihr obliegt es, Amt und Hierarchie auf Einseitigkeiten oder Fehler in Verkündigung und Offenbarung aufmerksam zu machen und, wenn nötig, Kritik zu üben. Denn amtliche Autorität kann nur innerhalb der umfassenden Autorität des Kirchenvolkes fungieren. Die Möglichkeit zur Kritik ist letztlich begründet im Wirken des Geistes Gottes, der von der Institution zwar nicht getrennt werden kann, der andererseits aber auch nicht ausschließlich an sie gebunden ist. »Der *Gehorchende* hat kraft seiner Salbung durch den Geist die Möglichkeit, den Hinweis der kirchlichen Autorität auf die evangelische Norm mit dieser selbst zu vergleichen und unter Umständen eine solche Divergenz zwischen beiden festzustellen, daß sein kirchliches Gewissen ihn zwingt, die ihm einsichtige Norm des Evangeliums der konkreten Weisung der Obrigkeit vorzuziehen. Das ist sicherlich dort der Fall, wo der Befehl etwas schuldhaft von der Norm Abweichendes vorschreiben würde. Es ist aber dort nicht der Fall, wo das Amt etwas weniger Gutes vorschreibt, als was ich mir selber ausdenken möchte; einmal deshalb, weil ich nicht als Vereinzelter gehorche, sondern 'mit allen Heiligen zusammen', mein Gewissen somit immer seine kirchliche Dimension beachten muß, und ferner deshalb, weil der Gehorsam einer kirchlich - letztlich von Christus - eingesetzten Autorität gegenüber ein Gut ist, das schwerer wiegen kann als das Durchsetzen der eigenen noch so vorzüglichen Einsicht.«[252] Damit sind die Grenzen der Kritik und Kontestation in der Kirche vorgegeben: Ihr Sinn kann es nicht sein, die Amtskirche um eigener Interessen willen auszuschalten[253]. Kirchenkritik ist nur dort schöpferisch, wo man sich mit der Kirche identifiziert und sie nicht zu zerstören sucht, vor allem aber dort, wo der Betreffende selbst bereit ist, sich ständig zu prüfen, ob er im Glauben und in der Liebe steht[254].

Daß der Protest immer mit der Liebe zur Kirche gepaart sein muß, demonstrieren am besten die Heiligen. Gerade sie, die ganz und gar in der

---

250 Klarstellungen, 92.

251 Siehe dazu: Mitverantwortung, in: Klarstellungen, 87-93.

252 Neue Klarstellungen, 136f.

253 Vgl. Klarstellungen, 90: »Unmöglich kann die Basis unter Umgehung der dienstamtlichen Funktionen sich selber ein ihr passend scheinendes Evangelium und entsprechendes Aktionsprogramm vorzeichnen und befolgen suchen.«

254 Vgl. dazu auch: Die Wahrheit ist symphonisch, 124-130.

Kirche beheimatet sind, fühlten und fühlen sich vielfach angerufen, gegen die empirische, hierarchische Kirche im Namen des Evangeliums Stellung zu nehmen, ohne deswegen ihre Fundamente in Frage zu stellen. »Während im Kirchenvolk von unten (der 'Basis') her kontestiert wird, kann es sein, daß der Heilige es von oben (von der 'Spitze', die sendungshaft an Christus rührt) tun muß.«[255] So verwirklichen die Heiligen Gehorsam und Widerstand zugleich. Sie lassen sich durch die Mediokrität der Kirche nicht abhalten, mit ihr solidarisch zu sein, nicht zuletzt deswegen, weil sie in Demut wissen, daß sie ohne Kirche den Weg zu Gott nicht finden[256].

5. Der Sinn aller Vermittlung: das christliche Leben

Institutionen, Strukturen, Amt und Hierarchie haben ihren Sinn nicht in sich, sondern erhalten ihn zu dem Zweck, daß die Gnade den einzelnen Menschen erreicht. In diesem Sinne ist ihre Bedeutung immer relativ; sie sind keine absoluten Größen, sondern sind darauf ausgerichtet, sich selbst überflüssig zu machen[257]. Denn sie sind nichts anderes als »ein Mittelhaftes und Instrumentales, und selbst die Mitteilungen Gottes in den christologisch-kirchlichen Gnaden sind nicht Selbstzweck, sondern abgezweckt auf deren Empfänger; erst die Erreichung der realen menschlichen Personen, ihre Durchdringung und Erhebung zu Gliedern des mystischen Hauptes kann als das Ziel und der Sinn der ganzen formellen Struktur und der sakramentalen Gnade gelten und konstituiert somit erst 'die Kirche'.«[258] - »Das Amt ist Mittel, das kirchliche Leben ist Zweck.«[259]

In diesem Zusammenhang unterscheidet Balthasar innerhalb der Kirche drei Ebenen[260]: Die erste, innerste und dabei überamtliche bzw. übersakramentale Ebene der Kirche »ist ihr ewiger und geschichtlicher Entstehungsgrund, wo sie selber wird und wo sie allem in ihr zum Schoß wird«[261], also der Ort der Menschwerdung, in den auch Maria mit hineingehört. Die zweite Ebene ist die zuvor beschriebene amtlich-hierar-

---

[255] PuI, 286.

[256] Klarstellungen, 189.

[257] Vgl. TD II/2, 405: »Am Ende der Welt schwindet die unpersönliche Institution, um nur das lebendige Sakrament: den fleischgewordenen Sohn Gottes übrigzulassen.«

[258] SV, 164.

[259] H I, 206.

[260] SV, 332-348.

[261] Ebd. 332.

chische, die des Institutionellen. Die dritte - entscheidende - Ebene aber ist für Balthasar in ihrem Wesen »unteramtlich«, insofern hier der Unterschied zwischen Priestern und Laien aufgehoben ist. Es ist die des christlichen Lebens, das im »unmittelbaren Austausch zwischen Gott und seinem Geschöpf«[262] gründet, auf den alle Gläubigen zustreben. Erst in der Ausrichtung auf dieses Ziel erhalten sämtliche Institutionen in der Kirche ihren Sinn.

V. Heilsvermittlung als Sendung

1. Die Einheit von Empfang und Vermittlung

a.Gnade und Sendung

Heil, Gnade, Rechtfertigung erschöpfen sich für Balthasar nicht im Geschehen von Wort und Antwort, Gnadenangebot und Empfang in der Begegnung zwischen Gott und Mensch. Wäre dem so, dann wäre das Heilsgeschehen ein isoliertes, in sich verschlossenes, ja geradezu solipsistisches Geschehen, in dem die Mitmenschlichkeit ausgeblendet bliebe; dann wäre auch die Rechtfertigung ein rein individueller Akt. Nach dem Willen Gottes soll jedoch die verliehene Gnade für den anderen fruchtbar werden, denn sie ist nicht nur Gabe, sondern auch Aufgabe, Auftrag zum Wirken. Die Gnade trägt darum die Ausrichtung auf den anderen in sich; sie meint nicht nur die betreffende Person, sondern die Welt im ganzen mit[263]. Deutlich wird dies in der Taufe, die kein privates Geschehen ist, sondern »eine Gnade, in die man andere einbeziehen kann«[264], sowie in der Hinordnung der Taufe auf die Firmung, die den Auftrag zum Wirken enthält. Ebenso vermitteln die übrigen Sakramente die Selbstgabe Christi mit dem Zweck, »den Einzelnen in die Sendung der Kirche einzubeziehen«[265].
Mit jeder Gnade wird eine Sendung verliehen, in der sie für die Mitmenschen zur Wirkung gebracht werden will[266]. Der Begriff der Sen-

---

262 Ebd. 422.

263 HC, 152.

264 TD III, 436.

265 TD II/2, 395. Dies gilt vor allem für die spezifischen Standesgnaden, die in der Berufung zu Amt, Ehe oder den Räten verliehen werden. Vgl. dazu Christlicher Stand, Einsiedeln ^{2}1981, v.a. 178ff.

266 SC, 309.

dung[267] gehört in das Zentrum von Balthasars Gnadenlehre und Ekklesiologie, denn hier realisiert die Kirche ihr Wesen. Sendung ist nichts anderes als ein Aspekt der Gnade, denn »es ist die Gnade selbst, die sich im persönlichen Charisma, in der Sendung des Glaubenden zu einer personalen Lebensform gestaltet, um die Anlagen und Eigentümlichkeiten des Einzelnen darin zu verwerten«[268]. Der Begnadete ist darum immer zugleich der von Christus Beanspruchte[269]; im Jawort des Glaubens bekundet er nicht nur seine Übereignung an Gott, sondern zugleich seine Bereitschaft zum Empfang der Sendung[270]. Die marianische Kirche ist darum immer zugleich die apostolische, zu den anderen gesandte und in diesem Sinne gnadenvermittelnde Kirche. Diese Sendung auszuschlagen ist Sünde: Der schwere Sünder ist der, der alle Gnade für sich absorbiert, ohne etwas davon weiterzugeben, ohne sie Frucht bringen zu lassen[271]. Rechtfertigung bedeutet auf diesem Hintergrund nicht nur Vergebung der Sünden und ein neues Verhältnis zu Gott, sondern ist »tiefer, wesentlicher und gnadenvoller die Ausstattung des Gliedes mit der Sendung, dem Auftrag, dem Leben, Wirken und Leiden des Hauptes selbst. Das und erst das ist die volle Gnade, das höchste Dürfen; das und erst das ist die Kommunion von Bräutigam Christus und Braut Kirche im Mysterium der erlösenden Fruchtbarkeit.«[272]

Die Akzentuierung des Sendungsgedankens, der mit dem der Heilsvermittlung für andere identisch ist, setzt freilich nicht die sachliche wie zeitliche Priorität des Empfangens als Grundakt der Kirche außer Kraft: Die Kirche kann nur in dem Maße die Gnade vermitteln, in dem sie sie empfängt[273]. Als Verwalterin und Spenderin der Gnade bleibt sie doch immerfort deren Empfängerin. Nur aufgrund des Vorweg ihrer Heiligkeit in Amt und Sakrament kann die Kirche selbst heiligend wirken. Sie spendet darum die rechtfertigende Gnade nicht in einer von Christus abgelösten Selbständigkeit, sondern in Abhängigkeit von ihm:

---

267 Balthasar entwickelt den Sendungsgedanken vor allem in TD II/2, 136-259.

268 Karl Barth, 395. Jeder Mensch erhält die Gnade wie den damit verbundenen Auftrag personal-unmittelbar von Gott (vgl. PuI, 153).

269 Die marianische Prägung der Kirche, 268.

270 Vgl. auch SC, 334: »Die Wendung des Menschen im reinen Glauben zu Gott hat seine notwendige Ergänzung in der Wendung des Einzelnen zur Gemeinschaft der christlichen Kirche.«

271 Neue Klarstellungen, 62.

272 H.U. von Balthasar: Augustinus: Das Antlitz der Kirche, Einsiedeln-Köln 1942, 46.

273 Vgl. TD II/2, 400: Die Kirche ist sich bewußt, daß sie ihre Sendung »nur im empfangenen und immer tiefer angeeigneten Pneuma Christi sachgemäß ausüben kann. Diese Aneignung aber erfolgt durch ihr inneres, mysteriales Leben: durch ihr Sterben und Auferstehen mit Christus, durch betendes, betrachtendes Hören seines Wortes«.

»die Kirche wirkt ihn und das Seine; er aber *läßt* sie dies wirken.«[274] Der Konnex von Empfang und Vermittlung in der Sendung macht die grundlegende Struktur christlicher Existenz aus. Exemplarisch realisiert ist dieser Zusammenhang in Maria. Auch ihr ist eine ganz spezifische Sendung zu eigen, die als weibliche der männlichen des Sohnes entspricht: Sie ist nicht nur die Empfangende, die Jungfrau, die sich Gott ganz zur Verfügung stellt, sondern zugleich Mutter[275] - Jungfrau, um Mutter zu werden[276]. Denn ihre Jungfräulichkeit, die nicht Verschlossenheit und Sterilität bedeutet, sondern grenzenlose Offenheit, wird die Grundlage ihrer Mutterschaft, die Voraussetzung, daß sie selbst fruchtbar und damit in höchstem Sinne aktiv werden kann.

b. Zum Charakter der Sendung

In der Sendung realisiert sich das eigentliche Wesen von Kirche: »Ihr Sein ist primär und unmittelbar Sendung«[277]. Sie »findet zu Gott und zu sich selbst nur im Ausüben ihrer Sendung, durch Selbstdarstellung der christlichen Liebe in den weltlichen Ordnungen. Mit Lehren und Sakramentespenden ist längst nicht alles getan: beides ist Mittel zum Zweck der Verwirklichung; auf diese kommt alles an.«[278] Der Ursprung aller Sendung ist die Sendung des Sohnes[279] und des Heiligen Geistes. Sie will durch die Kirche weitergeführt werden in der Geschichte, wiewohl sich die Sendung der Kirche grundlegend von derjenigen Christi unterscheidet. Sie ist, ermächtigt durch ihn, Teilhabe an seiner universalen Sendung, Verlängerung des Übergangs der innergöttlichen »processiones« in die »missiones« der Welt[280]. Die gesamte Heilsgeschichte baut auf dem Prinzip der Sendung auf, angefangen bei Abraham, gefolgt vom Gesendet-Sein Israels zu allen Völkern, im Neuen Bund fortgeführt erst durch Maria, dann durch die »Säulen« Petrus, Paulus, Johannes und Jakobus, die Zwölf und schließlich durch die ge-

---

[274] Ebd. 396.

[275] Ausführlich zur Mutterschaft Marias TD II/2, 267ff; TD IV, 428 ff. Mit seinen Ausführungen knüpft Balthasar gezielt an die des 2.Vatikanums an, geht aber noch weit über sie hinaus.

[276] Christlicher Stand, 164; SV, 347.

[277] SC, 219.

[278] TD II/2, 220.

[279] Balthasar entwickelt in TD II/2, 136-240, seine christologische Konzeption nunmehr unter dem Stichwort der Sendung anstelle von »Gestalt«.

[280] PuI, 351.

samte Kirche, durch Amtsträger wie Laien. An sie appelliert Balthasar in besonderer Weise, das Feld ihres Apostolates zu entdecken[281].
Durch die Verwirklichung seiner Sendung wird der Mensch erst zur Person im theologischen Sinne[282], so wie er erst durch die Christusbeziehung einen Namen erhält. Auf diese Weise »können geschaffene Geistsubjekte zu theologisch relevanten Personen, zu Mitspielern im Theodrama werden. Sie können diesen Spiel-Raum nicht eigenmächtig betreten und noch weniger, einmal darin eingelassen, sich selbst ihre theologische Rolle auswählen; aber der Raum ist, wie gezeigt, ein durch Christus Freiheit in Gott gewährender, und die vom freien Gott ergehende Erwählung, Berufung, Sendung, falls sie in Freiheit bejaht und übernommen wird, ist die höchste Chance des Menschen, sich zu personalisieren, seines eigenen Grundes oder seiner eigenen, sonst unfindbaren Idee mächtig zu werden.«[283]
Vor allem aber wird der einzelne durch die Wahrnehmung der Sendung entprivatisiert in den Raum der Kirche hinein, ohne deswegen entpersonalisiert zu werden; seine Personalität wird vielmehr ins Universale und Solidarische ausgeweitet[284]. Der Glaubende wird zum homo ecclesiasticus: »In dem Maße, als einer in Christus Person wird, gewinnt er auch in sich kirchlichen Raum, um andere in sich hineinzubergen.«[285] Sendung eröffnet Gemeinschaft, weil jeder Gesandte in sich einen Gemeinschaftsraum trägt, der sich mit dem anderer durchdringt. »Was so durch den kirchlich verteilten pneumatischen Leib Christi in jedem Partizipierenden entsteht, ist nicht nur Gliedsein an der Gemeinschaft Kirche, sondern Kirchlichkeit selbst«[286], ist nicht nur Neben-, sondern wirkliches Mit- und Füreinander, Pro-existenz im Sinne der Proexistenz Christi und Marias.

---

281 Vgl. TD II/2, 221-225. - Balthasar lehnt die in der mittelalterlichen Theologie und der Zeit der Gegenreformation entstandene Vorstellung ab, die Gläubigen bildeten nur das materiale Element und die »Ausfüllung« der eigentlichen Kirche, nämlich ihre festgelegten Strukturen und Institutionen (SV, 162).

282 TD II/2, 482.

283 Ebd. 241.

284 Ebd. 249: »Ein menschliches Geistsubjekt wird, indem es theologisch durch einmalige Berufung und Sendung zur Person wird, gleichzeitig entprivatisiert, sozialisiert, zu einem Raum und Träger von Gemeinschaft gemacht.«

285 Ebd. 482.

286 Ebd. 258.

2. Die Universalisierung der Gnade in der Geschichte

Die Annahme der aufgetragenen Sendung gewährleistet die Weitergabe und Universalisierung der rechtfertigenden und heiligenden Gnade, die am Anfang allein in Maria verwirklicht ist. Anders als Rahner kennt Balthasar, obgleich auch er vom universalen Heilswillen ausgeht, nicht die im übernatürlichen Existential jedem Menschen geschenkte und jeder persönlichen Entscheidung vorangehende universale Begnadung, die dann vom einzelnen im expliziten Bekenntnis eingeholt werden muß. Am Anfang von Kirche steht nicht die universal begnadete Menschheit, sondern die einzelne begnadete Frau, Maria, von der aus sich die Gnade Gottes über den Weg der Sendung ins Universale ausweiten und Kirche so erst entstehen muß. Die Exklusivität Marias ist ausgerichtet auf eine umfassende Inklusion, indem sich wie von einem Punkt, oder besser: wie von einer Quelle aus, die Gnade auf dem Weg der Sendung in der Menschheit verströmt. Die »Gnadenstraße«[287], die der Vater in Maria gebaut hat, damit der Sohn nicht in eine widergöttliche Welt hinausgestoßen werde, muß in vielfältiger Weise weitergebaut werden, damit Gott sein für die ganze Welt geplantes Erlösungswerk durchführen kann, damit sich die Offenbarungsgestalt Jesu Christi in der Geschichte ausprägen und den Menschen angestaltet werden kann. Die Sendung aller Glaubenden wurzelt in der einzigartigen, fundamentalen Sendung Marias[288]. Sie eröffnet den Raum für die vielgestaltigen Sendungen in der Geschichte der Kirche, amtliche wie nichtamtliche, männliche wie weibliche, sichtbare wie unsichtbare. Ihr Ziel ist der Überschritt aus der Geschlossenheit ins Universale, der seinen Anfang nimmt mit dem Überschritt von der nationalen Religion Israels zur Botschaft an die gesamte Menschheit[289]. Entsprechend ist die Bewegung der Kirche wesenhaft zentrifugal, im Unterschied zur zentripetalen Israels. »Die Erlösungsbewegung im Neuen Bund ist nicht die der Sammlung, sondern die eucharistische der Verströmung: die Bewegung Jesu, der sich aus seiner Selbstverteilung an die Welt, die zugleich sein sühnendes Vergossenwerden an sie ist, nicht mehr zurücknimmt.«[290] Erst wenn die Universalität der Gnade erreicht ist, ist die Fleischwerdung des Wortes, die für den Sohn mit der Rückkehr zum Vater abge-

---

287 SV, 334.

288 Vgl. TD II/2, 256: »Diese personale Sendung, die an der Quelle aller innerkirchlichen Universalität steht, ist einzigartig und umgreift die genannten ekklesialen Sendungen.«

289 Vgl. dazu H III/2,2, 456.

290 PuI, 267.

schlossen ist, auch für die Kirche bzw. die Menschheit wirklich geschehen[291].

3. Kirche und Welt

In Christus, der gekommen ist, die ganze Welt zu erlösen, ist die Diastase von sichtbarer Kirche und Welt aufgehoben[292]. »Kirche ist nichts in sich Abgeschlossenes in der Welt und neben der Welt, sondern Einströmen des Lichtes Christi in die noch unerlöst scheinende Geschichte und Schöpfung, Teilnahme an seinem Tragen der Weltschuld, aber zugleich feiernde Verkündigung seines Bereits-getragen-habens der ganzen Schuld.«[293] Die der Kirche aufgetragene Sendung zum Zweck der Universalisierung der Gnade impliziert ihre Transzendenz und Dynamik auf die Welt hin[294]. Von daher steht die Kirche in einer doppelten Transzendenzbewegung, in der Überschreitung auf Gott und auf die Welt[295]. Sie ist missionarisch auf die Welt hingeordnet, der sie die Heilsbotschaft nicht nur äußerlich predigen, sondern in die sie wie der Sauerteig eindringen soll. In der Öffnung auf die Welt liegt ein entscheidender Unterschied zur Sendung Israels: die des neuen Bundes ist ihrem Charakter nach eindeutiger, da die Schranke des Volkes aufgehoben wird und die Kirche weiß, daß auch der rein weltliche, nichtkirchliche Bereich Jesus Christus angehört[296]. In diesem Sinne sollen die Christen als die »'Herolde' der Allversöhnung«[297] und Rechtfertigung fungieren. Entscheidend ist dabei nicht, daß die Menschen die Zugehörigkeit zur sichtbaren Kirche finden - und dies ist erstaunlich angesichts der starken Gewichtung der sichtbaren Kirche in der Theologie Balthasars - sondern daß sie zum Glauben kommen und im Geist leben: »Die Neugeburt ist nicht einzig das Sakrament, sondern der Glaube.«[298]

---

[291] TD II/2, 34.

[292] Zum folgenden vgl. TL III, 234 ff.

[293] H I, 509.

[294] TD II/2, 400ff.

[295] Vgl. auch H III/2,2, 507: »Kirche hat Gestalt nur, um sich je zum Übergestaltigen der Welt zu übersteigen.«

[296] TD II/2, 258.

[297] TL III, 345.

[298] TL III, 236.

4. Die kommuniale Dimension von Heil und Rechtfertigung

a. Stellvertretung und Verantwortlichkeit für das Heil des anderen

Der Auftrag zur Sendung schließt die Sorge und Verantwortung für das Heil und die Rechtfertigung der Mitmenschen ein. Kein Mensch kann den anderen rechtfertigen, doch die Glaubenden sind in ihrer Rechtfertigung zur »Mitverteilung von Gnade«[299] aufgefordert. Sie sind dazu bestimmt, füreinander einzustehen und den anderen in den Bereich der rechtfertigenden Gnade hineinzuziehen, nicht so, als ob angesichts der Übermacht der Stellvertretung es der Zustimmung und Umkehr des Sünders nicht mehr bedürfte, »nicht so, daß ein Mensch in eines andern Menschen Identität unmittelbar eindringen könnte, sondern so, daß er sich gemäß den Gesetzen der Communio Sanctorum für andere Menschen (vielleicht auch für ganz bestimmte) Gott zur Verfügung stellt: in einem Für-Bitten, Für-Leiden, Für-Sein.«[300] Im Alten Bund bestand noch nicht die Möglichkeit, »im Nächsten den Sohn Gottes selbst zu erkennen und so die Hingabe an die göttliche Sendung gleichzusetzen der Hingabe an das menschliche Du.«[301] Im neuen Bund hat das Eingehen Christi in die Menschheit eine durchgehende Permeabilität der Mitwelt auf Christus hin zur Folge. »Dadurch entsteht etwas anthropologisch vollkommen Neues: ein Für-einander-Können nicht nur in äußeren Taten, wodurch einer dem anderen eine Last abnimmt, sondern 'innendurch', wobei einer in der Eucharistie Christi ein Mittragender fremder Schuld oder Behinderung werden kann.«[302]

Das Grundgesetz der Erlösungsordnung und der Rechtfertigung ist darum das der Stellvertretung[303]. »Kirche, in ihrem reinen Kern, ist mitstellvertretend. Sie ist nicht für sich, sondern für die Welt da. Sie vermittelt ihr ihren Herrn; durch die Predigt, aber viel tiefer durch ihren Verzicht, ihre Selbstlosigkeit, ihr ganzes Sein.«[304] Im stellvertretenden Tod Christi und in Maria, die ihr Jawort stellvertretend für das ganze Menschengeschlecht spricht, ist der Grundstein dafür gelegt. »Stellvertretung« als »Erwählung für die Unerwählten«[305] bedeutet, daß Heil, Gnade, Rechtfertigung eine zutiefst kommuniale Dimension ha-

---

[299] Christlicher Stand, 339.

[300] TD II/2, 248, Anm. 5.

[301] Christlicher Stand, 340.

[302] TD II/1, 376.

[303] SV, 334; vgl. dazu: Über Stellvertretung: PuI, 401-409.

[304] SV, 440.

[305] Ebd. 334.

ben, daß im Heil einer für den anderen Verantwortung trägt, ohne ihm die personale, freiheitliche Entscheidung für Gott abnehmen zu können. Weil menschliche Freiheit nicht ohne Bezug zu den Freiheiten und Entscheidungen anderer ist[306], hat ein jeder am Geschick seiner Mitmenschen Anteil, jeder wird vom anderen affiziert und kann umgekehrt auf seine freiheitlichen Entscheidungen einwirken. »Kirche als Heilswirklichkeit ist sowohl vertikal (zwischen Himmlischen und Irdischen) wie horizontal (zwischen den auf Erden Lebenden) eine unabsehbare Gemeinschaft von füreinander Einstehenden.«[307] Archetypisch vorgeprägt ist solche Gemeinschaftlichkeit innertrinitarisch im Füreinandersein der drei göttlichen Personen, heilsökonomisch in der Hingabe des Sohnes an die Welt, die das Sakrament aller communio ist[308]: »In der durch die ewige Communio des Sohnes vermittelten Gemeinschaft sind alle restlos füreinander offen und verfügbar.«[309] - »Wir sind im Herzen des unergründlichen Mysteriums der 'Austauschbarkeit' aller geistigen Güter im Haushalt und Blutkreislauf des mystischen Leibes Christi. 'Leidet ein Glied, so leiden alle Glieder mit; wird ein Glied geehrt, so freuen sich alle Glieder mit' (1 Kor 12, 26). Dies nicht nur in einem äußerlichen Sinn der Beziehung von nebeneinander für sich bestehenden Größen, sondern in dem eines Füreinanderseins und Füreinanderkönnens vor Gott. Die Buße des einen kann dem andern die Gnade der Umkehr erwirken«[310] - und die Rechtfertigung des einen dem andern zur Gnade werden und ihm das Gericht erleichtern. Mitzuhelfen, daß Menschen vom Gericht befreit werden und in die Erlöstheit eingehen, ist für Balthasar ein urkatholisches Anliegen. Er bemängelt, daß »gewisse Konfessionen« - womit unbezweifelbar auch die protestantische gemeint ist - in der Sorge um das persönliche Heil seine kommuniale Dimension zu vergessen scheinen[311].

Die Bereitschaft zu gemeinschaftlicher Mitverantwortung und Stellvertretung im Heil setzt voraus, daß im anderen Menschen Christus selbst begegnet. Er ist nicht nur der Mitmensch, sondern »der Bruder, für den Christus starb«[312] (1 Kor 8,11; Rö 14,15). Dadurch erhält er einzigartige Bedeutung: Er wird zum Sakrament der Gottesbegegnung, das nicht im

306 PuI, 405. Wie Rahner stellt Balthasar heraus, daß die Menschen vermittels ihrer Leiblichkeit miteinander kommunizieren können.

307 HC, 156.

308 TD III, 443.

309 Ebd. 445.

310 PuI, 440.

311 Ebd.

312 Siehe dazu: »Der Bruder, für den Christus starb«, in: LebZeug 25 (1970) 16-27; H III/2,2, 407-454; Die Gottesfrage des heutigen Menschen, Wien 1956, 205-223.

abgegrenzten Raum der Kirche, sondern im Alltag empfangen wird. Die sakramentale Transparenz des anderen auf Christus und den Vater hin eröffnet seine grundlegende Positivität und Bedeutung im Heilsgeschehen[313]. Im Bruder nimmt Gottes Liebe Menschengestalt an, ist Gott selbst gegenwärtig. Den anderen zu lieben, zusammen mit Gott und nicht »dahinter« oder an seiner Stelle, ist darum Christi Gebot.

b. Die Bedeutung des einzelnen

Die Stellvertretung im Glauben kann und soll weder den einzelnen aus der ihm auferlegten Verantwortung entlassen noch die in Freiheit getroffene personale Glaubensentscheidung ersetzen. Stellvertretung schaltet die Freiheit des anderen nicht aus, sondern will sie, da wo sie durch die Sünde verstellt ist, überhaupt erst möglich machen[314]. In seiner letzten Entscheidung kann der Mensch nicht durch andere vertreten werden, sondern ist als einzelner vor Gott gestellt. Denn: »Nicht über die Gemeinschaft mit den Kirchengliedern tritt der Christ in die Gemeinschaft mit Christus ein, sondern umgekehrt: im personalen Bekenntnis und Verhältnis des Einzelnen zu Christus tritt dieser in die Gemeinschaft seines mystischen Leibes ein.«[315]
Der einzelne steht am Anfang der Kirche[316]: Christus, Maria, die Jünger. Durch die Geschichte hindurch rekrutiert sich die Kirche aus den vielen einzelnen, die in der Nachfolge Christi leben[317]. In außerordentlichen und Krisensituationen kann sie durch einzelne - oftmals die Heiligen - repräsentiert werden. Mit dieser Vereinzelung geht eine Einsamkeit einher, die allen Gestalten der Heilsgeschichte zu eigen ist: Jesus am Kreuz, Maria bei der Verkündigung, den Zwölfen, wenn sie in der Welt geächtet werden. In dieser Einsamkeit wird deutlich, daß das Be-

---

[313] Ausführlich dazu TL II, 40-60. Die Positivität des anderen ist letztlich trinitarisch begründet, in der Zeugung des Sohnes durch den Vater, in der durch dessen Selbstpreisgabe der Sohn als der andere entsteht (TD IV, 71-74).

[314] In diesem Sinne ist auch das für die ganze Menschheit gesprochene stellvertretende Jawort Marias nicht Ersatz, sondern Anfang, der sich je neu ereignen will, indem sich Menschen in ihrer Freiheit je neu von Gottes Anruf ergreifen lassen.

[315] TD II/2, 411. Auf den ersten Blick scheint diese Aussage im Widerspruch zu stehen zu Balthasars Ausführungen über die Bedeutung der kirchlichen Heilsvermittlung, über Stellvertretung und Mitverantwortlichkeit im Heilsgeschehen. Wird Heilsvermittlung von Balthasar also doch individualisiert und die Kirche zu einem sekundären Faktor erklärt? Wir meinen, daß die betreffende Äußerung nicht einen Widerspruch, sondern eine komplementäre Ergänzung darstellt, mit der Intention, die Bedeutung des einzelnen in Kirche und Heilsgeschichte herauszustellen.

[316] Zum folgenden vgl.: Der Einzelne: TD II/2, 411-426.

[317] Daß Kirche sich auf diese Weise konstituiert, widerspricht nicht der Tatsache, daß sie als Wirklichkeit den einzelnen Gliedern vorangeht (TD II/2, 416).

kenntnis zu Gott letztlich immer nur personal, in der »Einsamkeit vor Gott« verantwortet werden kann. Durch die persönliche Anrede Gottes, durch Berufung und Sendung wird der einzelne zur Person im theologischen Sinne und damit zum »qualitativ Einmaligen«[318], dessen Einmaligkeit von Gott selbst herrührt. Solche Einmaligkeit ist keine private Auszeichnung, sondern Auftrag, sie ins Universale auszuweiten und in den Dienst der Gemeinschaft zu stellen. »Deshalb ist der Einzelne, der mit einer einmaligen Gabe von Gott her ausgezeichnet ist, auch tiefer in die Gemeinschaft hinein enteignet und ihr pflichtig.«[319] - »In der Reziprozität von Einmaligkeit der Person und Einmaligkeit ihrer Hingabe an die Gemeinschaft wird der christliche Rhythmus zwischen Individuum und Gemeinschaft zu einem realen Gleichnis des innergöttlichen trinitarischen Lebens, eingezeichnet in die Strukturen der geschöpflichen Individuum-Gattung-Spannung.«[320]

c. Menschliche Mitwirkung in der Erlösung?

Wo Menschen im Heil füreinander eintreten, kommt ihnen eine Mitwirkung im Erlösungsgeschehen zu, ohne daß dadurch die alleinige Erlösungsmacht Jesu Christi beeinträchtigt würde. Es würde der Solidarität Jesu widersprechen, sein Heilswerk exklusiv, unter Ausschluß des Menschen durchzuführen und in seine eigene Exklusivität, die ihm als Gottessohn zukommt, nicht ein Moment der Inklusivität und der menschlichen Mitwirkung zu integrieren[321]. Das gesamte Heilsgeschehen folgt dem Prinzip: »Gott allein setzt den Akt, aber in die erforderte Potenz hinein.«[322] Diese Struktur ist auch den sakramentalen Vorgängen zu eigen, die das Mitwirken des menschlichen Partners zu ihrer Wirksamkeit nie entbehren können. Sind Glaube und Rechtfertigung auch reine Gnade, so fordern sie doch nicht minder die Entscheidung des Menschen. Die geschöpfliche Freiheit wird damit nicht außer Kraft gesetzt, sondern im Glauben miteinbezogen[323]. »Der Wille Gottes, der den ganzen, unendlich diversifizierten Himmel umfaßt, ist so freige-

---

[318] TD II/1, 380.

[319] Ebd.

[320] Ebd. 381.

[321] Theologie der drei Tage, 98.

[322] TL III, 309.

[323] Vgl. H III/2,2, 283: Indem wir die erlösende Tat Gottes anerkennen, »'leisten' wir nichts zur Tat Gottes hinzu, sondern gewähren ihr nur ihren Raum, geben ihr Recht, das Recht, das sie bereits hat (als Recht Gottes auf uns). Dieses Gewährenlassen heißt Glauben.«

bend, daß er die ganze Fülle der erlösten Freiheiten einbezieht - die des menschgewordenen Sohnes an der Spitze.«[324] Gottes Gnade ist in der Freiheit seiner Geschöpfe wirksam, »welche ihm gerade nicht etwa im letzten Grunde passiv, sondern im letzten Grunde *höchst aktiv* gegenüberstehen dürfen. ... Wir werden also in aller Wahrung der Distanz, ja gerade *um* sie zu wahren, von einem 'sekundären Subjekt' im Gnadengeschehen zu sprechen haben.«[325] Wenn Balthasar in diesem Zusammenhang etwas mißverständlich von »Mit-Erlösung« spricht, so ist dies nicht als Selbsterlösung, als eigenmächtiges, werkhaftes Tun zu verstehen, sondern als ein ganz und gar von der Gnade getragenes und ermächtigtes In-Dienst-Nehmen durch Gott[326]. Gott kann in der Weitergabe der Gnade das Mittun des menschlichen Partners nicht entbehren, weil sich die Gnade nur auf dem Weg der Sendung ins Universale ausweiten kann. Auf diese Weise werden die Gläubigen zu mitwirkenden Werkzeugen des Hauptwirkers Jesus Christus[327]. Damit macht der Schöpfer das höchste Geschenk, das er seinem Geschöpf zukommen lassen kann: die Teilhabe an seinem Wirken.

Weil Gott die Freiheit des Geschöpfes in seinen Dienst nimmt, kann er wie Maria auch die Kirche in sein Gnadenhandeln einbeziehen. »Das Geheimnis der Erwählung von Maria-Kirche zur leiblich-geistlichen Mit-Fruchtbarkeit unter dem Kreuz aber bleibt das tiefste und unerforschlichste aller katholischen Geheimnisse: die vom Kreuz her (Vor)-Erlöste wird Mit-Ursache der Erlösung, miteinbezogen - aus Gnade allein! - in die ganze Gnadenausspendung. Man meint im Grund das gleiche Mysterium, wenn man Maria die Mittlerin aller Gnaden nennt und von der Kirche sagt, außer ihr kein Heil, denn man sagt beide Male, daß alle Gnade, die der Welt durch Christus allein vermittelt wird (und deshalb christologische, Menschwerdungs-Gestalt besitzt), durch das freie gnädige Verfügen des Herrn auch eine marianisch-ekklesiolo-

---

[324] TD III, 446.

[325] Karl Barth, 123.

[326] Vgl. H III/2,2, 436: »Der Abstand von 'Haupt' und 'Leib' ist unter allen Umständen zu wahren, so sehr, daß Christus als Haupt einziger Erlöser aller, auch seiner 'vorerlösten' Mutter ist; daß aber im gleichen Vollzug der Eine Erlöser den 'Leib' der Kirche in seine erlösende Tätigkeit miteinbezieht, und diese wird desto fruchtbarer sein, je mehr ein Glied sich der Selbstlosigkeit der Gesinnung Christi angleicht und je rückhaltloser es seine Existenz der universalen Erlösung zur Verfügung stellt.« - Vgl. dazu auch: Karl Barth, 384: »Und das katholische Paradox (weit über alle protestantische Deutung hinaus) liegt darin, daß der Gerechte, im Maß als er aktiveren Anteil erhält an der Heiligkeit des Erlösers, auch aktiveren Anteil am Mittragen fremder Schuld, also am Werk der Erlösung bekommt, wobei er aber niemals wird unterscheiden können, was er um der eigenen und was er um fremder Sünden willen zu leiden und zu tragen erhält.«

[327] Vgl. H III/2,2, 497f.

gische Seite hat.«[328] Maria und Kirche stellen auf diese Weise »je eine Seite der menschlichen Mitwirkung an der heilbringenden Menschwerdung dar: Maria, um sie uns zu bringen, die Kirche, um sie mitzuteilen und auszubreiten.«[329]

In solchen Gedanken bekundet sich die zutiefst von der theologischen Denkform der Analogie geprägte Gottesvorstellung Balthasars, die in Gott nicht eine Beeinträchtigung menschlichen Wirkens erblickt, sondern dessen Ermöglichung, In-Gang-Setzung und In-Dienst-Nahme. Gerade in der Freiheit und im Wirken der Geschöpfe leuchtet Gottes Güte auf, ist seine Gnade wirksam. Was der Protestant an der katholischen Kirche als menschlichen Übergriff rügt, ist für diese »das Zeichen der äußersten Herablassung der göttlichen Gnade, und somit geradezu die äußerste Zuspitzung ihrer Aktualität.«[330] Balthasar nimmt damit Bezug auf einen Hauptvorwurf protestantischer Theologie, wie er vor allem von Karl Barth erhoben wurde: Das Spezifikum katholischen Denkens und Theologisierens, wie es in der analogia entis und im typisch katholischen »et-et« (Schrift *und* Tradition, Glaube *und* Werke, dem Zusammenwirken von Gott *und* Mensch im individuellen Gnadengeschehen wie in der Kirche), also überall da, wo die Offenbarung durch ein menschliches Medium vermittelt wird, zum Ausdruck kommt, bestünde im »Griff nach Gott«, indem Gott der menschlichen Verfügbarkeit unterworfen werde. In einer ausführlichen Auseinandersetzung mit der Theologie Barths weist Balthasar diesen Vorwurf zurück: Bei all dem geht es nicht um ein Verfügen über Gott, sondern um die »in Christus ein für allemal erwiesene Vereinbarkeit göttlicher und geschöpflicher Natur, das Nichterdrücktwerden der menschlichen durch die göttliche, das Dienenkönnen der menschlichen gegenüber der göttlichen. Dieser Dienst ist, in der Kirche, immer ein von der Gnade befohlener, getragener, ermöglichter, geführter Dienst.«[331]

5. Die ekklesiale Dimension der Rechtfertigung

Angesichts der Bedeutung der kommunialen Heilsvermittlung ist die Rechtfertigung des einzelnen von der Kirche nicht abzutrennen. »Christlich gesehen wird die Welt nicht durch einen abstrakten Christus

---

[328] SV, 334.
[329] H I, 96.
[330] Karl Barth, 395.
[331] Ebd. 394.

allein, sondern durch Christus in seiner Preisgabe an seine Kirche, und durch sie und mit ihr an die Welt im ganzen, erlöst.«[332] Rechtfertigung ist darum ein Geschehen, »das zunächst universal und (im engeren Sinn) ekklesiologisch-sozial ist, und von dem her jede personale Rechtfertigung schon in einen je-mitmenschlichen Zusammenhang fällt. Keine persönliche Rechtfertigung ist privat.«[333] Das Neue Testament und besonders die Briefe des Paulus bezeugen dies in aller Deutlichkeit: »So erscheint die dogmatische Wahrheit im NT nie abstrahiert von ihrer ekklesiologischen Hülle und Spiegelung; der 'dogmatische' und 'paränetische' Teil der Paulusbriefe fordern sich gegenseitig so sehr, daß die 'dogmatische' Lehre von der 'Rechtfertigung' durch den Glauben an Christus ihren Sinnkern nur öffnet, wenn der paränetische Teil von der gegenseitigen Liebe der Leibesglieder zu reden beginnt ..., und dieser Glaubensgehorsam der Liebe gegenüber verpflichtet unmittelbar die Existenz, selber für die anderen zum Typus und verweisenden Zeichen auf die absolute Liebe zu werden.«[334]

Auf diesem Hintergrund kann Balthasar nicht nur sagen, daß die rechtfertigende Gnade dem einzelnen in der Kirche zuteil wird, sondern, in zugespitzter Formulierung, daß »die Kirche ... universal den Einzelnen (aber nie Vereinzelten) in seiner Glaubens- und Liebesentscheidung rechtfertigt.«[335] »Woher sollte ein Sünder die Zuversicht nehmen, sich in diese Vollkommenheit gebettet zu wissen, die nicht allein als unerfüllbares Gesetz über ihm schwebt, sondern ihn mütterlich unterfaßt, ihm nicht allein vom göttlichen Richter gnädig zugesprochen wird, sondern in einer realen Wirklichkeit ihm zu eigen gegeben ist, die er sich doch nicht persönlich zuschreiben kann, in die eingelassen zu sein abermals Gnade ist?«[336] Es fällt auf, daß Balthasar ausgerechnet im Kirchenrecht - für protestantisches Denken oftmals der Inbegriff der Vergesetzlichung des Evangeliums - die Verleiblichung der Rechtfertigung gegeben sieht: »So ist die Fixierung der göttlichen Recht-fertigung der Glaubenden in einer kirchlichen Rechts-Ordnung ('Kirchenrecht') die Voraussetzung, daß der Glaubende sich bewußt bleibt, am geschenkten Rechtsein immer nur innerhalb der Kirche zu partizipieren, es in ihr und mit ihr zusammen von Gott her zu empfangen.«[337]

---

[332] H.U. von Balthasar/K.Hemmerle: Institution: geflohen und gesucht, 136.
[333] TL III, 247.
[334] H III/2,2, 89.
[335] Ebd. 93.
[336] H I, 351.
[337] TD II/2, 327.

Da für Balthasar die empfangene Gnade immer schon den Auftrag zur Sendung und Weitergabe enthält, ist die Rechtfertigung in ihrem untrennbaren Zusammenhang mit der Heiligung zu erfassen. Balthasars Überlegungen zum Prozeßcharakter der Rechtfertigung und sein Verständnis des »simul iustus et peccator« bestätigen dies: Die Rechtfertigung hat eine Geschichte, nicht weil sie nur stückweise dem Menschen geschenkt würde, sondern weil der Gerechtfertigte immer wieder hinter dem Auftrag zur Heiligung zurückbleibt[338]. Aus diesem Grund ist er als Gerechtfertigter zugleich Sünder: »nicht im Sinne einer Widerspruchsdialektik (TL II 305-314), sondern im mangelhaften Erbringen der 'Früchte des Geistes', die der Gerechtfertigte und damit Geheiligte tragen müßte, in irgendeiner Zurückbiegung auf das eigene Ich, wo dieses sich nach der Lehre Jesu völlig verlieren sollte (in die Tat der Liebe hinein), um sich zu 'gewinnen'.«[339] Die untrennbare Verbindung von Gnade und Sendung, Rechtfertigung und Heiligung ist für Balthasar ein urlutherisches Prinzip. Wenngleich die protestantische Theologie die Rechtfertigung, der eine sachliche Priorität zukommt, von der Heiligung, in der die christliche Liebe wirksam wird, unterscheidet, hält sie doch an ihrer Einheit fest. »Der lutherischen Zweiteilung von Rechtfertigung (Glaube) und Heiligung (Wirken) entspricht dann die Zweiteilung von Jawort (das mit allem einverstanden ist, Lk 1, 38) und Gesendetwerden (in etwas Bestimmtes hinein) zum Nutzen der Kirche und Menschheit.«[340] In gleicher Weise sind auch die Verleihung der Freiheit durch Gott - und nichts anderes geschieht in der Rechtfertigung - und das Betätigen dieser Freiheit in der Sendung und Vermittlung, durch das sich erst ihre Aneignung vollzieht, nicht zwei voneinander getrennte Akte.

6. Communio Sanctorum

Wo sich die vielen verschiedenen Sendungen durchdringen, wo Menschen füreinander um des Heiles des anderen willen eintreten, wo die empfangene Rechtfertigung des einen dem anderen zur Gnade wird, entsteht die Gemeinschaft der Heiligen, die Communio sanctorum, in

338 TL III, 250.

339 Ebd.

340 SC, 309.

der sich das wahre Wesen von Kirche realisiert[341]. Die Heiligen sind nach Balthasars Verständnis nicht nur die in der Gnade lebende himmlische Kirche, diejenigen, die der Gottesgemeinschaft teilhaftig sind, sondern, in Berücksichtigung der ursprünglichen Bedeutung, die besonders von Thomas und Bonaventura herausgestellt wurde, alle Glaubenden, die an den *sancta*, den kirchlichen Sakramenten, vor allem an der Eucharistie, teilnehmen.

Die Heiligen weisen sich für Balthasar dadurch aus, daß sie nicht nur die Gnade durch die Teilhabe an den sancta empfangen, sondern an die anderen weitergeben und für sie wirken lassen. In der Entwicklung des Verständnisses der Kirche als Gemeinschaft der Heiligen »wird steigend klar, daß nicht nur die Tatsache der Teilnahme an den gemeinsamen, durch den Heiligen Geist ausgeteilten Gütern der Grund für die Kommunion der Kirchenglieder untereinander ist, daß vielmehr auch das, was die Einzelnen selbst aufgrund dieser Teilnahme an der verschenkten Liebe leisten, mit in den Austausch eingeht: damit vollendet sich aufgrund seines Für-seins Christi das Für-einander-Sein und -leisten-Können seiner Glieder.«[342] Das Leben der Heiligen ist die »lebendige, fleischgewordene Exegese Jesu«[343], »Ernstfall« und »Auslegungsgeschichte des Evangeliums«[344]. Sie haben das Evangelium am meisten von allen verstanden, weil sie sich dem Heiligen Geist ganz öffnen und zur Verfügung stellen[345]. In der Nachfolge Jesu haben sie die Stellvertretung zum Grundsatz ihres Lebens gemacht. Auf diese Weise werden sie, wie Augustinus bildlich formuliert, zum Dünger auf dem Acker der Kirche, um für andere fruchtbar zu werden[346]. Sie bilden eine »geistliche Gütergemeinschaft«[347], in der die Glaubenden füreinander eintreten und aufeinander Einfluß nehmen, neben den sichtbaren äußeren Hilfeleistungen in der inneren Kommunion der Fürbitte und des Für-Leidens. Die Macht solcher Fürbitte und des Einstehens für den anderen

---

341 Zum folgenden s. ausführlich TD III, 379-395; TD IV, 442-446; Gemeinschaft der Heiligen, in: Klarstellungen, 59-64; Katholizismus und Gemeinschaft der Heiligen, in: IkaZ 17 (1988) 3-7.

342 TD III, 391.

343 Zugänge zu Jesus Christus, in: J.Sauer (Hg.): Wer ist Jesus Christus? Freiburg 1977, 9-26, 19. Balthasar fordert, daß auch die Theologie, will sie nicht zu abstrakter Dogmatik erstarren, sich an den Heiligen und ihrer Spiritualität ausrichten muß (vgl. VC, 195-225; 226-244).

344 VC, 195.

345 Eine besondere Weise der Verkörperung der Heiligkeit stellen die Räte dar, die in Armut, Gehorsam und Jungfräulichkeit - und damit in einer Synthese von Empfang und Sendung - das Wesen urchristlicher Existenz verwirklichen.

346 PuI, 284.

347 TD III, 385.

ist unbegrenzt; sie reicht so weit, daß Gott den Heilswillen eines Menschen für einen anderen erfüllt und diesen rechtfertigt, auch wenn von dem Betreffenden her Hindernisse bestehen[348]. »Die Einschränkung läßt alles offen; sie versperrt nur die Sicht in einen Mechanismus des Füreinanderstehens der Glieder hinein; die Übersicht ist Gott allein vorbehalten. Aber sie öffnet die sichere Hoffnung, daß die Kräfte dieses Füreinanderkönnens bis in die innersten Regionen fremder Freiheit einzuwirken vermögen.«[349]

Während die objektive Heiligkeit der Kirche durch Schrift, Amt und Sakramente garantiert ist, verwirklichen die Heiligen sie auf subjektive Weise. Dabei können die beiden Formen der Heiligkeit nicht gegeneinander ausgespielt werden, sondern bilden eine komplementäre Zweieinheit. Denn jede persönliche Heiligung zielt auf den Dienst am Reich Gottes; jede objektiv-amtliche fordert ihre existentielle Entsprechung im Leben, so daß an diesem Punkt die institutionell verfaßte Kirche in die communio sanctorum übergeht[350]. In diesem Sinne bewegen sich die beiden Formen der Heiligkeit aufeinander zu. »Diese Bewegung ist nicht symmetrisch, da alle objektive Heiligkeit um der subjektiven Bewegung der Kirchenglieder auf die Heiligkeit Christi im Heiligen Geist willen besteht, während die vollkommene subjektive Heiligkeit ... 'Mutter' (vgl. Apk 12, 17) der ganzen subjektiv-objektiven Kirche, somit auch des von Christus gestifteten Amtes und der Sakramente ist. Sie kann als das, was sie ist, die Defizienzen der subjektiven Aufnahme der Sakramente und Entsprechungen dem Amt gegenüber 'aufrunden'.«[351] Ebenso können die Heiligen Defizienzen innerhalb der Amtskirche ausgleichen.

Die Heiligen, nicht das Amt, werden dadurch zum Kern der Kirche und zum Vorbild christlichen Lebens. »In den Heiligen als den Menschen, die alles auf die einzige Liebe Christi zu stellen versuchten, liegt die - nach Christus selbst - einzige Glaubhaftigkeit seiner Stiftung.«[352] Besondere Konkretion erlangt die Verwirklichung der Heiligkeit im Leben nach den evangelischen Räten, das für Balthasar nicht auf die Orden

---

348 TD, III, 385. Balthasar beruft sich auf Thomas von Aquin, Sth II, 114,6.

349 TD III, 385.

350 Vgl. TL III, 285: »Ein bloßes *opus operatum* ohne *opus operantis* bleibt ein (auf Grund der Sünde als notwendig sich erweisender) Grenzbegriff, aber zugleich, vom Erlösungsplan Gottes her, ein Nicht-sein-Sollendes, ein Unding.« So ist Balthasar der Überzeugung, daß der Wandel des Predigers entscheidenden Einfluß auf die Wirksamkeit seines Wortes hat.

351 TL III, 290.

352 Glaubhaft ist nur Liebe, 82.

eingeschränkt ist[353]. Hier ist die Fülle der subjektiven Nachfolge Christi gegeben; hier ereignet sich Kirche in ihrer Eigentlichkeit; hier verkörpert der Glaubende den homo ecclesiasticus schlechthin.
Die radikale Ausrichtung auf das Evangelium ermächtigt die Heiligen zur Kritik an der Kirche, ohne daß sie als Heimat von ihnen je in Frage gestellt würde, auch und gerade nicht in ihrer institutionellen Dimension. Von Balthasar betont immer wieder, daß sich die Heiligen »mit schockierender Naivität in und unter die Institution (stellen), wohl wissend, daß sie zum sich-selber-verschenkenden Ursprung gehört.«[354] Sie erfahren das kirchliche Pneuma und die Institution nicht als Gegensatz, sondern in ihrer Einheit; wenn sie Kritik an der Kirche üben, dann aus einer grundsätzlichen Gehorsamsbereitschaft heraus. Sie anerkennen die Kirche als den Ort ihrer Herkunft, »weil sie ihr christliches Leben ihrer Vermittlung verdanken, sie kommen nicht in die Gefahr, sich die Bibel und die Sakramente und damit auch ihre Sendung selber zu nehmen.«[355] Die Bestimmung der Kirche als Gemeinschaft der Heiligen ist für von Balthasar ein typisch katholischer Zug, während sie in den protestantischen Kirchen mehr und mehr in den Hintergrund gedrängt wurde. Den Grund dafür sieht er in der Rechtfertigungslehre. Während für die Kirchenväter der »wunderbare Tausch« und damit das Geschehen der Erlösung immer zwischen Christus und der Kirche stattfindet, tritt mit dem Rechtfertigungsartikel, wie er von den Reformatoren verstanden wird, eine Erlösungsvorstellung ins Zentrum, die wesentlich individualistisch ist und den Verlust der Gemeinschaft zur Folge hat, weil sich das Heil allein zwischen Gott und dem Einzelnen zu ereignen scheint[356]. »Wenn der protestantische Ernst des Rechtfertigungsartikels innerlich schwindet, wird das übrigbleiben, was die Geschichte des Protestantismus, aber leider auch die der katholischen Kirche, sofern in ihr das Leibbewußtsein und der Sinn für die Wahrheit der Eucharistie geschwunden ist, wurde: eine Kirche der Ethik, der guten Werke, des sozialen Verhaltens, der Befreiung derer, die politisch und sozial unterdrückt sind. Im Grund eine Karikatur der Gemeinschaft der Heiligen.«[357] Um dies zu verhindern, sollten sich beide Seiten die Bedeutung der Kirche als Communio sanctorum neu vor Augen rufen.

---

[353] SV, 347; vgl. PuI, 157: »Das Räteleben ist primär Kirche-überhaupt, und nur sekundär (in der charismatischen Gliedordnung) Einzelmöglichkeit innerhalb von Kirche.«

[354] H.U. von Balthasar/K.Hemmerle: Institution: geflohen und gesucht, 137. Vgl. auch Der antirömische Affekt, 41.

[355] Zugänge zu Jesus Christus, 20.

[356] Katholizismus und Gemeinschaft der Heiligen, 5.

[357] Ebd. 6.

7. Die Sakramentalität der Kirche: Fruchtbarkeit und Mütterlichkeit

In der Verwirklichung ihres Sendungsauftrages wird die Kirche zum sacramentum mundi, zum universalen Werkzeug der Erlösung, das der Welt die göttliche Gnade vermittelt[358]: »Im gegenseitigen Dienst aller Kirchenglieder schließlich *ist* Kirche das Sakrament der Gegenwart Christi in ihr, obschon sie der Vollverwirklichung dieser Gegenwart auch immer erst entgegenstrebt (Eph 4,15f).«[359] Ihre Sakramentalität gründet in der geheimnisvollen Teilhabe am Ursakrament Jesus Christus. Die Kirche ist »aus der Leibhaftigkeit Christi entspringendes Ursakrament, teilhabend an Christi universaler Sendung und Kraft, (in diesem Sinne gilt das sonst mißverständliche 'extra ecclesiam nulla salus'), sie ist wie er ein partikulärer Leib mit universaler Sendung und Wirkung für die Welt.«[360] In diesem Sinne ist die Kirche nie für sich allein, sondern immer nur mit Christus zusammen Sakrament des Heils der Welt. Ihre Teilhabe an Christus, die sie mit dem in die Welt gesandten Sohn zu einem Sendungsprinzip verbindet, macht den besonderen Charakter der neubundlichen Sendung gegenüber der alttestamentlichen aus[361]. Die Kirche verkündigt nicht nur die Gegenwart und Liebe Christi, sondern vollzieht sie als gelebte Wirklichkeit. Dies geschieht nicht nur in ihrem äußeren Wirken, in der Spendung der Sakramente, in Verkündigung, Evangelisation, Eintreten für Gerechtigkeit und im sozialen Engagement, sondern auch und gerade in ihrem unsichtbaren Wirken der Stellvertretung und des Füreinander-einstehens im Rahmen der Communio Sanctorum[362].

Insofern sie Sakrament ist, besteht Sinn und Aufgabe der Kirche darin, fruchtbar zu werden um des Heiles der Menschen willen; die ekklesiologischen Bestimmung der »Fruchtbarkeit« und der »Sakramentalität« präzisieren sich gegenseitig. Die Kirche darf die ihr angebotene Gnade nicht für sich absorbieren, sondern in ihr ist der Aufruf zum fruchtbaren Wirken immer schon mitenthalten, der den Gläubigen »von vornherein jenseits der Alternative von Leihgabe und Eigenbesitz stellt«[363]. Die Bereitschaft zum Fruchtbringen ist Akt der Danksagung an Gott für seine Gnade und darin Rückerstattung der von ihm empfangenen Gabe. Am

---

[358] SC, 218.
[359] H III/2,2, 475.
[360] Epilog, Einsiedeln-Trier 1987, 51.
[361] TD II/2, 258.
[362] TD III, 394.
[363] H III/2,2, 392. Zum Folgenden ausführlich ebd. 373-404.

Anfang der Fruchtbarkeit der Kirche steht Maria[364], die durch ihre Bereitschaft zum Empfang des Wortes Gottes die Gnade in die Welt treten läßt und die Möglichkeit zur Fruchtbarkeit überhaupt in Gang setzt. Jeder, der bereit ist, wie sie Magd oder Knecht Gottes zu werden, kann die Gnade an andere weitergeben, in dem Maße, wie er sich selber Gott anbietet. Solches Fruchttragen ist das Kostbarste und Personalste, was der einzelne über sich hinaus tun kann, ist Mitwirkung an der Erlösung der Welt[365].

Balthasar betont immer wieder, daß der Glaubende diese Fruchtbarkeit nicht aus sich selbst hat. Der eigentlich Fruchtbringende in seinem Herzen ist vielmehr Jesus Christus selber; die menschliche Fruchtbarkeit ist nur das Produkt der seinigen. Christus wird »zum tragenden Schoß, zum fruchtbaren Wurzelstamm, und die Glaubenden werden zu den von ihm getragenen Rebzweigen.«[366] Zur Erläuterung, wie das in Christus angelegte Fruchtbarkeitsprinzip durch die Kirche fortgeführt und vervielfältigt werden muß, greift Balthasar auf den Vergleich mit dem Weinstock zurück: »das 'Physische' daran, das Fruchttragen aus der Verbindung mit dem Fruchtbarkeitsprinzip des Weinstocks wird ohne Minderung seiner Tragweite ins Personale überhöht. ... Was den 'Reben' einwohnt und damit die Lebensgemeinschaft erzeugt, ist der personale Jesus, sein Wort, seine Liebe und Hingabe, sein Gebet, und dieses allen Einwohnende personalisiert die 'Rebzweige' zu jener Communio, die aus der Vertikalen unmittelbar ins Horizontale geht.«[367] - »Will man von einem den Reben eigentümlichen Wirken sprechen, so liegt ihre Aktivität primär in einem bejahenden Geschehenlassen dessen, was sie sowohl gestaltet wie darüber hinaus zu ihrem Eigenwirken befähigt hat. Die Fruchtbarkeit der Zweige ist unauflöslich beides: eine ihnen eigene, aber ganz und gar geschenkte, übereignete.«[368] Gerade dieses Gleichnis vermag anschaulich zu machen, daß es sich im Mitwirken des Menschen in der Erlösungsordnung nicht um ein eigenes, sondern um ein ganz und gar von der Gnade getragenes Werk handelt. Für Balthasar bietet sich die Kategorie der Fruchtbarkeit für die ökumenische Verständigung geradezu an: »Dieser biblische Begriff der Fruchtbarkeit wäre geeignet, die letzten konfessionellen Differenzen im Kirchenbegriff zerstreuen zu helfen: er drückt, in seiner biblischen Anwendung, beides aus: die echte Mitwirkung der Natur und die Ausschließlichkeit der

---

364 VC, 227.

365 H III/2,2, 430.

366 Ebd. 393.

367 Ebd. 434.

368 TD III, 383.

Gnade als Prinzip dieser Fruchtbarkeit. Während der Katholik auf das erste Moment zu schauen pflegt, hebt der Protestant das zweite heraus. Aber die Parabel vom Weinstock drückt beides gleich kategorisch aus: 'Ihr bringt viele Frucht', aber: 'ohne mich nichts'.«[369]
Die Fruchtbarkeit der Kirche begründet ihre Mutterschaft für alle Gläubigen. Das Bild der Mutter gehört neben dem der Braut und dem des Leibes ins Zentrum von Balthasars Kirchenverständnis; der Begriff des Sakramentes - nicht aber der betreffende Sachverhalt - tritt demgegenüber zurück. Den Ausgangspunkt für die Vorstellung von der Mütterlichkeit der Kirche bildet Maria als »mater ecclesiae«. Nach ihrem Beispiel sind alle Gläubigen aufgerufen, neue Glieder hervorzubringen, ihnen das Leben und damit Heil und Gnade zu schenken und sie durch Wort, Sakramente und ihr ganzes Tun zu erziehen. Während Maria das Haupt gebiert, gebiert die Kirche in der Taufe die Glieder des Leibes. Ein jeder, der zum Glauben gekommen ist und die Rechtfertigung erlangt hat, verdankt sich so der Mutter Kirche, die ihn in der Taufe geboren und im Glauben unterwiesen hat. Darin wird das Vorweg und Voraus der Kirche vor den einzelnen Glaubenden sichtbar: Sie ist apriori Mutter der Glaubenden, nicht aposteriori Ergebnis des Zusammenschlusses der einzelnen Glieder[370]. Diese Mütterlichkeit ist der Kirche als ganzer zu eigen, allen Getauften, weil ein jeder mit der Sendung den Auftrag zu Fruchtbarkeit und Mütterlichkeit empfängt. In besonderer Weise gilt dies für Amt und Institution. Auch wenn Balthasar weiß, daß diese gerade in diesem Bereich oft verstellt sind, widersprechen sich das amtlich-institutionelle und das mütterliche Prinzip keineswegs, »denn die Erfahrung der Mutter ist eine leiblich-geistliche, sogar eine beim Leiblichen anhebende und dort unaufhebbar behauste. Weil Maria leibliche Mutter des Herrn ist, muß die Braut-Kirche leiblich sichtbar sein, müssen ihre sichtbaren Sakramente und Einrichtungen Anlaß sein zu geistlicher Erfahrung Christi und Gottes.«[371]

---

[369] Karl Barth, 395.
[370] VC, 226; TD II/2, 416.
[371] H I, 351.

Zusammenfassung

In der Offenbarungsgestalt Jesus Christus, in der der Vater sich in der Weise des Realsymbols selbst ausdrückt, erschließt sich Gottes Herrlichkeit als dem Menschen zugewandte unendliche Liebe. In kenotischer Selbstentäußerung verströmt sie sich an die Menschen und geht, in der Bereitschaft, die Sünde und schuldhafte Verweigerung auf sich zu nehmen, ein in die Knechtsgestalt - ans Kreuz. Hier ereignet sich das Drama der Rechtfertigung des Sünders, indem das Nein der Menschheit durch das in grenzenlosem Gehorsam gesprochene stellvertretende Ja des Sohnes überholt wird, das selbst die Verdammten in der Hölle einschließt und universales Heil stiftet.

Damit das objektive Erlösungsgeschehen alle Menschen erfaßt, bedarf es des vermittelnden Zwischengliedes der Kirche, das die Gnade zu ihnen trägt. Die Kirche führt als konkret leiblich-sichtbare die Offenbarungsgestalt Jesu Christi in der Weise der Bezeugung und Repräsentation in der Geschichte fort, ohne mit ihr jemals identisch zu sein. Dabei kommt ihr keinerlei Eigengestalt zu, sondern sie ist reine Transparenz auf Christus hin. In diesem Sinne ist sie zugleich Medium, Vermittlung der Offenbarungsgestalt und der Gnade. Die Gestalthaftigkeit verdichtet sich im Institutionellen, in Amt und Sakramenten als »Kristallisationen der Liebe«, die zum einen die Liebe Gottes unverstellt zur Darstellung bringen, zum anderen die Wirklichkeit der Kenose und des Kreuzes symbolisieren, insofern vom Sünder ihre Forderung als Kreuz erfahren wird. Da die Gnade an die Gestalt der Kirche gebunden ist, trägt für Balthasar der subjektive Glaubensakt immer schon kirchlich-institutionalisierte Züge. Durch die Kirche wird dem sündigen Willen des Glaubenden zur Freiheit verholfen, und er wird in die objektive, vorgegebene Form des kirchlichen Lebens hineinobjektiviert. Dies schließt den Gehorsam gegenüber kirchlichen Autoritäten als Nachvollzug des Kreuzesgehorsams Jesu ein, doch gestattet auf der anderen Seite auch die von der Liebe zur Kirche getragene Kontestation gegenüber dem Amt, wo es sich selber nicht mehr dem Gehorsamsgebot unterstellt.

Das heilvolle Handeln Gottes fordert vom Menschen bzw. von der Kirche eine adäquate Antwort. Sie setzt zuallererst das Hören voraus, den Empfang, die Bereitschaft, Gottes Willen zu tun und sich ihm ganz hinzugeben. Dies ist die Grundhaltung der Kontemplation, die aller Aktion und damit aller heilsmittlerischen Tätigkeit der Kirche vorausgehen muß. Kontemplation ist nicht zu verwechseln mit bloßer Passivität oder stoischer Indifferenz, sondern sie fordert vom Menschen höchste Aktivität, Gehorsam, Hingabe an Gottes Wort und Willen, die Bereitschaft, sich mit seiner ganzen Person ihm zur Verfügung zu stellen. Entsprechend ist die Kirche in erster Linie nicht Heilsanstalt und -mittel, sondern in ihrem primären Akt Empfängerin der Gnade. Als Antwortende und Empfangende steht die Kirche zu Christus sowohl im Verhältnis des Leibes - als Ausdruck ihrer Einheit - als auch in dem des Gegenüber, ausgedrückt im Bild der Braut, die zwar von der Dimension des Leibes nicht abzutrennen ist, der aber dennoch Eigenständigkeit zukommt. Wo die Kirche aus ihrer Beziehung zu Christus ausbricht, verfällt sie der Sünde, und aus der makellosen Jungfrau, die sie sein sollte, wird die Hure. Vorbild in der Kontemplation, in der radikalen Übergabe an Gott ist Maria, Typus und Urzelle der Kirche. Selbst durch Christus vorerlöst, wird Maria zum Urbild aller Gerechtfertigten, zum Grund für die Gnade in der Welt wie für die Möglichkeit von Kirche überhaupt. Entsprechend soll die Kirche in ihrem Grundakt marianisch-empfangende-kontemplative Kirche sein; je marianischer sie ist, umso mehr entspricht dies ihrem Wesen. In die typisch weibliche Haltung ist das männliche Prinzip des Amtlich-Institutionellen eingestiftet, auf das sie bleibend verwiesen ist. Das Tun der Kirche erschöpft sich nicht im Empfangen der Gnade, sondern mündet in ihre Weitergabe und Vermittlung.

Mit der Gnade verleiht Gott dem Menschen zugleich die Sendung, durch die sie an andere weitergegeben werden soll. Begriff und Sache der »Sendung«, empfangen von der universalen Sendung Jesu Christi, an der alle anderen teilhaben, steht darum im Mittelpunkt der Reflexionen zur kirchlichen Heilsvermittlung. Denn die Gottesbeziehung ist keine individualistisch-isolierte; keine Gnade ist privat, sondern dazu bestimmt, einen Raum der Gemeinschaft zu eröffnen, in den die anderen einbezogen werden sollen. Wer die empfangene Gnade für sich behält, verfällt darum in Sünde. An der besonderen heilsgeschichtlichen Funktion Marias als Mutter Jesu und Mutter aller Gläubigen, für die sie stellvertretend ihr Jawort spricht, wird die Einheit von Antwort und Vermittlung exemplarisch sichtbar. Weil für Balthasar die Gnade nicht von vornherein im übernatürlichen Existential universal in der Welt präsent, sondern am Anfang allein in Maria verwirklicht ist und sich von ihr aus in die Menschheit hinein universalisieren muß, kommt der Sendung konstitutive Bedeutung zu. Die Kirche hat von daher in einer ständigen Transzendenzbewegung auf die Welt hin zu stehen. Der Auftrag zur Sendung schließt die Verantwortung für den Glauben und das Heil der Mitmenschen ein. Das Grundgesetz der Erlösungsordnung ist

die Stellvertretung, in der Menschen füreinander eintreten, in Gebet, Fürbitte, Mit-leiden und all jenen Akten, in denen der eine durch seinen Einsatz dem anderen die Gnade erwirken und das Gericht erleichtern kann. Indem die vielen Sendungen einander durchdringen, entsteht die Communio sanctorum als die Gemeinschaft derer, die an der Gnade teilhaben und anderen daran teilgeben, entsteht echte Kirchlichkeit, nicht als Nebeneinander, sondern als ein Füreinander vor Gott. Der Sinn solcher Stellvertretung ist es nicht, die Freiheit des anderen außer Kraft zu setzen - die letzte Entscheidung für oder gegen die Gnade kann der einzelne nur selber treffen - sondern sie dort, wo sie durch die Sünde verstellt ist, neu in Gang zu bringen und so dem anderen die Möglichkeit der Teilhabe an der »geistlichen Gütergemeinschaft« der Gerechtfertigten zu eröffnen.
Rechtfertigung ist für Balthasar auf diesem Hintergrund ein zutiefst kommuniales und damit ekklesiales Geschehen. Sie wird dem Menschen nicht nur von oben her zugesprochen, sondern sie begegnet ihm konkret in der und durch die Kirche. Wo Menschen den mit der Gnade verbundenen Auftrag ernstnehmen, kommt ihnen eine wirkliche Mitwirkung im Gnadengeschehen zu, nicht als eigenständiges Leisten, sondern als ein von der Gnade umfangenes und von Christus selbst ermächtigtes Wirken. Christus vollzieht sein Erlösungswerk nicht exklusiv, sondern indem er Menschen bzw. die Kirche dafür in seinen Dienst nimmt. In solcher Mitwirkung soll der einzelne Frucht bringen für das Heil anderer, so wie die Reben durch die Kraft des Weinstocks, und zwar allein durch sie, Früchte tragen. In diesem Tun, das zugleich Ausdruck des Dankes ist, gibt der Gerechtfertigte die empfangene Gnade in vielfältiger Weise zurück. Aus der Fruchtbarkeit der Kirche erwächst ihre Mütterlichkeit, für Balthasar nicht Ausdruck der Bevormundung, sondern der Tatsache, daß ein jeder Glaubende sich ihr und ihrer Heilsvermittlung verdankt. Im Bild von der Kirche als »Mutter« konkretisiert sich das Wirken der Kirche als Sakrament des Heils der Welt, durch das die Glaubenden in der Taufe neu geboren und zum Glauben erzogen werden.

Diskussion

Inkarnatorisches Denken und sein Korrektiv

Wenngleich auch die Ekklesiologie von Balthasars vom Prinzip des Inkarnatorischen und der Verleiblichung der Gnade bestimmt ist, ist sie doch von derjenigen Rahners unterschieden, die Kirche in erster Linie in ihrer Einheit und Funktionsgleichheit mit Christus in den Blick nimmt. Auch Balthasar weiß um die Bedeutung von Inkarnation und Christologie für das Kirchenverständnis. Das Inkarnatorische erscheint bei ihm in der besonderen Ausprägung seiner ästhetischen Gestaltlehre; die Verleiblichung der Gnade wird konkret in der Gestalthaftigkeit aller Offenbarung und erlangt ihren Höhepunkt in Jesus Christus. Der zugrundeliegende Gestaltbegriff weist deutliche Parallelen zu Rahners Symbolverständnis, zumal zum Begriff des Realsymbols auf, insofern in beiden Fällen in und durch endliches bzw. geschichtliches Seiendes die Tiefe des Göttlichen erschlossen wird.
Doch dem inkarnatorischen Moment, das in Gefahr steht, die Grenze zu einem Verständnis der Kirche als Prolongatur Christi nicht genau zu ziehen, steht bei Balthasar die Idee der Braut gegenüber, durch die die Kirche in ihrer grundlegenden Unterschiedenheit zu Christus erfaßt wird. In diesem Sinne trägt der Entwurf Balthasars dem protestantischen Anliegen der Differenz zwischen Christus und Kirche voll und ganz Rechnung[372]. Die Möglichkeit der Kirche zur Sünde wird damit plausibel gemacht, der Gefahr der Verwechslung mit Christus selber wird gewehrt. Damit stellt die bräutliche Dimension der Kirche ein entscheidendes Korrektiv zu einer einseitigen Inkarnationstheologie dar. Zugleich könnte die Wiederentdeckung der von der Patristik übernommenen Braut-Ekklesiologie beitragen zu einer Vermittlung der pneumatologischen, der juridischen und der christologischen Dimen-

[372] Ein weiterer katholischer Theologe, dessen Ekklesiologie in diesem Punkt ganz ähnlich strukturiert ist, ist H. de Lubac. Wie Balthasar stellt er die zweifache Dimension von Kirche heraus: »daß sie einerseits heiligende Kirche, anderseits durch den Heiligen Geist geheiligte Kirche, oder Kirche der Geheiligten ist. Sie ist die Kirche, die die Taufe der Wiedergeburt verleiht und auch die Kirche, die sie empfängt. ... Sie ist ein doppeltes Mysterium: der Kommunikation und der Kommunion: aufgrund der Kommunikation der Sakramente, der heiligen Dinge (sancta) ist sie eine Kommunion der Heiligen (sancti). Sie ist eine Hürde und sie ist eine Herde. Sie ist eine Mutter und sie ist ein Volk: die Mutter, die uns zum göttlichen Leben gebiert, und die Sammlung all derer, die, in verschiedenen Graden an diesem Leben teilnehmend, miteinander das 'Volk Gottes' bilden«: Die Kirche, Einsiedeln 1968, 92f. Wie Balthasar kennt auch Lubac eine marianische Grundlegung der Kirche, in der ihre mütterliche Heilsvermittlung gründet.

sion der Kirche. Auf diese Weise könnte sie dem Anliegen der nachkonziliaren Ekklesiologie, der Vermittlung von Geist und Struktur, sichtbarem und unsichtbarem Element, dienlich sein.

Die marianisch-empfangende Kirche - ein ökumenischer Ansatz?

Auch mit der Betonung der weiblich-bräutlich-marianischen Dimension des Empfangens als Grundakt von Kirche bzw. als Voraussetzung aller Heilsvermittlung kommt Balthasar einem wichtigen Anliegen des protestantischen Kirchenverständnisses entgegen, insofern dieses die Kirche vom Empfangen und Hören des Wortes her als creatura verbi begreift. Wie wir gesehen haben, fordern eine Reihe protestantischer Theologen, die katholische Theologie müsse mehr Gewicht auf die Tatsache legen, daß die Kirche als Sakrament des Heils in erster Linie Empfängerin der Rechtfertigung sei und nur aufgrund ihres gläubigen Empfangs als Sakrament des Heils die Gnade weitergeben kann. Von daher bietet die Konzeption Balthasars einen durchaus verheißungsvollen Ansatz für den ökumenischen Dialog. Freilich scheint die marianische Grundlegung der Ekklesiologie auf den ersten Blick ein ausgesprochen innerkatholisches Unternehmen zu sein. Mutet es nicht ein wenig wie der Versuch an, den Teufel mit dem Beelzebub auszutreiben, eine gegenseitige Annäherung im Kirchenverständnis ausgerechnet auf dem Weg über die Mariologie anzustreben, die gleichermaßen umstritten ist? Balthasar erhoffte sich allerdings gerade von seinem marianischen Ansatz her einen Beitrag zur Verständigung der Konfessionen[373]. Nicht die beiden letzten umstrittenen Mariendogmen stehen dabei im Mittelpunkt oder die Frage, wie Maria als die Miterlöserin an der Seite Jesu Christi wirkt. Im Mittelpunkt steht vielmehr die arme Magd, die - durch Christus vorerlöst und in dieser Hinsicht von den anderen Gläubigen in keiner Weise unterschieden - sich das »sola fide« am reinsten zu eigen macht, weil sie ihr Ja zu Gott aus tiefstem Glauben spricht und sich nicht nur geistig, sondern bis in ihre Leiblichkeit hinein in seine Verfügung begibt.

Die marianische Begründung der Kirche wird auch von der Konzilsekklesiologie aufgegriffen, nachdem bereits in der Patristik die Maria-Kirche-Typologie ausgearbeitet, später dann aber in Vergessenheit geraten war. Das Zweite Vatikanum beendet die Kirchenkonstitution mit einem Kapitel über Maria und ihre Verbindung zur Ekklesiologie, in der sie

---

[373] Die marianische Prägung der Kirche, 278f.

herausgestellt wird als »überragendes und völlig einzigartiges Glied der Kirche wie auch als ihr Typus und klarstes Urbild im Glauben« (LG 8), sowie als diejenige, die sich ganz unter das Wort Gottes stellt (DV 1). Von Balthasar hat diesen Ansatz weiterentfaltet und dabei den entscheidenden Gedanken aufgegriffen, mit dem die Verbindung von Ekklesiologie und Mariologie reformatorischem Denken einsichtig gemacht werden kann. Mit der Darstellung Marias als Vorbild und Typos der Kirche sind die Probleme, die die Mariologie der Ökumene aufgibt, zwar keineswegs gelöst. Doch ist damit ein Fundament geschaffen, das dem protestantischen Glauben einen Zugang zu Maria vermitteln kann. So gibt es auch innerhalb der protestantischen Theologie Tendenzen, Maria aufgrund ihres Glaubens als Urbild und Vorbild von Kirche zu verstehen[374].

So sehr Balthasars Verständnis der Kirche vom Grundakt des Empfangens her zu würdigen ist, ist die Charakterisierung von Empfang und Hingabe als typisch weibliche Haltung im Gegensatz zum aktiv-ausgreifenden männlichen Prinzip zu kritisieren. Zwar ist der Versuch, eine Theologie der Geschlechter zu konzipieren - im Unterschied zu Rahner, dessen Anthropologie von der Geschlechtlichkeit abstrahiert und insofern eher abstrakt bleibt - zu würdigen. Auch ist nicht zu bestreiten, daß die Prinzipien von »männlich« und »weiblich« innerhalb der Theologie Balthasars keine Wertungen darstellen. Vielmehr macht Balthasar immer wieder auf ihre gegenseitige Verwiesenheit aufmerksam[375]. Dennoch leistet unter den gegenwärtigen Bedingungen eine sol-

---

[374] Eine Darstellung der protestantischen Rezeption der Mariologie bietet A.Brandenburg: Maria in der evangelischen Theologie der Gegenwart, Paderborn 1965. H.Fries: Maria - Stein des Anstoßes oder Chance für die Ökumene?, in: StZ 207 (1989) 158-170, gibt einen informativen Überblick über die jüngsten Tendenzen. - Ein protestantischer Autor, der für den genannten Ansatz große Offenheit zeigt, dabei allerdings in protestantischer Sicht als ausgesprochen katholisierend und darum als nicht repräsentativ gilt, ist W.Stählin: Maria, die Mutter des Herrn, in: ders.: Symbolon I, hg. von A.Köberle, Stuttgart 1958, 222-235, 231. Von größerer Bedeutung ist der Beitrag von L.Vischer: Maria - Typus der Kirche und Typus der Menschheit, in: ders.: Ökumenische Skizzen, Frankfurt/Main 1972, 115-119, der aufzeigt, wie in Marias Glaubensantwort Kirche in ihrem wahren Wesen aufscheint. Ihr Jawort ebenso wie ihre Bereitschaft, auf ihren eigenen Namen ganz zu verzichten muß für alle Zeit für das Wirken der Kirche bestimmen, wenn sie Christi Gegenwart unverstellt wirksam machen will. Vischer stellt zugleich heraus, daß an der Funktion Marias deutlich wird, daß sich Gottes Heilshandeln nie losgelöst vom Menschen vollzieht. - A.Brandenburg: Zeitgemäße Marienlehre, in: Cath 29 (1975) 195-210, 201, ist der Überzeugung, daß die Krise des Reformatorischen darin begründet ist, daß das Evangelium nur mehr als worthaftes Zeugnis vom rechtfertigenden Gott verstanden wird, ohne es zur konkreten Kirche und vor allem zu Maria in Beziehung zu setzen.

[375] Vgl. W.Löser: Unangefochtene Kirchlichkeit - universaler Horizont, in: HerKorr 42 (1988) 472-479, 478: »Die früher vielfach übliche Erschließung des Männlichen durch das Attribut 'aktiv' und die des Weiblichen durch das Gegenattribut 'passiv' wird durch eine Sicht überboten, die die Elemente der Empfänglichkeit und der Fruchtbarkeit sowohl im Männlichen als auch im Weiblichen aufspürt - wo sie freilich in unterschied-

che Polarisierung, auch ohne gezielte Intention, de facto einer Subordination des Weiblichen unter das Männliche Vorschub. Auch wenn Balthasar die Geschlechterpolarität und das marianische Prinzip heilsgeschichtlich und nicht anthropologisch-biologisch begründet wissen will, kann eine letztlich aus der Mythologie herrührende und in der Theologie zu einem gefährlichen Klischee erstarrte Polarisierung in dieser Form kein konstruktiver Beitrag sein.

Participatio ecclesiae

Die Betonung von Hören und Empfang als Grundakt der Kirche birgt auch Gefahren in sich. Auf diese Weise wird Kirchlichkeit leicht stilisiert zur Bereitschaft, von der Kirche und im besonderen vom Amt ohne »Parlamentieren und Disputieren« alles entgegenzunehmen und kritiklos zu gehorchen. Wenn von Balthasar auch auf die Notwendigkeit der Mitverantwortung in der Kirche und der kritischen Kontestation ihr gegenüber aufmerksam macht, so ist letztlich doch dieser Gehorsam gegenüber der Autorität ein entscheidendes Kriterium der Treue zur Kirche. Balthasars Gehorsamsforderungen und seine Polemik gegen demokratische Prozesse erscheinen nicht immer plausibel, erst recht für protestantische Sichtweise, die hier unter Umständen eine nicht mehr vernünftig zu begründende Autoritätsgläubigkeit oder gar ein »credo in ecclesiam« um der Kirche willen vermuten muß.

Balthasars Verständnis des Institutionellen und die Begründung des kirchlichen Gehorsams als Nachvollzug des Kreuzesgehorsams Jesu birgt die große Gefahr, die je größere Unähnlichkeit zwischen beiden zu übersehen. Daß auch der Amtsträger sündigen kann, wird von Balthasar zwar nicht vergessen, für die konkrete Gehorsamsforderung aber zu wenig in Betracht gezogen. So ist mit Recht gefragt worden: »Ist nicht gerade im Gegensatz zum gehorsamen Jesus das Institutionelle in der Kirche selbst sosehr auch von der Sünde des Menschen und von seiner Selbstherrlichkeit und seinem Ungehorsam infiziert, daß sie oft nicht nur die bleibend gültige ('indefektible') Objektivation der sich entäußernden Liebe Gottes ist, sondern auch der menschlichen Sünde selbst,

licher Weise einander zugeordnet sind. Eben daraus ergibt sich die Differenz der Geschlechter. Wertende Unter- bzw. Überordnungen unterbleiben.« Wir können seinem Urteil deswegen nicht voll zustimmen, da die Zuordnung von »männlich-aktiv« und »weiblich-passiv« letztlich doch über ein ganzheitliches Bild der menschlichen Geschlechtlichkeit dominiert.

die zutiefst in diese Gestalt der gottmenschlichen Liebe eingreifen und sie 'deformieren' kann?[376]

Die Einheit von Gnade und Sendung

Neben der Herausstellung des kontemplativ-empfangenden Tuns der Kirche ist das Moment der Sendung in Balthasars Theologie von großer Wichtigkeit für das ökumenische Gespräch. Bezeichnenderweise sieht er in der engen Zuordnung von Gnade und Sendung, die ja zugleich Vermittlung bedeutet, ein urprotestantisches Anliegen verwirklicht, da hier die Zuordnung von Rechtfertigung und Heiligung zum Tragen kommt. Auch nach protestantischem Verständnis bleibt die empfangene Gnade nicht für sich, sondern ist in der Heiligung auf ihre Weitergabe angelegt. Dies wird schon daran deutlich, daß zwar kein Mensch allein durch gute Werke gerechtfertigt werden kann, daß aber der wahre Glaube und die empfangene Gnade in den guten Werken notwendig zum Ausdruck kommen. Freilich wurde, so Balthasars Vorwurf, Gnade in der protestantischen Tradition in zunehmendem Maße individualisiert und ihre kommuniale Dimension vergessen, so daß das Prinzip des Füreinander in der Rechtfertigung kaum mehr ins Bewußtsein rückt.
Die protestantische Theologie muß sich in der Tat fragen, ob sie damit nicht einen entscheidenden Aspekt des Gnadengeschehens ausklammert. Gerade das Wissen um die Verantwortlichkeit des Glaubenden für das Heil der anderen könnte einen Zugang bieten zu der katholischerseits herausgestellten ekklesialen Dimension der Rechtfertigung. Auch die Kategorie der Fruchtbarkeit versteht Balthasar in diesem Zusammenhang als ein ausgesprochen ökumenisches Prinzip. Die Rede von der menschlichen »Mitwirkung« im Heilsgeschehen kann für das protestantische Denken dadurch von ihrer Anstößigkeit und dem Verdacht der »Werkerei« befreit werden, indem aufgewiesen wird, daß es dabei um ein von der Gnade getragenes und ermächtigtes Wirken geht. Von daher bietet der Entwurf von Balthasars vielfache Anregung für das Gespräch zwischen den Konfessionen.

---

[376] M.Kehl: Kirche als Institution, 310. Dennoch hält er Balthasars Begründung kirchlicher Institution für die tiefste und umfassendste innerhalb gegenwärtiger Ekklesiologien.

Ergebnis

1. Subjektive und objektive Heilsvermittlung

Die Untersuchung der Entwürfe von Karl Rahner und H.U. von Balthasar hat gezeigt, auf welche Weise in katholischer Sicht die Kirche in das Rechtfertigungsgeschehen involviert und wie umgekehrt dieses auf die Kirche verwiesen ist[1]. Der Grund aller Rechtfertigung ist die Heilstat Gottes in Christus, der absolute Priorität vor jeglicher ekklesialen Vermittlung zukommt. Doch weil die Gnade Gottes nicht nur ein objektives Geschehen »extra nos« ist, sondern eine Wirklichkeit »in nobis« werden will, und weil sie die Dynamik auf Verleiblichung hin in sich trägt, ist die Gnade auf die Vermittlung durch die Kirche angelegt. Die Kirche verweist dabei nicht nur auf die Gnade als eine von ihr getrennte Wirklichkeit, sie macht auch nicht nur das Faktum der Erlösung kund, sondern in ihr und durch sie wird die Gnade sichtbar gemacht und zugleich gegenwärtig gesetzt. Die Kirche wird also von Rahner und Balthasar nicht einfachhin als Sakrament des Heils deklariert, sondern ihre Sakramentalität ist in ihrer Vermittlungsfunktion begründet[2]. Nicht weil die Kirche Sakrament ist, wird ihr heilsvermittelnde Bedeutung zugesprochen, sondern weil sich Heilsvermittlung in der und durch die Kirche ereignet, hat sie sakramentalen Charakter.

Neben der amtlichen Vermittlung des Heils durch Wort und Sakrament kommt der nichtamtlichen, individuellen bzw. kommunialen Heilsvermittlung unverzichtbare Bedeutung zu. »Gottes alles tragendes, heilschaffendes 'Ja' zum Menschen soll ganz konkret auch durch die Mit-

[1] Vgl. dazu auch P.Smulders: Die sakramental-kirchliche Struktur der christlichen Gnade, in: Bijdr. 18 (1957) 333-341; U.Ruh: Wie von der Gnade reden, in: HerKorr 35 (1981) 572-577. - Innerhalb der katholischen Theologie begegnen allerdings auch immer wieder Tendenzen, gerade die Rechtfertigung als rein innerlich-subjektives Gnadengeschehen, losgelöst von seinem sakramental-kirchlichen Bezug zu begreifen. Vgl. dazu K.Lehmann: Heiliger Geist, Befreiung zum Menschsein - Teilhabe am göttlichen Leben: Tendenzen gegenwärtiger Gnadenlehre, in: W.Kasper (Hg.): Gegenwart des Geistes, Freiburg 1979, 181-204, 183: »Der Begriff einer innerlichen, unsichtbaren Rechtfertigungsgnade steht der verleiblichten, zeichenhaft-symbolischen und sakramentalen Gnade gegenüber.« Eine solche Zweiteilung innerhalb der Gnadenlehre hat die Konsequenz, daß das Bewußtsein für die ekklesiologische Dimension der Rechtfertigung letztlich verlorengeht.

[2] Hinzu tritt auf katholischer Seite die Einsicht, daß die sieben Einzelsakramente eines Begründungsprinzips - nämlich durch das »Sakrament« Kirche - bedürfen.

glaubenden, die Gemeinde weitergegeben werden; ihre Liebe soll und darf die Liebe Gottes vermitteln. So wird schon auf Erden etwas vom endgültigen Heil vorweg verwirklicht, zu dem wesentlich die 'Gemeinschaft der Heiligen' gehört.«[3] Gemeint ist das persönliche, im Alltag durchgetragene Glaubenszeugnis, das sich durch keine Außergewöhnlichkeiten auszeichnet, gemeint sind das spektakuläre Wirken der Heiligen, die Vielfalt der Charismen, das Gebet, das stellvertretende Eintreten für den Glauben des anderen, die »private« Verkündigung in Glaubenserziehung und im persönlichen Glaubensgespräch, die Gnadenmitteilung, wie sie sich im caritativen oder diakonischen Tun, im Einsatz für Freiheit und Gerechtigkeit und im politischen Engagement ereignet[4]. All diese Ereignisse können soteriologische Qualität annehmen, können zu Konkretionen und Vermittlungen von Gnade werden denn es gilt: »Erlöstes Handeln vermittelt Erlösung«[5]. So verdankt sich der Glaube, durch den der Mensch gerechtfertigt wird, der Glaubensbezeugung anderer, derer, die schon vor ihm geglaubt und ihren Glauben an andere weitergeben haben, die anderen Anstoß und Anreiz, Stütze und Bestärkung im Glauben sind. Dies heißt keineswegs, daß der Glaube Menschenwerk sei, da er weder vom Glaubenden selbst noch durch die Vermittlung und Bezeugung der anderen »geleistet« werden kann. Er ist als reine Gnade Handeln Gottes, doch nicht an der Kirche vorbei, sondern durch ihre Vermittlung hindurch. In diesem Sinne ist in der Rechtfertigung eines jeden der Auftrag zur Sendung enthalten; die empfangene Gnade soll im persönlichen Zeugnis an den Mitmenschen weitergegeben und für andere fruchtbar gemacht werden.

Die Kirche ist nicht nur der Ort, wo dem Glaubenden und Suchenden das befreiende Evangelium von der Rechtfertigung aus Gnade allein verkündet wird, sondern wo ihm Menschen begegnen, die ihr Leben in der Hoffnung gestalten, von Gott ganz und gar angenommen und »gerecht gemacht« zu sein und dies im Umgang mit anderen fruchtbar werden lassen. Besondere Bedeutung kommt schließlich dem Bußsakrament zu als sichtbarem, wirksamen Zeichen der Rechtfertigung[6].

---

[3] G.Koch: Communio sanctorum als Grund und Ziel der Kindertaufe, in: J.Schreiner/K.Wittstadt (Hg.): Communio Sanctorum (FS P.W. Scheele) Würzburg 1988, 398-411, 407. Koch beruft sich dabei auf das neutestamentliche Prinzip der durch Menschen vermittelten Unmittelbarkeit des Heilshandelns Gottes.

[4] Ein ähnliches Gnadenverständnis liegt vor in der Befreiungstheologie, wenn sie die Sichtbarkeit und Erfahrbarkeit von Gnade in den konkreten gesellschaftlichen Strukturen hervorhebt. Vgl. L.Boff: Erfahrung von Gnade, Düsseldorf 1978.

[5] Th.Pröpper: Erlösungsglaube und Freiheitsgeschichte, 2., wesentlich erweiterte Auflage, München 1988, 210.

[6] Ausführlich dazu W.Kasper: Die Kirche als Ort der Sündenvergebung, in: IkaZ 18 (1989) 1-9. »Eine erneuerte Kirche muß vor allem eine Kirche sein, welche den Glau-

Aus der in der Rechtfertigung empfangenen Gnade erwächst das heilsvermittelnde Tun, in dem sich zugleich die Heiligung des Gläubigen vollzieht. Sie ist nicht Voraussetzung oder »Verdienst« der Rechtfertigung, sondern durch die Gnade ermöglichter Dienst am Nächsten und seinem Heil[7]. Ebenso wäre es verfehlt, die Heiligung als eine Überbietung der Rechtfertigung zu verstehen; vielmehr hat die Heiligung ihren Sinn darin, daß die in der Rechtfertigung empfangene Gnade vom Menschen in seinem Lebens- und Glaubensvollzug eingeholt wird. Insofern die Heiligung als Vollzug der Rechtfertigung umschrieben werden kann, erweist sich diese als prozeßhaftes Geschehen, die das ganze Leben umfaßt. Sie ist damit integraler Bestandteil des Rechtfertigungsgeschehens, ohne mit der Rechtfertigung schlechterdings identisch zu sein[8].

Daß Heilsvermittlung nicht nur ein amtlich-institutionelles Geschehen ist[9], wird vom 2. Vatikanum bestätigt. Die ganze Kirche, nicht nur das Amt, ist sakramental strukturiert - in allen ihren Lebensäußerungen. »Diese Signatur weist auf ihr Beten und Glauben, ihre Theologie, ihre 'Stände' (Amtsträger, Ordenschristen, Laien), das von ihr verkündete Wort, die in ihr und durch sie gespendeten Heilszeichen der sieben Sakramente, ihre Glaubenssätze, das Zeugnis des christlichen Lebens ihrer Glieder, ihren Dienst an der Gesellschaft. Nichts ist ausgenommen.«[10] Dem einzelnen kommt damit eine unverzichtbare Bedeutung

---

bensartikel von der Vergebung der Sünden ernst nimmt, aus ihm lebt und ihn zur Mitte ihres ganzen Lebensvollzugs macht, die Ort der Vergebung und Ort der sakramentalen Feier der Vergebung und Versöhnung ist« (ebd. 9).

7 Wenn W.Dantine: Kirche und Sakramente, 46, anstelle des sakramentalen ein diakonisches Selbstverständnis der Kirche fordert, so braucht das eine das andere nicht auszuschließen. Vielmehr ist die Kirche gerade in ihrem Dienst am anderen Zeichen und Werkzeug für Gottes Heil.

8 Dies gegen die Unterstellung von Maron, 223.

9 Vgl. dazu Th.Pröpper: Erlösungsglaube und Freiheitsgeschichte, 210-214. Ausgehend von der Einsicht der intersubjektiv-symbolischen Vermittlung des Heils wünscht Pröpper, daß die »verhängnisvolle Monopolisierung des Gnadengeschehens durch die amtlichen kirchlichen Vollzüge überwunden wird und bewußt bleibt, daß mit ihrer offiziellen Legitimation als Akten der Vermittlung des Heils keineswegs schon die reichere und wirksamere Gnade verbürgt ist oder diese allein durch sie sich ereignen« (ebd. 214). Dabei kann es jedoch nicht darum gehen, an die Stelle von Gottes Handeln das des Menschen zu setzen. »Der Glaube, auf den das Zeugnis zielt, ist niemals Glaube an Zeugen, denn dann wäre er mit deren menschlichen Möglichkeiten am Ende, sondern Teilhabe am Glauben Jesu und dadurch an den Möglichkeiten Gottes. Und niemals kann ein Mensch den Glauben eines Mitmenschen selbst bewirken oder gar ersetzen wollen, sondern immer nur so auf dessen Wirklichkeit einzugehen versuchen, daß er sie als Situation und Gelegenheit eigenen Glaubens wahrnehmen kann« (211).

10 W.Beinert: Die Sakramentalität der Kirche, 57; vgl. auch A.Auer: Die Kirche - Das allgemeine Heilssakrament, 93; J.Ratzinger: Einleitung zur Konstitution über die Kirche, Münster [8]1966, 10; J.M.R.Tillard: Vers une nouvelle problématique de la »Justification«, 193; ders.: Église et salut, 667. Y.Congar: Un peuple messianique, Paris 1975, v.a. 75-98, hat ausführlich dargelegt, was es heißt, daß die ganze Kirche, die Institution

für die Kirche und ihre Aufgabe in der Welt zu. Er geht gerade nicht, wie Maron behauptet[11], im Sakrament »Kirche« auf, sondern ein jeder trägt mit seinem individuellem Charisma und seinem persönlichen Einsatz dazu bei, daß die Kirche nach außen hin als Sakrament in Erscheinung treten kann. So wäre es ein Mißverständnis, kirchliche Heilsvermittlung - und damit die »Mütterlichkeit« der Kirche - auf bestimmte institutionell festgelegte Akte zu beschränken, denn damit würde die Vielfältigkeit kirchlichen Lebens und Wirkens verkannt[12]. Auch die Bedeutung der Sakramente wird nicht voll erfaßt, wenn sie als isolierte Akte des Amtes verstanden werden, sondern sie bedürfen der Einbindung in das gesamtkirchliche Leben[13]. »Man muß diese Sozialisierung der Tätigkeiten, durch die sich das Heil mitteilt, anerkennen. In der Seelsorge der Kirche ist, jenseits eines bestimmten Einzelaktes oder besonderen Momentes, das ganze kirchliche Leben zugleich Mittel und Milieu, in dem Christus wirkt. Wir müssen den Sinn für die ganze Fülle der kirchlichen Mittlerschaft wiedergewinnen.«[14]
Das Verständnis der kirchlichen Heilsvermittlung, wie wir es im Anschluß an Rahner und von Balthasar dargelegt haben, geht über dasjenige von Trient hinaus, wo nur die Taufe (bzw. im Hinblick auf die Erneuerung der Rechtfertigungsgnade die Buße) als causa instrumentalis genannt werden. Daß damals die Kirche nicht weiter ins Spiel gebracht wurde, hat seinen Grund darin, daß in Trient eine umfassende Ekklesiologie weder vorlag noch ausgearbeitet werden konnte. Wenn das Konzil sein Augenmerk ausschließlich auf die Taufe richtete, darf dies nicht in dem Sinne mißverstanden werden, als werde die Rechtfertigung quasi mechanisch vollzogen, als Gnadeninfusion genau im Moment des Taufvorgangs. So wie christliches Leben prozeßhaft verläuft und der Getaufte durch die Realisierung des persönlichen Glaubens Schritt für

---

wie das »Gottesvolk« sakramentalen Charakter hat. Er spricht in diesem Zusammenhang ausdrücklich von einer Tätigkeit der Vermittlung: »On a besoin de la médiation d'un frère humain, et même de la médiation de réalités sensibles pour accomplir les démarches de notre union à Dieu en Jésus-Christ, son Verbe chair« (79).

11 G.Maron: Kirche und Rechtfertigung, 204, 259.

12 Dazu ausführlich: Y.Congar: Mutter Kirche, in: V.Schnurr/B. Häring (Hg.): Kirche heute, Bergen-Enkheim 1965, 30-38.

13 Vgl. W.Kasper: Wort und Sakrament, in: O.Semmelroth (Hg.): Martyria - Leiturgia - Diakonia (FS H.Volk) Mainz 1968, 260-285, 279: »Der Dienst an Wort und Sakrament ist der Kirche als ganzer, konkret der versammelten Gemeinde als ganzer aufgetragen. Sie ist nach Jesus Christus die eigentliche Spenderin der Sakramente. ... Verkündigung und sakramentaler Vollzug können nur dort sinnvoll und erfüllt geschehen, wo sie einer gelebten Gemeindewirklichkeit entsprechen, wo wirkliche Gemeindesituation vorhanden ist. Konkret bedeutet das die Aufgabe einer weitgehenden 'Entamtung' von Wort und Sakrament.«

14 W.Beinert: Die Sakramentalität der Kirche, 34.

Schritt in die Taufe »hineinzuwachsen« hat, so läßt sich auch die Rechtfertigung nicht auf den Moment reduzieren, in dem sie sich verleiblicht. Die bedingungslos geschenkte Gnade muß vielmehr im individuellen Lebens- und Glaubensvollzug eingeholt und angenommen werden. Die Taufe kann nur Frucht tragen, wenn sie zwar als einmaliger Akt gespendet und empfangen wird, aber nicht isoliert, sondern in das umgreifende Leben der Kirche eingebettet bleibt.

Geht in der Erwachsenentaufe der rechtfertigende Glaube der *sakramentalen* Gnadenmitteilung, nicht der Gnade selbst, voraus, muß er im Falle der Kindertaufe - in der die Bedingungs- und Voraussetzungslosigkeit der göttlichen Gnade in besonderer Weise Ausdruck findet - nachher hinzutreten, weil die zuvorkommende Gnade Gottes ihre Annahme durch den Menschen nicht überflüssig macht, sondern fordert. In diesem Sinne hat - wenngleich der Sünder niemals nur »teilweise« gerechtfertigt ist, weil Gott ihn, wenn er ihn annimmt, dies ganz und gar tut - doch jede persönliche Rechtfertigung ihre Geschichte. Auch Trient weiß um das Wachstum der empfangenen Rechtfertigung[15], doch trat diese Erkenntnis in der nachtridentinischen Theologie mehr und mehr in den Hintergrund. Erst die gegenwärtige Theologie betrachtet die Rechtfertigung wieder weniger als statisch-punktuelles Ereignis, sondern als phasenhaft-geschichtlichen Prozeß.

Die Herausstellung der nichtamtlich-kommunialen Heilsvermittlung hat nicht zum Ziel, die objektiv-amtlich-sakramentale für überflüssig zu erklären[16]. Es ist deutlich geworden, daß die sakramentalen Vollzüge verwiesen sind auf den Kontext des kirchlichen Lebens- und Glaubens-

---

15 Vgl. DS 1545-1549. Das 10.Kapitel des Rechtfertigungsdekretes ist in auffälliger Weise von dynamischen Aussagen bestimmt. Das Konzil wies allerdings Seripandos und anderer Augustinisten Lehre von der doppelten Gerechtigkeit um der Einheit des Heilsgeschehens willen zurück (DS 1528-1531). Seripando hatte unterschieden zwischen der unvollkommenen iustitia inhaerens, die immer wieder durch die Sünde bedroht ist, und der vollkommenen iustitia Christi, die den Menschen als zweite Gerechtigkeit zuteil werden wird. Auf diese Weise sollte die existentielle Spannung eines jeden Christenlebens zum Ausdruck gebracht werden, die Erfahrung, daß wir bis zum Ende unsere Unwürdigkeit behalten und einen Kampf gegen die Sünde als Folge der Konkupiszenz führen. Diese Auffassung drohte jedoch, die Einheit des Heilswerkes, das allein in Gott seinen Quellgrund hat, zu zerstören. Von daher tat das Konzil zwar Recht daran, sie zurückzuweisen und die Gerechtigkeit Gottes als einzige Formalursache der Rechtfertigung herauszustellen. Andererseits kam eine zentrale christliche Erfahrung auf diese Weise zu kurz. Vgl. P.Fransen: Dogmengeschichtliche Entfaltung der Gnadenlehre, in: MySal IV/2, 631-766, 719: »Es wurde für die Kirche des Westens zum Verhängnis, daß die Auffassung Seripandos auf dem Konzil kein genügendes Echo fand, was nicht wenig zur Erstarrung der nachtridentinischen Gnadentheologie beitrug.«

16 Schon gar nicht kann es der Sinn unserer Überlegungen sein, dem Amt generell seine Bedeutung abzusprechen. Hier ist zu bedenken, daß seine Funktion nicht auf die Heilsvermittlung, die Verkündigung und die Spendung der Sakramente eingeschränkt werden darf, sondern daß zu seinen besonderen Aufgaben und Vollmachten auch die Hirtensorge und die Leitungsgewalt zählen.

vollzuges, der durch die verschiedenen Weisen der interpersonalen Heilsvermittlung geschaffen wird. Diese aber setzt die objektiven Gestalten der Vermittlung, Amt und Sakramente voraus, weil nur so das unverstellte Ankommen der Gnade beim Menschen gewährleistet wird, das wiederum die Bedingung für die Weitergabe und das Fruchtbarmachen der Gnade ist. Hierin liegt die besondere Bedeutung des Sakramentes als opus operatum. Dies meint nicht eine von der personalen Entscheidung des Glaubens abgelöste Wirksamkeit des sakramentalen Vollzugs[17], sondern das durch menschliche Unwürdigkeit und Sündigkeit des Spenders unbeeinträchtigte Wirken Gottes, insofern das Entscheidende in Amt und Sakrament nicht das Handeln des Menschen, sondern das Wirken Gottes ist[18]. Während Wirkung und Gelingen der kommunialen Gnadenvermittlung durch menschliche Unzulänglichkeit verstellt werden können, wird durch das Sakrament die Gnade unverbrüchlich, unabhängig von der persönlichen Heiligkeit des Spenders, zuteil[19].

Die Bedeutung des Amtlich-Institutionellen für die katholische Ekklesiologie liegt in der unverstellten Präsenz der Gnade und damit zugleich in ihrer objektiven Vorgegebenheit, in der ihre absolute Priorität vor jeglichem menschlichen Tun zum Ausdruck kommt. »Um die Subjektivität des Menschen von der ständigen Versuchung einer hybriden Selbstrechtfertigung zu befreien, um jede kirchliche Gemeinschaftsbildung vor dem Aberglauben einer Autonomie der Heilsvermittlung (nämlich durch den eigenen, 'vollkommeneren' Vollzug der Liebe und des Glaubens) zu bewahren, bedarf die Kirche des Institutionellen, also des Amtes, der Sakramente, der Tradition, des Dogmas, des Rechtes.

---

[17] Eben dies war das Mißverständnis Luthers. Er wandte sich mit seiner Kritik im Grund nicht gegen die recht verstandene Lehre vom opus operatum, sondern gegen Fehlformen, die zu seiner Zeit durchaus verbreitet waren. Gegen solche Verfälschungen betonte Luther die untrennbare Relation von Gnade und Glaube: Zum Heil wirken die Sakramente nur da, wo sie im Glauben empfangen werden.

[18] Vgl. DS 1262; 1608. Zur entsprechenden Lehre der Scholastik siehe O.H.Pesch: Die Theologie der Rechtfertigung bei Martin Luther und Thomas von Aquin, 805, 815.

[19] Ausführlich dazu G.Greshake: Priestersein, Freiburg 1985, 64: »Denn im kirchlichen Amt bindet der Herr sein Heilswirken nicht an das subjekthafte Können bestimmter Personen, sondern an eine dauerhafte, eindeutig bestimmte, 'institutionelle', d.h. überindividuelle Größe, die gerade als solche über sich selbst hinausweist auf den Ursprung und inneren Grund des Amtes: auf Jesus Christus selbst. Er verweist Menschen nicht an ihn verstellende 'Stellvertreter' (im schlechten Sinn), er überläßt die Weitergabe seines Heilswerks nicht der Zufällligkeit und Willkür, der Zweideutigkeit und Gefährdetheit der je persönlichen Fähigkeit von heilvermittelnden Personen, sondern er gibt *sich* und *sein Heil* weiter, indem er selbst sich durch Weihe und Sendung ein 'übersubjektives' Zeichen seiner Gegenwart schafft: das Amt. So gesehen, bedeutet die 'Amtlichkeit' der Heilsvermittlung für den Glauben etwas zutiefst Befreiendes.« Dies steht jedoch, wie Greshake betont, nicht im Widerspruch zu der Tatsache, daß vom Amtsträger in besonderer Weise die Einheit von Zeugnis und Zeugen gefordert ist.

Darin stellt sich gesellschaftlich eindeutig, 'konkret' und wirksam die objektive Vorgegebenheit des von Gott in Christus geschenkten Heiles dar.«[20] In diesem Sinne ist auch die Bindung des Glaubens des einzelnen an den der Kirche, in den jedes persönliche Glaubensbekenntnis einzutreten hat, Ausdruck der Freiheit und der Gnadenhaftigkeit dieses Glaubens: »Konkrete Bindung an den allgemeinen Glauben der Kirche befreit von einer subjektiven Enge und Formlosigkeit, die nur das als Ausdruck des Glaubens anerkennt, was sie gerade 'vollziehen' kann. Ein solcher Glaube setzt sich mehr und mehr 'das Maß des Glaubens' selbst; er findet immer weniger eine gesellschaftlich greifbare Form dafür, daß der Glaube entgegengenommen werden muß, daß er 'aus Gnaden allein' geschenkt wird, daß er 'vom Hören kommt'. Die sehr konkrete Einfügung in die geschichtliche Identität der Glaubensgemeinschaft und in die umgreifende Einheit und Allgemeinheit ihres Glaubens kann so zum vermittelnden Zeichen der objektiven Vorgegebenheit der Gnade werden.«[21]

2. Anfragen an die protestantische Theologie im Gefolge Marons

Die Einsicht in den Zusammenhang von Kirche und Rechtfertigung gibt Anlaß zu Anfragen an die Adresse Marons und ähnlicher Positionen. Nachdem die protestantische Kritik am katholischen Verständnis der kirchlichen Gnadenvermittlung bereits zur Sprache kam, sollen nunmehr in umgekehrter Richtung verschiedene Einwände geltend gemacht werden.

- Die Kirche als Heilsmittel und Heilsfrucht:
Die protestantische Theologie muß sich fragen, ob es genügt, bei der Bestimmung der Kirche als Frucht der Rechtfertigung und als commu-

---

20 M.Kehl: Kirche als Institution, 318.

21 M.Kehl: Kirche - Sakrament des Geistes, 179. Interessant ist die vorliegende Argumentationsstruktur insofern, als sie jene Momente des Glaubensaktes, auf welche die protestantische Theologie großen Wert legt - die gnadenhafte Geschenkhaftigkeit des Glaubens und sein Zuteilwerden durch das Hören - durch die institutionelle Bindung des Glaubens an die Kirche in besonderer Weise begründet und akzentuiert. Vgl. auch ders.: Kirche als Institution, 318: »Das Institutionelle soll gerade wegen seiner relativen Unabhängigkeit vom individuellen Glaubensvollzug und wegen seiner relativen Unverfügbarkeit für die subjektive Freiheit eine gewisse Gewähr dafür bieten, daß Gottes Gnade und Wort unverkürzt *als sie selbst* zum Menschen kommen.« Kehl sieht darum im Institutionellen das Kriterium, »an dem sich mit einer gewissen Eindeutigkeit die 'befreite Freiheit' des Christen von der 'selbstherrlichen Freiheit' des Sünders unterscheiden läßt«, so daß auf diese Weise die Gefahr einer selbstmächtigen Rechtfertigung abgewehrt wird (ebd.).

nio der Gerechtfertigten[22] stehenzubleiben. Daß die Kirche eine Gemeinschaft von Begnadeten ist, dürfte zwischen Katholiken und Protestanten unumstritten sein. Besteht aber nicht eine untrennbare Einheit von Heilsmittel und Heilsfrucht, von Gnadenempfang und Handeln[23]? Die Kirche ist, wie Rahner und Balthasar überzeugend dargelegt haben, gerade als Glaubensgemeinschaft auch glaubensvermittelnd, als Gemeinde der Gerechtfertigten die rechtfertigende Gnade weitergebend, als communio sanctorum selber heiligend. Wird die Passivität und Rezeptivität der Kirche nicht falsch verstanden, wenn man diese Dimension von Kirche zurückweist?

- Die Individualisierung des Gnadenverständnisses:
Die protestantische Theologie im Gefolge Marons muß sich fragen, ob sie nicht ein einseitig individualisiertes Gnaden- und Rechtfertigungsverständnis vertritt[24]. Rechtfertigung wie Glaube scheinen eine private Angelegenheit zwischen Gott und dem einzelnen zu sein, ihr Gemeinschaftscharakter tritt kaum in den Blick. Demgegenüber haben die katholischen Entwürfe vor Augen geführt, daß die Rechtfertigungsgnade nicht nur Geschenk, sondern zugleich Auftrag und Verpflichtung im Blick auf den anderen ist. So hat ja auch »Heil« im biblischen Verständnis eine zutiefst kommuniale Dimension; es ist als individuelles Heil immer zugleich Heil mit den und für die anderen. Gerade in der paulinischen Rechtfertigungslehre, auf die sich die protestantische Theologie beruft, ist dem Zuspruch der rechtfertigenden Gnade immer eine soziale Dimension zu eigen. Weil der einzelne Glaubende das Zeichen der Versöhnung und der Annahme von seiten Gottes durch die Gemeinschaft empfängt, ist die Rechtfertigung nicht von der Gemeinde abzulösen[25]. Die protestantische Theologie könnte hier nicht nur in der

---

22 Vgl. W.Trillhaas, in: E.Wilkens (Hg.): Helsinki 1963, 103: Die Gerechtfertigten sind Menschen, »die nicht um der Kirche willen und in der Kirche gerechtfertigt werden, sondern es sind die Kinder dieser Welt, die ihre Rechtfertigung um Christi willen als schlechthin unverdient erfahren und die sich dann und darum mit anderen Berufenen und Gerechtfertigten in einer Kirche sammeln.«

23 Vgl. W.Kasper: Der Bruch ging nicht in die Fundamente, in: KNA-ÖKI 1980/52, 5-7, 7: »Die zwischen uns kontroverse Frage ist, ob und inwiefern die von Jesus Christus geschenkte Heiligkeit der Kirche in der Heiligkeit und heiligenden Wirksamkeit ihrer Glieder fruchtbar wird. Wird die der Kirche geschenkte Heiligkeit der Kirche so zu eigen, daß sie aufgrund dieser geschenkten Heiligkeit in ihren Gliedern heilig und heiligend wirken kann? Oder 'hat' sie diese Heiligkeit nur im Modus des Zuspruchs und des Empfangs?«

24 Vgl. A.Brandenburg: Eine theologische Urspaltung?, in: M. Seckler/O.H.Pesch (Hg.): Begegnung (FS H.Fries), Graz 1972, 187-198, 197: »Wird denn, so fragt man, die 'Individualisierung des Christentums auf protestantischem Boden zum Prinzip'?«

25 Vgl. dazu die umfangreiche Untersuchung von W.Klaiber: Rechtfertigung und Gemeinde, Göttingen 1982, v.a. 174-182; 265-268.

Soteriologie, sondern auch in der Ekklesiologie Paulus beim Wort nehmen und sich der kommunialen Dimension des Glaubens wie der Rechtfertigung neu bewußt werden.

- Die Bindung der Verkündigung an die Kirche:
Der Mensch wüßte überhaupt nicht um die befreiende Botschaft der Rechtfertigung, würde sie ihm nicht durch die Kirche verkündigt[26]. Macht Maron der katholischen Kirche zum Vorwurf, daß sie sich selbst zum »Urwort« mache - eine Formulierung, die in der katholischen Ekklesiologie nirgendwo vorkommt - so ist zu replizieren, daß die Verkündigung des Wortes sich nicht im luftleeren Raum ereignet, sondern in der Tat an die Kirche gebunden ist. Wo die protestantische Theologie den Ereignischarakter des Wortes in einer Weise übersteigert, daß es nicht selten seiner Bindung an die Kirche entkleidet wird, steht sie in der Gefahr, das Wort als »freischwebendes Sprachereignis« anzusehen, »losgelöst von der es autorisiert interpretierenden Kirche«[27]. Von katholischer Seite wird darum nicht ganz zu Unrecht festgestellt: »Die Krise des Reformatorischen besteht also darin, daß der reine Aktualismus der Worthaftigkeit des Evangeliums in sich begriffen und nicht mehr im Zusammenhang mit der Kirche gesehen wird.«[28]
Die Feststellung trifft nicht nur für die kirchliche Auslegung der Schrift zu, sondern auch für die Verkündigung der Rechtfertigung durch die Kirche. »Auf Konsens ist hier also nur zu hoffen, wenn die evangelische Theologie die Betonung der Heilsbedeutsamkeit des 'Wortes allein' in einer Weise zu begründen vermag, bei der die darin ausgesagte Gottunmittelbarkeit des Glaubens zwar durchaus kirchenkritische Kraft behält, aber frei ist von einer ungesagten Infragestellung der Wirklichkeit Kirche, die schließlich ... sich diesem Glauben verdankt und ihn weiterzusagen 'gerufen' ist.«[29]

- Der Verlust der Dimension des Leibhaftigen:
Eine Reihe von Anfragen erheben sich in Bezug auf die inkarnatorisch-verleiblichte Struktur der Gnade. Nicht nur für die Theologie Rahners, sondern für alle katholische Theologie gilt, daß sie ein Stück weit im-

---

26 Vgl. dazu O.H.Pesch: MySal IV/2, 868: »In einem bestimmten ... Sinne kann auch der auf die 'Freiheit eines Christenmenschen' stolze evangelische Christ einer 'Vermittlung' durch die Kirche so wenig entraten wie der katholische Christ: Nur in der Kirche und durch die Kirche hört er überhaupt das befreiende Wort von der Rechtfertigung des Sünders allein durch den Glauben, weil er es nur von denen hören kann, die schon vor ihm geglaubt haben.«

27 A.Skowronek: Sakrament in der evangelischen Theologie der Gegenwart, 238.

28 A.Brandenburg: Eine theologische Urspaltung?, 198.

29 O.H.Pesch: Frei sein aus Gnade, Freiburg 1983, 239.

mer »Leibhaftigkeitstheologie« ist. Auf die Gefahren einer rein inkarnatorisch begründeten Ekklesiologie - die Versuchung, die Kirche, ihre Struktur und ihre Bestimmung einseitig in Kontinuität mit Christus selbst zu sehen und ihr Gegenüberstehen und ihre fundamentale Unterschiedenheit zu Christus zu vernachlässigen - wurde mehrfach hingewiesen. Dennoch stellt sich die Frage, ob das Prinzip des Inkarnatorisch-Leibhaftigen einfach als ein mögliches, aber nicht weiter verbindliches theologisches Modell abgetan werden kann oder ob nicht doch Leibhaftigkeit und Sichtbarkeit ein Grundzug des christlichen - nicht nur des katholischen - Gnadenverständnisses zu sein hat.
Bleibt Gnade und damit auch das Rechtfertigungsgeschehen nicht abstrakt, wenn es nirgendwo sichtbar und greifbar wird? »Was hier menschlichem Denken als scheinbare unnötige Verdinglichung zur Anfechtung werden mag, ist in Wahrheit das Geschenk einer auch im Gestalthaften freien und personalen Gnade, allerdings der Gnade eines Gottes der Menschen, eines Gottes der Geschichte, der diese Welt zuinnerst - und gerade darum auch bis ins Äußere - an sich zieht; dessen Gnade diese Welt nicht nur streift wie eine Tangente den Kreis, sondern diese Welt selbst zu einer Gestalt der Gnade machen kann und will: eben dies geschieht in der Kirche, ja dies ist Kirche.«[30]

Über die Unterbewertung des Leibhaftigen auf protestantischer Seite hat in besonderer Weise H.Mühlen reflektiert[31]. Er kennzeichnet die protestantische Denkform ähnlich wie O.H.Pesch, aufgrund des relationalen Gnadenverständnisses als eine betont personale, die es sich zum Ziel macht, die Unverfügbarkeit des Heilshandeln Gottes am Menschen zu wahren. Ein solches personales Denken entspricht ganz und gar der Heiligen Schrift, und nach Mühlen täte die katholische Theologie gut daran, entsprechende Kategorien für die Gott-Mensch-Relation zu entwickeln. In der protestantischen Theologie geht diese Denkform jedoch, wie er feststellt, Hand in Hand mit einer Unterbewertung der Leiblichkeit des Menschen wie auch der Leibhaftigkeit des Heils. Dessen Sichtbarwerdung und Greifbarkeit spielt kaum eine Rolle. Würde man aus den Schriften führender evangelischer Theologen alle Aussagen streichen, die sich in irgendeiner Weise mit der Leiblichkeit befassen, würde sich an ihrer Theologie im Grunde nichts ändern[32]. Den geringen oder ganz fehlenden Stellenwert des Leibhaftigen sieht Mühlen im protestantischen Vorverständnis der menschlichen Person angelegt[33]. Von daher richtet er an die protestan-

---

30 J.W.Mödlhammer: Amtsfrage und Kirchenverständnis, in: Cath 28 (1974) 135-139, 138.

31 H.Mühlen: Das Vorverständnis von Person und die evangelisch-katholische Differenz, in: Cath 18 (1964), 108-123.

32 Mühlens These ist höchst anregend, aber nicht hinreichend gut belegt, um wirkliche Verbindlichkeit beanspruchen zu können. Es wäre eine lohnende Aufgabe, einmal vergleichend protestantische und katholische Entwürfe auf die Bedeutung und den Stellenwert von Leiblichkeit und Leibhaftigkeit zu untersuchen.

33 In diesem Punkt können wir Mühlen allerdings nicht voll zustimmen. Da auch das Personverständnis von einem gewissen Vorverständnis der Wirklichkeit abhängig ist, sollte

tische Theologie die Forderung, sich erneut auf die in der Heiligen Schrift bezeugte, wesenhafte Leibhaftigkeit der Heilswirklichkeit und des Menschen zu besinnen. Dies müßte dann zwangsläufig auch in der Ekklesiologie Folgen nach sich ziehen.

- Vermittlung und Gottesunmittelbarkeit:
Wo sich die Theologie auf die Gottesunmittelbarkeit des Menschen beruft und in der kirchlichen Heilsvermittlung eine Beeinträchtigung seines Gottesverhältnisses sieht, muß sie den Charakter einer so verstandenen »Unmittelbarkeit« klären. Wird hier nicht ein Begriff zum Schlagwort gemacht, dessen Inhalt zuhöchst unklar und verschwommen bleibt? Wird hier nicht eine zentrale Funktion der Kirche prinzipiell zurückgewiesen angesichts der möglichen Gefahr - die in der Tat besteht - daß die Kirche durch sündhaftes Verhalten den Zugang zu Gott auch verstellen kann? Entspricht nicht die Vorstellung einer »reinen«, d.h. von aller Kategorialität gereinigten Gottesunmittelbarkeit allenfalls der Gotteserfahrung der Mystik - und wievielen Menschen wird diese Weise der Gottesbegegnung zuteil? Damit soll nicht geleugnet werden, daß die Beziehung zu Gott verschiedene Weisen und Intensitätsgrade kennt. Aber auch das persönliche Gebet oder die Meditation, in der der Glaubende sich »unmittelbar« vor Gott gestellt weiß, ist durch die Kirche vermittelt, und zwar nicht nur, insofern sich die Kenntnis solcher Gebetsformen der kirchlichen Praxis verdankt, sondern insofern der Glaube, als dessen Ausdruck das Gebet zu gelten hat, sich der Kirche verdankt. Umgekehrt ist der Mensch im sakramentalen Geschehen, etwa in der Eucharistie und im Empfang der Buße, in der die verlorengegangene Rechtfertigungsgnade erneuert wird, ganz und gar mit Gott verbunden, ohne daß ihm das Sakrament als störende Zwischeninstanz und Beeinträchtigung seiner Gottesunmittelbarkeit erschiene. Schließlich: Wird die Gnade Gottes im interpersonalen Geschehen, in einem Akt der Mitmenschlichkeit, nicht unter Umständen genauso »unmittelbar« erfahrbar wie im stillen Zwiegespräch mit Gott?

Die sich anschließende Untersuchung der ekklesiologischen Entwürfe Gerhard Ebelings und Wolfhart Pannenbergs wird zeigen, inwiefern die genannten Punkte von seiten protestantischer Theologie aufgegriffen und berücksichtigt werden.

---

nicht gerade daran der unterschiedlichen Stellenwert von Leiblichkeit festgemacht werden. Vielmehr wäre umgekehrt zu fragen, ob nicht ein Wirklichkeits- bzw. Heilsverständnis, in dem das Moment der Verleiblichung eine untergeordnete Rolle spielt, zu einem bestimmten Personverständnis geführt hat.

DRITTER TEIL

Die protestantische Position

Erstes Kapitel

Wolfhart Pannenberg

Zu Pannenbergs Theologie

Das Bemühen um eine Neukonzeption des Offenbarungsbegriffs steht im Mittelpunkt der theologischen Arbeit von Wolfhart Pannenberg[1]. »Offenbarung als Geschichte«[2] lautet sein und anderer Theologen Programm, die vom Alten Testament her die Offenbarung als durch die Geschichte vermittelte erschließen und nicht als lehrhafte Mitteilung von abstrakten Wahrheiten, sondern als Selbstmitteilung Gottes zu verstehen suchen. Von entscheidender Bedeutung ist in diesem Zusammenhang Pannenbergs Auseinandersetzung mit der dialektischen Theologie und der Kerygma-Theologie R.Bultmanns. In gezielter Absetzung von der dort vertretenen radikalen Worttheologie möchte Pan-

1 Darstellungen der Theologie Pannenbergs in ihren Grundzügen bieten: I.Berten. Geschichte, Offenbarung, Glaube, München 1970; M.Frájo: Das Sprechen von Gott bei Wolfhart Pannenberg, Tübingen 1975; J.Galloway: Wolfhart Pannenberg, London 1973; J.M.González: Das Göttliche als Begriff und Wirklichkeit, München 1981; S.Greiner: Die Theologie Wolfhart Pannenbergs, Würzburg 1988 (eine umfangreiche, fundierte Arbeit, die zeigen will, welche Richtung für ein Gespräch mit Pannenberg von katholischer Seite einzuschlagen wäre); Th. Kressner: Verantwortete Rede von Gott, Bonn 1978; E.F.Tupper: The theology of Wolfhart Pannenberg, Philadelphia 1973; P.Warin: Le chemin de la théologie chez Wolfhart Pannenberg, Rom 1981. - Eine Zusammenstellung der wichtigsten Sekundärliteratur findet sich in: J.Rohls/G.Wenz (Hg): Vernunft des Glaubens (FS W.Pannenberg) Göttingen 1988, 719-731.

2 W.Pannenberg (Hg.): Offenbarung als Geschichte, Göttingen ^{4}1970; darin: Einführung: 17-20; Dogmatische Thesen zur Lehre von der Offenbarung, 91-114 weitere Beiträge von R.Rendtorff, T.Rendtorff, U.Wilckens.

nenberg einer Theologie entgegentreten, in der Gottes Geschichtshandeln aus dem Blick geraten ist. Hinter diesem Vorhaben steht nicht einfachhin ein unbestimmtes Ungenügen am Wort und die Einsicht, daß ein allgemeiner Wort-Gottes-Begriff aus der Schrift nicht zu erheben sei[3], sondern die Überzeugung, daß es eine über bloße Worte hinausreichende Wirklichkeit gibt: »die Geschichte, die als Gottes Wirken sicher nicht ohne vorangehende und nachfolgende Worte zu verstehen ist, die zugleich aber auch die Worte überholt hat.«[4]
Pannenbergs Geschichtstheologie entspringt dem Bestreben, den christlichen Begriff der Offenbarung mit dem neuzeitlichen Geschichtsdenken zu vermitteln zum Zweck der »umfassende(n) Verantwortung des christlichen Redens von Gott im Kontext neuzeitlicher Wirklichkeitserfahrung«[5]. Deshalb sucht er die zunehmende Divergenz von Theologie, Geschichte und Philosophie zu überwinden und auf der Grundlage ihrer Verbindung eine »Metaphysik der Geschichte« zu entfalten. Für die vorliegende Fragestellung wird unter anderem zu untersuchen sein, in welcher Weise sich Pannenbergs Offenbarungsbegriff auf sein Verständnis der kirchlichen Heilsvermittlung auswirkt und wie die Unmittelbarkeit Gottes und seine Vermittlung durch die Geschichte zusammenzudenken sind. Wenngleich Pannenberg keinen eigenen ekklesiologischen Traktat verfaßt hat[6], befassen sich zahlreiche seiner Beiträge mit dem Thema Kirche[7]. Pannenberg zeigt sich auf diesem, aber auch auf anderen Gebieten, als ein ökumenisch interessierter und um die Verständigung der Kofessionen bemühter Theologe. Unter der Bedingung, daß sie keine repressive Uniformität in Lehr- und Kirchenverfassung fordert, wird eine Kircheneinigung von ihm auch schon derzeit nicht für unmöglich erachtet[8].

---

[3] Ebd. 32.

[4] Ebd.

[5] K.Koch: Der Gott der Geschichte, Mainz 1988, 116.

[6] Ein solcher ist im Anschluß an Band I der von Pannenberg umfassend kozipierten Systematischen Theologie, Göttingen 1988, zu erwarten.

[7] Die wichtigsten Aussagen zur Ekklesiologie finden sich in: Thesen zur Theologie der Kirche, München [2]1974; Reich Gottes und die Kirche, in: Theologie und Reich Gottes, Gütersloh 1971, 31-61; Das Glaubensbekenntnis ausgelegt und verantwortet vor den Fragen der Gegenwart, Hamburg 1972, 131-166; Ethik und Ekklesiologie, Göttingen 1977; Reich Gottes, Kirche und Gesellschaft in der Sicht systematischer Theologie, in: F.Böckle u.a. (Hg): Christlicher Glaube in moderner Gesellschaft 29, Freiburg 1982, 119-135.

[8] Vgl. Wissenschaftstheorie und Theologie, Frankfurt/Main 1973, 415: »Wir halten neue konfessionelle Trennungen nicht mehr für unüberwindbar, äußere Einheit nicht mehr für ein dem christlichen Glauben entbehrliches Element.« Pannenberg hält die Einheit der Kirche für möglich, weil »in Jesus Christus die Einheit aller Christen schon vorgegeben ist«: Einheit der Kirche als Glaubenswirklichkeit und als ökumenisches Ziel, in: US 30 (1975) 216-222.

I. Kirche und Reich Gottes

1. Die Gottesherrschaft als Verleiblichungsgestalt der Gnade

»Die Lehre von der Kirche beginnt nicht mit der Kirche, sondern mit dem Reich Gottes.«[9] Die Gottesherrschaft ist für Pannenberg der Ausgangspunkt, von dem her das theologische Verständnis der Kirche zu entfalten ist. Damit verfolgt er einen anderen ekklesiologischen Ansatz als die beiden vorangehenden katholischen Theologen, die die Kirche zwar auch von Person und Werk Jesu Christi her, jedoch entweder inkarnatorisch als sein »Leib« oder als sein »bräutliches Gegenüber«, zu verstehen suchten[10]. Eine solche Ekklesiologie, die nach Pannenbergs Erachten die Kirche als eine selbstverständliche Gegebenheit betrachtet, die es nurmehr zu interpretieren gilt, »steht in der Gefahr, bestehende kirchliche Institutionen als Ausdruck 'der' Kirche ideologisch zu verklären. Deshalb muß die Ekklesiologie von der Frage ausgehen, wozu Kirche als christliche Institution überhaupt nötig ist: Kirche ist auf einen von ihr selbst verschiedenen Zweck hin zu verstehen, vorhandene Kirchlichkeit daran zu messen und von daher zu reformieren.«[11] Ihr Sinn und Zweck ist das je Größere der Herrschaft Gottes, die als universale über die umgrenzte Institution »Kirche» hinausgreift. Nur in der Hinordnung darauf erhält Kirche ihre spezifische Funktion und Bedeutung.

Wo die Kirche in ihrem Bezug zur Gottesherrschaft verstanden wird, kann sie nicht als bloße Versammlung, als bloße Gruppe von Individuen angesehen werden, die durch ihren gemeinsamen Glauben verbunden sind. «Die Kirche ist nicht in erster Linie eine Vereinigung von Menschen zur Pflege gemeinsamer religiöser Interessen und Überzeugungen. Das protestantische Verständnis der Kirche als congregatio sanctorum bzw. congregatio fidelium steht immer in der Gefahr einer derartigen Verzeichnung des Wesens der Kirche, als ob die christliche Gemeinde ihren Zweck in sich selbst hätte und eine Vereinigung zur Pflege gemeinsamer Überzeugungen und gemeinsamer Frömmigkeit bildete.«[12] Was aber ist unter der Gottesherrschaft zu verstehen? Mit keiner anderen Herrschaft vergleichbar ist sie die »Aufhebung des Ge-

---

9 Theologie und Reich Gottes, 36.

10 Vgl. Die Kirche und das eschatologische Gottesreich, in: C. Braaten/A.Dulles/W.Pannenberg: Kirche ohne Konfessionen?, München 1971, 119-135, 119.

11 Thesen, 9.

12 Ebd. 34.

gensatzes zwischen Herrschenden und Beherrschten (auch und zuerst zwischen Gott und Mensch) und in diesem Sinne die prinzipielle Aufhebung der Herrschaft selbst«[13], die Vollendung der Einheit von Gott und Mensch wie die der Menschen untereinander. Sie ist damit kein religiöses Privatverhältnis des einzelnen zu Gott und Jesus Christus, sondern umfaßt die universale Menschheitsgemeinschaft. Als »Identität und Integrität«[14] von Menschsein ist sie das Ziel der Geschichte und die Erfüllung der Bestimmung des Menschen zur Gemeinschaft mit Gott, die ihre anthropologisch-theologische Voraussetzung bildet[15]. Sie ist »die äußerst konkrete Wirklichkeit von Recht und Liebe unter den Menschen«[16], »ein Reich wahrer Gerechtigkeit«[17], das nicht durch starre Gesetzlichkeit, sondern allein durch die Dynamik der Liebe aufgebaut wird. In diesem Sinne ist die Gottesherrschaft die universale, umfassende Verleiblichung des Heiles selber, die von der göttlichen Gnade ganz und gar erfaßte und durchdrungene Menschheit und Welt. »Reich Gottes« steht somit gerade nicht nur für eine individuell zugeeignete unsichtbar-innerliche Gnade, sondern für das konkrete Heil der Welt. Damit begegnet in Pannenbergs Heilsverständnis ein ähnliches Verständnis von Leibhaftigkeit wie bei Rahner und Balthasar.

2. Gottesherrschaft und Christusereignis

Wenngleich Pannenberg zur Begründung von Wesen und Aufgabe der Kirche einen anderen ekklesiologischen Zugang als Rahner und Balthasar verfolgt, die jeweils bei der Inkarnation ansetzen, ist auch für ihn die Kirche nicht vom Christusereignis als dem Zentrum, aus dem sie lebt, abzulösen[18]. Denn in Jesus Christus bricht die Gottesherrschaft zeichenhaft an; sein Leben, Sterben und seine Auferweckung erst erschließt, was es mit ihr auf sich hat[19]. Es zeigt sich nämlich, »daß sowohl die Sendung Jesu als auch der Titel des 'Christus' aufs engste mit der Gottesherrschaft verbunden sind. Jesu irdische Sendung war ganz und

13 Ebd. 13.

14 Ebd. 45.

15 Vgl. Grundzüge der Christologie, Gütersloh ²1965, 197: »Die Offenheit für Gott ist der eigentliche Sinn der Grundstruktur des Menschseins. ... In dieser Offenheit äußert sich die offene Frage des Menschen nach seiner Bestimmung.«

16 Thesen, 37.

17 Ebd.

18 Theologie und Reich Gottes, 34.

19 Zur Christologie Pannenbergs vgl. die Arbeit von K.Góźdź: Jesus Christus als Sinn der Geschichte bei Wolfhart Pannenberg, Regensburg 1988.

gar bestimmt durch die Verkündigung der Nähe der Gottesherrschaft, und der Titel des 'Christus' bezeichnet stellvertretend die Ausübung der Gottesherrschaft selbst.«[20] Da in Jesu Auftreten und Geschick das Reich Gottes in die menschliche Geschichte einbricht[21], ist es keine bloß eschatologisch-ausständige Verheißung mehr, sondern wird in seinem Einsatz Gegenwart, so daß mit ihm hier die Zukunft in der Gegenwart anbricht. »Das Reich Gottes als die Heilszukunft der Menschheit ist im Kommen von Gott her, und in Jesu Verkündigung und Wirken wurde es schon gegenwärtig in der Weise der Antizipation, obwohl es in der Welt insgesamt noch nicht angebrochen ist.«[22] Die Aussagen über die Gottesherrschaft sind aus diesem Grund durch eine eigentümliche Doppelstruktur gekennzeichnet, die auf die Dialektik des Eschatologischen verweist, auf die Spannung zwischen der zukünftigen Offenbarung und ihrem verborgenen Anbruch in der Gegenwart[23]. Jesus Christus ist die Herrschaft Gottes in Person, ihr »Repräsentant«[24] unter den Menschen, ihr Zeichen, so daß für ihn gilt: »In ihm ist das Zeichen nicht getrennt von der bezeichneten Sache, sondern diese ist in ihm gegenwärtig.«[25] Die Christologie ist damit von der Lehre vom Reich Gottes nicht abzutrennen: »All die großen Worte und Formeln der Christologie haben in dem Maße Wahrheit, in dem sie zum Ausdruck bringen, wie die Zukunft zur gegenwartsbestimmenden Macht des Lebens Jesu und - durch ihn - in der Geschichte der Menschheit wurde.«[26]

3. Die Kirche als Gegenwartsgestalt der Gottesherrschaft

Nach Jesu Heimgang zum Vater ist die Kirche der Ort, wo die Gottesherrschaft antizipatorisch verwirklicht und die Sendung Christi fortgesetzt wird[27]. Der Anbruch des Eschatons in der Geschichte bedarf nach dem Christusereignis der Fortsetzung, wenn er ein wahrhaft geschichtlicher sein und nicht nur den Charakter rein ausständiger Verheißung

20 Theologie und Reich Gottes, 34f.

21 Vgl. Die Offenbarung Gottes in Jesus von Nazareth, in: J.M. Robinson/J.B.Cobb (Hg.): Neuland in der Theologie III, Zürich 1967, 135-169, 147: »Sein Auftreten hat den Charakter der Vorwegnahme, und zwar nicht nur wie Prophetie und Apokalyptik im Sinne eines Vorauswissens des Künftigen, sondern als dessen vorzeitiger Anbruch.«

22 Reich Gottes, Kirche und Gesellschaft, 126.

23 Vgl. Grundfragen II, 201.

24 Das Glaubensbekenntnis, 73.

25 Reich Gottes, Kirche und Gesellschaft, 127.

26 Theologie und Reich Gottes, 40.

27 Das Glaubensbekenntnis, 160.

oder den der bloßen Erinnerung an ein vergangenes geschichtliches Ereignis haben soll. »Die gegenwärtige Wirkung der kommenden Gottesherrschaft und ihrer individuellen Zueignung in der Totenauferstehung ist die Bildung einer Gemeinschaft von Menschen im Geiste der Sendung Jesu und im Dienste an der künftigen Gemeinschaft aller Menschen im Reiche Gottes.«[28]

Diese Gemeinschaft ist ebensowenig wie Jesus Christus oder die in ihm anbrechende Gottesherrschaft eine innerlich-unsichtbare, sondern ihr kommt eine konkrete, sichtbare Gestalt zu. »Es gehört zum Wesen der christlichen Kirche als der Gemeinde des fleischgewordenen Gottes, leibhafte Gestalt in institutionellen Formen zu gewinnen. Und um solche Gestaltwerdung hat die Christenheit im Verlauf ihrer Geschichte unablässig gekämpft.«[29] Darum lehnt Pannenberg Ekklesiologien ab, die die wahre Kirche als eine unsichtbare, nur in den Herzen der Gläubigen verwirklichte Realität versteht. Darum setzt er sich gegen eine solche Interpretation des lutherischen Kirchenverständnisses ausdrücklich zur Wehr[30]. Aus diesem Grund betont er auch die Notwendigkeit der Gestalt der Kirche, und zwar nicht einer beliebigen, die ihr Wesen verdunkelt, wie es die Spaltungen der Christenheit tun, sondern einer deutlichen und angemessenen Gestalt. Die Kirche ist die »Gegenwartsgestalt«[31] des Reiches, »die durch die Gegenwart der zukünftigen Gottesherrschaft im Auftreten und in der Geschichte Jesu ermöglichte und begründete Vorwegdarstellung der im Reiche Gottes vollendeten Gesellschaft«[32], die eschatologische Gemeinde, für deren Wesen und Selbstverständnis das Moment der Antizipation und der Vorwegnahme des Heils konstitutiv ist[33]. Sie ist aufgerufen, durch ihr Wirken Ort des Anbruchs der Gottesherrschaft zu sein. »In dem Maße, wie die Kirche diesem Hinweis folgt, wird das Reich Gottes durch die Kirche den Menschen offenbar werden können, so wie es in Jesu Botschaft schon gegenwartsbestimmende Macht wurde.«[34] Wie Christus Repräsentant der Gottesherrschaft war, so hat die Kirche sie als die Bestimmung der

---

[28] Ethik und Ekklesiologie, 184.

[29] Das Glaubensbekenntnis, 153.

[30] »Vater des Glaubens«: Über katholische und protestantische Probleme mit Martin Luther, in: H.Häring/K.J.Kuschel (Hg.): Gegenentwürfe, München-Zürich 1988, 143-155, 143f.

[31] Ebd.

[32] Thesen, 9.

[33] F.Konrad: Das Offenbarungsverständnis in der evangelischen Theologie, München 1971, 118, beschreibt die antizipatorische Vorwegnahme als »'relative Absolutheit': relativ, denn sie ist nur ein Vorgriff auf das noch nicht Erschienene; Absolutheit, denn das hypothetisch Vorweggenommene selbst soll ja gerade das Endgültige sein.«

[34] Theologie und Reich Gottes, 36.

ganzen Menschheit und als Ziel der Geschichte zu repräsentieren[35]. Pannenberg gebraucht hier in einer erstaunlich unbefangenen Weise den für protestantische Ohren zumeist recht anstößigen Begriff der Repräsentation, um die Entsprechung der Aufgabe der Kirche zu derjenigen Jesu Christi zum Ausdruck zu bringen.

4. Symbol und Sakrament der Gottesherrschaft

Als Verleiblichungsgestalt der Gottesherrschaft ist die kirchliche Gemeinschaft »Zeichen«[36], ja präziser - denn der Zeichenbegriff ist vieldeutig - »gegenwärtiges Symbol der kommenden Gottesherrschaft«[37]. Diese Symbolik macht das Wesen der Kirche aus: »Die symbolische Darstellung des künftigen Gottesreiches im Leben der Kirche muß als die zentrale Idee der Geschichte des Christentums begriffen werden. Der gesamte Verlauf dieser Geschichte ist durch ein unablässiges Ringen um den angemessenen Ausdruck der Hoffnung des Gottesreiches im Leben des christlichen Volkes gekennzeichnet.«[38] Nicht allein Amt und Sakramente haben symbolischen Charakter, sondern die Kirche als ganze ist Symbol, weil sie die umfassende Gemeinschaft aller Menschen im Reich Gottes darstellt[39].
Dieser Symbolcharakter gilt ausnahmslos, für ihr Handeln und Reden, für Lehre, Gottesdienst, ihre ökumenischen und missionarischen Aktivitäten sowie für ihr caritatives Tun. Er gilt auch für die religiösen Institutionen[40]: »Alle Institutionen der gemeinsamen Welt der Menschen werden in ihr eigentliches Wesen gebracht in dem Maße, wie sie als Darstellung begriffen und gelebt werden, als Darstellung der die Schranken der irdischen Bedingungen übersteigenden Bestimmung der Menschen und ihrer Gemeinschaft. ... Das gilt noch für die Institutionen der Religion selber: Auch sie sind nur Darstellung der Verbindung des Menschen mit der Gottheit, aber in dieser zeichenhaften Form findet in ihnen die Vereinigung selber statt.«[41] Wo dieser Symbolcharakter in Ver-

---

[35] Ebd. 33.

[36] Reich Gottes, Kirche und Gesellschaft, 127.

[37] Thesen, 46, 56, 57. Vgl. auch Christliche Spiritualität, Göttingen 1986, 46; Ethik und Ekklesiologie, 197.

[38] Die Bestimmung des Menschen, Göttingen 1978, 105.

[39] Christliche Spiritualität, 30.

[40] Theologie und Reich Gottes, 44. Nur wo die Kirche in der beschriebenen Weise Symbolfunktion annimmt, ist ihre Existenz als einer besonderen Institution gerechtfertigt.

[41] Anthropologie in theologischer Perspektive, Göttingen 1983, 468.

gessenheit gerät, »da degeneriert die Kirche als Amtskiche zu einer autoritären, im Grenzfall sogar tyrannischen Form hierarchischer Herrschaft. Auch das Dogma der Kirche hat symbolische Funktion, und wenn das symbolische Wesen des Dogmas in Vergessenheit gerät, dann wird das Dogma leicht pervertiert zum Glaubenszwang. ... Wenn die symbolische Natur des kirchlichen Amtes in Vergessenheit gerät, dann entsteht die Gefahr, daß mit dem kirchlichen Amt Formen tyrannischer Amtsgewalt verbunden werden, wenn auch nur in Gestalt bürokratischer Herrschaft. ... Wenn jedoch die symbolische Bedeutung der Liturgie in Vergessenheit gerät, dann wird sie zu einem toten Ritual, das als eine Art Pflichtübung absolviert wird, ohne den Glanz der Osterfreude.«[42] Das Symbolische verdichtet sich in der Eucharistie, der »symbolischen Antizipation der Gemeinschaft des Gottesreiches in der Tischgemeinschaft mit dem Messias, die als symbolische Antizipation reale Gemeinschaft mit Christus vermittelt.«[43]

Als Symbol ist die Kirche nicht selbst das Symbolisierte - die Gottesherrschaft, sondern eine vorläufige Größe, ein »Provisorium«[44]: »Das Gottesreich übersteigt die Christenheit bei weitem; und dieser Unterschied ist die Voraussetzung für die mögliche symbolische Funktion der christlichen Gemeinschaft.«[45] Von daher verbietet sich jegliche falsche Ineinssetzung und Identifizierung von Kirche und Gottesherrschaft, wie sie in der Geschichte der Kirche mehrfach vorgenommen wurde. Die Kirche ist nur die vorlaufende Gestalt des Reiches Gottes, seine Schwachheitsgestalt[46]. »Sie muß darum immer wieder über die Schranken ihrer eigenen irdischen Gestalt hinwegsteigen, im Vorgriff auf das eschatologische Gottesreich als ihre eigene Zukunft, wie ja auch ihr eigentümlicher Auftrag darin besteht, auf diese von der Gegenwart unterschiedene eschatologische Heilszukunft hinzuweisen und den Zugang zu ihr zu eröffnen, indem sie Gemeinschaft mit dem gekreuzigten Jesus von Nazareth, der jetzt zum Herrscher der Endzeit erhöht ist, vermittelt.«[47] Als Symbol macht sie sich am Ende selbst überflüssig: »Im neuen Jerusalem, auf das sich die eschatologische Hoffnung der Christen wie der Juden richtet, wird es keinen Tempel und auch keine Kirche mehr geben.«[48]

[42] Christliche Spiritualität, 33.
[43] Thesen, 54.
[44] Theologie und Reich Gottes, 40.
[45] Die Bestimmung des Menschen, 105.
[46] Das Glaubensbekenntnis, 163f.
[47] Grundzüge der Christologie, 388.
[48] Christliche Spiritualität, 32.

Wenngleich Pannenberg nicht wie Rahner eine Theologie des Symbols entworfen und den von ihm verwendeten Symbolbegriff nirgendwo explizit ausgearbeitet hat, wird aus seinen Ausführungen doch klar, daß sein Symbolbegriff, in Verbindung mit dem der Antizipation, Rahners Realsymbol bzw. der Kategorie der Gestalt bei Balthasar in vielerlei Hinsicht entspricht. Das Symbol ist von der symbolisierten Wirklichkeit selbst, der Gottesherrschaft, zu unterscheiden, hat sich letztlich überflüssig zu machen, doch diese Wirklichkeit ist in ihm in der Weise der Antizipation, der Vorwegnahme und Teilhabe, präsent. So wie in Christus als Zeichen und Repräsentant der Gottesherrschaft das Heil selbst gegenwärtig ist, verweist die Gemeinschaft der Kirche nicht nur auf die Gottesherrschaft, sondern bringt sie selbst zur Gegenwart. Pannenberg legt Wert darauf, daß die Kirche *wirksames* Zeichen ist: »Diese Gemeinschaft ist zeichenhaft in ihrem Wesen, aber sie ist kein bloßes Zeichen, sondern ein wirksames Zeichen und Symbol des Gottesreiches. Gerade als Zeichen und Symbol ist sie wirksam.«[49] Pannenberg distanziert sich damit von einem Zeichen- bzw. Symbolbegriff, der allein auf die Hinweisfunktion des Zeichens abzielt, nicht aber auf die tatsächliche Vergegenwärtigung der bezeichneten Wirklichkeit. »Etwas 'symbolisch' oder zeichenhaft zu nennen, bedeutet natürlich nicht, daß auf Wirksamkeit verzichtet wird. Es gibt allerdings ein hartnäckiges Vorurteil, für das die Wirksamkeit von Zeichen und Symbol nicht existiert. Symbole können jedoch wirksamer sein als Steine oder Schußwaffen, wirksamer auch als administrative Maßnahmen und institutionelle Veränderungen. Wenn nun ein wirksames Zeichen als Sakrament bezeichnet wird, so kann man ebenso gut von einer sakramentalen wie von einer symbolischen und zeichenhaften Natur der Kirche sprechen.«[50]

Als wirksames Zeichen ist die Kirche das Sakrament, in dem die Gottesherrschaft anbricht[51]. »Dieser sakramentale Begriff der Kirche entspricht insofern der eschatologischen Auffassung der Gottesherrschaft, als der Begriff des Mysteriums oder sacramentum den Bezug gegenwärtigen Geschehens auf die zukünftige Offenbarung Gottes beschreibt.«[52] Pannenberg leitet das sakramentale Verständnis der Kirche vom neutestamentlichen mysterion her, das den Heilsplan und Heilsratschluß Gottes bezeichnet, der in der Endzeit offenbar wird. Das Heilsmyste-

---

[49] Die Bestimmung des Menschen, 27.

[50] Christliche Spiritualität, 34.

[51] Reich Gottes, Kirche und Gesellschaft, 126.

[52] Ebd. 126f.

rium ist zunächst Christus selbst, doch der Terminus ist in der Schrift nicht exklusiv auf das Christusereignis beschränkt. Vielmehr bezeichnet er auch andere, für die Geschichte der Kirche bedeutungsvolle Ereignisse. »So steht dieser Begriff Eph 3,4ff für den die Heiden einbeziehenden göttlichen Heilsratschluß und Kol 1,27 für die Einheit Christi und der Kirche im Heilsratschluß Gottes.«[53] In diesem Sinne umfaßt »mysterion« das Ganze des göttlichen Heilsplanes, der die Kirche mit einschließt. Von daher ist die Ausdehnung des im neutestamentlichen »mysterion« grundgelegten Sakramentsbegriffes auf die Kirche für Pannenberg nicht nur legitim, sondern geradezu geboten - »wobei allerdings die Kirche nicht für sich, sondern in ihrer Gemeinschaft mit Christus zu sehen ist.«[54] Pannenberg stimmt darum der Weltkirchenkonferenz von Uppsala (1968) zu, die diese Redeweise gezielt aufgreift. Ausdrücklich weist er jene Auffassung in der protestantischen Theologie zurück, die Jesus Christus als das einzige Sakrament ansieht, da in der Einheit des göttlichen Heilsratschlusses Christus und die Kirche zusammengehören[55]. Er verkennt jedoch nicht die Problematik, die mit der Rede von der Kirche als Sakrament verbunden ist: »In protestantischen Ohren ist allerdings die Anwendung des Ausdrucks 'sakramental' auf die Kirche mit einer Reihe von negativen Assoziationen verbunden, die mit den konfessionellen Auseinandersetzungen der Vergangenheit zusammenhängen, zum Teil auch in gewissen darin verwurzelten Vorurteilen ihren Grund haben. So muß man diesen Ausdruck vermeiden, wo sein Gebrauch nicht ausdrücklich erläutert werden kann. Der Sache nach besteht jedoch kein Unterschied, wenn man im Sinne der augustinischen Sakramentsdefinition von der Kirche als wirksamem Zeichen der kommenden Gottesherrschaft spricht.«[56]

---

[53] Ethik und Ekklesiologie, 282.

[54] Ebd.

[55] Reich Gottes, Kirche und Gesellschaft, 180, Anm.10.

[56] Christliche Spiritualität, 34. - Noch schärfer formuliert Pannenberg in Thesen, 39: »Obwohl anzuerkennen ist, daß eine sakramentale Deutung der Kirche ein Korrektiv gegen eine primär sakralrechtliche Ekklesiologie bilden kann, ist es doch ratsam, auf diesen vieldeutigen und eine falsche Sakralisierung des kirchlichen Lebens nahelegenden Terminus überhaupt zu verzichten.« Stattdessen sollte lieber von der Funktion der Kirche und ihrer Wesensäußerung in der Geschichte des Heils gesprochen werden.

5. Werkzeug des Reiches Gottes

Als wirksames Zeichen ist die Kirche Instrument und Werkzeug der Gottesherrschaft, durch das diese in der Geschichte der Menschen anbricht. Denn als Verheißung ist sie zugleich Auftrag und Aufforderung zum Wirken; als Geschenk fordert sie zugleich Engagement und höchsten Einsatz[57]. Die Kirche ist damit nicht nur die Gemeinschaft, die in statischem Sinne die Zukunft der menschlichen Bestimmung verkörpert, sondern die sich von der Gottesherrschaft in Dienst nehmen läßt und im Einsatz dafür lebt und handelt. Dieser Einsatz verwirklicht sich in der Verkündigung, indem die Kirche unter den Menschen »die Erkenntnis der universalen Bedeutung Jesu als der Offenbarung Gottes inmitten der Geschichte«[58] verbreitet. Aus diesem Grund kann Pannenberg mit Luther sagen, daß die Herrschaft Gottes sich durch die Verkündigung des Evangeliums vollzieht[59]. Sie verwirklicht sich in Glaube, Hoffnung und Liebe, im vielfältigen diakonischen und caritativen Tun der Kirche. Weil die Kirche »die vorwegnehmende Präsenz der menschlichen Bestimmung in der Gesellschaft«[60] ist, bricht die Gottesherrschaft an durch den konkreten und alltäglichen Einsatz für diese Gesellschaft, der unter Umständen auch konkrete politische Gestalt annehmen kann[61].

Das Engagement im Dienste des Reiches Gottes verbietet ein selbstzufriedenes Abschließen der Kirche nach außen hin und fordert ihre Öffnung für die Welt. »Der Gegensatz zur Welt kann nicht das erste und grundlegende Motiv im Verhältnis der Kirche zur Gesellschaft und zur Menschheit sein. ... Wichtiger ist, daß die bloße Entgegensetzung der Kirche zur Welt die universalistische Tendenz im Gedanken der Gottesherrschaft nicht vernachlässigt.«[62] Weil diese die ganze Menschheit angeht, ist die Kirche vorbehaltlos zu ihr gesandt. Sie eröffnet dem einzelnen, und zwar ausnahmslos, die Teilhabe am Heil und an der eigentlichen Bestimmung der menschlichen Existenz. Eine ausschließlich christologische Begründung der Kirche vermag in Pannenbergs Augen die-

57 Vgl. Theologie und Reich Gottes, 35: »Dann aber ist Gemeinschaft mit Christus identisch mit dem Engagement für das Reich Gottes als Zukunft der Welt.«

58 Ebd. 42.

59 Das Glaubensbekenntnis, 133.

60 Thesen, 9.

61 Theologie und Reich Gottes, 38: »Das Reich Gottes geht in fundamentaler Weise auch die gesellschaftlichen Institutionen und Lebensformen an. Gerechtigkeit und Liebe haben es nicht nur mit den Individuen zu tun, sondern auch mit den Strukturen des gesellschaftlichen Zusammenlebens der Menschen.«

62 Theologie und Reich Gottes, 32.

sem universalen Aspekt nicht hinreichend gerecht zu werden: »Wird Christus in erster Linie als Erlöser und Heiland des einzelnen oder einer Gemeinschaft von Gläubigen aufgefaßt, so kann auch eine christologisch begründete Lehre von der Kirche noch zur Deutung der Kirche als einer religiösen Sonderwelt führen, die mit der übrigen Welt und besonders mit der menschlichen Gesellschaft nur auf äußerliche Weise, durch die Außenbeziehung der Kirche verbunden wäre.«[63] Wird das Wesen der Kirche hingegen im Kontext der Gottesherrschaft erschlossen, tritt von vornherein ihr Weltbezug in das Blickfeld. Die Kirche wird danach trachten, in der gegenwärtigen politisch-rechtlich-sozialen Ordnung etwas von der künftigen Bestimmung des Menschen anbrechen zu lassen. Die Hoffnung auf das Reich bewahrt jedoch vor der Täuschung, ein Reich endgültigen Friedens und Gerechtigkeit aufrichten zu können.

II. Vermittelte Gottesunmittelbarkeit

1. Die Gottesunmittelbarkeit des Glaubenden

a. Gottesherrschaft und Rechtfertigung als Unmittelbarkeit zu Gott

Die Unmittelbarkeit zu Gott als »durch das Wirken des göttlichen Geistes bewirkte Gottverbundenheit des einzelnen«[64] ist der eigentliche Inhalt der Botschaft vom Reich Gottes. Das Verhältnis Jesu zum Vater zeichnet sich durch solch eine einzigartige Unmittelbarkeit aus, die ihn als den Sohn ausweist[65] und ihn in seiner grenzenlosen Offenheit für den Vater zum Repräsentanten der menschlichen Bestimmung und zum Mittler zwischen Gott und den Menschen werden läßt[66]. Alle Menschen sollen in dieses Verhältnis der Gottesunmittelbarkeit und Sohnschaft eintreten: »Die Herrschaft Christi vollendet sich darin, alle Menschen - und mit ihnen die ganze Schöpfung (Röm 8,21ff) - in die Unmittelbarkeit zu Gott zu vermitteln, die Menschen in das Verhältnis der Sohnschaft zu Gott zu bringen, in dasjenige Verhältnis also, das im irdi-

63 Ebd. 34.

64 Thesen, 29.

65 Grundfragen II, 137.

66 Grundzüge der Christologie, 358.

schen Dasein Jesu selbst schon Wirklichkeit gewesen ist.«[67] Eben dies meint Verherrlichung der Schöpfung: daß sie in die Unmittelbarkeit Gottes geführt wird[68].

Im Rechtfertigungsgeschehen wird der Mensch in dieses Verhältnis der Gottesunmittelbarkeit hineingestellt, indem der Sünder gerecht gesprochen wird und Teilhabe am Leben Gottes erlangt[69]. Von daher sind für Pannenberg genau wie für Maron Rechtfertigung und Gottesunmittelbarkeit des Menschen untrennbar miteinander verbunden[70]. Die »Gemeinschaft des Glaubenden mit Gott, der in Christus die Macht von Sünde und Tod überwunden und so den Menschen mit sich selber versöhnt hat«[71], ist der konkrete Inhalt der Rechtfertigungslehre, über den sich Katholiken und Protestanten einig sind[72]. Die Gottesunmittelbarkeit ist das Bindeglied, das die Botschaft von der Gottesherrschaft mit derjenigen von der Rechtfertigung verknüpft. Die Verbindung mag auf den ersten Blick überraschen, da »Reich Gottes« eine universale, auf die Menschheit und die ganze Schöpfung bezogene Kategorie ist, der Rechtfertigungsartikel hingegen vor allem die individuelle Gottesbeziehung zum Thema hat. Die beiden Dimensionen schließen sich jedoch nicht aus, sondern kommen als zwei verschiedene Aspekte des einen Heilsgeschehens überein. Auch in der Confessio Augustana ist nach Pannenberg diese Verbindung explizit angelegt: Die Herrschaft Christi durch den Geist (Art.3) wird entfaltet durch die nachfolgenden Artikel, insbesondere den, der vom rechtfertigenden Glauben handelt (Art.4)[73].

---

67 Das Glaubensbekenntnis, 133.

68 Vgl. Grundfragen II, 127.

69 Vgl. Das Glaubensbekenntnis, 70. Ebenso die Diskussion mit O.H.Pesch, in: W.Pannenberg (Hg.): Sind wir von Natur aus religiös?, Düsseldorf 1986, 134-166, 136. - Pannenberg versteht seine gesamte Anthropologie als eine »säkular gefaßte Neuformulierung der reformatorischen Rechtfertigungslehre« (vgl. Ethik und Ekklesiologie, 155).

70 Pannenberg kommt immer wieder auf den Zusammenhang von Rechtfertigung und Gottesunmittelbarkeit zu sprechen. Vgl. Christliche Spiritualität, 9, 16; Die Bestimmung des Menschen, 15.

71 Die Bestimmung des Menschen, 17.

72 Für Pannenberg ist die Rechtfertigungslehre nicht länger mehr ein kirchentrennendes Hindernis. Vgl. Ethik und Ekklesiologie, 225, 259; Sakramente und kirchliches Amt, in: H.Fries (Hg.): Das Ringen um die Einheit der Christen, Düsseldorf 1983, 73-89, 86ff. Pannenberg ist der Überzeugung, daß der Grund für die Differenzen in unterschiedlichen Denkformen sowie in einer unterschiedlichen Sichtweise des Menschen liegt.

73 Die ökumenische Bedeutung der Confessio Augustana, München 1981, 13.

b. Das Spezifikum reformatorischer Frömmigkeit

Nach Pannenberg tritt mit dem Rechtfertigungsartikel die Unmittelbarkeit des Glaubenden zu Gott in einer in der Geschichte der Kirche vor der Reformation noch nie beobachteten Weise ins Bewußtsein. Während die mittelalterliche Frömmigkeit nach der Kirche als einer zwischen Sünder und zornigem Gott vermittelnden Instanz verlangte[74], zeichnet sich im Spätmittelalter umgekehrt das Streben nach einer von der hierarchisch-institutionellen Kirche losgelösten Gottesbeziehung ab. Auf diesem Wege will man die starren kirchlichen Ordnungen durchbrechen, die den persönlichen Gotteswillen nur noch schwer erkennen lassen und das direkte Verhältnis zu Gott oftmals verstellen. Solches Bestreben zeigt sich in der Mystik Taulers, bei Nikolaus von Kues, deutlich bei Meister Eckhart[75] und schließlich in besonderer Ausprägung bei Martin Luther[76]. Die Reformation begründet auf diese Weise einen neuen Frömmigkeitstypus: »Unmittelbarkeit des einzelnen im Verhältnis zu Gott auf der Basis der Sündenvergebung und ein Leben des Dienstes an den Mitmenschen unter dem Gesichtspunkt der je individuellen Berufung.«[77] Die Lehre vom allgemeinen Priestertum faßt beide Elemente zusammen und bringt die menschliche Bestimmung zur Gottesunmittelbarkeit in besonderer Weise zum Ausdruck[78]. Diese Entdeckung gilt es nach Pannenberg als das bleibende Erbe der Reformation, im Unterschied zu zeitbedingten Elementen, zu wahren.

Ein wesentlicher Grund für das reformatorische Insistieren auf der Gottesunmittelbarkeit des einzelnen ist für Pannenberg Luthers Verständnis vom Glauben als »vertrauendes Sich-Verlassen auf den in Jesus Christus offenbaren Gott«[79]. In Entgegensetzung zum scholastischen Glaubensbegriff, der in erster Linie die intellektuelle Dimension des Glaubens herausstellt, verhalf Luther zu einer Wiederentdeckung des biblischen Glaubensverständnisses und damit zu einer Wiederentdek-

---

[74] Christliche Spiritualität, 16.

[75] Vgl. Die Gottesidee des hohen Mittelalters, in: A.Schaefer (Hg.): Der Gottesgedanke im Abendland, Stuttgart 1964, 21-34, 32: Weil Eckhart eine unmittelbare Gotteserkenntnis kennt, »kann er von der Rechtfertigung sagen, daß Gott die Gläubigen unmittelbar durch sich selbst rechtfertige, ohne irgendwelche Mitwirkung eines anderen, weil Gott allein der Lohn des Gerechten ist. Dieses Wort Eckharts zeigt, daß wir uns hier an der Grenze der mittelalterlichen Gottesidee befinden. Die Unmittelbarkeit des einzelnen zu Gott wird hier in einer Weise betont, daß die kirchliche Heilsvermittlung daneben geradezu als nebensächlich erscheint.«

[76] Gottesgedanke und menschliche Freiheit, Göttingen ^{2}1978, 124.

[77] Christliche Spiritualität, 8.

[78] Thesen, 22.

[79] Thesen, 24. Zu Pannenbergs Glaubensbegriff vgl. auch Art. »Glaube«, in: LThK^2 IV, 925-928; sowie: Wahrheit, Gewißheit, Glaube, in: Grundfragen II, 226-264.

kung des Glaubensaktes als personaler Übereignung an Gott. Ähnlich ist Pannenbergs eigener Glaubensbegriff wesentlich vom Moment des Vertrauens bestimmt[80]. »Vertrauen richtet sich wesentlich auf die Zukunft, wird von der Zukunft gerechtfertigt oder enttäuscht. Aber man vertraut nicht blind, sondern auf Grund eines als zuverlässig erachteten greifbar Gegebenen.«[81] Das Vertrauen schließt darum das Wissen und Fürwahrhalten der Glaubenstatsachen nicht aus, sondern ein. Denn der Glaube kann nicht bestehen, »ohne die Wahrheit, nämlich die Zuverlässigkeit dessen vorauszusetzen, worauf er sich einläßt«[82]; sie ist das Fundament für die personale Übereignung an Gott. »Luther konnte das Ergreifen des Heilsgeschehens in seiner existentiellen Relevanz *pro me* gerade darum so sehr als heilsentscheidend betonen, weil ihm die Anerkennung der Historizität der biblischen Geschichte noch als selbstverständlich galt.«[83] Doch nicht das bloße Wissen um die historischen Fakten und ihre theoretische Kenntnisnahme gibt dem Menschen Anteil am Heil, »sondern erst, indem der Mensch sich selbst darauf verläßt, indem er vertrauend in jenem Geschehen Fuß faßt, erlangt er Anteil daran. Das Heil wird nur im Akt des Vertrauens empfangen, das seinem Wesen nach Selbsthingabe ist, eben ganz im wörtlichen Sinne ein Sichselbstverlassen auf das, dem es sich anvertraut. Das Wissen von dem, was der Glaube glaubt, kann den Akt des Sichverlassens nicht ersetzen.«[84]

2. Menschliche Vermittlung

Die Unmittelbarkeit zu Gott schließt für Pannenberg - und darin liegt ein entscheidender Unterschied zur Position Marons - menschliche Vermittlung nicht aus: »Es handelt sich um keine unvermittelte Unmittelbarkeit zu Gott. Die öffentliche Verkündigung des Evangeliums und das mit solcher Verkündigung beauftragte kirchliche Amt sind nach Luther unentbehrliche Mittel für den Glauben des einzelnen und also für seine Unmittelbarkeit zu Gott im Bewußtsein seiner christlichen Frei-

80 Vgl. Das Glaubensbekenntnis, 11: »In der Tat ist Glaube als Lebensvollzug gleichbedeutend mit Vertrauen«. Ebd. 14: »Erst das unbedingte Vertrauen auf Jesus und auf den durch ihn offenbaren Gott kann mit Recht Glaube heißen.«

81 Offenbarung als Geschichte, 102.

82 Das Glaubensbekenntnis, 14.

83 »Vater des Glaubens«, 154.

84 Grundfragen II, 230. Vgl. dazu den gesamten Beitrag »Einsicht und Glaube«, ebd. 223-236.

heit.«[85] In diesem Sinne ist die Kirche als Sakrament der Gottesherrschaft »Mittlerin der Teilhabe an Jesus Christus und an dem durch ihn vollbrachten Heil«[86].

Zwar ist in Jesus Christus die Versöhnung zwischen Gott und Mensch und damit die Rechtfertigung des Sünders objektiv bereits geschehen. Und doch hat sie erst noch zu geschehen, indem sie den einzelnen erreicht in der Verkündigung der Auferweckung und im Wirken der Apostel, wie es 2 Kor 5,20 besagt: »Laßt euch versöhnen mit Gott«. Die Tatsache, daß das Heil als ein schon Verwirklichtes noch zu verwirklichen ist, sieht Pannenberg hier mit aller Deutlichkeit ausgesprochen. Die Vollendung, die im Sohn bereits realisiert ist, soll durch die Kirche, durch Glaube und Nachfolge für alle Menschen Wirklichkeit werden. »Im Begriff der Versöhnung müssen die beiden erwähnten Pole zusammengefaßt werden: die Versöhnung als die Versöhnung im Tode Jesu und die Versöhnung im Wirken des Geistes durch die Kirche.«[87] Damit ist die Kirche konstitutiver Bestandteil des Versöhnungshandelns Gottes an der Welt. In gleicher Weise ist die Kirche und ihre Heilsvermittlung in Pannenbergs Gnadenbegriff enthalten: »Der Begriff der Gnade bezeichnet daher das Handeln Gottes in der Vermittlung des Heils durch kirchliche Überlieferung, sowie zugleich die Priorität Gottes in der Unmittelbarkeit der individuellen Frömmigkeit, in die die Überlieferung den einzelnen vermittelt. Der Gnadengedanke verklammert so den Prozeß der kirchlichen Vermittlung der Geschichte Jesu mit der Unmittelbarkeit des Glaubens an ihn.«[88] Von daher ist im Geschehen von Gnade und Rechtfertigung die Kirche immer schon mitgedacht.

Die Kirche stellt nicht ein Hindernis für die Gottesunmittelbarkeit des Gläubigen dar, sondern ermöglicht diese erst. Denn: »Jede Beziehung von Individuen zu Jesus - abgesehen von den Augen- und Ohrenzeugen seines historischen Daseins - wird vermittelt durch andere Personen, sei es direkt durch ihr Reden von Jesus, sei es indirekt durch ihr Verhalten.«[89] So gibt es Gemeinschaft mit dem Vater und mit Jesus Christus nur als durch die Kirche, ihr Amt, ihre Verkündigung, ihre Sakramente und die vielfältigen Formen ihres Zeugnisses vermittelte[90].

---

[85] Ethik und Ekklesiologie, 260.

[86] Das Glaubensbekenntnis, 158.

[87] K.Gózdz: Jesus Christus als Sinn der Geschichte bei Wolfhart Pannenberg, 35.

[88] Thesen, 40.

[89] Ebd. 41.

[90] Wir können darum der Behauptung von S.M.Daecke nicht zustimmen: Drei in seinem Namen... Gibt es Christus außerhalb der Kirche?, in: EK 4 (1971) 65-70, 69, wo in Be-

Umgekehrt ist die Gemeinschaft der Glaubenden untereinander vermittelt durch die Gemeinschaft eines jeden mit Jesus Christus[91]. Kirche konstituiert sich so als ständiger Vermittlungsprozeß, der sich der Gemeinschaft des einzelnen mit Christus verdankt und wiederum auf sie hinzielt. »Das ist die Grundstruktur der Kirche: Gemeinschaft der Glaubenden untereinander aufgrund der Teilhabe eines jeden an Christus. Daß dabei die Gemeinschaft mit Christus die Basis für die Gemeinschaft der Glaubenden untereinander bildet, ist auch in der reformatorischen Definition der Kirche als Gemeinde der übrigen Gläubigen festgehalten (Conf. Augustana 7).«[92] Insofern die Gottesbeziehung des Menschen grundsätzlich eine vermittelte ist, ist die Kirche dem einzelnen Glaubenden vorgeordnet - freilich nicht als »eine selbständige soziologische oder sakralinstitutionelle Größe ..., sondern als Trägerin der Verkündigung des Evangeliums«[93].

3. Der konfessionell unterschiedliche Stellenwert der Heilsvermittlung

Pannenberg beruft sich darauf, daß Luther selbst, im Unterschied zu den Schwärmern, auf der Notwendigkeit der kirchlichen Heilsvermittlung insistiert hat[94]. Er setzt sich gegen eine Interpretation der Reformation zur Wehr, die in Luther »den Begründer einer von der Herrschaft des Papstes und aller kirchlichen Hierarchie befreiten Gestalt des Christentums sieht, für das die kirchliche Gemeinschaft sekundär wäre gegenüber dem Verhältnis des einzelnen zu Gott.«[95] - »Den Menschen Gemeinschaft mit Christus und den in ihm erschienenen Heil zu vermitteln, das ist auch nach reformatorischem Verständnis die Bestimmung der Kirche.«[96]

Auf der anderen Seite ist sich Pannenberg bewußt, daß evangelische Frömmigkeit aus katholischer Perspektive tatsächlich in einer gewissen

zug auf die Theologie Pannenbergs behauptet: »Der Weg zu Jesus Christus führt also nicht über die Institution Kirche, sondern Kirche ist da, wo die einzelnen Glaubenden in ihrer Unmittelbarkeit zu Christus existieren.«

91 Thesen, 21.

92 Reich Gottes, Kirche und Gesellschaft, 129.

93 Christlicher Glaube und menschliche Freiheit, in: KuD 4 (1958) 251-280, 259.

94 Ethik und Ekklesiologie, 260.

95 Reformation und Kirchenspaltung, in: W.D.Hauschild/C.Nicolaisen/D.Wendebourg (Hg.): Kirchengemeinschaft - Anspruch und Wirklichkeit (FS G.Kretschmar) Stuttgart 1986, 137-148, 137. - Vgl. auch: Die Bestimmung des Menschen, 38: »Es kann keine christliche Identität ohne Kirche geben.«

96 Das Glaubensbekenntnis, 157. Vgl. auch Theologie und Reich Gottes, 42, 45.

Weise weniger kirchengebunden oder gar unkirchlich erscheint: »Die Kirche hat in der evangelischen Spiritualität einen anderen Stellenwert als auf katholischer Seite.«[97] Der Grund für den vielberufenen »protestantischen Individualismus« ist nichts anderes als jene Frömmigkeitshaltung, die vom Gedanken der Unmittelbarkeit zu Gott bestimmt ist und die Kirchlichkeit des Glaubens zunächst einmal in den Hintergrund treten läßt[98].

Pannenberg ist der Überzeugung, daß Luther auf dieser Linie die Bedeutung der menschlichen Vermittlung der Offenbarung, wiewohl er um ihre Notwendigkeit wußte, unterschätzt und damit die Tragweite der Tatsache, daß wir die Offenbarung nur durch menschliche Vermittlung haben, nicht voll erfaßt hat[99]. Entsprechend ist die ekklesiologische Einbindung der Rechtfertigungslehre unzureichend. Diese Einbindung sei Luther jedoch von seinen Voraussetzungen her im Grunde überhaupt nicht möglich gewesen und könne ihm darum auch nicht zum Vorwurf gemacht werden. Als wesentlichen Grund für die unterschiedliche Gewichtung der kirchlichen Heilsvermittlung führt Pannenberg die herausragende Bedeutung der Heiligen Schrift bei Luther an, die Unmittelbarkeit der göttlichen Autorität im biblischen Wort sowie das Verständnis des Wortes als Zuspruch an den einzelnen[100]. »Der reformatorische Grundsatz der Selbstevidenz der Schrift macht im Prinzip jeden Christen zum kompetenten Leser und Ausleger seiner Bibel. Eine spezielle autoritative Interpretation wurde dadurch überflüssig. Auf diese Weise öffnete die Reformation den Weg zu einem kongregationalistischen Verständnis der Kirche als einer freiwilligen Vereinigung der Gläubigen. ... Die Unvermitteltheit des Bezuges zur Schrift dürfte es begünstigt haben, daß bei diesem Modell der Kirche die Abhängigkeit jeder christlichen Gegenwart von dem Prozeß der Überlieferung, in dem sie steht, unterschätzt worden ist.«[101] Als weiteres Argument nennt Pannenberg den individualistischen Zug in der reformatorischen Abendmahlsfrömmigkeit, die in der Eucharistie vor allem die Versiche-

---

97 Differenzen und ihre Folgen, in: H.Fries (Hg.): Das Ringen um die Einheit der Kirche, 121-133, 121. - Die unterschiedliche Stellung der Kirche spiegelt sich für Pannenberg in der unterschiedlichen Auffassung von der Buße wider: An die Stelle des institutionalisierten Bußsakramentes tritt für die Protestanten die das ganze Leben begleitende Bußgesinnung (ebd. 124).

98 Ebd. 126.

99 Ethik und Ekklesiologie, 262ff.

100 Ebd. 265.

101 Theologie und Reich Gottes, 59. Vgl. auch: Lebensraum der christlichen Freiheit, in: EK 8 (1975) 587-593, 590, 592: »Dieser Überschätzung der Unmittelbarkeit der Autorität Gottes in der Schrift entspricht bei Luther ein gewisses Maß an Unterschätzung der menschlichen Vermittlung der göttlichen Offenbarung.«

rung der Zusage Christi an den einzelnen sieht und dabei die ekklesiologisch-gemeinschaftliche Dimension in den Hintergrund treten läßt. Ein ähnlich individualistischer Zug zeigt sich in einem Amtsverständnis, das das Amt in zunehmendem Maße von der Gemeinde isoliert und seine ekklesiologische Einbindung zwar nicht leugnet, aber auch nicht hinreichend deutlich macht. Dadurch »ist die ganze Tragweite der Tatsache, daß wir die Offenbarung Gottes nur durch menschliche Vermittlung haben, von Luther noch nicht erfaßt worden, und sie konnte in seiner Zeit wohl auch noch gar nicht überblickt werden.«[102] Trotz der unterschiedlichen konfessionellen Gewichtung der kirchlichen Heilsvermittlung sieht Pannenberg in dieser Frage allerdings kein kirchentrennendes Hindernis zwischen den Konfessionen.
Hand in Hand mit dem unterschiedlichen Stellenwert der kirchlichen Heilsvermittlung geht eine unterschiedliche Bewertung des Institutionellen. Pannenberg begründet diesen Unterschied mit der protestantischen Lehre von der Verborgenheit der Kirche. Diese ist zwar nicht schlechterdings unsichtbar, weil die wahre Kirche im Gottesdienst der Gemeinde, in der Verkündigung des Evangeliums und in den Sakramenten Sichtbarkeit erlangt. »Sie hat aber nicht jene *institutionelle Sichtbarkeit*, die im kirchlichen Amt zum Ausdruck kommt. Jedenfalls wird darauf nicht reflektiert; darüber finden sich interessanterweise keine Aussagen. Es wird auch nicht geleugnet; aber das steht offensichtlich nicht im Mittelpunkt des evangelisch-lutherischen Verständnisses von der Kirche.«[103]

---

[102] Ethik und Ekklesiologie, 262.

[103] Differenzen und ihre Folgen, in: H.Fries (Hg.): Das Ringen um die Einheit der Christen, 122. - Wenn S.Greiner: Die Theologie Wolfhart Pannenbergs, 171, Pannenbergs Kirchenverständnis dem institutionellen Typus zuordnet - im Unterschied zum Verständnis der Kirche als »Exodusgemeinde« - so gilt dies nur mit Vorbehalt und nur in Bezug auf Pannenbergs Stellung innerhalb der protestantischen Theologie.

III. Die geschichtliche Vermitteltheit der Offenbarung

1. Die Geschichtshaftigkeit des Heils

K.Rahner hatte sich zur Begründung der Idee einer vermittelten Gottesunmittelbarkeit auf die bleibende Bedeutung der Menschheit Jesu berufen. Pannenberg argumentiert in derselben Weise; die Einsicht in die Notwendigkeit menschlicher Vermittlung des Heils ist für ihn ebenfalls christologisch bzw. inkarnatorisch begründet: »Das Wirken des Messias (ist) als Vermittlung des Menschen in die Unmittelbarkeit zu Gott selbst zu verstehen.«[105] Der Grundsatz der Vermittlung bestimmt nicht nur das Christusereignis, sondern alle Gottesoffenbarung. Wenn wir uns im folgenden den Grundzügen von Pannenbergs Offenbarungsbegriff zuwenden, so geschieht dies deswegen, weil die kirchliche Heilsvermittlung in der Offenbarung selbst, genauer: in ihrer Geschichtlichkeit begründet ist: »Die Notwendigkeit von Gnadenmitteln hängt in besonderer Weise mit der Geschichtlichkeit der Offenbarung zusammen.«[106]

Offenbarung ist nach Pannenberg nicht nur Erkenntnisgeschehen, sondern als Selbstmitteilung Gottes geschichtliches Heilsgeschehen, Ereignis der göttlichen Gnade: »Offenbarung Gottes bedeutet für den Menschen, der ja zur Offenheit auf Gott hin bestimmt ist, zutiefst Heil, Erfüllung seiner Bestimmung und so seines Wesens.«[107] Gottes Offenbarung ist für Pannenberg grundsätzlich Offenbarung in der und durch die Geschichte[108]. »Geschichte ist der umfassendste Horizont christlicher Theologie. Alle theologischen Fragen und Antworten haben ihren Sinn nur innerhalb des Rahmens der Geschichte, die Gott mit der Mensch-

---

[105] Thesen, 12.

[106] Art. »Gnadenmittel«, in: EKL 1615.

[107] Offenbarung als Geschichte, 101, Anm. 14. Vgl. ebd.: »Proleptische Kundgabe der eschatologischen Offenbarung Gottes hat ... wesentlich den Charakter der erwählenden Zuwendung, den Charakter der Eröffnung noch möglicher Teilhabe am Heil in der Gemeinschaft mit Gott.«

[108] Zu Pannenbergs Offenbarungsverständnis vgl. v.a.: Offenbarung als Geschichte, 91-114; Heilsgeschehen und Geschichte, in: Grundfragen I, 22-78; Hermeneutik und Universalgeschichte: ebd. 91-122; Die Offenbarung Gottes und die Geschichte der Neuzeit, in: Glaube und Wirklichkeit, München 1975, 113-134; Der Gott der Geschichte, in: Grundfragen II, 112-128; Offenbarung und »Offenbarungen« im Zeugnis der Geschichte, in: W.Kern/H.J.Pottmeyer/M.Seckler (Hg.): Handbuch der Fundamentaltheologie II, Freiburg 1985, 85-107; Systematische Theologie I, 207-282. - Eine Darstellung der Theologie Pannenbergs unter dem Gesichtspunkt der Bedeutung der Geschichte bietet K.Koch: Der Gott der Geschichte, v.a. 55-120. Zu diesem Thema s. auch J.Ringleben: Gottes Sein, Handeln und Werden, in: J.Rohls/G.Wenz (Hg.): Vernunft des Glaubens, 457-487.

heit und durch sie mit der ganzen Schöpfung hat, auf eine Zukunft hin, die vor der Welt noch verborgen, an Jesus Christus jedoch schon offenbar ist.«[109] Das Programm, das hier in wenigen Sätzen zusammengefaßt ist, richtet sich gegen eine Identifizierung von Offenbarung und Wort, die von Gottes Geschichtshandeln abstrahiert und dabei »das Lebensinteresse des Glaubens an der Zuverlässigkeit seines geschichtlichen Grundes«[110] verdunkelt. Das Wort ist aus dem Offenbarungsgeschehen zwar nicht auszuschalten, insofern es sich darauf als Vorhersage, Weisung und Bericht bezieht[111], doch grundsätzlich hat die göttliche Offenbarung geschichtlichen Charakter. Geschichte erscheint damit nicht als eine in sich geschlossene Abfolge von Ereignissen, sondern als der Ort, wo Gott selbst handelt. In diesem Sinne ist ihr theologische Wahrheit zu eigen. Weder darf die Geschichte in ihrer Rätselhaftigkeit und Zerrissenheit Gott entgegengesetzt werden, noch dürfen einzelne geschichtliche Ereignisse, die Gott unter Umständen offenbar machen könnten, daraus selektiert werden. Vielmehr ist die Geschichte als ganze das Handeln Gottes. Gott offenbart sich nicht in einem einzelnen geschichtlichen Ereignis, sondern im Ganzen der Universalgeschichte, deren Wirklichkeit und Sinn durch die Offenbarung erst erschlossen wird. »Die Offenbarung Gottes bricht nicht nur irgendwo in der Menschheitsgeschichte als supranaturales Ereignis senkrecht von oben ein, sondern ist das Thema dieser Geschichte selbst, die sie im Tiefsten bewegende Macht.«[112]. Damit wird die Idee der Universalgeschichte zur hermeneutischen Kategorie für alle Phänomene der Wirklichkeit[113]. Erst vom Ende des Geschehenszusammenhanges her erweist sich dessen Einheit; erst in der Vollendung des Ganzen erscheint Gott als dessen Urheber, erhält Geschichte ihren Sinn[114].

Das Ereignis des Endes ist nicht schlechterdings zukünftig, sondern wird in der Geschichte im Christusereignis in proleptisch-antizipierender

---

109 Grundfragen I, 22.

110 Ebd. 82.

111 Offenbarung als Geschichte, 112. - Zu Ebelings Wortverständnis vgl. H.T.Goebel: Wort Gottes als Auftrag, Neukirchen-Vluyn 1972, 179-260.

112 Grundfragen I, 5.

113 Ein Ereignis erschließt sich nicht als einzelnes, punktuelles unmittelbar als das Wirken Gottes, sondern erst vom Ende der Geschichte her, so Gott sich als Herr über die Geschichte offenbart.

114 In »Heilsgeschehen und Geschichte« sieht Pannenberg die geschichtliche Dynamik in der Spannung von Verheißung und Erfüllung begründet, während diese Spannung in den späteren Veröffentlichungen keine zentrale Rolle mehr spielt. Hierin liegt ein wesentlicher Unterschied der Theologie Pannenbergs zu J.Moltmann: Theologie der Hoffnung, München 1966, für dessen Geschichtskonzeption die genannte Dialektik konstitutiv ist.

Weise vorweggenommen. In der Auferweckung ist das endgültige Heil angebrochen, das die jüdische Apokalyptik als die universale Auferstehung von den Toten erwartete. Hier erweist sich Gott als der Herr über Leben und Tod. Die Vollendung, die für die Menschheit im ganzen noch aussteht, ist für den Sohn Wirklichkeit geworden; in ihm wird das Eschaton Gegenwart. Nur aufgrund der Prolepse des Eschatons in Jesus Christus kann der Anspruch erhoben werden, daß sich in der Geschichte die Selbstoffenbarung Gottes ereignet. Nur weil sich in ihm die Verheißung schon erfüllt hat, kann sie Gegenstand der Hoffnung sein. So konstituiert sich Geschichte in der Spannung von Verheißung und Erfüllung[115].

2. Geschichtlichkeit als Vermitteltheit und Indirektheit

»Gottes geschichtliche Heilstat kann den Menschen nur durch geschichtliche Übermittlung zugänglich werden.«[116] Der zentrale Wesenszug der geschichtlichen Offenbarung ist darum Vermitteltheit bzw. Indirektheit[117]. Nur so wird die Erhabenheit Gottes gewahrt[118]. Gott offenbart sich weder durch ein unmittelbar von ihm gesprochenes Wort noch in der Weise der Theophanie als einer direkten Manifestation, in der er sich unmittelbar zu erkennen gäbe[119], sondern er gibt sich durch geschichtlich-welthaft Seiendes, durch die vermittelnde Macht der Geschichte kund[120]. Pannenberg weist darum das Offenbarungsverständnis der modernen personalistischen Worttheologie zurück, das, »wurzelnd

---

115 Vgl. Grundfragen II, 25: »Geschichte ist das zwischen Verheißung und Erfüllung hineingespannte Geschehen, indem es durch die Verheissung eine unumkehrbare Zielrichtung auf künftige Erfüllung hin erhält.«

116 Art. »Gnadenmittel«, 1616.

117 Vgl. Offenbarung als Geschichte, 91; Systematische Theologie I, 266-318. - Im Wissen um die Notwendigkeit der vermittelnden Macht der Geschichte sieht Pannenberg den wesentlichen Unterschied zu J.Moltmanns Theologie der Hoffnung, die sich allein auf das autoritäre Wort Gottes und seine Verheißung beruft (vgl. Grundfragen I, 6).

118 Systematische Theologie I, 268.

119 Pannenberg ist sich bewußt, daß die ältesten Traditionen in der Theologie Israels von einem direkten Eingreifen Gottes in die Welt sprechen. Doch seit der Ausbildung des Schöpfungsglaubens in salomonischer Zeit ist nurmehr von einem Wirken Gottes durch das von ihm Geschaffene die Rede (vgl. Grundfragen I, 181).

120 Pannenberg bestreitet deswegen nicht die Möglichkeit eines unmittelbaren göttlichen Wirkens am Menschen, von der etwa die Visionen und Auditionen der Propheten berichten. Doch nicht sie, sondern erst ihre geschichtliche Erfüllung haben Offenbarungscharakter. Sie selbst sind Vorbedingungen für die Verstehbarkeit der geschichtlichen Offenbarung. Vgl. dazu Offenbarung als Geschichte, 305. Ebenso ebd. 15: »Die Gesamtheit seines Redens und Tuns, die von Jahwe gewirkte Geschichte, zeigt *indirekt*, wer er ist« (Hervorhebung von mir).

im gnostischen Wortverständnis«[121], eine direkte Offenbarung Gottes im Wort annimmt. Schon im Alten Testament ist die indirekte Struktur der Offenbarung angelegt: Nicht direkt, sondern an seinen Taten soll Israel seinen Gott erkennen. Die geschichtliche Vermittlung der Offenbarung kulminiert im Christusereignis; nach Christi Tod und Himmelfahrt findet sie ihre Fortsetzung in Gestalt der von Christus selbst eingesetzten kirchlichen Heilsvermittlung und der kirchlichen Gnadenmittel[122].

3. Göttliches Handeln im menschlichen

Die Geschichte, durch die Gott sich offenbart, ist mehr als eine Abfolge von profanen, »nur« menschlichen Ereignissen, doch sie wird durch konkret welthafte, von Menschen getragene Ereignisse mitkonstituiert. Menschliches und göttliches Handeln bzw. menschliche und göttliche Wirklichkeit sind in der Geschichte zwar nicht schlechterdings identisch, aber auch nicht voneinander zu trennen[123]. Denn die göttliche Wirklichkeit begreift die menschliche in sich, »so daß *Gott* sehr wohl als durch das Handeln der Menschen, durch ihr Suchen und Finden der wahren Natur des Göttlichen in der Geschichte der Religionen als *sich selbst verwirklichend* gedacht werden kann.«[124] Pannenberg wehrt sich ausdrücklich dagegen, das Geschehen der Offenbarung auf göttliches und menschliches Handeln im Sinne einer sich ausschließenden Alternative zu »verteilen«: »Eine solche Alternative ist mir fremd. Sie stünde im Widerspruch zu meiner These der Indirektheit der göttlichen Selbstoffenbarung, die eine Indirektheit des Wirkens Gottes in der Schöpfung überhaupt impliziert. Auch die geschichtliche Erfahrung göttlichen Handelns ist immer kreatürlich vermittelt. Gott handelt vor allem durch das Handeln menschlicher Akteure hindurch.«[125] Gottes Handeln stellt somit keine Konkurrenz dar für das menschliche Tun. Denn: »Göttliches und menschliches Handeln stehen sich nicht auf gleicher

---

[121] Ebd. 14.

[122] Vgl. EKL I, 1615-1617.

[123] Vgl. Grundfragen I, 140.

[124] Grundfragen I, 143. - Pannenberg zieht den Begriff der *Selbstverwirklichung* Gottes dem der *Selbstentäußerung* vor, weil für ihn Entäußerung nur im Sinne einer Beraubung denkbar ist und weil bei Gott eine Differenz von Ich und Selbst nicht gedacht werden kann (vgl. ebd. 142). »Die Selbstfindung Gottes geschieht, indem die Menschheit das Selbst Gottes findet. In dem Maße wie die Menschen Frieden und Recht und Liebe üben, verwirklicht sich durch ihr Handeln Gott: Die Selbstverwirklichung des Menschen und die Selbstverwirklichung Gottes sind also identisch« (144).

[125] Vom Nutzen der Eschatologie für die christliche Theologie, in: KuD 25 (1979) 88-105, 104.

Ebene gegenüber. Nur ein schlechter Gottesbegriff führt zu Konsequenzen, die das menschliche Handeln seiner Eigenart berauben und einem Zwang unterwerfen würden. Dem Wirken des Schöpfers steht die Tätigkeit seiner Geschöpfe nicht entgegen. Er handelt durch sie, bedient sich ihrer frei, so sehr sein Handeln zugleich die Zwecke der Geschöpfe übersteigt.«[126]

Auf diese Weise gelingt es Pannenberg, ohne das menschliche Handeln zu negieren, den Begriff des Handelns Gottes, der mehr und mehr zugunsten innerweltlicher Kausalität ausgeschaltet worden war, für die Theologie zurückzugewinnen[127]. Eine solche Rückgewinnung ist dringend notwendig. »Wenn Geschichte nicht vom Handeln Gottes her gedacht wird, sondern als ein Gott gegenüber mehr oder weniger autonomer, geschöpflicher Handlungs- und Ereigniszusammenhang oder gar als der Welt der Sünde und des Todes zugehörig, dann könnte von einem Geschichtshandeln Gottes freilich nur noch in Differenz oder Gegensatz zur menschlichen Geschichte gesprochen werden. Aber eine solche dualistische Betrachtungsweise tritt der Gottheit Gottes selber zu nahe.«[128]

Indem sich Gott in der Geschichte und damit in menschlichem Handeln offenbart, ist er nicht schlechterdings der Welt enthoben, sondern der transzendete Gott, der in der Immanenz von Welt und Geschichte wirkt. Dieses Wirken kann mit Recht »sakramental«[129] genannt werden, insofern wir Sakramentalität als jene Kategorie bestimmt haben, die die Transparenz der Immanenz auf die Transzendenz hin zur Sprache bringt[130]. Die sakramentale Einheit von göttlichem und menschlichem Handeln, die Pannenberg im Kontext seines Offenbarungsverständnisses entfaltet, setzt sich in der kirchlichen Heilsvermittlung fort. Die Akte der Kirche sind daher kein nur menschliches Tun, sondern Gott selbst ist in ihnen gegenwärtig. So kann und darf nach Pannenberg die Einsicht, daß in Taufe und Abendmahl die Kirche mitbeteiligt ist, »doch wohl nicht im Ernst kontrovers sein, noch kann dadurch schon der Glaube an das Handeln Gottes in Taufe und Abendmahl gefährdet sein.«[131]

---

[126] Grundfragen II, 116.

[127] Vgl. dazu H.Kessler: Der Begriff des Handelns Gottes, in: H.-U. von Brachel/H.Mette (Hg.): Kommunikation und Solidarität, Freiburg/Schweiz-Münster 1985, 117-130.

[128] Grundfragen II, 116.

[129] K.Koch: Der Gott der Geschichte, 406.

[130] Ausführlich dazu ebd. 407-423.

[131] Dogmatische Grundsatzentscheidungen, in: KuD 33 (1987) 93-99, 94. Die zitierten Äußerungen stammen aus einer Auseinandersetzung um das Lima-Papier, zu dem Pannenberg sich positiv ausgesprochen hatte. Vgl. Lima - pro und contra, in: KuD 32

Die Freiheit Gottes und die Kontingenz der Welt lassen es nicht zu, das Gott-Welt-Verhältnis im Sinne einer causa efficiens aufzufassen, wenngleich Gottes Handeln in der Schöpfung immer wieder in kausalen Begriffen beschrieben worden ist[132]. Pannenberg weist darauf hin, daß die Auseinandersetzung der Scholastik mit dem Averroismus die Schwierigkeiten einer solchen Denkweise deutlich vor Augen geführt hat: »Der Gedanke Gottes als erste Ursache ist daher in einer christlichen Theologie immer mit der Vorstellung des unmittelbar wirkenden Willens verbunden und durch sie neutralisiert worden. Sind so kausale Vorstellungen schon für den Bereich des universalen Wirkens Gottes in der Schöpfung nur beschränkt verwendbar, so scheitern sie vollends an der Weise des Handelns Gottes in seiner geschichtlichen Offenbarung. Hier begegnet Gott als Person und vollzieht auch in personaler Begegnung den schöpferischen Eingriff der Erschließung neuen Lebens für die Glaubenden.«[133]

Zur selben Erkenntnis gelangt Pannenberg, wenn er das Zueinander von göttlicher und menschlicher Freiheit bedenkt. Er macht der klassischen Gottesvorstellung der Scholastik zum Vorwurf, daß sie, weil sie Gott ausschließlich als allwissendes und allmächtiges, alles vorhersehendes und den Menschen zum Heil oder Unheil prädestinierendes Wesen versteht, ihn nicht mehr als Grund der menschlichen Freiheit herausstellt, sondern ihn in ein antinomisches Verhältnis dazu stellt[134]. Wo Gott als dinghafte Allmacht gedacht wird, ist echte Freiheit für seine Schöpfung ausgeschlossen. Pannenberg sieht den Grund für ein solches Fehlverständnis in der allzu sorglosen Anknüpfung der christlichen Theologie an den philosophischen Gottesbegriff[135], der mittels des Rückschlusses von der Welt zu Gott als erster Ursache zu gelangen sucht. Übernommen wurde dieses Prinzip vom Analogiedenken der Scholastik, wo Gott nach Analogie des weltlich Seienden als ein fertiges und vorhandenes Seiendes gedacht wurde. Aus diesem Grund konnte

---

(1986) 35-41. Von protestantischer Seite wurde mehrfach der Einwand vorgebracht, daß nach dem Verständnis dieses Papiers in Taufe und Eucharistie an die Stelle Jesu die Gemeinde als selbständiges Subjekt trete und durch diesen Subjektwechsel die Unterscheidung von göttlichem und kirchlichem Handeln nicht mehr hinreichend gewahrt werde. Pannenberg weist diesen Vorwurf entschieden zurück mit der Begründung, daß das sakramentale Ineinander nicht leugne, »daß es hierbei um eine eindeutige Vor- und Nachordnung geht« (ebd. 94).

132 Zum folgenden vgl. v.a. Die Aufnahme des philosophischen Gottesbegriffs als dogmatisches Problem der frühchristlichen Theologie, in: Grundfragen I, 296-346; Christologie und Theologie, in: Grundfragen II, 129-145; Die Gottesidee des hohen Mittelalters, 21-34.

133 Grundfragen II, 279.

134 Gottesgedanke und menschliche Freiheit, 23, 38.

135 Grundfragen I, 296ff.

nicht hinreichend erfaßt werden, »daß zur Gotteserkenntnis eine besondere Zuwendung Gottes zum Menschen erforderlich ist, daß Gotteserkenntnis als Erkanntwerden des Menschen von Gott geschieht ..., daß die in diesem Erkanntwerden beschlossene erwählende Zuwendung Gottes ... die Bedingung unverfälschter Gotteserkenntnis ist.«[136]
Weil Gott Person ist, kann er nicht als dingliche Vorhandenheit gedacht werden. Darum fordert Pannenberg die Theologie auf, ihre Rede vom Sein Gottes zu überprüfen, um ihn als Ursprung der menschlichen Freiheit denken zu können. »Als ein Seiendes nach Analogie vorhandener Dinge gedacht könnte Gott, selbst wenn es einen solchen Gott gäbe, nur zur Gesamtheit alles dessen gehören, worüber die Freiheit hinausgeht. Grund der Freiheit kann kein vorhandenes Wesen sein, sondern nur eine der Freiheit ihre Zukunft erschließende Wirklichkeit, der kommende Gott.«[137] Die Orientierung an der Zukunft, die Gott als den Herrn der Geschichte offenbar machen wird, eröffnet eine Alternative zu einem Verständnis der Wirklichkeit, das nicht einfach am Vorhandenen ausgerichtet ist[138].
Wir sehen, daß auch bei Pannenberg, ähnlich wie bei K.Rahner oder H.U. von Balthasar, eine Vorentscheidung über die Möglichkeit einer vermittelten Gottesunmittelbarkeit bereits in der Auffassung des Gott-Welt-Verhältnisses bzw. der Relation von Schöpfer und Geschöpf fällt. Indem Gott und sein Handeln nicht in Konkurrenz zur menschlichen Wirklichkeit gedacht wird, ist der Grundstein gelegt für eine sakramentale Sichtweise der ganzen Wirklichkeit, insbesondere aber für die Kirche.

IV. Formen der kirchlichen Gnadenvermittlung

1. Repräsentatio Christi

Innerhalb der kirchlichen Heilsvermittlung unterscheidet Pannenberg verschiedene Formen. Die eine ist die amtlich in Wort und Sakrament institutionalisierte, die die Verkündigung in Gottesdienst und Predigt, Unterricht und Seelsorge, sowie die Sakramente Taufe und Herren-

[136] Ebd. 327.
[137] Gottesgedanke und menschliche Freiheit, 23.
[138] Ebd. 41.

mahl umfaßt[139]. Wortverkündigung und Eucharistie setzen dabei verschiedene Akzente: »Während die Aufnahme der Wortverkündigung wesentlich ein Verstehensvorgang ist, hängt die Mahlgemeinschaft mit Jesus an ihrem Vollzug, wobei das Verständnis des Heils, das durch die Mahlgemeinschaft verbürgt wird, und auch das nähere Verständnis der Weise dieser Gemeinschaft selbst offenbleiben kann. Wo die Überlieferung von Jesus Christus in ihrer Bedeutung recht verstanden wird, da führt freilich auch solches Verstehen in seiner höchsten Genauigkeit zu der Einsicht, daß das durch sie vermittelte Heil alle Begriffe übersteigt. Im Akt der Mahlgemeinschaft wird es unmittelbar vollzogen. Darum ist das Wesen allen christlichen Glaubens im Vollzug der Mahlgemeinschaft mit Jesus in besonderer Weise präsent.«[140]

Das besondere Charisma der amtlichen Heilsvermittlung ist ihre Öffentlichkeit, die »öffentliche(n) Wahrnehmung der allen Gläubigen gemeinsamen 'Sache'. ... Eben diese gemeinsame Sache der Glaubenden wird durch den Amtsträger den Glaubenden gegenüber vertreten. ... In diesem Sinne kann man dann auch ohne irreführende monopolistische Assoziationen sagen, daß der Amtsträger den übrigen Gliedern der Kirche gegenüber in Vertretung Christi, in persona Christi handle, wie es sinnenfällig zum Ausdruck kommt, indem er den Vorsitz bei der Eucharistiefeier führt.«[141] Doch nicht die repräsentatio Christi, die »Vermittlung des Heiles durch Menschen, in welcher Christus selbst das Heil der anderen wirkt«[142], ist das Spezifikum des Amtes, sondern sein Öffentlichkeitscharakter. Pannenberg leugnet die repräsentatio-Funktion des Amtsträgers keineswegs, nur sieht er sie nicht allein auf den Ordinierten beschränkt. Vielmehr ist mit dem allgemeinen Priestertum aller Gläubigen jedem Christen der Auftrag zur Weitergabe und Vermittlung des Heils gegeben[143]. Denn die ganze Kirche hat von Jesus Christus den Auftrag zur Sendung empfangen, die als eschatologische der Fortsetzung über die Zeit seines irdischen Wirkens hinaus bedarf[144]. Darum erstreckt sich die apostolische Sukzession als Teilhabe an der Sendung Jesu und als Nachfolge in der Sendung der Apostel auf die

---

139 Thesen, 32.

140 Ebd. 35.

141 Ethik und Ekklesiologie, 279. Zu Pannenbergs Amtsverständnis vgl. Das Amt in der Kirche, in: US 25 (1970) 107-115.

142 Ethik und Ekklesiologie, 278. Pannenberg greift hier eine Formulierung auf von H.Mühlen aus dem Memorandum ökumenischer Universitätsinstitute (1973).

143 Vgl. auch Das Amt in der Kirche, 106ff.

144 Das Glaubensbekenntnis, 155: »Entscheidend ist, daß die Kirche an der auf die ganze Menschheit gerichteten *Sendung* der Apostel festhält und sie fortführt.«

Kirche als ganze[145]. Von daher müßte laut Pannenberg auch von katholischer Seite noch mehr beherzigt werden: »Wenn es richtig ist, daß alle Christen durch die Christusgemeinschaft des Glaubens an Christi Amt und Sendung teilhaben, dann folgt daraus, wie Luthers einst schrieb, daß jeder dem anderen gleichsam ein Christus werde (unusquisque alteri Christus quidam fieri). Darin besteht also noch keine Besonderheit des ordinierten Amtes. Würde die Repräsentation Christi gegenüber den Glaubenden exklusiv dem ordinierten Amt zugeschrieben, dann würde damit im Gegensatz zu den Aussagen des Zweiten Vatikanischen Konzils die Tatsache der Teilhabe jedes Glaubenden an der Sendung Christi verleugnet. Die Teilhabe an der Sendung Christi impliziert das Christus repräsentierende Eintreten für den anderen.«[146]
Daher ist von der amtlichen die »freie« Heilsvermittlung, die nicht kirchlich organisiert und institutionell gebunden ist, zu unterscheiden. Das Eintreten für das Heil des Mitmenschen ist nicht nur Sache des Amtes, wenngleich dieses in der Öffentlichkeit damit beauftragt ist[147], sondern Auftrag der gesamten Gemeinde: »Im Rahmen einer christlichen Glaubensgemeinschaft wird die direkte Vermittlung der Kunde von Jesus (sowohl im Sinne der Tradition, als auch im Sinne christlicher Bildung[148]) zu einer Gemeinschaftsaufgabe, die als solche von einzelnen besonders wahrgenommen wird.«[149]

2. Die Weisen der Vermittlung: Überlieferung und Bezeugung

Die Heilsvermittlung durch die Kirche ereignet sich auf dem Weg der »Überlieferung« (der Geschichte und Bedeutung Jesu)[150], »sei es direkt durch ihr Reden von Jesus, sei es indirekt durch ihr Verhalten, sofern es (bei Christen wie bei Nichtchristen) anderen positiv oder negativ zum Hinweis auf Jesus wird.«[151] Vermittlung geschieht durch traditio und confessio, durch Kunde und durch persönliches Zeugnis von Jesus[152].

---

[145] Thesen, 43.

[146] Ethik und Ekklesiologie, 279. Pannenberg nimmt Bezug auf WA 7, 66,3ff.

[147] Vgl. Das Glaubensbekenntnis, 158: »Das Amt ist dazu da, Christusgemeinschaft zu vermitteln.«

[148] Pannenberg unterscheidet zwischen der Tradition, die dem Menschen die erste Kunde von Jesus Christus bringt, und der fortgesetzten Bildung des christlichen Bewußtseins, die unerläßlich ist für die weitere Entwicklung des Glaubens. Vgl. Thesen, 41.

[149] Ebd. 42.

[150] Ebd. 22.

[151] Ebd. 41.

[152] Ebd.; vgl. auch Thesen, 42.

Die Art und Weise, wie Pannenberg den Vorgang der Heilsvermittlung beschreibt, verdient Beachtung, denn Bezeugungs- und Vermittlungsgeschehen treten hier nicht, wie z.B. bei E.Herms, in Widerspruch zueinander. Die Bezeugung der Botschaft des Evangeliums ist für Pannenberg nicht nur ein äußeres Mitteilen von Worten und Sätzen, sondern wirkliche Mitteilung der Gnade, so daß göttliches Gnadenereignis und menschliches Zeugnis nicht voneinander zu trennen sind. Ein solcher Begriff von Heilsvermittlung kann als »sakramental« qualifiziert werden und entspricht dem katholischen, wie er für Rahner und Balthasar bestimmend ist[152].
Dabei ist auch für Pannenberg (wie für die beiden katholischen Theologen) vorausgesetzt, daß die Kirche das Heil nicht aus eigener Kraft und Leistung, sondern allein kraft des Wirkens des Geistes vermitteln kann. Aber der Geist ist nicht als inneres Wirken vom äußeren Tun zu unterscheiden: »Der Geist kommt nicht etwa zur Botschaft hinzu als etwas Zusätzliches, wodurch die Botschaft erst Überzeugungskraft gewönne. Vielmehr 'erleuchtet' der dieser Botschaft selbst innewohnende Geist ihre Hörer.«[153] - »Der Geist wohnt in den Christen durch die Botschaft vom auferstandenen Jesus und durch den Glauben an diese Botschaft.«[154]

3. Heiligung und Verantwortung für die anderen

Der Auftrag zur Christusrepräsentation, gemäß dem ein jeder für den anderen »zum Christus« werden bzw. ganz auf Christus hin transparent werden soll, begründet die Verantwortung des Glaubenden für das Heil der anderen. Der einzelne ist in seinem Glauben auf den Lebenszusammenhang einer Gemeinschaft verwiesen: »Der einzelne Christ kann seiner Gemeinschaft mit Jesus Christus nicht gewiß werden ohne die

152 Wir teilen in dieser Hinsicht nicht die Zweifel von K.Góźdź: Jesus Christus als Sinn der Geschichte, 191, Anm. 192, der glaubt, eine Trennung des Begriffes der Überlieferung von dem der Vermittlung feststellen zu müssen: »Die ganz auffällige Begrifflichkeit der mittlerischen Funktion der Kirche ist auf die Überlieferung der Geschichte und Bedeutung Christi beschränkt, durch deren gläubige (geistgewirkte) Annahme der einzelne in die Gemeinschaft mit Christus kommt. Kann dabei der dem einzelnen vorgeordnete 'Überlieferungsprozeß' der Kirche selbst als sakramental bezeichnet werden? Nach katholischer Auffassung würde sich dies daran entscheiden, ob der 'Überlieferungsprozeß' seinerseits in seinen wesentlichen Konstitutiven (Wort, Amt, Sakrament) ebenfalls als geistgewirkt und geistgetragen begriffen wird.« Unseres Erachtens ist dies in der Tat der Fall; vgl. auch die folgenden Ausführungen.

153 Thesen, 23.

154 Das Glaubensbekenntnis, 146.

Gemeinschaft mit allen Christen und ohne die Zuwendung zur Menschheit insgesamt, die für den einzelnen nur als Glied der Gemeinschaft der Christen darstellbar ist.«[156]
Die Verwiesenheit auf die Gemeinschaft im Heil ist auf allgemein-anthropologischer Ebene vorgegeben[157]. Das Individuum ist immer schon durch die Beziehung zum anderen konstituiert, weil sein Selbstsein sich der Zuwendung und Liebe des anderen verdankt. Menschsein ist nicht aus eigener Kraft, sondern nur in der Gemeinschaft mit anderen Menschen zu verwirklichen, auf die das Individuum von Anfang an angelegt ist. »Die Bestimmung des Menschen drängt aber nicht nur auf die Einheit des menschlichen Daseins und - untrennbar davon - auf die Gestaltung einer einheitlichen Welt, sondern auch auf die Einheit der Menschheit. ... Der einzelne kann sie nicht für sich allein, nicht ohne die anderen erreichen.«[158] Darin gründet die unbedingte Bedeutung der Liebe für die Gemeinschaft, die über jeder Gestalt des Rechts steht[159].
Die Ausrichtung auf den anderen bzw. auf eine Gemeinschaft ist in der gesamten Heilsgeschichte das konstitutive Element von Erwählung. Erwählung bedeutet gerade nicht eine individualistische Auszeichnung, sondern ist immer mit einer besonderen Beauftragung verbunden, ja geradezu an diese als ihre Bedingung geknüpft. »Der Partikularismus der Liebe Gottes zu seinem Erwählten ist durchgängig auf den weiteren Horizont der gesamten Menschheit als Gegenstand der göttlichen Liebe zu beziehen. Dem Erwählten fällt dann, gerade durch seine Erwählung, eine Funktion in bezug auf diesen weiteren Kontext zu. Er wird erwählt, um den größeren Zielen Gottes mit der Menschheit zu dienen, als Gottes Repräsentant und Anwalt gegenüber diesem umfassenderen Gegen-

---

156 Ethik und Ekklesiologie, 263. Vgl. auch: Christsein ohne Kirche, ebd. 187-199. Wir können darum nicht zustimmen, wenn K.Góźdź: Jesus Christus als Sinn der Geschichte bei Wolfhart Pannenberg, 191, Anm. 192, unter Berufung auf die Unmittelbarkeit der Gottesbeziehung bei Pannenberg behauptet: »Obwohl Jesus Christus selbst das Vereinigungsprinzip ist, ist für *Pannenberg* die Kirche immer schon der subjektiv-individuellen Christusverbundenheit nachgeordnet (vgl. Anm. 170).«

157 Vgl. dazu Pannenbergs Überlegungen im Rahmen seiner theologischen Anthropologie: Der Mensch als gesellschaftliches Wesen, in: Anthropologie in theologischer Perspektive, 151-304, v.a. 155ff. In dieselbe Richtung zielen die Beiträge: Person in Gesellschaft, in: Was ist der Mensch? Göttingen [7]1985, 58-66; Recht durch Liebe, ebd. 67-76.

158 Was ist der Mensch?, 59. Für Pannenberg ist das Vertrauen auf den anderen, das immer in einem Grund- bzw. Urvertrauen gründet, ein religiöses Phänomen. Solches Grundvertrauen ist durch Unbegrenztheit ausgewiesen, so daß es objektiv die jeweilige Person der Vertrauens übersteigt - letztlich auf Gott hin. Vgl. Anthropologie in theologischer Perspektive, 226: »Obwohl das Grundvertrauen primär an den nächsten Bezugspersonen hängt, ist es durch seine Unbeschränktheit *implizit* doch immer schon über die Mutter und über die Eltern hinaus auf eine Instanz gerichtet, die die Unbegrenztheit solchen Vertrauens zu rechtfertigen vermag. Diese Instanz muß der eigentümlichen Schrankenlosigkeit des Grundvertrauens angemessen sein.«

159 Was ist der Mensch?, 74.

stand seiner Liebe.«[160] So ist die Erwählung des einzelnen der Grundstock für die Gemeinschaft, wird der einzelne um des Volkes bzw. der ganzen Menschheit willen erwählt. Gott sondert also nicht einzelne aus als »isolierte Atome des Heils«, sondern »als Beispiele der gnädigen Absichten der Liebe Gottes für alle Menschen«[161]. Was im Alten Testament angelegt ist und in Jesus Christus als dem Erwählten und Gesendeten schlechthin seinen Höhepunkt findet, setzt sich in der Kirche fort[162]. Von daher steht der Erwählungsgedanke in engstem Zusammenhang mit der missionarischen Aktivität des Urchristentums[163]. Denn ein jeder Gerechtfertigte mit der Sendung und Aufgabe der Christusrepräsentation betraut, durch die andere Menschen in das Heil einbezogen werden sollen.

Wo es um die Verantwortung des einzelnen für das Heil der anderen geht, beruft sich Pannenberg auf die Zusammengehörigkeit von Rechtfertigung und Heiligung. Calvin schätzte sie seines Erachtens höher ein und arbeitete sie deutlicher heraus als Luther, der sich dieses Zusammenhangs freilich auch bewußt war: »Da der Christ durch den Geist ein Glied Christi geworden ist, so gehört er nun zum Leibe Christi, und da das durch den Prozeß individueller Bekehrung geschieht, ist es nur natürlich, daß die Glieder des Leibes Christi nicht nur für die eigene Heiligung Verantwortung tragen, sondern auch für die der anderen. Obwohl der aktive Prozeß der Heiligung sich primär im einzelnen Menschen vollzieht, handelt es sich bei ihm zugleich um ein Anliegen der christlichen Gemeinden.«[164] In diesem Sinne kommt dem Geschehen von Heiligung und Rechtfertigung eine grundlegende ekklesiale Dimension zu[165].

---

[160] Die Bestimmung des Menschen, 46.

[161] Ebd. 116.

[162] Vgl. K.Koch: Der Gott der Geschichte, 224: »Der entscheidende Fortschritt, den Pannenberg aus der kritischen Durchsicht der klassischen Gestalt der christlichen Erwählungslehre und aus seiner in Konfrontation mit dem genuin biblischen Erwählungsgedanken konturierten dreifachen Kritik an der Individualisierung des Erwählungsgegenstandes, der Verjenseitigung der Erlösung als Erwählungsziel und der Entgeschichtlichung des göttlichen Erwählungshandelns gewinnt, besteht im Gedanken der *geschichtlichen und korporativen* Erwählung, mithin in der Interpretation der göttlichen Erwählung als verantwortlicher *Sendung des Volkes Gottes* für den weiteren Kontext der gesamten Menschheit.«

[163] Die Bestimmung des Menschen, 54f.

[164] Das Glaubensbekenntnis, 67.

[165] Von daher ist auch die Charakterisierung der Kirche als »Gemeinschaft der Heiligen« zu verstehen. Vgl. ebd. 150: »Der Zusatz 'Gemeinschaft der Heiligen' bezeichnet also die Kirche als die Institution, in der man Anteil an den das Heil vermittelnden göttlichen Mysterien und Gemeinschaft mit den schon des Heils teilhaftigen Märtyrern hat.«

4. Rechtfertigung und Taufe

Die abendländische Interpretation hat, so das Urteil Pannenbergs, in der Interpretation des Heilsgeschehens alles Gewicht auf das Versöhnungsopfer Christi am Kreuz und die dadurch erwirkte Sündenvergebung gelegt, dabei jedoch die gemeinschaftliche Dimension der Gnade mehr und mehr in den Hintergrund treten lassen. Artikel 3 der Confessio Augustana trägt dem hingegen dadurch Rechnung, daß er nicht nur vom Versöhnungsopfer Christi spricht, sondern zugleich von der Sendung des Heiligen Geistes in die Kirche. »Indem dieser Zusammenhang jedoch wieder durch den Gesichtspunkt der Herrschaft des Auferstandenen und zur Rechten Gottes Erhöhten gewährleistet wird, ist von vornherein mit der Rechtfertigung des einzelnen Menschen der Horizont der Kirche mitgegeben.«[166]

Wo der kirchliche Bezug des Rechtfertigungsgeschehens in Vergessenheit gerät, wird der Rechtfertigungsartikel zur abstrakten Formel, wie es nach Pannenberg in der Sicht der gegenwärtigen Theologie der Fall ist[167]. Dafür verantwortlich macht er die Loslösung der Rechtfertigungsgewißheit vom konkreten Geschehen der Taufe zugunsten ihrer Bindung an den aktuellen Zuspruch der Sündenvergebung. Auf diese Weise entsteht nach ihm der Eindruck, als werde die rechtfertigende Gnade auf aktualistische Weise je neu mitgeteilt[168]. »Der Gnadenzuspruch selber muß dem nachdenklichen Christen, wenn er in keinem Zusammenhang mit der Erinnerung an die Taufe mehr steht, als etwas Unwirksames erscheinen, was jeden Sonntag erneuert werden muß, aber nichts daran ändert, daß der Mensch ein Sünder bleibt.«[169] Luther hatte zwar gelehrt, daß für die Rechtfertigung nichts anderes erforderlich ist als der Glaube und die Annahme der damit verbundenen Verheißung. Der Gefahr des Aktualismus wurde bei ihm durch die Vorstellung einer mystischen Teilhabe an Christus entgegengewirkt[170]. Zugleich macht Luther die neue Existenz des Menschen außerhalb seiner selbst in Christus an der Taufe fest; seine Tauflehre ist »seine

[166] Die ökumenische Bedeutung der Confessio Augustana, 14.

[167] Christliche Spiritualität, 51.

[168] Ebd. 14.

[169] Ebd. 53.

[170] Vgl. Christliche Spiritualität, 51: »In Luthers eigener Lehre freilich war die im Glauben ergriffene Rechtfertigung begründet auf eine gewissermaßen 'mystische' Teilhabe des Glaubenden an Christus *extra nos*, außerhalb seiner selbst. ... In theologischer Terminologie wurde dieser Sachverhalt als Anrechnung, Imputation, der Gerechtigkeit Christi bezeichnet oder als 'forensische Rechtfertigung'.«

Rechtfertigungslehre in konkreter Gestalt«[171]. In der folgenden Zeit verblaßte die Anbindung des Vergebungszuspruchs an die Taufe ebenso wie der Gedanke der mystischen Teilhabe an Christus[172]. »Doch wenn solche forensische Rechtfertigung abgelöst wird von der grundlegenden Intuition einer 'mystischen' Teilhabe an Christus durch den Glauben, dann resultiert ein eigentümlich atomistischer Aktualismus, eine Teilhabe an der Rechtfertigung nur im Empfang des göttlichen Zuspruchs der Vergebung. Wir bedürfen, so scheint es dann, der Verheißung der Vergebung Gottes immer wieder, weil wir immer wieder in die Sünde zurückfallen. ... Die Funktion der Taufe als Begründung eines dauerhaften neuen Lebens in Christus wurde durch solchen Aktualismus beeinträchtigt, weil trotz der Taufe die Sünde bleibt und immer wieder göttliche Vergebung notwendig ist.«[173]

Für Pannenberg ist die Taufe und die Erinnerung daran in Taufbekenntnis und -erneuerung der Ort, wo die bleibende Wirklichkeit der Rechtfertigung und die Kontinuität der neuen Existenz in Christus immer wieder neu ins Bewußtsein gerufen wird. Denn das dem Menschen mit der Befreiung von der Sünde neu geschenkte Leben[174], seine Dauerhaftigkeit und Definitivität, tritt in dem nur einmal gespendeten Sakrament der Taufe in Erscheinung. Vor allem aber rufen Erinnerung und Bekenntnis zur Taufe die kirchliche Vermitteltheit aller Gnade nachdrücklich ins Bewußtsein[175]. Dies gilt besonders für die Kindertaufe, wo Eltern und Paten stellvertretend für den Glauben des Täuflings eintreten. »Das heißt nicht, daß ihr Eintreten diesen Glauben ersetzen könnte. Doch es bringt die Vermittlung des individuellen Glaubens durch die Gemeinschaft, in die der einzelne hineinwächst, zum Ausdruck.«[176]

---

171 Ebd. 51. Pannenberg bezieht sich auf eine Formulierung von P.Althaus: Die Theologie Martin Luthers, Gütersloh 1962, 305.

172 Vgl. dazu auch: Christsein und Taufe, in: Um die eine Kirche (FS H.Mundt) Gräfelfing 1984, 58-65, 60: »Diese konkrete Gestalt der Rechtfertigungslehre ist in der Kirche Luthers heute kaum mehr als ein toter Buchstabe, wenn man überhaupt noch etwas von ihr weiß. Darum ist auch der Rechtfertigungsglaube zu einer abstrakten Formel verkommen.«

173 Christliche Spiritualität, 15.

174 Pannenberg will das neue Leben relational und nicht als eine qualitative Veränderung durch die Gnade verstanden wissen, weil das Heil des Menschen nicht in einer Qualität der Seele, sondern außerhalb seiner selbst in Christus liegt, und weil Gott selbst, nicht nur ein von ihm geschaffenes Gut, in der Gnade gegenwärtig ist. Vgl. dazu Art. »Gnade«, in: EK IV, 1617.

175 Vgl. dazu auch: Christsein und Taufe, 58-65.

176 Thesen, 38.

V. Heilsvermittlung und christliche Freiheit

1. Die christliche Freiheit als kritisches Potential

Wenngleich die Gottesunmittelbarkeit des Menschen durch die Kirche vermittelt ist, darf sich die kirchliche Heilsvermittlung weder zum Selbstzweck machen, noch darf sie sich selbst als unfehlbar ansehen. Sie hat sich vielmehr beständig der Frage auszusetzen, inwieweit sie die Begegnung des Menschen mit Gott ermöglicht, oder ob sie diese durch ihr Handeln verstellt. Die Möglichkeit der Kritik am kirchlichen Vermittlungsprozeß ist in ihrem Ziel der Gottesunmittelbarkeit selbst begründet. Denn mit ihr ist zum einen die Freiheit des Glaubenden impliziert, zum anderen seine Mündigkeit und Kritikfähigkeit.

Die Bedeutung der christlichen Freiheit wurde von den Reformatoren geradezu neu entdeckt. *Das* klassische protestantische Kirchenverständnis ist von daher die Sichtweise der Kirche als freie Versammlung der Gläubigen. Pannenberg qualifiziert diese Auffassung zwar als »kongregationalistisch« und beklagt, daß damit die Kirche nicht hinreichend von der Sekte abgegrenzt würde[177]. Ihr Wesen sei besser als »Gemeinschaft am Heiligen«, nämlich als Gemeinschaft mit Jesus Christus selbst, zu beschreiben[178]. Dennoch hält er an der Bestimmung der Kirche als congregatio fidelium aus zwei Gründen fest: Zum einen wird auf diese Weise zum Ausdruck gebracht, daß nicht die Amtsträger die Kirche bilden, sondern die Gemeinschaft der Gläubigen aufgrund ihres allgemeinen Priestertums[179]. Zum anderen wird so die Bedeutung der Freiheit für die Kirche herausgestellt: »Die Auffassung der Kirche als einer freien Vereinigung der Glaubenden bringt die grundlegende Bedeutung der christlichen Freiheit für das Leben der Kirche zu klarem Ausdruck.«[180]

Die Wiederentdeckung der Freiheit durch die Reformation in Verbindung mit der Gottesunmittelbarkeit des Menschen wurde mit zum Anlaß für die Kirchenspaltung. Das eigentliche Problem der Spaltung liegt für Pannenberg darin, »daß die hierarchische Autoritätsstruktur der mittelalterlichen Kirche so beschaffen war, daß Mißverständnisse im Zusammenhang mit einer offenen Kritik an heute auch auf katholischer

---

[177] Ebd. 21.

[178] Das Glaubensbekenntnis, 21.

[179] Ebd. 158.

[180] Theologie und Reich Gottes, 59.

Seite bedauerten kirchlichen Mißbräuchen und in Verbindung mit ungewohnten theologischen Formulierungen zu einer Kirchenspaltung führen konnten. ... Insofern ist die hierarchisch-autoritäre Struktur der mittelalterlichen Kirche der eigentliche Grund dafür geworden, daß eine an die eigene Erkenntnis des Evangeliums mit der Kraft des Wahrheitsgewissens gebundene Position wie die Luthers schließlich zur Kirchenspaltung führen konnte.«[181] Für Pannenberg ist es ein bleibendes protestantisches Anliegen, daß »die zentrale reformatorische Entdeckung der christlichen Freiheit, die aus der dem Glauben eigentümlichen Unmittelbarkeit zu Gott begründet ist, durch alle Erkenntnisse der menschlichen Vermitteltheit des Glaubens nichts von ihrem Gewicht und ihrer entscheidenden Bedeutung verliert, solange es das Resultat und der Sinn aller solcher menschlichen Vermittlung bleibt, den Glaubenden in die Unmittelbarkeit der Gottesbeziehung zu Gott zu bringen, die der Zuwendung Gottes zum Menschen in Jesus entspricht.«[182] Auch in den Kirchen der Reformation wird der Bedeutung der Freiheit nicht immer hinreichend Rechnung getragen: »Man denke nur an die hierarchische Ordnung der Ämter oder an den Gehorsam gegen dogmatische Formeln ohne Rücksicht auf das Urteil der Vernunft. ... Die Auffassung des Glaubens als Gehorsam korrespondiert einem autoritären Überlieferungsverständnis. ... Aber auch die kirchliche Organisation ist von ihrer Geschichte her durch autoritäre Züge geprägt.«[183] Darum ist im protestantischen Denken die Freiheit der Kinder Gottes immer wieder neu ins Gedächtnis zu rufen.

Die protestantische Artikulation der christlichen Freiheit ist der Rechtfertigungsartikel: »Diese christliche Freiheit, die im Vertrauen auf Gott begründet ist, bildet den eigentlichen Kern des Rechtfertigungsglaubens, und die Rechtfertigungslehre ist nur die theologische Formulierung und Begründung dieser Freiheit.«[184] Sie besagt, daß der Mensch nicht aus sich selbst, sondern allein durch das befreiende Handeln Gottes und durch den Glauben an die göttliche Verheißung Freiheit erlangt[185]. Denn allein die in der Rechtfertigung durch die Vergebung der

---

181 Ethik und Ekklesiologie, 262.

182 Lebensraum der christlichen Freiheit, in: EK 8 (1975) 587-593, 591; vgl. auch Ethik und Ekklesiologie, 261. - Andererseits will Pannenberg eine Verabsolutierung des Freiheitsgedankens vermeiden: »Ebenso wie die reformatorischen Kirchen mit dem Gedanken der christlichen Freiheit ihren besonderen Beitrag für die Gesamtchristenheit zu leisten haben, so haben sie auch den eigentümlichen Beitrag der anderen Überlieferungen und Kirchen in ihr eigenes Leben zu integrieren«: Lebensraum der christlichen Freiheit, 591.

183 Theologie und Reich Gottes, 52.

184 Ethik und Ekklesiologie, 260.

185 Das Glaubensbekenntnis, 174.

Sünden geschenkte Teilhabe am Leben Gottes bewirkt die wahre Freiheit des Menschen, die nicht durch emanzipatorische Bestrebungen erlangt werden kann. Sie ist befreite Freiheit, ohne die das menschliche Herz der Sünde verhaftet bliebe. Sie ist die Freiheit des Glaubens selbst, Freiheit gegenüber jeder menschlichen, politischen und auch kirchlichen Autorität mit ihren absoluten Ansprüchen[186]. Zwar ist es angesichts der Einsicht, daß der Mensch nur in der und durch die Beziehung zu der Kirche als Christ existieren kann, für Pannenberg klar, daß christliche Freiheit keineswegs in einem generellen Widerspruch zur Kirche steht: »Denn die christliche Freiheit, die aus dem Vertrauen auf die Zuwendung Gottes zu allen Menschen in Christus lebt, bedarf der Kirche als ihres eigensten Lebensraumes. Sie kann aber nur in der Gemeinschaft mit allen Christen und mit dem apostolischen Ursprung der Kirche ihre Heimat finden.«[187] Andererseits stellt der Rechtfertigungsartikel mit der dort verankerten Lehre von der Freiheit eine kritische Instanz für die Kirche dar. Denn mit der Freiheit geht die Mündigkeit Hand in Hand, die den einzelnen Christen zu einer Urteilsbildung und Kritik in Fragen des Glaubens wie auch im Blick auf die kirchliche Amtsführung befähigt[188]. »Die befreiende Wirkung des Glaubens ermächtigt den Menschen, alle Dinge frei zu beurteilen.«[189]

Die Legitimität der Kritik an der Kirche ist im letzten in der Wahrheit des Evangeliums begründet, an der sich alle kirchliche Vermittlung auszuweisen hat. Diese Wahrheit ist der Kirche immer schon vorgegeben. Denn »im Vollzug ihrer Vermittlung setzt die Kirche die Wahrheit des Überlieferten schon voraus, so sehr diese sich im Vollzug ihrer Vermittlung neu bestätigen muß.«[190] Das ermöglicht »die Freiheit des - urteilsfähig gewordenen - einzelnen auch gegenüber dieser Vermittlung selbst und also gegenüber der Kirche: eine Unmittelbarkeit zur Sache der Überlieferung, zu Jesus selbst, durch Vergessen des Prozesses ihrer Vermittlung oder durch kritische Wendung gegen diese oder jene Gestalt der Vermittlung um der Aneignung der vermittelten Wahrheit willen.«[191]

---

[186] Die Bestimmung des Menschen, 15f; Theologie und Reich Gottes, 53.

[187] Ethik und Ekklesiologie, 263.

[188] Thesen, 44.

[189] Theologie und Reich Gottes, 53.

[190] Ebd. 22.

[191] Ebd.

Daß gerade die Reformation auf die Bedeutung christlicher Freiheit und Mündigkeit aufmerksam wurde, ist für Pannenberg eine typisch neuzeitliche Erscheinung, wie sie sich dann später auch in der Autoritätskritik der Aufklärung niederschlägt[192]. »Seit der Aufklärung ist ... die Frage nach der Freiheit des Geistes gegenüber aller nur 'positiven', d.h. gesetzten Autorität gestellt, und das nicht nur von außen her, sondern als eine Forderung des christlichen Glaubens selbst.«[193] Pannenberg macht die Bedingungen der Überlieferung historischer Fakten in der antiken und mittelalterlichen Welt für eine falsche Autoritätsgläubigkeit verantwortlich, insofern ihr alles auf den Nachweis der Glaubwürdigkeit und Autorität der betreffenden Überlieferung ankommt. So war auch die Autorität der Kirche der Grund, der die Menschen zum Glauben bewog[194]. Diese Situation ändert sich mit dem Entstehen der Geschichtswissenschaft im Gefolge der Aufklärung. An die Stelle hergebrachter Autoritäten tritt die Anwendung der historischen Methode auf die christliche Überlieferung. »Die Entwicklung der historischen Kritik und ihre Anwendung auf die biblischen Texte hat im Prinzip die Funktion übernommen, die früher durch die autoritäre Struktur der kirchlichen Organisation erfüllt wurde. Die altehrwürdigen Institutionen von bischöflicher Sukzession, Hierarchie und Dogma sind nicht mehr erforderlich, um die Übereinstimmung der gegenwärtigen Verkündigung mit dem Ursprung aller christlichen Überlieferung, mit Jesus selbst, zu verbürgen.«[195] Pannenberg wendet sich nicht gegen Sukzession, Hierarchie und Dogma als solche, wohl aber gegen einen damit verbundenen falschen Autoritätsanspruch, dem die historisch-kritische Methode ein Ende bereitet hat. »Vielleicht darf man in Bezug auf die neuzeitliche Geschichte des Christentums die Behauptung wagen, daß erst nachdem die autoritäre Gestalt der christlichen Überlieferung für ihren Fortgang überflüssig geworden ist - und das ist durch die Ausbildung der historischen Methode in der Theologie geschehen -, die Freiheit der Kinder

---

192 Thesen, 29.

193 Stellungnahme zur Diskussion, in: J.M.Robinson/J.B.Cobb (Hg.): Theologie als Geschichte III, Zürich-Stuttgart 1967, 285-351, 293. Vgl. auch: Das Glaubensbekenntnis, 137-140.

194 Theologie und Reich Gottes, 54: »Darum konnte Augustin sagen, er würde dem Evangelium nicht glauben, wenn ihn nicht die Autorität der katholischen Kirche dazu bewogen hätte. Das Bedürfnis, die Glaubwürdigkeit der christlichen Überlieferung, ihre Treue zu ihrem Ursprung zu sichern, war auch an der Ausbildung der bischöflichen Verfassung der Kirche maßgeblich beteiligt.«

195 Theologie und Reich Gottes, 54.

Gottes die Stufe der Mündigkeit erreichen und die politischen und sozialen Bedingungen des gesellschaftlichen Lebens entsprechend verwandeln konnte.«[196]

Angesichts der Mündigkeit des Christen werden für Pannenberg die traditionellen Begriffe »Lehramt« und »Hirtenamt« problematisch. Zwar ist theologische Lehre vonnöten, denn »der Bekennende ist ... über den Sinn seines Bekenntnisses zu belehren und damit zur Entscheidung für das gefordert, wozu er sich bekennt, indem er sich zu Jesus Christus bekennt.«[197] Aber: »Der Begriff des Lehramts wie auch der Lehre im traditionellen Sinne) legt den Gedanken autoritativer, keiner weiteren Diskussion bedürftiger Wahrheitsmitteilung nahe und verletzt damit die Vorläufigkeit theologischer Erkenntnis. Der Begriff des Hirtenamtes legt nahe, die Gemeindemitglieder nur als Objekte der Fürsorge des Amtsträgers zu sehen, und verletzt damit die Mündigkeit des einzelnen Christen.«[198] In solchen Äußerungen schlägt sich eine ausgeprägte institutionskritische Tendenz nieder. Um der Freiheit und Mündigkeit des Glaubenden willen haben letzte Verbindlichkeiten der Kirche in Leitung und Lehre zurückzutreten.

Zusammenfassung

Wolfhart Pannenberg entfaltet seine Ekklesiologie von der Gottesherrschaft her als jenem größeren Ziel, auf das die Kirche hingeordnet ist. Die Gottesherrschaft als Sinn der Geschichte und der Bestimmung des Menschen impliziert die Aufhebung des Gegensatzes von Gott und Mensch, die die universale Menschheitsgemeinschaft umfaßt, und bedeutet die umfassende Verleiblichung der Gnade. Reich Gottes ist dabei keine schlechterdings zukünftige Größe, sondern bricht in der Geschichte in Jesus Christus und seiner Auferweckung antizipatorisch-proleptisch an. Es ist die Bestimmung der Kirche, in ihrem Wirken Symbol, Repräsentation und damit Gegenwartsgestalt der Gottesherrschaft zu sein. Im Zeichen der Vorläufigkeit und der Schwachheitsgestalt macht sie die eschatologische Heilszukunft in der Geschichte präsent. Sie ist *wirksames* Zeichen und Werkzeug im Dienste des Reiches, das ihr zugleich geschenkt und aufgetragen ist und das sie in der Hinordnung auf die Welt ansatzweise verwirklichen kann.

---

196 Ebd. 55.

197 Thesen, 21.

198 Ebd.

In Anlehnung an den neutestamentlichen mysterion-Begriff versteht Pannenberg die Kirche als Sakrament, so wie auch in der Schrift das Heilsmysterium nicht exklusiv auf das Christusereignis eingeschränkt ist, sondern den ganzen göttlichen Heilsplan - und damit auch die Kirche - umfaßt. Als Sakrament ist die Kirche die Vermittlung des Menschen in die Unmittelbarkeit zu Gott, wie sie dem Glaubenden in der Rechtfertigung geschenkt wird. Die Reformation hatte mit der Betonung der Gottesunmittelbarkeit einen neuen Frömmigkeitstypus begründet; ihr Verständnis von Glauben als vertrauendes Sich-Verlassen auf Gott hatte wesentlich dazu beigetragen. Die Unmittelbarkeit zu Gott steht jedoch nicht im Widerspruch zur kirchlichen Vermittlung, sondern die Gottesbeziehung ist für Pannenberg nur als eine durch andere Personen vermittelte denkbar, gleich ob durch deren Tun oder ihre Verkündigung. In diesem Sinne ist im Begriff der Gnade die kirchliche Vermittlung immer schon eingeschlossen. Luther war sich ihrer Notwendigkeit durchaus bewußt, konnte sie jedoch infolge seiner Überzeugung von der Selbstevidenz der Schrift in ihrer Bedeutung nicht hinreichend würdigen. Darum fehlt auch bei ihm eine explizite ekklesiologische Einbindung der Rechtfertigungslehre.
Pannenbergs Einsicht von der vermittelten Gottesunmittelbarkeit gründet in seinem Offenbarungsverständnis, das die Geschichtlichkeit der Gottesoffenbarung, verstanden als Selbstmitteilung Gottes, zum Grundsatz hat. Mit der Geschichtlichkeit ist die Vermitteltheit der Offenbarungs- bzw. Heilswirklichkeit impliziert: Gott teilt sich nicht direkt durch sein Wort mit, sondern vermittelt durch geschichtliche, von Menschen ins Werk gesetzte Ereignisse. Geschichtliche Vermitteltheit der Offenbarung meint, daß Gott in der Weise kreatürlicher Vermittlung und damit durch das Handeln des Menschen wirkt, das zum göttlichen Handeln niemals in Konkurrenz treten kann. Das Gott-Welt-Verhältnis ist nicht im Sinne der causa efficiens oder nach Analogie des dinghaft vorkommenden Seienden als das zweier in sich geschlossener Wirklichkeiten zu verstehen, sondern als personale Relation, in der der Schöpfer das Geschöpf in sein Wirken einbezieht und sich seiner Vermittlung bedient. In diesem Sinne ist auch die Notwendigkeit kirchlicher Gnadenmittel in der geschichtlichen Vermitteltheit der Offenbarung begründet.
Heilsvermittlung ereignet sich für Pannenberg durch Überlieferung, Bezeugung und Mitteilung der Kunde von Jesus. Solches Tun ist nicht nur die äußere, von Menschen gesetzte Bedingung für das innere Wirken des Heiligen Geistes, sondern Gnadenvermittlung im sakramentalen Sinne, in der Gott selbst durch den Menschen am Werke ist. Von

der institutionalisierten Gnadenvermittlung in Wort und Sakrament, die in öffentlicher Weise durch das Amt wahrgenommen wird, unterscheidet Pannenberg die »freie«, nichtamtliche Vermittlung, die als Auftrag an alle Gläubigen ergeht. Aufgrund der Teilhabe an Christi Amt und Sendung ist ein jeder dazu aufgerufen, dem anderen »zum Christus« zu werden und damit Christus zu repräsentieren. Denn der Glaube ist grundsätzlich auf den Lebenszusammenhang der Gemeinschaft der Kirche verwiesen, wie es vor allem das Taufgeschehen zum Ausdruck bringt. Von daher ist auch dem Rechtfertigungsgeschehen eine zutiefst ekklesiale Dimension zu eigen. Aus dem Empfang der rechtfertigenden Gnade erwächst die Verantwortung für den Glauben und die Heiligung der anderen. Denn für die Heilige Schrift gilt grundsätzlich, daß die Erwählung durch Gott nicht bloß eine individualistische Auszeichnung darstellt, sondern immer mit einer konkreten Beauftragung verknüpft ist.

Das kritische Potential kirchlicher Heilsvermittlung ist die christliche Freiheit gegenüber jeder menschlichen bzw. kirchlichen Autorität, wie sie im Rechtfertigungsartikel verankert und von der Reformation neu ins Bewußtsein gehoben wurde. Mit ihr geht eine Mündigkeit Hand in Hand, die den Glaubenden zur persönlichen Urteilsbildung und Kritik befähigt. Wesentlich dazu beigetragen haben die Autoritätskritik der Aufklärung und die Entwicklung der historisch-kritischen Methode, die die Bindung der Überlieferung an eine autoritäre kirchliche Struktur überflüssig macht. Die Institutionen von Lehr- und Hirtenamt werden für Pannenberg von daher problematisch.

Diskussion

Sakramentales Denken

Der Entwurf Pannenbergs stellt eine Gegenposition zu Maron dar, insofern er ein Beispiel dafür bietet, daß protestantischer Theologie der Zugang zum sakramentalen Denken und zu einem sakramentalen Kirchenverständnis nicht grundsätzlich verschlossen sein muß. Nicht zuletzt aufgrund seiner Bereitschaft zum sakramentalen Denken ist Pannenberg, wohl nicht zu Unrecht, der »katholischste(n) unter den protestantischen Theologen unserer Tage«[198] genannt worden. Von besonderem Interesse ist dabei seine Begründung der Sakramentalität der Kirche, die nicht oder zumindest nicht in erster Linie, wie es in der katholischen Tradition für gewöhnlich der Fall ist, auf Jesus Christus als Ursakrament rekurriert, sondern auf den biblischen Mysterium-Begriff. Ein solcher Ansatz verdient es, auch von katholischer Seite beachtet zu werden. Für protestantisches Denken könnte er zugleich Anstoß geben zu einem unbefangeneren Zugang zur Sakramentalität der Kirche.

Pannenberg entfaltet seinen ekklesiologischen Ansatz nicht explizit von einer Inkarnationstheologie her, wenngleich er die Notwendigkeit der Sichtbarkeit der Kirche mit dem Hinweis auf die Inkarnation unterstreicht. In erster Linie setzt er, in gut lutherischer Tradition stehend, an beim Reich-Gottes-Gedanken, von dem aus er die Bedeutung der Kirche als Gegenwartsgestalt des Reiches Gottes entfaltet. Auf diese Weise kann in der protestantischen Theologie der Verleiblichungsgedanke ernst genommen werden, ohne auf die verdächtig erscheinende Analogie der Kirche zur Inkarnation zurückzugreifen. Pannenberg gelangt auf diesem Weg zur Einsicht von einer Funktionsgleichheit der Kirche mit Jesus Christus, die aber jegliche Identifizierung verbietet, da in der Kirche die Gottesherrschaft immer nur in antizipatorisch-proleptischer Weise zur Gegenwart kommt. Dem Fragmentarischen, das dem Sakramentalen seinem Wesen nach immer anhaftet, weil es noch nicht die bezeichnete Wirklichkeit in ihrer ganzen Fülle ist, wird durch das Moment der Prolepsis Rechnung getragen und so einem triumphalistischen Kirchenverständnis Einhalt geboten. Von daher verliert der Gedanke der kirchlichen Repräsentation und Symbolisierung der Gottesherrschaft seine Anstößigkeit.

In diesem Zusammenhang fällt auf, daß Pannenberg zwischen der Gegenwart des Heiles in der Welt, seiner kirchlichen Antizipation und dem vorwegereigneten Ende der Geschichte in Jesus Christus nicht ausdrücklich differenziert. Läßt der Autor keinen Zweifel daran, daß in Christus »als der definitiven Antizipation der eschatologischen Zukunft Gottes 'die Fülle der ganzen Offenbarung' zusammengefaßt«[199] ist, so kommt die Tatsache, daß die Kirche hinter der Prolepsis des Christusereignisses grundsätzlich zurückbleibt, nicht in einer so klaren Weise zum Ausdruck, wie dies gerade von einem protestantischen Theologen zu erwarten wäre. Der vieldeutige Begriff der Antizipation sollte hier differenzierter verwendet werden.

---

[198] M.Theunissen: Rezension W.Pannenberg: Gottesgedanke und menschliche Freiheit, in: PhR 20 (1974) 262-268, 266.

[199] Offenbarung und Offenbarungen im Zeugnis der Geschichte, 102.

Einen Gegenpol zu Maron markiert auch Pannenbergs Vorstellung einer durch die Kirche vermittelten Gottesunmittelbarkeit. Hier wie im Verständnis des Schöpfer-Geschöpf-Verhältnisses werden deutliche Parallelen zu Rahner sichtbar. Pannenberg stellt in überzeugender Weise dar, daß im Rahmen der Schöpfer-Geschöpf-Beziehung das göttliche Wirken zum menschlichen nicht in Konkurrenz tritt, sondern dieses im Gegenteil erst ermöglicht und evoziert. Gottes Geschichtshandeln vermittelt sich durch das menschliche Tun; auf dem Weg über den Menschen kommt die unmittelbare Beziehung des Glaubenden zu Gott zustande.

Der zentrale Gedanke, der dieser Einsicht zugrunde liegt und in der protestantischen Theologie unseres Erachtens noch mehr reflektiert werden müßte, ist der, daß Gott und Mensch nicht im Sinne zweier gleichberechtigter Ursachen miteinander zu verrechnen sind. Weil Gott die alles umgreifende Wirklichkeit ist, kann er den Menschen freigeben und schenkt ihm Raum zum Wirken - auch und gerade in der Kirche. Aus diesem Grund kann die menschliche »Mitwirkung« in der Heilsvermittlung zur göttlichen Wirksamkeit nicht in Konkurrenz treten. Eine solche Sicht des Schöpfer-Geschöpf-Verhältnisses, die der katholischen entspricht, ist eher vom Gedanken der Analogie als von dem der Dialektik bestimmt: Gott braucht sich nicht gegen den Menschen zu behaupten, um seine Größe zu erweisen, braucht sich nicht zurückzunehmen, um ihm Raum zum Wirken zu geben.

Mit Pannenbergs geschichtlichem Offenbarungsverständnis, das dem katholischen nahesteht[201], ist das Fundament für sein Verständnis der kirchlichen Heilsvermittlung gelegt. Denn mit dem Konzept der geschichtlichen Vermitteltheit der Offenbarung wird nicht nur die Notwendigkeit der sichtbaren Verfaßtheit der Kirche deutlicher hervorgehoben als im Rahmen einer Worttheologie, sondern die Folge ist die indirekte Erscheinung und geschichtliche Vermittlung des Göttlichen in der und durch die Geschichte. Die Problematik, die in der Einseitigkeit von Pannenbergs Offenbarungsverständnis gründet, kann im Rahmen

---

[201] Nach K.Koch: Der Gott der Geschichte, 55, hat das Konzept von der Offenbarung als Geschichte Pannenberg »zum ökumenischen Theologen im radikalen Sinn gemacht«. Nahezu wortwörtlich stimmen Pannenbergs Aussagen über die Geschichtlichkeit und Indirektheit der Offenbarung mit E.Schillebeeckx: Jesus, Freiburg ^{2}1976, 562f, überein: »Dies alles impliziert schon, daß Gott sich nur in einer 'indirekten Offenbarung' als heilsgeschichtliches Handeln manifestiert und Menschen bekannt macht. In der *Vermittlung* von befreiendem Handeln von Menschen auf der Suche nach Heil von Gott her offenbart sich Gott in der Geschichte 'indirekt' als Heil für Menschen.«

dieser Arbeit nicht im einzelnen diskutiert werden[201]. Grundsätzlich ist als Einwand anzumelden: Die personale und worthafte Dimension der Offenbarung - die Pannenberg allerdings auch nicht bestreitet, sondern die er gerade durch ihr Verständnis als Selbstmitteilung Gottes hervorhebt - kann nicht restlos in die Ebene historischer Sichtbarkeit und Erkennbarkeit aufgerechnet werden. In diesem Zusammenhang muß er sich den Vorwurf gefallen lassen: »Die anderen Offenbarungsvorstellungen der Schrift werden also überhaupt nicht daraufhin untersucht, ob nicht auch ihnen eine selbständige Bedeutung hinsichtlich einer *indirekten* Selbstoffenbarung zukommt bzw. eine Bedeutung, die nicht ohne weiteres unter den Begriff der Geschichte subsumiert werden kann.«[202] Schließlich fällt auf, daß Pannenberg im Zuge seiner Reflexionen über die Geschichtlichkeit der Offenbarung das Wort ausschließlich als »direkte«, unvermittelte Kundgabe Gottes versteht, während er auf der anderen Seite die kirchliche Wortverkündigung zu den »Gnadenmitteln« bzw. der Vermittlung in die Gottesunmittelbarkeit rechnet.

Die kritische Beurteilung von Lehr- und Hirtenamt

Angesichts Pannenbergs Vorstellung von vermittelter Gottesunmittelbarkeit und Christusrepräsentation erscheint seine recht kritische Einschätzung kirchlicher Autorität in Gestalt eines Lehr- bzw. Hirtenamtes - und damit die Einschätzung kirchlicher Institutionalität - nur schwer einsichtig. Abgesehen davon, daß in seiner Konzeption an die Stelle des kirchlichen Lehramtes letztlich der wissenschaftlich approbierte Lehrer der Theologie treten würde, da auf die Notwendigkeit theologischer Lehre nicht verzichtet werden kann, stellt sich die Frage, warum nicht auch Lehr- und Hirtenamt im sakramentalen Sinne Symbol und Vermittlung zur Unmittelbarkeit Gottes sein können. Warum sollte nicht

---

[201] Zahlreiche Beiträge haben sich ausführlich damit auseinandergesetzt. Beispielhaft seien angeführt: P.Althaus: Offenbarung als Geschichte und Glaube, in: ThLZ 87 (1962) 321-330; P.Eicher: Geschichte und Wort Gottes, in: Cath 32 (1978) 321-354; E.Fuchs: Theologie oder Ideologie?, in: ThLZ 66 (1963) 257-260; H.G.Geyer: Geschichte als theologisches Problem, in: EvTh 22 (1962) 92-104; G.Klein: Offenbarung als Geschichte?, in. MPTh 51 (1962) 65-88; ders.: Theologie des Wortes Gottes und die Hypothese der Universalgeschichte, München 1964 (eine überaus kritische Untersuchung!); E.Mühlenberg: »Gott in der Geschichte«, in: KuD 24 (1978) 244-261; M.Seckler: Zur Diskussion um das Offenbarungsverständnis W.Pannenbergs, in: MThZ 19 (1968) 132-134; L.Steiger: Offenbarungsgeschichte und theologische Vernunft, in: ZThK 59 (1962) 88-113.

[202] F.Konrad: Das Offenbarungsverständnis in der evangelischen Theologie, 285.

auch im Falle der Lehre und der Leitung Gott durch das menschliche Handeln hindurch wirken und den Menschen in seinen Dienst nehmen? Es scheint, daß Pannenberg das Institutionelle, konkret das Amt, unter dem Aspekt der Autorität in erster Linie als eine Beeinträchtigung der christlichen Freiheit und Mündigkeit ansieht, ohne die positiven Implikationen kirchlicher Lehr- und Leitungsfunktion zu würdigen[204]. Dabei ist ihm keineswegs eine programmatische Institutionsfeindschaft zu unterstellen; gerade in gesellschaftlicher Hinsicht ist er sich der Notwendigkeit von institutioneller Leitung und Regelung durchaus bewußt[205]. Was fehlt, ist jedoch eine theologische, nicht nur pragmatische Begründung des Institutionellen, in der auch die positive Bedeutung der amtlichen Leitungsfunktion zur Sprache kommen müßte. Die strikte ekklesiologische Alternative: Kirche als Ereignis oder Kirche als Institution ist zwar innerhalb der protestantischen Theologie weitgehend überholt[206]. Dennoch scheint bei Pannenberg die bekannte Skepsis der pro-

---

[204] Vgl. dazu M.Kehl: Kirche - Sakrament des Geistes, 171, der betont, daß die Freiheit des Glaubens nicht Willkür im Glauben bedeutet und daß erst die Bindung des Glaubens an die Kirche wahre Freiheit möglich macht: »'Konkrete Freiheit' im Bereich des Glaubens meint dann eben die objektivierte soziale Form der befreiten Freiheit. D.h.: nur indem sich der einzelne Gläubige mit seiner von Christus befreiten Freiheit in die objektiv vorgegebene, institutionalisierte Form des Glaubens hineinnehmen läßt (was grundlegend in Taufe und Glaubensbekenntnis geschieht) und so - gerade als Glaubender - ein 'allgemeines Leben führt', wird seine Freiheit 'konkret', wird sie Ausdruck einer gelingenden sozialen Identität des glaubenden Subjekts. Und zugleich findet - in streng wechselseitiger Vermittlung - durch diese subjektive Ein-gabe der Freiheit auch die Gemeinschaft der Glaubenden ihre konkrete soziale Identität als gesellschaftliche Form der befreiten Freiheit.« Kehl läßt dabei keinen Zweifel darüber, daß die Vermittlung der konkreten Freiheit des Glaubens keine absolute Übereinstimmung und Harmonie zwischen dem individuellen Glaubensbekenntnis und seiner kirchlich artikulierten Form zu bedeuten braucht. »Ein gleichsam totales Zur-Deckung-Bringen von Glaube des einzelnen und Glaube der Gemeinschaft ist sowohl sozialgeschichtlich wie auch theologisch nicht möglich und nicht erforderlich« (172).

[205] Vgl. dazu: Der kulturelle Sinngehalt der gesellschaftlichen Institutionen, in: Anthropologie in theologischer Perspektive, 385-471. Institutionen haben für Pannenberg vor allem den Sinn, die Beziehungen unter den Individuen zu regeln, wo es um die Befriedigung ihrer jeweiligen Bedürfnisse geht.

[206] J.L.Leuba: Institution und Ereignis, Göttingen 1957, hat in einer bibeltheologischen Studie gezeigt, daß die neutestamentlichen Aussagen keine Trennung innerhalb der Ekklesiologie zwischen der institutionellen und der ereignishaft-pneumatischen Dimension der Kirche zulassen, sondern daß beide eine lebendige und dabei durchaus spannungsvolle Einheit bilden. So steht neben der institutionell verfaßten Urgemeinde die charismatische Kirche in den heidenchristlichen Gemeinden. Die wechselseitige Verwiesenheit von Charisma und Institution spiegelt sich auch in den christologischen Hoheitstiteln und im Apostolat wider, wo neben dem institutionalisierten der Zwölf das charismatische des Paulus steht. - Eine bloße Entgegensetzung von Institution (katholisch) und Ereignis (evangelisch) im Verständnis der Kirche wird auch zurückgewiesen von H.Dombois: Recht und Institution I, Witten 1956; II, Stuttgart 1969; W.D.Marsch: Institution im Übergang; sowie auch von M.Honecker: Kirche als Gestalt und Ereignis, 87f. - Demgegenüber gibt es in der protestantischen Theologie auch Strömungen, die das von Menschen »gemachte« Institutionelle als eine Verfälschung des eigentlichen Sinnes der Kirche rundweg ablehnen. So E.Brunner: Das Mißverständnis der Kirche, Stuttgart 1951: Er versteht die Ekklesia im Neuen Testament als

testantischen Theologie gegenüber der institutionellen Gestalt und Vorgegebenheit von Gnade und Glauben auf[207].

Repräsentatio Christi

Wie Rahner und Balthasar betont auch Pannenberg die Bedeutung der nichtamtlichen, kommunialen Heilsvermittlung: Der Glaube verdankt sich als Gnadengabe Gottes immer zugleich einer Gemeinschaft, die den einzelnen im Glauben trägt und durch die er Zugang zu Christus erhält. Entscheidend ist für Pannenberg in diesem Zusammenhang der Auftrag und die Möglichkeit zur Christusrepräsentation, die nicht auf das Amt eingeschränkt ist, sondern im allgemeinen Priestertum aller Gläubigen wurzelt. Damit wird eine explizite Begründung für die Heilsverantwortung in Bezug auf den anderen gegeben, die in dieser Form in den katholischen Positionen nicht begegnet, ihnen dem Sinn nach aber entspricht. Jeglicher Heilsindividualismus wird von Pannenberg zurückgewiesen, ähnlich wie bei Balthasar die untrennbare Verbindung von Erwählung und Sendung herausgestellt. Von diesem Ansatz her, unter der Voraussetzung einer vermittelten Gottesunmittelbarkeit, wird die ekklesiale Dimension der Rechtfertigung plausibel, ohne daß sie Pannenberg explizit von der Sakramentalität der Kirche herleitet. Es zeigt sich, daß die Annahme einer Verwiesenheit des Rechtfertigungsgeschehens auf die Kirche nicht an das sakramentale Kirchenverständnis gebunden ist, wenngleich Pannenbergs Überlegungen zur Kirche als Symbol und Sakrament des Gottesreiches in diese Richtung weisen. Der Ansatz beim allgemeinen Priestertum und beim Auftrag zur Christusrepräsentation könnte für die protestantische Theologie eine Möglichkeit sein, die Bedeutung der Gemeinschaft der Kirche für das Rechtfertigungsgeschehen zu eröffnen.

---

reine Persongemeinschaft, die nichts Institutionelles an sich hat (vgl. v.a. 19f). Ähnlich R.Sohm: Kirchenrecht II, München-Leipzig 1928, 130-151. - Einen Überblick über die verschiedenen Weisen der Bestimmung von Charisma und Institution gibt W.Krusche: Die Kirche im Spannungsfeld von Charisma und Institution, in: EvTh 49 (1989) 20-38.

[207] Mit ein Grund für diese Skepsis dürfte die ausgesprochen undifferenzierte Verwendung der Begriffe »Institution« und »Institutionelles« sein. Der Verdacht liegt nahe, daß damit weniger Amt und Sakramente assoziiert werden, sondern eher kirchliche Verwaltungsinstanzen. Es wäre von daher einmal interessant, die Verwendung und Bedeutung des Institutionsbegriffes bei unterschiedlichen protestantischen Theologen zu untersuchen. - Bei Pannenberg dürfte der Grund für seine Aversion gegenüber kirchlicher Institutionalität vor allem in seiner Abneigung gegen das Lehramt zu suchen sein.

Zweites Kapitel

Gerhard Ebeling

Zu Ebelings Theologie

Gerhard Ebeling[1] weiß sich dem Erbe Martin Luthers in besonderer Weise verpflichtet. Nicht nur die Rezeption und Interpretation von dessen Theologie ist ihm ein Anliegen, sondern er versteht die eigene theologische Reflexion bewußt als Fortführung der lutherischen Tradition. Unter evangelischen wie katholischen Theologen gilt Ebeling als Exponent einer neuen Lutherinterpretation und zugleich als Repräsentant protestantischer Theologie, der einen dezidiert konfessionellen Standpunkt vertritt. Dabei hat E.Jüngel seine Dogmatik »konsensbildend«[2] genannt, insofern sie innerhalb der protestantischen Theologie nicht Kontroversen beschwören, sondern das grundlegend Gemeinsame zum Ausdruck bringen möchte.

Ebeling betreibt Theologie als hermeneutische Theologie, als »Verstehens- und Sprachlehre des Glaubens«[3], in der »das Wort als Medium des Aufmerkens zum Gegenstand des Aufmerkens wird«[4]. Hermeneutik läßt sich für Ebeling nicht auf eine Teildisziplin, eine bestimmte Methode zum besseren Verständnis der biblischen Texte reduzieren, sondern bezeichnet als Verstehenshilfe Anliegen und Aufgabe der Theologie überhaupt[5]. Ihr Ansatzpunkt ist die »Sprachlichkeit der

---

1 Einen Überblick über die zentralen Themen seiner Theologie bieten: R.Marlé: Parler de Dieu aujourd'hui, Paris 1975; J.R.Rossi: Towards a theology of ephapax, Michigan 1969.

2 Neue Zürcher Zeitung, 195 (1979), 23.

3 Wort und Glaube II, Tübingen 1969, 70. Eine ausführliche Untersuchung zu Ebelings Hermeneutik stammt von R.Lorenz: Das Problem der Hermeneutik in der Theologie im Hinblick auf das Gottesverhältnis, Gütersloh 1973. »Ebelings eigener theologischer Ort zeigt sich darin, daß er die Theologie Luthers mit Hilfe der existentialen Interpretation Heideggers zum Zuge zu bringen sucht, darin Theologie als Hermeneutik zu treiben vermeint« (ebd. 41).

4 WuG II, 106.

5 Ebd. 105f: »Die Kennzeichnung der Theologie als 'hermeneutisch' muß einerseits als tautologische Wiederholung dessen gelten, was schon mit dem Worte 'Theologie' als deren Sache in den Blick kommt«; sie bringt »die Wurzel theologischer Problematik

Wirklichkeit«[6], insofern Wirklichkeit grundlegend durch das Wort bestimmt ist und sich dem Menschen als Sprach- bzw. Wortgeschehen erschließt. Im Gefolge R.Bultmanns, beeinflußt durch M. Heideggers Existentialphilosophie und »Phänomenologie des Daseins im Sinne einer Analytik der Existentialität der Existenz«[7] sollen von der Existenz und der alltäglich erfahrenen Wirklichkeit des Menschen her die Möglichkeiten und Bedingungen des Verstehens der Glaubenswirklichkeit erschlossen, soll das Christusgeschehen als Grund des Glaubens neu ausgelegt werden.

Im Zentrum der Theologie Ebelings steht das Wort, genauer: die reformatorische Grundbeziehung von Wort und Glaube, die es als »theologische Prinzipienlehre« gegenwärtig zu verantworten gilt[8]. In diesem Sinne stellt sein Ansatz einen Kontrapunkt zur Geschichtstheologie Wolfhart Pannenbergs dar, die um der Geschichtlichkeit der Offenbarung willen eine reine Worttheologie ablehnt.

Ebelings Theologie setzt sich dezidiert ab von katholischen Lehrpositionen, insbesonders von deren Sakramentenlehre. Hier manifestiert sich nach seiner Überzeugung eine radikale konfessionelle Differenz, die auch die Ursache für die Differenzen im Kirchenverständnis ist. Von daher zählt Ebeling nicht zu den Autoren, die der katholischen Theologie das Gespräch mit den Protestanten besonders leichtmachen. Er hat sich jedoch um das Verständnis und die Annäherung der Konfessionen in vielfacher Hinsicht bemüht, zumal er die Aufgabe einer jeden Dogmatik darin sieht, auf einen theologischen Konsens hinzuarbeiten[9]. Es wird zu untersuchen sein, was es mit der Konfessionsdifferenz, wie Ebeling sie erfaßt, auf sich hat, vor allem aber, welche Konsequenzen sie für die Verhältnisbestimmung von Rechtfertigung und Kirche nach sich zieht.

I. Rechtfertigung und Gnadenmittel

Für Ebeling gibt es keinen Zweifel daran, daß zwischen der Rechtfertigungslehre und dem Kirchenverständnis ein konstitutiver sachlicher Zu-

am tiefsten und deshalb auch die Weite theologischer Aufgabe am umfassendsten« auf den Begriff.

6 Wort und Glaube, Tübingen ³1967, 202.

7 Art. »Hermeneutik«, in: RGG³ III, 242-262, 244.

8 WuG I, V.

9 Dogmatik des christlichen Glaubens I, Tübingen ²1982, 23.

sammenhang besteht. Denn im Rechtfertigungsartikel ist eine ganz bestimmte Lehre von den Gnadenmitteln und der kirchlichen Heilsvermittlung impliziert, eine Lehre, die zur Kirchenspaltung wesentlich mit beigetragen hat: »Die Diskussion von Luthers Rechtfertigungslehre mußte die darin implizierte, von der kirchlichen Lehre abweichende Auffassung der Gnadenmittel zur Entfaltung bringen. Die Notwendigkeit dieses Zusammenhangs entscheidet über das Recht, Luthers theologische Grunderkenntnis als reformatorische Wende zu bezeichnen, die den Schritt zum reformatorischen Geschehen ermöglichte und erforderte.«[10] Umgekehrt hat jegliche Ekklesiologie ihr Kriterium darin, daß der Mensch allein durch den Glauben gerechtfertigt wird[11]. Die Themenkomplexe von Kirche und Rechtfertigung stehen also nicht unverbunden nebeneinander, sondern beeinflussen sich wechselseitig[12]. Dies ist der Grund, weshalb wir uns zunächst Ebelings Rechtfertigungsverständnis zuwenden.

1. Das Rechtfertigungsverständnis Gerhard Ebelings

Nach Ebeling hat die Reformation die Rechtfertigungslehre zwar nicht aus der Vergessenheit geholt, sie jedoch in ihrer fundamentalen theologischen Bedeutung als ein Geschehen sola gratia, solo verbo, sola fide erst voll in das theologische Bewußtsein gehoben[13]. Mit ihr sollte nicht ein einzelner Aspekt der christlichen Verkündigung isoliert, sondern das Ganze, die Wirklichkeit des christlichen Glaubens selbst zur Sprache gebracht werden[14]; alle anderen, scheinbar selbständigen und dazukommenden Themen sind nichts anderes als die Darlegung dieser Mitte[15]. Auf diese Weise sollte die theologische Grundstruktur des Glaubens sowie der kritische Bezugspunkt aller Glaubensaussagen zur Geltung gebracht dafür gesorgt werden, daß der Glaube reiner Glaube

---

10 Art. »Luther II. Theologie«, in: RGG³IV, 495-520, 503.

11 Wort und Glaube III, Tübingen 1975, 306.

12 Dies findet Bestätigung durch die Tatsache, daß Ebeling in seiner Dogmatik unter der Kapitelüberschrift »Der rechtfertigende Glaube« nicht nur die Fragen nach dem Wesen des Glaubens behandelt, nach dem, was er empfängt und bewirkt, sondern auch das, wodurch er gewirkt wird: das Wort Gottes, die Sakramente und die Kirche als den geschichtlichen Lebensraum des Glaubens. Vgl. auch seine Erläuterungen zur Disposition, Dogmatik III, 59.

13 Dogmatik des christlichen Glaubens III, Tübingen 1979, 197f; 320.

14 Das Wesen des christlichen Glaubens, Tübingen 1959, 162. Zu Ebelings Rechtfertigungsverständnis vgl. Dogmatik III, 194-224.

15 Vgl. Luther, Tübingen ²1965, 286: »Nach Luther ist sie die Wegweisung, wie im Ganzen der christlichen Lehre das Gottsein Gottes zur Geltung kommt.«

bleibt[16]. Damit »versieht die Rechtfertigungsaussage den unentbehrlichen Dienst einer ... pointierenden Zeichensetzung, um die Syntax der Sprache des christlichen Glaubens richtig zu erfassen.«[17] Die Rechtfertigungslehre ist nicht auf eine bestimmte Terminologie fixiert; vielmehr weist das Neue Testament eine Fülle von Aussagemöglichkeiten zur Kennzeichnung des soteriologischen Geschehens auf: Vergebung, Befreiung, Rettung, Versöhnung, Erlösung, Friede, Gerechtigkeit, Geisterfülltheit und andere mehr[18]. Ebeling spricht in Anlehnung an Luther bisweilen auch von der Heiligung, um zu unterstreichen, daß dem Glaubenden aus der Rechtfertigung die neuen Früchte des Geistes erwachsen[19]. Der Leitbegriff seiner Theologie, insbesondere des zweiten Teils seiner Dogmatik ist jedoch »Versöhnung«. Dieser Terminus hält, im Unterschied zu dem weitgefaßten und unbestimmten Begriff der Erlösung, dazu an, »die Ursache des Unheils darin zu suchen, daß seitens des Menschen das Gottesverhältnis zerstört ist. Damit wird zugleich der Primat der Christologie in bezug auf die Soteriologie gesichert.«[20]

Im Zentrum der Soteriologie, verstanden als »Zurechtbringung« des durch den Menschen verkehrten Gottesverhältnisses und damit als »Zurechtbringung« des Menschen selbst[21], steht das Christusereignis. Ebeling bemängelt, daß der Begriff »Soteriologie« oft verengt werde zu der Lehre von der Heilszueignung, also von Rechtfertigung, Heiligung und Heilsmitteln, von der dann die Christologie als die Lehre von der Heilsbegründung abgehoben werde[22]. Demgegenüber hält er - wie die übrigen behandelten Autoren - am Christusereignis als dem Kern der Soteriologie und Rechtfertigung fest und sieht die Christologie als bestimmend für die Soteriologie an[23]. »Auch wenn man sich an das schlichte und nicht ganz unproblematische Schema hielte, daß das Heil in Christus ein für allemal beschafft und bereitgestellt sei und es dann ein völlig anderes Thema darstelle, daß und wie es ausgeteilt werde, so

---

16 Wesen, 162.

17 Luther, 219. Der katholischen Theologie macht Ebeling zum Vorwurf, daß sie den Rechtfertigungsartikel als soteriologische Einzellehre behandle (Dogmatik III, 230-234).

18 Dogmatik III, 230f.

19 Luther entfaltet in den beiden Katechismen sein gesamtes Rechtfertigungsverständnis unter dem Stichwort der Heiligung.

20 Dogmatik II, Tübingen 1979, 16.

21 Ebd. 9.

22 Ebd. 12f.

23 Zu Ebelings Christologie vgl. den Beitrag von W.Greive: Jesus und der Glaube, in: KuD 22 (1976) 163-180.

muß doch eben das, was in und durch Christus bewirkt worden ist, als solches schon in seiner soteriologischen Relevanz deutlich werden.«[24] Da sich die Versöhnung nicht schon mit der Menschwerdung, sondern im Geschehen am Kreuz ereignet[25], erschließt sich allein von daher, in Verbindung mit der Auferweckung, ein Zugang zur Rechtfertigung des Sünders - und nicht umgekehrt von einem »unchristologisch« konstruierten Rechtfertigungsverständnis her im nachhinein Kreuzestod und Leiden Jesu[26].

Die persönliche Rechtfertigung des Sünders ist die Frucht der in Christus geschenkten Versöhnung, das Ergebnis der individuellen Zueignung des soteriologischen Geschehens sola fide, durch den Glauben allein. »Die Wirklichkeit des Glaubens - das ist die Rechtfertigung.«[27] Der Glaube ist somit nicht die Bedingung zum Heil, sondern »als Gewißheit des Heils selbst schon das Geschehen des Heils.«[28] Er ist nicht menschliches Werk, sondern ein Werk Gottes am Menschen und damit reines Empfangen von Gott her, »nicht ein facere Deo (ein Tun für Gott), sondern facere Deum (ein Gott machen), aber das heißt doch allein: Gott wirken lassen, Gott Gott sein lassen, Gott gerecht werden durch den Glauben allein.«[29] So ist er der schlechthinnige Gegensatz gegen alle Leistung und alles Verdienst. Wie anders könnte von der Rechtfertigung sola fide die Rede sein, »wenn darin nicht Gott am Werke wäre, der allein den Menschen heilmachen, zurecht bringen kann«[30]?

Die Tradition hat, wie Ebeling feststellt, die Lehre von der Rechtfertigung und ihren »Mitteln« in erster Linie unter dem Begriff der Gnade entfaltet[31]. Das Wirken des Geistes geriet dabei mehr und mehr außer acht; die Pneumatologie tritt fast durchweg in Gestalt der Gnadenlehre

---

24 Dogmatik II, 15.

25 Im Unterschied zu Rahner steht und fällt für Ebeling die Rechtfertigung des Sünders mit dem Geschehen am Kreuz.

26 Dogmatik II, 199.

27 Wesen, 153.

28 Ebd. 235.

29 Luther, 298. Ausführlich dazu: Luthers Glaubensverständnis - Vergangenheit oder Zukunft?, in: Lutherstudien I, Tübingen 1971, 301-307.

30 Wesen, 139.

31 Dies geschieht nicht ohne Grund. Vgl. Dogmatik II, 112f: »Der Begriff der Gnade hat zum einen als Korrelat den Zustand der Armut, und zwar eines schuldhaften Verarmtseins infolge von Mißachtung und Verschleuderung der Gaben des Schöpfers, also den Zustand des Sünderseins und Verlorenseins. ... Im Begriff der Gnade liegt ... zum anderen der Gegensatz zu einem Gottesverhältnis, in dem der Mensch Gott gegenüber Leistungen ausweisen, sich vor ihm rühmen und rechtfertigen könnte.«

auf[32]. Für die Rechtfertigung des Sünders wären Menschwerdung und Kreuzestod Jesu Christi allein jedoch ohne Belang, würde das Heil nicht durch das Wirken des Geistes zu den Menschen selbst gebracht. Denn das Werk Christi gehört der Vergangenheit an, das Werk des Geistes hingegen ist das der Vergegenwärtigung. Das Verhältnis beider ist »nicht einfach additiv in dem Sinne, daß neben die Perfecta von Schöpfung und Erlösung das Präsens-Futurum der Heiligung träte, sondern so, daß in den Aussagen über den heiligen Geist der präsentisch-futurische Skopus der ersten beiden Artikel zur Sprache kommt.«[33] Ebeling will im Gefolge Luthers der Pneumatologie in der Rechtfertigungslehre zu neuer Geltung verhelfen. Denn: »Der entscheidende Brennpunkt des Neuen in der reformatorischen Theologie liegt im Bereich des dritten Artikels, wie die Konzentration auf die iustificatio sola fide als articulus stantis et cadentis ecclesiae unterstreicht.«[34] Erst von der Pneumatologie her wird die Rolle der Rechtfertigungslehre voll begreiflich, als »äußerste Pointierung der Lehre vom Heiligen Geist und darum untrennbar verbunden mit dem Pathos der Lehre, der Gewißheit, der auctoritas des Wortes Gottes.«[35]

2. »Solo verbo« gegen »solo sacramento«

Auf welche Weise, durch welche Mittel wird der Sünder gerechtfertigt? Ebeling stellt in dieser Frage einen wesentlichen Unterschied zwischen den Konfessionen fest. Während sich die Rechtfertigung nach protestantischem Verständnis solo verbo, durch das Wort allein ereignet, lehrt die katholische Theologie nach seiner Auffassung, daß die Gnade allein durch die Sakramente mitgeteilt werde[36]. Die katholische Gnadenlehre läßt sich darum nach Ebeling auf die Sakramentenlehre reduzieren, ohne Berücksichtigung der Lehre vom Wort Gottes[37].

---

[32] Ebd. 11.

[33] WuG III, 342; Ebeling bezieht sich auf BSLK 660, 3-5, wo Luther den dritten Artikel des Glaubensbekenntnisses auslegt. Der Begriff der Heiligung wird hier von ihm synonym für den der Rechtfertigung verwendet.

[34] WuG III, 31.

[35] Wort Gottes und Tradition, Göttingen 1964, 171.

[36] In der Möglichkeit des bloßen votum sacramenti, die einen Ausnahmefall darstellt, sieht Ebeling die Bestätigung dafür, daß alle Gnadenvermittlung nur auf sakramentalem Wege geschieht und die Sakramente darum streng heilsnotwendig sind (ebd. 202).

[37] Nähme man der katholischen Kirche die Sakramente, so wäre dies wesenszerstörend (Dogmatik III, 308).

Mit der Entgegensetzung von Wort und Sakrament kommt im Hinblick auf die Rolle der Kirche im Rechtfertigungsgeschehen eine neue Differenz ins Spiel, die in der Weise noch nicht thematisiert wurde: hier die Rechtfertigung durch das Wort, dort die sakramentale Rechtfertigung - »solo verbo« gegen »solo sacramento«[38]. Mit dieser Formel will Ebeling nicht einfachhin ein Klischee konfessioneller Differenzen, nämlich das von der Kirche des Wortes und der Kirche der Sakramente wiederholen, sondern sie bringt für ihn in der Tat die entscheidende Differenz zwischen den Konfessionen zum Ausdruck. Die Gegenüberstellung »solo verbo« - »solo sacramento« steht für zwei von Grund auf verschiedene Existenz- und Glaubensweisen - worthafte und sakramentale Existenz[39] - die eine unterschiedliche Auffassung der Heilsvermittlung und der Kirche zur Folge haben[40]. Das katholische Sakramentenverständnis als Ausdruck dessen, wie sich die katholische Kirche selbst bzw. was sie als Grundform christlichen Daseins begreift, wird somit zum Kristallisationspunkt der Konfessionsdifferenz. Siedelt Maron das Trennende im sakramentalen Kirchenverständnis an, führt Ebeling die Differenz auf eine grundlegend unterschiedliche Beurteilung von Sakramentalität zurück, die auch die unterschiedliche Ekklesiologie begründet.

3. Sakramentalität als Vorfindlichkeit der Gnade

Sakramentalität der Gnade bedeutet für Ebeling wie für Rahner und Balthasar ihre Sichtbarkeit, Greifbarkeit und Verleiblichung - allerdings in einem grundsätzlich abwertenden Sinn. Die Gnade wird auf diese Weise vorfindlich gemacht, sei es in den einzelnen Sakramenten als »objektivem göttlichem Gnadengeschehen«[41], sei es in der Kirche mit ihrem Amt und ihren Strukturen. Das gleiche läßt sich für das katholische Offenbarungsverständnis feststellen[42]. Damit ist der ekklesiologi-

---

[38] Für Rahner stellt sich demgegenüber das Wort-Sakrament-Verhältnis, das er ausführlich reflektiert hat, nicht als Gegensatz, sondern als wechselseitige Zuordnung.

[39] Vgl. den Aufsatz: Worthafte und sakramentale Existenz, in: WGT, 197-216.

[40] Vgl. ebd. 201. Im Kirchenverständnis wird das ernsthaft Trennende offenbar, und gerade die Ekklesiologie gilt Ebeling als das Fundament der katholischen Lehre. Vgl. auch Dogmatik III, 31.

[41] WGT, 203.

[42] Da die Offenbarung wesenhaft soteriologisch ist, sind für Ebeling Gnaden- und Offenbarungsgeschehen identisch. Vgl. Dogmatik I, 252: »Offenbarung als ein Geschehen, welches das Zusammensein Gottes und des Menschen betrifft, besteht darum nicht etwa nur in der Übermittlung einer Heilslehre, sondern bringt Gott und Mensch ver-

sche Ansatz Ebelings von den bisherigen grundlegend unterschieden. Was für Rahner, Balthasar und auch Pannenberg konstitutiv zum Wesen der Gnade selbst gehört, nämlich ihre Dynamik auf Verleiblichung, Sichtbar- und Gestaltwerdung hin, ist für Ebeling eine von außen auferlegte Verzerrung des Gnadengeschehens. Inkarnatorisches Denken ist ihm fremd. Das Insistieren auf inkarnatorischer, konkreter Vorfindlichkeit erweist ihm sich als ein typischer Grundzug katholischen Denkens: »die Vorfindlichkeit Christi im sakramentalen Geschehen, die Vorfindlichkeit der vergangenen Geschichte in ihren Reliquien, die Vorfindlichkeit der Schriftauslegung in der durch die Sukzession garantierten Tradition.«[43]

Ebeling unterscheidet somit verschiedene Weisen der Vergegenwärtigung des Heils, durch die es im schlechten Sinne greifbar und vorfindlich gemacht wird. Ein Modus ist die Vergegenwärtigung »durch die Verbindlichkeit der aus der Schrift erhobenen Glaubens- und Sittenlehre, also auf dem Wege des Gesetzes«[44]. Von größerer Bedeutung sind die Weisen, in denen sich das einmalige Offenbarungsgeschehen der Vergangenheit als sich selbst aktiv vergegenwärtigend vorgestellt wird[45]. Die zentrale Weise solcher Selbstvergegenwärtigung ist dabei der sakramentale Modus[46]. Dagegen wird die Heilige Schrift bei den verschiedenen Formen der Vergegenwärtigung der Offenbarung, wie Ebeling bemängelt, völlig außer acht gelassen[47]. Die sakramentale Vergegenwärtigung schließlich kulminiert in der institutionell-pneumatischen[48]: »Die Institution der römischen Kirche ist der in ununterbrochener bischöflicher Sukzession seit den Tagen der Apostel bis in die Gegenwart fortexistierende mystische Leib Christi mit dem Vicarius Christi an der Spitze. Sie besitzt das Charisma veritatis, gipfelnd im un-

söhnend zusammen. Das - je in verschiedener Hinsicht - gestörte und zerstörte Zusammensein Gottes und des Menschen wird wieder hergestellt.«

[43] Ebd. 17.

[44] Ebd. 18.

[45] Dies ist beispielsweise der Fall in der von Ebeling als metaphysisch-realistisch qualifizierten Reliquienverehrung, die den direkten Kontakt mit der Offenbarung sucht, dabei jedoch ihre Vergangenheit vergißt.

[46] Am deutlichsten bekundet sich die sakramentale Weise der Vergegenwärtigung im Meßopfer: Es ist keine Wiederholung des einmaligen Opfers auf Golgatha, sondern das eine historische Opfer wird in den vielen Messen je sakramental gegenwärtig (WuG I, 20f).

[47] Vgl. ebd. 21: »Die primär im Blick auf die Schriftauslegung aufbrechende Frage, inwiefern das darin als Offenbarungsgeschehen Bezeugte entscheidende Bedeutung für die Gegenwart hat, ist aus dem Zusammenhang der Schriftauslegung herausgelöst und durch das objektive Sakramentsgeschehen beantwortet. Die eigentliche Vergegenwärtigung des Offenbarungsgeschehens ereignet sich gar nicht via Schrift und deren Auslegung in der Predigt, sondern allein via Sakrament.« Vgl. auch WuG II, 218f.

[48] WuG I, 21.

fehlbaren Lehramt des Papstes. Sie ist die beständige Repräsentanz der Inkarnation.«[49] Sämtliche Unterschiede im Kirchenverständnis - die hierarchische Struktur der Kirche, der Unterschied von Klerus und Laien (aufgrund der sakramentalen Begründung der Sakramentsgewalt), die Auffassung von der doppelten potestas ecclesiae als Lehr- und Weihegewalt, der sakramentale Charakter der Buße, das kanonische Recht, das wesentlich Sakramentenrecht ist, die Eucharistie als der Höhepunkt der sinnenfälligen Darstellung der Gegenwart des Heiligen sowie das gesamte gottesdienstliche Leben und die Frömmigkeit lassen sich zurückführen auf das katholische Bestreben, die Gnade in sakramentalem Sinne vorfindbar zu machen[50].

Letzteres gilt vor allem für die Lehre von der Kirche als Ursakrament. »Diese Weise der Reduktion auf ein einziges Sakrament ist anderer Art als die reformatorische Aussage, daß streng genommen Christus das einzige Sakrament ist. Während hier vom neutestamentlichen *mysterion* her ein kritisches Vorzeichen vor die kirchlich so genannten Sakramente gesetzt wird, stellt die Kirche als Ursakrament den Inbegriff und die Fülle der kirchlichen Sakramente dar.«[51] Die Grenzen zwischen der Kirche und Jesus Christus drohen zu verschmelzen; die Kirche wird, wie auch Maron geargwöhnt hatte, zum Christus prolongatus. Weil in der katholischen Kirche alles Gewicht auf ihrer Sichtbarkeit und Zuständlichkeit liegt, wird »Kirche« mit dem übergemeindlich organisierten Kirchenkörper gleichgesetzt. Dies erschwert auch eine Verständigung über ihre Einheit, denn am Begriff des Katholischen haftet die Verwechslung der Einheit mit der Einheit der organisierten Institution[52].

Das Festhalten an der sakramentalen Vorfindlichkeit der Gnade hat Konsequenzen für das katholische Offenbarungsverständnis: »Die einmalige Offenbarung in der Geschichte ist für immer in die Geschichte eingegangen. Das perfectum des Offenbarungsgeschehens ist verschlungen vom praesens perpetuum der Kirche.«[53] Wo die Offenbarungswirklichkeit in der Kirche greifbar ist, wird sie jedoch zu einem innerweltlich

---

[49] Ebd.

[50] WGT, 203; Vgl. Dogmatik III, 314.

[51] Dogmatik III, 314.

[52] Vgl. WuG I, 183: »Die unitas eines übergemeindlich organisierten Kirchenkörpers ist etwas prinzipiell anderes als die vera unitas ecclesiae. ... Und die Verwechslung der vera unitas ecclesiae mit der organisatorischen Einheit eines Kirchenkörpers hat notwendig zur Folge, daß die wahre Einheit der Kirche verfälscht wird, weil eben dann nicht-notwendige Kennzeichen der Einheit zu notwendigen Kennzeichen der Einheit und damit zu notwendigen Kennzeichen der Kirche erhoben werden.«

[53] Ebd.

anzutreffenden Faktum, zur welthaft dinglichen Gegenwart[54]. Wohl erscheint sie als eine Wirklichkeit sui generis von ontologischer Besonderheit, die aus dem übrigen Bereich der Wirklichkeit und der Geschichte ausgegrenzt wird[55]. Doch durch ein solches offenbarungsposivistisches Denken wird sie letztlich doch wieder in die welthafte Wirklichkeit eingeordnet und selbst - im Sinne einer heidnisch-mythischen Vorstellung - als ein welthaftes Phänomen verstanden[56].

Die Folge ist die Zerlegung der Offenbarung in einen objektiven und einen subjektiven Aspekt: hier die Objektivität des Wortes Gottes und der Heilsgeschichte, dort die Notwendigkeit ihrer subjektiven Aneignung. Damit aber wird das Entscheidende verfehlt: »Die Offenbarung ist nicht als objektiver Befund außer uns, dem wir im Glauben als einem subjektivem Erkenntnisakt gegenüberstehen, sondern das Geschehen der Offenbarung heißt, daß wir im Glauben unsere Existenz extra nos empfangen, indem Gott durch sein Wort, durch Jesus Christus in nobis Wohnung nimmt. Die Frage, ob dieses Geschehen ein subjektives sei, verfehlt völlig die Sache, um die es geht.«[57]

Wenn man vertritt, daß Christus in Gestalt der Kirche in Welt und Geschichte gegenwärtig ist, weicht man der Botschaft von der Offenbarung Gottes in der Geschichte aus zugunsten eines unmittelbaren Erlebens, denn die Kirche, in der Christus ganz in die Geschichte eingegangen ist, ist ja die Offenbarung in Permanenz. Damit wird die Offenbarung aus einem geschichtlichen Akt in eine objektive dinghafte Zuständlichkeit verwandelt[58]. Geschichtliche Veränderungen berühren die Kirche nur an der Peripherie[59]. In gleicher Weise ist nach Ebeling die katholische theologische Lehre von einer durchgehenden Ungeschichtlichkeit geprägt, an der auch das Zweite Vatikanum nichts geändert hat. Eine solche Sicht steht jedoch im Widerspruch zum neuzeitlichen Wirklichkeitsverständnis, das sich der Geschichtlichkeit der Wirklichkeit in ganz neuer Weise bewußt geworden ist.

---

[54] Ebd. 22, 44.

[55] Vgl. Die Geschichtlichkeit der Kirche und ihrer Verkündigung als theologisches Problem, Tübingen 1954, 60f.

[56] Ebeling richtet diese Vorwürfe nicht ausschließlich an das katholische Offenbarungsverständnis, sondern weiß, daß auch auf protestantischer Seite immer wieder in diesen Kategorien gedacht wird. Er sieht die Gefahr eines solchen Mißverständnisses aber besonders im katholischen Denken gegeben. Immer wieder erhebt er ihm gegenüber den Vorwurf, hier werde die Offenbarungswirklichkeit und letztlich Gott selbst zu einem Stück Welt gemacht.

[57] Die Geschichtlichkeit der Kirche, 64.

[58] WGT, 17.

[59] WuG I, 25.

4. »Solo verbo« und seine antisakramentale Spitze

Auf die katholische sakramentale Vergegenwärtigung der Gnade antwortet die protestantische Theologie nicht nur mit einer Reduktion der Anzahl der Sakramente, sondern mit der Kritik am Sakramentalen überhaupt[60]. Der Angriff auf die Sakramente markiert dabei für Ebeling den entscheidenden Schritt von der bloßen Rechtfertigungslehre zu ihren reformatorischen und schließlich kirchentrennenden Folgen, die die bestehende Struktur der Kirche in Frage stellten[61]. Luthers »Kritik an der herrschenden Lehre von den Gnadenmitteln griff so tief, daß in dem entsprechenden Verständnis der Kirche das Selbstverständnis der katholischen Kirche verneint ... war.«[62]

Der sakramentalen Vergegenwärtigung der Gnade setzt die protestantische Theologie das Prinzip des »solo verbo« entgegen. Es impliziert die Ablehnung aller Vorfindlichkeiten und Sicherungen der Gnadengegenwart, gleich ob von sakramentaler, hierarchischer oder ontologischer Art[63]. Nach reformatorischem Verständnis ist Christus, das »hapax« der Offenbarung ausschließlich im Wort und dem dem Wort korrespondierenden Glauben gegenwärtig. »Offenbarung und Gegenwart sind so voneinander getrennt, daß nur eine Brücke bleibt: das Wort allein, und zwar, damit kein Mißverständnis aufkommen kann, das Wort interpretiert als Heil sola gratia, sola fide. Das ganze System des Katholizismus ist damit zusammengestürzt. Es gibt keine zuständliche und vorfindliche Gegenwärtigkeit der Offenbarung. Sondern die Vergegenwärtigung der Offenbarung, verstanden als Selbstvergegenwärtigung Christi, ereignet sich je und je durch das Wort - sola fide, sola gratia.«[64] Einer Theologie des Inkarnatorischen und der Verleiblichung steht die alleinige Gegenwart Christi im Wort entgegen: »Das Wort ist die schlechterdings konstitutive Weise, wie der Erhöhte präsent ist.«[65] Darum wäre es eine Verfälschung, dem Wort andere Weisen der Gegenwart Christi entgegenzuhalten. Nur wer Gott greifbar haben will, dem mag der bloße Glaube, das bloße Wort zu wenig erscheinen, und ein Gott, der nur auf diese Weise zu »haben« ist, zu dürftig[66].

---

[60] Dogmatik III, 305.

[61] RGG³ IV, 503. Ebeling macht darum den eigentlichen Bruch Luthers mit der katholischen Kirche an der Sakramentenkritik in »De captivitate Babylonica Ecclesiae« fest.

[62] Ebd. 505.

[63] WuG I, 44f.

[64] Ebd. 267.

[65] Dogmatik II, 340.

[66] WuG III, 305.

Indem die protestantische Theologie eine permanente Präsenz der Offenbarungswirklichkeit in kirchlich-sakramentaler Gestalt ablehnt, sucht sie zugleich der Geschichtlichkeit der Offenbarung Rechnung tragen. »Nach reformatorischem Verständnis sind sowohl die Offenbarung wie der Glaube in ihrer echten Geschichtlichkeit entdeckt, und das heißt allerdings: Der Glaube ist der ganzen Anfechtbarkeit und Zweideutigkeit des Historischen preisgegeben. Nur so und nur darum kann es im Glauben und nur im Glauben zur echten Begegnung mit der geschichtlichen Offenbarung kommen.«[67] Die protestantische Theologie ist darum überzeugt, mit ihrer Beurteilung des Geschichtlichen im Gegensatz zur katholischen Theologie das moderne geschichtliche Denken auf ihrer Seite zu haben[68].

II. Das Wort

1. Die Gegenwart der Gnade im Wort

a. Das Wort als Gnadenmitteilung

Das Wort[69] ist für Ebeling nicht nur Information, Belehrung, Wort *über* Gott oder Hinweis *auf* ihn, sondern Heilsgeschehen[70], Selbstoffenbarung Gottes, in dem sich der Deus revelatus als der Deus praedicatus dem Menschen mitteilt[71]. Grundlage von Ebelings Wortverständnis ist die Einsicht: »Die Grundstruktur des Wortes ist ... nicht die Aussage - das ist eine abstrakte Abart des Wortgeschehens -, sondern *Mitteilung*, gewiß nicht in dem abgeblaßten Sinn von Information, sondern in dem erfüllten Sinn von Partizipation und Kommunikation.«[72] Es ist kein blo-

---

67 WuG I, 45.

68 Vgl. dazu M.Ruokanen: Hermeneutics as an ecumenical method in the theology of Gerhard Ebeling, Helsinki 1982, 278: »Consequently, according to Ebeling, Reformatory theology represents a historicalness which is acceptable to modern historical und critical modes of thinking.«

69 Zum Wortverständnis Ebelings vgl. Dogmatik III, 249-259. Eine ausführliche Untersuchung bietet die Arbeit von H.T.Goebel: Wort Gottes als Auftrag, 103-178.

70 Vgl. WuG I, 431. Die Identifizierung von Wort- und Heilsgeschehen ist für Ebeling der erstaunlichste und wichtigste Aspekt am reformatorischen Heilsverständnis.

71 Dogmatik I, 257f. Ebeling will auf keinen Fall das Wort gegen die Offenbarung ausspielen, die sich durch eine größere Weite auszuzeichnen scheint, während sie durch das Wort anscheinend auf ihre rein intellektuelle Komponente reduziert wird. Dem Wort kommt deswegen dogmatisch der Vorrang zu, weil es der Präzisierung des Offenbarungsverständnisses dient.

72 WuG III, 342.

ßes Zeichen für eine von ihm getrennte Wirklichkeit, keine leere Hülse, sondern es wirkt, was es besagt. Ebeling spricht darum vom Wort-Geschehen, um deutlich zu machen, daß »das Wort seine eigentliche Macht und Bedeutung darin hat, daß es etwas wirkt.«[73] Gerade darin unterscheidet sich das Wort des Evangeliums von dem des Gesetzes[74]. Im Wort vom Kreuz wird dies mit aller Deutlichkeit offenbar: »Das Kreuz ist in das Wort so eingegangen und mit dem Wort so vereint, daß das Wort das Kreuz selbst repräsentiert. Zum einen schon durch die Gestalt des Wortes, das als reines Wort dem Kreuz gemäß ist. Zum anderen dadurch, daß das Wort vom Kreuz seinem Gehalt nach alles zum Kreuz in Beziehung setzt. Und endlich auch insofern, als dieses Wort seiner Wirkung nach am Kreuzesgeschehen teilgibt.«[75] Was Ebeling über das Wort vom Kreuz als exponierten Fall des Wortes aussagt, ist von allgemeiner Gültigkeit. »Von solchem Wort gilt: Es tut, was es sagt. Es erfüllt, was es verspricht. Im Blick auf das Beieinander von Glaube und Gott formuliert: Es geht nicht bloß um eine Mitteilung über Gott, sondern um ein Teilgewinnen, um ein Partizipieren an Gott selbst, also um ein Geschehen, in dem Gott selbst zur Mitteilung kommt.«[76]
Das Wort, durch das Gott sich dem Menschen mitteilt, schenkt den Geist[77] und gibt Anteil an Gottes Gnade. Als Mitteilung des Geistes ist das Wort »Lebensmittel«[78] des Glaubens, nicht nur, weil es ausdrücklich den Glauben fordert, sondern weil es ihn zuspricht und schenkt[79]. »Dem Wort korrespondiert ... der Glaube, so wie den Sakramenten die Gnade als Sakramentswirkung.«[80] In der exklusiven Korrelation von Wort und Glaube erweist sich das wahrhaft Reformatorische, wurzelt Luthers Offenbarungs-, Schrift- und Sakramentenverständnis und der entscheidende Unterschied zwischen evangelischem und katholischem Kirchen-

---

73 Wesen, 106. R.Lorenz: Das Problem der Hermeneutik, 34, hat gezeigt, daß Ebeling dabei auf M.Heidegger und seine Rede von der Geschehensstruktur des Daseins rekurriert.

74 Dogmatik III, 223: »Das Wort des Evangeliums ist im Unterschied von dem des Gesetzes dasjenige Wort, das Wirklichkeit nicht postuliert, sondern setzt, und darum nicht erst durch die Tat realisiert werden muß. Vielmehr kann seine eigene Realität dadurch nur verfälscht werden, daß man meint, es durch die Tat erst noch realisieren zu müssen.«

75 Dogmatik II, 211.

76 Wesen, 107.

77 Vgl. ebd. 132: »Gottes Geist ist nicht eine besondere Substanz, sondern Gottes Selbstentäußerung durch sein Wort.«

78 Dogmatik III, 249.

79 Ebd. 251.

80 Lutherstudien I, 200.

verständnis[81]. Weil Gott allein im Wort gegenwärtig ist, ereignet sich die Rechtfertigung des Sünders als Freispruch und Gerechtsprechung allein durch das Wort[82].

b. Zurückweisung des signifikationshermeneutischen Wortverständnisses

Ebeling weist das sog. signifikationshermeneutische Wortverständnis als depraviert zurück[83], welches das Wort als bloßes Laut- oder Schriftzeichen für einen anderen, von ihm getrennten Sachverhalt[84], als ein »isoliertes Zeichen für ein ebenso isoliertes Ding«[85] begreift. Wo das Sprachverständnis die Sprache auf ihre Aussage- und Bezeichnungsfunktion reduziert, ist es schon dem signifikationshermeneutischen Mißverständnis verfallen. Dieses begegnet nicht nur im metaphysischen Denken der Antike, sondern bestimmt auch die theologische Überlieferung im Gefolge von Augustinus, Petrus Lombardus und Thomas von Aquin[86]. Ebeling sieht diesen Ansatz in der Neuzeit noch verschärft, indem das Wort auf die Chiffre und der Wortzusammenhang auf den Kalkül reduziert wird[87]. Hinter einem solchen Fehlverständnis steht seines Erachtens ein metaphysisches Wirklichkeitsverständnis, das alles Seiende dinglich und die Wirklichkeit an sich als isoliertes Nebeneinander von Seiendem begreift.
Der katholischen Theologie macht Ebeling zum Vorwurf, daß sie durch die Reduktion der Sprache auf ihre Aussagefunktion das Wort nicht als Gnadenereignis, sondern nur als Bezeichnung der von ihm getrennten Wirklichkeit der Gnade verstehe[88]. Im Rechtfertigungsgeschehen komme dem Wort darum nur eine vorbereitend-disponierende, begleitende oder nachfolgende Funktion zu, nicht aber die rechtfertigende Wirkung selbst. Damit ist das Wort zwar nicht überflüssig, doch sei es eben nicht Gnadenmittel. Die neueren Bemühungen um eine Theologie

---

81 WGT, 204.

82 Nach Ebeling hat sich Luther von seinen ersten Anfängen an von der Auffassung der sakramentalen Vermittlung der rechtfertigenden Gnade gelöst (RGG^3 IV, 504).

83 Vgl. WGT, 136, Anm. 104.

84 Vgl. dazu WuG II, 209-256; 257-268; ebenso Einführung in theologische Sprachlehre, Tübingen 1971, 150-183. WGT, 220: »Das als signum verstandene verbum weist zwar hin auf die res, aber trennt auch und hält fern von ihr.«

85 WuG I, 38.

86 Vgl. WuG II, 213-220.

87 Ebd. 408f.

88 Ebd. 219.

des Wortes auf katholischer Seite, vor allem von seiten K.Rahners[89] und O.Semmelroths[90], die Ebeling sehr wohl zur Kenntnis nimmt[91], bedeuten zwar eine Korrektur am signifikationshermeneutischen Ansatz, insofern sie das Wort als Heilsereignis und Vergegenwärtigung der Gnade verstehen. Dennoch führen sie seines Erachtens zu den altbekannten Konsequenzen[92]: bei Rahner, weil er das Sakrament zum Maßstab des Wortes macht; verschärft dann bei Semmelroth, der den Schluß zieht, daß »die tatsächliche Verkündigung des Wortes Gottes um so mehr an effektiver Gnadenwirkung besitzt, je mehr in ihr die Zusammengehörigkeit mit dem Sakrament nicht nur verwirklicht, sondern auch sichtbar ist«[93]. Darum, so Ebeling, schreibe man der Predigt des Priesters im sakramentalen Gottesdienst größere Gnadenwirksamkeit zu als der Verkündigung durch Laien, etwa in Unterricht und Vortrag. Darum sei auch nicht die Wortverkündigung die Formalursache der Rechtfertigung, sondern erst das Sakrament[94].

Weil die Gnade nicht oder zumindest nicht voll im Wort präsent ist, bedarf es anderer Mittel, durch die sie gegenwärtig gesetzt und dem Menschen zuteil wird - die Sakramente bzw. die Kirche, die selbst als Sakrament verstanden wird. In der gesamten mittelalterlichen Sakramentenlehre sieht Ebeling den Versuch, das Ungenügen des signifikationshermeneutischen Wortverständnisses zu überwinden. Denn die »Schwäche« des bloß signifikativen Wortes wird ersetzt »durch ein nichtsprachliches oder allenfalls indirekt sprachliches signum, das als

---

89 K.Rahner: Wort und Eucharistie, in: IV, 313-355.

90 O.Semmelroth: Wirkendes Wort, Frankfurt/Main 1962. Semmelroth weist eine einfache »Verteilung von Wort und Werk auf Verkündigung und Sakrament« (184) zurück, da im Sinne der Zusammengehörigkeit von Wort- und Werkoffenbarung das Wort auch Werk und umgekehrt das Werk zugleich Wort ist. Der Zweieinheit von Wort und Sakrament entspricht die Unterscheidung von Wort und Antwort: Während das Wort der Verkündigung in absteigender Linie von oben nach unten ergeht, ist das Sakrament die Verwirklichung des menschlichen Antwortgeschehens, das freilich nicht einfachhin menschliche Tat, sondern durch das Wort Gottes ermächtigtes Geschehen ist. Die Ergänzung des Wortes durch das Sakrament ist deswegen notwendig, weil das Wort eine echte Antwort im Menschen wachruft. An das protestantische Verständnis richtet Semmelroth den Vorwurf: »Die Reformation steht in Gefahr, das Verhältnis von Gott und Mensch nur im Sinne der absteigenden Linie von oben nach unten zu deuten und die von unten nach oben steigende Richtung der Antwort zu vernachlässigen« (59).

91 Ihre Positionen sind dargestellt in WGT, 209-214.

92 Ebeling verkennt die positiven und für eine Verständigung in der Worttheologie hoffnungsvollen Ansätze, gerade in der Theologie Karl Rahners. Wenn Rahner das Sakrament als exhibitives Wort und als Höchstfall des Wortes ansieht, so wird damit die Gnadenwirksamkeit des Wortes weder negiert noch herabgesetzt.

93 WGT, 244.

94 Ebd. 205.

signum efficax gratiae dem Wort überlegen ist, weil es in Unmittelbarkeit zur res versetzt.«[95]

c. Wort Gottes in menschlicher Gestalt

Das Wort ist für Ebeling nicht auf Jesus Christus und das Wort der Heiligen Schrift beschränkt, sondern es umfaßt alle Arten der Verkündigung des Evangeliums, gleich in welchem Kontext und zu welchem Anlaß[96]. Immer ist es ein von Menschen gesprochenes und verkündigtes Wort. Freilich, nicht alles, was vom Menschen kommt, ist deswegen schon Gotteswort, sondern entscheidend ist, wer darin zur Sprache kommt: »Gott, welcher verax ist, oder der Mensch, welcher mendax ist. Der Gegensatz bezieht sich also darauf, ob das Wortgeschehen durch den Menschen mißbrauchtes, verdorbenes Wortgeschehen ist, ob es heiles, reines, erfülltes Wortgeschehen ist.«[97] Ebeling hält es für eine mythische Vorstellung und zugleich für einen Kardinalfehler der Theologie, sich unter dem Wort Gottes eine eigene, separate Wortschicht neben dem zwischenmenschlichen Wort vorzustellen[98]. Entweder betrachtet man dann einen bestimmten Bereich menschlicher Sprache als nur scheinbar menschliches Wort, das »unter irgendwie überweltlichen Bedingungen der Entstehung und darum auch der Auslegung, die sonst für menschliches Wort nicht gelten«[99] steht, und begreift die sich im Wort ereignende Offenbarung entsprechend als »eine an einzelnen Stellen in den Wirklichkeitszusammenhang der Welt einbrechende und ihn unterbrechende Wirklichkeit.«[100] Oder aber man versteht darunter eine nur bildhafte, symbolische Redeweise, so als rede Gott gewissermaßen in einer uns fremden Sprache, die dann erst in menschliches Wort übersetzt werden muß; dieser Vorgang würde, wie jede Übersetzung, zwangsläufig Verkürzungen und Entstellungen mit sich bringen[101].

---

[95] Ebd. 220. Vgl. WuG II, 218f: Die Sakramente sind »nicht ein Zugang, bei dem die res als bezeichnete ferne bleibt, so daß der Mensch sich um Annäherung bemühen muß, vielmehr ein Zugang, durch den die res selbst nahekommt, sogar in den Empfänger hinein.«

[96] Wesen, 116.

[97] Ebd. 253.

[98] Vgl. ebd. 112f.

[99] Ebd. 85f.

[100] WuG I, 196.

[101] Ebd. 340f.

Hinter beiden Formen der Scheidung von Wort Gottes und Menschenwort steht eine falsche Sicht des Verhältnisses von Gott und Mensch, die Gott als eine zusätzliche Wirklichkeit neben der menschlich-weltlichen versteht und damit beide nicht nur auf eine Ebene, sondern geradezu im Sinne eines Konkurrenzverhältnisses nebeneinanderstellt. Wo Gott als »separate Sonderwirklichkeit« erscheint, wird auch sein Wort zum »übernatürlichen Sonderwort«[102]. Eine solche Scheidung von Göttlichem und Menschlichem weist Ebeling unter Berufung auf die Inkarnation zurück. »Daß nach Joh 1,14 das Wort Fleisch ward, besagt doch (gewiß sehr abbreviaturhaft interpretiert), daß hier Wort in so völligem Sinne geschehen ist, daß Menschsein und Wortsein eins ward. Aber das gestattet keine analoge Übertragung auf das Verhältnis von zweierlei Arten von Wort. ... Wenn die Bibel vom Wort Gottes redet, so meint sie hier ohne Vorbehalt Wort als Wort, auf seinen Wortcharakter gesehen ganz normales, sagen wir ruhig: natürliches, mündliches, zwischen Mensch und Mensch geschehendes Wort.«[103]

d. Sakramentales Wortverständnis

Wie deutlich geworden ist, ist für Ebeling das Wort nicht bloßes Zeichen, das aufgeht in der äußerlichen Anzeige einer von ihm getrennten Wirklichkeit, sondern es besteht eine innere Zusammengehörigkeit mit der Sache, die durch die Darstellung erst in ihr Eigenes gebracht wird[104]. Dem Wort kommt also repräsentative und mitteilende Funktion zu. In diesem Sinne ist das Wortverständnis Ebelings unter Rückgriff auf die uns bekannten Kategorien als realsymbolisch oder sakramental zu bezeichnen. Die Entsprechungen zur Definition des Realsymbols bei Karl Rahner und zur Explikation des Gestaltbegriffs bei Balthasar sind auffällig. Daß das Wort kein Sonderwort neben dem menschlichen ist, sondern durch menschliches Wort zur Sprache gebracht wird, ist der zweite Grundzug des sakramentalen Wortverständnisses: das Göttliche kommt in menschlicher Sprache und Gestalt zur Erscheinung.

Nicht nur das Wort Gottes - als ein spezifischer Fall des Wortes - sondern Sprache an sich ist im weitesten Sinne sakramental strukturiert. Ihre eigentliche Funktion, in der ihre Mächtigkeit gründet, besteht

---

[102] Ebd.

[103] Ebd. 341.

[104] J.Werbick: Die Aporetik des Ethischen und der christliche Glaube, Paderborn 1976, 311ff, zeigt die engen Berührungen des Wortverständnisses von Ebeling mit der Sprachphilosophie von H.G. Gadamer und M.Heidegger auf.

darin, »daß sie das Verborgene nicht neben dem Greifbaren, sondern - hier legt sich mit guten Gründen die alte Formel der Sakramentslehre nahe - 'in, mit und unter' den Erscheinungsweisen von Wirklichkeit zu Wort kommen läßt.«[105] Luther hat sein eigenes Wortverständnis selbst als sakramental bezeichnet, und zwar im Hinblick auf die Wirkung des Wortes. »Nicht etwa darum rückt für Luther das Wort in die Mitte, weil die Offenbarung identisch wäre mit einer Lehre, und darum die Mitteilung der Lehre die Gnadengabe, die res selber vermittelte, so wie die Sakramente die Gnade als res mitteilen. Nicht in dieser Weise tritt das Wort in Konkurrenz zu den katholischen Sakramenten, daß es selber zu einem Sakrament würde in Analogie zu dem traditionellen Sakramentsverständnis.«[106]

Angesichts der einzigartigen Stellung des Wortes im Heilsgeschehen erhebt sich die Frage nach der Bedeutung der Inkarnation, in der das Wort leibhaftige, sichtbare Gestalt angenommen hat. Wird Ebelings Worttheologie der Fleischwerdung des Wortes gerecht? Oder wird hier das Prinzip der Verleiblichung durch das der Vergeistigung ersetzt? Für Ebeling ist der inkarnatorische Charakter des Heilsgeschehens kein Einwand gegen die absolute Priorität des Wortes. Joh 1,14 meint nach seiner Interpretation keine Überlegenheit der handgreiflichen Realität über das Wort oder gar dessen Verachtung, denn die Existenz Jesu ist vom Wort und seiner Verkündigung nicht abzulösen. Weil sich in ihm das Wort in seiner Fülle und Endgültigkeit ereignet, ist die Inkarnation selbst vollmächtiges Wortgeschehen. »Ward das Wort Fleisch, so ist damit nicht eine Evidenz gesetzt, die das Wort zum Verstummen bringt. Im Gegenteil, das Ereignis, das als Menschwerdung Gottes proklamiert und geglaubt wird, schafft eine Situation von unvergleichlicher Worthaftigkeit, ruft ein Wortgeschehen von ungewöhnlicher Intensität hervor. ... Denn in der Tat kommt das Wort zu dem höchsten Grad seines Wirkens, wenn es, anstatt als leeres Wort vom Leben getrennt zu bleiben und seine Erfüllung und Verwirklichung im Leben allenfalls zu fordern, seinerseits das Leben durchdringt und von Leben erfüllt ist, so daß auch Leben von ihm ausgeht.«[107]

---

[105] Einführung in theologische Sprachlehre, 246.

[106] Lutherstudien I, 200.

[107] WuG I, 92.

2. Das Sakramentenverständnis Gerhard Ebelings

Ebelings Wortverständnis wirft die Frage auf, inwiefern es im Heilsgeschehen dann noch der Sakramente bedarf. Ebeling will diese mit seiner Worttheologie keineswegs eliminieren[108]. Er hat richtig erkannt, daß das evangelische Sakramentsverständnis in dem Dilemma steht, die Sakramente entweder rein symbolisch zu verstehen - dann wären sie jedoch im Grunde überflüssig - oder aber als notwendige Ergänzung zum Wortgeschehen - durch die das »solo verbo« in Frage gestellt würde. Er sucht diesem Dilemma zu entgehen, indem er in Weiterführung der lutherischen Tradition das Sakrament nicht als eigenständiges Gnadenmittel neben dem Wort, sondern allein vom Wort her, als Wortgeschehen im strengen Sinn verstanden wissen will[109]. »Denn das Sakrament stellt nicht eine Alternative zum Wort Gottes dar. ... Das Sakrament ist vielmehr selbst Wort Gottes, in gewisser Weise sogar in dichtester Darbietung.«[110] Ebeling beruft sich darauf, daß dem Wort im sakramentalen Geschehen bestimmende Funktion zukommt, daß es kein Sakrament ohne verbales Moment gibt und daß dem Sakramentsempfang in der Regel die Wortverkündigung vorangeht. Die mißverständliche Formel von »Wort und Sakrament« wird von ihm dahingehend korrigiert, daß »die verschiedenen Weisen mündlicher Ausrichtung des Evangeliums samt den beiden Sakramenten Taufe und Abendmahl Modifizierungen ein und desselben Wortgeschehens sind, daß also das 'solo verbo' nicht 'sola praedicatione' bedeutet und die Geltung der Sakramente nie durch ein 'solis sacramentis', aber auch nicht durch ein das solo verbo korrigierendes 'et sacramentis', sondern nur durch das 'solo verbo' selbst ausgesagt werden kann.«[111] Die Sakramente sind wie das Wort Weisen, durch die das in Christus eröffnete Heil in der Kirche ausgeteilt wird[112]. Das Sakrament ist eine besondere Gestalt des Wortes, die das, was im Wortgeschehen beschlossen liegt, stärker hervorhebt, als es das bloß mündliche nichtsakramentale Wort der Schriftlesung oder der Predigt vermag. Damit dient das Sakrament »nur der um so deutlicheren und tieferen Erfassung dessen, was es eigentlich um das Evangelium als Wortgeschehen ist.«[113]

Die Besonderheit des Sakramentes, die es den anderen Weisen des Wortgeschehens in gewisser Hinsicht überlegen macht, ist seine Situationsbezogenheit[114]. Wort

---

[108] Zum folgenden vgl. vor allem: Erwägungen zum evangelischen Sakramentsverständnis, in: WGT, 217-226; Dogmatik III, 296ff. - Eine ausführliche Untersuchung von Ebelings Sakramentsverständnis bietet M.Raske: Sakrament, Glaube, Liebe, Essen 1973.

[109] Inwieweit Ebeling dem traditionellen lutherischen Sakramentsverständnis verhaftet bleibt und wo er weiterführende Überlegungen und Neuansätze bietet, kann hier nicht im einzelnen aufgezeigt werden. Vgl. dazu M. Raske, 47ff.

[110] Dogmatik III, 296. Als erster habe Luther das Sakrament eindeutig als Wortgeschehen erfaßt. Vgl. Evangelische Evangelienauslegung, München 1942, 370: »Zu der Fleischwerdung Gottes in Jesus Christus haben wir allein Zugang durch das Wort.«

[111] Dogmatik III, 218.

[112] WGT, 201.

[113] Ebd. 218. - Ebeling beruft sich auf Luther, WA 12, 472-493, der feststellt, daß im Sakrament etwas in Erscheinung tritt, was in der Predigt selbst zwar begründet liegt, für gewöhnlich jedoch verborgen bleibt.

[114] M. Raske, 62f, stellt fest, daß die traditionellen Erklärungen der besonderen Bedeutung der Sakramente - daß in ihnen das Heil in sichtbarer, greifbarer Leibhaftigkeit be-

und Situation gehören für Ebeling nicht nur im sakramentalen Geschehen, sondern grundsätzlich zusammen: »Situation ist das Wesen des Wortes; das Wort ist das Wesen von Situation.«[115] Es wird erst dann zum wirklichen Wort, »wenn der Zusammenhang erfaßt ist zwischen dem, was es sagt und was es *wirkt*, wenn es also als geschehendes, als wirkendes Wort erfaßt wird und darum nicht losgelöst von, sondern in eins mit der Situation, in die hinein es geschieht und die durch das Wort verändert wird.«[116] Das Wort entspringt nicht nur der Situation, sondern diese wird umgekehrt dadurch erst erhellt, bestimmt und verändert. Wenngleich in den Sakramenten das liturgische Formular immer dasselbe ist, während die Predigt jeweils neu konzipiert werden muß, tritt in ihnen die Situationsbezogenheit des Wortes in besonderer Weise hervor. Zum einen erinnern sie an die Grundsituation, aus der das Evangelium entsprungen ist, nämlich an Taufe und Abendmahl als die beiden Grundsituationen, in denen das Wirken Jesu brennpunktartig zusammengefaßt ist: Die Taufe steht am Beginn seiner öffentlichen Verkündigung; sein Wirken vollendet sich in der Hingabe seines Leibes. Zum zweiten sind die Sakramente bezogen auf die Grundsituationen des menschlichen Lebens, das bestimmt ist durch Geburt und Tod sowie das tägliche Ernährtwerden. »Hier hat die vielberufene Leiblichkeit der Sakramente ... ihre Wahrheit. Die Sakramente betonen so nachdrücklich wie nur möglich, daß das Evangelium uns in unserm leiblichen, geschichtlichen Dasein eschatologisch angehendes Wort ist.«[117] Zum dritten stellen sie den ekklesiologischen Bezug des einzelnen heraus. Stärker als das bloße Wort verweisen sie auf die gemeinschaftliche und ekklesiologische Dimension des Heils, darauf, daß der, der die Taufe empfängt, Glied am Leibe Christi wird und durch die Eucharistie immer wieder von neuem daran teilhat. Schließlich sind die Sakramente ein wesentliches Element der Grundordnung der Kirche[118].

Es wäre verfehlt, Ebeling zu unterstellen, den Sakramenten käme in seiner Konzeption eine bloß signifikative Bedeutung zu, so als hätten sie nur eine nachträglich deutende oder explizierende Funktion[119]. Als Intensivierung des Wortgeschehens sind sie vielmehr wie das Wort selbst Ereignis der Gnade, durch das der Mensch an Gott selbst Anteil erhält[120]. Sie sind deswegen aber kein Zusatz zum Wort: »Das Sakrament verleiht keine andere Gabe, als die das mündliche Wort verleiht; aber es

---

gegnet, daß das Evangelium dem einzelnen deutlicher zugesprochen wird - bei Ebeling deutlich in den Hintergrund treten. Das entscheidende Argument ist für ihn vielmehr ihre Situationsbezogenheit.

115 WGT, 222.

116 Luther, 130.

117 Ebd. 226.

118 WuG I, 182, sowie Dogmatik III, 324: »Kirche konstituiert sich als geschichtliche Institution erst durch die Sakramente. Die Taufe setzt und bestätigt geradezu in der Weise eines Rechtsaktes die Zugehörigkeit zum Leibe Christi. Das Abendmahl läßt die Gemeinde als solche in Erscheinung treten. An die Stelle flukutierender Unverbindlichkeit tritt das gegliederte Ganze einer sich kontinuierlich zum Gottesdienst versammelnden Gemeinde.« Vor allem in Kirchenzucht, Stuttgart 1947, stellt Ebeling Wort und Sakrament als Ordnungsprinzipien der Kirche dar (vgl. 42f, 51); später tritt dieser Gedanke dann mehr und mehr zurück.

119 So M.Ruokanen: Hermeneutics as an ecumenical method, 302: »In the sacraments God's grace ist not present in a real manner; the sacraments are symbols used to describe the communication of the word and the faith between God and man.«

120 Evangelische Evangelienauslegung, 371.

verleiht sie anders als dieses.«[121] Zwar kommt ihm eine faktische - keine absolute - Unersetzlichkeit zu[122], doch es ist nicht in strengem Sinne heilsnotwendig und kann der Rechtfertigung durch das Wort nichts hinzufügen. Der Grundsatz, daß die rechtfertigende Gnade dem Menschen »solo verbo« zuteil wird, zeigt sich damit durch Ebelings Sakramentenverständnis bestätigt.

3. Die Verborgenheit der Offenbarung im Wort

Allein durch das Wort scheint Ebeling die Verborgenheit der Offenbarung gewahrt, gegen die die Modi einer kirchlich-institutionellen, sakramentalen Vergegenwärtigung verstoßen. »Wort und Glaube - das ist die Signatur der unter dem Gegensatz verborgenen Offenbarung.«[123] Diese Aussage kann in ihrer ganzen Tragweite nur auf dem Hintergrund von Luthers Offenbarungstheologie erfaßt werden, der die Offenbarung als ein in der Verborgenheit sich ereignendes Geschehen, als absconditas sub contrario versteht[124]. In dieser Einsicht gründet ein zentrales Element lutherischer Theologie und für Ebeling zugleich eine grundlegende Differenz zur katholischen Lehre: »Im Zeichen dieser Verborgenheit der Offenbarung unter dem Gegensatz steht alles, was Luther über Wort und Glaube, über Rechtfertigung und neues Leben, über den Heiligen Geist und über die Kirche sagt.«[125] Der Gott, der sich in Jesus Christus dem Menschen mitteilt, ist auch in der Offenbarung der verborgene, der unter dem Gegensatz verhüllte Gott, weil er sich in seiner Majestät ins Fleisch und in die Geschichte, ja schließlich sogar ans Kreuz und ins Leiden begibt[126].

Luthers Offenbarungsverständnis steht in untrennbarem Zusammenhang mit seiner theologia crucis. Sie ist weder ein Teilbereich der Theologie noch eine mögliche Weise, Theologie zu betreiben, sondern das Kriterium wahren theologischen Redens überhaupt. Denn Gott offenbart sich als der Gekreuzigte sub forma contraria, im Zeichen des Widerspruchs und des Gegensatzes zu allen menschlichen Erwartungen. In Entsprechung zu dieser Einsicht entfaltet Luther sein Verständnis

---

121 Dogmatik III, 222.

122 WGT, 218.

123 Luther, 272.

124 Zum folgenden vgl.: Verborgener und offenbarer Gott, in: Luther, 258-279; Die Geschichtlichkeit der Kirche, 61-65; Dogmatik I, 256f.

125 Luther, 274.

126 Vgl. Evangelische Evangelienauslegung, 360ff.

vom Heiligen Geist[127]. Wie das sakramentale Denken weist Ebeling die Geistlehre der katholischen Theologie als verdinglicht und verobjektivierend zurück, weil sie den Geist konkret an der sichtbaren, institutionell-sakramentalen Kirche festmacht[128]. Nicht die Kirche ist Trägerin des Geistes, sondern die Schrift. Die Kirche ist zwar nicht geistlos, doch die Gegenwart Christi in der Kirche und in den Sakramenten ist wie im Offenbarungsgeschehen verborgen[129].

Die Verborgenheit der Offenbarung steht im Gegensatz zu einer theologia gloriae, die das Wesen Gottes nicht vom Kreuz her, sondern ausgehend von der Vernunft zu erschließen sucht und dabei Gott nur in seiner Herrlichkeit und Größe, in seiner Allmacht und Allgegenwärtigkeit erfaßt. »Hier will man also den Gott in seiner Gottheit selbst, Gott in seiner Majestät, in gänzlicher Unmittelbarkeit so als nackter Mensch dem nackten Gott begegnen.«[130] Ein solcher Gott aber ist der unmenschliche Gott und eine solche Gotteserfahrung die Hölle, weil der Mensch der Größe Gottes nicht standhalten kann[131]. Der katholischen und insbesondere der scholastischen Theologie macht Ebeling ein Abgleiten in die theologia gloriae zum Vorwurf. So wie von ihr der Verborgenheitscharakter der Offenbarung, die absconditas sub contrario, übersehen wird, wird in der Folge die Gnade Gottes in den Sakramenten und der Kirche in konkreten Formen der Verleiblichung unverhüllt zur Gegenwart gebracht und damit vorfindlich gemacht[132].

Auf diese Weise, so der Vorwurf Ebelings, zeige die katholische Theologie einen Zug zum Enthusiasmus, der sie mit dem Schwärmertum verbindet. Unter diesem Begriff faßt Luther sowohl das katholische Offenbarungsverständnis, das die Verhüllung der Offenbarung unter der Kreuzesgestalt übersieht, wie die Mißachtung und Spiritualisierung der welthaft-geschichtlichen Wirklichkeit. Zwar scheint es sich um zwei geradezu entgegengesetzte Phänomene zu handeln: im Falle der Schwär-

---

127 Ebd. 290: »Ist Christus nur als verborgener gegenwärtig, d.h. im Wort vom Kreuz, und zwar in der Verborgenheit des Glaubens, so muß auch das, was die Gegenwärtigkeit des gekreuzigten Christus vermittelt, ein Verborgenes sein, nämlich der Geist.«

128 Vgl. Evangelienauslegung, 294, 312.

129 Luther, 115.

130 Ebd. 264.

131 Vgl. Dogmatik I, 256f: »Gegen diesen Deus absconditus muß der Mensch beim Deus revelatus Zuflucht suchen, vor Gott zu Gott fliehen, sich von dem in seiner Göttlichkeit unmenschlichen Gott abkehren hin zu dem in seiner Menschlichkeit wahrhaft göttlichen Gott.«

132 Dazu M. Raske: Sakrament, Glaube, Liebe, 33f: »Luthers Verständnis der Verborgenheit der Offenbarung überholt nach Ebeling den katholischen Sakramentalismus und seine ungläubige 'realistische' Vorstellung von der unverborgenen Gegenwart der 'Sache' der Sakramente.«

mer um ein »unsachgemäßes Geistlichmachen des Leiblichen« unter Mißachtung des äußeren Wortes und der Sakramente, in der katholischen Tradition hingegen um ein »Leiblichmachen des Geistlichen«[133]. Doch beide sind gleichermaßen Varianten eines »eitel Enthusiasmus«[134], nämlich eines enthusiastischen Geistverständnisses, das die göttliche Wirklichkeit unmittelbar und unverborgen für sich beanspruchen möchte. Entsprechend sind die Konsequenzen für die Kirche die gleichen: »Der schwärmerische Begriff der Kirche ist charakterisiert durch jeweilige Unmittelbarkeit zu Gott.«[135] Suchen die Schwärmer diese Unmittelbarkeit in einer direkten Beziehung zum Geist ohne Kirche und Sakramente, sieht die katholische Tradition gerade in der Kirche die unmittelbare Vergegenwärtigung Gottes gegeben. Eine solche Vergegenwärtigung verbietet jedoch der Verborgenheitscharakter der Offenbarung: »Das Verhältnis zu Gott ... hat nicht den Charakter einer direkten Begegnung des homos nudus mit dem Deus nudus. Vielmehr vermittelt sich Gott dem Menschen durch das Wort.«[136]
Im Unterschied zu Maron, der der katholischen Ekklesiologie die Verstellung der Gottesunmittelbarkeit zum Vorwurf macht, weist Ebeling also den Gedanken einer »reinen«, unvermittelten Gottesbegegnung zurück. Die Vermittlung zwischen Gott und Mensch geschieht jedoch nicht auf sakramentalem Wege oder durch die Kirche, sondern durch das Wort allein. Die Verborgenheit der Offenbarung impliziert für Luther wie für Ebeling das Wort als das Gnadenmittel schlechthin[137], denn das Wort ist das Gegenteil von Unverhülltheit und konkreter Vorfindlichkeit[138]. So ist es »Sache des Wortes, das Nichtvorhandene, Abwesende gegenwärtig sein zu lassen. Freilich, in gewisser Weise leistet dies auch ein Bild oder ein Symbol oder ein Erinnerungsstück oder eine Re-

---

133 Vgl. Luther, 118.

134 RGG³ IV, 507. Ebeling bezieht sich hier auf WA 50, 245,1-18, sowie 246,20-29: »Summa: der Enthusiasmus ... ist aller Ketzerey, auch des Bapstums und Mahomets ursprung, krafft und macht.«

135 WGT, 20. Eine weitere Parallele zu den Schwärmern besteht in der Abwertung des Wortes; vgl. RGG³ IV, 512: »Die krasse Abwertung des verbum externum zugunsten enthusiastischer oder mystischer Geistunmittelbarkeit hielt Luther nur für die grobe Parallele zu einer subtilen Verachtung des Wortes bei den 'Sakramentierern'.«

136 Dogmatik I, 205.

137 Vgl. RGG³ IV, 502: »Die theologia crucis ... war zum Protest herausgefordert gegen ein den Ablaß legitimierendes Buß- und Rechtfertigungsverständnis. Dieser nur scheinbare periphere Anlaß machte nun unvermeidlich die von Luther bisher neben der Gnadenlehre selbst noch kaum explizit behandelte *Lehre von den Gnadenmitteln* zum Thema.«

138 Das Verborgene ans Licht zu bringen, ohne es zum konkret Vorfindlichen zu machen, ist für Ebeling das Wesen von Sprache. Vgl. Einführung in theologische Sprachlehre, 87: »'Präsenz des Verborgenen' deutet an, worin die entscheidende Funktion und Macht der Sprache besteht. Sie läßt anwesend sein, was nicht ohne weiteres zutage liegt.«

liquie. Aber in all diesen Fällen besteht die Gefahr einer Täuschung, nämlich der Verwechslung mit unmittelbarer Gegenwart.«[139] - »Um der absconditas willen (in seiner Majestät, in der 'Mummerei' der Geschichte sowie in Inkarnation und Kreuz) geschieht Gottes Heil solo verbo sola fide.«[140]

Für das reformatorische Denken kommt alles darauf an, diesen Zusammenhang von Offenbarung, Wort und Glauben zu wahren, weil nur so der Verborgenheitscharakter der Offenbarung und ihrer Vergegenwärtigung gewahrt bleibt. Eben weil Christus und die Wirklichkeit der Gnade nicht in sicht-und greifbarer Weise gegenwärtig ist, muß dem Wort realsymbolisch-sakramentaler Charakter zukommen, muß es wirkliches Gnadengeschehen sein. Auf diesem Hintergrund erweist sich das reformatorische Wortverständnis nicht als beliebige Spekulation, sondern als die Folge der Einsicht von der Verborgenheit der Offenbarung[141].

4. Das Wort als Verheißung

In Anlehnung an Luther versteht Ebeling das Wort als promissio, als Verheißung: »Denn das verbum dei als caro factum ist das versprechende, das verheißende, das in die Zukunft weisende, weil die Zukunft öffnende Wort, das verbum promittens, welches, wörtlich übersetzt, das, was es selbst ist, vorwärtsgehen läßt, hervorgehen läßt, in Aussicht stellt und kommen läßt; ein Wort, das hoffen läßt und darum in seinem factum esse das futurum in sich schließt und aus sich heraussetzt. Deshalb

---

139 WuG II, 414. - Einer solchen Verwechslung unterliegt nach Ebeling die katholische Theologie, indem sie die Kirche als Sakrament und geschichtliche Präsenz Christi versteht. Nach seinem Verständnis haben die Sakramente den Sinn, die Unterscheidung der Kirche zu Christus nicht einzuebnen, sondern gerade aufrechtzuerhalten: »Wie sich für das evangelische Verständnis die Unterscheidung zwischen Christus und den Sakramenten aufdrängt, so führt dies hier dazu, daß die so verstandenen Sakramente den Unterschied zwischen Christus und der Kirche zur Geltung bringen, anstatt die Kirche zum Christus prolongatus werden zu lassen. Auch darin liegt eine eminente ekklesiologische Bedeutung des Sakramentsverständnisses, aber von so durchgreifend anderer Art, daß rebus sic stantibus eine Kirchengemeinschaft mit der römischen Kirche nicht möglich ist«: Dogmatik III, 315.

140 RGG³ IV, 516.

141 Von daher erschließt sich für Ebeling auch der zentrale Stellenwert der Schriftauslegung und der historisch-kritischen Methode in der evangelischen Theologie. Spielen exegetische und hermeneutische Fragen zur Auslegung der Schrift in der Kirche des Sakramentes eine eher periphere Rolle, sind sie für eine Theologie des Wortes von grundsätzlicher Bedeutung. Mit der Ablehnung der greifbaren Vergegenwärtigung der Offenbarung geht darum die Ausbildung der historisch-kritischen Methode Hand in Hand, da die Begegnung mit der geschichtlichen Offenbarung allein auf das Wort angewiesen ist. Vgl. WuG I, 45.

will es und kann es und muß es immer neu verkündigt werden als promissio, als das auf uns zukommende Kommen Gottes selbst.«[142] So ist auch das den Sünder rechtfertigende Wort promissio, ein Kommenlassen dessen, was dem Menschen durch Gottes Gnade zukommt[143].
Zwar ist das Wort, eben weil es mitteilendes Wort ist, wirkliche Gegenwart der Gnade Gottes, doch dies immer im Modus der Verheißung. Ebelings Wortverständnis weist damit eine deutlich eschatologische Ausrichtung auf, in der das Gewicht von der Präsenz der Gnade auf ihre Ausständigkeit in der Zukunft verlagert ist. Dies gilt auch für seinen bzw. Luthers Glaubensbegriff: »Der Glaube hat es mit den futura, nicht mit den praesentia zu tun und scheint oft gerade identisch zu sein mit der Hoffnung.«[144] In gleicher Weise sind die Sakramente Wort- oder Verheißungszeichen, die dem Menschen leibhaft vor Augen führen, daß das Evangelium »eschatologisch angehendes Wort ist; d.h. unsere Weltsituation zur eschatologischen macht, als eschatologische offenbart«[145].
Ebeling stellt an seine eigene Position die Frage, ob ein solches Sakramentenverständnis nicht einen Rückfall in das des Alten Bundes bedeutet. Denn die alttestamentlichen Sakramente haben aufgrund der Ausständigkeit des Christusereignisses eine nur signifikative Bedeutung als Glaubenssymbole, während das Spezifikum der neutestamentlichen Sakramente durch die Erfüllung der Verheißung in Christus gerade darin besteht, daß sie Wirksymbole, wirksame Zeichen der Gnade sind, in denen die Gnadenwirklichkeit selbst präsent ist. Darauf insistiert auch Ebeling: »Die futurische Heilsursache läßt sich nur bewußtseinsmäßig und damit durch bloßen Glauben vermitteln. Mit dem Perfekt der Heilsursache hingegen ist die Gnade wirklich da und ermöglicht eine unmittelbare Verursachung des Heilseffektes. Nun erst wird die gratia iustificans selbst mitgeteilt.«[146] So wird auch von protestantischer Seite mit dem Gekommensein Christi Ernst gemacht[147]. Im Christusereignis ist das eschatologische Geschehen vorweggenommen; es hat sich vom Futur auf die Vergangenheit, auf das Perfekt verlegt[148]. Doch der wesentliche Unterschied zum katholischen Verständnis der Gegenwart

---

142 WGT, 171.

143 Dogmatik III, 224.

144 Lutherstudien I, 62.

145 WGT, 226. Vgl. auch Dogmatik III, 330.

146 Dogmatik III, 310.

147 So sollte nach Luthers Intention das Wort, verstanden als promissio, nicht ein Gegenbegriff zur Gegenwärtigkeit der Gnade, sondern zum Gesetzeswort sein.

148 Vgl. Dogmatik II, 95: »Christologie ist geradezu perfektische Eschatologie.« Damit versteht Ebeling das Christusgeschehen ähnlich wie Pannenberg als sich vorweg ereignende Eschatologie.

Christi und des durch ihn eröffneten präsentischen Heils besteht darin, daß diese Gegenwart von Luther in einem dezidiert eschatologischen Sinn verstanden wird. Aus diesem Grund gibt Luther die Unterscheidung zwischen alt- und neutestamentlichen Sakramenten auf und setzt beide als sacramenta fidei einander gleich[149]. »Reformatorische Theologie bestreitet es ..., daß der Vorzug der neutestamentlichen Sakramente gegenüber den alttestamentlichen in der Ablösung des bloß Signifikativen durch das Kausative in Gestalt eines signum efficax liege. Gottes Verheißung ist nicht durch eine unmittelbare Gabe überbietbar.«[150] Das entscheidende Moment in Wort, Sakrament und Kirche ist für protestantisches Denken nicht die Gegenwart Christi, sondern die endgültig-eschatologische promissio, das auf den Menschen unbedingt zukommende Kommen Gottes, in dem die Gegenwärtigkeit des Heils begründet ist. Gegenwart und Verheißung sind somit keine Widersprüche, sondern in der Verheißung bricht die Gegenwart an. Von daher interpretiert die protestantische Theologie die Gegenwart Christi in der Kirche und in den Sakramenten nicht sakramental, sondern eschatologisch[151].

In diesem Punkt zeigt sich die zwischen Katholiken und Protestanten divergierende Interpretation der eschatologischen Spannung zwischen der Gegenwärtigkeit der Gnade und ihrer Ausständigkeit, wie wir sie bereits bei Karl Rahner konstatiert hatten.

III. Das Wirklichkeitsverständnis als Grund für den Dissens bezüglich der Gnadenmittel

Die bisherigen Ausführungen haben gezeigt, daß Ebeling im Verständnis der Gnadenvermittlung eine fundamentale Differenz zwischen den Konfessionen konstatiert: hier die Präsenz der Gnade im Wort, das ihre Verborgenheit und ihren Verheißungscharakter wahrt, dort die verschiedenen Weisen ihrer sakramentalen Vergegenwärtigung, die in der Vorstellung von der Kirche als Ursakrament und leibhaftiger Gegenwart der Gnade kulminieren. Was ist der Grund für die genannten Differenzen? Ebeling hatte die divergierenden Auffassungen in der reformatorischen Rechtfertigungslehre verankert gesehen, in der eine be-

---

[149] RGG³ IV, 504.

[150] Dogmatik III, 311.

[151] Lutherstudien I, 62, 201.

stimmte Auffassung von den Gnadenmitteln grundgelegt ist, ohne jedoch diesen Zusammenhang näher zu explizieren. Es ist nun an der Zeit, nach dem letzten Grund des reformatorischen Anliegens zu fragen, das im Rechtfertigungsartikel wie in der protestantischen Auffassung von den Gnadenmitteln seinen Niederschlag gefunden hat.

1. Relationale Ontologie

Das unterschiedliche Verständnis der Gnadenvermittlung ist nach Ebeling auf eine tiefgreifende hermeneutische Differenz zurückzuführen[152], die in Luthers Wirklichkeitsverständnis begründet liegt. Seine Ontologie, die sich von der scholastischen grundlegend unterscheidet[153], führt uns an den Dreh- und Angelpunkt der Konfessionsdifferenz[154].
Ebeling verweist auf die Darstellung des katholischen Theologen van de Pols[155], der die Konfessionsdifferenz an der Gegenüberstellung von Wort- und Wirklichkeitsoffenbarung festzumachen sucht: Während nach protestantischer Auffassung die Wirklichkeit Gottes nur im einmaligen Ereignis der Inkarnation in die Welt eintritt und die Offenbarung dann im Ereignis des Wortes gegenwärtig wird, ist sie nach katholischem Verständnis Wirklichkeitsoffenbarung im seinshaft-bleibenden Sinn. Aus diesem Grund werden Gnade und Rechtfertigung als objektive Wirklichkeit und die Kirche als bleibende Gegenwart der Inkarnation aufgefaßt. Wenngleich Ebeling an dieser Darstellung inhaltliche und methodische Kritik anzumelden hat und das Wort nicht gegen die Seinswirklichkeit ausspielen will, so als ob diesem keine Wirklichkeit zukäme, gesteht er doch zu, daß van de Pol mit dieser Unterscheidung an das entscheidende Problem rührt[156]: Die Differenz zwischen den

[152] WGT, 159. Zum folgenden vgl.: Ist der konfessionelle Gegensatz auch ein philosophischer?, in: WGT, 78-96; ebenso Dogmatik I, 346-355.

[153] Dogmatik III, 313: »Die Differenz im Sakramentsverständnis ist also in hohem Maße in die Probleme des Wirklichkeitsverständnisses verwickelt.«

[154] Eine gute Darstellung der unterschiedlichen ontologischen Konzepte mit ihren Folgen für das Verständnis von Wort, Sakrament und Kirche bietet die Untersuchung von M.Ruokanen: Hermeneutics as an ecumenical method in the theology of Gerhard Ebeling. - Von vielen Ebeling-Forschern wird die grundlegende Bedeutung des Wirklichkeitsverständnisses für seine Theologie übersehen oder zumindest nicht hinreichend beachtet. Dies gilt auch für die Untersuchung von M.Raske und die ansonsten sehr gute Darstellung von P.Knauer: Verantwortung des Glaubens, Frankfurt 1969.

[155] W.H.van de Pol: Das reformatorische Christentum in phänomenologischer Betrachtung, Einsiedeln 1956; Ebeling bezieht sich darauf in WGT, 204-208.

[156] WGT, 206.

Konfessionen beruht auf einem unterschiedlichen Seins- bzw. Wirklichkeitsverständnis.
Die scholastische, an Aristoteles anknüpfende Ontologie, von der Luther sich abwendet, ist ihrem Wesen nach ontisch-metaphysisches Substanzdenken. Sie begreift Seiendes als ens in se, als was es in sich und an sich selbst, als abgeschlossene Substanz und Vorhandenheit ist. Luthers Denkweise hingegen ist durch das Stichwort »coram« - »vor«, »angesichts« charakterisiert. Wirklichkeit gibt es für ihn nicht an sich und isoliert für sich, sondern immer nur in Beziehung zu anderer Wirklichkeit. Damit »wird etwas als etwas nicht in sich selbst bestimmt, sondern in seiner Relation nach außen zu einem andern hin oder richtiger: von einem andern her.«[157] Für Ebeling stellt der Begriff der Substanz nicht nur eine Abstraktion dar, vor allem ist er dem biblischen Denken fremd[158]. Er beruft sich auf Schleiermacher, der im Gegenzug zu Descartes auf der Relationalität aller Wirklichkeit insistiert hat: »Nicht das Sein an und für sich, sondern das Sein in Beziehung auf anderes, nicht das sozusagen auf Ruheposition festgestellte, sondern das in Bewegung begriffene Sein ist das, worauf sich das Nachdenken richtet.«[159]
In besonderer Weise ist die Wirklichkeit des Menschen durch die »forum-Situation« bestimmt[160]. Zwar ist es möglich, den Menschen in seinem An-sich-Sein zu beschreiben[161], doch bleibt diese Betrachtungsweise in höchstem Maße abstrakt, weil der Mensch nicht in sich selbst und aus sich selbst heraus bestehen kann. »Er ist überhaupt nur in der Weise, daß und wie er sich auf anderes verläßt.«[162] Menschsein ist nicht ablösbar von den Beziehungen, in denen er steht, zu seiner Umwelt, den Dingen, zu seinen Mitmenschen, zu sich selbst, und schließlich, in all dem und davon umgriffen, von seiner Beziehung zu Gott. Diese Relationen treten nicht zu einem in sich abgeschlossenen und fertigen Menschsein hinzu, sondern machen dieses erst aus[163]. Die Situation des Menschen ist immer durch ein Gegenüber bestimmt, von dem her er

---

157 Luther, 221.

158 Lutherstudien I, 24: »Substantia bedeutet in der Schrift nicht das Wesen eines Dinges an und für sich, sondern das, was es für den Menschen, der damit umgeht, bedeutet, bzw. das, als was es der Mensch nimmt, wenn er sich in seinem Verhältnis dazu versteht.«

159 WuG III, 99.

160 Der Gegenbegriff in der scholastischen Theologie ist die causa-Relation, die unter dem Gesichtspunkt der Entsprechung steht. Vgl. Luther, 274.

161 In diesem Sinne bestimmt die Philosophie den Menschen als animal rationale, eine Bestimmung, die sich jedoch als folgenschwere Verkürzung erwiesen hat. Vgl. Dogmatik I, 340.

162 WuG II, 297.

163 Vgl. Wesen, 157f.

Anspruch, Zuspruch und Urteil empfängt. »Als Person ist er darum zutiefst Gehör, getroffen vom Wort und zur Antwort genötigt.«[164] Die alles tragende, das Menschsein konstituierende Relation aber ist seine Beziehung zu Gott, sein Sein coram Deo: »Gott und jeder Einzelne sind relational zueinander bestimmt. Das kommt am deutlichsten zum Ausdruck in dem Sein vor Gott im Sinne von: 'vor dem Angesicht Gottes', worin das Sein von Gott her stets mit gemeint ist.«[165] Nur von daher ist Menschsein zu bestimmen; an die Stelle der menschlichen Substanz tritt die Relation zu Gott und der Glaube[166].

Mit dem Ansatz bei der coram-Situation hatte die Reformation den Grundstein gelegt für eine völlig neue, relationale bzw. personale Ontologie im Unterschied zur substantialen-metaphysischen der Scholastik[167]. Luther hatte den Grundstock für das relationale Wirklichkeitsverständnis gelegt, ohne jedoch den Gedanken in seiner ganzen Tragweite ausarbeiten und in allen seinen Konsequenzen bedenken zu können, da er selbst der traditionellen metaphysischen Ontologie noch zu sehr verhaftet war. Ebeling führt seinen Ansatz nicht nur konsequent weiter, sondern macht die relationale Ontologie zum hermeneutischen Prinzip und Schlüssel der Theologie überhaupt[168]. Hier macht sich deutlich der Einfluß der Existentialphilosophie und -theologie bemerkbar, die alle Rede von Gott in Beziehung zur menschlichen Existenz zu setzen sucht. Die dreifache coram-Relation, in die der Mensch sich hineingestellt findet - coram Deo, coram mundo und coram meipso - bildet die Grundlage von Ebelings Hermeneutik: »Das Beieinander der drei coram-Relationen stellt einen Interpretationsrahmen bereit, in dem sich das Ganze des christlichen Glaubens artikulieren und strukturieren läßt.«[169] Diese Denkweise steht für Ebeling zum substantialen Wirklichkeitsverständnis in einem unversöhnlichen Gegensatz[170].

Die relationale Ontologie wurde für die protestantische Theologie schlechthin wesensbestimmend. Entsprechend dazu faßt sie Gnade nicht als dinghafte Qualitas, als eine Art übernatürliche Substanz, die dem Menschen von Gott geschenkt wird, sondern als neue Beziehung

---

[164] WuG III, 304.

[165] Dogmatik III, 198.

[166] Lutherstudien I, 25. Ebeling bezieht sich auf WA 39,1 und 282, 16: »fides autem facit personam«.

[167] Der zuvor in der Gnadenlehre so gut wie nie verwendete Personbegriff ist in Luthers Gnadenlehre die zentrale Kategorie.

[168] Vgl. Dogmatik III, 348. Für Ebeling stellt sie kein spezifisch theologisches, sondern ein allgemeingültiges Modell der Wirklichkeitsinterpretation dar.

[169] Dogmatik I, 355.

[170] Vgl. WuG III, 479.

zu Gott. Die Kategorie der Relation prägt auch das protestantische Glaubensverständnis: »Glauben heißt nichts anderes als so coram Deo gestellt sein, daß ich mich als einer verstehe, der coram Deo steht.«[171] - »Coram Deo stehen heißt, daß Gott mich ansieht und eben dadurch bewirkt, daß ich ihn ansehe. Das ist das Geschehen des Glaubens, in dem der Mensch herausgerissen wird aus seinem In-sich-selbst-Sein und extra se, d.h. coram Deo zu stehen kommt und nun vor Gott sich als den erkennt, der er in se ipso ist, d.h. als Sünder.«[172] Während nach Ebelings Urteil für die Scholastik der Glaube ein rein intellektuelles Geschehen darstellt, nämlich die Zustimmung zu den heilsgeschichtlichen Wahrheiten[173], bezeichnet »Glaube« für Luther die existentielle Übereignung, den Totalakt des Menschen auf Gott hin.
In besonderer Weise bringt der Rechtfertigungsartikel die Grundsituation coram Deo zur Sprache, denn nirgendwo weiß sich der Mensch nachdrücklicher vor Gott gestellt als in der Rolle des Sünders: »Die Situation der Versöhnung ist ... als die Forumsituation gekennzeichnet, die in verschiedensten Relationen das Menschsein seiner Strittigkeit nach und als Infragegestelltsein bestimmt.«[174] Darum ist die lutherische Konzentration auf den Rechtfertigungsartikel nicht die willkürliche Bevorzugung eines Einzelthemas, sondern der entscheidende »Locus« theologischen Redens überhaupt. »Die Konstellation, mit der es die Rechtfertigungslehre zu tun hat, nämlich die Relation des homo reus et perditus und des deus iustificans vel salvator hat also fundamentaltheologische Relevanz.«[175] Luther hatte somit nicht aus reiner Spekulation ein neues Wirklichkeitsverständnis konzipiert, sondern ihm war am Rechtfertigungsartikel die relationale Struktur der Gottesbeziehung des Menschen wie der ganzen Wirklichkeit aufgegangen[176].

---

[171] Ebd.

[172] Die Geschichtlichkeit der Kirche, 64.

[173] Vgl. Lutherstudien I, 304.

[174] Dogmatik II, 224. Die traditionelle Formulierung der Rechtfertigungslehre, die an die noch dem Substanzdenken verhafteten Vorstellungen von Sühnetod, Satisfaktion, Opfer, Stellvertretung etc. anknüpft, stellt für Ebeling eine unverständliche Verschlüsselung dar (Dogmatik II, 152). Sie bedarf darum der Auslegung in den Kategorien der relationalen Ontologie. Auch das Kreuzesgeschehen ist in diesem Sinne zu verstehen: Am Kreuz wird endgültig offenbar, daß der Mensch in sich substanzlos ist, weil er sich auf nichts anderes verlassen kann als auf Gott, seinen Existenzgrund. An die Stelle der menschlichen Substanz tritt damit der Glaube.

[175] Ebd. 24.

[176] Vgl. M.Ruokanen: Hermeneutics as an ecumenical method, 65: »In Ebeling's opinion, the Reformatory principle of justification rejected all substantial und objectifying understanding of the relationship between man and God. In justification grace is true grace when it is understood that God's approach creates man's existence by giving it a permanent foundation from outside.«

Die neue Ontologie bestimmt in besonderer Weise das Verständnis der Gnadenmittel und der kirchlichen Heilsvermittlung. »Die relationale Ontologie verwirft den Substanzbegriff; daraus folgt, daß es weder eine substantiale und somit in sich seiende, von der menschlichen Existenzsituation getrennte, objektive Versöhnung, Gottesgnade, noch Gnadenmittel gibt, die diese vermitteln.«[177] Daß stattdessen das Wort im Zentrum steht, ist weder Zufall noch Willkür, sondern konsequente Folge[178]. »In der coram-Relation ist die Sprachlichkeit der Wirklichkeit begründet«, oder richtiger: »Die coram-Relation ist die Sprachlichkeit.«[179] Denn jede Beziehung geschieht und wird gestiftet durch das Wort; sie wird konkret als verbale Relation. Erst recht ist das Verhältnis von Schöpfer und Geschöpf ein solches des Wortes[180]. Die Grundsituation des Menschen ist darum die Sprachsituation, auf die das relationale Denken aufmerksam macht, im Unterschied zum metaphysischen, das Ebeling als »situationsvergessen« qualifiziert[181].

2. Relationale Ontologie und Geschichtlichkeit

Durch das statische metaphysische Denken war, so Ebeling, die Dynamik der Geschichtlichkeit des Seins wie die der Offenbarung geradezu in Vergessenheit geraten. Erst mit dem Zusammenbruch der traditionellen abendländischen Metaphysik trat sie wieder voll ins Bewußtsein[182]. Indem das reformatorische Denken im Zuge des relationalen Wirklichkeitsverständnisses die Vergegenständlichung der Offenbarung zurückweist und sie nicht als einen besonderen Bereich neben der Geschichte der Welt ansiedelt, nimmt es ihre Geschichtlichkeit ernst und hält zugleich

---

[177] M.Ruokanen: Das Problem der Gnadenlehre in der Dogmatik Gerhard Ebelings, in: KuD 35 (1989) 2-22, 17.

[178] W.Pannenberg: Systematische Theologie I, 262, übersieht diesen Zusammenhang, wenn er Ebeling zum Vorwurf macht, daß sein Insistieren auf der Priorität des Wortes jeglicher Begründung entbehre.

[179] Luther, 225; vgl. Dogmatik I, 189ff; WuG I, 321-323; 409-414. - Nach M.Ruokanen: Hermeneutics as an ecumenical method, 83, ist dieses Wirklichkeitsverständnis der Grund für die Dominanz linguistischer Kategorien in Ebelings Theologie: »Ebeling carries out his radicalization of the Luther interpretation in a peculiar way by understanding existence, person and reality as a linguistic phenomenon. The whole vocabulary of Ebeling's relational ontology points to his linguisticity.« - »According to Ebeling, the forum situation of man, one of the key conceptions of the reformer's theology, is of a linguistic nature« (ebd. 93).

[180] Das lutherische Personenverständnis ist deutlich geprägt vom Zusammenhang von Wort und Relation. Vgl. Luther, 197: »Wenn aber der Mensch als Person letztlich Gewirkter, sich selbst Empfangender ist, was heißt das und wie geschieht das? Geschieht das anders als so, daß er ins Sein gerufen ist? Gründet sein Personsein in anderem als im Wort?«

[181] Dogmatik III, 192.

[182] Vgl. WuG I, 33ff.

ihren Charakter als echt personaler Begegnung aufrecht. »Das sola fide zerstört allen heimlichen Offenbarungsdoketismus, der der Geschichtlichkeit der Offenbarung dadurch ausweicht, daß er sie zu einer Geschichte sui generis macht, von deren heiligem Raum die historisch-kritische Methode ängstlich ferngehalten werden muß. Nach reformatorischem Verständnis sind sowohl die Offenbarung wie der Glaube in ihrer echten Geschichtlichkeit entdeckt, und das heißt allerdings: Der Glaube ist der ganzen Anfechtbarkeit und Zweideutigkeit des Historischen preisgegeben. Nur so und nur darum kann es im Glauben und nur im Glauben zur echten Begegnung mit der geschichtlichen Offenbarung kommen.«[183]
Die Wahrung der Geschichtlichkeit von Wirklichkeit und Offenbarung kommt nach Ebeling nicht nur dem biblischen Denken besonders nahe, sondern entspricht zugleich dem neuzeitlichen Wirklichkeitsverständnis. Einerseits ist dieses zwar nach wie vor in hohem Maße von der Substanzontologie beherrscht. Andererseits entdeckt gerade die Neuzeit die Geschichtlichkeit des Menschen und der Welt ebenso wie die Bedeutung personaler Strukturen[184]. Gegenüber dieser Entwicklung zeigt sich das katholische Denken überholten Kategorien verhaftet. »Danach ballt sich der Gegensatz zwischen Katholizität und Protestantismus in einer totalen Verschiedenheit der Denkweise zusammen, die sich - grob gesagt - mit der Verschiedenheit mittelalterlicher und neuzeitlicher Denkweise deckt. Nach dieser Anschauung stehen Reformation und Moderne letztlich in gemeinsamer Front gegen den Katholizismus.«[185] Für eine gegenseitige Annäherung der Konfessionen fordert Ebeling darum von katholischer Seite die Bereitschaft zum relationalen und geschichtlichen Denken[186].

3. Die Schöpfer - Geschöpf - Relation

Bei den bisherigen Autoren hat sich gezeigt, daß eine gewisse Vorentscheidung über das Gnadenverständnis und die Möglichkeit eines sakramentalen Wirklichkeitsverständnisses in der Bestimmung der Relation von Schöpfer und Geschöpf getroffen wird. Wo das göttliche Handeln nicht als Ausschaltung des menschlichen Tuns, sondern als durch das Tun des Menschen hindurch wirkend aufgefaßt wird, können Gott und Mensch auch in der Kirche nicht in Konkurrenz zueinander treten. Von daher soll auch bei Ebeling die Schöpfer-Geschöpf-Relation in den Blick genommen werden[187].

---

183 Ebd. 45.

184 Die Ontologie der Relation ist von daher keine speziell theologische. Vgl. Dogmatik I, 348.

185 WGT, 89f.

186 Vgl. M.Ruokanen: Hermeneutics as an ecumenical method, 283: »Ebeling means the 'Reformatory' mode of thinking in which being and reality is understood actualistically within the categories of linguistic relational ontology.«

187 Vgl. dazu Dogmatik I, 215-229.

Wie das Gnadenverständnis ist für ihn auch die Gottes- und Schöpfungslehre im Rahmen des relationalen Denkens zu konzipieren. Ihr hermeneutischer Schlüssel, der Grundsituation des Menschen vor Gott entsprechend, ist das Gebet[188]. Wo zu Gott aus der Situation des Gebetes heraus geredet wird, kann er nicht zum Gegenstand objektiver Feststellung gemacht werden. Vielmehr ist der Mensch hier in einer Weise existentiell beteiligt, die ihm keine Zuschauerrolle erlaubt und eine neutrale Distanz unmöglich macht. Das Sein Gottes kann dann in adäquater Weise nicht als An-sich-Sein im Denkschema der Substanzmetaphysik, sondern nur relational als Gegenübersein erfaßt werden[189]. Gott und Welt sind darum nicht zuerst als je für sich gesetzt und dann sekundär auf ihre Beziehung zueinander zu bedenken[190]. So verfährt die von der Scholastik rezipierte Denkweise der Metaphysik, die die Wirklichkeit als ein Nebeneinander von isolierten Substanzen versteht, die in keinem innerlichen Bezug zueinander stehen, und die nur »in sich selbst fertige Dinge äußerlich ineinandergefügt sein läßt.«[191]
Wo Gott als Wirklichkeit an sich gedacht wird, wird er im Rahmen der übrigen Wirklichkeit, analog dem Ansichsein von innerweltlich bzw. dinglich Seiendem gedacht und zur Sprache gebracht. Damit wird Gott zu einem Stück Welt gemacht; Gott und Welt erscheinen als zwei voneinander getrennte, sich entweder ergänzende oder aber miteinander konkurrierende Wirklichkeiten[192]. »Denn in diesem Schema ist Gott als Wirklichkeit analog zur Welt bestimmt, und zwar in einem rein logischen Sinne von Analogie; wenn aber so, dann im Grunde doch als eine welthafte Wirklichkeit, die zur Wirklichkeit der Welt in Konkurrenz tritt, und damit eine contradictio in adiecto.«[193] Von diesem Ansatz aus erklärt sich der positivistische Offenbarungsbegriff, den Ebeling der katholischen Theologie zum Vorwurf macht: Weil sie Gott welthaft versteht, erscheint auch die Offenbarungswirklichkeit als ein welthaft vorfindliches Faktum; ihre Verborgenheit wird übersehen[194].

---

[188] Vgl. Dogmatik I, 192ff. Alle Ausführungen über die Gott-Mensch-Relation und die Bestimmung des Verhältnisses von Schöpfer und Geschöpf nehmen ihren Ausgangspunkt bei der Gebetssituation: »Für die Gotteslehre stellt es ... eine maßgebende Interpretationsanweisung dar, alle ihre Aussagen auf die Beziehung zur Situation des Gebets hin zu bedenken« (ebd. 194).

[189] Ebd. 215.

[190] Ebd. 233.

[191] WuG I, 433.

[192] Vgl. ebd. 340, 375, 397, 432.

[193] Dogmatik I, 223.

[194] Die Geschichtlichkeit der Kirche, 61.

Das Verständnis von Gott nach Art des welthaft Seienden verfälscht ihn, indem man ihn im Kausalschema, auch wenn er zur prima causa erhoben wird, zu einer partiellen Weltursache[195] erhebt und sein Handeln zum welthaften Tun, das die menschliche Freiheit ausschließt. Sein Gottsein wird auf diese Weise verkannt: »Man kann nicht gröber Gott seiner Gottheit berauben, als indem man ihn als ein Stück der Welt hält, ihn in die Welt einordnet und deren Gesetzen unterwirft.«[196] Deshalb wehrt sich Ebeling dagegen, Gott als ein Objekt neben anderen und das Verhältnis von Gott und Mensch »im Schema eines gleichartigen, wenn auch qualitativ noch so ungleichen Kräftepotentials«[197] zu denken, so als stünden sich beide auf einer Ebene gegenüber und könnten miteinander verrechnet werden[198]. Andernfalls würden Gott und Mensch entweder zu Konkurrenten oder der Mensch zum marionettenhaften Werkzeug Gottes.

Demgegenüber macht die relationale Ontologie geltend: »Das Sein Gottes ist nichts Getrenntes neben dem Sein der Welt, sondern ist das Zusammensein Gottes und der Welt.«[199] Anstößig klingt der Satz nur, solange er im Rahmen der Substanzontologie interpretiert wird. Wird Sein jedoch relational verstanden, so bilden Gott und Welt eine einzige, freilich in sich selbst aufs tiefste unterschiedene Wirklichkeit. Die Fundamentalunterscheidung von Schöpfer und Geschöpf wird dadurch nicht aufgehoben, sondern erst in Kraft gesetzt, weil dem Schöpfer in diesem Zusammensein der Primat zukommt: »Gott ist der schlechthin Freie und Ursächliche, die Welt das schlechthin Abhängige.«[200] Wer diese Fundamentalunterscheidung ernstnimmt, kann nur die Alleinwirksamkeit Gottes aussagen[201]. Damit ist keine Unterdrückung des

---

195 Dogmatik III, 187. Die Ausführungen Ebelings sind nicht explizit und ausschließlich gegen die katholische Theologie gerichtet. Formen substantialen Denkens finden sich auch in der protestantischen Orthodoxie. Dennoch ist seines Erachtens die katholische Theologie im Gefolge der Scholastik in besonderer Weise dem metaphysisch-substantialen Denken mit seinem Gottesbild verhaftet.

196 WuG I, 375.

197 Dogmatik III, 170.

198 Hier macht sich auch der Einfluß Bultmanns bemerkbar, der gegen die Vergegenständlichung Gottes um seiner Unendlichkeit willen anging. Vgl. R.Bultmann: Glauben und Verstehen IV, Tübingen 1965, 120ff, 125f, 136ff. Vgl. dazu auch die Ausführungen der Bultmann-Schüler, etwa von H.Braun: Die Problematik einer Theologie des Neuen Testamentes, in: ZThK 58 (1961) 3-18, 12ff. Braun wendet sich gegen ein Denken, für das die Welt Gottes eine »an sich existierende Gegebenheit« und Gott selbst als eine »an und für sich existierende Größe« gilt.

199 Dogmatik I, 222.

200 Ebd. 224.

201 Vgl. ebd. 323f.: »Die Unterscheidung von Schöpfer und Kreatur hat man nicht festgehalten, wenn man nicht ausnahmslos alles, was geschieht, dadurch in Bewegung gesetzt, davon getragen und davon abhängig glaubt, daß Gott in schlechterdings anderer Weise

menschlichen Tuns gemeint, sondern dessen Ins-Sein-Rufen und Freisetzung, die Gewährung von Sein und Handeln, wie schon das Schöpfungsgeschehen zeigt[202]. Ein Widerspruch zwischen göttlichem und menschlichem Handeln bestünde nur dann, wenn das Wirken Gottes und das des Menschen als gleichartiges zu verstehen wäre. »Der Sinn der Rede von Handeln Gottes ist aber nur dann gewahrt, wenn es nicht etwas gleichartig Partielles innerhalb oder außerhalb des Wirklichkeitsganzen der Welt meint, vielmehr eben dieses Wirklichkeitsganze der Welt, jedoch in völlig anderer als der innerkreatürlichen Hinsicht.«[203] Weil Gott den Menschen nicht ausschaltet, sondern in sein Wirken einbezieht, kann alles Seiende den Schöpfer repräsentieren: »Die geringste Kreatur wäre nicht Kreatur, wenn nicht der Schöpfer verborgen, tief verborgen, unerkennbar verborgen, darin präsent wäre.«[204]
Ebelings Bestimmung des Verhältnisses von Schöpfer und Geschöpf zeigt auffällige Parallelen zu den Aussagen von Rahner, Balthasar und Pannenberg. Auch sie lehnen es ab, die Wirklichkeit Gottes als eine der endlichen entgegengesetzte zu denken und das göttliche Handeln nach dem Schema der causa efficiens zu begreifen, als wären Gott und Mensch zwei miteinander zu verrechnende Größen auf ein und derselben Ebene[205]. Die Neubestimmung der Gott-Mensch-Relation, die die traditionelle metaphysische Gotteslehre überwindet, mündet bei den genannten Autoren in ein sakramentales Wirklichkeitsverständnis: Gott wird durch die geschöpfliche Wirklichkeit repräsentiert, sein Handeln durch das menschliche vermittelt. Von dieser sakramentalen Sicht der Wirklichkeit her scheint die Rede von der Kirche als Sakrament nicht mehr wie ein beliebiges Theologumenon zur Glorifizierung der Kirche, sondern die Kirche als Sakrament zeigt sich als Kristallisationspunkt der in der ganzen Schöpfung grundgelegten Sakramentalität.

---

als die Kreatur, darum aber in schlechthinniger Universalität in ihr wirksam ist. ... Oder wenn man, wie es selbst Luther tat, vom Glaubenden als cooperator Gottes spricht, so darf nicht vergessen werden, daß der Mensch nicht bloß als Kreatur, sondern eben auch in diesem cooperari ein opus Dei ist.«

202 »Das Handeln Gottes als Ins-Sein-Rufen ermöglicht es, im Gegensatz zu dem Denken im Kausalschema das Schöpfungsgeschehen als ein Freisetzen zu verstehen«: Dogmatik III, 187.

203 Dogmatik I, 322f.

204 Ebd. 314; vgl auch WA 23; 135, 3-6; 137, 25-31; Ebeling stützt sich darauf in: Luther, 304f.

205 Vor allem Pannenberg setzte sich gegen die traditionelle metaphysische Gotteslehre zur Wehr, die Gott im Zuge der analogia entis durch die bekannten menschlich-weltlichen Wirklichkeiten nach Art des innerweltlich-vorfindlichen Seienden zu bestimmen sucht. Vgl. W.Pannenberg: Grundfragen II, 116, 279; Gottesgedanke und menschliche Freiheit, 23, 38.

Ebeling jedoch gelangt genau zum entgegengesetzten Schluß. Selbst wenn von seinem Verständnis der Schöpfer-Geschöpf-Relation her ein sakramentales Wirklichkeitsverständnis grundsätzlich möglich wäre, weist er das Sakramentale zurück als ein falsches Gegenständlich- und Vorfindlichmachen der Gnade, als eine falsche Anbindung der göttlichen Wirklichkeit an Dingliches, seien es die Sakramente, sei es die Kirche[206]. Während für Rahner, Pannenberg und von Balthasar das sakramentale Denken gerade die Frucht der Neubestimmung des Verhältnisses von Schöpfer und Geschöpf ist, ist es für Ebeling eine Folge der alten Substanzontologie. Die folgenden Ausführungen sollen dies noch deutlicher zeigen.

4. Die Folgen der substantialen Ontologie für das Verständnis von Gnade und Kirche

a. Die Gnade als habitus und gratia creata

Aus der scholastischen Anwendung aristotelischer Kategorien auf das Gnadengeschehen entwickelt sich das Verständnis der Gnade als »habitus«. Meint dieser Begriff in der aristotelischen Philosophie das, was dem konkreten aktuellen Handeln des Menschen als dauerndem Zustand zugrundeliegt, so bezeichnet er in seiner theologischen Transformation die Gnade als eine seinshafte unsichtbare, dem Menschen eingegossene Größe, die seinem Handeln zugrunde liegt[207]. In der Sicht Ebelings wird Gnade damit zu einer vorfindlichen Substanz, nämlich zu einer geschaffenen übernatürlichen Wirklichkeit, durch die der Mensch in seinem Sein gewandelt wird[208]. In dieser Überzeugung wurzelt die katholische Lehre von der gratia creata, der als Gabe mitgeteilten heiligmachenden Gnade. Sie bedeutet eine neue Qualifizierung, eine innere Befindlichkeit, die sich mit der menschlichen Natur verbindet und völlig in die Wirklichkeit des Menschen - und auch in die der Kirche - eingeht. Ebeling weist diese Vorstellung dezidiert zurück zugunsten des Verständnisses der Gnade als neuer Relation zu Gott. Sie geht nach seiner Auffassung weder in den Menschen ein und stattet ihn mit übernatürli-

[206] Nur im Wort ist Gott präsent, doch seine Gegenwart ist keine sakramentale (im katholischen Sinne), sondern verborgene, eschatologische Gegenwart.

[207] Vgl. dazu G.Greshake: Geschenkte Freiheit, Freiburg ^{2}1977, 58f.

[208] Vgl. Luther, 96: »Analog zu den intellektiven und moralischen Tugenden wird die Gnade als ein den Menschen in seinen seelischen Fähigkeiten vervollkommnender habitus, als Inbegriff der theologischen Tugenden Glaube, Liebe und Hoffnung verstanden.«

chen Tugenden zum Zwecke seiner Vervollkommnung aus, noch wird die Kirche durch sie verwandelt oder vergöttlicht[209]. Durch die Sakramente empfängt der Mensch nicht eine besondere Gabe, die ihm zum habitus wird, sondern allein den Glauben und worthafte Glaubensgewißheit: »Nur dann werden wir der Sakramente froh, wenn wir von ihnen nichts anderes erwarten als allein das Wort des Glaubens.«[210] Ebenso ist die Rechtfertigung nach Ebelings Verständnis kein effektives, den Menschen in seinem Sein verwandelndes, sondern ein forensisches Geschehen, ein Gerechtsprechen des Sünders. Dies bedeutet nicht, daß sich damit die Situation des Menschen nicht geändert hätte. Denn: »Wer Gnade bei Gott gefunden hat und von ihm in Gnaden angenommen ist, dem widerfährt Gnade nicht etwa nur als die Haltung des Gebers bei der Zuteilung einer davon unterschiedenen Gabe. Vielmehr ist der Zuspruch der Gnade die Mitteilung der Gnade selbst ..., die Schaffung einer neuen Situation, eines neuen Lebens, ein Freispruch, der nicht ein leeres Wort ist, sondern ein Wort, das bewirkt, was es sagt.«[211]

b. Maria als Inbegriff der gratia creata und Typus der Ekklesiologie

Der Inbegriff der gratia creata in der katholischen Theologie, des durch die Gnade völlig neu gewordenen und verwandelten Menschen, ist für Ebeling Maria[212]. Seiner Überzeugung nach wird sie von der katholischen Lehre wie Christus als die Gnade Gottes in Person, ja geradezu als zweite Inkarnation betrachtet: »Maria ist die vollkommene Synthese von Natur und Gnade. ... Sie ist das Bild des durch die heiligmachende Gnade erlösten Menschen schlechthin. In ihr spiegeln sich Person und Werk Christi in vollkommener Weise. Wie in Christus die göttliche Natur zwar die menschliche Natur angenommen hat, aber die eine Person in zwei Naturen doch eben Gott selbst ist, stellt sich in Maria das Wunder der Inkarnation allein in der menschlichen Natur dar und hat diese zur Übernatur erhöht. In Maria ist darum erst eigentlich die Gnade

---

209 Dogmatik I, 274. Vgl. auch Dogmatik III, 313: »Während das katholische Sakramentsverständnis auf eine perfectio des Menschen ausgerichtet ist, läßt sich nach evangelischem Verständnis nur in dem Sinne von perfectio reden, daß Gott das Werk, das in Jesus Christus ein für allemal vollbracht ist, in Hinsicht auf die Welt vollendet.«

210 WGT, 216.

211 Dogmatik II, 114.

212 Zum folgenden vgl. v.a.: Zur Frage nach dem Sinn des mariologischen Dogmas, in: WGT, 175-182.

menschliche, geschichtliche Wirklichkeit geworden.«[213] Dies zu unterstreichen und zum Ausdruck zu bringen, ist nach Ebeling der Sinn der verschiedenen Mariendogmen[214].

Ebelings Einschätzung der katholischen Mariologie ist deswegen außerordentlich aufschlußreich, weil es dabei nicht nur um Maria geht, sondern weil sich ihm von dort her die Grundlagen des katholischen Kirchenverständnisses erschließen. »Die Mariologie ist ... der zentrale Schnittpunkt aller Linien des katholischen Dogmas: der Christologie wie der Gnadenlehre, der natürlichen Theologie wie der Sakramentslehre. Es ist darum folgerichtig, wenn die katholische Kirche gegenwärtig das mariologische Dogma in allen seinen Konsequenzen ausbaut. Es läßt sich kein anderes Dogma denken, in welchem die katholische Kirche prägnanter zum Ausdruck brächte, was sie glaubt. Das mariologische Dogma bedeutet die Dogmatisierung der Grundstruktur des Katholizismus.«[215] Maria ist als einmalige geschichtliche Gestalt zugleich die mythische Personifikation der Kirche. An den Mariendogmen läßt sich aufzeigen, wie verschiedene Aussagen über die Kirche auf Maria übertragen werden und die Mariologie zur eigentlichen Basis der Ekklesiologie wird. Auch Balthasar hatte Maria als Realsymbol der Kirche und die Kirche in ihrer Grundhaltung als marianisch verstanden. Allerdings hatte er damit weniger die »Verwandlung« Marias durch die Gnade zum Ausdruck bringen wollen - wenngleich Maria selbstverständlich der Mensch »voller Gnaden« und die durch Christus Vorerlöste ist -, sondern ihre für alle Glaubenden vorbildlich-normative Bereitschaft zur bedingungslosen Hingabe an Gott, ihren Glauben ohne Fragen und Zweifel.

Ebelings eigenwillige Interpretation der katholischen Mariologie zielt in eine andere Richtung: So wie in Maria die Gnade ganz in die menschliche Wirklichkeit und Geschichte eingeht und diese verwandelt, geht sie in die Kirche ein und verbindet sich mit ihrer geschichtlich-menschlichen Wirklichkeit. Hier wirkt die Synthese von Natur und Gnade in der

---

213 Ebd. 181.

214 So wurden nach Ebeling die Dogmen von der unbefleckten Empfängnis und der leiblichen Aufnahme Mariens in den Himmel verkündet, um die letzten Differenzen zwischen ihr und Christus zu überbrücken und sie als den durch die Gnade ganz und gar gewandelten Menschen erscheinen zu lassen.

215 WGT, 182. Mit dieser Ansicht steht Ebeling nicht allein. Vgl. K.Barth: Die Kirchliche Dogmatik I/2, Zollikon-Zürich 1948, 157; F.Viering: Christus und die Kirche in römisch-katholischer Sicht, 52; auf katholischer Seite K.Rahner: Konziliare Mariologie, 87-101 (er sieht in der Mariologie das Ganze der Lehrdifferenzen gebündelt); B.Sesboüé: Analyse catholique, 79; ders.: Y a-t-il une différence séparatrice entre les ecclésiologies catholique et protestante?, 3-29; Y.Congar: Le Christ, Marie et l'Église, 21f.

Geschichte fort. »Von der Mariologie her wird erst die soteriologische Bedeutung der Kirche im katholischen Verständnis voll erkannt. Die Kirche ist die fortdauernde, ganz in die menschlich-geschichtliche Natur eingegangene Wirklichkeit der Inkarnation. In ihr allein wird Christus wirklich greifbar. In ihr ist Christus erst ganz und dauernd in die Geschichte eingegangen.«[216]
An der Ekklesiologie wie an der Mariologie wird für Ebeling gleichermaßen deutlich, daß im Gefolge der substantialen Ontologie alles auf das Eingehen der Gnade in die menschlich-geschichtliche Wirklichkeit ankommt. Hinsichtlich des Menschen bedeutet dies seine Verwandlung und Vervollkommnung, hinsichtlich der Gnade ihre geschichtliche Immanenz; beides sind verschiedene Aspekte ein und desselben Sachverhaltes. Ebenso dient auch das katholische Abendmahlsverständnis Ebeling zur Illustration. Er greift in diesem Zusammenhang eine Äußerung Rahners auf, der am protestantischen Denken kritisiert hatte, daß es die Tat Gottes in der göttlichen Sphäre beläßt, während die Dinge der Welt unverändert bleiben: »Sie bleiben irgendwie jenseits, nicht bloß der Erfahrung des Nichtglaubens ..., sondern der weltlichen Wirklichkeit selbst; Gott bleibt im Himmel; da, wo das Brot ist, geschieht nichts.«[217] Nach Ebeling geht diese Ansicht zwar am rechten evangelischen Verständnis des Abendmahls vorbei, aber: »Die Verschiedenheit zwischen katholischer Lehre von der Gnade solo sacramento und evangelischem Verständnis von der Rechtfertigung solo verbo - sola fide wird hier anschaulich.«[218]

IV. Sakramentale Existenz - Existenz im Wirken

1. Sakrament und Glaube als Werke

Der Gegensatz von relationalem und substantialem Wirklichkeitverständnis, wie er sich in der Entgegensetzung von worthafter und sakramentaler Existenz manifestiert, läßt sich noch weiter zuspitzen. Sakramentale Existenz bedeutet für Ebeling Existenz im aktiven Wirken, worthafte dagegen Existenz im Hören und im passiven Empfang. Die coram-Situation des Menschen vor Gott zeigt, daß im Heilsgeschehen

---

[216] WGT, 182.

[217] K.Rahner: IV, 397.

[218] Dogmatik III, 329.

Gott allein Aktivität, dem Menschen hingegen ausschließlich Empfangen zukommt[219]. Die Grundsituation des Menschen als Empfänger wird durch die Wortsituation widergespiegelt[220]. Das Sakrament hingegen ist als göttliches Gnadengeschehen zugleich menschliches, weil von Menschen vollzogenes Tun. Es verlangt das Wirken des Menschen, und zwar sowohl hinsichtlich seiner Wirkweise wie auch hinsichtlich seines Wirkeffekts. Indem der Mensch das Sakrament vollzieht, glaubt er ein Gott wohlgefälliges Werk zu vollbringen. Darin kommt ein Wirklichkeitsverständnis zum Ausdruck, das statt am alleinigen Wirken Gottes am menschlichen Tun orientiert ist und hinter dem Ebeling ein »Interesse am meritorischen Werk« vermutet[221]. Die Folge ist eine sakramentale Werkgerechtigkeit, in der der Mensch sein Heil in den Werken der Sakramente sucht[222]. Die Folge ist zugleich der Versuch, über den Geist bzw. die Sakramentsgnade zu verfügen, indem sie an den Vollzug des Werkes gebunden wird[223]. So ist das katholische Sakramenten- und Rechtfertigungsverständnis auf den Besitz der Gnade statt auf das Wirken des heiligen Geistes ausgerichtet[224].

Nicht nur der Vollzug des Sakramentes, auch der Glaube wird als menschliches Werk anstatt als die rechtfertigende Heilstat Gottes selbst begriffen. Denn an die Stelle der Sakramentsgabe des Glaubens tritt die Gnadenwirklichkeit als eine objektive Gegebenheit »an und für sich«, die sich der Mensch erst im Glauben - als seinem eigenen Werk - aneignen muß. Aus eben diesem Grund macht Ebeling dem katholischen Gnaden- und Offenbarungsverständnis die Zerlegung in das objektive Geschehen und die subjektive Aneignung zum Vorwurf[225]. So wie das Gesetz zur Kenntnis genommen und befolgt werden muß, muß die ob-

---

219 Vgl. WuG I, 368: »Als Empfangender, als Passiver gehöre ich also samt der mich angehenden Wirklichkeit notwendig zum Offenbarungsgeschehen.« - Ebeling meint damit nicht »eine Passivität, die das Menschsein vergewaltigt oder gar das Personsein überhaupt eliminiert. Es ist die Art von Passivität, wie sie in der Aussage 'Ich bin geliebt' enthalten ist. Man könnte sagen: eine beseelende, eine Leben erweckende Passivität, deren Widerfahrnis in eminentem Sinne actus des Menschen ist«: Einführung in theologische Sprachlehre, 34f.

220 WuG II, 419.

221 Dogmatik III, 312f.

222 Evangelische Evangelienauslegung, 292. Die Wirksamkeit des Sakraments wird, so die Kritik Luthers, allein an das äußere und damit an das menschliche Werk, nicht jedoch an den Glauben gebunden (ebd. 302f).

223 Evangelische Evangelienauslegung, 292.

224 Die Multiplizierung der Sakramente gegenüber der evangelischen Konzentration auf Taufe und Abendmahl ist für Ebeling eine weitere Bestätigung für seine Interpretation.

225 Die Geschichtlichkeit der Kirche, 63: »Wenn das Offenbarungsproblem auseinanderklafft in die Objektivität der Offenbarung einerseits und in die Subjektivität der Offenbarungsaneignung andererseits, dann ist der Glaube zu einem menschlichen Werk geworden und das Evangelium zum Gesetz.«

jektive Heilswirklichkeit - im Sakrament die objektive Gnadengabe - vom Menschen in einer von ihm erwirkten dispositio ad salutem angenommen und geglaubt werden. Das Bewußtsein, daß der Glaube nicht menschliche Tat als Voraussetzung für die Rechtfertigung, sondern selbst die Heilstat Gottes ist, geht verloren; das Heil des Menschen scheint in seinem eigenen Bemühen zu gründen. Während nach protestantischer Auffassung das eigentliche Geschenk des Sakramentes die Glaubensgewißheit ist, bleibt für den Katholiken die persönliche Aneignung des Heils der große Unsicherheitsfaktor. »Das Gegenwärtigwerden Christi im Glauben nach reformatorischem Verständnis ereignet sich dagegen pro me. Die Frage der Aneignung ist davon gar nicht mehr zu trennen.«[226] - »Darin liegt die kopernikanische Wendung zu einer Gewißheit, die in der Relation von Wort und Glaube gründet.«[227]

2. Ein verchristlichtes Leistungsprinzip?

Die Verschmelzung von göttlicher Gnade und menschlichem Werk findet sich wieder im Verständnis der Sakramentsgabe: Nach katholischer Auffassung wird dem Sünder in der Rechtfertigung die heiligmachende Gnade mitgeteilt, die ihm als übernatürliche Ausstattung die Fähigkeit zu einem heiligen Leben und zu guten Werken verleiht. Es ist nicht, wie nach protestantischer Überzeugung, der Glaube, sondern die Fähigkeit zur Liebe, die der Mensch auf diese Weise empfängt: »Darum ist die dem Menschen sakramental zugeeignete Gnade eigentlich Liebesfähigkeit, ohne die der allein durchs Wort gewirkte, ja selbst der eingegossene bloße Glaube tot ist, durch die er aber lebendig wird. Die Liebe ist im aristotelischen Sinne die 'Form' des Glaubens.«[228]
In der Unterscheidung von Glaube und Liebe wird »die tiefe Differenz deutlich zwischem dem reformatorischen Verständnis des Evangeliums als Rechtfertigung allein durch den Glauben und dem katholisch-scholastischen Verständnis der Rechtfertigung kraft habitual zugeeigneter Gnade.«[229] Dabei ist sich Ebeling durchaus bewußt, daß die Formel »Glaube und Liebe« für beide Konfessionen ihre Gültigkeit hat, so daß der konfessionelle Gegensatz aus diesen Begriffen allein nur schwer

---

226 WuG I, 22.
227 Luther, 73.
228 WGT, 203; vgl. auch: Glaube und Liebe, in: Luther, 178-197.
229 Luther, 195.

greifbar wird. So wie es der katholisch-scholastischen Interpretation durchaus um den Glauben geht, und zwar um den lebendigen Glauben, der als solcher immer durch die Liebe bestimmt ist, schließt das sola fide die Liebe als Folge - wohl aber als Grund der Rechtfertigung - nicht aus. Zudem wurde mehrfach aufgezeigt[230], daß sowohl der reformatorische Begriff des Glaubens wie auch der der Liebe sich vom katholischen grundsätzlich unterscheidet. Die protestantische Tradition versteht Glauben als Totalakt des Menschen[231], als die existentielle Übereignung an Gott, die die Liebe immer schon miteinschließt[232]. Dabei kommt jedoch dem Glauben als dem umfassenderen Geschehen der Vorrang zu. Dagegen ist er im Sinne der Scholastik als actus intellectus ein Für-wahr-Halten[233], zu dem die Liebe notwendigerweise hinzutreten muß, damit er lebendig wird. Der konfessionellen Differenz in den einzelnen Glaubensinhalten liegt somit ein unterschiedlicher Glaubensbegriff voraus[234]. Den Grund bildet wiederum eine unterschiedliche Ontologie: Das substantiale Wirklichkeitsverständnis bestimmt den Menschen als animal rationale und als seine herausragende Fähigkeit den intellectus, das relationale Wirklichkeitsverständnis hingegen definiert ihn durch seine Beziehung zu Gott. Unterschiedlich ist auch der Begriff der Liebe. Während Ebeling sie nur im Sinn der Nächstenliebe und damit als rein menschliches Werk versteht, meint Liebe im katholischen Verständnis, ähnlich wie der protestantische Glaubensbegriff, die ganzheitliche, umfassende Hingabe des Menschen an Gott.
Von der unterschiedlichen Begrifflichkeit her müßten die beiden Auffassungen nicht zwangsläufig kirchentrennend sein. Doch hinter der Entgegensetzung von Glaube und Liebe steht ein unterschiedliches Verständnis vom Menschen coram Deo: Ist er in erster Linie Handelnder, ein Wesen, das sich selbst wirkt? Oder ist er Empfangender, Hörender, dessen Personsein im Wort Gottes gründet? Und entspricht nicht diesem Hören allein das Bejahen des Zugesprochenen - der Glaube? Die Unterscheidung zwischen dem Menschen als Empfänger und dem Menschen als Täter berührt sich aber mit der für Luther außerordentlich wichtigen Unterscheidung zwischen der aktiven Gerech-

230 So auch von M.Raske: Sakrament, Glaube, Liebe, 177-215.

231 Zum Glaubensverständnis Ebelings vgl. P.Knauer: Verantwortung des Glaubens, Frankfurt 1969.

232 Vgl. Wesen, 178: »So wenig wie man Person und Werk, Täter und Tat voneinander trennen kann, so wenig auch Glaube und Liebe. Es ist ein einziges Geschehen, eine einzige lebendige Wirklichkeit.«

233 Ebeling beruft sich auf Thomas, STh I, II,66, der im Glauben noch eine Distanz zu Gott gegeben sieht, während erst die Liebe mit dem Geliebten vereinigt.

234 WGT, 87.

tigkeit der Werke und der passiven Gerechtigkeit des Glaubens[235]. Es geht dabei um nichts anderes als um die Frage: »Was macht den Menschen letztlich in seinem Gewissen gewiß? Ist es die selbstgeübte, wenn auch aus empfangener Gnade hervorgegangene Liebe? Oder ist es die zugesagte Liebe, welche im strengen Sinne extra nos ist?«[236] Die Konfessionsdifferenz stellt den Menschen deshalb vor die Alternative: »übernatürliche Vervollkommnung oder worthafte Glaubensgewißheit«[237].

Mit dem Empfang der rechtfertigenden heiligmachenden Gnade ist, wie Ebeling richtig erkannt hat, nach katholischen Verständnis dem Menschen die verdienstliche Mehrung der Gnade aufgetragen. Der neue habitus, das dem Menschen von Gott geschenkte neue Leben, muß sich gemäß der katholischen Lehre in den Werken verwirklichen; sein Ziel ist die Befähigung zum sittlichen Handeln, eine neue Tugend[238]. »Die Grundtendenz muß nun auf Verwirklichung aus sein. Die habituale Gnade muß nun aktualisiert werden. Wirklich gerechtfertigt ist man nur in dem Maße, wie nun auch die Gnade sich in Werken realisiert.«[239] Entsprechend gründet für Ebeling die Vervollkommnung des Menschen in seiner Selbstvervollkommnung durch die eigene Tätigkeit[240]. Die Gnade wird als »externes Prinzip zum internen Handlungsprinzip«[241], das Sakrament, durch das sie mitgeteilt wird, zur Grundlage des verdienstlichen menschlichen Werkes, der Mensch zum principium operum suorum. Eben dies lehnt die protestantische Theologie als Rückfall in die »Werkerei« und in eine Vorstellung von der Rechtfertigung nach dem Schema des Moralischen ab: »So wirft die Gnade den Menschen letztlich doch auf ihn selbst zurück, auf seine Anstrengung in der Heiligung, damit aber in die Ungewißheit seiner selbst.«[242]

---

235 WuG II, 245; vgl. auch Lutherstudien I, 284.

236 Luther, 197.

237 WGT, 216. Zur Verdeutlichung dieser Differenz zitiert Ebeling ein Gespräch zwischen Dietrich Bonhoeffer und einem jungen französischen Geistlichen (D.Bonhoeffer: Widerstand und Ergebung, hg. von E. Bethge, 1958, 260), in dem es darum geht, was ein jeder werden und aus seinem Leben machen will. Der Geistliche möchte ein Heiliger werden. Bonhoeffer jedoch hält ihm entgegen, er wolle glauben lernen, und zwar nicht, indem er selbst ein heiliges Leben führt, sondern indem er völlig darauf verzichtet, etwas aus sich zu machen, um sich in seiner Existenz ganz Gott auszusetzen. Zu Ebelings Verständnis der Glaubensgewißheit vgl. die Arbeit von P.Selvatico: Glaubensgewißheit, Freiburg/Schweiz 1977.

238 Luther, 176.

239 Ebd.

240 Dogmatik III, 312.

241 Ebd.

242 Luther, 73.

Deshalb setzt sich Ebeling ab vom katholischen Verständnis der Heiligung, nach dem die Gnade den Menschen zu heiligen, guten Werken befähigt: »Verstünde man Heiligung so, daß man durch seine Werke Heiligkeit zu suchen und zu verdienen hätte, so bewirkte diese Weise von Selbsttätigkeit das Gegenteil: nicht das Bleiben in der Christenheit, sondern das sich selbst Herauswerfen und Absondern von ihr.«[243] Das adäquate Verständnis der Heiligung erwächst nur im Horizont von Rechtfertigung und Glaube, als ein ständiges Einüben in die Wirklichkeit der Rechtfertigung und in die Angewiesenheit des Menschen auf die Gnade. »'Allein aus Gnade' ist nicht ein verchristlichtes Leistungsprinzip. Nicht eine mir als Kraft zuteil werdende Begnadigung, sondern das bleibende Angewiesensein auf Gnade macht den um Jesu Christi willen rechten Menschen aus.«[244]

Blicken wir zur Verdeutlichung zurück auf Balthasar. Er legte in seiner Theologie der Rechtfertigung das Gewicht auf die Heiligung bzw. darauf, daß dem Menschen aus der Gnade die Befähigung zu einem neuen Handeln erwächst. Dabei ging es ihm jedoch nicht um Selbstvervollkommnung und Selbstheiligung, sondern um das Wirksammachen der empfangenen Gnade für den Mitmenschen, der an ihr teilhaben soll. Keineswegs wird der Sünder gerechtfertigt oder erwirbt er sich Verdienste, indem er heilige Werke vollbringt, jedoch schließt die Rechtfertigung die Befähigung zum heilvollen Handeln ein. Für Ebeling ist ein solches katholisches Gnadenverständnis in mehrfacher Hinsicht vom Synergismus bedroht: Nicht nur das Sakrament selbst wird zum Werk, vor allem erfordert seine Gabe das menschliche Wirken. Wiederum ist es die Mariologie und in ihrem Gefolge die Ekklesiologie, in der sich dieser Synergismus mit aller Deutlichkeit ausprägt. Maria, die ganz von der göttlichen Gnade erfüllt ist, kommt in der Heilsgeschichte die außergewöhnliche Stellung der mediatrix zu, der zwischen Gott und Mensch stehenden Mittlerin auf Christus hin. Das »solus« der Heilsmittlerschaft Christi kann nur so gewahrt werden, »daß es als prima causa eine secunda causa aus sich heraussetzt, an die sich zu halten gleichbedeutend wird mit dem, daß man sich an Christus hält.«[245] Analog versteht sich die katholische Kirche als Mittlerin und Miterlöserin im Heilsgeschehen, an die sich die Menschen zu halten haben, wenn sie an Erlösung und Rechtfertigung Anteil haben wollen. Als Ursakrament ist sie die causa secunda, durch die das Heil vermittelt wird.

---

243 Dogmatik III, 326.

244 Ebd. 222.

245 WGT, 178.

V. Das Kirchenverständnis Gerhard Ebelings

1. Die Fundamentalunterscheidung

Wie wir gesehen haben, wurde das katholische Kirchenverständnis von Ebeling in mehrfacher Hinsicht zurückgewiesen: Es verstehe die Kirche als geschichtliche Gegenwart der Inkarnation und identifiziere sie mit Jesus Christus; es mache die Gnade zu einer greifbaren Zuständlichkeit und dinglichen Vorfindlichkeit; die Gnade gehe hier ganz in die menschliche Wirklichkeit ein und verwandle sie; auf diese Weise werde die Kirche zur Miterlöserin und Beteiligten im Heilsgeschehen. Angesichts dieser Kritik stellt sich die Frage nach Ebelings eigenem Verständnis der Kirche[246].

Soll von der Kirche gehandelt werden, so sind für ihn zwei verschiedene Zugänge möglich: »entweder bei den überlieferten, theologisch gefüllten Bezeichnungen und Prädikaten der Kirche einzusetzen oder bei Beobachtungen in bezug auf die Kirche selbst sowie bei Erfahrungen mit ihr.«[247] Nur einen der beiden Wege einzuschlagen reicht nicht aus: Ein ausschließlich theologisches Erfassen der Kirche, das sich allein an den biblischen Aussagen über sie orientiert, steht in der Gefahr, in idealisierende Aussagen zu verfallen und den Boden der Wirklichkeit zu verlassen. Dem steht auch entgegen, daß die neutestamentlichen Aussagen auf eine konkrete geschichtliche und soziale Realität bezogen sind[248]. »Der Gefahr eines ekklesiologischen Doketismus muß damit begegnet werden, daß das Glaubensurteil über die Kirche dem empirischen Urteil ausgesetzt wird und daß der Erfahrung vorbehaltlos alle Schleusen geöffnet werden.«[249] Ein rein erfahrungsmäßig-empirischer oder soziologischer Zugang reicht aber ebensowenig aus, um das Mysterium der Kirche erschöpfend zu erfassen. Nur das Glaubensurteil und

---

[246] Die wichtigsten Beiträge Ebelings zur Ekklesiologie: Das Grundgeschehen von Kirche: WuG III, 463-534; Die Gemeinschaft des Glaubens: Dogmatik III, 331-384; Leitsätze zur Ekklesiologie, in: Theologie und Verkündigung, 93-103. - Mit dem Kirchenverständnis Ebelings befassen sich verschiedene Arbeiten, vor allem im Rahmen eines Vergleichs mit der Ekklesiologie Bultmanns und der Bultmannschule. So Th.E.Price: The concept of the church in the theologies of Rudolf Bultmann and Gerhard Ebeling, Boston 1966; H.Häring: Kirche und Kerygma, Freiburg 1972, 195-265. Letzter stellt entscheidende Differenzen der Kirchenkonzeption Ebelings zur katholischen fest, ohne jedoch weiter nach ihren Gründen zu forschen. Die genannten Arbeiten gehen jedoch nicht auf die Frage nach der Heilsvermittlung ein und nehmen auch keinen Vergleich mit der katholischen Ekklesiologie vor.

[247] Dogmatik III, 334.

[248] Ebd. 346.

[249] Ebd. 343f.

der Erfahrungsaspekt zusammengenommen können der Kirche in ihrer ambivalenten Gestalt gerecht werden.
Ebeling konstatiert dabei eine doppelte Spannung: einerseits eine Differenz zwischen dem Anspruch und der tatsächlichen Wirklichkeit der Kirche - so gilt sie dem Glauben als eine und ist doch in eine Vielheit zerstritten, sie gilt als heilig und ist doch von der Sünde behaftet -, andererseits eine Sprachdifferenz: »auch da, wo das Erfahrungsurteil über die Kirche positiv lautet, deckt es sich nicht einfach mit dem Glaubensurteil«[250]. Dieser doppelten Spannung tragen die verschiedenen Distinktionen im Kirchenbegriff Rechnung. Zerfällt die Wirklichkeit der Kirche also in verschiedene Ebenen, oder besteht zwischen ihnen eine innere Beziehung?
Im Bestreben, einen zweifachen Kirchenbegriff zu überwinden, weist Ebeling alle Tendenzen zurück, die die Unterscheidung zu einer grundsätzlichen Scheidung innerhalb der Kirche machen. Stattdessen fordert er eine ekklesiologische Fundamentalunterscheidung zwischen Kirche und Christus als ihrem Begründer. »Der entscheidende Ansatzpunkt liegt zweifellos in der Frage, was Kirche zur Kirche macht. Das erfordert eine Fundamentalunterscheidung, die nicht primär zwei Aspekte der Kirche ausweist und zueinander in Beziehung setzt, vielmehr die Kirche als solche von Jesus Christus als ihrem Grund unterscheidet. Damit ist auf dasjenige Geschehen hingewiesen, das für das Entstehen und Bestehen von Kirche konstitutiv ist.«[251] Jesus Christus ist ihr Existenzgrund und die Verbürgung ihres Daseins; er ist in Person und Werk selbst implizite Ekklesiologie.
Ebeling weiß, daß die Kirche nicht schlechterdings von Christus unterschieden, sondern daß sie als sein Leib zugleich untrennbar mit ihm verbunden ist. Durch den Tod Jesu wurde die Kirche gleichsam freisetzt »als die geschichtliche Präsenz des Auferstandenen, so daß Jesus, von der Kirche als deren Gegenüber unterschieden, doch zugleich untrennbar bei ihr ist.«[252] Die Rede von Christus als dem »Grund der Kirche«[253] bringt diese zweifache Relation zum Ausdruck. Als sein Leib hat die Kirche Christus nicht zum festen Besitz, sondern lebt nur im ständigen Empfang ihres Lebens von Christus her[254]. Alles Wissen um die immer-

[250] Ebd. 352.

[251] Ebd. 357.

[252] Theologie und Verkündigung, Tübingen ^{2}1963, 95.

[253] Ebd.

[254] Vgl. Dogmatik III, 362: »Das Gegenüber von Christus und Kirche offen zu halten und immer neu wirksam werden zu lassen, dazu bedarf es des gesonderten gottesdienstlichen Geschehens.«

währende Bezogenheit der Kirche auf ihren Grund darf jedoch die Fundamentalunterscheidung nicht einebnen. Versteht die katholische Theologie die Kirche laut Ebeling als Christus prolongatus, ist es das grundlegende Gebot einer protestantischen Ekklesiologie, die Grundunterscheidung aufrechtzuerhalten und alle anderen ekklesiologischen Fragen auf die eine hin zu relativieren. »Damit wird der Gefahr gewehrt, die von einer sich verselbständigenden Ekklesiologie her droht: Sie verleitet zu einer theologia gloriae. Die Unterscheidung zwischen Christus und der Kirche hingegen hält dazu an, über die Kirche im Geiste der theologia crucis nachzudenken.«[255]

2. Creatura verbi

Ebelings Kirchenverständnis zeigt sich durch und durch von seinem worttheologischen Ansatz bestimmt. Er will als ihr Kennzeichen nur das gelten lassen, »was Kirche zur Kirche *macht*, also das, wovon gilt, daß es der Kirche notwendig ist. Das ist allein das vollmächtige Wortgeschehen auf Grund der Vollmacht Jesu.«[256] Im Wort, das Fleisch geworden ist, hat sie ihren alleinigen Existenzgrund. Die Kirche ist primär nicht Trägerin und Verkünderin des Wortes, nicht als erstes diejenige Größe, »in qua evangelium pure docetur et recte administrantur sacramenta«, sondern sie wird vor der Verkündigung und Sakramentenspendung selbst durch das Wort konstituiert. Das Wort, das in ihr und durch sie ergeht, ergeht zuerst *an* sie, und die vielfältigen Weisen ihrer Verkündigung gründen in der immer schon geschehenen Verkündigung des Wortes an sie. So ist die Kirche als erstes creatura verbi[257]. Sie existiert nicht selbständig neben dem Wort, sondern einzig und allein von ihm her. So ist das Wort der Kirche als der sie konstituierende Existenzgrund unbedingt vor- und übergeordnet. Sobald die Kirche nicht mehr auf das Wort Gottes hört und in der Verselbständigung ihm gegenüber existiert, hört sie nicht einfach auf, Kirche zu sein, sondern sie ist »in derselben Paradoxie Kreatur des Wortes Gottes wie die gefallene Kreatur, d.h. sie ist Welt und nicht ecclesia proprie dicta«[258].

---

255 Ebd. 357f.

256 Theologie und Verkündigung, 102.

257 Vgl. WA 6, 560,33 - 561,1.

258 WuG I, 172.

Weil die Kirche allein im Hören auf das Wort existiert, ist ihre actio nichts als passio[259]. Was Balthasar als Grundgeschehen von Kirche herausstellte, nämlich das Hören auf das Wort, findet sich bei Ebeling als der entscheidende Grundzug protestantischen Kirchenverständnisses bestätigt. In dieser Hinsicht berühren sich beider Ekklesiologien aufs engste. Die Kirche ist nicht nur in ihrem einmaligen Akt der Gründung, sondern dauerhaft hörend und insofern passiv, creatio continua. »Dies unterstreicht Luther durch die präsentische Redeweise. Er sagt nicht: Ecclesia nata est verbo promissionis, ipsa per promissiones dei contituta est, sondern: nascitur und constituitur. Ihr esse ist ein ständiges fieri.«[260] Nach Ebeling wäre für das protestantische Kirchenverständnis viel gewonnen, wenn in allem Reden über die Kirche vom sie konstituierenden Wirken des Wortes Gottes her gedacht würde: »Statt daß man sagt, daß die Kirche der Ort des Geschehens des Wortes Gottes sei, müßte man richtiger sagen, daß das Geschehen des Wortes Gottes der Ort der Kirche sei, nämlich daß die Kirche mit ihrem Sein als factam esse und fieri ihren Ort hat im Worte Gottes und dessen factum esse und fieri.«[261] So wird auch die Existenz und Kontinuität der Kirche in der Geschichte nicht durch äußere Ordnungen und sichtbare Strukturen verbürgt, sondern allein durch das Wort Gottes. In diesem Sinne ist die Kirche nicht Institution, wie im Gefolge des sakramentalen Denkens, sondern Ereignis, das durch das Wort je neu ins Leben gerufen wird[262].

3. Kirchliche Verkündigung und Bezeugung

Dem Wort Gottes entspricht auf seiten des Menschen der Glaube; die Kirche ist »Aufgebot des Glaubens«[263]. Diese Formulierung scheint Ebeling zutreffender zur Kennzeichnung ihres Wesen anstatt »Gemeinschaft« oder »Versammlung« des Glaubens. Denn auf diese Weise kommt unmißverständlich zum Ausdruck, daß es der Kirche nicht nur um ein Gemeinschaftsinteresse geht, sondern um den Glau-

---

259 Ebd. 168.

260 Ebd. 169.

261 Ebd. 170.

262 Die Kirche ist deswegen jedoch keineswegs unsichtbar. Die Alternative von Unsichtbarkeit und Sichtbarkeit der Kirche, in der »schwärmerischer Doketismus einerseits und historischer Positivismus anderseits« (WGT, 21) miteinander ringen, hält Ebeling für überholt. Stattdessen spricht er von der »Kenntlichkeit der Kirche« (Theologie und Verkündigung, 101) aufgrund des Wortes, die nur im Glauben zu erfassen ist.

263 Vgl. Luther, 178ff.

ben selbst und damit um die Sache Jesu Christi[264]. Dem Wort glauben, heißt Zeuge des Glaubens werden, zu Verkündigung und Sendung aufgeboten zu sein[265]. Weil der Glaube als traditum immer zugleich ein tradendum ist, muß er das, was er empfangen hat, an andere mitteilen und weitergeben[266]. Als Aufgebot des Glaubens darf sich die Kirche darum nicht mit dem Hören des Wortes begnügen, sondern sie lebt von der Verkündigung »als dem gegenwärtigen Zu-Worte-Kommen des Wortes Gottes«[267]. Auf diese Weise wird die Kirche als Ort des Wortgeschehens zu dessen Träger, wird die Empfängerin zur Verkünderin. Genau wie Balthasar stellt Ebeling den wechselseitigen Zusammenhang der beiden Dimensionen von Kirche heraus: »Die Theologie steht und fällt mit der untrennbaren Zusammengehörigkeit beider Dimensionen: daß das Geschehen von Verkündigung angewiesen bleibt auf geschehene Verkündigung und die geschehene Verkündigung zu neuer Verkündigung anweist und ermächtigt.«[268] In diesem Sinne ist die Kirche nicht nur passiv-hörend, sondern ihr kommt eine eigene Aktivität zu, die sie in den vielfältigen Formen von Verkündigung, in Predigt, kirchlicher Lehre und Theologie wahrzunehmen hat. Kirchliche Verkündigung ist als Bezeugung mehr als die Mitteilung von Glaubenssätzen, sondern, da das Wort selbst Gnadenereignis ist, Anteilgeben an der Liebe und Gnade Gottes selbst[269].

In diesem Sinne kommt der Kirche eine echte Vermittlungsfunktion im Heilsgeschehen zu. Sie tut der einzigartigen Bedeutung Jesu Christi keinen Abbruch, dessen alleinige Heilsmittlerschaft ja gerade die Essenz der Rechtfertigungsbotschaft ist[270]. Die kirchliche Bezeugung stellt keine Konkurrenz zu seiner Mittlerschaft dar; vielmehr macht er sich selbst durch die Kirche der Welt überhaupt erst kund. Denn was wäre das Ereignis der Versöhnung Gottes mit dem Menschen in Jesus Christus, würde nicht allen Menschen Zeugnis davon abgelegt? Allein im Zeugnis, im mitteilenden Wort ist Jesus Christus und das durch ihn eröffnete Heil für die Welt präsent: »Der Glaube haftet an Jesus Christus als seinem Grund ...; jedoch nicht kraft einer unmittelbaren Beziehung zu ihm, sondern vermittelt durch das Zeugnis von Christus, durch das

---

[264] Wesen, 191.

[265] Ebd. 191f.

[266] WGT, 158.

[267] WuG I, 169.

[268] Theologie und Verkündigung, 10.

[269] WGT, 194.

[270] Dogmatik III, 221: »Es gibt keinen anderen, der in dieser Weise zurechtbringend für die Menschen da ist. ... Hier geht es um reine Gnade, hier ist nichts anderes zu erwarten als lauteres Wort und hier gilt nichts anderes als der Glaube allein.«

dieser als verkündigter sich selbst kundtut. So besteht ein Zirkel von Glauben und Glaubensaussage. Der Glaube kommt zwar aus dem Wort und ist wesenhaft Antwort. Dieses Wort, das zum Glauben provoziert, ist aber als weitergesagtes immer auch schon ein Wort, das durch den Glauben evoziert ist, also Glaubensaussage in dem doppelten Sinn von Hinzielen auf den Glauben und Herkommen von ihm.«[271]

Verkündigung des Wortes durch die Kirche geschieht nicht durch eine bloße Wiedergabe des Schriftwortes. Vielmehr hat die Kirche eine hermeneutische Aufgabe zu erfüllen: Sie hat das Wort Gottes zur jeweiligen Wirklichkeitserfahrung des Menschen in Beziehung zu setzen und so die Schrift zum Verstehen zu bringen[272]. Auf diese Weise soll das Wort Sprache gewinnen und verantwortet werden als »maßgebendes Zeugnis des Verstandensein des Wortes Gottes«[273]. Doch so wenig wie die Kirche mit Gott selbst darf sich die kirchliche Lehre mit Gottes Wort identifizieren.

Dennoch sind für Ebeling Wort Gottes auf der einen und kirchliche Verkündigung auf der anderen Seite nicht zu trennen oder gar im Sinne von rein göttlichem und bloß menschlichem Wort einander entgegenzusetzen[274], da Gottes Wort nur durch Menschenmund vernehmbar wird. Das Wort Gottes als der Grund von Lehre, Theologie und Verkündigung kommt nur in deren Gestalt und damit in Gestalt des Wortes der Kirche zur Sprache. Freilich können Wort Gottes und Wort der Kirche auch divergieren; dann sind sie genau voneinander zu unterscheiden[275]. Der tatsächliche Zusammenhang von Kirche und Lehre bzw. Verkündigung bestimmt sich somit allein vom Wort Gottes her[276]. Die Vor- und Überordnung des Wortes gegenüber der Kirche muß grundsätzlich gewahrt bleiben. Die Kirche erhebt sich darum in keinem Fall (so wie in seinen Augen die katholische) selbst zum Richter und Prinzip der in der Schrift bezeugten Offenbarung[277]. Aus diesem Grund lehnt Ebeling den katholischen Vorgang der Dogmatisierung im Unterschied zur Bekenntnisbildung strikt ab, da dort der Wahrheitsanspruch mit einem

---

271 Dogmatik I, 83.

272 WuG I, 347; vgl. den gesamten Aufsatz: Wort Gottes und Hermeneutik, ebd. 319-348.

273 WGT, 159. Vgl. Theologie und Verkündigung, 9.

274 Zwischen Verkündigung, kirchlicher Lehre und Theologie nimmt Ebeling nochmals eine sorgfältige Differenzierung vor, ohne sie jedoch voneinander zu trennen. Vgl. dazu: Wort Gottes und kirchliche Lehre, in: WGT, 155-174, v.a. 163f.

275 Ebd. 173.

276 Vgl. WuG I, 168: »Wie Kirche und Lehre sich zueinander verhalten ist also eine sekundäre Frage, deren Beantwortung davon abhängt, wie Kirche und Lehre im Worte Gottes enthalten sind.«

277 Ebd. 117.

formalen kirchlichen Autoritätsanspruch verklammert und auf diese Weise vergesetzlicht werde[278]. Die Sache der Schrift macht sich vielmehr selbst gegenwärtig; die Schrift ist ihr eigener Interpret[279].
Indem die Kirche jedoch das Wort Gottes in Korrelation zum Lebens- und Erfahrungshorizont des Menschen zu setzen hat, ist es notwendig an das Auslegungsgeschehen der Kirche gebunden. Gerade dies wird Ebeling von manchen protestantischen Theologen zum Vorwurf gemacht: »Die von Ebeling Bultmann gegenüber angemeldete Befürchtung, dieser trage in gefährlicher Weise das römisch-katholische Kirchenverständnis in den Begriff der Verkündigung hinein, schlägt in um so schärferer Weise auf Ebeling zurück. Denn es ist - im Sinne Ebelings - die durch das Wort bevollmächtigte Kirche in ihrer Verkündigung und Theologie, die ... das Wortgeschehen vermittelt, indem sie die biblisch-reformatorische Tradition des Redens von Gott und die sprachlich-geschichtliche Wirklichkeitserfahrung in der Gewissensstruktur des Menschen korrelierend so zueinander in Beziehung setzt, daß sie dem Geschehen des Wortes Gottes den Wirkungsraum eröffnet. Wohlgemerkt - das vollbringt nach Ebeling nicht die Philosophie, sondern die *kirchliche* Theologie und Verkündigung, wenn man so will, die Kirche unter dem Wort und unter der Gnade. Die Parallele zu der subtilen Gnaden- und Amtslehre der Kirche des Tridentinums und des I. Vaticanums scheint mir nicht hergeholt zu sein.«[280]

4. Vollmächtiges Wortgeschehen

a. Die Kirche als Gegenwart der Vollmacht Christi

Das Christusereignis ist Ereignis der Vollmacht, wie sie sich in Christi Wort und Lehre, aber auch in den Wunderheilungen, Dämonenaustreibungen, Sündenvergebungen, in der Befreiung von der Gesetzlichkeit und in den Berufungen zur Nachfolge erweist. Erst Christus macht offenbar, was es mit der Vollmacht Gottes auf sich hat. Diese Vollmacht wird durch das Zeugnis der Kirche weitergetragen; sie hat die Aufgabe, sie unter Berufung auf die Autorität Jesu Christi durch das Wort geltend zu machen. Auf diese Weise wird die Kirche selbst zum vollmächtigen Wortgeschehen. Da Vollmacht als bevollmächtigende wirksam ist,

---

278 WuG I, 176, 181; WGT, 169.
279 WGT, 119, 124, 140; WuG I, 320f.
280 H.Th.Goebel: Wort Gottes als Auftrag, 172.

ist die Kirche als ihre Trägerin selbst bevollmächtigend, indem sie sie an andere weitergibt. Sie vermag dies jedoch nicht aus eigener Kraft, sondern nur durch das Wirken des Heiligen Geistes, der die Gegenwart Jesu Christi in ihr verbürgt. Aus diesem Grund umfaßt das Bekenntnis zur Vollmacht der Kirche notwendig das Bekenntnis zum Heiligen Geist[281]. Und weiter: Die Kirche ist vollmächtiges Wortgeschehen auch nur, insofern »ihre« Vollmacht die Vollmacht Jesu bleibt. Als solche ist sie unverfügbar und kann niemals zu ihrem Besitz werden. »Die Vollmacht des Wortgeschehens, das das Wesen der Kirche selbst ausmacht, ist also einerseits die in diesem Wortgeschehen selbst sich ereignende und sich geltend machende Vollmacht, anderseits aber, gemäß der darin sich vollziehenden Berufung auf Jesus, die diesem Wortgeschehen nicht von sich aus, sondern von Jesus her eignende Vollmacht. Sie ist also die in vollmächtigem Wortgeschehen zur Geltung kommende Vollmacht Jesu.«[282]

Das Grundgeschehen von Kirche ist somit beides: bevollmächtigt, insofern ihre Vollmacht ihr von Jesus her zu eigen ist, bevollmächtigend, insofern Jesu Vollmacht durch die Kirche geschieht[283]. Die Kirche ist deswegen nicht etwa der präsente Christus oder der Christus prolongatus, jedoch die fortdauernde Präsenz seiner Vollmacht, die gegenwärtig ist in ihrem Wort. Hier ist auch immer zu bedenken, daß die Vollmacht Christi in der Kirche nicht unverhüllt, sondern im Sinne der absconditas sub contrario gegenwärtig ist: So wie ihre Heiligkeit unter der Sünde ist ihre Vollmacht unter Schwachheit verborgen.

Die Vergegenwärtigung der Vollmacht Christi versteht Ebeling nicht als Macht, sondern als Dienst, der Teilhabe am Werk Gottes an allen Menschen ist[284]. Denn vollmächtiges Wort wird nicht durch selbstmächtiges Mühen um Vollmacht, sondern allein durch die Hingabe an das Wort und die Bereitschaft zum Dienst zuteil. »Kirche als vollmächtiges Wortgeschehen geht auf in der Freiheit zum Dienen. Sie ist in der Ganzheit ihres Daseins - nicht bloß in besonderen Veranstaltungen - Gottesdienst.«[285] Untrennbar vom Dienst an Gott (und nicht als ein zweites neben der gottesdienstlichen Funktion) ist die Kirche zum Dienst am Menschen berufen. »Denn das, womit gedient wird, ist das vollmächtige Wortgeschehen selbst, das als Gegenwart Gottes Geschehen am Menschen ist. Denn allein durch die Gegenwart Gottes ist unter den Men-

---

[281] Theologie und Verkündigung, 99.

[282] Ebd. 95.

[283] Ebd. 98.

[284] Vgl. Wesen, 191f.

[285] Theologie und Verkündigung, 102.

schen Gott gedient. Und allein durch die Gegenwart Gottes ist den Menschen letztlich gedient.«[286] Die Kirche ist nicht Selbstzweck, sondern um der Menschen willen da. »Sie ist als Kirche so wenig etwas für sich selbst, daß ihr Dasein für andere im strengen Sinn gar nicht *ihr* Dasein für andere ist, sondern allein die Bezeugung dessen, daß Gott in Christus für andere da ist, aber diese Bezeugung nun wirklich als Bezeugung für andere.«[287] So ist die Kirche von der Welt nicht strikt zu trennen, sondern auf sie hingeordnet; um der Sendung an die Welt willen ist sie eine geschichtliche Größe[288].

b. Vollmacht und Institution

Kirchliche Vollmacht und Autorität hat, da sie an das konkrete Wortgeschehen gebunden ist, immer personalen Charakter, ist geknüpft an konkrete Personen und Amtsträger. Deren Anspruch auf Autorität hat sich jedoch grundsätzlich an der Sache selber auszuweisen. Entscheidend ist darum für Ebeling die Identität »der Autorität der Sache auf der einen Seite, der sich die Einsicht beugt, und der Autorität der Person auf der andern Seite, der sich der Gehorsam fügt«[289], eine Einheit, wie sie nur dem Wort Gottes zueigen ist. Personale Vollmacht ist keine formale, allein durch deren institutionellen Charakter begründete, sondern erhält ihre Legitimation einzig und allein durch die bevollmächtigte Sache selbst[290].

Autorität für das Amt oder auch für ein Gremium (wie z.B. eine Synode) gibt es darum nur unter der Bedingung, »daß die Äußerung der Autorität zu behaften ist bei ihrer Berufung auf ihren Grund und daß darum nie an sich und formal, sondern allein im Sicheinlassen auf den Grund der Vollmacht Autorität in der Kirche in Anspruch genommen werden kann.«[291] Alles andere wäre falsche, veräußerlichte Gesetzlichkeit, die dem Geist der Freiheit widerspricht. Ebeling distanziert sich

---

286 Ebd. 102.

287 WuG I, 118.

288 Wesen, 203. - Wegen der Hinordnung der Kirche auf die Welt weist Ebeling die Bezeichnung »Ort des Glaubens« im Sinne eines abgeschlossenen Raumes, in dem der Glaube seinen Ort hat, zurück, weil sie auf eine Trennung von Kirche und Welt hinauslaufen würde.

289 Ebd.

290 Die Zustimmung zu Aussagen des Lehramtes hängt deshalb für Ebeling daran, »daß diese Autorität der kirchlichen Instanz sich als solche am Gewissen erweist, und zwar in der Art, wie es dem Wesen der in Jesus offenbar gewordenen exousia des Heiligen Geistes entspricht« (ebd. 173).

291 Ebd. 172.

darum von einem Autoritätsverständnis, wie es nach seiner Ansicht in der traditionellen katholischen Theologie begegnet, das Vollmacht an bestimmten kirchlichen Strukturen und Institutionen festmacht. Noch stärker als bei Pannenberg werden hier die protestantischen Vorbehalte gegen das Institutionelle sichtbar, kommt die Entgegensetzung von Kirche als Ereignis im Gegensatz zur Institution zum Tragen. Jesus hat, so Ebeling, seine Autorität nicht auf die Kirche übertragen, indem er eine Kirchenstruktur geschaffen, sondern indem er ihr den Auftrag zur vollmächtigen Wortverkündigung gegeben hat.

Ebeling hält zwar uneingeschränkt an der Notwendigkeit des Amtes fest, das er, ähnlich wie Pannenberg, von seiner Öffentlichkeitsfunktion her begründet: Die Verantwortung des Christuswortes ist deswegen bestimmten, ins Amt berufenen Gläubigen anvertraut, weil aus praktischen Gründen nicht alle diese Verantwortung, vor allem nicht öffentlich, wahrnehmen können[292]. Doch der Amtsträger verfügt nicht über eine andere oder besondere Vollmacht. Denn es gibt nur ein einziges priesterliches Amt, dasjenige Jesu Christi, an dem alle anderen Ämter und Dienste partizipieren. Jedes Amt ist als die öffentliche Proklamation des Priestertums Christi »Bezeugung dessen, was dem Christen als solchem durch die Taufe gegeben ist. 'Allgemeines Priestertum' ist schon ein verwirrender Ausdruck, weil er nach speziellem Priestertum ruft. Es ist ein und dasselbe Priestertum, das sich in verschiedenen Ämtern und Gaben betätigt.«[293] Jeder der in Christus ist, hat an seinem priesterlich-königlichen Amt teil und ist geistlichen Standes. Darum gibt es keine höhere Vollmacht in der Kirche als die, welche durch die Taufe ausdrücklich zugesprochen wird. Weil die vielen verschiedenen Ämter und Dienste ihr Zentrum in der Weitergabe des Christuswortes haben, gleich ob dies verbal oder sakramental geschieht, sind sie »letztlich eines als vielfältige Weisen des einen vollmächtigen Wortgeschehens«[294].

---

[292] Dogmatik III, 368; vgl. dazu auch: Das Priestertum in protestantischer Sicht: WGT, 183-196.

[293] WGT 195f.

[294] Ebd. 103. Ebeling legt Wert darauf, daß der Inhaber des Amtes nicht nur den Auftrag der Gemeinde ausführt und sich nach ihrem Willen richtet, sondern daß er durchaus in einem Gegenüber zur Gemeinde steht. »Der in das Amt Berufene steht einzig und allein in dem Auftrag Christi und insofern in einem notwendigen Gegenüber zur Gemeinde, soweit es um die Verantwortung des Christuswortes geht«: Dogmatik III, 368.

c. Vollmacht und Freiheit

Die Vollmacht Christi, die im vollmächtigen Wort der Kirche wirksam gegenwärtig ist, bedeutet nicht Versklavung des Menschen, sondern erweist sich als befreiende Freiheit und damit als Inbegriff des Heils[295]. Durch Jesus Christus wurde dem Menschen die wahre Freiheit geschenkt: Freiheit von der Sünde, vom Fluch des Gesetzes, von Krankheit, Tod, vom Zwang der Sorge um das eigene Ich, Freiheit zur Dienstbarkeit der Liebe. Diese Freiheit muß in der Kirche weiter wirksam werden. »Kirche - das ist ein ekklesiologischer Grundsatz - ist der Ort der Freiheit. Sie ist das Geschlecht der Freien.«[296] Als »vollmächtiges Wortgeschehen unter Berufung auf Jesus, das Juden und Heiden darin eint, Gott gegenwärtig sein zu lassen zum Glauben als der Freiheit zur Liebe«[297], ist es die Aufgabe der Kirche, die durch Christus geschenkte Freiheit zu verwirklichen. Dieser Auftrag steht keineswegs im Widerspruch zur kirchlichen Autorität. »Kriterium wahrer Autorität im christlichen Verständnis ... ist dies, daß sie nicht in auctoritas normativa steckenbleibt, sondern auctoritas causativa ist, zum Glauben erweckende, zur Liebe ermutigende Vollmacht. Wo Vollmacht in Gegensatz zu Freiheit tritt, sind weder Autorität noch auch Freiheit recht begriffen und beide in Wahrheit nicht vorhanden.«[298]

Ebeling ist davon überzeugt, daß in der katholischen Kirche das Verständnis für den paulinischen Gedanken von der Freiheit als der Heilsgabe schlechthin völlig verlorengegangen ist. Erst die Reformation hat ihm wieder zum Durchbruch verholfen. Ihre Losung »Frei aus Glauben«[299] signalisiert sie als ihr besonderes Vermächtnis: die Befreiung von der römischen Kirchengewalt, der sakramentalen Vermittlerrolle der Priester, der Lehrautorität der Hierarchie und der Oberhoheit des Papstes, Befreiung von vielfachen religiösen Pflichtleistungen und Werken, überhaupt die Freiheit von allen Menschensatzungen[300]. Von daher hat der Grundsatz der christlichen Freiheit kriteriologische Bedeutung: »Das Kriterium allen kirchlichen Dienstes wie auch aller kirchlichen Ordnung ist aber einzig und allein dies, daß dem vollmächtigen Wortge-

---

[295] Theologie und Verkündigung, 97. Vgl. ebd. 94: »Das Wortgeschehen als die Wirklichkeit der Vollmacht, die als Freiheit, und der Freiheit, die als Vollmacht zu verstehen ist, ist das Wesen der Kirche.« Ähnlich WuG III, 465; Dogmatik III, 171-179.

[296] Dogmatik III, 179.

[297] Theologie und Verkündigung, 97.

[298] WGT, 172.

[299] Vgl. dazu: »Frei aus Glauben«. Das Vermächtnis der Reformation: Lutherstudien I, 308-329.

[300] Vgl. Luther, 242ff.

schehen und der freimachenden Freiheit Raum gegeben wird.«[301] - »Darum ist der Gesichtspunkt der Freiheit (im Sinne vollmächtiger, d.h. kraft Freigemachtseins freimachender Freiheit) das Kriterium aller ekklesiologischen Aussagen.«[302]

5. Die kommuniale Dimension des Heils

Die Verkündigung des Wortes wendet sich nicht an den abstrakten einzelnen, sondern an den Menschen, der einer Gemeinschaft von Glaubenden angehört. Auch die Bedeutung von Rechtfertigung und Heiligung erschließt sich nur von ihrem Ort in der Gemeinschaft der Kirche her[303]. Wie der einzelne im Heil wesenhaft mit der Gemeinschaft verbunden ist, so ist ihm die Verantwortung für das Heil der anderen auferlegt: »Er kann nicht am vollmächtigen Wortgeschehen teilhaben, ohne nach denen zu fragen, die ebenfalls oder die nicht daran teilhaben. Die Freiheit der Sohnschaft ist Freiheit zur Bruderschaft.«[304]
Vom allgemeinen Priestertum aller Gläubigen kommt jedem Glied der Kirche ausnahmslos der Auftrag zu, Teilhaber und Mitvollzieher des vollmächtigen Wortgeschehens zu sein. »Damit werden wir zugleich im Glauben durch Christus alle zu Priestern in einem Dasein für andere, das darin dem anderen das Entscheidende gibt, daß es zum Zeugen des Glaubens, zum Zeugen Christi wird, und daß so das Unerhörte geschieht, daß einer dem anderen zum Christus wird.«[305] Im Blick auf die kommuniale Dimension des Heils beruft sich Ebeling ebenso wie Pannenberg auf Luther selbst und seine Aufforderung, daß die Glaubenden einander »zum Christus« werden sollten. Von daher weist er den oft an Luther gerichteten Vorwurf des Heilsindividualismus zurück, dem angeblich die Rechtfertigungslehre ihren zentralen Stellenwert verdanke. Gerade Luthers Lehre von der Kirche beweist für ihn das Gegenteil. Ebenso hat die scheinbar allein am Individuum orientierte Konzentration auf Wort und Glaube die Mitmenschlichkeit zum Thema[306]. Denn diese erweist sich nicht erst »in den Erscheinungsweisen kirchlicher

---

[301] Ebd. 103.

[302] Theologie und Verkündigung, 94.

[303] Daß Luther den Ausdruck »Kirche« durch »Versammlung« oder »Gemeinde« ersetzt haben möchte, hebt die soziale Dimension des Rechtfertigungs- und Heiligungsgeschehens hervor. Vgl. WuG III, 324.

[304] Ebd. 101.

[305] WGT, 195.

[306] Luther, 307.

Gemeinschaft, sondern schon in dem Grundgeschehen, das Kirche zur Kirche macht, dem Wort des Glaubens, das von Mensch zu Mensch geschieht.«[307] Zwar lehnt Ebeling den Gedanken der Stellvertretung ab, weil im Glauben der einzelne unvertretbar als er selbst angegangen ist[308]. Dies entbindet jedoch nicht von der Verantwortung für den Glauben der Mitmenschen. Das ganze Dasein Jesu Christi war von der Sorge getragen, in anderen Glauben zu erwecken. »Denn Glauben heißt vor Gott zu sein als von Gott geliebt und darum unter den Menschen zu sein als Zeuge des Glaubens, als Zeuge der Liebe Gottes. Das ist Christi Stellvertretung, seine Platzhalterschaft, daß er so für andere da ist, daß von ihm wahres Dasein für andere ausgeht.«[309]

Die Mitverantwortung für den Glauben der anderen will Ebeling von einer eigenmächtigen, verdienstlichen Leistung des Menschen genau unterschieden wissen: »Wenn Luther gelegentlich sagt, daß einer dem andern ein Christus werden solle, so zeigt seine abgewogene Formulierung eindeutig, daß Christus selbst darin der Handelnde und allein durch den Glauben Ergriffene ist.«[310] Um keine Mißverständnisse aufkommen zu lassen, vermeidet Ebeling alles, was den Anschein menschlicher Leistung, der »Existenz im Wirken« an sich haben könnte. Dies dürfte auch der Grund sein, warum er die Verantwortung für den Glauben des anderen nicht von der Heiligung her und dem daraus erwachsenden Auftrag zum heilvollen Handeln begründet. Auf der anderen Seite wird von ihm die Vorstellung, daß der Glaubende aus der rechtfertigenden Gnade die Möglichkeit zum Dienst am Mitmenschen empfängt - ein Gedanke, den vor allem Balthasar geltend macht - ausdrücklich bejaht: »Erst daraus erwächst dem Menschen die Möglichkeit zu hingebungsvoller Arbeit, die dann aber nicht als Leistung ihm selbst zugute kommt, sondern Dienst am Mitmenschen ist.«[311]

---

307 Ebd. 309.

308 Dogmatik I, 83: »Wie man es auch dreht und wendet, der Glaube fordert den Einzelnen, freilich nicht zu einer Leistung, sondern zu einem Empfangen.«

309 WGT, 194.

310 Lutherstudien III, Tübingen 1985, 254.

311 Allerdings ist die Verantwortung für den Glauben des Mitmenschen nicht das entscheidende Moment an der Kirche. H.Häring: Kirche und Kerygma, 248, stellt darum, nicht ganz zu Unrecht, fest: »Gewiß, Ebeling kennt auch Dienst und Liebe, Mitmenschlichkeit und Brüderlichkeit. In ihnen gipfeln sogar seine Leitsätze zur Ekklesiologie. Und doch ist zu fragen, ob sie nicht eher die hinzutretende Selbstverständlichkeit als die konsequente Spitze oder gar tragende Basis der Ekklesiologie ausmachen.«

Ebelings Ausführungen über den Dienst am und die Verantwortung für den Mitmenschen machen deutlich, daß der Glaube des einzelnen auf die Bezeugung des Glaubens der Kirche notwendig verwiesen ist. Um diesen Sachverhalt zu unterstreichen, spricht Ebeling anstelle von der »Gemeinschaft der Glaubenden« auch von der »Gemeinschaft des Glaubens.« Daß ein jeder selbst zu glauben hat und sich darin von niemandem vertreten lassen kann, steht nicht im Widerspruch zu der Tatsache, daß er nur durch die Kirche zum Glauben kommt und daß er ihn bekennt, indem er in den Glauben der Kirche einstimmt. »Das Gesamtleben des Leibes Christi nimmt den Einzelnen in sich auf und trägt ihn. Was wäre ein Christ ohne die Teilhabe an dem, was Kirche zur Kirche macht, sowie darin, was andere vor ihm und neben ihm an geistlichem Leben vermitteln?«[312]

Wenn die Kirche das Aufgebot des Glaubens ist, so kann der Mensch nicht glauben, ohne sich diesem Aufgebot zu stellen. »Wäre das Aufgebot nicht schon vor uns im Gang gewesen, hätte der Ruf zum Glauben uns nicht erreicht. Und der Ruf zum Glauben hätte uns gar nicht erreicht, wenn nicht das Aufgebot zum Glauben eben durch uns weiterginge. Ohne zu diesem Aufgebot zu gehören, bei diesem Aufgebot mitzutun, kann der Glaube nicht Glaube sein.«[313] »Bei diesem Aufgebot mitzutun« meint nicht »Mittun« in der Kirche, wie Maron es versteht, nämlich die äußere, gesetzesähnliche Verpflichtung zum Gottesdienst, den Sakramenten und zur fraglosen Akzeptanz der kirchlichen Lehre. Die Verwiesenheit auf die Kirche ist nicht eine des Tuns, sondern primär eine des Hörens, weil das Wort Gottes Wort der Kirche ist. »Kirchlichkeit« ist nicht ein zur christlichen Existenz hinzutretendes Element, sondern für Ebeling deren Grundzug, ohne die der Mensch nicht zum Hören und damit nicht zum Glauben gelangen kann.

Angesichts dessen wird deutlich, daß die Kirche mehr ist als nur der nachträgliche Zusammenschluß der bekehrten einzelnen. Sie ist diejenige geschichtliche Wirklichkeit, die dem, der zum Glauben kommt, immer schon vorausliegt und ihn einbezieht[314]. »Die Kirche geht nicht aus den einzelnen Christen hervor, vielmehr gehen diese aus der Kirche

---

[312] Dogmatik III, 366.

[313] Wesen, 128f.

[314] Freilich ist die Kirche umgekehrt in ihrer Lebendigkeit vom Glauben und persönlichen Bekenntnis des einzelnen abhängig.

hervor.«[315] - »So entschieden das Glauben selbst Sache des Einzelnen ist, geht es doch aus einem Kommunikationsgeschehen des Glaubens hervor und nimmt seinerseits daran teil.«[316] Was Ebeling hier über die Verwiesenheit des Glaubens auf die Kirche aussagt, bestätigt und ergänzt seine Aussagen über ihre Bezeugungs- und Vermittlungsfunktion. Zur Illustration greift Ebeling, genau wie Balthasar, auf das von Luther selbst verwendete und für Maron so anstößige Bild von der Kirche als »Mutter« zurück, die jeden Christen zeugt und trägt[317]: Die Heiligung bzw. die Rechtfertigung ist der Geburt aus dem Mutterschoß der Kirche vergleichbar. Sowenig ein Mensch sich selbst zur Welt gebracht hat, »so wenig wird er von selbst, ohne heiligen Geist und ohne *Kirche* ein Christ und somit ein Heiliger. Um von dem Leben zu reden, das ihn erfüllt, muß man von seinem Zu-Leben-Kommen reden, das auf den unbegreiflichen Lebenszusammenhang verweist, dem der einzelne Christ sein Leben verdankt.«[318] Anschaulicher kann die Bedeutung der Kirche für das Rechtfertigungs- und Heiligungsgeschehen kaum beschrieben werden.

Der Weg zu dieser Einsicht führt für Ebeling gerade nicht über das sakramentale Denken, sondern über eine Theologie des Wortes, die sich selbst als dem sakramentalen Wirklichkeits-, Gnaden- und Kirchenverständnis diametral entgegenstehend begreift. Wir können daraus ersehen, daß das sakramentale Kirchenverständnis, in der Weise, wie es durch das Konzil artikuliert und von vielen Theologen vertreten wurde, nicht notwendige Voraussetzung ist, um einen inneren Zusammenhang von Kirche und Rechtfertigung adäquat zur Sprache zu bringen.

Zusammenfassung

Nach Ebeling ist bereits in Luthers Rechtfertigungslehre eine von der katholischen Lehre abweichende Auffassung von den Gnadenmitteln und der Kirche impliziert. Während sich nach protestantischem Verständnis die Rechtfertigung solo verbo, durch das Wort allein ereignet, scheint ihm die Gnade nach katholischer Auffassung ausschließlich an die Sakramente gebunden. In der Entgegensetzung von Wort und Sakrament bzw. worthafter und sakramentaler Existenz bricht die funda-

[315] WuG III, 325.
[316] Dogmatik III, 331.
[317] Ebeling bezieht sich auf BSLK 655, 3-6; vgl. WuG III, 324.
[318] WuG III, 325f.

mentale Differenz zwischen den Konfessionen auf. Sakramentalität der Gnade bedeutet für Ebeling das Zuständlich- und Vorfindlichmachen der Heilswirklichkeit im Sicht- und Greifbaren der Sakramente und der Kirche. Die protestantische Theologie hingegen lehnt alle Weisen der Vorfindlichkeit und Vergegenwärtigung der Gnade ab, so daß ihr eine zutiefst antisakramentale Spitze zukommt. Die Offenbarung ist für sie allein im Wort, dem Gnadenmittel schlechthin, präsent, das nicht bloße Information und Rede über Gott ist, sondern Geschehen der Gnade und Mitteilung der göttlichen Gegenwart. In diesem Sinne ist Ebelings Wortverständnis sakramental, auch insofern es immer Wort aus menschlichem Mund ist. Ebeling wendet sich gegen die signifikationshermeneutische Auffassung, die das Wort als bloße Bezeichnung einer von ihm getrennten Wirklichkeit versteht und ihm im Gnadengeschehen eine rein disponierende Funktion zuspricht. Die Sakramente werden von ihm nicht als Zusatz zum Wort, sondern selbst als eine besondere Weise des Wortgeschehens verstanden, die dessen Situationsbezogenheit zur Geltung bringen.

Die Mitteilung der Gnade durch das Wort wahrt die Verborgenheit der Offenbarung, die sich als absconditas sub contrario und im Zeichen des Kreuzes im Widerspruch zu allen menschlichen Erwartungen ereignet. Die katholische Theologie trägt nach Ebeling diesem Verborgenheitscharakter nicht hinreichend Rechnung, sondern ist einer theologia gloriae verfallen. Diese Tendenz zeigt sich am deutlichsten in ihrer Auffassung von der Sichtbarkeit und Verleiblichung der Gnade in der Kirche, die von einem Enthusiasmus geprägt ist, der sie mit dem Schwärmertum verbindet. Die Mitteilung der Gnade durch das Wort wahrt neben ihrer Verborgenheit auch ihre eschatologische Ausständigkeit, da das Wort selber promissio ist. In diesem Sinne ist die Gegenwart der Gnade in der Kirche, den Sakramenten und im Wort nicht sakramental, sondern eschatologisch.

Der tiefste Grund für die Differenz in der Auffassung von den Gnadenmitteln ist für Ebeling das unterschiedliche Wirklichkeitsverständnis: Die lutherische Ontologie ist im Unterschied zum metaphysischen Substanzdenken eine relationale bzw. personale Ontologie, insofern sie Seiendes nicht, wie jene, in seinem An-und-für-sich-Sein, sondern in der Beziehung zu anderen Wirklichkeiten und damit unter dem Gesichtspunkt der Relation zu erfassen sucht. In besonderer Weise bringt die Rechtfertigungslehre die Grundsituation des vor Gott gestellten Menschen zum Ausdruck. In der coram-Relation wurzelt die Sprachlichkeit der Wirklichkeit: Weil Beziehung durch das Wort gestiftet wird und sich darin ausdrückt, ist die Gnade Gottes allein im Wort präsent. Auch das

Verhältnis von Schöpfer und Geschöpf ist nicht vom An-sich-Sein Gottes her, sondern relational von ihrem Zusammensein und damit von der Gebetssituation her zu entfalten. So erweist sich das relationale Wirklichkeitsverständnis, das Ebeling zum hermeneutischen Schlüssel seiner Theologie macht, als der Dreh- und Angelpunkt der Konfessionsdifferenz.

Ebeling weist die durch die Aufnahme aristotelischer Kategorien entstandene scholastische Lehre von der Gnade als einer sachhaften Qualität und quasi substantialen Wirklichkeit bzw. als eingegossenem habitus zurück. Ebenso lehnt er die Vorstellung von der gratia creata ab, durch die der Mensch in seinem Sein verwandelt und vervollkommnet wird - in besonderer Weise Maria, das Urbild der katholischen Ekklesiologie. Wie in Maria die Gnade ganz in die menschliche Wirklichkeit eingeht, so sieht Ebeling die gleiche Synthese in der Kirche gegeben, die deswegen zum greifbaren, vergegenwärtigten Christus wird. Die Lehre von der gratia creata mündet in Ebelings Augen in ein christliches Leistungsdenken. Nicht nur der Vollzug des Sakramentes und der Glaube als die subjektive Aneignung der objektiven Heilstat werden zum Werk, sondern vor allem das Verständnis der Rechtfertigung als heiligmachender Gnade hat eine Existenz im Wirken zur Folge. Sie fordert vom Menschen die verdienstliche Mehrung der Gnade, so daß er in dem Maße gerechtfertigt ist, wie er die empfangene Gnade in der Heiligung realisiert.

Um die Fundamentalunterscheidung der Kirche von Jesus Christus selbst zu wahren, versteht Ebeling diese ausschließlich vom Wort her, in dem sie ihren bleibenden Existenzgrund hat. Nicht feste Strukturen oder Institutionen garantieren ihre Kontinuität in der Geschichte, sondern allein das Ereignis des Wortes. Primär ist die Kirche creatura verbi, passiv-hörende Empfängerin des Wortes. Doch als »Aufgebot des Glaubens«, das das, was es empfangen hat, auch weitergeben muß, erhält sie zugleich den Auftrag zu dessen Weitergabe in Verkündigung und Bezeugung. Insofern es dabei um ein Anteilgeben an der Wirklichkeit Gottes selbst geht, kommt ihr eine echte Mitteilungsfunktion zu. Da die Kirche durch die Auslegung der Schrift auf den konkreten Lebens- und Erfahrungshorizont der Menschen hin eine bedeutsame hermeneutische Aufgabe zu erfüllen hat, ist die Verkündigung des Wortes konstitutiv an sie gebunden. Im Wort ist die Vollmacht Christi in der Geschichte fortdauernd präsent. Sie begründet sich nicht formal, von der Anbindung an eine konkrete Institution her, sondern hat sich an der Sache selbst - am vollmächtigen Wortereignis - auszuweisen. In diesem Sinne ist das Institutionelle für Ebelings Kirchenverständnis nicht kon-

stitutiv. Die Vollmacht Christi erweist sich in der Kirche nicht als Versklavung, sondern als Befreiung des Menschen. Wenngleich diese Freiheit nicht im Widerspruch zur kirchlichen Autorität steht, so ist sie für Ebeling doch das Kriterium aller ekklesiologischen Aussagen.
Aufgrund der kommunialen Dimension des Heils ist dem einzelnen Glaubenden die Verantwortung für den Glauben der anderen auferlegt. Der an Luther gerichtete Vorwurf des Heilsindividualismus ist darum nicht haltbar. Vom allgemeinen Priestertum her ist ein jeder aufgefordert, Zeuge des Glaubens zu sein und für andere »zum Christus« zu werden, der in ihnen den Glauben erweckt. Damit ist der Glaube des einzelnen grundsätzlich auf das Zeugnis der Kirche verwiesen, die ihn zum Glauben führt, trägt und ihn in ihre Gemeinschaft aufnimmt. So ist die Kirche nicht nur Zusammenschluß der Gläubigen, sondern geht ihnen als geschichtliche Wirklichkeit, als Gemeinschaft des Glaubens voraus. Sie ist die Mutter, die die Christen zeugt und trägt; die Rechtfertigung und Heiligung ist der Geburt aus dem Mutterschoß vergleichbar. Weil durch die Kirche der Mensch zum Glauben kommt und das rechtfertigende Erlösungswort empfängt, ist sie grundlegend in das Rechtfertigungsgeschehen involviert.

Diskussion

Zur katholischen Worttheologie

Im folgenden soll nicht im einzelnen auf die Mißverständnisse und Einseitigkeiten in Ebelings Darstellung der katholischen Lehre eingegangen werden - de facto ist der Glaube nach katholischem Verständnis nicht Werk, sondern Gnade, die freilich die durch die Gnade ermächtigte und getragene Willensentscheidung des Menschen nicht ausschließt; das Sakrament ist ebensowenig Werk, wenngleich die Gnade erst durch ihre glaubende Aneignung kraft der zuvorkommenden Gnade Gottes wirkliche Gnade ist[319]; die Heiligung bedeutet keine Selbstrechtfertigung durch das verdienstliche Handeln, sondern dem Menschen erwächst allein aus der Kraft der Gnade die Befähigung zum heilvollen Tun[320]. Die ökumenische Auseinandersetzung wird unbefrie-

[319] Dazu ausführlich O.H.Pesch: Die Theologie der Rechtfertigung bei Martin Luther und Thomas von Aquin, 803f.

[320] H.Küng: Rechtfertigung, 289, stellt den Zusammenhang von Rechtfertigung und Heiligung folgendermaßen dar: »Die Heiligung ist nicht einfach - wie oft behauptet - die

digend, wenn sie sich in Vorwürfen der einen und in Versicherungen der anderen Seite erschöpft, richtig verstanden sei genau das Gegenteil dessen gemeint, was ihr zum Vorwurf gemacht wird[321].

Näher einzugehen ist jedoch auf Ebelings Entgegensetzung von Wort und Sakrament und seine nicht weiter belegte Überzeugung, die rechtfertigende Gnade werde nach katholischer Auffassung ausschließlich durch die Sakramente vermittelt. Weder von der scholastischen Theologie[322] noch vom Konzil von Trient[323] wird dies so behauptet. Das Zweite Vatikanum hat nachdrücklich auf die heilsschaffende Kraft des Wortes (DV 21; SC 51) sowie auf den »Tisch des Wortes« zusammen mit dem des Leibes Christi (DV 26) hingewiesen. In Anknüpfung daran wurde von verschiedenen Theologen eine Worttheologie entfaltet, die das Wort als Gnadenmittel Ernst nimmt[324]. Diesen Bemühungen wird Ebelings Darstellung der katholischen Worttheologie nicht gerecht, so wenig wie sie das Neue in solchen Ansätzen zu würdigen vermag.

Es fällt allerdings auf, daß bei katholischen Autoren von einer Rechtfertigung durch das Wort nur selten die Rede ist. Manche sprechen dem Sakrament eine »komparativische Wirkung«[325] zu - eine Kenn-

---

menschliche Gegenbewegung von unten; auf Gottes Aktion der Rechtfertigung die antwortende Gegenaktion des Menschen in der Heiligung.« Es gibt eine »Selbstheiligung« des Menschen, nicht als Heiligung aus sich selbst, aber seiner selbst durch die unverdiente Gnade Gottes, die den Menschen zum Halten der Gebote auffordert und fähig macht. »Gottes heiligende Aussonderung des Menschen aus dem Sündhaft-Profanen für den Dienst Gottes aber verlangt von diesem ausgesonderten Menschen gebieterisch eine für alle Tage neu vollzogene Aussonderung seiner selbst aus Welt und Sünde« (315). Darum befähigt die in der Rechtfertigung empfangene Gnade den Menschen zu guten Werken, zur »ethischen Heiligung«, die nicht Voraussetzung der Rechtfertigung ist, sondern deren Frucht, »aktive Betätigung und Bestätigung der passiven Empfänglichkeit des Glaubens, die dauernde, in der Liebe sich bewährende Bejahung dessen, was der Glaube in der Rechtfertigung empfing. So ist die Heiligung des Menschen die Frucht der Rechtfertigung und Heiligung Gottes« (319).

321 Dieser Überzeugung ist auch Ebeling; vgl. WuG III, 479f.

322 Zu dieser Behauptung vgl. STh III, 64,7. Es war allgmeine Überzeugung der mittelalterlichen Theologie, daß der Sünder noch vor dem sakramentalen Empfang der Absolution durch die Reue gerechtfertigt wird.

323 Gelegentlich wird ein Nebensatz im Prooemium des Dekrets über die Sakramente angeführt: DS 1600: »Ad consummationem salutaris de iustificatione doctrinae, quae in praecedendi proxima sessione uno omnium patrum consensu promulgata fuit, consentaneum visum est, de sanctissimis Ecclesiae sacramentis agere, per quae omnis vera iustitia vel incipit, vel coepta augetur, vel amissa reparatur.« Dies ist jedoch kein Gegenbeweis, da hier von den Sakramenten nicht im ausschließlichen Sinne die Rede ist.

324 Einen guten Überblick über den derzeitigen Diskussionsstand bieten R.Schulte: Die Wort-Sakrament-Problematik in der evangelischen und katholischen Theologie, in: Theologische Berichte 6, 81-122; J.Finkenzeller: Die Heilsbedeutung von Wort und Sakrament im Verständnis der christlichen Kirchen, in: MThZ 38 (1987) 223-239; H.Fries: Wort und Sakrament, in: ders. (Hg.): Wort und Sakrament, München 1966, 7-24; J.Weber: Wort und Sakrament, in: MThZ 23 (1972) 241-274.

325 Der Ausdruck stammt von H.R.Schlette: Kommunikation und Sakrament, Freiburg 1959, 61.

zeichnung, die sich als ausgesprochen vieldeutig erweist, da sie zum einen ein »Mehr« an Gnade bezeichnen kann[326], zum anderen aber aufgrund der Verleiblichung eine Intensivierung oder Konkretisierung des Gnadenzuspruchs im Sinne einer ganzheitlichen und gezielten Ansprache des Menschen[327]. Hier wäre eine vertiefende Klärung dringend vonnöten, die Mißverständnisse über ein »mehr oder weniger« hinsichtlich der Gnadenwirkung ausräumt. Wo in solchen Kategorien gedacht wird, treffen Ebelings Vorwürfe, die er an das sakramentale Denken richtet, in der Tat zu. Wer dem Sakrament eine größere Gnadenwirkung als dem bloßen Wort zugestanden haben möchte, muß sich fragen, ob es für die Gegenwart Gottes sinnvoll ist, solche Abstufungen zu machen. »Ist es überhaupt sachgerecht, in der Frage nach der Heilswirkung des Sakraments gegenüber dem Verkündigungswort immer in der Richtung eines komparativischen Mehr eine Lösung zu suchen? Die Gegenüberstellung von Verkündigung als 'bloßem' Wort zum Sakrament als 'Wort und Zeichen' oder 'Wort und Element' verkennt ja das je Eigentümliche beider Weisen göttlich-menschlicher Heilskommunikation, so als ob diese von sich aus auf uniforme, nur in der Kategorie des Mehr oder Weniger unterscheidbare Gnadenfülle tendierten.«[328]
Weiter wäre zu fragen, inwiefern die Entgegensetzung von Wort und Sakrament der Intention Luthers entspricht[329]. Daß Luther die Gnadenmitteilung in das Wort verlegte, geschah nicht mit der Intention, die Sakramente für überflüssig zu erklären, sondern es hat seinen Grund darin, daß ihm nur so das extra nos des Heils gesichert schien, das dem Menschen unverfügbar bleibt und ausschließlich von außen zukommt, nicht aber aus seinen eigenen Möglichkeiten und Verdiensten. Entspre-

---

326 So bei J.Betz: Wort und Sakrament, in: T.Filthaut/J.A.Jungmann (Hg.): Verkündigung und Glaube (FS F.X. Arnold) Freiburg 1958, 76-99. Nach seiner Ansicht vermittelt das Wort für sich allein genommen nicht die rechtfertigende, sondern nur die aktuelle Gnade als Vorbereitung und Anfang des Heilsgeschehens.

327 So bei W.Kasper: Wort und Sakrament, v.a. 281: »Da das Sakrament einen im Wort bereits angelegten Wirklichkeitsbezug verdichtet, kann man in der Regel durchaus von einer komparativischen Wirkung des Sakraments über das reine Wort hinaus sprechen. ... Das Sakrament engagiert normalerweise gesamtmenschlicher, leibhaft-konkreter und gemeinschaftsbezogener als das bloße Wort. Es ist deshalb mit dem Wort zusammen in der Regel (als Klugheitsregel betrachtet) mehr als das Wort allein.« - Ähnlich auch L.Scheffczyk: Von der Heilsmacht des Wortes, München 1966, der betont, daß das Wort nicht nur disponierende Bedeutung für ein noch zentraleres Gnadengeschehen hat und daß »die Wirkung des Sakramentes an sich und wesentlich nichts anderes erbringt, als was durch das den Glauben entzündete Wort schon grundgelegt wurde« (276). Wenn er unmittelbar dann den Schluß zieht, dem Sakrament komme ein »komparativischer Charakter« zu, so scheint dies nur auf die intensivierte Wirkweise des Sakraments, nicht aber auf ein Mehr an Gnade abzuzielen.

328 R.Schulte: Wort und Sakrament, 111.

329 Zum folgenden vgl. O.H.Pesch: Wort und Sakrament, in: Dogmatik im Fragment, 318-339.

chend verstand Luther im Anschluß an Augustinus auch das Sakrament ausschließlich vom Wort her als verbum actuale, ein in eine Handlung gekleidetes Wort. »Damit ist jede Vorstellung einer metaphysischen Verbindung zwischen Sakrament und Heil ausgeschlossen und alle Wirksamkeit der Sakramente ganz auf Gottes personales Wirken durch das Wort gestellt.«[330] Demgegenüber hatte die Rezeption des am Sichtbaren orientierten griechischen Denkens die Tendenz, daß die durch die Sakramente mitgeteilte Gnadenwirklichkeit als res und das Sakrament im ritualistischen Sinne als Mitteilung einer übernatürlichen Kraft verstanden und mißverstanden wurde. Der worthafte Charakter des Sakramentes drohte in den Hintergrund zu treten; das Sakrament wurde nicht als Zeichen für das Wort gesehen, sondern für die Gnadenwirklichkeit, die es sichtbar macht; das außersakramentale Wort aber wurde in seiner Wirkung zum »bloßen Wort« reduziert. Auf diesem Hintergrund ist es nicht weiter verwunderlich, daß für Luther das Wort, das er im Sinne der Schrift als viva vox und aktuales Ereignis der Begegnung mit Gott verstand, zum - scheinbar - statischen sakramentalen Geschehen in Gegensatz trat. Demgegenüber hat sich die Situation in der gegenwärtigen katholischen Theologie entscheidend gewandelt, nicht nur dahingehend, daß das Wort als Gnadenereignis neu entdeckt, sondern auch, insofern die Bedeutung der Sakramente als Ereignis der lebendigen Gottesbegegnung neu ins Bewußtsein gerufen wurde[331]. Ebelings Entgegensetzung von Wort und Sakrament bzw. worthafter und sakramentaler Existenz erscheint darum so kaum haltbar.

Das Problem der Denkform

Da für Ebeling sämtliche Differenzen im Verständnis der Gnade wie der Gnadenmittel in einem unterschiedlichen Wirklichkeitsverständnis wurzeln, hat sich die Auseinandersetzung auf dieses Problem zu konzentrieren. Im Bewußtsein, daß die Erhebung der jeweiligen Denkform

---

330 U.Kühn/O.H.Pesch: Rechtfertigung im Gespräch zwischen Thomas und Luther, 329. Zur Bedeutung von »verbum actuale« vgl. auch E.Kinder: Zur Sakramentenlehre, in: NZSTh 2 (1963) 141-174, 157: »Es besteht nicht eine metaphysische Verbindung zwischen Gottes Heilsgabe und dem Sakrament; vielmehr ist beides durch das Wort verklammert, so daß hier persönliches Handeln Gottes an den Menschen herankommt und ihn ergreifen will.«

331 Siehe dazu A.Ganoczy: Einführung in die katholische Sakramentenlehre, 107ff. Er selbst macht den Vorschlag, die Sakramente verstärkt als Kommunikationsgeschehen zu erfassen.

zu den Aufgaben theologischer Hermeneutik zählt[332], haben sich mehrfach Untersuchungen mit den unterschiedlichen Ontologien befaßt[333]. Für die katholische Theologie ist jedoch nicht nur eine einzige Denkform prägend geworden, sondern es läßt sich vielfach ein Wechsel im Wirklichkeitsverständnis feststellen, der in der Regel nicht von den Beteiligten selbst, sondern erst im nachhinein als solcher erkannt wurde[334]. So ist die Scholastik nicht *die* katholische Theologie und das scholastische Gnadenverständnis nicht die Gnadenlehre schlechthin[335].

Vielmehr greift gerade die neuere katholische Gnadentheologie, die um die Mitte dieses Jahrhunderts die neuscholastische Gnadentheologie ablöste, zu den von Ebeling verlangten personalen und geschichtlichen Kategorien, um das Gnadengeschehen zwischen Gott und Mensch in neuer Weise zu artikulieren[336]. Die rechtfertigende Gnade wird nicht in erster Linie als qualitas, als innere Zuständlichkeit des Menschen gedacht, sondern im Sinne der gratia increata - um die man in der Tradition zwar wußte, die aber angesichts der geschaffenen Gnade und ihren Erscheinungsformen mehr und mehr in den Hintergrund gedrängt worden war - als der sich selbst mitteilende Gott, der zum Menschen in Be-

---

332 Die Bestimmung der Denkform ist nicht nur bedeutungsvoll für die Begegnung zwischen den Konfessionen, sondern auch innertheologisch. Vgl. J.B.Metz: Christliche Anthropozentrik, München 1962, 31: »Die Denkform betrifft jeweils das Seins- und Selbstverständnis des Menschen im ganzen, sie bildet den umgreifenden Horizont, in dem alles seinen geistigen Anblick erstmals empfängt.«

333 Neben der Arbeit von H.Küng: Rechtfertigung, verweisen wir vor allem auf O.H.Pesch: Die Theologie der Rechtfertigung bei Martin Luther und Thomas von Aquin, 935ff, der den Unterschied durch die Schlagworte vom existentiellen und dem sapientialen Denken kennzeichnet. Während sich das existentielle Wirklichkeitsverständnis am deutlichsten in der Grundhaltung des Gebetes niederschlägt, die ja auch Ebeling als die Ursituation des Menschen vor Gott nimmt, gibt die sapientiale Denkform vor, sich außerhalb des existentiellen Glaubensvollzuges zu stellen und die Wirklichkeit gleichsam von außen zu fassen. - In dieselbe Richtung geht H.Mühlen: Das Vorverständnis von Person und die evangelisch-katholische Differenz, 16ff.

334 So ist der Gnadenstreit zwischen Augustinus und Pelagius letztlich das Ergebnis differenter Denkformen und Wirklichkeitserfahrung, wie G.Greshake: Gnade als konkrete Freiheit, Mainz 1972, demonstriert hat: »So reden im augustinisch-pelagianischen Streit die beiden Hauptkontrahenten im Grunde aneinander vorbei und streiten über kategoriale Unterschiede, während das fundamental gewandelte Wirklichkeitsverständnis ... höchstens indirekt in die Reflexion gelangt« (252).

335 So gibt es z.B. auch kein offizielles lehramtliches Dokument, das den Glaubenden dazu verpflichtet, die Rechtfertigung als eingegossenen geschaffenen habitus zu definieren. Ausführlich dazu P.Fransen: Dogmengeschichtliche Entfaltung der Gnadenlehre, in: MySal IV/2, 631-766, 717, 954.

336 Dazu gehören A.Alfaro: Person und Gnade, in: MThZ 11 (1960) 1-19; P.Fransen: Die vielfache Methodik der Theologie, in: Bijdr. 19 (1958) 397-409; H.de Lubac: Le Mystère surnaturel, Paris 1965; H.Volk: Gnade und Person, in: J.Auer/H.Volk (Hg.): Theologie in Geschichte und Gegenwart (FS M.Schmaus) München 1967, 219-236. Auch K.Rahner und H.U. von Balthasar, deren beider Gnadenverständnis am Gedanken der Selbstmitteilung Gottes ansetzt, zählen zu dieser Richtung.

ziehung treten und zur forma des Menschen werden will[337]. Damit hat ein Paradigmenwechsel im Wirklichkeitsverständnis stattgefunden, in dessen Rahmen sich die katholische Theologie Elemente der relationalen Ontologie zu eigen gemacht hat. Dieser Wandel ist vom Neuverständnis der Offenbarung als Selbstmitteilung Gottes, wie es auf dem Zweiten Vatikanum in Überwindung des instruktionstheoretischen Offenbarungsmodells artikuliert wurde, nicht zu trennen: So wie Gnade nicht - oder nur unzureichend - die Mitteilung einer dinghaften Qualität meint, sondern die Beziehung zwischen Gott und Mensch, ist die Offenbarung nicht Mitteilung von lehrhaften Sätzen, sondern Selbstmitteilung Gottes an den Menschen[338]. Vom personalen Denken her erklären sich auch die neueren Tendenzen in der Worttheologie, das Wort nicht als sachhafte Information und Mitteilung, sondern als Begegnung zwischen Gott und Mensch und damit selbst als Gnadengeschehen zu verstehen[339]. Im Zuge dieses personalen Denkens konnten verhängnisvolle Folgen des Gottesbildes der klassischen Metaphysik überwunden werden[340].

Eine personale Ontologie entspricht nicht nur dem neuzeitlichen Wirklichkeitsverständnis, sondern hat sich aufgrund der existentialen Kategorien auch als geeigneter erwiesen, das gnadenhafte rechtfertigende Handeln Gottes am Menschen auszusagen. Dennoch hatte die substantiale Ontologie der Scholastik für ihre Zeit ihre Gültigkeit und Wahrheit, die ihr durch ein neues Paradigma nicht einfachhin abgesprochen werden kann. Für den konfessionellen Dialog hängt nun alles an der Frage, inwieweit ein bestimmtes Wirklichkeits- bzw. Gnadenverständnis ein anderes in der Weise ausschließt, daß hieraus eine Kirchentrennung

---

337 Von Ebeling wird diese Entwicklung durchaus zur Kenntnis genommen. Vgl. WuG III, 471: »Insbesondere die französische und deutsche katholische Theologie brach geistige Verkrustungen auf. Gegenüber der Hypertrophie der aristotelisch-scholastischen Denkform besann man sich auf das theologische Erbe der alten Kirche.« Dies hat ihn dennoch zu keinem anderen Urteil über die katholische Gnadenlehre veranlaßt.

338 Vgl. M.Seckler: Der Begriff der Offenbarung, in: W.Kern/H.J. Pottmeyer/M.Seckler (Hg.): Handbuch der Fundamentaltheologie II, 62-67.

339 Will man ein Verständnis der Gnade als quantifizierund verrechenbares Energiepotential vermeiden zugunsten einer relationalen Sichtweise als Begegnung und Liebesgemeinschaft von Gott und Mensch, erscheint es ungeeignet, die Gnadenwirkung in ein Mehr oder Weniger aufzuspalten und auf Sakrament und Wort zu verteilen. Wenn Rechtfertigung die absolute Annahme des Sünders durch Gott bedeutet, so gibt es hier kein komparativisches Mehr oder Weniger. Dies bestreitet in keiner Weise die Notwendigkeit der Sakramente, die dem Menschen das Heil in verleiblichter und darum ganzheitlicher Weise zusprechen.

340 Eine knappe, aber präzise Erläuterung der Gotteslehre der klassischen Metaphysik bietet K.Lehmann: Kirchliche Dogmatik und biblisches Gottesbild, in: J.Ratzinger (Hg.): Die Frage nach Gott, Freiburg 1972, 116-142. Lehmann zeigt auch, wie sich die Scholastik gegen eine Funktionalisierung des Gottesbegriffs zu wehren und Gott in seiner weltüberlegenen Andersheit zu erkennen suchte.

resultieren muß. Gewiß kann es nicht das Ziel sein, zwei verschiedene Zugänge zur Wirklichkeit künstlich zu kompilieren, da es sich jeweils um Denkmodelle handelt, die qua Modellcharakter nicht einfachhin zu vermischen sind[341]. Die Frage ist vielmehr, ob eine Denkform wie die personal-relationale einen solchen Absolutheitscharakter für sich beanspruchen kann, daß sie eine andere wie die metaphysisch-sapientiale überhaupt nicht zuläßt oder geradezu als häretisch qualifiziert[342].

Ebeling, der sich durchaus bewußt ist, daß es unterschiedliche Denkformen sind, die für zahlreiche Mißverständnisse Verantwortung tragen[343], ist von deren kirchentrennenden Charakter überzeugt, da für ihn die Ontologie wesenhaft zur Gestalt der jeweiligen Konfession dazugehört[344]. Es ist jedoch unverkennbar: »die das Axiom in Ebelings Dogmatik darstellende Idee der relationalen Ontologie ist in ihren Grundlagen mit einem ganz bestimmten theologischen Interesse verflochten. ... Die relationale Ontologie ist der 'allgemeingültige' wissenschaftliche Ausdruck für Martin Luthers reformatorische Grunderkenntnis *sola fide* und *sola gratia*.«[345] Führt hier nicht das Bemühen, den reformatorischen Prinzipien gebührende Bedeutung zukommen zu lassen, zu einer nicht legitimen Verabsolutierung einer Denkform und zu einer einseitigen Sichtweise, die Ebeling zu Recht den Vorwurf eingebracht hat, er steigere das »sola-gratia«-Prinzip ins Extreme: »Alles Substantiale repräsentiert 'Gesetz' .... Nach Ebeling ist außer der substantialen Gerechtigkeit Gesetz auch, wenn vom Menschen ein Glaube an Glaubensobjekte,

---

[341] Vgl. dazu J.Werbick: Rechtfertigung des Sünders - Rechtfertigung Gottes, in: KuD 27 (1981) 45-57.

[342] So ist für Pesch die unterschiedliche Ontologie kein Grund für eine Kirchenspaltung. Ebeling macht er zum Vorwurf, daß er Luthers relationales Wirklichkeitsverständnis für das ausschließlich christliche hält (vgl. Hinführung zu Luther, 283f). W.Beinert: Der theologische Grundsatz Luthers, in: H.Bungert (Hg.): Eine Spiritualität und ihre Folgen, Regensburg 1983, 9-28, bestätigt Peschs Gegenüberstellung von sapientialem und relationalem Wirklichkeitsverständnis. Wie er hält er die verschiedenen Ansätze nicht zwangsläufig für kirchentrennend, da sich in der katholischen Theologie der Gegenwart zahlreiche Hinweise auf ein existentielles Sprechen und Reflektieren aus der Gebetssituation heraus finden.

[343] Vgl. WuG III, 479f: »Weil man mit verschiedenen Denkweisen, in verschiedenen Sprachen aufeinander zugeht, verfehlt man einander. Darum ist die konfessionelle Begegnung geradezu strukturell mit Mißverstehen und Sich-mißverstanden-Fühlen behaftet. ... Was einem am andern fremd erscheint, gewinnt den Charakter des unüberwindlich Trennenden oft nur durch Außerachtlassen des verschiedenen Kontextes.«

[344] Vgl. Die kirchentrennende Bedeutung von Lehrdifferenzen: WuG I, 161-191. Nicht alle Lehrdifferenzen haben für Ebeling kirchentrennende Bedeutung; sind sie Grund der Kirchenspaltung, dann gehören sie notwendig zur Existenz der Kirche.

[345] M.Ruokanen: Das Problem der Gnadenlehre in der Dogmatik Gerhard Ebelings, 7.

an Gegenstände verlangt wird; ein solcher objektivierter Glaube ist eine selbstrechtfertigende 'Leistung'.«[346]

Gnade als habitus und gratia creata

Wenngleich es nicht das Ziel sein kann, verschiedene Ontologien künstlich miteinander zu harmonisieren, ist doch zu überlegen, ob die Sichtweise der Relation und die der Substanz tatsächlich einander diametral entgegengesetzt sind, wie Ebeling behauptet.
Ebeling übergeht in seiner Darstellung der scholastischen Gnadenlehre die Tatsache völlig, daß die gratia creata als geschaffene übernatürliche Wirklichkeit nur von der ungeschaffenen Gnade her, nämlich von Gott selber in der Relation zu und Mitteilung an den Menschen, verstanden werden kann und muß: Gnade ist der sich gnädig verhaltende Gott. Ebeling übersieht diesen grundlegenden Aspekt der gratia increata, die für die katholische Theologie den Ausgangspunkt aller Gnadenlehre bildet. Aus eben dieser Einsicht, daß Gnade Gott selbst in seiner Beziehung zum Menschen ist, ist die Lehre von der geschaffenen Gnade erwachsen[347]. Denn diese Beziehung ist nicht ohne reale Auswirkung im Geschöpf, und die Lehre von der gratia creata will gerade dieses totale Ankommen der Liebe Gottes beim Menschen zum Ausdruck bringen. »Der Begriff der 'geschaffenen Gnade', wenn man ihn überhaupt für sachgemäß hält, dient der Herausstellung des schöpferischen Charakters der Heilsliebe Gottes und ist somit eine Frage des *Gottesbildes*, und nichts weniger als eine Bekräftigung autonomer menschlicher Möglichkeiten vor Gott.«[348] Der personalen Dimension des Gnadengeschehen

---

[346] Ebd. 9. Ruokanens Vorwurf mündet in die Feststellung: »Tatsächlich führt die über eine philosophisch eigenartige relationale Ontologie ausgeführte Radikalisierung des *sola fide* zu einem Widerspruch in Ebelings eigenem Denken: Er hat die Absicht, das *sola gratia* - Prinzip der Reformation unter 'modernen' Voraussetzungen zu beweisen, aber in seinem zu Extremen neigenden Denken hebt er dabei selbst die eigene Intention auf. ... Die Geschehensontologie und die radikale Wende zum Subjekt verzehren das Objektive des christlichen Glaubens; die faktische Seite des Glaubens enthält bloße Wiederspiegelungen der Existenzerfahrung« (ebd. 21f). - Auch G.Eichholtz: Die Grenze der existentialen Interpretation, in: EvTh 22 (1962) 565-579, 571, stellt bei Ebeling eine mit der Einsicht von der Existenzbezogenheit des Glaubens verbundene Abneigung gegen den Begriff der »Glaubensinhalte« fest, weil diese ihm als substantiale Objektivierungen des Glaubens erscheinen.

[347] Vgl. Th.A.Deman: Der Neue Bund und die Gnade, Heidelberg-Graz 1955, 353: »Die Gnade ist also eine Wirklichkeit in der Seele: ja, aber eine Wirklichkeit, die sozusagen der Gunst in Gott innerlich anhaftet.« Vgl. auch O.H.Pesch/A.Peters: Einführung in die Lehre von Gnade und Rechtfertigung, 88f.

[348] O.H. Pesch: Dogmatik im Fragment, 330; vgl. Die Theologie der Rechtfertigung bei Martin Luther und Thomas von Aquin, 628-633.

soll durch die Bestimmung der Gnade als gratia creata kein Abbruch getan werden: »Gnade - gerade als geschöpfliche Wirklichkeit - bedeutet, daß Gott den Menschen angenommen hat; daß der Mensch ihm wohlgefällig ist.«[349] Sobald jedoch diese Einsicht verlorenging - und eben dies war der Fall in der nachtridentinischen Gnadenspekulation, die glaubte, gegen die Reformatoren ausschließlich herausstellen zu müssen, daß das Konzil von Trient die Gnade als geschaffene Wirklichkeit definiert hatte - steht die Vorstellung von der gratia creata unweigerlich in der Gefahr, mißverstanden zu werden. Demgegenüber kann nicht oft genug betont werden: Die Gnade als res, als Wirklichkeit im Menschen, und die Gnade als Relation, als Beziehung Gottes zum Menschen, sind die zwei Seiten ein und desselben Sachverhaltes. Der Ausgangspunkt für die Ausbildung der Vorstellung von einer geschaffenen Gnade ist die Liebe Gottes, der Heilige Geist und damit Gott in seiner Relation zum Menschen[350]. Der Begriff der gratia creata hatte die Intention, den personalen Charakter der Gnade metaphysisch und anthropologisch zu erklären[351].
Ähnliches gilt für die Verwendung des Terminus »habitus«, der im übrigen schon vor der Übernahme des Aristotelismus eingeführt wurde: »Der Begriff erwuchs langsam aus den ersten, noch sehr zaghaften Spekulationen über die Natur der Tugenden des Glaubens und der Gottesliebe, insofern nur diese von Gott in der Taufe umsonst geschenkt werden, nicht auf Grund vorhergehener Verdienste.«[352] »Habitus« meint dabei nicht eine statische Gnadenqualität, sondern, insofern sich der

---

349 Ebd. 649. Vgl. auch ebd.: »Nicht die gratia-qualitas selber, nicht eine 'statische', 'entitative' Seinserhöhung ist das Heil, sondern diese lebendige Gemeinschaft mit dem dreipersönlichen Gott. Die gratia-qualitas ist 'nur' Disposition, Grund der Möglichkeit dazu, im Sein der Sache ebenso wie in der denkerischen Deutung.«

350 So hatte die Frühscholastik die Gnade zumeist mit der Tugend der Liebe (bzw. des Glaubens) oder dem Wirken des Geistes in eins gesetzt, bis Philipp der Kanzler erstmals zwischen beiden eine Unterscheidung vornahm, weil ansonsten nicht wir, sondern der Geist Gottes in uns lieben würde und Gnade nur die durch den Menschen vermittelte Beziehung Gottes zu sich selbst wäre. Eine Reihe von Theologen, darunter Alexander von Hales, Nikolaus von Ockham, Albert der Große und Thomas von Aquin, waren sich einig, daß die schöpferische Liebe Gottes selbst »etwas«, eine geschaffene Wirklichkeit sein mußte. Ausführlich dargestellt und durch die jeweiligen Quellen belegt wurde diese Entwicklung von J.Auer: Die Entwicklung der Gnadenlehre in der Hochscholastik mit besonderer Berücksichtigung des Kardinals Matteo d'Acquasparta I, Freiburg 1942, 109-123.

351 Bei der scholastischen Beantwortung der Frage, ob die Gnade als geschaffene Wirklichkeit eine Substanz oder eine Relation sei, ist zu bedenken, daß in der aristotelischen Metaphysik die Relation gegenüber der Substanz als das Sekundäre und Untergeordnete gilt. Weil eine neue Relation ein neues Relatum voraussetze, muß die Gnade nach Überzeugung der mittelalterlichen Gnadentheologie im Menschen eine solche seinshafte Veränderung allererst bewirken. Vgl. dazu J.Auer, 122.

352 P.Fransen: Dogmengeschichtliche Entfaltung der Gnadenlehre, 672.

Begriff auf das Tun Gottes und das Wirken des Heiligen Geistes bezieht, eine dynamische Beziehungswirklichkeit, so daß ihm geradezu relationaler Charakter zukommt[353]. Durch die Zuhilfenahme dieses Begriffes sollte gerade der Grund der Möglichkeit des personalen Gottesverhältnisses beschrieben, nicht aber die Gnade in die Verfügungsgewalt des Menschen gegeben werden. Gegen diesen Verdacht setzte Bonaventura den Grundsatz: »Habere Deum est haberi a Deo«[354] - Gnade meint nicht Habe, Besitz Gottes, sondern das Gehaltenwerden durch die göttliche Liebe. Vereinzelt ist bislang auf protestantischer Seite das relationale Wirklichkeitsverständnis wegen seiner Einseitigkeit auf Kritik gestoßen[355]. Angesichts der Tatsache, daß auch eine Relation »etwas« *ist* und daß jede Beziehung ein seinshaftes Gegenüber fordert, auf das sie sich richtet, stellt sich die Frage, ob nicht das Denken in relationalen Kategorien auf die ontologischen Strukturen hin offengehalten werden sollte, und zwar gerade um des Personalen willen. Auch die Heilige Schrift führt vor Augen, daß die gnadenhafte Beziehung Gottes zum Menschen in seiner Treue gründet, die selbst von seinshafter Qualität ist. »Die Frage: was ist das, was am Menschen durch das Geschehen der Versöhnung und Rechtfertigung bewirkt wird, wie sind Verfassung und Zustand des erlösten Menschen zu bestimmen, um dem Gesamt der biblischen Aussagen zu entsprechen, ist eine legitime und notwendige Frage.«[356]

---

[353] Ebd. 676, 678. 663-682 bietet eine gute Übersicht über die scholastische Gnadenlehre und ihre Intentionen. Vgl. auch O.H.Pesch: Die Theologie der Rechtfertigung bei Martin Luther und Thomas von Aquin, 634-659.

[354] Bonaventura: Breviloquium: S.Bonaventurae Opera omnia, ed. Quaracchi V, 199-291, 253; vgl. V, 214.

[355] F.Heidler: Die biblische Lehre von der Unsterblichkeit der Seele, Göttingen 1983, macht Ebeling einen regelrechten »Relationsfetischismus« (138) zum Vorwurf. »Der vor allem von G.Ebeling betonte Gegensatz von Substanzontologie und Relationsontologie ... ist im Blick auf das biblische Menschenbild eine falsche Alternative. 'Daß einer zum Einzelnen wird', hat seinen primären Grund nicht 'durch einen besonderen Bezug zum anderen', sondern darin, daß der einzelne Mensch Gottes (Eben-)Bild ist. ... Dieses Konstitutionselement 'Geist' ist die Voraussetzung aller menschlichen Relationsfähigkeit und Voraussetzung aller menschlichen Funktionen (einschließlich der rationalen), die den Menschen von anderen Kreaturen unterscheiden. Deshalb gehören Relations- *und* Substanzontologie zur Existenzontologie des Menschen« (97). - Kritik an einer Überbetonung der existentialen Kategorien kommt auch von G.Eichholtz: Die Grenze der existentialen Interpretation.

[356] H.Fries: Das Grundanliegen Luthers in der Sicht der katholischen Theologie der Gegenwart, in: K.Forster (Hg.): Wandlungen des Lutherbildes, Würzburg 1966, 157-191, 171.

Der Mensch als cooperator Dei

Die Denkform des habitus ist für die reformatorische Theologie nicht nur Ausdruck eines falschen Gnadenverständnisses, sondern zugleich bis heute ein Schlüsselbegriff für einen verkappten Synergismus und Pelagianismus, für eine »Existenz im Wirken«, wie Ebeling sie der katholischen Theologie zum Vorwurf macht. Nun hat Ebeling selbst in eindrucksvoller Weise dargelegt, daß sich von einer relationalen Ontologie her Gottes und des Menschen Wirklichkeit und Wirken nicht ausschließen oder in Konkurrenz zueinander stehen, weil sie gerade nicht zwei miteinander zu verrechnenden Kräftepotentialen analog sind. Trifft nicht gerade dies die Intention der katholischen Theologie, wenn sie dem Menschen ein *durch die göttliche Gnade ermächtigtes* Handeln im Heilsgeschehen zuspricht? Von einem selbständigen, eigenmächtigen Mitwirken im pelagianischen Sinne ist dies genau zu unterscheiden. Luther selbst spricht vom Glaubenden als cooperator Gottes. Ebeling präzisiert dies dahingehend, daß der Mensch gerade in diesem cooperari ganz und gar opus Dei bleibt. Entspricht nicht gerade dies der katholischen Lehre - die sich freilich vorwerfen lassen muß, daß sie oft genug durch ein Leistungsdenken verfälscht und verstellt wurde? Die katholische Theologie ist aufgefordert, sich immer wieder von neuem zu prüfen, ob sie dort, wo sie vom Wirken des Menschen spricht, den absoluten Primat der Gnade Gottes hinreichend ernst nimmt, oder ob sie in sehr subtiler und verborgener Weise in eine Existenz im Wirken verfällt. Die protestantische Theologie aber muß sich die Frage stellen, ob sie nicht vor lauter Verdächtigung der katholischen Lehre des Pelagianismus und Synergismus Gemeinsamkeiten im Verständnis der Schöpfer-Geschöpf-Relation übersieht.

Das Problem der gratia creata

In der katholischen Theologie wird durch die relationale Sichtweise die Lehre von der gratia creata, die den Menschen in seinem Sein umgestaltet und neu schafft, keineswegs außer Kraft gesetzt. Sie bleibt ohne Zweifel das ungelöste Problem zwischen den Konfessionen. Dabei ist der alte Streit, ob die Rechtfertigung ein effektives oder forensisches Geschehen ist, insofern überholt, als man sich auf beiden Seiten bewußt ist, daß Luther - und mit ihm auch Ebeling - durchaus an einer wirkli-

chen Erneuerung des Menschen in der Rechtfertigung festhält[357]. Dennoch tut sich in dieser Frage ein grundlegender Unterschied auf.
Die neue Beziehung zu Gott ist nach katholischem Verständnis nicht nur eine äußerliche, die Liebe Gottes nicht nur eine Haltung über dem Menschen, sondern sie geht in die menschliche Wirklichkeit ein und verwandelt sie in schöpferischer Weise[358]. Die Gnade bleibt keine Größe, die über dem Menschen schwebt und ihn allenfalls berührt, sondern Gott läßt sich mit ihm und mit der ganzen Welt ein. Diese Überzeugung aber führt, wie Ebeling ganz richtig erkannt hat, zum sakramentalen Denken bzw. Kirchenverständnis; die eine Auffassung ist von der anderen nicht zu trennen. Wenn die Gnade Gottes in den Menschen eingeht und ihn in schöpferischer Weise prägt und verwandelt, wenn sie eine erfahrbare Wirklichkeit am und im Menschen wird, geht sie auch in die Kirche ein und wird durch sie, durch ihre Vermittlung erfahrbar[359]. Die Überzeugung von einer geschaffenen Gnade hat somit weitreichende Konsequenzen für Ekklesiologie, Mariologie und Sakramentenlehre[360]. Auch wenn die verschiedenen Denkformen nicht als kirchentrennender Grund angesehen werden, gerät das ökumenische Gespräch hier unweigerlich in eine Aporie.

---

357 Vgl. U.Kühn/O.H.Pesch: Rechtfertigung im Gespräch zwischen Thomas und Luther, 283f; hier weitere Literatur zu diesem Thema.

358 Vgl. G.Greshake: Geschenkte Freiheit, Freiburg 1977, 57: »Die Liebe Gottes bleibt nicht gleichsam ein äußerliches Dekret, eine freundliche Gesinnung *über* dem Menschen, sondern sie geht in die menschliche Wirklichkeit ein. Indem Gottes Liebe werbend an den Menschen herantritt, prägt sie diesen innerlich, befreit ihn zur Gegenliebe, zur Freude, zur Hoffnung. Anders gesagt: Gerade weil die Gnade Gottes die radikale Liebe des Schöpfers ist, wird 'Gnade' schöpferisch, wird sie eine erfahrbare Wirklichkeit im und am Menschen, analog wie die Liebe eines Menschen in die konkret-erfahrbare Wirklichkeit des Geliebten eintritt.«

359 Vgl. Th.Sartory, in: Das Mysterium der Kirche in reformatorischer Sicht, in: F.Holböck/Th.Sartory (Hg.): Mysterium Kirche in der Sicht der theologischen Disziplinen II, Salzburg 1962, 927-1088, 1006: »Gnade ist da im Fleisch, also im Sichtbaren, Datierbaren, Greifbaren. Sie objektiviert sich in der Geschichte und kann nicht verstanden werden nur in einem jeweiligen Ereignis, das je und je dort geschieht, wo ein weltloses Wort Gottes vom Himmel herabfährt.«

360 Aus diesem Grund ist in der neueren katholischen Gnadentheologie die Frage nach der Erfahrbarkeit der Gnade in der Kirche ein wichtiges Thema; vgl. L.Weimer: »Die Lust an Gott und seiner Sache« oder Lassen sich Gnade und Freiheit, Glaube und Vernunft, Erlösung und Befreiung vereinbaren?, Freiburg 1981. Weimer bietet allerdings eine ausgesprochen enthusiastische Darstellung der Kirche als Erfahrungsort des Heils.

Ebeling begründet Kirche ausschließlich vom Wort her; jegliches inkarnatorische Denken, das auf eine Verleiblichung der Gnade abzielt, ist ihm fremd. Ein solches Kirchenverständnis sollte für die katholische Ekklesiologie Anlaß zur Selbstbesinnung sein: Findet angesichts ihrer Theologie der Leibhaftigkeit das Moment der Verborgenheit und der eschatologischen Ausständigkeit hinreichende Berücksichtigung? Oder mündet das Insistieren auf der Verleiblichung in eine theologia gloriae, die die Unzulänglichkeit und Sündhaftigkeit der Kirche übersieht? Auf der anderen Seite kann sich Ebeling dem Vorwurf einer einseitigen Herausstellung des Wortprinzips nicht entziehen: Nach seiner Interpretation ist das Wort nicht Fleisch, sondern das Fleisch ist Wort geworden. Die sichtbare Seite der Kirche wird damit in ihrer Bedeutung reduziert[361]. Eine Ekklesiologie, die ausschließlich auf dem Wortgeschehen aufbauen möchte, hat jedoch ihre Gefahren: »Nach den gleichen geistigen Fallgesetzen, nach denen die sakramentale Kirche der Vergegenständlichung des Heils verfällt, verfällt die Kirche des Wortes dem gegenständlichen Idealismus. Hier hat keiner dem anderen etwas vorzuwerfen.«[362]

Ein worthaftes Kirchenverständnis, das sich der Verborgenheit von Gnade und Offenbarung verpflichtet weiß, darf nicht gegen ein inkarnatorisches ausgespielt werden, das die Bedeutung der Leibhaftigkeit und Greifbarkeit des Heils herausstellt. Es gibt wohl eine Spannung, nicht aber eine grundsätzliche Alternative von Hören und Sehen, Unsichtbarkeit und Greifbarkeit[363]. Auch für eine inkarnatorische Ekklesiologie ist das Wort Gottes kirchenbegründend. Umgekehrt ergeht das Wort nicht unsichtbar vom Himmel herab, sondern ist, wie auch Ebeling immer wieder betont, ein von Menschen in der Kirche gesprochenes und damit leibhaftiges Wort. Wenngleich es nicht an Amt und Institutionen gebunden ist, so wird es doch in der Kirche durch konkrete Menschen verkündigt und zum Verstehen gebracht. Die protestantische Theologie ist gefragt, ob nicht auch diese Verkündigung eine Weise der Verleiblichung darstellt und ob sie nicht ihre Vorstellung von Leiblichkeit im Sinne eines abzulehnenden Zuständlich- und Vorfindlichmachen der Gnade neu überdenken müßte.

361 Vgl. H.Bacht: Die Sichtbarkeit der Kirche im kontroverstheologischen Gespräch der Gegenwart, in: LebZeug 19 (1964) 41-58.

362 H.Dombois: Das Recht der Gnade I, Witten 1956, 252.

363 Vgl. dazu K.Rahner: Vom Hören und Sehen; eine theologische Überlegung, in: W.Heinen (Hg.): Bild - Wort - Symbol in der Theologie, Würzburg 1969, 139-151.

Ergebnis

Die Ekklesiologie von Pannenberg wie von Ebeling zeigt, daß die Alternative »Kirche oder Rechtfertigung« für die protestantische Theologie in ihrer Vielfalt - nicht nur für ihre angeblich »katholisierenden« Strömungen - nicht haltbar ist.

Wenngleich protestantische Autoren den Ausdruck »Vermittlung« zur Bezeichnung der Rolle der Kirche im Heilsgeschehen eher meiden, wissen sie um die grundsätzliche Verwiesenheit der Rechtfertigung auf die Kirche bzw. um eine »Mitteilung« der rechtfertigenden Gnade durch die Kirche. Sie betonen, daß die Gottesunmittelbarkeit des Menschen, wie sie im Rechtfertigungsgeschehen gegeben ist, die kirchliche Vermittlung nicht ausschließt, weil die Gottesbeziehung grundsätzlich als vermittelt zu denken ist. Denn der Glaube, ohne den keiner gerechtfertigt werden kann, verdankt sich, wiewohl er reines Geschenk von Gott her ist, doch zugleich dem Glauben und dem Zeugnis der Mitmenschen, wird ermöglicht und getragen durch die Gemeinschaft der Kirche und durch die Verkündigung ihrer Heilsbotschaft. Damit geht nicht nur die Kirche aus den Glaubenden hervor, sondern ebenso die Glaubenden aus der Kirche. In diesem Sinne ist die Kirche auch nach protestantischer Überzeugung »Mutter« der Glaubenden und die Rechtfertigung die »Geburt aus ihrem Mutterschoß«. In der Taufe wird die Verklammerung von personalem Glauben und Ausrichtung der christlichen Existenz auf die Kirche konkret sichtbar: Das Sakrament, durch das die rechtfertigende Gnade zuteil wird, bedeutet zugleich die Eingliederung in die Kirche; umgekehrt wird der Mensch durch diese Eingliederung auf den Weg des Heiles gesetzt.

Die Teilhabe an der Kirche ist für die protestantische Theologie nicht »Vorleistung« oder Bedingung für die Rechtfertigung, aber ein konstitutives Moment an ihr. Der Glaubende muß sich nicht erst in einem zu seinem Glauben quasi zusätzlich hinzutretenden, äußeren Akt der Kirche eingliedern, um die Rechtfertigung zu erlangen, sondern sein Glaube, durch den er gerechtfertigt wird, geht immer schon aus der Kirche hervor. Diese Bindung des rechtfertigenden Glaubens an die Ge-

meinschaft der Kirche wird von Maron aus Furcht vor einer ekklesialen Vereinnahmung völlig ausgeblendet.
Die Mütterlichkeit der Kirche ist nicht auf die amtlich-institutionelle Kirche beschränkt, sondern ist allen Gläubigen zu eigen. Ein jeder kann in diesem Sinne eine priesterliche Funktion ausüben; im allgemeinen Priestertum aller Glaubenden ist diese grundgelegt. Wie die katholische ist sich auch die protestantische Theologie bewußt, daß Rechtfertigung und Begnadigung keine ausschließlich individuelle Erwählung darstellen, sondern daß mit der Gnade eine Sendung und der Auftrag zu ihrer Weitergabe verbunden ist. Von daher kommen für Ebeling und Pannenberg genau wie für die katholische Theologie neben der amtlichen Heilsvermittlung jenen menschlichen Akten eine Bedeutung zu, die wir aufgrund ihrer soteriologischen Qualität als kommuniale Heilsvermittlung verstehen. Von Maron wird dieser Aspekt hingegen überhaupt nicht reflektiert. Es scheint, daß dabei nicht nur sein Insistieren auf der Gottesunmittelbarkeit den Blick für die soteriologische Bedeutung menschlichen Handelns verstellt, sondern ebenso die Tatsache, daß er das heilsmittlerische Tun der Kirche auf ihre institutionellen Funktionen reduziert und, wenn von der Kirche als Sakrament die Rede ist, offensichtlich immer nur ihre amtliche Dimension im Blick hat. Gerade an der kommunialen Struktur des Glaubens aber wird die ekklesiale Verwiesenheit des Rechtfertigungsgeschehens in aller Deutlichkeit offenbar.
Wenngleich die Kirche primär creatura verbi ist, so beschränkt sich ihr Tun doch nicht auf das rezeptive Hören des Wortes. Denn dieses Wort schließt in sich den Auftrag zu Sendung, Bezeugung, Verkündigung und Auslegung, zur Mitteilung an die anderen, insofern das traditum immer zugleich ein tradendum ist. In diesem Sinne ist die Kirche nicht schlechterdings passiv, sondern ihr kommt eine wirkliche Aktivität zu, die als »Heilsvermittlung« im weitesten Sinne verstanden werden kann.
Für Ebeling steht dabei die Verkündigung der Heilsbotschaft durch die Kirche im Mittelpunkt. Wenngleich das Wort die der Kirche übergeordnete und kritische Instanz bleibt, ist es zugleich doch Wort der Kirche, nicht, weil es in ihre Verfügungsgewalt übergeht, sondern weil es durch die Kirche zur Sprache gebracht und in die jeweiligen Situationen hinein ausgelegt wird. Solche Wortverkündigung ist nicht bloße Mitteilung von Sätzen, sondern Ereignis der Gnade, insofern das Wort nicht nur bloße Information über die Gnade, sondern selbst Gnadenereignis ist. In diesem Sinne ist es, im Gegensatz zur Behauptung von E.Herms, wirkliche Mitteilung bzw. Vermittlung der Gnade. Es ist Vollmachtsgeschehen, in dem die Vollmacht Christi selber geltend gemacht wird.

Wie wir gesehen haben, beschränkt Ebeling die kirchliche Vermittlung der Gnade allein auf das Wortgeschehen und weist alle sakramentalen Formen als Verdinglichung der Gnade zurück. Darin bekundet sich eine ähnliche Ablehnung des Sakramentalen bzw. der Verleiblichung wie bei Maron. Sie ist auch der Grund, warum bei Ebeling die Mitteilung der rechtfertigenden Gnade durch die Sakramente der Taufe und Buße überhaupt nicht reflektiert wird. Auf die Problematik einer solchen Isolierung des Wortes haben wir bereits hingewiesen; nach den Gründen für die Zurückweisung des Verleiblichungsgedankens soll später gefragt werden. Hier bricht offenkundig eine grundlegende Differenz zur katholischen Position auf. Entscheidend ist, daß Ebeling trotz seiner Ablehnung des sakramentalen Kirchenverständnisses an einer Mitteilung der Gnade durch die Kirche bzw. durch die kirchliche Wortverkündigung festhält.

Bei Pannenberg erscheint die kirchliche Heilsvermittlung nicht auf das Wortgeschehen reduziert, sondern sie umfaßt alles Tun der Kirche, von dem in irgendeiner Weise Christusrepräsentation ausgesagt werden kann. Dabei zeigen sich allerdings gewisse Vorbehalte gegenüber dem Institutionellen. Grundsätzlich aber erscheint und vermittelt sich nach seiner Überzeugung das göttliche Handeln im menschlichen - für Ebeling trifft dies allein für das Wort zu. Überhaupt spielt der Gedanke der Verleiblichung bei Pannenberg eine für die protestantische Theologie sonst nicht gerade typische Rolle, wie sein Verständnis der Kirche als Symbol und Sakrament der Gottesherrschaft bezeugt. Ein wesentlicher Grund dafür ist seine Konzeption von der Indirektheit der geschichtlichen Offenbarung, welche die Indirektheit des göttlichen Handelns und damit dessen Vermittlung durch das menschliche zur Konsequenz hat. Aufgrund der Einsicht in die Notwendigkeit der Verleiblichung stellt Pannenberg, wo es um den Zusammenhang von Rechtfertigung und Kirche geht, die Taufe als den Ort heraus, wo der Zuspruch der rechtfertigenden Gnade konkret greifbar wird.

Die Positionen von Pannenberg und Ebeling haben gezeigt, daß die Einwände, wie sie aus katholischer Perspektive gegen die protestantische Sicht des Verhältnisses von Kirche und Rechtfertigung im Sinne Marons vorgebracht wurden - das einseitige Verständnis der Kirche als Heilsfrucht, die Individualisierung des Gnadenverständnisses, das Übersehen der Bindung des Wortes an die Kirche, die fehlende Dimension der Verleiblichung und der falsche Begriff einer unvermittelten Gottesunmittelbarkeit - nicht grundsätzlich zutreffen. Offensichtlich gibt es im Hinblick auf die ekklesiale Dimension des Rechtfertigungsgeschehens innerhalb der protestantischen Theologie ein breites Spektrum von Meinungen, das es schwer macht, überhaupt von der protestantischen Position zu sprechen, so daß genaue Differenzierungen gefordert sind. Maron und die sich ihm anschließenden Theologen in ihrer unversöhnlichen Haltung müßten vor dem Dialog mit den Katholiken - sofern sie dazu überhaupt bereit sind - erst einmal mit anderen Stimmen der protestantischen Theologie ins Gespräch treten, um festzustellen, ob möglicherweise der Graben innerhalb der eigenen Konfession verläuft und ob hier zwischen den unterschiedlichen Positionen überhaupt ein Konsens erzielt werden kann. Der Aufweis des Zusammenhangs von Rechtfertigung und Kirche durch Pannenberg und Ebeling kann jedenfalls nicht einfachhin als extreme katholisierende Position abgetan werden.

Innerhalb der protestantischen Theologie wird vermehrt auf die Notwendigkeit hingewiesen, die ekklesiale Dimension der Rechtfertigungslehre in den Blick zu nehmen. So heißt es im Schlußdokument der 4. Vollversammlung des Lutherischen Weltbundes: »Rechtfertigung schafft Gemeinschaft. Es war eine Verkürzung der Botschaft des Evangeliums, wenn die Rechtfertigung auf den einzelnen Menschen und seine Frage nach Gott beschränkt wurde. ... Der Ort, an dem die rechtfertigende Tat Gottes dem Menschen zugesprochen wird, ist die Kirche. Das ist die besondere Aufgabe der Kirche in Gottes Plan mit seiner Schöpfung.«[1] - »Die Kirche soll nichts anderes tun als die Mittel verwalten, durch die Gott die Sünder rechtfertigt, die er sowohl innerhalb wie außerhalb der Kirche findet.«[2] Als das entscheidende Mittel wird die Taufe genannt: »Die rechtfertigende Christustat kommt grundlegend durch die heilige Taufe zu dem einzelnen Menschen.«[3]

Einzelne protestantische Theologen erhoffen sich von der Berücksichtigung der ekklesiologischen Dimension des Rechtfertigungsgeschehens eine Erneuerung der Ekklesiologie. Auf diese Weise soll die Kirche neu als Lebensraum der Gnade erschlossen werden[4]. Mehrfach wird die

---

1 Rechtfertigung heute, 12. Von verschiedenen Seiten wurde allerdings an dem Dokument Kritik laut wegen seiner »katholischen« Tendenzen (vgl. 63f). So stellte W.Trillhaas die Frage: »Ist es wohlgetan, zu sagen ..., der Ort der Rechtfertigung sei 'die Kirche'?«, in: E.Wilkens (Hg.): Helsinki 1963, 101.

2 Rechtfertigung heute, 13. Die Grenzen der kirchlichen Heilsvermittlung werden dabei genau festgesetzt: »Christus überträgt seine Herrschaft nie an eine ihn auf Erden repäsentierende Kirche oder Hierarchie. Er läßt seine Kirche nicht über sich selbst bestimmen, sondern sie ist sein Leib« (ebd.11).

3 Ebd. 11.

4 Vgl. dazu, gewissermaßen als Gegenbuch zu Maron, K.Glaser: Lebensraum Gnade, Stuttgart 1970. Ausgehend von der Einsicht, daß Rechtfertigung sich nicht in unverbindlicher Innerlichkeit oder als bloßer Gedanke im luftleeren Raum ereignet, und daß sie »überall dort zu einem 'dialektischen Spiel' wird, wo sie nicht umschlossen und eingebettet ist in den charismatischen Raum von Wort und Sakrament« (10), stellt Glaser

auch von Pannenberg geäußerte Befürchtung laut, die Rechtfertigungsbotschaft könnte andernfalls zur bloßen Lehre oder zu einem rein intellektuell zu erfassenden Gedanken verfälscht werden[5]. Diese Befürchtung wird auch von solchen Theologen ausgesprochen, die sich ansonsten gegen eine »Verkirchlichung« der rechtfertigenden Gnade zur Wehr setzen[6]: »Ist uns deutlich, wie das Geschehen der Rechtfertigung ganz und gar umschlossen ist von der pneumatischen Realität der Kirche? Wo die ekklesiologischen Dimensionen der Rechtfertigung nicht mehr gesehen werden, kann sie nicht mehr das rettende Ereignis sein; sie wird ein dialektisches Spiel, das - noch so ernsthaft betrieben - doch ein kraftloses Gedankending bleibt.«[7]

Wenngleich die Herausstellung des ekklesialen Bezuges des Rechtfertigungsgeschehens für die protestantische Theologie nicht einfachhin zur Vereinnahmung der Gnade durch die Kirche führen darf, so weiß sie doch um diese Gefahr. Aus diesem Grund sprechen Ebeling wie Pan-

---

die Kirche als den Ort vor, wo der Zuspruch der rechtfertigenden Gnade in Verkündigung und Sakrament konkret-leiblich erfahrbar und im menschlichen Tun wirksam wird. »Vielfach wird als das eigentlich Evangelische in der Auffassung der Gnadenmittel der Empfang durch den Glauben angesehen. Heute ist stärker aufzuzeigen, daß das Wort und die Sakramente in ihrem innersten Bereich von der Rechtfertigung bestimmt sind« (40). Wort und Sakramente sind für Glaser die Innenseite und das Wesen der Gnadenmittel. Vor allem im Taufgeschehen, aber auch in Buße und Abendmahl wird die Rechtfertigungsgnade Wirklichkeit. Ohne das Rechtfertigungsgeschehen ausschließlich verkirchlicht-institutionell (miß)verstehen zu wollen, warnt Glaser vor den protestantischen Gefahren der Intellektualisierung, Individualisierung und Subjektivierung der Gnade, die die Botschaft von der Rechtfertigung zur abstrakten Lehre erstarren lassen und verhindern, daß das empfangene Heil sich in der Gemeinschaft der Kirche verwirklicht. - In ähnlicher Weise argumentiert H.Dietzfelbinger: Falsche und echte Lebendigkeit in der Kirche, München 1952, 23f.

5 Vgl. G.Heintze: Martin Luthers Erbe als Anfrage an das heutige ökumenische Erbe, in: H.F.Geisser u.a. (Hg.): Weder Ketzer noch Heiliger, Regensburg 1982, 9-32, 19f: »Aber wie kann der Zuspruch der Sündenvergebung und der Rechtfertigung des Gottlosen anders erfolgen als durch Wort und Sakrament? Die traurige Wirklichkeit des gottesdienstlichen Lebens in unseren Kirchen verbietet es uns, uns dessen zu rühmen, daß die Lehre von der Rechtfertigung nach wie vor in unseren Kirchen in offizieller Geltung steht.«

6 Ein Beispiel dafür ist P.Brunner. Will er auf der einen Seite die Ungeschuldetheit der Gnade gewahrt wissen, die auf keinen Fall durch zusätzliche, von seiten der Kirche auferlegte Bedingungen verstellt werden darf, betont er auf der anderen, »daß es ohne den von Gott gestifteten Dienst an Wort und Sakrament nicht zur Rechtfertigung aus Glauben kommen kann. ... Das Heilsgeschehen, das Gott in Jesu Kreuz und Auferstehung für alle gewirkt hat, soll durch die von Gott verordneten Mittel an jedem einzelnen Menschen zur Auswirkung gebracht werden. Aus diesem Grunde und zu diesem Zweck hat der auferstandene Herr den Dienst seiner Apostel eingesetzt und durch ihr Zeugnis das Evangelium gestiftet«: Pro Ecclesia II, 131. Die Rechtfertigung des Sünders vollzieht sich somit nicht nur in der Innerlichkeit des Herzens, sondern als leibhaftiges Geschehen: »Das ist unsere Rechtfertigung vor Gott, daß die Tat Gottes, die Gott in Christi Kreuz und Auferweckung gewirkt hat, an unserer leibhaftigen Existenz durch die Mittel des Heils zur Auswirkung kommt« (ebd.133).

7 Ebd. 134. - Auch W.Dantine: Recht aus Rechtfertigung, Tübingen 1982, 6ff, beklagt eine zunehmende Verinnerlichung des Rechtfertigungsbewußtseins, ohne allerdings im Gegenzug ausdrücklich eine Besinnung auf seine ekklesiale Dimension zu fordern.

nenberg nicht nur von der Verwiesenheit des Rechtfertigungsgeschehens auf die kirchliche Heilsvermittlung, sondern sie betonen zugleich die kritische Funktion des Rechtfertigungsartikels, der »Wächter aller Glaubenslehre« zu sein hat. Auch die ekklesiale Heilsvermittlung hat ihr kritisches Potential in der Aussage, daß Gott den Sünder bedingungslos, ohne Vorleistungen und Werke gerecht macht. In diesem Sinne ist der articulus stantis et cadentis ecclesiae gegenüber allen vergesetzlichenden Tendenzen der Garant der christlichen Freiheit; ihm kommt eine entscheidende regulative Funktion zu. Der dezidierte Unterschied zwischen Ebeling und Pannenberg auf der einen und Maron auf der anderen Seite besteht allerdings darin, daß für Maron die ekklesiologiekritische Funktion des Rechtfertigungsartikels, welche die Bedingungslosigkeit der Gnade wahrt, die kirchliche Vermittlung der rechtfertigenden Gnade grundsätzlich ausschließt. Doch ist die von Christus selbst gewollte Kirche tatsächlich eine vergesetzlichende Heilsbedingung? Sind es die Sakramente der Taufe und der Eucharistie? Kann protestantische Theologie das Hören auf das Wort, ohne das es keinen Glauben und keine Rechtfertigung gibt, als *zusätzliche Bedingung* zu dem auffassen, was zwischen Gott und Mensch geschieht?

VIERTER TEIL

Ökumenische Perspektiven

I. Thesen zur Bestimmung des Verhältnisses von Kirche und Rechtfertigung

Der Durchgang durch die einzelnen Entwürfe soll mit dem Versuch abschließen, die verschiedenen Weisen der wechselseitigen Bezogenheit von Kirche und Rechtfertigung systematisch-zusammenfassend darzustellen. Dabei scheinen, entsprechend der jeweiligen katholischen oder protestantischen Akzentuierung, verschiedene einander ergänzende Argumentationsmuster und Begründungszusammenhänge auf, die im folgenden thesenartig formuliert werden sollen.

- Die Kirche muß sich die rechtfertigende Gnade für ihre Glieder immer wieder neu von Gott her schenken lassen. Ihre Grundhaltung ist darum die des Hörens (auf das Wort) und des Empfangens (der Gnade). In diesem Sinne ist sie Versammlung (congregatio) und Gemeinschaft (communio) der Gerechtfertigten.
- Wenngleich die Kirche in ihrer Geschöpflichkeit und Sündhaftigkeit immer Empfängerin der Gnade bleibt, wird die Rechtfertigung ihr doch nicht in aktualistischer Weise je neu zugesprochen, sondern sie hat aufgrund ihres eschatologisch-endgültigen Charakters die Gewähr, daß sie als ganze der Gnade niemals verlustig gehen kann. In den Sakramenten und im Amt ist die Gnade der Kirche unverbrüchlich zugesagt; hier erlangt sie bleibend-irreversible Präsenz. Darin liegt die besondere Bedeutung des Institutionellen für die Kirche.
- In der Kirche wird die rechtfertigende Gnade sichtbar, greifbar, verleiblicht, gestalthaft. Das Prinzip der Verleiblichung bzw. der inkarnatorischen Verfaßtheit der Gnade ist konstitutiv vor allem für die katholi-

sche Ekklesiologie, während es auf protestantischer Seite zurückhaltend aufgenommen wird und teilweise auf große Skepsis stößt.
- Als sichtbar-verleiblichte Gestalt der Gnade ist die Kirche nicht nur Empfängerin der Rechtfertigung und somit Heilsfrucht, sondern auch Heilsmittel, durch das die rechtfertigende Gnade den Glaubenden auf unterschiedliche Weise zuteil wird.
- Die Rechtfertigungsgnade wird durch das Sakrament der Taufe mitgeteilt, in Buße und Eucharistie erneuert. Die objektive sakramental-amtliche Heilsvermittlung zeichnet sich dadurch aus, daß hier die Gnade ungehindert durch menschliche Unzulänglichkeit und Sündigkeit des Spenders dem Menschen zugeeignet wird und die Verleiblichung ihren Höhepunkt erreicht.
- Nicht nur durch die Sakramente wird die Rechtfertigungsgnade zugeeignet, sondern auch durch die Verkündigung der Kirche. Denn die befreiende Botschaft von der Rechtfertigung des Sünders aus Gnade allein muß durch die Kirche zur Sprache gebracht werden, damit sie von allen Menschen gehört werde. Insofern Gottes Gnadenzuspruch in dem von Menschen gesprochenen Wort gegenwärtig wird, ist die Rechtfertigungsbotschaft an die Verkündigung der Kirche gebunden. Diese Perspektive wird besonders von Gerhard Ebeling im Rahmen seiner Worttheologie entfaltet.
- Vermittlung von Heil beschränkt sich nicht auf die amtlichen Vollzüge der Kirche, sondern ist Aufgabe aller ihrer Glieder. Da Gnade niemals eine rein private Begnadigung sein kann, sondern für andere fruchtbar werden will und soll, trägt sie in sich die Ausrichtung auf den anderen. In der Möglichkeit, daß ein Mensch für den anderen durch das persönliche Zeugnis, in dem sich die empfangene Gnade verleiblicht, wie auch durch Gebet oder Stellvertretung im Glauben - letzteres allerdings ein genuin katholischer Gedanke - zum Ort der Gnadenmitteilung wird, wurzeln die vielfältigen Formen der »privaten« bzw. kommunialen Heilsvermittlung.
- Der Glaube, ohne den kein Mensch gerechtfertigt werden kann, verdankt sich in grundlegender Weise der Kirche; er kommt von ihr her und impliziert die Teilhabe an ihr. Die Verwiesenheit des rechtfertigenden Glaubens auf seine Vermittlung durch die Kirche ist der letztlich entscheidende Grund für die ekklesiale Dimension der Rechtfertigung.
- Nicht nur ist für das Rechtfertigungsgeschehen die Ausrichtung auf die Kirche konstitutiv. Umgekehrt ist der Rechtfertigungsartikel das kritische Korrektiv aller kirchlichen Heilsvermittlung, das dann zum Zuge kommen muß, wenn sich die Kirche aus ihrer Dienstfunktion zu entfer-

nen und zu verselbständigen droht, bzw. wenn gegen vergesetzlichende Tendenzen die Bedingungslosigkeit der Gnade und die damit verbundene christliche Freiheit geltend gemacht werden muß. Solche möglichen Mißbräuche gestatten jedoch nicht die grundsätzliche Ablehnung der ekklesialen Heilsvermittlung.

II. Bleibende Unterschiede in der Ekklesiologie: Verleiblichung und menschliches Mittun

Würden alle genannten Dimensionen der wechselseitigen Verwiesenheit von Kirche und Rechtfertigung von katholischer wie von protestantischer Seite bejaht und als konstitutive Elemente in den jeweiligen Ekklesiologien berücksichtigt, wäre für diesen Bereich der Theologie ein Konsens zwischen den Konfessionen möglich. Ist diese Übereinstimmung in der Tat gegeben? Die Entwürfe von Pannenberg und Ebeling haben im Vergleich mit Rahner und Balthasar gezeigt, daß die von Maron aufgestellte Alternative »Kirche oder Rechtfertigung« nicht zulässig ist und daß sich die Konfessionen in ihrer Verhältnisbestimmung näher sind, als es auf den ersten Blick den Anschein hat.
Dennoch ist die Frage, ob sich katholische und protestantische Theologie hinsichtlich der Rolle und Bedeutung der Kirche im Rechtfertigungsgeschehen einig sind, nicht schlechterdings mit »Ja«, sondern nur mit einem eingeschränkten »Ja-aber« zu beantworten. Denn die unversöhnliche Position Marons und anderer stellt nicht nur einen möglichen Konsens in Frage, sondern bleibt eine Anfrage an *beide* Konfessionen (auch die protestantische!). Aber auch dort, wo die protestantische Theologie eine Bindung des Rechtfertigunsgeschehens an die Kirche anerkennt, bestehen zwischen ihrem und dem katholischen Verständnis offensichtliche Unterschiede. Denn die Kirche bzw. die kirchliche Gnadenvermittlung nimmt in der protestantischen Ekklesiologie, ohne daß ihre Bedeutung grundsätzlich bestritten würde, einen anderen Stellenwert ein als auf katholischer Seite. Umgekehrt ist in der katholischen Ekklesiologie von der kriteriologischen Funktion der Rechtfertigungslehre so gut wie nicht die Rede - was freilich nicht heißt, daß man nicht darum wüßte.
Wo die katholische Theologie das Gewicht auf die kirchliche Bindung und Vermittlung aller Gnade legt, betont die protestantische die kritische Funktion der Rechtfertigungslehre gegenüber aller kirchlichen

Heilsvermittlung[1]. Wo katholisches Denken auf die Teilhabe an der Kirche ausgerichtet ist, stellt das evangelische stärker das unmittelbare Gottesverhältnis des einzelnen heraus[2]. Sein Augenmerk gilt weniger der eschatologisch-irreversiblen Gegenwart der Gnade in der Kirche als vielmehr der persönlichen Heilsgewißheit des einzelnen[3]. Es macht die Bedingungslosigkeit und Unverfügbarkeit der göttlichen Gnade geltend, wo man katholischerseits auf die verschiedenen Formen der Vermittlung reflektiert. Die protestantische Theologie verdächtigt die Formen des Sakramentalen der Verdinglichung der unverfügbaren Gnade und stellt ihnen die Gegenwart der Gnade im Wort entgegen[4]. Sie hebt die innere, verborgene Heilswirklichkeit der Kirche ab von der äußeren, sichtbaren Gestalt und betont das freie, unverfügbare Wirken des Geistes, während das katholische Kirchenverständnis auf den wechselseitigen Bezug der beiden Ebenen und die Bindung des Geistes an das Institutionelle Wert legt. Hier wird die sichtbare Kontinuität der Kirche herausgestellt, dort das unsichtbare Wirken des Geistes[5]. Unterschiedliche Akzente ergeben sich auch in der Interpretation der eschatologischen Spannung: Hier dominiert für das protestantische Denken die Kategorie der Verheißung und damit die eschatologische Ausständigkeit der Heilswirklichkeit - Glaube als promissio, das Sakrament als

---

[1] Bei allem Verständnis für die protestantische Intention darf dies freilich nicht dazu führen, daß die theologische Beschäftigung mit dem Thema Kirche, die auf katholischer Seite vor und mit dem Zweiten Vatikanum mehr und mehr in den Mittelpunkt tritt, als Infragestellung der Bedeutung der Rechtfertigungslehre und des Heilshandelns Christi erscheint. Marons Vorwurf geht in diese Richtung; ebenso W.Trillhaas: Rechtfertigungslehre unter neuen Voraussetzungen?, in: E.Wilkens (Hg.): Rechtfertigung heute, 102f: »Die unserer Theologie und unserem Dienst am Wort zur Seite gehende Rechtfertigungslehre kann und muß in unseren Tagen des vatikanischen und ökumenischen Überschwanges verhindern, daß das Thema der Kirche ... ein Gewicht bekommt, das der Ehre Christi ... zu nahe tritt.«

[2] Vgl. G.L.Müller: Die Grenze der Ökumene als ihre Chance, in: HerKorr 39 (1985) 570-575; J.W.Mödlhammer: Evangelische Theozentrik und Kirche als Ort des Heils, in: Cath 30 (1976) 153-162.

[3] Vgl. dazu B.Hallensleben: »Das heisst eine neue Kirche bauen«, in: Cath 39 (1985) 217-239. Eine ähnliche Position vertritt E.Iserloh: Luther und die Kirchenspaltung, in: H.F.Geisser u.a. (Hg.): Weder Ketzer noch Heiliger, Regensburg 1982, 73-93, 81: »Wenn der Mensch ... mit Glaubensgewißheit seines Gerechtfertigtseins sicher ist und diese Gewißheit selbst Gegenstand seines zur Rechtfertigung geforderten Glaubens ist, dann bedarf er eigentlich der Kirche nicht, kann die Kirche ihm nicht helfen, hat sie ihm aber auch nicht in sein Gottesverhältnis hineinzureden.«

[4] Vgl. dazu A.Mauder: Bilder und Wörter, in: US 33 (1978) 196-198. Er wirft die Frage auf, ob nicht zahlreiche Verständigungsschwierigkeiten in den unterschiedlichen Weisen spiritueller Erfahrung begründet sind, die im einen Fall mehr am Sehen, im anderen am Hören ausgerichtet ist.

[5] Vgl. dazu: Kirchengemeinschaft in Wort und Sakrament, Paderborn-Hannover 1984, 13-15.

Verheißungszeichen, Rechtfertigung als Nichtanrechnung der Sünde, weil Vergebung endgültig erst in der Endzeit geschieht[6].
Als Kristallisationspunkt all dieser Differenzen erweist sich das sakramentale Kirchenverständnis, das sowohl die amtliche Heilsvermittlung durch Wort und Sakrament als auch die nichtamtliche Weitergabe in den verschiedenen Formen der kommunialen Heilsvermittlung umfaßt[7]. Die katholische Theologie versteht das göttliche Handeln als ein sich durch die menschlich-geschöpfliche Wirklichkeit verleiblichendes und vermittelndes. In diesem Sinne ist sie Theologie der Leiblichkeit, die von der Verleiblichung und realsymbolischen Repräsentation, der Sichtbarwerdung und Vergegenwärtigung des Göttlichen im Menschlichen her denkt. Für die meisten protestantischen Theologen hingegen ist der katholische »sakramentale Enthusiasmus«[8] der Sündenfall schlechthin, weil sie darin eine nicht legitime Ineinssetzung von göttlicher und menschlicher Wirklichkeit sehen. Sie begreifen das Verhältnis von Gott und Mensch eher dialektisch und betonen die göttliche Transzendenz gegenüber der menschlichen Wirklichkeit und Sündhaftigkeit. Problematisch, weil das Prinzip des »solus Deus« gefährdend[9], erscheint für sie zugleich die Vorstellung von einer »Mitwirkung« des Menschen bzw. der Kirche, wie sie im sakramentalen Kirchenverständnis impliziert ist. Während das katholische Interesse der Kirche in ihrer Subjekthaftigkeit und Aktivität im Heilsgeschehen gilt, richtet sich das protestantische vor allem auf ihre Durchsichtigkeit und Transparenz für das göttliche Wirken. Das Problem der menschlichen Mitwirkung stellt sich nicht

---

6 Hier sei nochmals hingewiesen auf den überaus instruktiven Beitrag von H.Döring: Kirchen - unterwegs zur Einheit, der die Konsequenzen der unterschiedlichen Interpretation der eschatologischen Spannung für die jeweilige Ekklesiologie deutlich herausgearbeitet hat. Während die katholische Herausstellung der Gegenwart der Gnade zum sakramentalen Kirchenverständnis führt, betont die evangelische ihren Verheißungscharakter, das Kommen des Reiches und entsprechend die Rolle der Kirche als »Zeugniskirche«, die die Verheißung anzukündigen hat (vgl. 45-65). Die jeweilige ekklesiologische Grundkonzeption hängt damit für Döring wesentlich, wenn auch nicht ausschließlich, von der Interpretation der Eschatologie ab. - Ähnlich auch G.Greshake: Eschatologie II, katholische Sicht, in: H.Krüger/W.Löser/W.Müller-Römheld (Hg.): Ökumene Lexikon, Frankfurt/Main 1983, 339-342.

7 Das sakramentale Kirchenverständnis ist nicht die unabdingbare Prämisse, um eine Bindung des Rechtfertigungsgeschehens an die Kirche zu konstatieren, wie besonders an Ebelings Position deutlich geworden ist. Von daher stellt sich die Frage, ob nicht auf eine Übereinkunft in dieser Frage verzichtet werden könnte, wenn man sich grundsätzlich einig wäre, daß die rechtfertigende Gnade der Vermittlung durch die Kirche bedarf, gleich ob diese Vermittlung durch sakramentale Kategorien umschrieben wird oder nicht. Andererseits ist doch unverkennbar, daß bei Rahner und Balthasar die Heilsvermittlung durch die Kirche vom sakramentalen Kirchenverständnis her begründet wird und nicht davon abzutrennen ist.

8 W.Dantine: Kirche und Sakramente, 46f.

9 Zur Problematik vgl. H.Schütte: Protestantismus, 235f.

nur in der Ekklesiologie, sondern ursprünglich schon in der Christologie, nämlich im Blick auf die Bedeutung der menschlichen Natur Jesu[10]. Die diesbezügliche Diskussion ist bislang ausgesprochen kontrovers verlaufen und hat zu keinem eindeutigen Ergebnis geführt[11]. In ähnlicher Weise wird das Problem in der Mariologie erörtert[12], und zwar hinsichtlich der Heilsmittlerschaft Marias und ihrer Rolle in der Erlösung[13].

In allen diesen Fragen stellt die katholische Theologie dem protestantischen »solus« ein den Menschen einbeziehendes »et-et« gegenüber: Rechtfertigung *und* Kirche, Gottes Gnade *und* menschliches Wirken. Damit ist keineswegs ein gleichberechtigtes Nebeneinander von Gott und Mensch im Heilsgeschehen ausgesagt. Dahinter steht vielmehr die Überzeugung, daß die »Allein«-wirksamkeit Gottes nicht als ein den Menschen ausschließendes Handeln zu verstehen ist, sondern inklusiv, im Sinne der »Allwirksamkeit« und Erstrangigkeit, die das kreatürliche

---

10 Vgl. Y.Congar: Dogme christologique et Ecclésiologie, 239-268. Congar sieht eine entscheidende Differenz zwischen den Konfessionen in der Beurteilung der Heilsbedeutsamkeit der Menschheit Jesu im Erlösungsgeschehen. Luther macht er eine »Christologie der Alleinwirksamkeit Gottes« und einen heilsökonomischen Monergismus zum Vorwurf, weil in seiner Sicht Christus nicht mehr wirklicher Mittler mit eigenständigem, freiheitlichen Wirken und Willen, sondern nur noch Mittel und passives Instrument des göttlichen Handelns ist. Die Erlösung erscheint damit ausschließlich als die Tat Gottes. Analog dazu ist auch eine echte Mitwirkung der Kirche im Heilsgeschehen ausgeschaltet. Demgegenüber betont Congar das Festhalten der katholischen Theologie an der aktiven Mitwirkung Christi und in Konsequenz auch der Kirche im Heilsgeschehen.

11 Congars Behauptung wurde von protestantischer Seite vielfach zurückgewiesen mit der Begründung, daß Christus auf diese Weise zu einem selbsttätig mitwirkenden Faktor und zu einer causa secunda im Erlösungsgeschehen gemacht werde. Vgl. dazu F.Viering: Christus und die Kirche, 62. M.Lienhard: Luther témoin de Jésus Christ, Paris 1973, stellt - zu Recht - heraus, daß Jesus nicht einfachhin menschlicher Partner Gottes, sondern der menschgewordene Logos ist, dessen Menschheit außerhalb der hypostatischen Union gar nicht vorstellbar ist. Von daher ist sein Handeln und Gehorsam als Ausdruck seiner Einheit mit Gott zu verstehen. Congar hat daraufhin seine These modifiziert, jedoch nie ganz zurückgenommen. Vgl. dazu Y.Congar: Nouveaux regards sur la christologie de Luther, in: ders.: Martin Luther, Paris 1983, 105-133.

12 Besonders bei Y.Congar: Le Christ, Marie et l'Église, Paris 1952, wird deutlich, wie das in erster Linie vom Christusereignis hergeleitete Prinzip der menschlichen Mitwirkung im Heilsgeschehen sich in der Mariologie und der Ekklesiologie durchhält. »On aura compris comment les affirmations catholiques concernant nos trois termes - l'Église, Marie et le Christ - sont enchaînées l'une à l'autre et dépendent toutes d'un principe qui trouve son application, positis ponendis, dans les trois cas: celui de la coopération de l'humanité à l'oeuvre du salut dont toute la vertu, bien évidemment, vient de Dieu« (38). Ähnlich A.Birmelé: Analyse protestante, in: Comité mixte: Consensus oecuménique, 40ff; B.Sesboüé: Analyse catholique, ebd. 72. Dabei ist sich Congar wohl bewußt, daß aufgrund der hypostatischen Union die Mitwirkung der Kirche eine andere ist als diejenige Christi (77f).

13 Aus der zahllosen Literatur zu diesem Thema vgl. exemplarisch: C. de Ridder: Maria als Miterlöserin?, Göttingen 1965; B.Langemeyer: Maria in der Kirchenkonstitution des Konzils, in: ThGl 58 (1968) 19-39 (mit Literaturhinweisen); Johannes Paul II.: Enzyklika »Mutter des Erlösers«, Freiburg 1987.

Handeln umfängt und überhaupt erst ermöglicht[14]. So ist der Glaube, ohne den kein Mensch gerechtfertigt werden kann, Geschenk und reine Gnade, doch er ist deswegen nicht ohne Zutun des Menschen. Wie eine Gabe erst durch ihre Annahme zum wirklichen Geschenk wird, so wie Liebe ihre volle Gestalt erst dort erlangt, wo sie Gegenliebe erweckt, fordert die Rechtfertigung die durch die Gnade ermöglichte menschliche Antwort und Zustimmung[15]. Auch das »sola fide« kommt über diese Dialektik nicht hinaus, die in der Struktur des Glaubensaktes selbst begründet liegt[16].

Der Konsens in der Rechtfertigungslehre beruht auf eben jener Voraussetzung, daß die Gnade Gottes das menschliche Handeln nicht ausschaltet. Auch Ebeling und Pannenberg betonen mehrfach, daß göttliches und menschliches Tun nicht analog zur physikalischen Wirklichkeit als zwei gleichberechtigte und miteinander konkurrierende Faktoren aufgefaßt werden dürfen. Ist damit die Richtung angezeigt, die einzuschlagen wäre, um eine Einigung über die menschliche Mitwirkung im Heilsgeschehen zu erzielen? Oder aber bricht im sakramentalen Denken - in der Frage der realsymbolischen Verleiblichung wie in der Frage nach dem Mittun des Menschen - ein grundlegender Dissens zwischen den Konfessionen auf?

III. Ein Fundamentaldissens?

In letzter Zeit begegnet vermehrt die Behauptung eines Grund- oder Fundamentaldissenses, der der Spaltung der Konfessionen zugrunde-

---

14 S.Bogdahn: Die Rechtfertigungslehre Luthers im Urteil der neueren katholischen Theologie, 160-171, stellt in seiner Untersuchung die verschiedenen Interpretationsmöglichkeiten des »solus Deus« bzw. des Zusammenwirkens von Gott und Mensch in der Theologie Luthers vor. Er gelangt zu der Einsicht, daß in dieser Frage keine grundsätzliche Differenz besteht, sofern das protestantische »solus« nicht rein exklusiv und das katholische »et-et« nicht in der Weise interpretiert wird, daß es Gleichrangiges und Gleichgewichtiges im Sinne einer Nebeneinanderordnung verbindet. Vgl. dazu auch H.Küng: Rechtfertigung, 257-266; O.H.Pesch: Theologie der Rechtfertigung bei Martin Luther und Thomas von Aquin, 268ff; und besonders M.Seils: Der Gedanke vom Zusammenwirken Gottes und des Menschen in Luthers Theologie, Berlin 1962, v.a. 78ff.

15 »Der in Christus rechtfertigende Gott bleibt ja auch in der Rechtfertigung der Bundesgott, der - auf Grund seiner neuen gnädigen Erwählung - einen echten Partner will: keinen willenlos getriebenen oder gezogenen, sondern einen, der ein persönlich-verantwortliches, aktives und herzliches Ja zu ihm sagt«: H.Küng: Rechtfertigung, 257; vgl. auch 258ff.

16 Vgl. dazu R.Bultmann: Art. »pistis«, in: ThWNT IV, 221; W.Joest: Art. »Rechtfertigung«, in: LTHK² VIII, 1048.

liegt[17]. Angesichts dessen seien die erzielten Übereinstimmungen in den verschiedenen Bereichen (Rechtfertigungslehre, Eucharistie, Amt, Schriftverständnis etc.) eine bloße oberflächliche Symptomkuriererei, welche die in die Tiefe reichende grundsätzliche Differenz zwischen den Konfessionen nicht bereinigen können. Mit dieser Behauptung geht das Bemühen einher, das »Wesen« der Konfessionen bzw. das protestantische und das katholische Prinzip zu bestimmen[18], ein Bemühen, das eine lange Tradition aufweisen kann[19], dann jedoch in den fünfziger Jahren als offensichtlich fruchtlos aufgegeben wurde.

Der Grunddissens wird in den verschiedensten Bereichen lokalisiert: in der Christologie[20], im Offenbarungsverständnis[21], in der Zuordnung der

---

17 Darstellungen der gegenwärtigen Diskussion um den Grunddissens bieten: W.Beinert: Konfessionelle Grunddifferenz, in: Cath 34 (1980) 36-61; A.Birmelé: Le salut en Jésus Christ, 278-315; Deutsche Bischofskonferenz (Hg.): Katholischer Erwachsenenkatechismus, Bonn 1985, 49, 247, 321, 361; R.Frieling: Konziliare Gemeinschaft der Konfessionen, in: MdKI 37 (1986) 78-84; W.Kasper: Gegebene Einheit - Bestehende Schranken - Gelebte Gemeinschaft, in: R.Kolb (Hg.): Confessio Augustana - Den Glauben bekennen, Gütersloh 1980, 158; ders.: Grundkonsens und Kirchengemeinschaft, 161-181; H.Meyer: Zur Frage katholisch-evangelischer »Grundverschiedenheiten«, in: KNA-ÖKI 1984/4, 5-9; ders.: Grundverschiedenheit - Grundkonsens, in: ÖR 34 (1985) 347-358; G.L.Müller: Die Grenze der Ökumene als ihre Chance, 570-575; P.Neuner: Der konfessionelle Grundentscheid - Problem für die Ökumene?, in: StZ 202 (1984), 591-604; R.Schlüter: Die »Grunddifferenz« zwischen den Konfessionen, in: ÖR 36 (1987) 302-320; H.Schütte: Grunddifferenz trotz Fundamentalkonsens?, in: ders.: Ziel: Kirchengemeinschaft, Paderborn 1985, 73-97; ders.: Grunddifferenz zwischen evangelischer und katholischer Lehre?, in: H.Waldenfels (Hg.): Theologie - Grund und Grenzen, Paderborn 1982, 79-88; B.Sesboüé: Y a-t-il une différence séparatrice entre les ecclésiologies catholique et protestante?, in: NRTh 109 (1987) 3-30; ders.: Le contentieux sur la foi séparées, in: Unité des Chrétiens 46 (1982) 14-21; H.Wagner: Das Amt vor dem Hintergrund der Diskussion um eine evangelisch-katholische Grunddifferenz, in: Cath 40 (1986) 39-58. Nicht alle der genannten Beiträge sind vom Bestehen einer solchen Fundamentaldifferenz überzeugt!

18 Vgl. R.Leuze: Die Frage nach den Wesensbestimmungen von Katholizismus und Protestantismus als ökumenisches Problem, in: ÖR 27 (1978) 483-496.

19 Eine gute Übersicht über die Diskussion der konfessionellen Prinzipien für die Zeit vom 17. bis zum 20. Jahrhundert bietet H.J.Urban/H.Wagner: Handbuch der Ökumenik III/1, Paderborn 1987, 195-240. Zur Beschreibung des Konfessionsgegensatzes durch evangelische Theologen s. auch H.Schütte: Protestantismus, 147-254.

20 Der Vorwurf Congars wurde erneuert von W.Beinert: Konfessionelle Grunddifferenz, 57; von W.Breuning: Christologie und Rechtfertigung in der Lehre der römisch-katholischen Kirche und der gegenwärtigen ökumenischen Diskussion, in: G.Klapper (Hg.): Zur bleibenden Aktualität des Augsburger Bekenntnisses, Hamburg 1981, 92-118; in recht unreflektierter Weise von Th.Beer: Der fröhliche Wechsel und Streit, Einsiedeln 1980, 325-453. - Gerade die gegenteilige Meinung vertritt der Protestant J.Baur: Lutherische Christologie im Streit um die neue Bestimmung von Gott und Mensch, in: EvTh 41 (1981) 423-439: Während sich in Luthers Christologie Gottheit und Menschheit in vollständiger Weise verbinden, sei dies in katholischer Sichtweise aufgrund der Unveränderlichkeit Gottes nicht der Fall; darum bedürfe es zur Vermittlung zwischen Gott und Mensch der Kirche bzw. der menschlichen Werke.

21 E.Herms (vgl. S. 24f.); W.H. van de Pol (vgl. S. 276).

verschiedenen Dimensionen des Heilsgeschehens[22], im Gnadenverständnis[23], in der Sicht des Schöpfer-Geschöpf-Verhältnisses[24], hinsichtlich des Glaubensaktes und seiner Zuordnung zur Kirche[25], in einer un-

---

22 R.Frieling: »Auf ewiglich geschieden und widereinander?«, 6, macht für den Dissens eine unterschiedliche Akzentuierung der Heilsereignisse, insbesondere von Christi Menschwerdung und Kreuzesgeschehen, verantwortlich, die auf katholischer Seite zur Auffassung von der Kirche als Christus prolongatus geführt hat. Frielings Lokalisierung der Grundverschiedenheit ist jedoch nicht einheitlich. In: Vorläufige Bemerkungen zur Studie: »Das geistliche Amt in der Kirche«, in: MdKI 1981/6, 102, gibt er als zentralen Unterschied die jeweilige Relation von Christologie, Pneumatologie und Ekklesiologie an. In: »Zusätzliche Bedingungen zum Heil?«, 5-7, nennt er zudem noch das Problem der authentischen Auslegung der Heiligen Schrift. Vgl. in diesem Zusammenhang auch Anm. 32.

23 H.Rückert: Rechtfertigung als kontroverstheologisches Problem, in: ders.: Vorträge und Aufsätze zur historischen Theologie, Tübingen 1972, 295-309: Während der protestantische Gnadenbegriff aufgrund des »sola fide« streng personal konzipiert und die Gnade allein im Wort gegenwärtig sei, werde in katholischer Sicht Gnade sächlich gefaßt. Sie komme nur in der Bindung an konkrete Dinge zu den Menschen - und darum in der Gestalt der Priester-, Sakraments- und Papstkirche. Schon J.A.Möhler: Symbolik, 126f, stellt fest, daß die Protestanten die rechtfertigende Gnade innerlich, die Kirche hingegen als eine äußerliche Größe auffassen. »Das eine bedingt jedoch das andere; indem sie nämlich die Rechtfertigung nicht als innere behandeln, konnte die Kirche keine äußere werden. Indem jene nicht des Menschen innerstes Eigentum wird, stellt sie sich zu schwach dar, als daß sie kräftig genug gewesen wäre, eine vollkommene Wirkung hervorzubringen und das Unsichtbare ins Sichtbare herauszustellen.«

24 B.Sesboüé: Y a-t-il une différence séparatrice?, 25-28: Wo in der protestantischen Theologie der Sünder als durch und durch korrumpiert erscheint, bis hin zum Verlust der Gottesebenbildlichkeit, sieht Sesboüé auf katholischer Seite die Einheit von Natur und Gnade gewahrt und die Vorstellung der totalen Verdorbenheit des Menschen durch die Sünde zurückgewiesen. Der Unterschied läßt sich nach Sesboüé noch weiter vertiefen: Von protestantischer Seite wird in dialektischer Manier die Transzendenz Gottes und die unendliche Differenz zwischen Gott und Mensch in einer Weise hervorgehoben, daß Gott dadurch groß erscheint, daß der Mensch sich klein macht. Demgegenüber ist auf katholischer Seite das Schöpfer-Geschöpf-Verhältnis viel stärker vom Gedanken der Analogie bestimmt. - Ähnlich urteilt Y.Congar: Vraie et fausse réforme dans l'Église, Paris 1950, 420ff. Nach seiner Auffassung ist für das protestantische Denken eine Handlung wegen der radikalen Trennung von Gott und Mensch entweder göttlich oder rein menschlich, doch niemals durchdringt das eine das andere. Aus diesem Grund spricht Congar dem Protestantismus die Fähigkeit zum sakramentalen Denken ab. Im Hinblick auf die Ekklesiologie hat dies eine Zweiteilung in zwei verschiedene Wirklichkeitsbereiche zur Folge: »d'un côté, un Royaume de Dieu tout spirituel, qui est l'acte du Christ célèste dans l'homme; d'autre part, une tentative toute humaine, donc charnelle, pécheresse, vouée à la condamnation, d'organiser l'extérieur de la religion« (420f).

25 J.Ratzinger sieht das Grundproblem zwischen den Konfessionen im Zueinander von Glaube und Kirche. Siehe dazu: Luther und die Einheit der Kirchen, in: IKaZ 12 (1983) 568-582; Bemerkungen zur Frage der apostolischen Sukzession, in: K.Schuh (Hg.): Amt im Widerstreit, Berlin 1973, 37-45. Während bei Luther der Glaubensakt radikal personalisiert werde, weil das eigentliche Geschehen die Befreiung des Menschen aus der Gottesangst und die persönliche Heilsgewißheit sei, ist Glaube katholisch immer Mitglauben mit der Kirche, so daß die Kirche im innersten Ansatz des Glaubensaktes selbst enthalten ist. Letztlich sieht Ratzinger Luthers personalistisches Glaubensverständnis in der Rechtfertigungslehre begründet. Mit diesem Vorwurf auseinandergesetzt hat sich P.Manns: Zur Lage der Ökumene nach dem Luther-Jahr, in: ders. (Hg.): Martin Luther, »Reformator und Vater im Glauben«, Stuttgart 1985, 293-366, dort 295-300. Ähnlich wie Ratzinger W.Löser: Ein katholischer Versuch zu Luther, 573: »Bedeutet die lutherische Rechtfertigungslehre mit ihrer Konzentration auf das

terschiedlichen Glaubenserfahrung[26], im Verhältnis von Schrift und kirchlicher Lehre[27], im Verständnis des Heiligen Geistes[28], in der Auffassung von Personalität[29], im katholischen cooperatio-Gedanken[30], im Bereich des Wirklichkeitsverständnisses bzw. der Hermeneutik[31], schließlich in der Ekklesiologie, was das Verständnis von Sakramentalität und Instrumentalität, was die Beziehung der Kirche zur Rechtfertigungslehre und die damit verbundene Auferlegung zusätzlicher Heilsbedingungen anbelangt[32]. Zu den Bereichen, in denen ein möglicher

---

promissio-fides-Geschehen nicht die Bestreitung der 'Sakramentalität' der Kirche und ihres Heilshandelns?« Die Personalisierung des Glaubensaktes geht seines Erachtens einher mit der Individualisierung der Heilsgewißheit. Vgl. dazu auch B.Hallensleben, Anm. 3.

26 G.Hintzen: Wo liegt die evangelisch-katholische Grunddifferenz?, in: Cath 42 (1988) 274-303. »Das Menschenwort der Schrift wird als Gotteswort erst erkennbar durch die Erfahrung des Glaubens, in der sich das Gotteswort im Herzen der Menschen selbst bezeugt. Und genau diese Glaubenserfahrung reklamiert der Katholik auch für das Wort der Tradition da, wo es verbindlich verkündet wird« (301). Hinter der trotz aller Bemühungen noch nicht gelösten Kontroverse um das »sola scriptura«-Prinzip und das Verhältnis von Schrift und Tradition steht darum nicht zuletzt eine unterschiedliche Glaubenserfahrung.

27 A.Brandenburg: Die Zukunft des Martin Luther, Münster-Kassel 1977, v.a. 48-51; vgl. ders.: Eine theologische Urspaltung? Nach Brandenburg sind Personalität und Ereignishaftigkeit die Kennzeichen des lutherischen Schriftverständnisses. Damit erhalte das Schriftwort eine Evidenz, die keiner Garantie und Sicherheit von seiten einer Kirche bedarf.

28 H.Schütte: Was ist das eigentlich Trennende?, in: KNA-ÖKI 1989/4, 5-8: Während Geist nach katholischem Verständnis an kirchliche Strukturen (Amt, Sakramente, Konzil, Papst) gebunden ist, wird von protestantischer Seite die Freiheit und Unverfügbarkeit seines Wirkens herausgestellt. Ähnlich urteilt die Commission mixte entre l'Alliance réformée mondiale et le secrétariat pour l'Unité des chrétiens: La présence du Christ dans l'Église et dans le monde, in: DC 1737 (206-223); sowie H.J.Lell: Evangelische Fragen an die römisch-katholische Kirche, Göttingen 1967, 17ff.

29 H.Mühlen (vgl. S. 203).

30 Vgl. S. 22f.

31 Vgl. G.Ebeling (S. 278ff.).

32 K.Lehmann: Worüber jetzt zu sprechen wäre, in: HerKorr 37 (1983) 555-561, stellt fest, daß bei Luther das »Ich« mit seinem persönlichen Heilsverlangen nahezu an die Stelle der Kirche tritt. »Luther will die institutionellen religiösen Autoritäten, die sich zwischen den einzelnen und Gott stellen, entmachten, aber entfallen am Ende nicht wesentliche Vermittlungen des Glaubens durch die Kirche überhaupt? ... Greifen diese Fragen nicht noch weiter in die Richtung der *Rolle des Menschen bei der Verwirklichung des Heils*?«(560) - Für H.Müller: Keine romantische Verbrüderung, in: LM 21 (1982) 23-26, gehört nach lutherischem Verständnis die Kirchenordnung auf die Seite der »Ceremonien« und damit auf die Seite bloßer Menschensatzung. Nach katholischem Verständnis hingegen sei eine solche Scheidung zwischen Göttlichem und Menschlichem nicht sachgemäß. Allerdings weicht Müllers Ansicht von der gängigen Auslegung der CA ab und wird zudem von ihm nicht hinreichend belegt. - P.W.Scheele: Ökumenismus fordert Hingabe, in: LM 21 (1982) 184-187, nennt das sakramentale Kirchenverständnis den Hemmschuh zwischen den Konfessionen. Das Comité mixte sieht in diesem Zusammenhang den Grunddissens in einer unterschiedlichen Interpretation der Instrumentalität der Kirche (vgl. S. 49); ebenso J.Huttenbügel: Grundkonsens und »Grunddissens«, in: KNA-ÖKI 13 (1985) 5-10. R.Frieling: Versöhnung und Konflikt, 62, hält die Zusammengehörigkeit von Rechtfertigungs- und Kirchen- bzw. Autoritätsverständnis für das eigentliche Problem: Die protestantische Theologie, die das sola

Grunddissens angesiedelt wird, zählen somit auch die zuvor genannten Fragen nach der Sakramentalität der Kirche und der menschlichen Mitwirkung im Heilsgeschehen.

Müssen angesichts dessen nicht nur eine Übereinkunft in der Ekklesiologie, sondern die ökumenischen Bemühungen überhaupt zwangsläufig scheitern? Vor vorschnellen Urteilen ist zu warnen. Die Bemühungen um die Erforschung einer möglichen Grunddifferenz müssen nicht per se unnötig oder fruchtlos sein[33], doch deswegen kann eine solche Differenz nicht einfach schon als erwiesen gelten. Eine wesentliche Schwierigkeit besteht darin, daß die Bestimmung der Differenz alles andere als einheitlich ausfällt. Alle angeführten Argumente machen zweifelsohne eine richtige Aussage über bestehende Unterschiede zwischen den Konfessionen, doch handelt es sich deswegen schon um eine *Fundamental*-differenz? Es ist bislang noch nicht untersucht worden, in welchem Zusammenhang die unterschiedlichen Bestimmungen stehen und inwieweit sie systematisierbar sind[34]. Auch wenn sich einige von ihnen offenkundig aufeinander beziehen lassen[35], bleibt doch eine Vielfalt von »Grunddifferenzen« bestehen, die nicht aufeinander zurückgeführt werden können. Dies liegt nicht zuletzt daran, daß der Frageansatz und -horizont vom jeweiligen Autor ganz unterschiedlich gewählt wurde[36]. Es stellt sich weiter die Frage, wie ein solcher Fundamentaldissens in Einzelfragen in Erscheinung tritt - denn wenn konkrete Ausprägungen nicht nachzuweisen sind, ist ihm grundsätzlich der Boden entzogen. In welchem Verhältnis stehen dazu die im Dialog erarbeiteten Einzelkon-

---

gratia vor allem anderen geltend macht, vermutet im Amtsverständnis und in der Sakramentenlehre zusätzliche Bedingungen zum Heil. In dieselbe Richtung geht R.Pöhlmann: Rechtfertigung, 382, der die katholische Theologie einer Infragestellung der Christozentrik »durch die Nebenzentren der römisch-katholischen Ekklesiologie und Mariologie« verdächtigt.

33 Sie müßten im Gegenteil in der zuvor angegenben Richtung weitergetrieben werden, um zu einer fundierten Aussagebasis zu gelangen.

34 Zum folgenden vgl. auch H.Meyer: Grundverschiedenheit - Grundkonsens, 353-355.

35 So ist beispielsweise, wie Ebeling aufgezeigt hat, das unterschiedliche Gnadenverständnis auf eine jeweils verschiedene Ontologie zurückzuführen, die wiederum Konsequenzen für das Verständnis der Heilsmittel und die Ekklesiologie bzw. die sakramentale Sicht der Kirche hat. Eine gewisse Vorentscheidung über die Sakramentalität der Kirche fällt auch mit der Beurteilung des Schöpfer-Geschöpf-Verhältnisses. Ebenso hängen das Personenverständnis und der Verleiblichungsgedanke, wie er in der katholischen Ekklesiologie zum Tragen kommt, eng zusammen. In all diesen Fällen ist es jedoch nahezu unmöglich, zu eruieren, was Ursache und was Folge ist und wie sich die einzelnen Faktoren gegenseitig bedingen.

36 Vgl. G.Hintzen: Wo liegt die evangelisch-katholische Grunddifferenz?, 274f: »Man kann die Frage nach der Grunddifferenz unter einem mehr formalen Aspekt angehen und nach den konfessionellen Denk- bzw. Glaubensformen fragen; man kann sie auch unter einem vorwiegend inhaltlichen Aspekt betrachten und nach den konfessionellen Grundaussagen fragen, aus denen die einzelnen Kontroverslehren mit innerer Logik hervorgehen.«

sense? Und wie verhält sich eine mögliche Grunddifferenz zu dem vielfach behaupteten Grundkonsens, gemäß dem die Konfessionen in bezug auf das eigentliche Fundament des Glaubens übereinstimmen[37]? Vorausgesetzt, ein Fundamentaldissens könnte mit Sicherheit konstatiert werden, stellt sich die Frage nach den daraus zu ziehenden Konsequenzen. Hat der Dissens zwangsläufig kirchentrennenden Charakter in dem Sinne, daß die andere Position einen Abfall von der Wahrheit bedeutet? Oder aber spiegelt sich in ihm die Eigenart der jeweiligen Konfession wider, die um ihrer Identität willen nicht aufgegeben werden darf, die andere Artikulationen des Glaubens jedoch keineswegs ausschließt[38]. Auch in diesem Punkt divergieren die Meinungen beträchtlich[39]. Schließlich ist zu bedenken: »Eine Kirche, die nur einen Entscheid, einen Ansatz zum Ausdruck bringen würde, wäre keineswegs mehr eine lebendige, religiös anziehende Größe.«[40] Sind nicht die Konfessionen in ihrer konkreten, vielfältigen Gestalt zu reich und komplex, um auf einen Grundfaktor reduziert zu werden?

---

[37] Einen Grundkonsens nehmen an: Bericht der Gemeinsamen römisch-katholischen/evangelisch-lutherischen Kommission: »Das Herrenmahl«, in: DWÜ, 286; Erklärung der Gemeinsamen Kommission zwischen Vertretern der Evangelischen Kirche in Deutschland und der katholischen Bischofskonferenz, in: KNA-ÖKI 1981/23, 16; »Kirchengemeinschaft in Wort und Sakrament«, 93f; W.Kasper: Gegebene Einheit - gelebte Gemeinschaft - bestehende Schranken, 151f; K.Lehmann/W.Pannenberg (Hg.): Lehrverurteilungen - kirchentrennend?, 12f; H.Meyer/ H.Schütte (Hg.): Confessio Augustana - Bekenntnis des einen Glaubens, 333. Weitere Nachweise zu Autoren, die einen Fundamentalkonsens befürworten, bei A.Birmelé: Le salut en Jésus Christ, 302ff; H.Schütte: Ziel: Kirchengemeinschaft, 61, 67, 69; auch das 2.Vatikanum geht von einem Grundkonsens aus; vgl. UR 1. - Daß die Entscheidung für oder gegen einen Grundkonsens auch wiederum von bestimmten Vorentscheidungen, unter anderem vom jeweiligen Offenbarungsbegriff, abhängig ist, zeigt W.Kasper: Grundkonsens und Kirchengemeinschaft, 166-169.

[38] W.Kasper: Grundkonsens und Kirchengemeinschaft, 164, weist darauf hin, daß jede Kirche »eine relativ eigenständige Ausprägung, sozusagen einen eigenen Typus von Kirche« darstellt. Dabei spielen sog. nichttheologische Faktoren eine nicht zu unterschätzende Rolle.

[39] Während etwa O.H.Pesch die unterschiedliche Ontologie der Konfessionen nicht für kirchentrennend erachtet, ist sie für Ebeling das entscheidende Hindernis zwischen den Konfessionen (vgl. S. 278f.). Oder: Obwohl Frieling einen Grunddissens konstatiert, hält er den bestehenden Fundamentalkonsens für gewichtiger. Vgl. Die ökumenische Situation und der evangelische Bund, in: JEB 28 (1985), 140-151, 145.

[40] P.Neuner: Der konfessionelle Grundentscheid, 602.

IV. Die unterschiedliche Glaubensgestalt

1. Die konfessionelle Differenz in der Spiritualität

Daß zwischen protestantischem und katholischem Denken tiefgreifende Unterschiede bestehen, die im sakramentalen Kirchenverständnis einen ihrer Konzentrations- und Kristallisationspunkt haben, ist unbestritten[41]. Wegen der zahlreichen Probleme und Ungereimtheiten, die die Behauptung eines Fundamentaldissenses mit sich bringt, wollen wir die Differenzen jedoch nicht unter diesem Gesichtspunkt diskutieren[42]. Wir wollen dies auch deswegen nicht tun, weil in der Frage nach dem Zusammenhang von Rechtfertigung und Kirche kein kontradiktorischer Lehrgegensatz bestehen muß, wie die vorliegende Untersuchung gezeigt hat. Anstatt über einen Grunddissens zu reflektieren, sollen die Differenzen zwischen den Konfessionen aus anderer Perspektive in den Blick genommen werden

Mehrfach wurde in der ökumenischen Auseinandersetzung auf die Bedeutung der Denkform und die damit verbundene spezifische Hermeneutik verwiesen[43]. Wir wollen diesen Gedanken weiter verfolgen und ausweiten, da sich ja die Konfessionen nicht darin erschöpfen, bloße Denkformen zu sein. Sie sind als Artikulationsformen des Glaubens konkrete Lebens- und Glaubensgestalten, die sich nicht nur in einer bestimmten Denkform als Teil dieser Glaubensgestalt, sondern darüberhinaus in Liturgie, Ethik, Gebets- und Frömmigkeitsformen usw. niederschlagen[44]. Insofern der Glaube im Geist Gestalt annehmen und die verschiedenen Lebensbereiche durchdringen will, prägen die Konfessionen eine je eigene Spiritualität aus, die von den ihnen jeweils Angehörenden möglicherweise gar nicht bewußt reflektiert wird, weil sie diese ganz selbstverständlich leben. Ihre Bedeutung für das Selbstver-

[41] Bewußt ausgeklammert werden in den folgenden Überlegungen Unterschiede in der Schriftauslegung und im Verständnis des Verhältnisses von Schrift und Tradition, da dies einen anderen Problemkreis berührt. Entsprechend unserer Themenstellung konzentrieren wir uns auf jene Differenzen, die sich aus dem Zusammenhang von Kirche und Rechtfertigung ergeben.

[42] Auch wenn wir einen Fundamentaldissens konstatierten, wäre damit im Grunde noch nichts gewonnen, weil damit noch nicht über seine kirchentrennende Bedeutung entschieden ist.

[43] Dazu exemplarisch H.Dombois: Konfessionelle Auseinandersetzung als hermeneutisches Problem, in: ZThK 60 (1963) 122-131. Vgl. auch H.U. von Balthasar: Karl Barth, 201: »Nichts ist im konfessionellen Gespräch wichtiger als die Klärung der Denkform.«

[44] Vgl. dazu H.Wagner: Zur Findung und Hermeneutik der Glaubensgestalt, in: H.J.Urban/H.Wagner: Handbuch der Ökumenik III/1, 240-254.

ständnis einer Konfession ist jedoch nicht zu gering zu bewerten[45]. Da der Begriff der Spiritualität »Glaube, Frömmigkeitsübung und Lebensgestaltung«[46] zusammenschließt, verstehen wir darunter nicht nur einzelne konkrete Äußerungsformen, sondern die »ganzheitliche Ausrichtung und damit ... perspektivische Hermeneutik des Glaubens«[47]. In diesem Sinne ist einer jeden Form von Spiritualität eine bestimmte Grundausrichtung zu eigen, die die jeweilige Glaubensgestalt bestimmt. Wir wollen die bestehenden Differenzen unter dem Gesichtspunkt einer solchen unterschiedlichen Glaubensgestalt und Spiritualität reflektieren[48], ein Aspekt, der im ökumenischen Dialog bislang nur wenig berücksichtigt wurde[49].

Doch wird auf diese Weise das Problem nicht nur von einer Ebene - der Lehre - auf die andere - die der Spiritualität - verlagert? In der Tat ist es unbestreitbar, daß Lehrgegensätze gegensätzliche Glaubensgestalten und Spiritualitäten zur Folge haben[50]. Der Umkehrschluß hingegen läßt sich nicht so einfach ziehen. Unterschiedliche Glaubensgestalten können ein Hinweis auf tiefgreifende Lehrunterschiede sein, doch sie sind es nicht zwangsläufig. Man denke nur an die verschiedenen Ausprägungen der Spiritualität der Benediktiner, Franziskaner und Jesuiten, die sich alle auf die katholische Lehre berufen können und in ein und derselben Kirche Raum haben. So werden unter Umständen im Bereich von Glaubensleben und Spiritualität Akzente und Tendenzen greifbar, die, sofern es sich um Entfaltungen ein und derselben Lehre handelt,

---

45 Wenn immer wieder in der ökumenischen Auseinandersetzung emotionale und psychologische Faktoren bzw. Vorbehalte geltend gemacht werden, etwa daß der Terminus »Sakrament« in der Anwendung auf die Kirche für protestantische Ohren schlechterdings ein Reizwort ist, so sind diese eben in der jeweiligen Glaubensgestalt verwurzelt.

46 Kirchenkanzlei i.A. des Rates der EKD (Hg.): Evangelische Spiritualität, Gütersloh 1979, 10.

47 G.Voss: Wachsendes Interesse an Spiritualität, in: P.Lengsfeld (Hg.): Ökumenische Theologie, Stuttgart 1980, 338-354, 348.

48 Die folgenden Überlegungen haben selbstverständlich nicht eine systematische Darlegung konfessioneller Spiritualität zum Ziel, sondern wollen thesenhaft die Grundausrichtung der jeweiligen Glaubensgestalt aufzeigen.

49 So waren die unterschiedlichen Spiritualitäten noch nie Gegenstand eines offiziellen Dialoges; in Handbüchern werden sie, wenn überhaupt, nur am Rande angesprochen. Ausführlicher thematisiert hat sie G.Voss: Wachsendes Interesse an Spiritualität, 338-354; ders.: Katholische Spiritualität - ein ökumenisches Hindernis?, in: US 33 (1978) 199-210. Vgl. Ch.Jones/G.Wainwright/E.Yarnold (Hg): The Study of Spirituality, London 1986, 342-345. A.Brandenburg hält die Frage nach der jeweiligen Spiritualität gar für das Zentrum der Auseinandersetzung. Siehe dazu ders.: Sakrament der Einheit oder Erlebnis der Frustration?, in: K.Schuh (Hg.): Amt im Widerstreit, 84-96, 86: »Grundlegend aber sind wir durch nichts so getrennt, wie durch die verschiedene Anlage und Auswirkung der Spiritualität.«

50 So wird etwa derjenige, der die wahre Menschheit Jesu Christi leugnet, ihn in anderer Weise verehren als der, der am chalkedonensischen Dogma festhält.

gerade nicht im Sinne von Lehrgegensätzen erfaßt werden können. Doch selbst wenn sich hinter Differenzen im Bereich der Spiritualität Lehrunterschiede verbergen, so müssen diese nicht zwangsläufig zu einer Spaltung führen; nicht alle Lehrunterschiede sind bekanntlich kirchentrennend. Die entscheidende Frage ist darum nicht die, ob es sich bei den Differenzen zwischen den Konfessionen um Gegensätze in der Lehre oder in der Spiritualität handelt, sondern inwieweit diese Differenzen Grund zur Spaltung bieten.

Diese Frage stellt sich in besonderer Weise dann, wenn einer Glaubenswahrheit, über die man sich faktisch einig ist, im Gesamtgefüge der Theologie auf protestantischer und katholischer Seite ein je unterschiedlicher Stellenwert und damit unterschiedliche prägende Kraft zukommt. Mit dem Grundsatz von der Hierarchie der Wahrheiten wurde vom Konzil die Möglichkeit unterschiedlicher Profilierung und Akzentuierung der Glaubenswahrheit explizit zugestanden[51]. Auf diese Weise sollte nicht nur ein Prinzip für die sachgemäße Interpretation, sondern auch für die existentielle Bedeutsamkeit geschaffen werden[52].

Nun ist zweifellos eine unterschiedliche konfessionelle Gewichtung zu konstatieren im Hinblick auf den Stellenwert der Kirche bzw. der kirchlichen Heilsvermittlung im Rechtfertigungsgeschehen[53]. Während bei Maron für die Verhältnisbestimmung von Kirche und Rechtfertigung nur ein »Entweder-Oder« Geltung haben kann, handelt es sich in den Entwürfen von Pannenberg und Ebeling nicht um einander ausschließende Alternativen, sondern um unterschiedliche Akzentsetzungen, da sie grundsätzlich an der Vermittlung der rechtfertigenden Gnade durch die Kirche festhalten, ohne ihr freilich dasselbe Gewicht zuzumessen wie die katholischen Entwürfe. Umgekehrt stellen die genannten Autoren unter Berufung auf den Rechtfertigungsartikel die Bedeutung der christlichen Freiheit und die Bedingungslosigkeit der Gnade heraus, um die Rahner und Balthasar zwar wissen, die sie jedoch nicht mit derselben Vehemenz geltend machen. Die unterschiedliche Akzentuierung prägt die jeweilige Gestalt der Konfessionen, prägt eine verschiedene

---

[51] UR, 11. - Vgl. auch den ökumenischen Schlußtext der Würzburger Synode über die pastorale Zusammenarbeit der Kirchen im Dienst an der christlichen Einheit, in: Gemeinsame Synode der Bistümer in der Bundesrepublik Deutschland, Offizielle Gesamtausgabe I, Freiburg 1976, 782: »Weder der Kirche noch den einzelnen Christen ist es möglich, sich sämtlicher geschichtlicher Entfaltungen des Glaubens gleichermaßen bewußt zu sein. Immer wird es Schwerpunkte geben. Selbstverständlich muß die betroffene Akzentuierung auf ihre Zuverlässigkeit hin geprüft werden. Doch sind Unterschiede im Verständnis des einen Glaubens unausweichlich.«

[52] So H.Fries: Ökumene statt Konfessionen?, Frankfurt 1977, 122.

[53] Auch Pannenberg spricht von einem unterschiedlichen Stellenwert der kirchlichen Heilsvermittlung innerhalb der jeweiligen Spiritualität.

Spiritualität und unterschiedliche Schwerpunkte im Glaubensleben aus[54].

Für den Fortgang des Dialoges ist entscheidend, daß der skizzierte konfessionelle Unterschied keine strikte Alternative darstellt, sondern als eine »durch einen *Komparativ* definierte Differenz«[55] beschrieben werden kann. Solange die Differenzen in diesem Bereich verbleiben und nicht, wie bei Maron, zu Antithesen werden, ist auf Konsens zu hoffen. Denn auch die Reformatoren wollten die Kirche nicht zugunsten einer Individualisierung des Glaubens auflösen; auch erklärten sie sie nicht für schlechterdings unsichtbar. Auch der Protestantismus hat seine Kirchenfrömmigkeit, auch er kennt Formen der Verleiblichung, nicht zuletzt das Wort, das als eine Form der Gestaltwerdung gelten kann. Umgekehrt weiß die katholische Theologie um die grundlegende Differenz der Kirche zu Christus bzw. zum Heil selber, um die eschatologische Ausständigkeit der Gnade, um ihre absolute Priorität vor allem menschlichen Tun und damit um das »solus Deus«.

In der unterschiedlichen konfessionellen Gewichtung kommen verschiedene, dem Heilsgeschehen innewohnende Spannungen zum Ausdruck: die Spannung von Unmittelbarkeit und kirchlicher Vermittlung, Unsichtbarkeit und Sichtbarkeit, Gegenwart und zukünftiger Ausständigkeit des Heils, Alleinwirksamkeit und Mitwirkung des Menschen, Bedingungslosigkeit der Gnade und ihrer kirchlichen Bindung. »Rechtfertigung« und »Kirche« stehen exemplarisch für die beiden Pole des Heilsgeschehens; in ihrer Verhältnisbestimmung wird die Spannung mit aller Deutlichkeit manifest. Denn es gilt, das persönliche Verhältnis zu Gott und die kirchliche Heilsvermittlung, die Bedingungslosigkeit des Heils und die Tatsache, daß es eine Kirche gibt, durch die es den Men-

---

54 Es wäre interessant, im einzelnen zu verfolgen, wie die verschiedenen Akzente in der Liturgie, in der sakralen Kunst, in Gebets- und Frömmigkeitsformen ihren Niederschlag finden. Recht aufschlußreich ist in diesem Zusammenhang die auf soziologischen Umfragen beruhende Studie von G.Schmidtchen: Protestanten und Katholiken, Bern 1973, die demonstriert, wie sich konfessionelle Gegensätze im Alltagsleben ausprägen.

55 Mit diesen Worten charakterisiert H.Meyer in: »Sündige Kirche«?, 407, die Differenz in der Beurteilung der Sündigkeit der Kirche. Von da aus stellt sich für Meyer im Hinblick auf die Diskussion um eine mögliche Fundamentaldifferenz die Frage, »ob eine solche, durch verschiedene Akzentuierung und damit 'quantitativ', nicht 'qualitativ' zu definierende Differenz kirchentrennend sein kann und muß. Mit anderen Worten: Kann und darf man solch einer, durch eine letzte theologische Unschärfe bestimmten Differenz kirchentrennende Schärfe zusprechen? Oder wäre, wenn man es tut, dies nicht vielmehr der Beweis einer unzulässigen Vergröberung und Karikierung der Positionen, die jene Unschärfe übersieht oder wegretuschiert?« - Mit derselben Schwierigkeit, die Differenz in der Gewichtung der Pole im Heilsgeschehen exakt zu formulieren und dingfest zu machen, sieht sich A.Birmelé konfrontiert. In: La peccabilité de l'église comme enjeu oecuménique, 409, qualifiziert er den Unterschied als »seconde sans être secondaire« und bleibt in seiner Benennung bewußt vage.

schen zugeeignet wird, miteinander zu vereinbaren und zwischen den verschiedenen Polen Ausgleich zu schaffen.
Die dem Heilsgeschehen eigene Spannung - und damit die Zuordnung von Rechtfertigung und Kirche - wird auf katholischer und protestantischer Seite jeweils unterschiedlich interpretiert. In diesem Sinne liegen den Konfessionen verschiedene »Grundvorstellungen« und Grundhaltungen zugrunde, aus denen sich die Differenzen, insbesondere im Bereich der Ekklesiologie, herleiten lassen[56]. Unverkennbar stehen hinter der protestantischen Position die sola-Prinzipien: »solus Deus« gegen ein eigenmächtiges Mitwirken des Menschen, »solus Christus« gegen eine falsch verstandene Heilsmittlerschaft der Kirche, »sola gratia« gegen ein auf menschliches Verdienst ausgerichtetes Tun, »sola fide« gegen ein Verfügenwollen über die Gnade in den Sakramenten.

2. Unterschiedliche Grunderfahrungen und Anliegen

Was sind die Gründe für die unterschiedliche Glaubensgestalt? Insofern sich die gegenwärtige evangelische Theologie an die Theologie Luthers und die reformatorische »Entdeckung« gebunden weiß, führt uns diese Frage auf das Anliegen der Reformation und ihr theologisches und geschichtliches Umfeld zurück. Selbstverständlich kann an dieser Stelle nicht im einzelnen der überaus komplexen Frage nachgegangen werden, aus welchen Antrieben Luther zum Reformator wurde und wo die entscheidenden Gründe für die Kirchenspaltung zu suchen sind, welche der Faktoren Ursache und welche Wirkung sind bzw. wie sie im einzelnen zusammenhängen. Es geht vielmehr darum, die »typisch reformatorischen« Erfahrungen und Anliegen zu erschließen, die zur Ausprägung von unterschiedlichen Grundhaltungen geführt haben. Denn die jeweilige Glaubensgestalt entspringt nicht in erster Linie abstrakter Reflexion, sondern konkreter Erfahrung. In diesem Sinne stel-

---

[56] Die Rede von der protestantischen und der katholischen »Grundvorstellung« wurde von der Weltkirchenkonferenz in Amsterdam geprägt. Vgl. dazu den Bericht der I. Vollversammlung des Ökumenischen Rates der Kirchen, Amsterdam 1948, in: L.Vischer (Hg.): Die Einheit der Kirche, München 1965, 84f. - Ausführlich zu diesem Thema auch H.Weissgerber: Die Frage nach der wahren Kirche, Essen 1963, 179ff. Die »Grundvorstellungen« wurden folgendermaßen umschrieben: »Die eine Seite, die man gewöhnlich 'katholisch' nennt, wird gekennzeichnet durch eine starke Betonung der sichtbaren Kontinuität der Kirche in der apostolischen Sukzession des Bischofsamtes. Die andere Seite, die man gewöhnlich 'evangelisch' nennt, betont in ihrer Lehre der Rechtfertigung sola fide vor allem die Inititative des Wortes Gottes und die Antwort des Glaubens« (ebd. 63f). Wenngleich diese Darstellung unseres Erachtens zu kurz greift und über die inhaltliche Explikation der jeweiligen »Grundvorstellung« ausführlich diskutiert werden müßte, schlägt sich darin eine richtige Einsicht nieder.

len die Konfessionen »Erfahrungsgestalten«[57] des Christentums dar, in die vielfältige, theologische wie soziologische, geschichtliche wie gegenwärtige Erfahrungen mit Glaube und Kirche eingeflossen sind[58]. So steht am Beginn der Reformation nicht der Entwurf einer neuen Ontologie oder eines neuen, von der Leiblichkeit abstrahierenden Personverständnisses oder einer anderen Gnadenlehre, sondern die konkrete Erfahrung mit der Kirche des 16. Jahrhunderts, mit der damaligen Sakramentspraxis, dem Ablaßwesen, mit den vielfältigen Bemühungen, »etwas für sein Heil tun« zu müssen. Wenngleich solche Erfahrungen historisch gebunden sind, bleiben sie doch für die protestantische Glaubensgestalt prägend[59], weil sie einmal grundlegend die Perspektive und die Richtung des Denkens und Fragens bestimmt haben[60].

Die Frage, die Luther umtrieb, war die Frage nach dem Heil, nach dem gnädigen Gott, der allein den Menschen aus der Verfangenheit in die Sünde zu erlösen vermag. Die Heilsfrage wurde in der katholischen Theologie des 16. Jahrhunderts keineswegs ausgeblendet; sie war vielmehr in höchstem Maße präsent. Sie wurde nur ganz selbstverständlich mit dem Hinweis auf die Kirche und die Teilhabe an ihr beantwortet, durch die der Mensch Zugang zur Gnade erhält. Diese Antwort vermochte jedoch Luthers Fragen, das aus tiefer persönlicher Anfechtung entsprungen war, und, wie sich zeigte, auch dem vieler seiner Zeitgenossen, nicht Genüge zu tun. Seine Frage zielte nicht auf die Kirche als Heilsweg, sondern auf das ganz persönliche Heil des einzelnen[61]. Der Mittel- und Bezugspunkt seines Denkens ist der einzelne glaubende

57 Mit dem Verständnis der Konfessionen als Erfahrungsgestalten folgen wir H.Wagner: Handbuch der Ökumenik III/1, 251ff. Vgl. ders.: Theologie und Wirklichkeitserfahrung, in: ThQ 157 (1977) 255-264.

58 Weil Theologie immer nach der Wirklichkeit in ihren vielfältigen Dimensionen zu fragen hat, ist eine genaue Scheidung der im engeren Sinne theologischen von den sog. »nichttheologischen« konfessionsspezifischen Faktoren (psychologischer, philosophischer, geschichtlicher, gesellschaftlicher und politischer Art) im Grunde nicht möglich. Gerade letztere machen deutlich, daß Konfessionen gelebte Glaubensgestalten sind, in denen sich vielfältige Erfahrungen niederschlagen.

59 Vgl. H.L.Martensen: Luther und die Ökumene heute - Beitrag aus katholischer Sicht, in: H.F.Geisser u.a. (Hg.): Weder Ketzer noch Heiliger, 201-222, 204f.

60 So macht der lutherisch/römisch-katholische Dialog in den USA: Rechtfertigung durch den Glauben, ausdrücklich darauf aufmerksam, daß »viele der Schwierigkeiten sich aus den unterschiedlichen Anliegen und Denkstrukturen der beiden Traditionen ergeben haben«: Rechtfertigung im ökumenischen Dialog, 107-201, 162f.

61 Vgl. Th.Sartory: Das Mysterium der Kirche in reformatorischer Sicht, in: F.Holböck/Th.Sartory (Hg.): Mysterium Kirche in der Sicht der theologischen Disziplinen, 927-1088, 997: »Es geht Luther in allem um die Heilsfrage, um Soteriologie. Darum muß auch lutherische Ekklesiologie notwendig immer von der Soteriologie her bestimmt sein. Das bedeutet: lutherisches Denken über die Kirche wird diese selbst nie als Eigengröße, als eine von Menschen bewirkte Realität vor Augen haben; der Blick geht zuerst und zuletzt immer direkt auf Gott bzw. auf Gott in Christus.« Vgl. auch U.Kühn/O.H.Pesch: Rechtfertigung im Gespräch zwischen Thomas und Luther, 79f.

Mensch, das Subjekt, das Ich des Glaubens, entsprechend die persönliche Gottesbeziehung und die individuelle Glaubensgewißheit[62]. Dies war eine Weise des Fragens, für die die traditionelle Antwort keine befriedigende Lösung sein konnte[63]. In dieser Frage kam eine existentielle Erfahrung zum Ausdruck, die über den Rahmen und Horizont der bisherigen Theologie hinausreichte und die darum bisweilen als genuin neuzeitlich charakterisiert wird[64]. Von diesem Ansatz her ist das protestantische Heils- wie Glaubensverständnis nicht in der gleichen Weise kirchen- bzw. gemeinschaftsgebunden wie das katholische[65].

Mit dem existentiell bestimmten Denk- und Fragehorizont war zugleich der Grundstein gelegt für eine vom metaphysischen Wirklichkeitsverständnis der Scholastik unterschiedene relationale bzw. personale Ontologie, die die Gnaden- und Heilswirklichkeit von der Schöpfer-Geschöpf-Relation her zu erfassen suchte und gegen eine anscheinend verdinglichende Gnadenlehre einen personalen Gnadenbegriff setzte. Wenngleich sich für Augustinus ein ähnlicher personaler Ansatz feststellen läßt, war doch im Unterschied zu ihm damit bei Luther ein Abrücken von den amtlich-institutionellen Formen der Heilsvermittlung verbunden. Göttliches Heilshandeln und kirchliche - und dies meint für die damalige Kirche in erster Linie sakramentale - Heilsvermittlung traten für Luther zwar in keinen Gegensatz, doch sie fielen auch nicht einfachhin zusammen. So war Gnade für ihn nicht mehr wie für die katholische Theologie in selbstverständlicher Weise Gnade der Kirche[66].

---

[62] Vgl. O.H.Pesch/U.Kühn: Rechtfertigung im Gespräch zwischen Thomas und Luther, 81: »Man hat in diesem Sinne von Luthers Theologie als von einer 'existentiellen' Theologie gesprochen, und ihr die 'objektivierende', ja 'verobjektivierende' katholische (thomanische) Theologie gegenübergestellt.«

[63] Erste Ansätze in dieser Richtung - ohne daß dadurch die Kirche als Heilsinstanz in Frage gestellt wurde! - zeigen sich bereits in der Mystik und in Frömmigkeitsbewegungen wie der Devotio moderna.

[64] Vgl. H.F.Geisser: Martin Luthers Anteil an Mittelalter und Neuzeit, in: ders. u.a. (Hg.): Weder Ketzer noch Heiliger, 33-72.

[65] W.Beinert: Der theologische Grundsatz Luthers, in: H.Bungert (Hg.): Eine Spiritualität und ihre Folgen, Regensburg 1983, 9-28, zeigt die Konsequenzen von Luthers Denk- und Fragehorizont für seine spezifische Spiritualität auf. Übereinstimmend mit O.H.Pesch gelangt er zu der Einsicht, daß die mittelalterliche Theologie gewissermaßen von außen Einsicht in das Gottesverhältnis des Menschen zu gewinnen sucht, während der Horizont für Luthers Reflektieren das persönliche Bekenntnis und Gebet ist. Dieser Zugang bestimmt seine Schöpfungslehre, Anthropologie, Christologie und besonders die Ekklesiologie, »wo die Institution Kirche nebensächlich wird, da doch alles auf das unmittelbare und das unvermittelt ergehende Wort Gottes ankommt und nicht auf Autoritäten und Traditionen, auf Ämter und Rechtsordnungen« (16). - Ähnlich sieht auch G.Voss: Katholische Spiritualität - ein ökumenisches Hindernis?, 204, als Grundcharakteristikum katholischer Spiritualität die »Vermittlung der bergenden Liebe Gottes in der Erfahrung des Lebens der Kirche«.

[66] In diesem Punkt stellt O.H.Pesch: Theologie der Rechtfertigung bei Martin Luther und Thomas von Aquin, 919, einen zentralen Unterschied zwischen Luther und Thomas

Diese Einsicht hatte ihren Grund nicht nur im spezifischen Fragehorizont Luthers, sondern vor allem in der konkreten Kirchenerfahrung. Das Nachdenken der Reformatoren über die Kirche fand seinen konkreten Ausgangspunkt in der Papstkirche des 16. Jahrhunderts, die in zunehmendem Maße fragwürdig geworden war[67]. »Protestantismus verstand sich im wesentlichen als Protest gegen die Kirche«[68], und zwar gegen eine Kirche, die einerseits als mit menschlicher Sündhaftigkeit und mit Widersprüchen gegen das Evangelium behaftet erfahren wurde, und die andererseits für die Gläubigen doch eine übermächtige Heilsinstitution darstellte. Durch die Sakramente und insbesondere durch den Ablaß schien sie über die Gnade verfügen zu können, die mehr und mehr als dingliche qualitas verstanden wurde. Die sakramentale Praxis hatte aus diesem Grund teilweise magische Züge angenommen. Das Sakrament hielt man für den sichereren Weg zur Gnade gegenüber dem bloßen Wort, weil es als opus operatum vom persönlichen Glauben zu entbinden schien. Die entscheidende Frage des Gläubigen im Hinblick auf sein Heil war nicht, was Gott durch die Gnade in ihm wirkt, sondern was er selber aus eigener Kraft tun und wirken konnte. Die damalige Ablaßpraxis, aber auch die vielfältigen anderen Bemühungen um das eigene Heil wie Gebet, Fasten, gute Werke, konnten leicht den Eindruck erwecken, daß die Gnade auf diese Weise erst verdient werden mußte. Gerade dies wurde Luther zur Anfechtung, denn er war sich bewußt, daß der Mensch in seiner Sündhaftigkeit und Unzulänglichkeit vor Gott nichts ausrichten kann.

Luthers Wiederentdeckung der Botschaft von der Rechtfertigung aus Gnade allein mußte in dieser Situation eine außerordentlich befreiende Wirkung mit sich bringen. Die Rechtfertigungslehre spricht nicht von der Kirche, sondern von der Relation zwischen Gott und Mensch, nicht von der kirchlichen Heilsvermittlung, sondern von der unmittelbaren Beziehung des Menschen zu Gott. Damit bot sie eine adäquate Antwort auf Luthers Suche. Vor allem aber war ihm am Rechtfertigungsartikel die Einsicht aufgegangen, die seiner Kirchenerfahrung diametral ge-

---

fest: »Wir stehen damit an der folgenreichsten Erweiterung der Sakramentenlehre bei Thomas gegenüber Luther: bei der grundsätzlich kirchlichen Verfaßtheit der sakramentalen Ordnung und damit der Gnade überhaupt. ... Bei aller Würdigung der ekklesiologischen Bedeutung der Sakramente durch Luther wird man nicht sagen können, daß diese Perspektive bei ihm so beherrschend ist wie bei Thomas.«

67 Vgl. O.H.Pesch: Luther und die Kirche, in: LuJ 52 (1985) 113-139, 114: »Luthers Kirche war die römische Westkirche seiner Zeit unter Papst und Bischöfen, also die Kirche des Spätmittelalters. Auf ihre Wirklichkeit, nicht auf eine abstrakt entworfene neue Kirche bezog sich Luthers Theologie der Kirche einschließlich der theologischen, kirchenrechtlichen und kirchenpolitischen Kritik an ihr.«

68 A.Bonhoeffer: Gesammelte Schriften V, hg. von E.Bethge, München 1972, 238.

genüberstand: das »extra nos«, die Unverfügbarkeit und Bedingungslosigkeit der Gnade, die sich der Mensch nicht erst durch sein Zutun verdienen muß[69]. Im Heilsgeschehen hat sich der Mensch nicht auf sich selbst und auch nicht auf die Kirche zu verlassen, sondern allein auf den rechtfertigenden Gott. Mit der Betonung der Bedingungslosigkeit und Unverfügbarkeit der Gnade rückt der Gedanke der Alleinwirksamkeit Gottes in den Mittelpunkt. Angesichts dessen tritt die Vorstellung der menschlichen Vermittlung bzw. Mitwirkung nicht nur im Hinblick auf das Rechtfertigungsgeschehen, sondern auch im Hinblick auf die Kirche in den Hintergrund[70].

In der Rechtfertigung aus Glauben allein sieht die protestantische Theologie darum das kritische Prinzip aller theologischen Lehre, ein Prinzip, das sich nicht nur gegen das Denken in Kategorien von Lohn und Verdienst richtet, sondern das auch gegenüber der Kirche geltend zu machen ist, sofern hier die Ungeschuldetheit der Gnade durch kirchliche Forderungen verstellt zu werden droht. Von diesem Uranliegen her wird die protestantische Theologie immer allen Nachdruck auf das »sola fide« und die Unverfügbarkeit der Gnade bzw. des Heiligen Geistes legen und vor aller kirchlichen Heilsvermittlung auf der befreienden Botschaft von der Rechtfertigung insistieren. Ihre unmißverständlichste Formulierung finden diese Anliegen in den »sola«-Prinzipien. »Das reformatorische 'sola' ist also die Artikulation eines neu aufbrechenden, formalen inhaltlos-umgreifenden *Gesamtverständnisses* wie sich schon allein daran zeigt, daß es mit *mehreren*, ganz und gar unterschiedlichen inhaltlichen Aussagen verbunden wird (solus Deus, solus Christus, sola fide, sola gratia, sola scriptura usw.). Das Grundanliegen ist dabei, die absolute *Unverfügbarkeit* des Heils und das personale Ausgeliefertsein des Menschen an den gnädigen Gott gegenüber einem weithin noch vorpersonalen Gesamtverständnis der Offenbarung in der Scholastik zur Geltung zu bringen.«[71]

Trotz der Betonung der Unverfügbarkeit der Gnade hielt Luther an der Notwendigkeit der Kirche für das Heil des Menschen fest. Freilich wurde die Frage nach der wahren Kirche von ihm nicht mehr mit dem

---

69 Vgl. B.Hamm: Was ist reformatorische Rechtfertigungslehre?, in: ZThK 83 (1986) 1-38, 13: »Worum es in der Reformation geht, ist nicht der Begriff, sondern die Sache der Bedingungslosigkeit, und zwar die Bedingungslosigkeit jenes Geschehens, daß der gottlose Sünder vor Gott gerecht wird und von Gott zum Heil angenommen wird.«

70 Vgl. E.Kinder: Der evangelische Glaube und die Kirche, Berlin 1958, 65: »Die eigentliche Wirklichkeit der Kirche im Rechtfertigungsglauben zu erkennen, heißt vor allem sie entschlossen als Kirche Gottes zu erkennen und anzuerkennen. ... Luthers Kirchenauffassung ist von dem gleichen Theozentrismus beherrscht wie seine Rechtfertigungslehre.«

71 H.Mühlen: Una mystica persona, 506.

Hinweis auf ihre konkrete sichtbare Gestalt beantwortet, die in vielerlei Hinsicht zum Stein des Anstoßes geworden war. Stattdessen berief er sich auf die nicht mit schlechthinniger Unsichtbarkeit zu verwechselnde Verborgenheit der wahren Kirche, die allein im Glauben zu erfassen ist. Von daher wurden und werden von protestantischer Seite nach wie vor das Sichtbare und Greifbare, die konkreten Strukturen und das Institutionelle in der Kirche nicht in der gleichen Weise herausgestellt, wie dies von katholischer Seite geschieht. Zudem versteht die protestantische Theologie die Kirche vor allem als als creatura verbi[72], als hörende, das Wort vernehmende, empfangende Gemeinde. Wenngleich Luther die geistlich-unsichtbare Seite der Kirche von der äußerlich-sichtbaren nicht einfachhin loslösen will, unterscheidet er sie doch klar als zwei Dimensionen, die keineswegs kommensurabel sind. Ein solcher Ansatz hat leicht die Trennung der beiden Ebenen zur Folge, während die katholische Ekklesiologie sich gerade im Zuge einer sakramentalen Konzeption darum bemüht, beide zueinander in Beziehung zu setzen und zu vermitteln.

In der Weiterführung der protestantischen Theologie wird die Tendenz sichtbar, die äußere Seite der Kirche mehr und mehr als bloß menschliche Einrichtung zu erfassen, ohne ihre geistliche Dimension wahrzunehmen[73]. Die Zwei-Reiche-Lehre zielt in dieselbe Richtung, indem sie das rechtliche Handeln der Kirche, die Kirchenordnung und alle Strukturen, die sich nicht unmittelbar auf das Verkündigungsgeschehen beziehen, zum weltlichen Regiment Gottes rechnet und für grundsätzlich veränderbar erklärt[74]. Der Stellenwert der sichtbaren Kirche und ihre geistlich-sakramentale Bedeutung sind damit vom katholischen Verständnis grundlegend unterschieden. Das göttliche Heilshandeln bleibt zwar nach protestantischer Sichtweise nicht in dunkler Unangreifbarkeit, doch es ist nicht an eine sichtbare Struktur, sondern an das freie Wirken des Geistes gebunden[75].

---

[72] Vgl. dazu O.Weber: Art. »Hermeneutik«, in: H.Brunotte/O.Weber (Hg.): Kirchlich-theologisches Handwörterbuch, Göttingen 1962, 120-126.

[73] Vgl. J.Lell: Evangelische Fragen an die römisch-katholische Kirche, 24: Für ihn ist die Kirche nicht Sakrament, »sondern zuerst und vor allem eine Schar von Menschen. Die Ordnungen und Strukturen ... haben keine geistliche Qualität im Sinne einer wie auch immer vorzustellenden Übernatur. Im Gegenteil: alles was die Kirche sagt und tut, sagt und tut sie als irdische Gemeinschaft.«

[74] Vgl. den Beitrag von H.Bacht: Die Sichtbarkeit der Kirche im kontroverstheologischen Gespräch der Gegenwart.

[75] So unterscheidet man seit der Weltkirchenkonferenz von Amsterdam eine katholische »horizontale« Ekklesiologie, die die sichtbare Struktur und Kontinuität der Kirche in Raum und Zeit betont, von der protestantischen »vertikalen«, die den Ereignischarakter von Kirche hervorhebt.

Die Kirchenerfahrung Luthers macht es verständlich, daß protestantische Theologie in erster Linie den Abstand der Kirche zu Jesus Christus herausstellt und alles zurückweist, was diesen Unterschied einebnen und die Kirche »vergöttlichen« könnte. Im gleichen Sinne wird der Anwesenheit des Heils in der Kirche seine eschatologische Ausständigkeit entgegengestellt. Von daher wird auch das Mißtrauen gegen alle Art von Verleiblichung und Repräsentation erklärbar, gegen das inkarnatorisch-realsymbolische Denken und gegen die Sichtbarmachung und Vermittlung der göttlichen Gnade durch menschliche Wirklichkeit. Hinzu kommt, daß im Mittelpunkt der reformatorischen Theologie die Transzendenz Gottes, die Dialektik des Gott-Mensch-Verhältnisses, die menschliche Sündhaftigkeit und der Gedanke des Gott-nicht-genügen-Könnens steht, so daß von daher das protestantische Denken eher auf die Trennung von Gott und Mensch als auf die Vorstellung der Vermittlung des Göttlichen durch das Menschliche ausgerichtet ist. In der Gnadenlehre schlägt sich diese Tendenz nieder in der Vorstellung, daß Gott in seinem Gnadenhandeln nicht in den Menschen eingeht, so daß er dadurch verwandelt und mit neuen Möglichkeiten begabt würde, sondern daß Gott ihn nur wie die Tangente den Kreis oder die Kugel berührt[76].

Die Vielfalt der Faktoren, die verhinderten, daß sich auf protestantischer Seite dieselbe Tradition der Kirche als Heilsmittel wie auf katholischer Seite ausbilden konnte, zeigt, daß die Ekklesiologie nicht einfachhin eine Deduktion der Rechtfertigungslehre darstellt. Von daher kann aus dem Dissens in der Ekklesiologie nicht auf einen kirchentrennenden Unterschied in der Rechtfertigungslehre geschlossen werden. Vor allem sollte durch diesen Überblick deutlich geworden sein, daß dem protestantischen Kirchenverständnis und der ihm korrelierenden Spiritualität eine von der katholischen »differente Fundamentalerfahrung«[77] und damit zugleich eine andere Denkstruktur zugrunde liegt[78].

---

[76] Vgl. WA 1, 558,5-12. Vor allem K.Barth hat dieses Bild aufgenommen.

[77] G.Greshake: Gnade als konkrete Freiheit, Mainz 1972, 247. Greshake sieht in einer unterschiedlichen Fundamentalerfahrung im Wirklichkeitsverständnis den Grund für den Gnadenstreit zwischen Pelagius und Augustinus: Während Pelagius der der antiken Religiosität angehörigen Vorstellung von der Freiheit und Eigenverantwortung des Menschen verhaftet ist, bricht bei Augustinus in der Erfahrung der radikalen Ohnmacht und Unfreiheit des sündigen Geschöpfes eine ganz neue Erfahrung von Subjektivität auf. Der Erfahrungshorizont Luthers ist damit durchaus vergleichbar.

[78] Vgl. dazu H.Fries, der auf die unterschiedliche Struktur des katholischen und des protestantischen Denkens hingewiesen hat: Das Grundanliegen Luthers in der Sicht der katholischen Theologie der Gegenwart, in: K.Forster (Hg.): Wandlungen des Lutherbildes, Würzburg 1966, 157-191, 168ff. An den »sola«-Formeln wird deutlich, »daß es der Theologie Luthers und ihren Grundanliegen wirklich um einen Grund und um ein

In dieser Erfahrung gründet das »Gefälle«[79] der jeweiligen Konfession, ihre Grundausrichtung, die für ihr gesamtes Selbstverständnis wie auch für die einzelnen theologischen Aussagen prägend geworden ist[80]. Beide Konfessionen haben auf dem Hintergrund der jeweiligen Erfahrung ihre Berechtigung - und zugleich ihre Gefahren, ähnlich wie im Konflikt um die Christologie in der alten Kirche: So wie die Monophysiten im Bemühen, die Gottheit Jesu zu wahren, seine menschliche Natur übersahen, und die Nestorianer desto mehr seine Menschheit zur Geltung zu bringen suchten, verfolgten und verfolgen die Konfessionen zwei verschiedene Anliegen: Stellt die katholische Theologie um des Heiles willen die Zusammengehörigkeit von Kirche und Christus heraus, so betont die protestantische - ebenfalls um des Heiles willen - ihre Differenz.

3. Ökumenische Spiritualität

Die reformatorische Grunderfahrung, auf die die entsprechende Glaubensgestalt und ihre spirituelle Prägekraft zurückzuführen sind, ist historisch bedingt. Angesichts des gewandelten theologischen Kontextes - zu nennen wären die Neuansätze in der Gnaden-, Sakramenten- und Worttheologie - haben manche der einstmaligen Differenzen mittlerweile ihren Zündstoff verloren. Ein zweiter relativierender Faktor kommt hinzu: Von der damaligen katholischen Theologie waren Luthers Anliegen, wie die Frage nach der individuellen Heilsgewißheit oder nach der unmittelbaren Gottesbeziehung, kaum reflektiert worden, so daß sie sich schwer tat, darauf einzugehen oder sich mit ihnen auseinanderzusetzen[81]. Demgegenüber sind mittlerweile wesentliche Gedanken und Neuansätze Luthers von der katholischen Theologie re-

---

Ganzes geht, um ein Prinzip, nicht um irgendeinen beliebigen Punkt oder um eine materiale Lehrdifferenz« (173).

79 Den Gedanken vom jeweiligen Gefälle einer Theologie hat v.a. H.Küng entfaltet. Vgl. Rechtfertigung, 270: »Das Gefälle an sich bedeutet noch nicht überbordenden Irrtum. Aber es bedeutet Beschränktheit: kein Gefälle darf absoluten Anspruch erheben; das Wasser kann auf sehr verschiedenen Wegen zu Tale führen.« Das Gefälle ist die Stärke einer jeden Theologie, insofern es ihre Profilierung bedeutet, doch auch ihre Gefahr, wenn die Strömung zu stark wird und anderes Denken nicht mehr zuläßt.

80 Vgl. G.Voss: Katholische Spiritualität - ein ökumenisches Hindernis?, 199-210; G.Ruhbach: Theologie und Spiritualität, Göttingen 1987, 122-130; F.C.Senn: Lutheran Spirituality, in: ders. (Hg.): Protestant Spiritual Traditions, New York 1987, 9-54.

81 O.H.Pesch: Luther und die Kirche, 114, kommt zu dem Ergebnis, daß die Reformation Fragen zur Diskussion stellte - und aus ihrer Sicht auch beantwortete -, die in der spätmittelalterlichen Theologie weder geklärt noch reflektiert worden waren. Die Theologie krankte vor allem an einer deutlichen »ekklesiologischen Unklarheit«.

zipiert worden. Von daher ist es legitim, die verbleibenden Kontroversen auf ihre Berechtigung hin zumindest zu befragen[82]. Denn der gewandelten Wirklichkeit der heutigen Kirche ist Rechnung zu tragen[83]: »Im Blick auf Luther muß sich ... die Frage nach möglichem oder wirklichem Konsens auf die *heutige römisch-katholische* Kirche beziehen.«[84]
Wenngleich die verschiedenen Spiritualitäten unterschiedlichen geschichtlichen Grunderfahrungen entsprungen sind, heißt dies nicht, daß sie durch den Fortgang der Geschichte, der Glaubens- und Theologiegeschichte überholt wären oder ihre Berechtigung verloren hätten. Es besteht kein Zweifel, daß bei den Vorbehalten gegenüber allen Formen des Sakramentalen, bei der Ablehnung des sakramentalen Kirchenverständnisses und bei der Scheu, von einer Vermittlung der rechtfertigenden Gnade durch die Kirche zu sprechen, die Kirchenerfahrung und das Anliegen der Reformatoren bis heute nachwirkt. Die einstigen Grunderfahrungen bleiben für die Glaubensgestalt prägend, so daß sich diese nicht in Anpassung an die geschichtlichen Gegebenheiten je gänzlich neu konstituiert, sondern auf dem Wege der Tradition weitergegeben wird. Hinzu kommt, daß sich die Konfessionen über Jahrhunderte hinweg ausschließlich in der Weise der gegenseitigen Abgrenzung bestimmt und die Gegensätze auf diese Weise weiter verschärft haben. Von daher kann nicht einfach die Forderung erhoben werden, die jeweilige Grundhaltung oder das Grundanliegen - protestantisch: die Wahrung der »sola«-Prinzipien - aufzugeben, wenn nicht die konfessionelle Identität einfachhin preisgegeben werden soll.
Dennoch ist es geboten, die eigene begrenzte Perspektive auf eine ökumenische Spiritualität hin zu überwinden. Ein wichtiger Schritt ist die Bereitschaft der Konfessionen, die andere Glaubenserfahrung und

---

[82] So halten wir zum Beispiel die Behauptung, durch die sakramentale Gnadenmitteilung werde die rechtfertigende Gnade verfügbar gemacht, für nicht allzu schlagkräftig. Denn erstens »nimmt« sich der Glaubende die Sakramente keineswegs nach eigenem Belieben, sondern empfängt sie durch die Kirche, so daß Sakramentalität die Externität des Heils keineswegs ausschließt. Zweitens könnte ebensogut von katholischer Seite die kritische Frage gestellt werden, ob denn nicht die Gegenwart der Gnade im Wort im gleichen Maße verfügbar ist wie ihre Präsenz im Sakrament, wo doch ein jeder Glaubende, so wie er sich das Sakrament »nimmt«, nur zur Heiligen Schrift zu greifen braucht, um das Wort für sich zu haben.

[83] Eben diese Einsicht war für den Ökumenischen Arbeitskreis evangelischer und katholischer Theologen ausschlaggebend, in Bezug auf die einstmaligen gegenseitigen Lehrverurteilungen die Frage zu stellen: »Ist der heutige Gesprächspartner, der durch die Zugehörigkeit zu seiner Kirche in der Nachfolge solcher Entscheidungen steht, noch von den damaligen Verurteilungen betroffen?«: K.Lehmann/W. Pannenberg: Lehrverurteilungen - kirchentrennend?, 9. Ausdrücklich wird darauf hingewiesen, daß dieses Problem nicht allein durch eine historische Untersuchung gelöst werden kann, sondern daß die heutige Lehre und Position einbezogen werden muß.

[84] O.H.Pesch: Luther und die Kirche, 114.

-gestalt als eine Möglichkeit des Christlichen anzuerkennen, die ihre Berechtigung hat und möglicherweise für die eigene Glaubensgestalt eine Bereicherung sein kann[85]. »Ökumenische Spiritualität läßt sich mithin definieren als Bereitschaft zum Identitätswandel - sowohl individuell als auch kollektiv - und das heißt: Bereitschaft zum Loslassen der alten Identitätsmerkmale, die sich aus dem Gegensatzprinzip entwickelt haben und die Spaltung ständig aufrechterhalten. ... Recht verstanden bedeutet solche Bereitschaft zum Identitätswandel keineswegs eine spirituelle oder theologische Nivellierung, geschweige denn Gleichmacherei und Uniformierung, wohl aber den Verzicht auf das Herausstellen konfessioneller Besonderheiten um des Gegensatzes zu anderen Konfessionen willen und Transzendierung der konfessionell-gespaltenen Identitäten hin auf die Vielfalt und Fülle einer gemeinsam christlichen Identität, in der alle Christen mit Christus und untereinander sein können.«[86] Ein Versuch in diese Richtung ist der Vorschlag von U.Kühn[87], auf protestantischer Seite einmal zu bedenken, ob es im ökumenischen Gespräch nach wie vor sinnvoll ist, die »sola«-Prinzipien als das reformatorische Proprium geltend zu machen oder ob nicht demgegenüber neu zu bedenken wäre, daß die von Gott erweckte Antwort des Menschen von entscheidender Bedeutung ist und daß sich

---

[85] So werden von protestantischer Seite bisweilen die unzureichenden Formen der Verleiblichung im Frömmigkeitsleben beklagt. Vgl. W.Dietzfelbinger: Quellen evangelischer Frömmigkeit, in: US 32 (1977) 204-213. Wenngleich er davon überzeugt ist, daß durch die Reformation zahlreiche Mißbräuche beseitigt wurden, ist er doch der Ansicht: »Zugleich damit aber wurde dem Glaubensleben eine gewisse Sinnenfälligkeit genommen. Die Möglichkeit, sich zu verleiblichen und zu konkretisieren, wurde dem Glauben durch diese Reduktion erschwert« (204).

[86] P.Lengsfeld: Ökumenische Spiritualität als Voraussetzung und Rezeption, in: P.Lengsfeld/H.G.Stobbe: Theologischer Konsens und Kirchenspaltung, Stuttgart 1981, 126-134, 132. Vgl. auch G.Voss: Ökumenische Spiritualität, in: H.J.Urban/H.Wagner (Hg.): Handbuch der Ökumene III/2, 258-263. - Lengsfeld stellt fest, daß die konfessionelle Identität gerade an den ekklesiologischen Vermittlungsinstanzen - Amt, Sakramente, Papsttum - festgemacht wird. »Daraus ergibt sich die Frage, ob diese konfessionellen Strukturen nicht einen Grad der Absolutheit erreicht haben, wie er nach dem NT ... eigentlich nur dem Bekenntnis zu Jesus Christus zukommen darf. Theologisch-spirituell betrachtet muß aber die Verabsolutierung von etwas Relativem, die Bevorzugung des historisch Gewachsenen gegenüber dem Göttlichen selbst, religiöse Identitätsgewinnung durch Hinwendung zum Geschaffenen anstelle des Schöpfers ... ganz banal und lapidar Sünde genannt werden« (130f).

[87] U.Kühn: Das reformatorische Proprium und die Ökumene, in: KuD 32 (1986) 170-187. Anlaß für diesen Aufsatz war das Memorandum der Ökumenischen Institute in Bensheim, Bern, Kopenhagen, Prag, Straßburg: »Reformatorische Kirchen und Ökumenische Bewegung«, epd-Dokumentation 49a/1984, Nr.2. Kühn richtet sich u.a. ausdrücklich gegen die These von E.Herms. Vgl. auch ders.: Das Abendmahl - Eucharistie der Gemeinde Jesu, in: KuD 25 (1979) 289-302. Dieser Aufsatz erörtert das Zueinander von Handeln Gottes und Handeln der Gemeinde im Abendmahlsgeschehen.

Gottes Wirken »'in, mit und unter' dem Wort und Handeln der Gemeinde ereignet«[88].
Ökumenische Spiritualität schließt das Bewußtsein ein, daß jede Glaubensgestalt, allein für sich genommen, auch ihre Gefahren hat. In diesem Sinne stellen die Konfessionen zugleich ein wechselseitiges Korrektiv dar[89]. So sieht P.Tillich in der protestantischen Theologie mit ihrer prophetisch-eschatologischen Grundhaltung den notwendigen Protest gegen eine sakramentale Verfügung und Verdinglichung der Gnade auf katholischer Seite[90]. Doch das protestantische Denken bleibt auf die Wirklichkeit des Sakramentalen verwiesen, die ihm als Substanz unabdingbar zu Grunde liegt. So wie nach Tillich die protestantische Frömmigkeit von der katholischen auf ihr sakramentales Fundament zurückgeführt wird, weil keine Kirche ausschließlich auf dem Protest begründet sein kann, bedarf die katholische Theologie der ständigen Korrektur durch das protestantische Prinzip, wenn sie nicht eine sakramental geheiligte Wirklichkeit zum Göttlichen selbst machen und so in einen Götzendienst verfallen will[91]. Die protestantische Theologie müßte sich von daher fragen, inwiefern der Verzicht auf sakramentales Denken tatsächlich möglich ist. Die katholische Theologie hingegen müßte die protestantischen Bedenken Ernst nehmen, wo diese im Gefolge des sakramentalen Denkens eine Identifizierung von Christus und der Kirche befürchten. »Wenn es der katholischen Theologie gelänge, dieses sa-

---

88 U.Kühn: Das Abendmahl - Eucharistie der Gemeinde Jesu, 296. Kühn betont, daß das Verständnis des Abendmahls als ein nicht nur göttliches, sondern auch menschliches Tun nicht zu einer Verwechslung der Subjekte im Heilsgeschen führt, sondern das »sakramentale Ineinander« (297) von Göttlichem und Menschlichem zur Sprache bringt, das nicht nur für den Opfercharakter, sondern für die gesamte Kirche ausgesagt werden müßte. Äußerungen in solcher Deutlichkeit sind mit Sicherheit nicht repräsentativ für die protestantische Theologie. Vgl. auch U.Kühn: Sakramente, Gütersloh 1980, 213: »Darf, ja muß nicht davon die Rede sein, daß sich in und unter kirchlichem Reden und Handeln Gottes Reden und Handeln ereignet?« Dies gilt nicht nur für die Sakramente, sondern auch für die Kanonbildung oder die Schrift selber, insofern in ihr menschliches Glaubenszeugnis seinen Niederschlag gefunden hat.

89 Daß verschiedene Schwerpunkte des Christlichen, die an sich innerhalb ein und derselben Kirche ihren Ort haben, auf die verschiedenen Konfessionen aufgeteilt erscheinen, ist nicht unproblematisch und darf auf keinen Fall als Argument zur Legitimierung der Kirchenspaltung dienen. Um verschiedene Grundhaltungen des christlichen Glaubens zur Geltung zu bringen, bedarf es nicht notwendigerweise verschiedener Konfessionen. Der »Aufteilung«, die de facto stattgefunden hat, kann nur dadurch entgegengewirkt werden, daß sich die Konfessionen gegenseitig immer wieder zur Anfrage werden und sich in ihrer Erfassung des christlichen Glaubens ergänzen.

90 P.Tillich: Gesammelte Werke VII: Der Protestantismus als Kritik und Gestaltung, Stuttgart 1962, v.a. 124-132.

91 P.Tillich: Die religiöse Deutung der Gegenwart, Stuttgart 1969, 80. Zum Vorangehenden vgl. auch Symbol und Wirklichkeit, Göttingen 1962. Eine gute Darstellung von Tillichs Reflexionen, die eher religionsphilosophischer als dogmatischer Natur sind, bietet U.Reetz: Das Sakramentale in der Theologie Paul Tillichs, Stuttgart 1974.

kramentale In-Sein Christi so auszusagen, daß sein Über-Sein nicht geschmälert würde, und wenn die evangelische Theologie es verstünde, das Über-Sein Christi so zu fassen, daß sein real-zeichenhaftes In-Sein nicht geleugnet würde, dann wären dem ökumenischen Anliegen tatsächlich neue Wege eröffnet.«[92]

V. Ausblick zur Heilsvermittlung

1. Desiderate

Wenngleich die vier behandelten Autoren zum Thema der kirchlichen Heilsvermittlung Stellung genommen haben, kann dieses Problemfeld doch weder in der protestantischen noch in der katholischen Theologie als endgültig geklärt gelten. In weit größerem Maße als bisher müßte es auch in die ökumenische Diskussion einbezogen werden. Die folgenden Überlegungen verstehen sich als Richtungsweisung und Anregung, welcher Weg für eine Verständigung über dieses Problem einzuschlagen wäre.

Als Ausgangspunkt für alle weiteren Überlegungen ist festzuhalten, daß »Vermittlung« von Heil mehr bedeutet, als daß die Kirche durch die Sakramente, ihre Verkündigung und ihre Institutionen den äußeren Rahmen für das von Gott gewirkte Heil bildet bzw. daß sie in Bezug auf dieses Heil eine bloße Hinweis- oder Bezeugungsfunktion erfüllt[93]. Ein Zeugnis, das bloßes Menschenwort und nicht mehr ist, entspräche einem bloßen Zeichen, das auf die von ihm verschiedene Wirklichkeit nur hinweist, aber nicht an ihr teilhat[94]. »Vermittlung« meint vielmehr ein soteriologisch relevantes Handeln, meint, daß in Wort und Handeln der Kirche Gott selbst und seine Gnade leibhaftig gegenwärtig und wirksam wird, daß das göttliche Handeln im menschlichen bzw. *durch* das men-

---

[92] L.Scheffczyk: Aktuelle Aspekte des ökumenischen Dialoges über die Kirche, in: MThZ 25 (1974) 260-270, 270.

[93] Wenn O.H.Pesch, in: MySal IV/2, 869f, betont, daß die kirchliche Heilsvermittlung nichts anderes als die »Mitteilung« des befreienden Wortes der Botschaft von der Rechtfertigung sei, so erscheint diese Bestimmung nicht hinreichend präzise, da offen bleibt, ob «Mitteilung» als bloßer Hinweis auf die Gnade - im Sinne der Bezeugung - verstanden wird oder als echtes Vermittlungsgeschehen im sakramental-realsymbolischen Sinn.

[94] Bezeichnenderweise wird die Alternative von Bezeugung und Vermittlung von Rahner und Balthasar überhaupt nicht reflektiert. Darin spiegelt sich die Selbstverständlichkeit wieder, mit der in der katholischen Theologie das menschliche Tun als echtes Gnadenhandeln Gottes angesehen wird.

schliche und *nicht getrennt* von ihm zum Ausdruck kommt, so daß jenes nicht nur äußere Bedingung für das innere Wirken Gottes in der Seele des Menschen ist, sondern daß es das göttliche Tun selber zur Geltung bringt[95]. Nur wo göttliches und menschliches Handeln nicht schlechterdings voneinander geschieden sind, sondern das eine *durch* das andere sichtbar, hörbar, wirksam wird, kann von einem sakramentalen oder realsymbolischen Tun die Rede sein. Dabei ist jedoch unmißverständlich festzuhalten, daß das Heilshandeln der Kirche und das Ankommen der Gnade beim einzelnen nicht miteinander identisch und daher auch nicht miteinander zu verwechseln ist. Daß das verkündigte Wort tatsächlich gehört wird und Früchte trägt, daß das gespendete Sakrament tatsächlich Wirkung zeigt, ist letztlich für die Kirche unverfügbar und steht außerhalb ihrer Macht. Dies ist allein Wirkung des Geistes Gottes, der sich dem Zugriff der Kirche entzieht. Damit eine Diskussion zwischen den Konfession überhaupt möglich wird, müßte von katholischer Seite dieser Aspekt sowie der defizient-fragmentarische Charakter des Sakramentalen mit aller Deutlichkeit herausgestellt werden. Gemeinsam mit der protestantischen Theologie wäre der Begriff der kirchlichen Heilsvermittlung in einer Weise zu präzisieren, die keine Verwechslung mit der Gnade selber zuläßt.
Ein adäquates Verständnis von Heilsvermittlung hat Maß zu nehmen an Jesus Christus als dem Mittler schlechthin. Ohne daß die grundlegende Differenz zwischen Christus, in dem göttliche und menschliche Natur in einer Person vereinigt sind, und der Kirche, die durch den Heiligen Geist mit Christus verbunden ist, negiert werden darf, ist doch durch die Christologie das Grundmodell für eine Vermittlung des Göttlichen durch das Menschliche vorgegeben. So wie Jesus kein bloßer Statist im Heilsgeschehen ist, sondern dessen Mittler, ist in diesem Vermittlungsgeschehen das Wirken des Menschen in der Kirche miteinbezogen, ja geradezu gefordert. Dabei wäre aufzuzeigen, daß menschliches Handeln sich deswegen nicht etwa zum göttlichen Tun erhebt, sondern daß zwischen beiden eine grundlegende soteriologische Differenz besteht: Die Mitteilung von Gnade ist vom Gnadengeschehen selbst unterschieden.
Eine Annäherung in der Frage der kirchlichen Heilsvermittlung hätte Konsequenzen für jene anderen Bereiche, in denen das Zueinander von

---

[95] Ähnlich formuliert es die Confessio Augustana: »Damit wir zu diesem Glauben kommen, hat Gott das Predigtamt eingesetzt, das Evangelium und die Sakramente gegeben. Durch diese Mittel gibt Gott den Heiligen Geist, der bei denen, die das Evangelium hören, den Glauben schafft, wo und wann er will« (CA, V). Der Geist wirkt also nicht nur in der Innerlichkeit des Herzens, sondern durch die Verkündigung und die Sakramente.

göttlichem und menschlichem Handeln gleichermaßen noch zur Klärung ansteht: für die Meßopferfrage, in der nach wie vor umstritten ist, ob nach katholischem Verständnis nicht die Kirche zum handelnden Subjekt der Feier wird und dadurch die alleinige Heilsmittlerschaft Christi in Frage stellt[96]; für das Amtsverständnis[97]; indirekt sogar für das Eheverständnis, wenn in der Frage nach der kirchlichen Wiederverheiratung Geschiedener diskutiert wird, ob Gott in seiner übermächtigen Gnade bedingungslos Vergebung gewährt, die durch kein kirchliches Ge- oder Verbot außer Kraft gesetzt werden kann.

2. Communio-Ekklesiologie und allgemeines Priestertum

Das Wissen um die Bedeutung der vielfältigen Formen der nichtamtlichen und in diesem Sinne individuellen bzw. kommunialen Heilsvermittlung verbindet die Konfessionen und könnte ein gemeinsamer Ausgangspunkt sein für die Verständigung über die ekklesiale Dimension des Rechtfertigungs- bzw. Heilsgeschehens. Zur Begründung und Beschreibung bietet sich die auf dem Zweiten Vatikanum ausgearbeitete Communio-Ekklesiologie an[98]. Die verschiedenen Bestimmungen der Kirche, die die communio-Ekklesiologie in sich vereinigt[99], können hier nicht im einzelnen entfaltet werden. Für uns ist die Tatsache von Be-

---

[96] Vgl. die Berichte der Gemeinsamen Römisch-katholischen/Evangelisch-lutherischen Kommission: Das Herrenmahl, in: DWÜ, 271-295, 289; Das geistliche Amt in der Kirche, in: DWÜ 329-357, 336. Ausführlich befaßt sich mit dieser Frage E.Hönig: Die Eucharistie als Opfer nach den neueren ökumenischen Erklärungen, Paderborn 1989, 34-37; 170-172; 238-245; 269-274.

[97] Vgl. den Bericht der Evangelisch-lutherisch/Römisch-katholischen Studienkommission »Das Evangelium und die Kirche«, 255: »In der Frage nach dem kirchlichen Amt, seiner Stiftung, seiner Stellung in der Kirche und seines rechten Verständnisses ... konkretisiert sich die Frage nach der Stellung des Evangeliums in und über der Kirche. Es geht also um Konsequenzen, die sich aus der Lehre von der Rechtfertigung für das Verständnis des Amtes ergeben.« Im Bericht der Gemeinsamen Römisch-katholischen/Evangelisch-lutherischen Kommission »Das geistliche Amt in der Kirche«, in: DWÜ, 329-357, 336, heißt es zu diesem Problem: »Jesus Christus nimmt als der gegenwärtig Handelnde den Amtsträger in seinen Dienst; der Amtsträger ist nur sein Werkzeug und Organ. ... Nach dem Verständnis beider Traditionen hat der Amtsträger bei der Konsekration in der Feier der Eucharistie keine 'Gewalt' über Christus, sondern spricht im Auftrage und im Namen Jesu Christi.«

[98] Häufig wird sie statt der sakramentalen Sicht der Kirche als Herzstück der konziliaren Ekklesiologie angesehen. - Vgl. J.Ratzinger: Die Ekklesiologie des Zweiten Vaticanums, in: IkaZ 15 (1986) 41-51, 44; W. Kasper: Kirche als communio, in: F.König (Hg.): Die bleibende Bedeutung des Zweiten Vatikanischen Konzils, Düsseldorf 1986, 62-84, 64; O.Saier: »Communio« in der Lehre des Zweiten Vatikanischen Konzils, München 1973.

[99] W.Kasper: Kirche als communio, 62-84, und besonders O.Saier sind den verschiedenen Bedeutungen des communio-Begriffes im einzelnen nachgegangen.

deutung, daß von diesem ekklesiologischen Ansatz her die Kirche in ihrer Gesamtheit und Einheit als Volk Gottes in den Blickpunkt rückt, als Gemeinschaft der Glaubenden, die aller Unterscheidung in Dienste, Ämter und Charismen vorausliegt, ohne daß dadurch die grundlegende Bedeutung des Amtes aufgegeben würde[100] (vgl. LG 13; UR 2; AA 18). Hatte die Ekklesiologie bis dahin eher den fundamentalen Unterschiede zwischen Amtskirche und »Volk«, zwischen lehrender und hörender Kirche herausgestellt[101], betont sie nunmehr im gleichen Maße die verbindenden Züge wie das gemeinsame Priestertum aller Gläubigen[102] (LG 10) oder die Bedeutung des sensus fidelium (LG 13, 35; AA 2)[103]. »Das sind ökumenisch unübersehbare Faktoren, die zeigen können, daß katholischerseits im Rahmen dieser neu aufgenommenen Communio-Ekklesiologie die Vorstellung von der Kirche als 'societas inaequalium' prinzipiell nicht mehr möglich ist. Communio-Ekklesiologie beinhaltet ja die Aktivität aller Glieder der Kirche; mit ihr ist im Kern das 'Modell einer Betreuungs- und Versorgungspastoral' überwunden. Der Zug zur 'Subjektivität' der Kirche und aller in ihr ist damit gegeben.«[104] Die Glieder der Kirche sind als »Subjekte« nicht nur passive Empfänger des Heiles, das ihnen durch die Amtsträger vermittelt wird, sondern ihnen kommt in seiner Annahme und Weitergabe eigene Aktivität im Heilsgeschehen zu[105]. Damit ist die kommuniale Heilsver-

---

[100] Zum folgenden vgl. H.Döring: Die Communio-Ekklesiologie als Grundmodell und Chance der ökumenischen Theologie, in: J.Schreiner/K.Wittstadt (Hg.): Communio Sanctorum, 439-496.

[101] Vgl. H.Sauter: Der Ursprung der Kirche aus Gottes Wort und Gottes Geist, in: W.Kern/H.J.Pottmeyer/M.Seckler (Hg.): Handbuch der Fundamentaltheologie III, Freiburg 1986, 198-211, 203f: »Die hierarchische Institution gewann das Übergewicht gegenüber dem 'Kirchenvolk', die amtliche Autorität und Funktionsfähigkeit wurde gegenüber genuiner Glaubensäußerung und glaubwürdiger Praxis bevorzugt.« Bestätigt wird diese Einsicht durch F.X.Lawlor: The mediation of the church in some pontifical documents, in: TS 12 (1951) 481-504; C.Larnicol: L'Église, sacrement du salut, in: AmiCl 79 (1969) 397-408.

[102] Das Konzil betont dabei jedoch den wesenhaften, nicht nur graduellen Unterschied zum hierarchischen Amtspriestertum (vgl. LG 10).

[103] Auf diese Weise wurde deutlich gemacht, daß Kirche sich nicht in den sichtbaren hierarchisch-rechtlichen Strukturen erschöpft, ohne jedoch einer Romantisierung des Gemeinschaftsbegriffes zu verfallen. Denn die Kirche ist als die aus dem Erlösungshandeln Gottes hervorgehende Gemeinschaft mehr als eine rein menschliche Versammlung und kann daher auch über das von Christus gestiftete Amt mit der ihm zugehörigen Autorität nicht einfachhin verfügen.

[104] Vgl. H.Döring: Die Communio-Ekklesiologie, 447.

[105] Ausführlich befaßt sich damit der bereits erwähnte Beitrag von Y.Congar: Mutter Kirche. Hatte man über Jahrhunderte hinweg den Schwerpunkt auf eine Ekklesiologie des Klerus und der Hierarchie gelegt, so wurde nunmehr eine alte Wahrheit wiederentdeckt: »Alle Gläubigen bilden in und durch die Gemeinschaft mit ihren Priestern ein einziges Tätigkeitssubjekt, durch das sich der Leib Christi aufbaut« (37).

mittlung, das Füreinander-Eintreten im Glauben und in der Rechtfertigung impliziert.

Im Hinblick auf die Träger der Subjekthaftigkeit ist eine deutliche Wandlung zu konstatieren[106]: Hatte das 1. Vatikanum durch seine Primatslehre die Subjekthaftigkeit der Kirche nahezu ausschließlich auf die päpstliche Vollmacht reduziert, bezieht das 2. Vatikanum durch die Lehre von der Kirche als Sakrament die Bischöfe, Priester und vor allem die Laien in das Subjektsein der Kirche mit ein[107]. »Hier nun setzt die Innovation des II. Vatikanums ein, die darin besteht, daß es das Subjektsein der Kirche als ganzer, als Volk Gottes und als Heilssakrament für die Welt feststellt. Das Subjektsein der Kirche verwirklicht sich in der Sicht des II. Vatikanums als *communio* von Subjekten.«[108] Die communio ist somit nicht nur Heilsfrucht, Ergebnis der durch Gott geschenkten Gnade, sondern selbst Heilsmittel, durch das der Mensch Gemeinschaft mit Gott erlangt. »Die 'communio' als Heilsfrucht gibt es, weil sie zugleich als Heilsmittel in der Gestalt der Kirche als Gemeinschaft existiert.«[109] Das Fundament dieser Heilsmittlerschaft steht außer

---

106 Vgl. dazu H.J.Pottmeyer: Kontinuität und Innovation in der Ekklesiologie des II.Vatikanums, in: G.Alberigo/Y.Congar/H.J.Pottmeyer: Kirche im Wandel, Düsseldorf 1982, 101-110. Die Feststellung Pottmeyers, die Kirche sei sich im Lauf der Geschichte in zunehmendem Maße ihrer Subjekthaftigkeit bewußt geworden, ist allerdings zu korrigieren - die Vorstellung von der Kirche als »Mutter« war für das Kirchenverständnis von Anfang an prägend. Der Wandel bezieht sich darum weniger auf die Subjekthaftigkeit der Kirche, als vielmehr auf ihre Träger.

107 Vgl. dazu v.a. den Beitrag von H.J.Pottmeyer: Kontinuität und Innovation in der Ekklesiologie des II. Vatikanums. Er läßt keinen Zweifel aufkommen, daß die Subjekthaftigkeit der Kirche - Pottmeyer spricht etwas mißverständlich von »Subjektivität« - nicht Ergebnis ihrer Leistung ist, sondern sich ganz und gar der Selbstmitteilung Christi verdankt: »Das Subjektsein der Kirche in der Heilsökonomie und ihr wachsendes Bewußtsein davon sind die immer mehr sich auszeitigende Frucht der Selbstüberlieferung Jesu Christi« (104). - Bei einer näheren Betrachtung der Konzilstexte stellt Pottmeyer jedoch fest, daß der Ausgleich zwischen dem Communio-Gedanken und der hierarchologischen Ekklesiologie nicht bis ins letzte geglückt ist und in der nachkonziliaren Reflexion aufgearbeitet werden muß. Ausführlich dazu ders.: Die zwiespältige Ekklesiologie des Zweiten Vaticanums - Ursache nachkonziliarer Konflikte, in: TThZ 92 (1983) 272-283. Die Einseitigkeit der hierarchologischen Ekklesiologie sieht er in ihrer ausschließlich christologischen Begründung, die die pneumatologische Dimension der Kirche unterbewertet und auf die amtliche Heilsvermittlung beschränkt. Hier müßte neu bedacht werden, daß der Heilige Geist nicht nur im Amt, sondern in allen Gläubigen wirkt und Gemeinschaft schafft. Vgl. auch ders.: Der Heilige Geist und die Kirche, in: Tutzinger Studien 1981/2, 45-55. - Der doppelte Ansatz in der Ekklesiologie, zum einen beim Volk Gottes, zum anderen bei der Hierarchie, wurde ausführlich untersucht von A.Acerbi: Due ecclesiologie, Bologna 1975.

108 H.J.Pottmeyer: Kontinuität und Innovation, 107.

109 O.Saier: »Communio« in der Lehre des Zweiten Vatikanischen Konzils, 37. Vgl. auch E.Schillebeeckx: Sacramentum salutis, Leipzig 1973, 296: »Gerade in dieser koinonia muß die absolute Selbstmitteilung des Vaters durch den Sohn im Heiligen Geist eine geschichtlich sichtbare Realisierung erhalten, die ein wirkliches Zeichen für die Berufung der ganzen Menschheit ist. So ist die Kirche nicht nur eine koinonia, eine Gnadengemeinschaft mit Christus und somit Frucht der Erlösung, sondern zugleich ein

Frage: »Entscheidend für die Legitimität dieser Entwicklung ist, daß in der Kirche mit dem Bewußtsein ihres Subjektcharakters auch das Bewußtsein wächst, daß sie nicht Subjekt von eigenen Gnaden ist, sondern *creatura Verbi*. ... Andernfalls wird das Selbstverständnis der Kirche als Subjekt des Überlieferungsvorgangs Anlaß zu einem Triumphalismus, der die Kirche an die Stelle Christi setzt.«[110]

Die Communio-Ekklesiologie könnte zu einem Ausgangspunkt für das gemeinsame Gespräch über die Kirche werden[111]. Denn ihr Verständnis als congregatio fidelium oder communio sanctorum stellt nicht nur die Kirche in ihrer Bedeutung als personaler Glaubensgemeinschaft - im Unterschied zur hierarchischen Institution[112] - heraus, sondern ebenso ihren Charakter als »die Gütergemeinschaft der Gläubigen, das Teilgeben und Teilhaben der Glieder miteinander, das 'Gemeinwerden' mit allen anderen, das Wirken füreinander.«[113] Von diesem Ansatz her wird die Heilsverantwortung, die jedem Glaubenden im Hinblick auf seinen Nächsten aufgegeben ist, und damit zugleich die Verwiesenheit des individuellen Glaubensaktes auf die Kirche plausibel.

Die Communio-Ekklesiologie ist nicht eine vom sakramentalen Kirchenverständnis schlechterdings losgelöste Bestimmung der Kirche. Vielmehr ist die communio selbst eine sakramentale Wirklichkeit[114], insofern der Kirche als ganzer, nicht nur in ihrem Amt, sakramentaler

---

Heilsinstitut.« - Ähnlich das Dokument der Gemeinsamen Römisch-katholisch/evangelisch-lutherischen Kommission, Paderborn 1985, »Einheit vor uns«, 85: »Als Leib Christi und 'koinonia' des Heiligen Geistes ist die Kirche Zeichen und Werkzeug der Gnade Gottes, das aus sich selbst nichts vermag« (Hervorhebung von mir).

110 Ebd. 104.

111 Vgl. H.Döring: Die Communio-Ekklesiologie, 447. Auch das Dokument »Einheit vor uns« sieht in der Communio-Ekklesiologie eine mögliche Grundlage für eine Annäherung im Kirchenverständnis. - Wenngleich das reformatorische Verständnis der Kirche als communio sanctorum die Gegenreaktion gegen eine Überbetonung der amtlich-hierarchischen Dimension der Kirche darstellt, leugnet es doch nicht einfachhin deren Notwendigkeit, da die communio sanctorum nur durch die Teilhabe an den sancta, an den ihr eingestifteten Gnadenmitteln Wort und Sakrament aufgebaut und getragen wird.

112 Wenngleich das reformatorische Verständnis der Kirche als communio sanctorum eine Gegenreaktion gegen die Überbetonung der amtlich-hierarchischen Dimension der Kirche darstellt, leugnet es doch nicht schlechthin deren Notwendigkeit, da die communio sanctorum nur durch die Teilhabe an den sancta, an den ihr eingestifteten Gnadenmitteln Wort und Sakrament aufgebaut und getragen wird.

113 P.Althaus: Die Theologie Martin Luthers, Gütersloh 1962, 255.

114 Vgl. H.Döring: Die Communio-Ekklesiologie als Grundmodell und Chance der Ökumenischen Theologie, 448f; O.Saier: »Communio« in der Lehre des Zweiten Vatikanischen Konzils, 45f; H.Wagner: Die Kirche als communio, in: Handbuch der Ökumenik III/2, 72. - Die sakramentale Dimension der communio stellt M.Eham heraus: Gemeinschaft im Sakrament?, 316: »Das katholische (konziliare) Kirchendenken entwikkelt den communio-Gedanken (Begriff von der Kirche als Gemeinschaft) von der Idee des Ursakramentes her« (349).

Charakter zukommt. Der orthodoxe Theologe J.Klinger[115] stellt fest, daß bereits im 3. Jahrhundert innerhalb der Westkirche eine Trennung zwischen Koinonia und juridischer Institution einsetzte, die sich in zunehmendem Maße und endgültig in der Gegenreformation verfestigt. Die Kirche als communio auf der einen und die äußere, rechtlich verfaßte und sakramental strukturierte Kirche mit Amt und Sakramenten auf der anderen Seite traten als zwei verschiedene Ebenen auseinander. Dies ist für Klinger auch der Grund, daß in Trient die Lehre von den sieben Sakramenten dogmatisiert werden konnte, ohne auf die Lehre von der Kirche einzugehen. Der reformatorischen Ekklesiologie gelang es trotz ihrer Wiederentdeckung der Kirche als communio sanctorum nicht, die Ebenen zu verbinden. »Vor allem bei Luther ist der Begriff Kirche als 'communio sanctorum' an sich als Reaktion auf die Entwicklung der institutionellen Ekklesiologie zu verstehen, wobei diese unter dem Einfluß des Kirchenrechts im Mittelalter gebildet wurde und die Koinonia der Kirche von ihrem äußeren Zeichen, das in der sichtbaren Gemeinschaft besteht, losreißt. Aus diesem Grund also gibt es in der Sicht Luthers natürlich die Sakramente, aber die Kirche hat ihrerseits keinen Sakramentscharakter mehr, da ihre äußere Seite nicht unauflöslich und adäquat zur inneren Gemeinschaft in Beziehung steht. ... Es stimmt, daß wir in der Ekklesiologie Luthers das Element der Koinonia deutlich wiederfinden, diese Koinonia der Heiligen findet jedoch nicht ihren adäquaten Ausdruck in der äußeren Struktur der Kirche.«[116] Erst durch die Erneuerung der Kirchenlehre auf dem Zweiten Vatikanum und die Wiederentdeckung der Sakramentalität der Kirche wurde es wieder möglich, die Brücke zwischen den beiden Dimemsionen zu schlagen. Es ist zu hoffen, daß auf diese Weise auch eine Brücke zwischen den Konfessionen geschlagen werden kann, indem das Verständnis der Sakramentalität der Kirche von der Dimension der communio her einen neuen Zugang zu einer umstrittenen Bestimmung eröffnet[117], durch den die bisweilen abstrakt anmutende Rede von der Sakramentalität der Kirche größere Anschaulichkeit erlangt.

Insofern der kommunialen Heilsvermittlung der Charakter priesterlichen Tuns zu eigen ist, bildet das allgemeine Priestertum aller Gläubigen das Fundament der communio. Hatten die Reformatoren dieses in

---

[115] J.Klinger: Die Koinonia als sakramentale Gemeinschaft - Aktuelle Perspektiven, in: Pro Oriente, Innsbruck 1976, 115-126.

[116] Ebd. 125.

[117] Für H.Döring: Taufe, Eucharistie und Amt im Kontext der Communio-Ekklesiologie, in: Cath 42 (1988) 170-194, 175, läßt sich die Frage der Sakramentalität der Kirche nur im Rahmen einer sakramentalen Communio-Ekklesiologie adäquat erörtern.

erster Linie als Antithese gegen das katholische Amtsverständnis und seine Auffassung vom Opferpriestertum geltend gemacht, so kommt dem allgemeinen Priestertum nach Luthers Intention doch nicht nur polemisch-abgrenzende Funktion zu[118]. Die beiden wichtigsten damit implizierten Aussagen wurden von Pannenberg genannt und ausdrücklich aufeinander bezogen[119]: zum einen die Unmittelbarkeit des Glaubenden zu Gott - insofern erweist es sich als eine direkte Konsequenz der Rechtfertigungslehre[120]; zum anderen der Auftrag zur Heilsvermittlung und zur Auferbauung der Gemeinde, wie er an alle Gläubigen ergeht[121]. Der letztgenannte Aussagegehalt wurde auf katholischer Seite vom 2. Vatikanum wiederentdeckt (LG 10-12), nachdem die Bedeutung des allgemeinen Priestertums aufgrund der gegenreformatorischen Aversion nahezu in Vergessenheit geraten war[122]. So formuliert das Konzil für das katholische Verständnis: Die Gläubigen »üben ihr Priestertum aus im Empfang der Sakramente, im Gebet, in der Danksagung, im Zeugnis eines heiligen Lebens, durch Selbstverleugnung und tätige Liebe« (LG 10). Das allgemeine Priestertum begründet die Möglichkeit der Christusrepräsentation, die, wie Pannenberg und Ebeling betonen, nach protestantischem Verständnis nicht ausschließlich dem Amt zukommt und die auch von katholischer Seite, trotz der unverzichtbaren Bedeutung des Amtspriestertums, nicht darauf eingeschränkt werden darf. Indem ein jeder für den anderen durch sein heilvolles Handeln »zum Christus« werden kann, sind das allgemeine Priestertum und die Möglichkeit der kommunialen Heilsvermittlung untrennbar miteinander verknüpft. Im gegenwärtigen ökumenischen Dialog spielen für die Frage der Heilsvermittlung weder das eine noch das andere eine wesentliche Rolle[123]. Ihr wechselseitiger Zusammenhang

---

118 Dazu ausführlich W.Brunotte: Das geistliche Amt bei Luther, Berlin 1959, 140ff; E.J. De Smedt: Das Priestertum der Gläubigen, in: De Ecclesia I, 380-392; H.Storck: Das allgemeine Priestertum bei Luther, München 1953.

119 Vgl. S. 231f.

120 Ausführlich dazu H.Storck: Das allgemeine Priestertum bei Luther, 6ff. Vgl. auch B.Lohse: Martin Luther, München 1981, 188; J.W.Mödlhammer: Evangelische Theozentrik und Kirche als Ort des Heils, 156.

121 Ausführlich dargestellt wurde dieser Aspekt von F.Klostermann: Das christliche Apostolat, Innsbruck 1962, 331ff; ebenso von H.Küng: Die Kirche, Freiburg 1967, 440ff.

122 Zur Entwicklung des Verständnisses vom allgemeinen Priestertum in der gegenwärtigen katholischen und protestantischen Theologie vgl. W.Druckenbrod: Das Verständnis des allgemeinen Priestertums im 19. und 20. Jahrhundert, Bad Honnef 1979.

123 H.-M.Barth: »Allgemeines Priestertum der Gläubigen« nach Martin Luther, in: US 43 (1988) 331-342, gesteht ausdrücklich ein, daß dieser Gedanke nicht nur auf ökumenischer Ebene, sondern auch in den Kirchen der Reformation vernachlässigt wird, obwohl er in Luthers Rechtfertigungslehre tief verankert ist. In der Tat hat die protestantische Theologie über der Akzentuierung des kritischen Moments der Lehre vom all-

müßte deutlicher aufgezeigt werden, um von da aus einen Zugang zu eröffnen sowohl zum Verständnis der Bedeutung der kommunialen Heilsvermittlung wie der Verwiesenheit des Rechtfertigungsgeschehens auf die Kirche[124].

3. Vermittlung als Darstellung von Heil

a. Keine Wirkursächlichkeit

In der scholastischen Theologie, insbesondere von Thomas von Aquin, wurde die sakramentale Heilsvermittlung unter Zuhilfenahme des aristotelischen Kausalitäten-Schemas reflektiert und als causa instrumentalis bestimmt[125]. Wird diese Vorstellung auf die Funktion der Kirche im Heilsgeschehen übertragen, gibt sie allerdings zu verschiedenen Mißverständnissen Anlaß. Die Anwendung des aristotelischen Schemas auf sakramentale Handlungen ist deswegen nicht unproblematisch, weil dieses dem Bereich physikalischer Wirklichkeit entnommen ist, während in der Begegnung von Gott und Mensch den Sakramenten ein zutiefst personales Geschehen zugrundeliegt[126]. »Ist damit die Vorstellung von denselben als Dingen zum Höhepunkt gelangt, indem hier ein Erklärungsschema der physischen Welt analog auf Symbolhandlungen und deren Wirkung übertragen wird?«[127] Ähnlich wie bei der Bestimmung

---

gemeinen Priestertums dessen positive Implikationen für die Heilsvermittlung ganz in den Hintergrund treten lassen.

[124] Einzelne Ansätze in dieser Richtung gibt es bereits. So ein Vorschlag von R.Prenter, in: Rechtfertigung heute, 36f, der die Rechtfertigung aus ihrer »individualistischen« und »spiritualistischen« Sichtweise herauslösen möchte: »Zu der Psychologie der Rechtfertigung muß eine Soziologie der Rechtfertigung hinzukommen und dadurch das Kirchenverständnis vertieft werden, so daß congregatio sanctorum (CA VII und VIII) nicht als 'Sammlung' oder 'Versammlung' einzelner bereits Glaubender verstanden wird, sondern als Einheit des Leibes Christi, in dem die einzelnen erst gerecht sein und glauben können (communio sanctorum, koinonia). In diesem Zusammenhang wäre vielleicht auch die Frage nach dem Amt und dem allgemeinen Priestertum neu zu stellen.« Ähnlich äußert sich der katholische Beobachter P.Bläser (ebd. 219-232). - Dem Themenkomplex »Allgemeines Priestertum - Gemeinschaft der Heiligen« ist eine Ausgabe von US 43 (1988) 265-352, gewidmet, ohne daß hier explizit die Brücke zum Problem der kirchlichen Heilsvermittlung geschlagen würde.

[125] STh III, 62, 1,1. - Auch das Konzil von Trient greift darauf zurück, um die vier Ursachen der Rechtfertigung zu artikulieren (DS 1529). In der scholastischen Tradition wurde dann diskutiert, ob es sich um eine dispositive Instrumentalursächlichkeit handelt, die den Menschen nur vorbereitet auf den Empfang der Gnade, die allein von Gott kommt, oder um eine perfektive, die selbst mit konstitutiv für die Gnadenmitteilung ist.

[126] Zum folgenden vgl. G.Hintzen: Wo liegt die evangelisch-katholische Grunddifferenz?, 279-282; F.Schupp: Glaube - Kultur - Symbol, Düsseldorf 1974, 171-188.

[127] F.Schupp: Glaube - Kultur - Symbol, 171.

der Gnade als qualitas und habitus erweist sich die Anwendung ontologischer, anhand von dinglich Seiendem gewonnener Kategorien auf ein personales Geschehen als mißverständlich, wenngleich sie auf dem Hintergrund des damals sich vollziehenden Rezeptionsprozesses aristotelischer Philosophie keineswegs unzulässig war.

Eine weitere Schwierigkeit liegt in der Vorstellung von der Kirche als causa und damit als »Ursache« des Heiles begründet. Als *Ursache* scheint sie, wie von protestantischer Seite befürchtet, *Urheberin* und Quelle des Heils neben und zusätzlich zu Gott selber zu sein, die das »solus Deus« und die einzigartige Heilsmittlerschaft Christi außer Kraft setzt oder zumindest doch beeinträchtigt. Auch wenn die Kirche als causa instrumentalis von der causa principalis unterschieden und ihr untergeordnet ist, auch wenn offenkundig ist, daß Thomas die instrumentelle Ursache und ihre Wirkung von ihrem Telos her zu begreifen sucht, so daß von daher ihr Wirken grundsätzlich ein unselbständiges ist[128], auch wenn für die Sakramente jede Konkurrenz von göttlichem und »mitverursachendem« menschlichem Faktor ausgeschlossen ist, weil nicht der Mensch, sondern Christus der eigentliche Spender ist[129], läßt sich dieser Verdacht nur schwer ausräumen. Der Grund dafür ist das typisch neuzeitliche Verständnis, das Kausalität in der Regel als Wirkursächlichkeit und damit im Sinne der causa efficiens begreift[130]. Wäre dies die einzige Weise von Kausalität, dann würde sich die kirchliche Heilsvermittlung in der Tat im Sinne der causa efficiens als ein Bewirken des Heiles vollziehen; der Unterschied zu Gottes Heilshandeln wäre dann nicht mehr gewahrt. Das genannte Verständnis von Ursächlichkeit stellt jedoch eine Verengung und Reduzierung der scholastischen Lehre dar, die vier verschiedene Ursachen kennt. Ursache ist

---

128 Ebd. 173-176. »Dadurch gelingt es Thomas auch, die Sakramente als wirksame Symbole der Sehnsucht nach Aufhebung von Leiden, als Zeichen der Verheißung einer solchen endgültigen Versöhnung zu verstehen. ... Als Symbole dessen sind die Sakramente wirksame Zeichen. Dies zu sehen ist vermutlich wichtiger als die mögliche Kritik an dem Begriff der Instrumentalität, dessen Verwendung im Zusammenhang von 'Erwirkung des Heils' darauf hinweisen könnte, daß auch die Empfänger desselben immer noch instrumentell verfügte sind« (176).

129 Aus diesem Grund spricht die theologische Tradition vom menschlichen Spender als »administrator«, also Verwalter, oder »nudus minister«, der dem Sakrament nichts hinzufügt, es nicht ergänzt oder verändert oder aus seinen eigenen Befugnissen nimmt. Auf keinen Fall ist er zu verwechseln mit dem Geber des Sakramentes - Jesus Christus selbst. In diesem Sinne verweist der Spender gerade auf die Unverfügbarkeit und den Geschenkcharakter der Sakramente.

130 Dies bestätigt auch J. de Vries: »Kausalität«, philosophisch, in: LThK^2 VI, 96f: »Die Mechanisierung des Weltbildes, die sich im 17. Jahrhundert durchsetzte, verdrängte die Stoff-Form-Lehre der Scholastik wie auch ihre teleologische Naturbetrachtung. So blieb von den 4 Ursachen des Aristoteles nur mehr die Wirkursache übrig, die jetzt zur 'Ursache' schlechthin wurde.«

nicht nur die causa efficiens, sondern auch die causa materialis oder die causa formalis, freilich in anderem Sinne als die Wirkursache. Die Vielfalt dessen, was Ursächlichkeit bedeutet, müßte darum neu erschlossen und die Vorstellung der Wirkursächlichkeit durch ein anderes Modell ersetzt werden, das der Kirche die Wirksamkeit zwar nicht abspricht, das aber deutlich zu machen vermag, daß es dabei nicht um ein »Erwirken« des Heiles geht.

Im Rahmen des Versuches, den Charakter kirchlichen Heilshandelns näher zu bestimmen, möchte G.Hintzen[131] dieses nicht als causa instrumentalis, sondern als »personale Instrumentalität« verstehen, da in der Kirche das göttliche Handeln durch *Personen* vermittelt wird[132]. Hintzen vergleicht das kirchliche Tun mit dem Verhalten des Menschen, der sich verschiedener Ausdrucksmittel und Medien bedient, um sich seinen Mitmenschen mitzuteilen und Gemeinschaft mit ihnen zu haben. Dabei ist zwischen »direkten« und »indirekten« Medien zu unterscheiden: Ursprüngliches Ausdrucksmedium ist der Leib - eine Geste, ein Händedruck, ein Kuß; indirekte Medien hingegen sind materielle Gegenstände, deren sich der Mensch bedient - ein Blumenstrauß zum Beispiel, oder aber auch ein anderer Mensch in der Funktion des Boten[133]. Allen Kommunikationsmedien ist gemeinsam, daß ihnen als Ausdrucksmitteln eine vermittelnde Funktion und insofern eine gewisse Instrumentalität zukommt. Doch sie sind nicht causa efficiens, da nicht die Medien an sich Gemeinschaft und Kommunikation bewirken oder verursachen, sondern Ausdruck der inneren Haltung sind, die die eigentliche Ursache darstellt. »Nicht der Kuß oder die roten Rosen als solche wecken Gegenliebe, sondern die sich darin zeigende Zueignung und Liebe der Person.«[134]

---

131 G.Hintzen: Wo liegt die evangelisch-katholische Grunddifferenz?, in: Cath 42 (1988) 274-303, v.a. 282-299. Da es sich hier um den selten anzutreffenden Versuch handelt, das Wesen der kirchlichen Heilsvermittlung neu zu reflektieren, soll darauf ausführlicher eingegangen werden.

132 Auch die Christusrepräsentation durch das Amt ist eine personale Weiterführung der Sendung Jesu Christi. Vgl. auch G.H.Vischer: Apostolischer Dienst, Frankfurt 1982, 146ff.

133 Vgl. dazu auch R.Schulte: Wie ist Gottes Wirken in Welt und Geschichte theologisch zu verstehen?, 153f, der ebenfalls betont, daß die Person, sei es Gott, sei es die geschaffene Person, »sich anderer Seiender 'bedienen' kann, um sich selbst in ihnen und mittels ihrer 'zum Ausdruck zu bringen', zumal auf andere Personen und deren Freiheit hin. Dieses Inanspruchnehmen verfälscht die Seienden keineswegs in deren eigenem Sein, noch werden diese vergewaltigt, falls sie als Symbol, als Zeichen, als Ausdruck eines anderen eingesetzt werden. ... Die auf diese Weise beanspruchten Seienden dienen daher dem Personalen im Sinne etwa der Instrumentalursächlichkeit, ohne daß damit gesagt sein soll, mit dieser Kategorie sei das ganze Phänomen schon hinreichend erfaßt« (153).

134 G.Hintzen: Wo liegt die evangelisch-katholische Grunddifferenz?, 283.

Die Medien sind nicht Ursache - dies ist einzig und allein die personale Intentionalität - sondern Ermöglichung von Beziehung und in diesem Sinne deren Bedingung. »Ontologisch ist die Bedingung von der Ursache (Kausalität) zu unterscheiden; sie ist die ermöglichende Voraussetzung dafür, daß die Ursache wirken kann, ohne aber selbst ursächlichen Einfluß auszuüben.«[135] Medium und personale Intentionalität, Bedingung und Ursache gehören somit nicht derselben Ordnung an. So wie sich der Mensch verschiedener Medien bedient, um sich mitzuteilen, bedient sich in der Kirche Gott der Menschen als personaler Medien[136]. Als Medium ist die Kirche aber nicht Ursache der Gnade, durch die die Alleinursächlichkeit Gottes in Frage gestellt würde, sondern Ausdruck des Heils[137]. In diesem Sinne glaubt Hintzen nur bedingt von einer Eigenaktivität der Kirche sprechen zu können: »Die Kirche wirkt nicht - auch nicht im Sinne einer 'Mitwirkung' - heilsschaffend; sie ermöglicht allein Gottes Heilsschaffen im Raum dieser Welt. Darum ist die vom Comité mixte formulierte Frage: 'Ist die Kirche in dem Maß geheiligt, daß sie selbst heiligend wirken kann?' (Nr.11), mit einem glatten 'Nein' zu beantworten. Heiligend wirkt allein Gott; die Kirche ist nichts anderes als das weltliche Mittel, durch das *Gott* diese Heiligung vollzieht.«[138]

Wenngleich Hintzens Ausführungen über personale Instrumentalität und die Kirche als Ausdrucksmedium einen beachtenswerten richtungsweisenden Ansatz darstellen, erheben sich doch kritische Einwände dagegen. Wenn er der Kirche als Medium des Heils jegliche Ursächlichkeit abspricht, verfällt er genau dem vorhin genannten Mißverständnis und reduziert den Begriff der Ursache auf den der causa efficiens. Er übersieht dabei, daß die Geste oder die Rose gerade als Ausdrucksmittel Ursache sind und daß sich Zeichen und Ursache nicht schlechterdings voneinander trennen lassen. Indem Hintzen eine solche

---

[135] Ebd. 283.

[136] Vgl. ebd. 293: Der Unterschied zwischen Jesus Christus, dem Mittler schlechthin, und der kirchlichen Heilvermittlung entspricht demjenigen zwischen dem direkten Medium des Leibes und den indirekten, materiellen Medien: »Die Ähnlichkeit zwischen Christus und der Kirche besteht darin, daß beide zu den weltlichen Medien gehören, durch die Gott das Heil des Menschen wirkt. Die Unähnlichkeit aber besteht darin, daß die Menschheit Christi ein 'direktes', die Kirche ein 'indirektes' Medium des göttlichen Heilswirkens ist. Zwischen der Menschheit Christi und der Kirche besteht also im Hinblick auf ihre Funktion als Medium des göttlichen Heilswirkens ein qualitativer Unterschied, ähnlich dem qualitativen Unterschied zwischen dem Leib und den dinglichen Medien menschlicher Kommunikation.«

[137] Ähnlich O.Semmelroth: Die pastoralen Konsequenzen aus der Sakramentalität der Kirche, 1494: Die Kirche ist weniger »instrumentales Wirkmittel«, sondern »personales Ausdrucksmittel«.

[138] G.Hintzen, 287.

Trennung vornimmt und in der Folge das göttliche und das kirchliche Handeln im Sinne von Ursache und Bedingung strikt voneinander unterscheidet, muß er das Heilshandeln auf zwei Ebenen, eine innere und eine äußere, aufteilen: »Gottes Heilshandeln am Menschen vollzieht sich auf zwei *ontologisch verschiedenen* Ebenen: auf der äußeren Ebene der weltlichen Medien, durch die Gottes Anruf vermittelt wird, und auf der inneren Ebene der personalen Begegnung, in der der Mensch Gottes Anruf in seinem 'Herzen' (Gewissen) vernimmt, in personalem Kontakt mit dem lebendigen Gott tritt.«[139] Das Handeln der Kirche gehört zwar insofern einer anderen Ebene an als das göttliche Heilshandeln, als dadurch die Gnade nicht erwirkt, sondern vermittelt wird, doch gerade dieser Vermittlung des Göttlichen durch das Menschliche vermag Hintzen mit der Trennung der beiden Ebenen nicht wirklich gerecht zu werden.
Problematisch erscheint auf diesem Hintergrund auch seine Aussage, daß die Kirche selbst nicht heiligend wirken kann. Denn die Kirche ist nicht nur der formale Rahmen, innerhalb dessen sich das Heilsgeschehen vollzieht, sie ist nicht nur, bildlich gesprochen, das Leitungsrohr, durch das das Wasser - die Gnade - einfach hindurchfließen kann. Sondern daß Gott sich der Kirche als Mittel bedient, durch das er heilvoll handelt und den Menschen rechtfertigt, meint gerade, daß er den Menschen in seiner Freiheit Ernst nimmt und ihn mitwirken läßt, indem er seine Möglichkeiten und Fähigkeiten mit einbezieht.

b. Herstellendes und darstellendes Handeln

Wie die vorangehende Kritik an Hintzen deutlich zu machen suchte, läßt ein adäquates Verständnis kirchlicher Heilsvermittlung wohl die Unterscheidung, nicht aber die Trennung von Ausdruck und Ursache bzw. menschlichem und göttlichem Wirken zu. Anzuknüpfen ist dabei zunächst an die durch das Konzil vorgegebene sakramentale Bestimmung der Kirche als »Zeichen« und »Werkzeug«. Diese Verbindung stellt keine beliebige Nebeneinanderordnung zweier verschiedener Funktionen dar, sondern die Kirche ist gerade als Zeichen Werkzeug. Kirchliche Heilsvermittlung ereignet sich darum zeichenhaft, durch Ausdruck und Verleiblichung[140]. Die Kirche zeigt die Gnade nicht nur

[139] Ebd. 286.

[140] Zwar weiß auch Thomas um die Zeichenhaftigkeit der Sakramente, doch er bringt diese nicht mit ihrer Ursächlichkeit in Verbindung. Der Grund dafür ist offensichtlich das mittelalterliche signifikationshermeneutische Zeichenverständnis, das Zeichen nicht als Wirklichkeit, sondern als bloße Information über etwas versteht. Dazu

als eine von ihr getrennte Wirklichkeit an, sondern bringt sie im realsymbolischen Sinn so zur Gegenwart, daß sie sie den Glaubenden zueignen kann - das Zeichen ist »eine actio, ist ein Geschehen, ein Wirken - es ist ein Werk-Zeug.«[141] Von daher erscheint es unzulässig, wenn bisweilen von protestantischer Seite die Kirche als Zeichen der Gnade akzeptiert, ihre Vermittlungsfunktion hingegen bestritten wird[142], da hier die untrennbare Zusammengehörigkeit von Zeichen und Werkzeug sowie der zeichenhafte Charakter der Vermittlung verkannt wird.

Im folgenden soll der Versuch gemacht werden, die kirchliche Heilsvermittlung als »Darstellung« zu verstehen, ein Versuch, der im Hinblick auf das menschliche Handeln ein Umdenken erfordert. Für gewöhnlich verstehen wir dieses als eine etwas bewirkende, herstellende oder verändernde Tätigkeit, ähnlich wie Ursächlichkeit gemeinhin im Sinne der causa efficiens gedacht wird. Doch nicht immer und in jedem Fall hat das Handeln diesen Charakter. Davon zu unterscheiden ist die Weise des darstellenden - und insofern zeichenhaften Tuns -, das freilich in der technisierten Welt der Neuzeit allzu sehr in den Hintergrund gedrängt worden ist. G.Greshake[143] macht auf den grundlegenden Unterschied zwischen herstellendem und darstellendem Handeln aufmerksam: Im Fall des herstellenden Tuns wird vom Menschen etwas produziert oder verändert mit dem Ziel der Effizienz, indem er sich der vorgegebenen Welt bemächtigt. Darstellendes Handeln hingegen ist kein Machen oder Bewerkstelligen, kein auf Effizienz ausgerichtetes Geschehen, sondern meint Verleiblichung und Symbolisierung der vorgegebenen Wirklichkeit, die dadurch erst zur Entfaltung und Fülle gelangt[144]. Es stellt nicht die Frage nach dem Sinn und Wozu der jeweili-

---

O.H.Pesch: Die Theologie der Rechtfertigung bei Martin Luther und Thomas von Aquin, 127.

141 J.Ratzinger: Kirche als Heilssakrament, in: J.Reikerstorfer (Hg.): Zeit des Geistes, Wien 1977, 71-90, 62.

142 So z.B. E.Käsemann: Zur ekklesiologischen Verwendung der Stichworte »Sakrament« und »Zeichen«, 119-136.

143 G.Greshake: Erlöst in einer unerlösten Welt?, Mainz 1987, 127-137. Einen entsprechenden schöpfungstheologischen Entwurf, der die gesamte Schöpfung als Symbol und Sakrament Gottes versteht, konzipiert er in: Gott in allen Dingen finden, Freiburg 1986, v.a.50ff. In der Tat fällt mit dem Schöpfungsverständnis eine Vorentscheidung über ein mögliches Verständnis der Kirche als Sakrament. Wenn die Wirklichkeit der Welt sakramentalen bzw. realsymbolischen Charakter annehmen kann, stellt sich die Frage, warum der Kirche dieser sakramentale Charakter abgesprochen werden sollte. - Auf protestantischer Seite hat J.Moltmann: Gott in der Schöpfung, München 1987, einen ähnlichen schöpfungstheologischen Ansatz entfaltet. Es ist kein Zufall, daß das hier dargelegte sakramentale Wirklichkeitsverständnis in die Darstellung der Kirche als Sakrament mündet. Moltmann steht mit dieser Position unter den evangelischen Autoren allerdings eher isoliert da.

144 Die Unterscheidung von herstellendem und darstellendem Handeln hat ihre Tradition innerhalb des philosophischen Denkens. So unterscheidet F.Schleiermacher zwischen

gen Handlung, weil es nicht ein bestimmtes Ziel erreichen, einen Zweck verfolgen möchte, sondern seinen Sinn in sich selbst hat. »Wenn ein Liebender dem Geliebten einen Rosenstrauß überreicht, so geht es zwar um ein Tun, eine Praxis. Aber hier wird weder etwas hergestellt, noch ein Objekt umgestaltet, noch geht es um Selbstverwirklichung des Subjekts. Hier wird vielmehr die gegenseitige Liebe dargestellt, die dadurch - um mit Heidegger zu sprechen - 'vollbracht', 'in die Fülle ihres Wesens' entfaltet wird.«[145]

In diesem Sinne ist auch das sakramentale, heilsvermittelnde Handeln der Kirche darstellendes, verleiblichendes, realsymbolisches Handeln[146], weniger »instrumentales Wirkmittel«, sondern »personales Ausdrucksmittel«[147]. Als »Ur-Darstellung der Erlösung«[148] ist es kein die Gnade effizient erwirkendes Tun. Die Wirksamkeit bzw. Effektivität darf ihm deswegen jedoch keineswegs abgesprochen werden. Vielmehr muß man »die effektive Rolle der Kirche ... in einer Weise erklären, die den Zeichencharakter nicht aufhebt, sondern allenfalls seine spezifische Eigenart bestimmt.«[149] Sowenig wie der kirchlichen Heilsdarstellung die Effektivität kann ihr eine Ursächlichkeit abgesprochen werden. Sie wirkt freilich nicht als causa efficiens, weil sie die Gnade nicht erwirken kann, sondern als Zeichen- bzw. Symbolursache, welche die Gnade verursacht, indem sie sie darstellt[150]. K.Rahner trägt mit der Kategorie der realsymbolischen Ursächlichkeit genau diesem Unterschied Rechnung, indem er sich dagegen wehrt, erstens der Kirche eine Zeichenhaftigkeit *und* eine Ursächlichkeit zuzusprechen, und zweitens diese Ursächlichkeit im Sinne einer *transeunt* effizienten aufzufassen[151], ohne sie in ihrer

---

dem wirksamen Handeln, das auf einen Effekt ausgerichtet ist, der außerhalb der betreffenden Tätigkeit liegt, und dem darstellenden Handeln - zu dem er alle Formen des Gottesdienstes rechnet - das zum Ziel hat, eine Wirklichkeit in Erscheinung treten zu lassen. Vgl. F.Schleiermacher: Die praktische Theologie nach den Grundsätzen der evangelischen Kirche im Zusammenhang dargestellt. Literarischer Nachlaß VIII, hg. von G.Reimer, Berlin 1850, 71f. Dieselbe Unterscheidung findet sich auch bei M.Heidegger: Brief über den Humanismus, Frankfurt 1965, 5.

145 G.Greshake: Erlöst in einer unerlösten Welt?, 128.

146 Vgl. auch P.Wehrle: Die Bedeutung des Symbols für die religiöse Erziehung, München 1980.

147 O.Semmelroth: Die pastoralen Konsequenzen aus der Sakramentalität der Kirche, 1494.

148 Ebd. 133. - Auch W.Pannenberg spricht von der Kirche als »Vorwegdarstellung der vollendeten Gesellschaft«; vgl. S. 215.

149 O.Semmelroth: Die Kirche als Sakrament des Heils, 329.

150 Damit eröffnet der Begriff der Darstellung die Möglichkeit, »auch im Modell der Zeichenhaftigkeit das zur Geltung zu bringen, was im Modell von Ursache und Wirkung leichter vorstellbar gemacht werden kann: die Effektivität des Sakramentes«: O.Semmelroth: Die Kirche als Heilssakrament, 333.

151 Vgl. S. 97f. Auch Pannenberg weist die Kategorie der causa efficiens grundsätzlich zurück, wenn Gottes Handeln in der Schöpfung beschrieben werden soll (vgl. S. 213).

Wirkung schlechterdings für ineffizient zu erklären. Wenngleich die Kategorie der Symbolursächlichkeit in der scholastischen Vier-Ursachen-Lehre in der Weise nicht vorkommt, steht sie dennoch nicht im Widerspruch dazu. Sie hat ihre Entsprechung in der causa formalis, insofern sich die forma - Gott selbst in seinem universalen Heilswillen - in der Kirche ausdrückt[152].

Darstellung der Gnade durch die Kirche ist nicht statisch mißzuverstehen, so als wäre die Kirche Symbol quasi von sich her ohne das Zutun des Menschen[153]. Ihr Symbolcharakter ist zwar Geschenk, doch in der Weise des Auftrages, so daß er je neu zur Verwirklichung aufgegeben ist. Insofern Verleiblichung sich immer durch Menschen vollzieht, ist die Darstellung von Heil ein zuhöchst lebendiges Geschehen voller Dramatik. So wie Jesus Christus in seiner Menschheit gerade durch sein Auftreten und Handeln zur Darstellung und Vermittlung von Heil schlechthin wird, vollzieht sich die Heilsdarstellung in der Kirche durch konkretes menschliches Tun, das dem Menschen den vollen Einsatz seiner Kräfte in der Kraft der Gnade abverlangt[154]. Wenn auch symbolisches Handeln nicht auf selbsterwirkte Effizienz ausgerichtet ist, so ist es doch »participatio actuosa« im wahrsten Sinne des Wortes. »Nicht ein totes Instrument, sondern ein mit Freiheit und Eigenbedeutung begabtes Instrument ist gemeint, das gerade als Instrument nur wirksam werden kann, wenn es in vollem Sinn menschlich wirkt.«[155] Von daher ist die kirchliche Heilsdarstellung auch nicht als bloße »Aufführung« zu verstehen, sondern ihr kommt eine verändernde, verwandelnde Wirkung zu. So wie der Wein zwar aus ein und derselben Frucht kommt wie der Traubensaft und sich doch durch die Gärung von ihm unterscheidet, wird die durch die Menschen in der Kirche dargestellte Gnade gleichsam »fermentiert«.

B.Sesboüé: Analyse catholique, betont, daß es sich bei der kirchlichen Heilsvermittlung und der Heilsmittlerschaft Christi um zwei grundsätzlich verschiedene Ursachen handelt, ohne diese jedoch genauer zu kennzeichnen.

152 Auch hier stimmen wir mit Rahner überein, der von einer »quasi-formalen Ursächlichkeit« spricht; vgl. S. 83.

153 Vgl. O.Semmelroth: Die Kirche als Sakrament des Heiles, 349: »Heil aber darf nicht rein statisch betrachtet werden. Es wird gewirkt, ist also Wirkung eines Handelns. Und dies von beiden Seiten. Weil im Heil der Mensch mit Gott durch Begegnung in personaler Entscheidung eins wird, geschieht Heil durch heilswilliges Wirken von beiden 'Partnern'.«

154 Nur wenn Verleiblichung als Auftrag und aktives Wirken verstanden wird, erschließt sich in der Konzeption Rahners die in der inkarnatorischen Tendenz der Gnade begründete Notwendigkeit und Bedeutung der kirchlichen Mission.

155 W.Breuning: Die Verherrlichung Christi und die Kirche, in: Theologische Fakultät Trier (Hg.): Ekklesia (FS M.Wehr), Trier 1962, 73-94, 91.

Die darstellende Vermittlung der Gnade durch die Kirche bedeutet darum eine echte Mitwirkung des Menschen, die vom »Erwirken« genau zu unterscheiden ist. Sie ist vielmehr als eine Indienstnahme des Menschen durch Gott zu verstehen, damit dessen gnadenhafte Zuwendung zum Menschen durch Menschen bezeugt und vermittelt werde. Weil es zum Wesen *personaler* Kreatürlichkeit gehört, »aus geschenkter Potentialität auch *selbst aktiv* neuen Sinn zu stiften, Vermögen aktivieren und Potentialität weitervermitteln zu können«[156], kann Gott den Menschen in seiner Freiheit in Dienst nehmen. Er tut dies nicht ohne dessen Zustimmung und gegen seinen Willen, sondern in Respektierung seiner Freiheit[157]. Unter dieser Voraussetzung setzt Gott den Bund, damit das Heil den Menschen durch Menschen erreiche - das auserwählte Volk sollte zum Segen für alle Völker werden[158]. »Je klarer es wird, daß der Bund ganz und gar aus der freien Gnadeninitiative Gottes heraus zu den Menschen tritt ..., um so klarer wird es aber auch, daß der Bund nicht eine einseitige Verfügung bleibt, sondern den Menschen zum wirklichen Partner für Gott erhebt.«[159] Was vom Alten Bund

156 R.Schulte, in: MySal IV/2, 120; vgl. den gesamten Abschnitt: Zur Potentialität des Geschaffenen als Möglichkeit zur Gestaltwerdung und als Wirkermächtigung, 119-122.

157 Vgl. dazu die Erläuterung des Zusammenwirkens von Gott und Mensch durch R.Schulte: Wie ist Gottes Wirken in Welt und Geschichte theologisch zu verstehen?, 154: Dem Menschen, den Gott in seinen Dienst nimmt, »vermag nur durch Inanspruchnahme seiner ihm eigenen Freiheit wahre Vertretungs- und Repräsentierungsmacht eingegeben werden; diese Person muß sich (z.B. durch Gehorsam; durch personale Ein- und Zustimmung in den Freiheitsentschluß der anderen Person) frei entscheiden, 'für' die und 'anstelle' der sie in Anspruch nehmenden Person da-sein und wirksam sein zu wollen. Sie vermag dann jedoch nie 'mehr' zu vermitteln, als ihr die betreffende Person selbst frei 'eingegeben' hat und zu vermitteln aufträgt.« Schulte lehnt allerdings die Rede von einer vermittelten Unmittelbarkeit ab, da das Indienstnehmen und Repräsentieren Gottes durch die dazu ermächtigten Menschen seine ursprüngliche Unmittelbarkeit nicht aufhebt, sondern sie voraussetzt und sie wirkmächtig ausübt. Gott wirkt nicht in vermittelter Unmittelbarkeit, »sondern in solcher personalen Unmittelbarkeit, die in ihrer Eigen-Artigkeit gerade durch das Mit-wirken-Lassen, das Beteiligen, das Konform-werden-Lassen von geschöpflichen Personen im eigenen Wirken charakterisiert ist. In diesem eigentümlichen Miteinander-Wirken liegt Unmittelbarkeit beider vor: die menschliche Person ist gerade nicht ein Zwischen zwischen Gott und dem 'Adressaten' göttlich-sakramentalen Wirkens.«

158 Diesen Gedanken entfaltet in besonderer Weise der protestantische Theologe W.Huber: Ethik und Theorie der Kirche im Horizont der Barmer Theologischen Erklärung, Neukirchen-Vluyn 1983, 151-157. Ausgehend von der Barmer Erklärung entwickelt er ein rechtstheologisches Institutionenkonzept, in dem zur göttlichen Stiftung des Institutionellen die auf Gottes Wort und Vorgabe antwortende menschliche Gestaltung tritt, so wie der Bund die Antwort des Menschen fordert. Die Institution der Kirche - das Evangelium und die Sakramente - fordert und ermöglicht die »Konstitution«, »die kraft der nachfolgenden Annahme durch die Menschen, kraft der nachfolgenden Mitwirkung der Menschen am Werk Gottes in der Welt bewirkte Ordnung der Kirche« (154). Aus diesem Grund gilt: »Aus der Menschwerdung Gottes ergibt sich, daß kein Mensch sich anmaßen soll, er bedürfe zu seinem Heil nicht anderer Menschen, sondern sei 'unmittelbar zu Gott'« (155).

159 W.Breuning: Die Verherrlichung Christi und die Kirche, 91.

her angelegt ist, findet im Neuen Bund der Kirche seine endgültige Bestätigung, wo Jesus Christus zur Fortsetzung seiner Sendung die Apostel und andere »Mitarbeiter« beruft, damit der Mensch durch den Menschen gerettet werde. »Apostolizität bedeutet dann nichts anderes, als daß (er) uns seine Erlösung durch Menschen zuteil werden läßt, die in seiner Vollmacht das Heil vermitteln.«[160]

Mitwirkung im Sinne der Darstellung besagt schließlich, daß die Kirche das allein von Gott bewirkte Heil *für andere* sichtbar macht und gegenwärtig setzt, es wirken läßt, damit es ihnen zugeeignet werde. Darstellende Verleiblichung meint gerade, die Gnade nicht nur für sich selber, sondern vor allem für die Communio, für die anderen darzustellen, um ihnen so einen Zugang zur Wirklichkeit der Gnade zu eröffnen. Denn Leiblichkeit und Verleiblichung bedeuten Verwobenheit in die Welt und damit Kommunialität, Mitsein und Miteinandersein[161]. Der Leib ist Werkzeug und Zeichen, um mit anderen Menschen in Gemeinschaft zu treten: »Im Leib öffnet sich der eine Mensch dem anderen.«[162] In diesem Sinne ist darstellendes Handeln ein von Grund auf interpersonales, dialogisches auf die Freiheit des anderen ausgerichtetes Tun.

Die Darstellung ist dabei keineswegs auf das sichtbare Tun eingeschränkt, sondern umfaßt auch Wortgeschehen und Verkündigung. Das Wort als Heilsmittel ist also keineswegs ausgeschaltet. Von daher wäre es für die katholische Theologie ein lohnender Versuch, den repraesentatio-Gedanken einmal konsequent vom Wort her zu interpretieren[163].

So wie die amtliche sakramentale Heilsvermittlung gegenüber den individuellen Formen einen besonderen Stellenwert innehat, ist zwischen den verschiedenen Weisen der kirchlichen Darstellung scharf zu differenzieren. Es besteht ein grundlegender Unterschied zwischen der unverfälschten Darstellung der Gnade in den sieben Sakramenten, in denen im Sinne des opus operatum die Sündigkeit des Spenders das Gnadenereignis nicht beeinträchtigt, so daß hier wirklich von einem

---

160 W.Beinert, in: MySal IV/1, 297.

161 Vgl. dazu G.Greshake/J.Kremer: Resurrectio mortuorum, Darmstadt 1986, 258: »So gesehen, bedeutet die anthropologische Größe 'Leib' immer schon mehr als nur 'individuelle Leiblichkeit'. Denn der Leib (und das durch den Leib gegebene In-der-Welt-Sein) ist die transzendentale Bedingung dafür, daß der Mensch sich in die Welt hinein 'auslegt'. - Im Leib drücke ich mich so in 'das andere' aus, daß ich mit diesem in Identität und Differenz verbunden bin, und im gleichen Leib drückt sich 'das andere' in mir ein, so daß ich - in der gleichen Identität und Differenz - mit diesem verbunden bin« (260).

162 J.B.Metz: Caro cardo salutis, in: Hochl. 55 (1962/63) 97-107, 105. Der genannte Aufsatz stellt die grundlegenden Dimensionen von Leiblichkeit in überzeugender Weise heraus. Grundsätzlich müßte eine Ausarbeitung des ontologischen Begriffes von Leiblichkeit dem Aspekt der Kommunialität noch stärker Rechnung tragen.

163 Dieser Vorschlag stammt von O.H.Pesch: Gerechtfertigt aus Glauben, 94.

»Höchstfall« der göttlichen Gnadenmitteilung[164] gesprochen werden kann, und der Darstellung in anderen Formen des kirchlichen Heilshandelns, die prinzipiell der Sündigkeit und Unzulänglichkeit der betreffenden Menschen ausgesetzt sind. Solche Darstellung hat keinen Gewißheitscharakter, weil es aufgrund der menschlichen Unzulänglichkeit und Sündhaftigkeit keine Garantie dafür gibt, daß das Tun der Kirche tatsächlich als Ereignis der Gnade ankommt. Der Versuch, die kirchliche Heilsvermittlung im Sinne von »Darstellung« zu begreifen, bedeutet also keineswegs eine Nivellierung des Amtlich-Sakramentalen. In der Diskussion um das sakramentale Kirchenverständnis müßte die angesprochene Differenz viel deutlicher herausgestellt werden, als dies bisher geschehen ist: Zwischen der Sakramentalität der Kirche und der der Einzelsakramente besteht ein grundlegender Unterschied, was die Gewähr der unverstellten Darstellung und Weitergabe der Gnade angeht. Beide sind wiederum wesentlich vom Ursakrament Jesus Christus unterschieden, in dem Gott und Mensch in einer Person zusammenkommen[165]. Trotz dieser Unterschiede erscheint die Anwendung des Begriffes der Sakramentalität auf die verschiedenen Bereiche sinnvoll und legitim, weil das konstitutive Prinzip der Darstellung und Vermittlung des Göttlichen durch das Menschliche für alle Formen Geltung hat.

c. Menschliche Vermittlung und die soteriologische Differenz

Obgleich die Verleiblichung des Göttlichen im Menschlichen das Prinzip aller Heilsdarstellung ist, wird der grundlegende Unterschied zwischen göttlichem und menschlichem Handeln gewahrt: Im einen Fall handelt es sich um erlösendes und die Erlösung »effizient« bewirkendes bzw. erwirkendes Handeln, im anderen um ein die Erlösung mitteilendes, symbolisches Tun; im einen Fall um eine Kausalursache, im anderen um die Kategorie der Symbolursächlichkeit. Die Tatsache, daß die Darstellung von Gnade und Erlösung einer anderen Ebene wie das göttliche Heilswirken angehört, impliziert eine grundlegende soteriologische Differenz. Sie kommt dem protestantischen Anliegen entgegen, die Fundamentalunterscheidung zwischen Schöpfer und Geschöpf, Er-

---

164 M.Köhnlein: Was bringt das Sakrament?, 96.

165 Vgl. H.Bourgeois: Bulletin de théologie sacramentaire, in: RSR 72 (1984) 291-318, 306; Y.Congar: Un peuple messianique, 25; H.J.Urban, in: Die Sakramentalität der Kirche in der ökumenischen Diskussion, 224.

löser und Erlöstem zu wahren - ohne jedoch die göttliche von der menschlichen Wirklichkeit zu trennen.
Genau in diese Richtung zielt die Forderung von E.Jüngel: »Der Begriff des Handelns muß einer soteriologischen Unterscheidung unterworfen werden, insofern angesichts des Gegenübers von Schöpfung und Geschöpf und angesichts der dieses Gegenüber definierenden Heilstat Gottes das menschliche Handeln grundlegend empfangendes, durch kreative Passivität charakterisiertes Handeln, mithin Glauben ist.«[166]
Jüngel ist sich wohl bewußt, daß der Glaube nicht schlechterdings passiv-rezeptiv ist, sondern daß ihm in Bekenntnis, Feier, Predigt und Lehre eine eigentümliche Aktivität zu eigen ist, die im kultischen und gottesdienstlichen Tun ihren unmißverständlichsten Ausdruck erhält. Diese Aktivität versteht auch er als »Darstellung«[167]. Die Kirche »bewahrt dadurch ihr aus diesem Hören kommendes Reden und ihre sakramentalen Feiern vor dem Mißverständnis, als ob es das Handeln der Kirche sei, das unser Heil in irgendeiner Weise bewirkt. Die redende und sakramental feiernde Kirche stellt vielmehr Gott selbst und Gott allein als den unser Heil Wirkenden dar. Sie tut es, weil sie auch redend und feiernd nicht aufhört, hörende Kirche und Versammlung der Gottes Gnade empfangenden Glaubenden zu sein. ... Die Kirche stellt Christus dar, indem sie auf jede Selbstdarstellung verzichtet.«[168]
In der Kategorie der Darstellung sieht Jüngel eine Möglichkeit, zwischen der protestantischen Kategorie der Bezeugung und der katholischen der realsymbolischen Repräsentation zu vermitteln[169]: »Karl Barth kann selbst von der Kirche als (vorläufiger) *Darstellung* der in Jesus Christus geschehenen Heiligung der ganzen Menschenwelt sprechen. Und der große Schleiermacher hat das gottesdienstliche Handeln der Kirche im Unterschied zum bewirkenden Handeln des alltäglichen Lebens ausdrücklich als *darstellendes Handeln* gekennzeichnet, durch das das übrige Leben zu seinem eigenen Besten *unterbrochen* wird. *Darstellung* ist aber eine mögliche Übersetzung von *repraesentatio*. Es *muß* also nicht so sein, daß das Selbstverständnis der katholischen Kirche als eines die definitive Verwirklichung des göttlichen Heilswillens in Jesus Christus repräsentierenden Seins und damit die Bezeichnung der Kirche als eines sakramentalen Geschehens a limine als unevangelisch zu verwerfen wäre. Wenn *Bezeugung* und *Darstellung* der Wirklichkeit Jesu

---

[166] E.Jüngel: Die Kirche als Sakrament?, in: ZThK 80 (1983) 432-457, 445.

[167] Dieselbe Auffassung begegnet auch bei W.Pannenberg; vgl. S. 211.

[168] E.Jüngel: Die Kirche als Sakrament?, 449f.

[169] Der Repräsentationsgedanke ist gerade für das katholische Amtsverständnis entscheidend. Einen Überblick gibt P.E.Persson: Repraesentatio Christi, Göttingen 1966.

Christi keine Alternativen sind, dann müssen *Bezeugung* und *Repräsentation* es auch nicht sein.«[170]

Wo die grundlegende soteriologische Differenz zwischen dem heilsvermittelnden menschlichen und dem erlösenden göttlichen Handeln gewahrt bleibt, kann von einer menschlichen Mitwirkung im Heilsgeschehen gesprochen werden, ohne daß dadurch die einzigartige Heilsmittlerschaft Jesu Christi oder der Grundsatz des »solus Deus« in Frage gestellt wird. Da menschliches und göttliches Handeln zwei verschiedenen Ebenen zugeordnet sind, können sie auch nicht zueinander in Konkurrenz treten[171]. Vielmehr gilt: »Die Eigenbedeutung der Kirche erweist sich nicht als Konkurrenz für die Bedeutung Christi, sondern im Gegenteil als die schönste Verherrlichung Christi.«[172] Ebenso rückt der Vorwurf, die Kirche könne über die Gnade verfügen, in ein anderes Licht: Die Verfügung über eine Sache ist im Grunde nur im Rahmen des herstellenden Handelns denkbar, weil dieses sich der jeweiligen Sache bemächtigt. In der realsymbolisch-darstellenden Praxis kann zwar die Darstellung durch menschliches Versagen und Verschulden ihre Transparenz einbüßen. Doch eine defiziente Heilsdarstellung kann das Gnadenhandeln Gottes als dessen alleinige Tat niemals außer Kraft setzen oder in seiner Wirkmächtigkeit beeinträchtigen. Gott hat sich zwar im Entschluß, den Menschen in seinen Dienst zu nehmen, an die menschliche bzw. kirchliche Heilsvermittlung gebunden, doch sein Wirken läßt sich nicht durch menschliche Verfehlung außer Kraft setzen.

d. Die Defizienz und das Skandalon kirchlicher Heilsdarstellung

Sakramentale Darstellung der Gnade impliziert immer zugleich die Defizienz der Darstellung, ihren fragmentarischen Charakter. Denn Gott in seiner Unendlichkeit läßt sich in endlichen Formen nicht erschöpfend zur Darstellung bringen. Im Heilshandeln der Kirche kommt zwar Gott selbst zum Zuge, doch er geht darin nicht auf. »Realsymbolische

---

[170] E.Jüngel, 442.

[171] Vgl. R.Schulte: Wie ist Gottes Wirken in Welt und Geschichte theologisch zu verstehen?, 150: »Ein jeweils gewähltes Ausdrucksmittel kann zwar zusätzlich mit-wirken, nie aber selbst das Eigentliche aus seinem Eigenen tun. Ein klares Beispiel für das hier Gemeinte wäre das Vergeben Gottes, das er dem Sünder schenkt. Das vermittelnde Wort oder Zeichen, ja auch eine geschöpfliche Mittlerperson kann nur aus-sprechen und sagen, was allein Gottes durch sich selbst und unmittelbar tut nämlich vergeben.«

[172] W.Breuning: Die Verherrlichung Christi und die Kirche, 92. Vgl. auch G.Greshake: Gottes Heil - Glück des Menschen, Freiburg 1983, 128: »Statt der Alternative 'Gott oder Geschöpf' darf der Glaube bekennen, daß Gott dem Geschöpf neben sich Raum gewährt und es in den 'Raum' seiner Liebe hineinnimmt.«

Identifizierung geschieht im Bereich des Glaubens immer nur in der Weise der je größeren Differenzierung zwischen Symbol und Symbolisiertem. D.h., allein in der sich ständig überschreitenden Relation und damit Relativität auf den 'Deus semper major' hin kann das Symbol das Symbolisierte anwesend sein lassen.«[173] Von daher steht kirchliche Heilsdarstellung in der Bewegung der via eminentiae, die auf die je größere göttliche Wirklichkeit hin offen ist.

Defizient ist die Darstellung, weil die Gnade, auch wenn sie in der Kirche Greifbarkeit und Leibhaftigkeit erlangt, doch im Verborgenen bleibt. Der Verborgenheitscharakter des Heils wird durch seine Sakramentalität so wenig außer Kraft gesetzt wie der Deus absconditus durch den Deus revelatus. Defizient ist die Darstellung der Gnade aber nicht nur in Bezug auf die Gegenwart, sondern auch im Blick auf die eschatologische Zukunft und die Verheißung der Heilswirklichkeit selbst[174]. Dies gilt auch für jene Gestalt, in der die Gnade unverstellt und unbeeinträchtigt durch menschliche Sündigkeit Gegenwart erlangt - für die Sakramente. Wenngleich sie als eindeutigste Darstellung des Heils zwar nicht in dem Sinne ambivalent sind wie die übrigen »privaten« Formen der Heilsvermittlung, so ist doch auch ihnen der fragmentarische Charakter zu eigen, zum einen, insofern sie in der Endzeit überflüssig werden, zum anderen, insofern sie immer davon abhängig sind, wie mit ihnen umgegangen wird. So weist jegliche sakramentale Darstellung über sich hinaus auf die eschatologische Ausständigkeit der Gnade. Wo diese über dem Wissen um ihre Gegenwart zu kurz kommt, geht eine grundlegende Dimension des Christlichen verloren[175].

---

[173] M.Kehl: Kirche - Sakrament des Geistes, 160.

[174] Dieser Gedanke wurde vor allem entfaltet von L.M.Chauvet: Du symbolique au symbole, Paris 1979, v.a. 77-79; 91-93. - In dieselbe Richtung zielt auch der Beitrag von A.H.C. van Eijk: The Church as Sacrament, in: Bijdr. 48 (1987) 234-258. Van Eijk entfaltet als Gegenpol zur Anwesenheit der Gnade den Gedanken ihrer Abwesenheit, um auf diese Weise ihre eschatologische Ausständigkeit zur Sprache zu bringen. »All thinking of a symbolic representation in Christian theology has to start from the bare fact of Christ's absence. ... So the Christian symbols signify an absence, and only so they evoke a presence« (246). - »That is also why the presence as experienced in the sacramental celebration can never fully satisfy the desire: it is at the same time an absence, God (Christ) is always elsewhere. This is meant when, in more familiar theological vocabulary, the Church as a sacrament is called 'eschatological'« (250). Van Eijk fordert auch, daß eine Erschließung des Sakramentalen nicht bei der Inkarnation anzusetzen hat, sondern bei der Auferstehung Christi, weil mit ihr das Prinzip der »Abwesenheit in der Anwesenheit« grundgelegt ist (247ff). Die Rede von einer Abwesenheit ist allerdings in höchstem Maße mißverständlich ist, da sakramentale Darstellung gerade die Gegenwärtigkeit der dargestellten Wirklichkeit meint. Von daher empfiehlt es sich, diese Formulierung zu meiden und besser von Ausständigkeit oder Verborgenheit zu sprechen.

[175] Von seiten der katholischen Theologie sollte darum zusammen mit der Vergegenwärtigung das Moment der Ausständigkeit der Gnade stärker herausgestellt werden. Th.Schneider: Die dogmatische Begründung der Ekklesiologie nach dem Zweiten Va-

Nicht allein die Unendlichkeit Gottes und die Ausständigkeit der Gnade ist der Grund dafür, daß die kirchliche Darstellung der Erlösung hinter der dargestellten Wirklichkeit zurückbleibt, sondern gleichermaßen der Mensch selbst. Als menschliches Werk bleibt alle Darstellung und Vermittlung ambivalent, bleibt infolge der menschlichen Endlichkeit und Unzulänglichkeit fragmentarisch, defizient, gebrochen[176]. Daß die Fülle des Göttlichen sich durch die begrenzte menschliche Wirklichkeit vermittelt, ist das in sich positive, weil konstitutiv zum Wesen des Sakramentalen gehörende »primäre göttliche und unaufhebbare Skandalon der Kirche«[177]. Das andere, nicht zu rühmende, sondern stetig zu bekämpfende Skandalon ist die menschliche Sündhaftigkeit. Durch die Schuld des Menschen wandelt sich die Transparenz der »Dar-stellung« zur »Ver-stellung«, die den Blick auf die dargestellte Wirklichkeit trüben oder ganz verdecken kann[178]. Die Gefahr liegt im Wesen des Sakramental-Symbolischen selbst begründet: »Jedes syn-bolische Denken enthält in sich selbst als ein Element seiner inneren Struktur immer ein dia-bolisches Moment, das heißt, das Zusammengefügte (syn-bolon), eben dadurch, daß es zusammengesetzt ist, kann auch auseinandergeworfen, zerrissen und aufgespalten werden (dia-bolos). Infolgedessen muß die Kirche als Sakrament ständig in Kauf nehmen, daß sie nicht ausschließen kann, auch als Gegenzeichen, Skandalon und Ärgernis angesehen zu werden.«[179] Die Kirche kann vom Heils- zum Unheils- und Anti-Zeichen werden[180]. Diese Erfahrung zeigt wohl am deutlichsten, daß sakramentale Darstellung zu falscher Glorifizierung und Sakralisierung keinen Anlaß geben sollte, daß sie vielmehr in die Spannung von Identität und Differenz hineingestellt ist, zu der der Cha-

---

tikanischen Konzil, 79-118, 111, macht in diesem Zusammenhang den Vorschlag, den Repräsentationsgedanken einmal mit der protestantischen Kategorie der Verheißung zu vermitteln.

176 Wenn Rahner der Überzeugung ist, daß die Gnade in der Kirche Eindeutigkeit und qualifizierte Leibhaftigkeit erlangt (vgl. S. 73f.), ist diese Aussage darum mit einem Fragezeichen zu versehen - alles Symbolisierte trägt seinem Wesen nach den Charakter der Zweideutigkeit an sich.

177 L.Boff: Kirche im Horizont der Welterfahrung, 470.

178 Insofern hat J.Dantine durchaus recht mit seiner Feststellung: »Die Symbole sind so eindeutig nicht, wie es der Symboltheorie entsprechen müßte«: Sakrament als Gabe und Feier, in: ThZ 38 (1982) 3-27, 19.

179 L.Boff: Kirche im Horizont der Welterfahrung, 470ff. - Analog gilt umgekehrt: »In dem Maße nämlich, wie sich das Innesein Gottes in der menschlichen Leiblichkeit, Geschichtlichkeit, Mitmenschlichkeit verdichtet und intensiviert, in dem Maße verdichtet sich auch die 'Sakramentalität'«: Th.Schneider: Zeichen der Nähe Gottes, 31.

180 Vgl. Y.Congar: Un peuple messianique, 84; R.Latourelle: Le Christ et l'Église signes du salut, Tournai-Montréal 1971, 99-121. - Während die beiden genannten Theologen dennoch an der Bedeutung der Kirche als Zeichen und Sakrament des Heils festhalten, weist Ch.Davis: A question of conscience, London 1967, 64-118, aus diesem Grund die Sakramentalität der Kirche prinzipiell von sich.

rakter des Ärgernisses konstitutiv dazugehört. Diese Dimension des Sakramentalen müßte in der Diskussion um die Sakramentalität der Kirche von der katholischen Theologie viel stärker berücksichtigt[181], von der evangelischen dann aber auch entsprechend zur Kenntnis genommen werden[182].

Trotz, oder vielleicht besser: gerade in ihrer Sündigkeit und Unvollkommenheit ist die Kirche Darstellung und Verleiblichungsgestalt der Gnade. »Sie ist nicht nur ein armes Zeichen für die Wirkmächtigkeit und Präsenz der Erlösung, sondern ebenso ein Zeichen des Erbarmens Gottes, der auch zur Gemeinschaft mit sündigen Menschen steht.«[183] An der Sündigkeit der Kirche geht die Wahrheit der Rechtfertigungslehre auf: die Bedingungslosigkeit der Gnade und die absolute Annahme des Sünders durch Gott. Sein Erbarmen reicht so weit, daß er die Kirche gerade als schwache und sündhafte Gemeinschaft in seinen Dienst nimmt. An der Kirche wird deutlich, daß die Gnade ihre Kraft in der Schwachheit erweist (2 Kor 12,9), »sub contrario«, in der Kreuzesgestalt[184], ohne daß dies freilich zur theologischen Legitimierung der Sündigkeit der Kirche dienen darf. Wenn die protestantische Theologie immer wieder geltend macht, daß sich die Offenbarung »sub contrario« ereignet[185], durch menschliche Schwachheit und Niedrigkeit hindurch, so wird dies von katholischer Seite nicht minder Ernst genommen: So wie Gott sich in seinem Heilshandeln in der Geschichte immer wieder des Kleinen, Schwachen, Unscheinbaren bedient hat, um seine Macht zu erweisen, so wie sich seine Herrlichkeit am Kreuz erweist, gibt es auch eine Teilhabe der Kirche an der Kreuzes- und Knechtsgestalt. Von daher darf die Sündigkeits- und Schwachheitsgestalt der Kirche nicht verschleiert werden. »Es ist nicht die Aufgabe der katholischen Ekklesiologie, die Herrlichkeitsgestalt der Kirche zu betonen und dabei die Schwachheitsgestalt zu übersehen oder doch nur als unvermeidbares Übel hinzunehmen. Die katholische Antithese gegen bestimmte Formen protestantischer Kirchenauffassung liegt in dem Glauben, daß die

---

181 Es ist ein dringendes Desiderat für die katholische Theologie, im Gegenzug zu einer »theologia gloriae« einmal in verschiedenen ekklesiologischen Entwürfen das Moment der Differenz und damit die Aussagen über den fragmentarischen Charakter von Kirche zu untersuchen.

182 Vereinzelt und ansatzweise geschieht dies bereits; vgl. P.W.Scheele: Die Einheit vor uns, in: Cath 34 (1980) 146-173, 166.

183 G.Greshake: Erlöst in einer unerlösten Welt?, 137.

184 Vgl. Th.Sartory: Aspekte reformatorischer Ekklesiologie, in: Mysterium Kirche II, 1003.

185 Th.Sartory, ebd. Auch U.Kühn: Das reformatorische Proprium und die Ökumene, 183, nennt als wesentliches Kennzeichen lutherischen Heilsverständnisses das Wissen um Gottes Abstieg in die menschliche Niedrigkeit und in armselige menschliche Vollzüge.

Kraft Christi nicht nur über der Kirche schwebt, sondern daß sie in der geschichtlichen Kirche, so wie sie mit ihrer Größe und mit ihrer Niedrigkeit ist, zur greifbaren Realisation kommt.«[186]

[186] W.Breuning: Die Verherrlichung Christi und die Kirche, 93.

Abkürzungsverzeichnis

Abkürzungen sind zu entschlüsseln nach: S. Schwertner: Internationales Abkürzungsverzeichnis für Theologie und Grenzgebiete (IATG), Zeitschriften, Serien, Lexika, Quellenwerke mit bibliographischen Angaben, New York/Berlin 1974. Darüber hinausgehende Abkürzungen sind im folgenden aufgelistet. In den Anmerkungen wird die Literatur bei der ersten Angabe in bibliographischer Vollständigkeit, jedoch ohne Untertitel aufgeführt, später durch (Kurz-)Titel bzw. Sigla ersetzt. Die Werke Rahners, von Balthasars, Pannenbergs und Ebelings werden in den Anmerkungen in der Regel ohne den Namen des Verfassers nur mit dem Titel bzw. mit dem jeweiligen Sigel wiedergegeben.

Konzilstexte

AA	Dekret über das Laienapostolat »Apostolicam actuo sitatem«
AG	Dekret über die Missionstätigkeit der Kirche »Ad gentes«
DV	Dogmatische Konstitution über die göttliche Offen barung »Dei Verbum«
GS	Pastorale Konstitution über die Kirche in der Welt von heute »Gaudium et spes«
LG	Dogmatische Konstitution über die Kirche »Lumen Gentium«
SC	Konstitution über die heilige Liturgie »Sacro sanctum concilium«
UR	Dekret über den Ökumenismus »Unitatis redintegratio«

Karl Rahner

I-XIV	Schriften zur Theologie I-XIV, Einsiedeln 1954-1980

Hans Urs von Balthasar

H I	Herrlichkeit. Eine theologische Ästhetik. Bd.I: Schau der Gestalt
H III/2,1	Herrlichkeit. Eine theologische Ästhetik. Bd. III/2, 1.Teil: Alter Bund

H III/2,2	Herrlichkeit. Eine theologische Ästhetik. Bd.III/2, 2.Teil: Neuer Bund
HC	Homo creatus est. Skizzen zur Theologie V
PuI	Pneuma und Institution. Skizzen zur Theologie IV
SC	Spiritus Creator. Skizzen zur Theologie III
SV	Sponsa Verbi. Skizzen zur Theologie II
TD I	Theodramatik I. Prolegomena
TD II/1	Theodramatik II. Die Personen des Spiels, 1.Teil: Der Mensch in Gott
TD II/2	Theodramatik II. Die Personen des Spiels, 2.Teil: Die Personen in Christus
TD III	Theodramatik III. Die Handlung
TD IV	Theodramatik IV. Das Endspiel
TL I	Theologik I. Wahrheit der Welt
TL II	Theologik II. Wahrheit Gottes
TL III	Theologik III. Der Geist der Wahrheit
VC	Verbum Caro. Skizzen zur Theologie II

Gerhard Ebeling

Dogmatik I	Dogmatik des christlichen Glaubens Bd.I: Prolegome na. Erster Teil: Der Glaube an Gott den Schöpfer der Welt
Dogmatik II	Dogmatik des christlichen Glaubens Bd.II: Zweiter Teil: Der Glaube an Gott den Versöhner der Welt
Dogmatik III	Dogmatik des christlichen Glaubens Bd.III: Dritter Teil: Der Glaube an Gott den Vollender der Welt
Wesen	Das Wesen des christlichen Glaubens
WGT	Wort Gottes und Tradition. Studien zu einer Hermeneutik der Konfessionen
WuG I	Wort und Glaube
WuG II	Wort und Glaube. Zweiter Band: Beiträge zur Fundamentaltheologie und zur Lehre von Gott
WuG III	Wort und Glaube. Dritter Band: Beiträge zur Fundamentaltheologie, Soteriologie und Ekklesiologie

Sonstige Sigla

DWÜ	Dokumente wachsender Übereinstimmung
HPTh	Handbuch der Pastoraltheologie
IkaZ	Internationale katholische Zeitschrift
KNA-ÖKI	Katholische Nachrichtenagentur, Ökumenische Information

Literaturverzeichnis

Im folgenden ist die in der Arbeit zitierte Literatur vollständig verzeichnet. Von den vier behandelten Autoren sind nur die Werke aufgeführt, die unmittelbar herangezogen wurden; auf die entsprechenden Bibliographien wird jeweils verwiesen.

I. Quellen und Dokumente

1. Kirchenamtliche Verlautbarungen (chronologisch)

Pius XII: Enzyklika »Mystici Corporis« v. 29. Juni 1843, in: AAS 35 (1943) 193-248. Deutsche Übersetzung: Über den Mystischen Leib Jesu Christi und über unsere Verbindung mit Christus in ihm. Die Enzyklika Pius' XII., hg. vom Erzbischöflichen Seelsorgeamt Köln, Düsseldorf 1946.

Rechtfertigung heute. Studien und Berichte, hg. von der Theologischen Kommission und Abteilung des Lutherischen Weltbundes, Stuttgart-Berlin 1965.

Zweites Vatikanisches Konzil. Dogmatische Konstitution über die Kirche. Authentischer lateinischer Text. Deutsche Übersetzung i.A. der deutschen Bischöfe. Mit einer Einleitung von J.Ratzinger, Münster [8]1966.

Die Leuenberger Konkordie. Dokument der Einigung reformatorischer Kirchen in Europa, in: LM 12 (1973) 271-274.

Evangelischer Erwachsenenkatechismus. Kursbuch des Glaubens, hg. von W.Jentsch u.a. i.A. der Katechismuskommission der Vereinigten Evangelisch-Lutherischen Kirche Deutschlands, Gütersloh 1975.

Gemeinsame Synode der Bistümer in der Bundesrepublik Deutschland. Offizielle Gesamtausgabe, hg. i.A. des Präsidiums der Gemeinsamen Synode der Bistümer in der Bundesrepublik Deutschland und der Deutschen Bischofskonferenz von L.Bertsch u.a. Bd. I. Beschlüsse der Vollversammlung, 2., durchges. u. verb. Auflage, Freiburg 1976.

Evangelische Spiritualität. Überlegungen und Anstöße zur Neuorientierung, hg. von der Kirchenkanzlei i.A. des Rates der EKD, Gütersloh 1979.

Rechtfertigung heute. Handreichung zum Reformationstag 1981, hg. vom Evangelischen Bund, Göttingen 1981.

Moderamen des Reformierten Bundes: Dialog zwischen römisch-katholischer Kirche und reformierten Kirchen. Stellungnahme zu den Ausführungen von Prof. Dr. Heinz Schütte »Der Heidelberger Katechismus - ein Bezugspunkt des Mühens um katholisch-reformierte Einheit«, in: epd-Dokumentation 1981/10, 3-11.

Kleines Handbuch für evangelisch-katholische Begegnungen, hg. vom Catholica-Ausschuß der EKD, Göttingen 1983.

Katholischer Erwachsenenkatechismus. Das Glaubensbekenntnis der Kirche, hg. von der Deutschen Bischofskonferenz, Bonn 1985.

2. *Ökumenische Dokumente (chronologisch)*

Bericht der Evangelisch-lutherisch/Römisch-katholischen Studienkommission »Das Evangelium und die Kirche« (Malta-Bericht) 1972, in: DWÜ 233-245.

Commission mixte entre l'Alliance réformée mondiale et le secrétariat pour l'Unité des chrétiens: La présence du Christ dans l'Église et dans le monde, in: DC 1737 (1978) 206-223.

Das Herrenmahl. Bericht der Gemeinsamen Römisch-katholischen/Evangelisch-lutherischen Kommission 1978, in: DWÜ 271-295.

Wege zur Gemeinschaft. Gemeinsame Römisch-katholische/Evangelisch-lutherische Kommission 1980, in: DWÜ 296-322.

»Alle unter einem Christus«. Stellungnahme der Gemeinsamen Römisch-katholischen/Evangelisch-lutherischen Kommission zum Augsburgischen Bekenntnis 1980, in: DWÜ 323-328.

Das geistliche Amt in der Kirche. Bericht der Gemeinsamen Römisch-katholischen/Evangelisch-lutherischen Kommission 1981, in: DWÜ 329-357.

Taufe, Eucharistie und Amt. Konvergenzerklärungen der Kommission für Glauben und Kirchenverfassung des Ökumenischen Rates der Kirchen, Lima 1982, in: DWÜ, 545-585.

Kirchengemeinschaft in Wort und Sakrament. Bilaterale Arbeitsgruppe der Deutschen Bischofskonferenz und der Kirchenleitung der Vereinigten Evangelisch-Lutherischen Kirche Deutschlands, Paderborn-Hannover 1984.

Gemeinsame Römisch-katholisch/Evangelisch-Lutherische Kommission: »Einheit vor uns«. Modelle, Formen und Phasen katholisch/lutherischer Kirchengemeinschaft, Paderborn 1985.

Justification by faith. Lutheran and catholics in dialogue VII, hg. von H.A.Anderson/T.A.Murphy/J.A.Burgess, Minneapolis 1985.

Ökumenischer Arbeitskreis evangelischer und katholischer Theologen: Lehrverurteilungen - kirchentrennend? Bd.I: Rechtfertigung, Sakramente und Amt im Zeitalter der Reformation und heute, hg. von K.Lehmann/W.Pannenberg (Veröffentlichungen des Ökumenischen Arbeitskreises evangelischer und katholischer Theologen 4), Freiburg-Göttingen 1986.

Comité mixte catholique-protestant en France: Consensus oecuménique et différence fondamentale, Paris 1987.

Pour la communion des Églises. L'apport du Groupe des Dombes 1937-1987, Paris 1988.

Sammelbände:

Vischer, L. (Hg.): Die Einheit der Kirche. Material der ökumenischen Bewegung (TB 30), München 1965.

Um Amt und Herrenmahl. Dokumente zum evangelisch/römisch-katholischen Gespräch, hg. von G.Gaßmann/M.Lienhard/H.Meyer/H. von Herntrich, Frankfurt/Main 1974.

Dokumente wachsender Übereinstimmung. Sämtliche Berichte und Konsenstexte interkonfessioneller Gespräche auf Weltebene 1931-1982, hg. von H.Meyer/H.J.Urban/L.Vischer, Paderborn-Frankfurt 1983.

Rechtfertigung im ökumenischen Dialog. Dokumente und Einführung, hg. von H.Meyer/G.Gaßmann, Frankfurt/Main 1987.

3. Quellentexte des Mittelalters und der frühen Neuzeit

Bonaventura: Breviloquium: ed. studio et cura PP. Collegii S. Bonaventurae: S. Bonaventurae Opera omnia, Ad Claras Aquras (Quaracchi) 1882-1902, V, 199-291.

Thomas von Aquin: Summa theologiae. Cura et studio Petri Caramello. Cum textu ex recensione Leonina ed. Marietti, Taurini 1952-1956. Martin Luther: Werke. Kritische Gesamtausgabe (Weimarer Ausgabe), Weimar 1883-1983.

Die Bekenntnisschriften der evangelisch-lutherischen Kirche, hg. vom Deutschen Evangelischen Kirchenausschuß, Göttingen ^{8}1979 (^{1}1930).

II. Karl Rahner, Hans Urs von Balthasar, Wolfhart Pannenberg, Gerhard Ebeling

1. Werke Karl Rahners

Ein Verzeichnis der Schriften Karl Rahners bis zum Jahr 1974 bieten: R.Bleistein/E.Klinger (Hg.): Bibliographie Karl Rahner 1924-1969, Freiburg 1969; R.Bleistein (Hg.): Bibliographie Karl Rahner 1969-1974, Freiburg 1974.

Betrachtungen zum ignatianischen Exerzitienbuch, München 1965.

Erfahrungen eines katholischen Theologen, in: K.Lehmann (Hg.): Vor dem Geheimnis Gottes den Menschen verstehen. Karl Rahner zum 80. Geburtstag (Schriftenreihe der Katholischen Akademie der Erzdiözese Freiburg), Freiburg 1984, 105-119.

Einübung priesterlicher Existenz, Freiburg 1970.

Freiheit und Manipulation in Gesellschaft und Kirche, München 1970.

Geist in Welt. Zur Metaphysik der endlichen Erkenntnis bei Thomas von Aquin; i.A. des Verfassers überarbeitet und ergänzt von J.B.Metz, München ^{2}1957 (Innsbruck-Leipzig ^{1}1939).

Gnade als Freiheit. Kleine theologische Beiträge, Freiburg 1968.

Grundkurs des Glaubens. Einführung in den Begriff des Christentums, Freiburg 1984 (^{1}1976).

Grundlinien einer systematischen Christologie: in: K.Rahner - W.Thüsing: Christologie - systematisch und exegetisch. Arbeitsgrundlagen für eine interdisziplinäre Vorlesung (QD 55), Freiburg 1972, 15-78.

HPTh I (1964):
Ekklesiologische Grundlegung: 117-148.
Die Träger des Selbstvollzugs der Kirche: 149-215.
Die Verkündigung des Wortes: 216-229.
Die Disziplin der Kirche: 333-343.

HPTh II/1 (1966):
Grundentwurf einer theologischen Anthropologie: 20-30.
Personale und sakramentale Frömmigkeit: 70-76.

HPTh II/2 (1966):
Grundprinzipien zur heutigen Mission der Kirche: 46-80.

Herausforderung des Christen. Meditationen - Reflexionen, Freiburg 1975.

Hörer des Wortes. Zur Grundlegung einer Religionsphilosophie, neu bearbeitet von J.B.Metz München ^{2}1963 (^{1}1941).

Horizonte der Religiosität. Kleine Aufsätze, hg. von G.Sporschill, Wien 1984.

Karl Rahner antwortet Eberhard Simons: Zur Lage der Theologie. Probleme nach dem Konzil, Düsseldorf 1969.

Kirche und Sakramente (QD 10), Freiburg ^{3}1968 (^{1}1960).

Konziliare Mariologie, in: StZ 174 (1964) 87-101.

LThK^{2} IV (1960):
Gnade: 991-1000.
Heiligmachende Gnade: 138-142.

LThK^{2} V (1960):
Heilswille Gottes, allgemeiner: 165-168.

LThK^{2} VIII (1963):
Rechtfertigung: 1042-1046.

LThK^{2} IX (1964):
Selbstmitteilung Gottes: 627.

Schriften zur Theologie I, Einsiedeln-Zürich-Köln ^{8}1967 (^{1}1954).

Schriften zur Theologie II, Zürich-Einsiedeln-Köln ^{8}1968 (^{1}1955).

Schriften zur Theologie III: Zur Theologie des geistlichen Lebens, Einsiedeln-Zürich-Köln ^{7}1967 (^{1}1956).

Schriften zur Theologie IV: Neuere Schriften, Einsiedeln-Zürich-Köln ^{5}1967 (^{1}1960).

Schriften zur Theologie V: Neuere Schriften, Zürich-Einsiedeln-Köln ^{3}1968 (^{1}1962).

Schriften zur Theologie VI: Neuere Schriften, Einsiedeln-Zürich-Köln ^{2}1968 (^{1}1965).

Schriften zur Theologie VII: Zur Theologie des geistlichen Lebens, Einsiedeln-Zürich-Köln ^{2}1971 (^{1}1966).

Schriften zur Theologie VIII, Einsiedeln-Zürich-Köln 1967.

Schriften zur Theologie IX, Einsiedeln-Zürich-Köln 1970.

Schriften zur Theologie X, Zürich-Einsiedeln-Köln 1972.

Schriften zur Theologie XII: Theologie aus Erfahrung des Geistes. Bearbeitet von K.H.Neufeld, Zürich-Einsiedeln-Köln 1975.

Schriften zur Theologie XIII: Gott und Offenbarung. Bearbeitet von P.Imhof, Zürich-Einsiedeln-Köln 1978.

Schriften zur Theologie XIV: In Sorge um die Kirche. Bearbeitet von P.Imhof, Zürich-Einsiedeln-Köln 1980.

Sendung und Gnade. Beiträge zur Pastoraltheologie, Innsbruck [4]1966 ([1]1959).

SM I (1967):
Erlösung: 1159-1176.
Existential: 1298-1300.

SM II (1968):
Gnade: 450-465.
Inkarnation: 824-840.

SM III (1968):
Mission und »implizite Christlichkeit«: 547-551.

SM V (1969):
Rechtfertigung: 42-50.
Selbstmitteilung Gottes: 521-526.
Transzendentaltheologie: 986-992.

Vom Hören und Sehen; eine theologische Überlegung, in: W.Heinen (Hg.): Bild - Wort - Symbol in der Theologie, Würzburg 1969, 139-156.

Vorfragen zu einem ökumenischen Amtsverständnis (QD 65), Freiburg 1974.

Zur Theologie des Todes. Mit einem Exkurs über das Martyrium (QD 2), Freiburg [5]1965 ([1]1958).

E.Jüngel/K.Rahner: Was ist ein Sakrament? Vorstöße zur Verständigung, Freiburg 1971.

2. Werke Hans Urs von Balthasars

Eine Bibliographie von Balthasars Werken bis 1975 bietet: B.Widmer: H.U. von Balthasar: Bibliographie 1925-1975, überarbeitet und ergänzt von C.Capol, Einsiedeln 1975.

Augustinus: Das Antlitz der Kirche. Ausgewählt und übertragen von Hans Urs von Balthasar, Einsiedeln-Köln 1942.

Christlicher Stand, Einsiedeln [2]1981 ([1]1977).

Cordula oder der Ernstfall, Einsiedeln [4]1975 ([1]1966).

Das Katholische an der Kirche. Eine Meditation, Köln 1972.

Der antirömische Affekt. Wie läßt sich das Papsttum in die Gesamtkirche integrieren?, Freiburg 1974.

»Der Bruder, für den Christus starb«, in: LebZeug 25 (1970) 16-27.

Der Zugang zur Wirklichkeit Gottes, in: MySal II, 15-46.

Die Gottesfrage des heutigen Menschen, Wien 1956.

Die Kirche ist Kommunion, in: LS 31 (1980) 97-105.

Die Wahrheit ist symphonisch. Aspekte des christlichen Pluralismus, Einsiedeln 1972.

Die Würde der Frau, in: IkaZ 11 (1982) 346-352.

Epilog, Einsiedeln-Trier 1987.

Erster Blick auf Adrienne von Speyr, Einsiedeln [3]1975 ([1]1968).

Geist und Feuer. Ein Gespräch mit Hans Urs von Balthasar, in: HerKorr 30 (1976) 72-82.

Glaubhaft ist nur Liebe, Einsiedeln [4]1975 ([1]1963).

Herrlichkeit. Eine theologische Ästhetik. Bd. I: Schau der Gestalt, Einsiedeln [2]1967 ([1]1961).

Herrlichkeit. Eine theologische Ästhetik. Bd. III/2,1: Theologie/Alter Bund, Einsiedeln 1966.

Herrlichkeit. Eine theologische Ästhetik. Bd. III/2,2: Theologie/Neuer Bund, Einsiedeln 1969.

Homo Creatus est. Skizzen zur Theologie V, Einsiedeln 1986.

Karl Barth: Darstellung und Deutung seiner Theologie, Einsiedeln [3]1976 (Köln-Olten [1]1951).

Katholizismus und Gemeinschaft der Heiligen, in: IkaZ 17 (1988) 3-7.

Klarstellungen. Zur Prüfung der Geister, Einsiedeln [4]1978 (Freiburg [1]1971).

Marianische Prägung der Kirche, in: W.Beinert (Hg.): Maria heute ehren, Freiburg 1979, 264-279.

Mysterium Paschale, in: MySal III/2, 133-326.

Neue Klarstellungen, Einsiedeln 1979.

Pneuma und Institution. Skizzen zur Theologie IV, Einsiedeln 1974.

Rechenschaft 1965. Mit einer Bibliographie der Veröffentlichungen Hans Urs von Balthasars, zusammengestellt von B.Widmer, Einsiedeln 1965.

Schleifung der Bastionen. Von der Kirche in dieser Zeit, Einsiedeln [4]1961 ([1]1952).

Spiritus Creator. Skizzen zur Theologie III, Einsiedeln 1967.

Sponsa Verbi. Skizzen zur Theologie II, Einsiedeln [2]1971 ([1]1960).

Theodramatik Bd. I: Prolegomena, Einsiedeln 1973.

Theodramatik Bd. II/1: Die Personen des Spiels: Der Mensch in Gott, Einsiedeln 1975.

Theodramatik Bd. II/2: Die Personen des Spiels: Die Personen in Christus, Einsiedeln 1978.

Theodramatik Bd. III: Die Handlung, Einsiedeln 1980.

Theodramatik Bd. IV: Das Endspiel, Einsiedeln 1983.

Theologie der drei Tage, Einsiedeln 1969.

Theologik Bd. I: Wahrheit der Welt, Einsiedeln 1985.

Theologik Bd. II: Wahrheit Gottes, Einsiedeln 1985.

Theologik Bd. III: Der Geist der Wahrheit, Einsiedeln 1987.

Verbum Caro. Skizzen zur Theologie I, Einsiedeln [2]1965 ([1]1960).

Warum bleibe ich in der Kirche?, in: W.Dirks/E.Stammler (Hg.): Warum bleibe ich in der Kirche? Zeitgenössische Antworten, München 1971, 17-25.

Wer ist die Kirche? Vier Skizzen, Freiburg 1965.

Wer ist ein Christ? Offene Wege, Einsiedeln [3]1966 ([1]1965).

Zugänge zu Jesus Christus, in: J.Sauer (Hg.): Wer ist Jesus Christus?, Freiburg 1977, 9-26.

H.U. von Balthasar/J.Ratzinger: Maria, Kirche im Ursprung, Freiburg 1980.

H.U. von Balthasar/K.Hemmerle: Institution - geflohen und gesucht, in: IkaZ 4 (1975) 127-138.

3. *Werke Wolfhart Pannenbergs*

Eine Bibliographie der Veröffentlichungen Pannenbergs von 1953-1988 findet sich in: J.Rohls/G.Wenz (Hg.): Vernunft des Glaubens. Wissenschaftliche Theologie und kirchliche Lehre (FS Wolfhart Pannenberg), Göttingen 1988, 693-718.

Anthropologie in theologischer Perspektive, Göttingen 1983.

Christliche Spiritualität. Theologische Aspekte, Göttingen 1986.

Christsein und Taufe, in: Hochkirchliche Vereinigung Augsburgischen Bekenntnisses (Hg.): Um die eine Kirche. Evangelische Katholizität (FS H.-J.Mund), Gräfelfing 1984, 58-65.

Das Amt in der Kirche, in: US 25 (1970) 107-115.

Das Ergebnis der Untersuchungen zu den gegenseitigen Lehrverwerfungen und seine ökumenischen Perspektiven, in: W.-D.Hauschild u.a. (Hg.): Ein Schritt zur Einheit der Kirchen. Können die gegenseitigen Lehrverwerfungen aufgehoben werden?, Regensburg 1986, 67-97.

Das Glaubensbekenntnis, Gütersloh ³1979 (Hamburg ¹1972).

Die Bestimmung des Menschen. Menschsein, Erwählung und Geschichte, Göttingen 1978.

Die Gottesidee des hohen Mittelalters, in: A.Schaefer (Hg.): Der Gottesgedanke im Abendland, Stuttgart 1964, 21-34.

Die Kirche und das eschatologische Gottesreich, in: C.E.Braaten/A.Dulles/ W.Pannenberg: Kirche ohne Konfessionen? Sechs Aspekte ihrer künftigen Gestalt, München 1971, 119-135.

Die ökumenische Bedeutung der Confessio Augustana, München 1981.

Dogmatische Grundentscheidungen, in: KuD 33 (1987) 93-99.

EKL I (1956):
Gnade III dogmengeschichtlich, IV dogmatisch: 1607-1614.
Gnadenmittel: 1615-1617.

Ethik und Ekklesiologie, Göttingen 1977.

Glaube und Wirklichkeit. Kleine Beiträge zum christlichen Denken, München 1975.

Gottesgedanke und menschliche Freiheit, Göttingen ²1978 (¹1972).

Gottebenbildlichkeit als Bestimmung des Menschen in der neueren Theologiegeschichte, in: Bayerische Akademie der Wissenschaften. Sitzungsberichte, Philosophisch-Historische Klasse 8 (1979) 1-23.

Grundfragen systematischer Theologie. Gesammelte Aufsätze Bd. I, Göttingen 1967.

Grundfragen systematischer Theologie Bd. II, Göttingen 1980.

Grundzüge der Christologie, Gütersloh ²1966 (¹1964).

Lebensraum der christlichen Freiheit. Die Einheit der Kirche ist die Vollendung der Reformation, in: EK 8 (1975) 587-593.

Lima - pro und contra, in: KuD 32 (1986) 35-51.

LThK² IV (1960): Glaube IV. Im protestantischen Glaubensverständnis: 925-928.

Offenbarung als Geschichte, Göttingen ⁴1970 (¹1961).

Offenbarung und »Offenbarungen« im Zeugnis der Geschichte, in: W.Kern/ H.J.Pottmeyer/M.Seckler (Hg.): Handbuch der Fundamentaltheologie II, Freiburg 1985, 84-107.

Reformation und Kirchenspaltung, in: W.-D.Hauschild/C.Nicolaisen/D.Wendebourg (Hg.):
Kirchengemeinschaft - Anspruch und Wirklichkeit (FS G.Kretschmar), Stuttgart 1986, 137-148.

Reich Gottes, Kirche und Gesellschaft in der Sicht systematischer Theologie, in: F.Böckle u.a. (Hg.): Christlicher Glaube in moderner Gesellschaft 29, Freiburg 1982, 119-135.

Sakramente und kirchliches Amt, in: H.Fries (Hg.): Das Ringen um die Einheit der Christen. Zum Stand des evangelisch-katholischen Dialogs, Düsseldorf 1983, 73-89.

Systematische Theologie Bd. I, Göttingen 1988.

Theologie und Reich Gottes, Gütersloh 1971.

Thesen zur Theologie der Kirche, München ^{2}1974 (^{1}1970).

»Vater des Glaubens«. Über katholische und protestantische Probleme mit Martin Luther (1483-1546), in: H.Häring/K.-J.Kuschel (Hg.): Gegenentwürfe. 24 Lebensläufe für eine andere Theologie, München-Zürich 1988, 143-155.

Vom Nutzen der Eschatologie für die christliche Theologie, in: KuD 25 (1979) 88-105.

Was ist der Mensch? Die Anthropologie im Lichte der Theologie, Göttingen ^{7}1985 (^{1}1961).

Wissenschaftstheorie und Theologie, Frankfurt/Main 1973.

4. Werke Gerhard Ebelings

Eine Bibliographie zu den Veröffentlichungen Gerhard Ebelings bis 1982, zusammengestellt von W.Werbick, findet sich in: E.Jüngel/J. Wallmann/W.Werbick (Hg.): Verifikationen (FS G.Ebeling), Tübingen 1982, 523-540.

Das Wesen des christlichen Glaubens, Tübingen 1959.

Die Geschichtlichkeit der Kirche und ihrer Verkündigung als theologisches Problem, Tübingen 1954.

Dogmatik des christlichen Glaubens Bd. I: Prolegomena. Erster Teil: Der Glaube an Gott den Schöpfer der Welt, Tübingen ^{2}1982 (^{1}1979).

Dogmatik des christlichen Glaubens Bd. II: Zweiter Teil: Der Glaube an Gott den Versöhner der Welt, Tübingen 1979.

Dogmatik des christlichen Glaubens Bd. III: Dritter Teil: Der Glaube an Gott den Vollender der Welt, Tübingen 1979.

Einführung in theologische Sprachlehre, Tübingen 1971.

Evangelische Evangelienauslegung. Eine Untersuchung zu Luthers Hermeneutik, Darmstadt 1962 (München 11942).

Kirchenzucht, Stuttgart 1947.

Luther. Einführung in sein Denken, Tübingen ^{2}1965 (^{1}1964).

Lutherstudien Bd. I, Tübingen 1971.

Lutherstudien Bd. III: Begriffsuntersuchungen - Textinterpretationen - Wirkungsgeschichtliches, Tübingen 1985.

RGG^{3} III (1959): Hermeneutik: 242-262.

RGG^{3} IV (1960): Luther II. Theologie: 495-520.

Theologie und Verkündigung. Ein Gespräch mit Rudolf Bultmann, Tübingen [2]1963 ([1]1962).

Wort Gottes und Tradition. Studien zu einer Hermeneutik der Konfessionen (Kirche und Konfession 7), Göttingen 1964.

Wort und Glaube, Tübingen [3]1967 ([1]1960).

Wort und Glaube Bd. II: Beiträge zur Fundamentaltheologie und zur Lehre von Gott, Tübingen 1969.

Wort und Glaube Bd. III: Beiträge zur Fundamentaltheologie, Soteriologie und Ekklesiologie, Tübingen 1975.

III. Sekundärliteratur

Acerbi, A.: Due ecclesiologie. Ecclesiologia giuridica ed ecclesiologia di communione nella »Lumen Gentium« (Nuovi saggi theologici 4), Bologna 1975.

Albus, M.: Die Wahrheit ist Liebe. Zur Unterscheidung des Christlichen nach Hans Urs von Balthasar, Freiburg 1976.

Alfaro, A.: Person und Gnade, in: MThZ 11 (1960) 1-19.

Alfaro, J.: Das Geheimnis Christi im Geheimnis der Kirche nach dem Zweiten Vatikanischen Konzil, in: R.Bäumer/H.Dolch (Hg.): Volk Gottes (FS J.Höfer), Freiburg 1967, 518-535.

Althaus, P.: Die Theologie Martin Luthers, Gütersloh [3]1972.

Ders.: Offenbarung als Geschichte und Glaube. Bemerkungen zu Wolfhart Pannenbergs Begriff der Offenbarung, in: ThLZ 87 (1962) 321-330.

Andersen, W.: Das theologische Gespräch über die Rechtfertigung in Helsinki, in: E.Wilkens (Hg.): Helsinki 1963. Beiträge zum theologischen Gespräch des Lutherischen Weltbundes, Berlin 1964, 25-69.

Arnold, F.X. u.a. (Hg.): Handbuch der Pastoraltheologie. Praktische Theologie der Kirche in ihrer Gegenwart, Bd. I-V, Freiburg 1964-1972.

Asmussen, H.: Warum noch lutherische Kirche? Ein Gespräch mit dem Augsburgischen Bekenntnis, Stuttgart 1949.

Auer, J.: Die Entwicklung der Gnadenlehre in der Hochscholastik mit besonderer Berücksichtigung des Kardinals Matteo d'Acquasparta. 1.Teil: Das Wesen der Gnade (FThSt 62), Freiburg 1942.

Ders.: Die Kirche - das allgemeine Heilssakrament (KKD 8), Regensburg 1983.

Bacht, H.: Die Sichtbarkeit der Kirche im kontroverstheologischen Gespräch der Gegenwart, in: LebZeug 19 (1964) 41-58.

Barth, F.: Römisch-katholische Stimmen zu dem Buch von H.Küng »Rechtfertigung«, in: MdKI 11 (1960) 81-87.

Barth, H.-M.: »Allgemeines Priestertum der Gläubigen« nach Martin Luther, in: US 43 (1988) 331-342.

Barth, K.: Die Kirchliche Dogmatik. Bd.I/2: Die Lehre vom Wort Gottes, Zollikon-Zürich 1948.

Ders.: Die Kirchliche Dogmatik IV/1: Die Lehre von der Versöhnung, Zollikon-Zürich 1953.

Baur, J.: Einig in Sachen Rechtfertigung? Zur Prüfung des Rechtfertigungskapitels der Studie des ökumenischen Arbeitskreises evangelischer und katholischer Theologen: »Lehrverurteilungen - kirchentrennend«?, Tübingen 1989.

Ders.: Lutherische Christologie im Streit um die neue Bestimmung von Gott und Mensch, in: EvTh 41 (1981) 423-439.

Beer, Th.: Der fröhliche Wechsel und Streit. Grundzüge der Theologie Martin Luthers (Sammlung Horizonte NF 18), Einsiedeln 1980.

Beinert, W.: Das neue Gottesvolk als Sakrament des Heils, in: MySal IV/1, 287-301.

Ders.: Der theologische Grundsatz Luthers, in: H.Bungert (Hg.): Eine Spiritualität und ihre Folgen. Martin Luther (Schriftenreihe der Universität Regensburg 9), Regensburg 1983, 9-28.

Ders.: Die Sakramentalität der Kirche im theologischen Gespräch, in: J.Pfammatter/ F.Furger (Hg.): Theologische Berichte IX: Kirche und Sakrament, Zürich 1980, 13-66.

Ders.: Jesus Christus - das Ursakrament Gottes, in: Cath 38 (1984) 340-351.

Ders.: Konfessionelle Grunddifferenz. Ein Beitrag zur ökumenischen Epistemologie, in: Cath 34 (1980) 36-61.

Bernards, M.: Zur Lehre von der Kirche als Sakrament. Beobachtungen aus der Theologie des 19. und 20. Jahrhunderts, in: MThZ 20 (1969) 29-54.

Berten, I.: Geschichte - Offenbarung - Glaube. Eine Einführung in die Theologie Wolfhart Pannenbergs (ThSt 70), München 1970.

Betti, U.: Der theologische Verbindlichkeitsgrad der Konstitution, in: G.Baraúna (Hg.): De Ecclesia. Beiträge zur Konstitution »Über die Kirche« des Zweiten Vatikanischen Konzils I, Frankfurt/Main 1966, 186-198.

Betz, J.: Wort und Sakrament. Versuch einer dogmatischen Verhältnisbestimmung, in: T.Filthaut/T.A.Jungmann (Hg.): Verkündigung und Glaube (FS F.X.Arnold), Freiburg 1958, 76-99.

Birmelé, A.: Analyse protestante, in: Comité mixte catholique-protestant en France: Consensus oecuménique et différence fondamentale, Paris 1987.

Ders.: La peccabilité de l'Église comme enjeu oecuménique, in: RHPhR 67 (1987) 399-419.

Ders.: La sacramentalité de l'Église et la tradition luthérienne, in: Irén. 59 (1986) 482-507.

Ders.: Le salut en Jésus Christ dans les dialogues oecuméniques (CFi 141), Paris 1986.

Ders.: Zum Verhältnis Grundkonsens - Grunddifferenz. Der Text des französischen Comité Mixte, in: ÖR 37 (1988) 222-230.

Birmelé, A./ Ruster, Th.: Allein seligmachend? Das Thema Kirche im Gespräch der Kirchen (Reihe Arbeitsbuch Ökumene 4), Würzburg-Göttingen 1988.

Bläser, P.: Die theologische Arbeit in Helsinki in der Sicht eines katholischen Beobachters, in: E.Wilkens (Hg.): Helsinki 1963. Beiträge zum theologischen Gespräch des Lutherischen Weltbundes, Berlin 1964, 219-232.

Boff, L.: Die Kirche als Sakrament im Horizont der Welterfahrung. Versuch einer Legitimation und einer struktur-funktionalistischen Grundlegung der Kirche im Anschluß an das II. Vatikanische Konzil (KKSMI 28), Paderborn 1972.

Ders.: Erfahrung von Gnade. Entwurf einer Gnadenlehre, Düsseldorf 1978.

Bogdahn, M.: Die Rechtfertigungslehre Luthers im Urteil der neueren katholischen Theologie. Möglichkeiten und Tendenzen der katholischen Lutherforschung in evangelischer Sicht (KiKonf 17), Göttingen 1971.

Bonhoeffer, A.: Gesammelte Schriften V: Seminare - Vorlesungen - Predigten 1924-1941, hg. von E.Bethge, München 1972.

Bourgeois, H.: Bulletin de théologie sacrementaire, in: RSR 72 (1984) 291-318.

Brandenburg, A.: Die Zukunft des Martin Luther. Martin Luther, Evangelium und Katholizität, Münster 1977.

Ders.: Eine theologische Urspaltung? Zur Grunddifferenz zwischen katholischer und reformatorischer Theologie, in: M.Seckler/O.H.Pesch (Hg.): Begegnung. Beiträge zu einer Hermeneutik des konfessionellen Gespräches (FS H.Fries), Graz 1972, 187-198.

Ders.: Maria in der evangelischen Theologie der Gegenwart, Paderborn 1965.

Ders.: Martin Luther gegenwärtig. Katholische Lutherstudien, Paderborn 1969.

Ders.: Zeitgemäße Marienlehre? Das Lehrschreiben Papst Paul IV.: Maria und die Kirche - Krise des Reformatorischen, in: Cath 29 (1975) 195-210.

Braun, H.: Die Problematik einer Theologie des Neuen Testamentes, in: ZThK 58 (1961) 3-18.

Breuning, W.: Christologie und Rechtfertigung in der Lehre der römisch-katholischen Kirche und der gegenwärtigen ökumenischen Diskussion, in: G.Klapper (Hg.): Zur bleibenden Aktualität des Augsburger Bekenntnisses (FuH 25), Hamburg 1981, 92-118.

Ders.: Die Verherrlichung Christi und die Kirche. Überlegungen zur heilsgeschichtlichen Struktur der Kirche, in: Theologische Fakultät Trier (Hg.): Ekklesia (FS M.Wehr), Trier 1962, 73-94.

Ders.: Überwundene Alternativen?, in: H.J.Urban/H.Wagner (Hg.): Handbuch der Ökumenik III/2, Paderborn 1987, 28-61.

Brunner, E.: Das Mißverständnis der Kirche, Zürich 1951.

Brunner, P.: Pro Ecclesia. Gesammelte Aufsätze zur dogmatischen Theologie Bd.II, Berlin 1966.

Ders.: Reform - Reformation, Einst - Heute. Elemente eines ökumenischen Dialoges im 450. Gedächtnisjahr von Luthers Ablaßthesen, in: KuD 13 (1967) 159-183.

Ders.: Zur katholischen Sakramenten- und Eucharistielehre, in: ThLZ 86 (1963) 170-186.

Brunotte, W.: Das geistliche Amt bei Luther, Berlin 1959.

Bultmann, R.: Glauben und Verstehen. Gesammelte Aufsätze IV, Tübingen 1965.

Ders.: »pistis«, in: G.Kittel (Hg.): Theologisches Wörterbuch zum Neuen Testament IV, Stuttgart 1959, 221.

Ders.: Theologie des Neuen Testamentes, Tübingen ^{5}1965.

Chantraine, G.: Ce que Luther peut apporter à une théologie catholique de la grâce, in: NRTh 115 (1983) 358-368.

Chauvet, L.M.: Du symbolique au symbole. Essai sur les sacrements, Paris 1979.

Chenu, M.D.: Die Neubelebung der trinitarischen Grundstruktur der Kirche, in: Conc 17 (1981) 453-560.

Coffy, R./ Varro, R.: Église signe du salut auf milieu des hommes. Église-sacrement. Rapports présentés à l'Assemblée plenière de l'Episcopat français, Lourdes 1971 - Paris 1972.

Congar, Y.: Die christologischen und pneumatologischen Implikationen der Ekklesiologie des II.Vatikanums, in: G.Alberigo/Y.Congar/H.J.Pottmeyer (Hg.): Das Konzil von Chalkedon. Geschichte und Gegenwart. Bd.III: Chalkedon heute, Würzburg 1979, 239-268.

Ders.: Le Christ, Marie et l'Église, Bruges 1952.

Ders.: Mutter Kirche, in: V.Schnurr/B.Häring (Hg.): Kirche heute. Theologische Brennpunkte, Bergen-Enkheim 1965, 30-38.

Ders.: Nouveaux regards sur la christologie de Luther, in: ders.: Martin Luther. Sa foi, sa réforme (CFi 119), Paris 1983, 105-133.

Ders.: Tradition und Kirche, dtsche. Übersetzung von L.Gerken (Der Christ in der Welt, 4:
Grundbegriffe des Glaubens 1b), Aschaffenburg 1964.

Ders.: Un peuple messianique. L'Église, sacrement du salut. Salut et libération, Paris 1975.

Ders.: Vraie et fausse réforme dans l'Église (Essais sur la communion catholique 4), Paris 1950.

Daecke, S.M.: Drei in seinem Namen ... Gibt es Christus außerhalb der Kirche?, in: EK 4 (1971) 65-70.

Dantine, J.: Sakrament als Gabe und Feier, in: ThZ 38 (1982) 3-27.

Dantine, W.: Die kontroverstheologische Problematik der ekklesialen Elemente, in: J.Lell (Hg.): Erneuerung der einen Kirche (KiKonf 11), Göttingen 1966, 140-154.

Ders.: Gedanken über den Funktionscharakter des articulus stantis et cadentis, in: E.Wilkens (Hg.): Helsinki 1963. Beiträge zum theologischen Gespräch des Lutherischen Weltbundes, Berlin 1964, 117-146.

Ders.: Kirche und Sakramente, in: MdKI 18 (1967) 41-47.

Ders.: Recht aus Rechtfertigung. Ausgewählte rechtstheologische und kirchenrechtliche Aufsätze, Tübingen 1982.

Davis, Ch.: A question of conscience, London 1967.

Deman, Th.A.: Der Neue Bund und die Gnade. Kommentar zur Thomas von Aquin, Summa Theologiae Bd. I-II, Heidelberg-Graz 1965.

Dianich, E.: Wo steht die Ekklesiologie?, in: Conc 17 (1981) 100-107.

Dietzfelbinger, H.: Falsche und echte Lebendigkeit in der Kirche, München 1952.

Dietzfelbinger, W.: Ökumenische Fragen an die Kirchenkonstitution, in: J.Ch.Hampe (Hg.): Die Autorität der Freiheit. Gegenwart des Konzils und Zukunft der Kirche im ökumenischen Disput I, München 1967, 325-334.

Ders.: Quellen evangelischer Frömmigkeit, in: US 32 (1977) 204-213.

Döring, H.: Die Communio-Ekklesiologie als Grundmodell und Chance der ökumenischen Theologie, in: J.Schreiner/K.Wittstadt (Hg.): Communio Sanctorum (FS P.W.Scheele), Würzburg 1988, 439-496.

Ders.: Grundriß der Ekklesiologie. Zentrale Aspekte des katholischen Selbstverständnisses und ihre ökumenische Relevanz (Grundrisse 6), Darmstadt 1986.

Ders.: Kirchen - unterwegs zur Einheit. Das Ringen um die sichtbare Einheit der Kirchen in den Dokumenten der Weltkirchenkonferenzen (APPR 20), Paderborn 1969.

Ders.: Rechtfertigung heute, in: Cath 37 (1983) 36-70.

Ders.: Taufe, Eucharistie und Amt im Kontext der Communio-Ekklesiologie. Analysen zur offiziellen römischen Antwort auf das Lima-Dokument, in: Cath 42 (1988) 170-194.

Dombois, H.: Das Recht der Gnade. Ökumenisches Kirchenrecht, Bd.I, Witten 1956.

Ders.: Konfessionelle Auseinandersetzung als hermeneutisches Problem, in: ZThK 60 (1961) 122-131.

O'Donnell, J.: Hans Urs von Balthasar - Gestalt seiner Theologie, in: IkaZ 18 (1989) 318-323.

Druckenbrod, W.: Das Verständnis des allgemeinen Priestertums im 19. und 20. Jahrhundert, Bad Honnef 1979.

Dulles, A.: The Ignatian Experience as reflected in the spiritual theology of Karl Rahner, in: Philippine Studies 1965, 471-491.

Egbulefu, J.: Menschengeist, Gnade, Gottesschau. Zur Theologie der Gnade bei Karl Rahner, Münster 1982.

Eham, M.: Gemeinschaft im Sakrament? Die Frage nach der Möglichkeit sakramentaler Gemeinschaft zwischen katholischen und nichtkatholischen Christen. Zur ekklesiologischen Dimension der ökumenischen Frage, Bd.I-II (EHS.T 293), Frankfurt 1986.

Eicher, P.: Die anthropologische Wende. Karl Rahners philosophischer Weg vom Wesen des Menschen zur personalen Existenz (Dokimion 1), Freiburg/Schweiz 1970.

Ders.: Geschichte und Wort Gottes. Ein Protokoll der Pannenberg-Diskussion von 1961-1972, in: Cath 32 (1978) 321-354.

Eichholtz, G.: Die Grenze der existentialen Interpretation. Fragen zu Gerhard Ebelings Glaubensbegriff, in: EvTh 22 (1962) 565-579.

van Eijk, A.H.C.: The church as sacrament. A contribution to ecumenical understanding, in: Bijdr. 48 (1987) 234-258.

Erni, R.: Pneumatologische und triadologische Ekklesiologie in ihrer Bedeutung für Struktur und Leben der Kirche, in: US 36 (1981) 226-241.

Feiner, J.: Die Vergegenwärtigung der Christusoffenbarung, in: MySal I, 497-544.

Fessio, J.: The origin of the church in Christ's kenosis. The ontological structure of the church in the ecclesiology of Hans Urs von Balthasar, Regensburg 1974.

Finkenzeller, J.: Die Heilsbedeutung von Wort und Sakrament im Verständnis der christlichen Kirchen, in: MThZ 38 (1987) 223-239.

Fischer, K.P.: Der Mensch als Geheimnis. Die Anthropologie Karl Rahners (ÖF.S 5), Freiburg 1974.

Ders.: Wovon erzählt die transzendentale Theologie? Eine Entgegnung an P.Eicher, in: ThQ 157 (1977) 140-142.

Frajó, M.: Das Sprechen von Gott bei Wolfhart Pannenberg, Tübingen 1986.

Fransen, P.: Die vielfache Methodik der Theologie, in: Bijdr.19 (1958) 397-409.

Ders.: Dogmengeschichtliche Entfaltung der Gnadenlehre, in: MySal IV/2, 631-766.

Frieling, R: »Auf ewiglich geschieden und widernander?«, in: MdKI (Schnelldienst) 1983/2, 4-5.

Ders.: Die ökumenische Situation und der evangelische Bund. »Grundkonsens und Grunddissens«, in: JEB 28 (1985) 140-151.

Ders.: Konziliare Gemeinschaft der Konfessionen. Eine Skizze des konfessionellen und ökumenischen Problems, in: MdKI 37 (1986) 78-84.

Ders.: Versöhnung und Konflikt. Zum gemeinsamen katholisch/lutherischen Wort zu Martin Luther, in: MdKI 34 (1983) 61-62.

Ders.: Vorläufige Bemerkungen zur Studie »Das geistliche Amt in der Kirche«, in: MdKI 32 (1981) 102.

Ders.: Zusätzliche Bedingungen zum Heil? Bemerkungen zu einer Umschreibung des lutherisch-katholischen Problems, in: KNA-ÖKI 1983/44, 5-7.

Fries, H.: Das Grundanliegen Luthers in der Sicht der katholischen Theologie der Gegenwart, in: K.Forster (Hg.): Wandlungen des Lutherbildes (SBKAB 36) Würzburg 1966, 157-191.

Ders.: Die Kirche als Träger und Vermittler der Offenbarung, in: H.Holböck/Th.Sartory (Hg.): Mysterium Kirche in der Sicht der theologischen Disziplinen, Bd.I, Salzburg 1962, 1-36.

Ders.: Maria - Stein des Anstoßes oder Chance für die ÖKumene?, in: StZ 207 (1989) 158-170.

Ders.: Ökumene statt Konfessionen?, Frankfurt/Main 1977.

Ders.: Wort und Sakrament. Zur Einführung, in: ders.: (Hg.): Wort und Sakrament, München 1966, 7-24.

Fuchs, E.: Theologie oder Ideologie? Bemerkungen zu einem heilsgeschichtlichen Programm, in: ThLZ 88 (1983) 257-260.

Galloway, A.: Wolfhart Pannenberg (Contemporary religious thinkers series), London 1973.

Ganoczy, A.: Einführung in die katholische Sakramentenlehre, Darmstadt 1979.

Gaßmann, G.: Die Rechtfertigungslehre in der Perspektive der Confessio Augustana und des lutherisch-katholischen Gesprächs heute, in: Luther 50 (1979) 52-54.

Ders.: Kirche als Sakrament, Zeichen und Werkzeug. Die Rezeption dieser ekklesiologischen Perspektive in der ökumenischen Diskussion, in: J.A.Möhler-Institut (Hg.): Die Sakramentalität der Kirche in der ökumenischen Diskussion (KKSMI 15), Paderborn 1983, 171-201.

Geiselmann, J.: Christus und die Kirche nach Thomas von Aquin, in: ThQ 107 (1926) 198-222; 108 (1927) 233-255.

Geisser, H.F.: Martin Luthers Anteil an Mittelalter und Neuzeit, in: ders. u.a. (Hg.): Weder Ketzer noch Heiliger. Luthers Bedeutung für den ökumenischen Dialog, Regensburg 1982, 33-72.

Geppert, M.: Marcel Lefebvre. Ankläger und Angeklagter Roms, Tübingen 1980.

Gerken, A.: Offenbarung und Transzendenzerfahrung. Kritische Thesen zu einer künftigen dialogischen Theologie, Düsseldorf 1969.

Geyer, H.G.: Geschichte als theologisches Problem. Bemerkungen zu Wolfhart Pannenbergs Geschichtstheologie, in: EvTh 22 (1962) 92-104.

Glaser, K.: Lebensraum Gnade. Die Bedeutung des Rechtfertigungsgeschehens für Leben und Sendung der Kirche heute, Stuttgart 1970.

Gloege, G.: Gnade für die Welt. Kritik und Krise des Luthertums, Göttingen 1964.

Goebel, H.Th.: Wort Gottes als Auftrag. Zur Theologie von Rudolf Bultmann, Gerhard Ebeling und Wolfhart Pannenberg, Neukirchen-Vluyn 1972.

González, J.M.: Das Göttliche als Begriff und Wirklichkeit. Begrifflichkeit und Bewährung beim theologischen Ansatz Wolfhart Pannenbergs, München 1981.

Gózdz, K.: Jesus Christus als Sinn der Geschichte bei Wolfhart Pannenberg (ESt Neue Folge 25), Regensburg 1988.

Greiner, S.: Die Theologie Wolfhart Pannenbergs (Bonner Dogmatische Studien 2), Würzburg 1988.

Greive, W.: Jesus und der Glaube. Das Problem der Christologie Gerhard Ebelings, in: KuD 22 (1976) 163-180.

Greshake, G.: Erlöst in einer unerlösten Welt?, Mainz 1987.

Ders.: Eschatologie II, katholische Sicht, in: H.Krüger/W.Löser/W.Müller-Römheld (Hg.): Ökumene-Lexikon. Kirchen. Religionen. Bewegungen, Frankfurt/Main 1983, 339-342.

Ders.: Geschenkte Freiheit. Einführung in die Gnadenlehre, Freiburg 1977.

Ders.: Gnade als konkrete Freiheit. Eine Untersuchung zur Gnadenlehre des Pelagius, Mainz 1972.

Ders.: Gott in allen Dingen finden. Schöpfung und Gotteserfahrung, Freiburg 1986. Ders.: Gottes Heil - Glück des Menschen. Theologische Perspektiven, Freiburg 1983.

Ders.: Priestersein: Zu Theologie und Spiritualität des priesterlichen Amtes, Freiburg 1985.

Greshake, G./ Kremer, J.: Resurrectio mortuorum. Zum theologischen Verständnis der leiblichen Auferstehung, Darmstadt 1986.

Grün, A.: Erlösung durch das Kreuz. Karl Rahners Beitrag zu einem heutigen Erlösungsverständnis (Münsterschwarzacher Studien 26), Münsterschwarzach 1975.

Häring, H.: Kirche und Kerygma. Das Kirchenbild in der Bultmannschule (ÖF.E 6), Freiburg 1972.

Hallensleben, B.: »Das heisst eine neue Kirche bauen«. Kardinal Cajetans Antwort auf die reformatorische Lehre von der Rechtfertigungsgewißheit, in: Cath 39 (1985) 217-239.

de Halleux, A.: Les principes catholiques de l'oecuménisme. Quelques réflexions, in: RTL 16 (1985) 316-350.

Hamm, B.: Was ist die reformatorische Rechtfertigungslehre?, in: ZThK 83 (1986) 1-38.

Hartmann, M.: Ästhetik als ein Grundbegriff fundamentaler Theologie. Eine Untersuchung zu Hans Urs von Balthasar (Dissertationen: Theologische Reihe 5), St. Ottilien 1985.

Heidegger, M.: Brief über den Humanismus, Frankfurt 1965.

Heidler, F.: Die biblische Lehre von der Unsterblichkeit der Seele. Sterben, Tod, ewiges Leben im Aspekt lutherischer Anthropologie, Göttingen 1983.

van der Heijden, B.: Karl Rahner. Darstellung und Kritik seiner Grundpositionen (Sammlung Horizonte NR 6), Einsiedeln 1973.

Heintze, G.: Martin Luthers Erbe als Anfrage an das heutige ökumenische Erbe, in: H.F.Geisser u.a.(Hg.): Weder Ketzer noch Heiliger. Luthers Bedeutung für den ökumenischen Dialog, Regensburg 1982, 9-32.

Heinz, H.: Der Gott des Je-mehr. Der christologische Ansatz Hans Urs von Balthasars (Disputationes theologicae 3), Bern/Frankfurt 1975.

Herberg, J.: Kirchliche Heilsvermittlung. Ein Gespräch zwischen Karl Barth und Karl Rahner (Disputationes theologicae 5), Frankfurt 1978.

Herms, E.: Einheit der Christen in der Gemeinschaft der Kirchen. Die ökumenische Bewegung der römischen Kirche im Lichte der reformatorischen Theologie. Antwort auf den Rahner-Plan, Göttingen 1984.

Ders.: Ökumenischer Konsens, in: EK 19 (1986) 101-103.

Ders.: Überlegungen zum Dokument »Das Herrenmahl«, in: ZThK 78 (1981) 345-366.

Hintzen, G.: Wo liegt die evangelisch-katholische Grunddifferenz? Eine Auseinandersetzung mit der These des Comité mixte catholique-protestant en France, in: Cath 42 (1988) 274-303.

Holböck, F.: Das Mysterium der Kirche in dogmatischer Sicht, in: F.Holböck/Th.Sartory (Hg.): Mysterium Kirche in der Sicht der theologischen Disziplinen, Bd.I, Salzburg 1962, 201-346.

Hönig, E.: Die Eucharistie als Opfer nach den neueren ökumenischen Erklärungen, Paderborn 1989 (KKSMI 54).

Honecker, M.: Kirche als Gestalt und Ereignis. Die sichtbare Gestalt der Kirche als dogmatisches Problem (FGLP 10/XXV), München 1963.

Huber, W.: Ethik und Theorie der Kirche im Horizont der Barmer Theologischen Erklärung, Neukirchen-Vluyn 1983.

Hünermann, P.: Die sakramentale Struktur der Wirklichkeit und die Sakramente des Glaubens, in: J.A.Möhler-Institut (Hg.): Die Sakramentalität der Kirche in der ökumenischen Diskussion. Referate und Diskussionen anläßlich des 25-jährigen Bestehens des Johann-Adam-Möhler-Instituts (KKSMI 15), Paderborn 1983, 202-212.

Huttenbügel, J.: Grundkonsens und Grunddissens. Zur gegenwärtigen Problematik in der Ökumene, in: KNA-ÖKI 1985/13, 5-10.

Iserloh, E.: Luther und die Kirchenspaltung. Ist das Reformatorische noch kirchentrennend?, in: H.F.Geisser u.a. (Hg.): Weder Ketzer noch Heiliger. Luthers Bedeutung für den ökumenischen Dialog, Regensburg 1982, 73-92.

Iwand, H.J.: Zur Entstehung von Luthers Kirchenbegriff. Ein kritischer Beitrag zu dem gleichnamigen Aufsatz von K.Holl, in: G.Sauter (Hg.): Glaubensgerechtigkeit. Gesammelte Aufsätze II, München 1980, 198-239.

Johannes Paul II.: Enzyklika »Mutter des Erlösers«. Hinführung von Joseph Kardinal Ratzinger, Kommentar von Hans Urs von Balthasar, Freiburg 1987.

Jones, Ch./ Wainwright, G./ Yarnold, E. (Hg.): The study of spirituality, London 1986.

Jorissen, H.: »Ökumenische Erschließung Martin Luthers«. Zur Frage nach Luthers Ekklesiologie, in: K.Schäferdiek (Hg.): Martin Luther im Spiegel heutiger Wissenschaft, Bonn 1985, 201-223.

Journet, Ch.: Le mystère de l'Église selon le deuxième Concile du Vatican, in: RThom 65 (1965) 5-51.

Jüngel, E.: Die Kirche als Sakrament?, in: ZThK 80 (1983) 432-457.

Käsemann, E.: Zur ekklesiologischen Verwendung der Stichworte »Sakrament« und »Zeichen«, in: R.Groscurth (Hg.): Wandernde Horizonte auf dem Weg zur kirchlichen Einheit, Frankfurt/Main 1974, 119-136.

Kappes, C.: Freiheit und Erlösung. Überlegungen zu den Grundlagen der Soteriologie in den Entwürfen von Hans Urs von Balthasar, Karl Rahner und Jürgen Moltmann, Münster 1987.

Kasper, W.: Der Bruch ging nicht in die Fundamente. Gegebene Einheit - Bestehende Schranken - Gelebte Gemeinschaft, in: KNA-ÖKI 1980/52, 5-7; 1980/53/54, 7-10.

Ders.: Die Kirche als Ort der Sündenvergebung, in: IkaZ 18 (1989) 1-9.

Ders.: Die Kirche als Sakrament der Einheit, in: IkaZ 16 (1987) 2-8.

Ders.: Die Kirche als universales Sakrament des Heils, in: E.Klinger/H.Wittstadt (Hg.): Glaube im Prozeß. Christsein nach dem II.Vatikanum (FS K.Rahner), Freiburg 1984, 221-239.

Ders.: Einführung in den Glauben, Mainz 1972.

Ders.: Gegebene Einheit - Bestehende Schranken - Gelebte Gemeinschaft, in: R.Kolb (Hg.): Confessio Augustana - Den Glauben bekennen. 450-Jahr-Feier des Augsburger Bekenntnisses: Berichte - Referate - Ansprachen, Gütersloh 1980, 151-158.

Ders.: Glaube im Wandel der Geschichte, Mainz 1970.

Ders.: Grundkonsens und Kirchengemeinschaft. Zum Stand des ökumenischen Gesprächs zwischen katholischer und evangelisch-lutherischer Kirche, in: ThQ 167 (1987) 161-181.

Ders.: Theologie und Kirche, Mainz 1987.

Ders.: Wort und Sakrament, in: O.Semmelroth (Hg.): Martyria, Leiturgia, Diakonia (FS H.Volk), 260-285.

Kasper, W./ Sauter, G.: Kirche - Ort des Geistes, Freiburg 1976.

Kay, J.A.: Theological Aesthetics. The role of aesthetics in the theological method of Hans Urs von Balthasar (EHS.T 60), Bern-Frankfurt 1975.

Kehl, M.: Kirche als Institution. Zur theologischen Begründung des institutionellen Charakters der Kirche in der neueren deutschsprachigen katholischen Ekklesiologie (FTS 22), Frankfurt 1976.

Ders.: Kirche - Sakrament des Geistes, in: W.Kasper (Hg.): Gegenwart des Geistes. Aspekte der Pneumatologie (QD 85), Freiburg 1979, 155-180.

Kessler, H.: Der Begriff des Handelns Gottes. Überlegungen zu einer unverzichtbaren theologischen Kategorie, in: H.-U. von Brachel/ N.Mette (Hg.): Kommunikation und Solidarität. Beiträge zur Diskussion des handlungstheoretischen Ansatzes von Helmut Peukert in Theologie und Sozialwissenschaft, Freiburg/Schweiz-Münster 1985, 117-130.

Kinder, E.: Der evangelische Glaube und die Kirche. Grundzüge des evangelisch-lutherischen Kirchenverständnisses, Berlin 1958.

Ders.: Zur Sakramentenlehre, in: NZSTh 2 (1963) 141-174.

Klaiber, W.: Rechtfertigung und Gemeinde. Eine Untersuchung zum paulinischen Kirchenverständnis (FRLANT 127), Göttingen 1982.

Klein, G.: Offenbarung als Geschichte? Marginalien zu einem theologischen Programm, in: MPTh 51 (1962) 65-88.

Ders.: Theologie des Wortes Gottes und die Hypothese der Universalgeschichte. Zur Auseinandersetzung mit Wolfhart Pannenberg (BEvTh 37), München 1964.

Klinger, J.: Die Koinonia als sakramentale Gemeinschaft - Aktuelle Perspektiven, in: Pro Oriente (Hg.): Auf dem Weg zur Einheit des Glaubens. Koinonia. Erstes ekklesiologisches Kolloquium zwischen Orthodoxen und römisch-katholischen Theologen, Innsbruck 1976, 115-126.

Knauer, P.: Verantwortung des Glaubens. Ein Gespräch mit Gerhard Ebeling aus katholischer Sicht (FTS 3), Frankfurt/Main 1969.

Knoch, W.: Das Heil des Menschen in seiner ekklesiologischen Dimension, in: H.Vorgrimler (Hg.): Wagnis Theologie. Erfahrungen mit der Theologie Karl Rahners, Freiburg 1979, 487-498.

Koch, G.: Communio Sanctorum als Grund und Ziel der Kindertaufe, in: J.Schreiner/ K.Wittstadt (Hg.): Communio Sanctorum (FS P.W.Scheele), Würzburg 1988, 398-411.

Koch, K.: Der Gott der Geschichte. Theologie der Geschichte bei Wolfhart Pannenberg als Paradigma einer philosophischen Theologie in ökumenischer Perspektive (TTS 32), Mainz 1988.

Köhnlein, M.: Katholische Worttheologie. Eine kritische evangelische Analyse neuerer katholischer Theologie, Stuttgart 1969.

Ders.: Was bringt das Sakrament? Disputation mit Karl Rahner, Göttingen 1971.

Kösters, R.: Luthers These »Gerecht und Sünder zugleich«, Innsbruck 1965.

Konrad, F.: Das Offenbarungsverständnis in der evangelischen Theologie (BÖT 6), München 1971.

Kress, R.: The church: communion, sacrament, communication, New York 1985.

Kressner, Th.: Verantwortete Rede von Gott. Ein Vergleich der Theologie Herbert Brauns und Wolfhart Pannenbergs, Bonn 1978.

Kühn, U.: Das Abendmahl - Eucharistie der Gemeinde Jesu, in: KuD 25 (1979) 289-302.

Ders.: Das reformatorische Proprium und die Ökumene, in: KuD 32 (1986) 170-185.

Ders.: Die theologische Bedeutung der empirischen Kirche, in: J.Rogge/G.Schille (Hg.): Theologische Versuche IX, Berlin 1977, 131-144.

Ders.: Sakramente (Handbuch Systematischer Theologie 11), Gütersloh 1988.

Kühn, U./ Pesch, O.H.: Rechtfertigung im Gespräch zwischen Thomas und Luther, Berlin (DDR) 1967.

Küng, H.: Die Kirche (ÖF.E 1), Freiburg 1967.

Ders.: Rechtfertigung. Die Lehre Karl Barths und eine katholische Besinnung (Horizonte 2), München 1986 (Einsiedeln [1]1957).

Laminski, A.: Die Entdeckung der pneumatologischen Dimension der Kirche durch das Konzil und ihre Bedeutung, in: F.Hoffmann/L.Scheffczyk/K.Feiereis (Hg.): Sapienter ordinare (FS E.Kleineidam), Leipzig 1969, 392-403.

Langemeyer, B.: Maria in der Kirchenkonstitution des Konzils, in: ThGl 58 (1968) 19-39.

Larnicol, C.: L'Église, sacrement du salut, in: AmiCl 79 (1969) 397-408.

Latourelle, R.: Le Christ et l'Église, signes du salut, Tournai-Montréal 1971.

Lawlor, F.X.: The mediation of the church in some pontifical documents, in: TS 12 (1951) 481-504.

Lell, J.: Evangelische Fragen an die römisch-katholische Kirche, Göttingen 1967.

Lehmann, K.: Heiliger Geist, Befreiung zum Menschsein - Teilhabe am göttlichen Leben. Tendenzen gegenwärtiger Gnadenlehre, in: W.Kasper (Hg.): Gegenwart des Geistes. Aspekte der Pneumatologie, Freiburg 1979 (QD 85) 181-204.

Ders.: Karl Rahner und die Kirche, in: ders. (Hg.): Vor dem Geheimnis Gottes den Menschen verstehen. Karl Rahner zum 80.Geburtstag (Schriftenreihe der Katholischen Akademie der Erzdiözese Freiburg), Freiburg 1984, 120-135.

Ders.: Worüber jetzt zu sprechen wäre. Luther und die Einheit der Kirchen heute, in: HerKorr 37 (1983) 555-561.

Lengsfeld, P.: Ökumenische Spiritualität als Voraussetzung und Rezeption, in: P.Lengsfeld/H.G.Stobbe: Theologischer Konsens und Kirchenspaltung, Stuttgart 1981, 126-134.

Leuba, J.-L.: Institution und Ereignis. Gemeinsamkeiten und Unterschiede der beiden Arten von Gottes Wirken nach dem Neuen Testament (ThÖ 3), Göttingen 1957.

Leuze, R.: Die Frage nach der Wesensbestimmung von Katholizismus und Protestantismus als ökumenisches Problem, in: ÖR 27 (1978) 438-496.

Lienhard, M.: Luther témoin de Jésus Christ. Les étapes et les thèmes de la christologie du réformateur, Paris 1973.

Lindbeck, G.A.: Die Kirchenlehre des Konzils ist ein Übergang, in: J.Ch.Hampe (Hg.): Die Autorität der Freiheit. Gegenwart des Konzils und Zukunft der Kirche im ökumenischen Disput I, München 1967, 359-372.

Link, W.: Gestalt und Gestaltlosigkeit der Kirche. Umrisse einer personal-geistlichen Kirchenlehre bei Hans Urs von Balthasar, Rom 1970 (Diss.masch.).

Lochbrunner, M.: Analogia caritatis. Darstellung und Deutung der Theologie Hans Urs von Balthasars (FThSt 120), Freiburg 1981.

Löser, W.: Das Sein - ausgelegt als Liebe. Überlegungen zur Theologie Hans Urs von Balthasars, in: IkaZ 4 (1975) 410-421.

Ders.: Ein katholischer Versuch zu Luther, in: ThPh 56 (1981) 565-573.

Ders.: Im Geiste des Origenes. Hans Urs von Balthasar als Interpret der Theologie der Kirchenväter (FThSt 23), Frankfurt 1976.

Ders.: Unangefochtene Kirchlichkeit - universaler Horizont. Weg und Werk Hans Urs von Balthasars, in: HerKorr 42 (1988) 472-479.

Ders.: »Was gilt in der Kirche?« - Katholische Fragen an die evangelische Kirche, in: JEB 30 (1987) 49-67.

von Loewenich, W.: Der moderne Katholizismus. Erscheinung und Probleme, Witten 1955.

Lohse, B.: Martin Luther. Eine Einführung in sein Leben und Werk, München 1981.

Lorenz, R.: Das Problem der Hermeneutik in der Theologie im Hinblick auf das Gottesverhältnis. Dargestellt am theologischen Denken Martin Luthers und dessen hermeneutischer Interpretation durch Gerhard Ebeling, Gütersloh 1973.

Lortz, J.: Luthers Römerbriefvorlesung. Grundanliegen, in: TThZ 714 (1962) 129-153.

de Lubac, H.: Die Kirche. Eine Betrachtung. Übertragen und eingeleitet von Hans Urs von Balthasar, Einsiedeln 1968.

Ders.: Le Mystère du Surnaturel (Théol.64), Paris 1965.

Ders.: Méditation sur l'Église (Théol.27), Paris ^{3}1954.

Lutz, J.: Unio und communio. Zum Verhältnis von Rechtfertigungslehre und Kirchenverständnis bei Martin Luther. Eine Untersuchung zu ekklesiologisch relevanten Texten der Jahre 1519-1528, Paderborn 1990.

Maas, W.: Gott und die Hölle. Studien zum Descensus Christi (Sammlung Horizonte NF 14), Einsiedeln 1979.

Mannermaa, T.: Lumen fidei et objectum fidei adventicium. Unkontiedon spontaanisuus ja reseptiivisyys Karl Rahnerin verhaisessa ajattelussa. Die Spontaneität und Rezeptivität der Glaubenserkenntnis im frühen Denken Karl Rahners (dtsche. Zusammenfassung) (Schriften der finnischen Gesellschaft für Missiologie und Ökumenik 19), Helsinki 1970.

Manns, P.: Zur Lage der Ökumene nach dem Luther-Jahr, in: ders. (Hg.): Martin Luther, »Reformator und Vater im Glauben«, Stuttgart 1985, 293-366.

Marchesi, G.: La Cristologia di Hans Urs von Balthasar. La figura di Gesu Christo espressione visibile di Dio (AnGr 66), Rom 1977.

Marlé, R.: Parler de Dieu aujourd'hui. La théologie herméneutique de Gerhard Ebeling, Paris 1975.

Maron, G.: Credo in ecclesiam? Erwägungen zu den Arbeiten des Zweiten Vatikanischen Konzils, in: MdKI 15 (1964) 1-8.

Ders.: Kirche und Rechtfertigung. Eine kontroverstheologische Untersuchung, ausgehend von den Texten des Zweiten Vaticanums (KiKonf 15), Göttingen 1969.

Ders.: Zum Gespräch mit Rom. Beiträge aus evangelischer Sicht, Göttingen 1988.

Marsch, W.D.: Institution im Übergang. Evangelische Kirche zwischen Tradition und Reform, Göttingen 1970.

Martelet, G.: De la sacramentalité propre à l'Église, in: NRTh 105 (1973) 25-42.

Ders.: Horizon théologique de la deuxième session du Concile, in: NRTh 96 (1964) 449-468.

Martensen, L.: Luther und die Ökumene heute - Beitrag aus katholischer Sicht, in: H.F. Geisser u.a. (Hg.): Weder Ketzer noch Heiliger. Luthers Bedeutung für den ökumenischen Dialog, Regensburg 1982, 201-222.

Mauder, A.: Bilder und Wörter, in: US 33 (1978) 196-198.

Meinhold, P.: Die Konstitution »De Ecclesia« in evangelisch-lutherischer Sicht, in: G.Baraúna (Hg.): De Ecclesia. Beiträge zur Konstitution »Über die Kirche« des Zweiten Vatikanischen Konzils Bd.II, Frankfurt/Main 1966, 536-549.

Ders.: Ökumenische Kirchenkunde. Lebensformen der Christenheit heute, Stuttgart 1962.

Metz, J.B.: »Caro cardo salutis«. Zum christlichen Verständnis des Leibes, in: Hochl. 55 (1962/63) 97-107.

Ders.: Christliche Anthropozentrik. Über die Denkform des Thomas von Aquin, München 1962.

Meyer, H.: Grundverschiedenheit - Grundkonsens. Problemskizze zu einem Studienprojekt des Straßburger Instituts für Ökumenische Forschung, in: ÖR 34 (1985) 347-355.

Ders.: Sündige Kirche? Bemerkungen zum ekklesiologischen Aspekt der Debatte um eine katholisch/evangelische »Grunddifferenz«, in: ÖR 38 (1989) 397-410.

Ders.: Zur Frage katholisch-evangelischer »Grundverschiedenheiten«, in: KNA-ÖKI 1984/4, 5-9.

Meyer, M.: Universales Heil, Kirche und Mission. Studien über die ekklesial-missionarischen Strukturen in der Theologie Karl Rahners und im Epheserbrief, Münster 1976.

Mödlhammer, J.W.: Amtsfrage und Kirchenverständnis. Eine Überlegung zum theologischen Standort des katholisch-evangelischen Gespräches, in: Cath 28 (1974) 135-139.

Ders.: Evangelische Theozentrik und Kirche als Ort des Heils, in: Cath 30 (1976) 153-162.

Möhler, J.A.: Die Einheit in der Kirche oder das Prinzip des Katholizismus, hg. von J.R.Geier, Darmstadt 1957.

Ders.: Symbolik oder Darstellung der dogmatischen Gegensätze der Katholiken und Protestanten nach ihren öffentlichen Bekenntnisschriften, hg., eingel. und kommentiert von J.R.Geiselmann, Bd. I-II, Köln-Olten 1958-1961.

Moltmann, J.: Gott in der Schöpfung. Ökologische Schöpfungslehre, München 1987.

Ders.: Kirche in der Kraft des Geistes. Ein Beitrag zur messianischen Ekklesiologie, München 1975.

Ders.: Untersuchung zur Begründung und zu den Konsequenzen einer christlichen Eschatologie (BEvTh 38), München 1966.

Mühlen, H.: Das Verhältnis zwischen Inkarnation und Kirche in den Aussagen des Vaticanum II, in: ThGl 55 (1965) 171-190.

Ders.: Das Vorverständnis von Person und die evangelisch-katholische Differenz. Zum Problem der theologischen Denkform, Münster 1965.

Ders.: Der Kirchenbegriff des Konzils, in: J.Ch.Hampe (Hg.): Die Autorität der Freiheit. Gegenwart des Konzils und Zukunft der Kirche im ökumenischen Disput Bd.I, München 1967, 291-312.

Ders.: Die Ekklesiologie der Kommission für Glauben und Kirchenverfassung des ökumenischen Rates der Kirchen und das Vaticanum II, in: R.Bäumer/H.Dolch (Hg.): Volk Gottes (FS J.Höfer), Freiburg 1967, 603-638.

Ders.: Entsakralisierung. Ein epochales Schlagwort in seiner Bedeutung für die Zukunft der christlichen Kirchen, Paderborn 1971.

Ders.: Una mystica persona. Die Kirche als das Mysterium der Identität des Heiligen Geistes in Christus und den Christen: Eine Person in vielen Personen, Paderborn 1964.

Mühlenberg, E.: »Gott in der Geschichte«. Erwägungen zur Geschichtstheologie von Wolfhart Pannenberg, in: KuD 24 (1978) 244-261.

Müller, G.: Die Rechtfertigungslehre. Geschichte und Probleme (Studienbücher Theologie. Kirchen- und Dogmengeschichte), Gütersloh 1977.

Müller, G./ Pfnür, V.: Rechtfertigung - Glaube - Werke, in: H. Meyer/ H.Schütte (Hg.): Confessio Augustana. Bekenntnis des einen Glaubens. Gemeinsame Untersuchung lutherischer und katholischer Theologen, Paderborn 1980, 106-139.

Müller, G.L.: Der Grenze der Ökumene als ihre Chance. Zur Frage nach der katholisch-reformatorischen Grunddifferenz, in: HerKorr 39 (1985) 570-575.

Müller, H.M.: Keine romantische Verbrüderung. Mit der Confessio Augustana auf dem Weg zur Einheit, in: LM 21 (1982) 23-26.

Naduvilekut, J.: Christus der Heilsweg. Soteria als Theodrama im Werk Hans Urs von Balthasars (Dissertationen: theologische Reihe 22), St.Ottilien 1987.

Neuner, P.: Der konfessionelle Grundentscheid - Problem für die Ökumene?, in: StZ 202 (1984) 591-604.

Ortner, E.: Geist der Liebe - Geist der Kirche. Zum theologischen Grundanliegen Hans Urs von Balthasars, Linz 1981 (Diss.masch.).

Ott, H.: Das Mysterium der Kirche, in: J.Ch.Hampe (Hg.): Ende der Gegenreformation? Das Konzil. Dokumente und Deutung, Stuttgart 1964, 164-170.

Ders.: Die Antwort des Glaubens. Systematische Theologie in 50 Artikeln, hg. von K.Otte, Stuttgart 1972.

Ders.: Gedanken eines reformierten Theologen zur Constitutio dogmatica »De ecclesia«, in: G.Baraúna (Hg.): De Ecclesia. Beiträge zur Konstitution »Über die Kirche« des Zweiten Vatikanischen Konzils Bd.I, Frankfurt/Main 1966, 556-568.

Persson, P.E.: Repraesentatio Christi. Der Amtsbegriff in der neueren römisch-katholischen Theologie (KiKonf 10), Göttingen 1966.

Pesch, O.H.: Aus der Lutherforschung, in: ThQ 150 (1970) 413-432.

Ders.: Die Theologie der Rechtfertigung bei Martin Luther und Thomas von Aquin. Versuch eines systematisch-theologischen Dialogs (WSAMA.T 4), Mainz 1967.

Ders.: Dogmatik im Fragment. Gesammelte Studien, Mainz 1987.

Ders.: Frei sein aus Gnade. Theologische Anthropologie, Freiburg 1983.

Ders.: Gerechtfertigt aus Glauben. Luthers Frage an die Kirche (QD 97), Freiburg 1982.

Ders.: Gottes Gnadenhandeln als Rechtfertigung und Heiligung des Menschen, in: MySal IV/2, 865-907.

Des.: Hinführung zu Luther, Mainz 1982.

Ders.: Luther und die Kirche, in: LuJ 52 (1985) 113-139.

Ders.: Rechtfertigung, in: P.Eicher (Hg.): Neues Handbuch theologischer Grundbegriffe Bd.III, München 1985, 452-470.

Ders.: Rechtfertigung und Kirche. Die kriteriologische Bedeutung der Rechtfertigungslehre für die Ekklesiologie, in: ÖR 37 (1988) 22-45.

Pesch, O.H./ Peters, A.: Einführung in die Lehre von Gnade und Rechtfertigung, Darmstadt 1981.

Pfnür, V.: Einig in der Rechtfertigungslehre? Die Rechtfertigungslehre der Confessio Augustana (1530) und die Stellungnahme der katholischen Kontroverstheologen zwischen 1530 und 1535 (VIEG 60), Wiesbaden 1970.

Pfürtner, S.: Wie weit reicht der Konsens in der Rechtfertigungslehre?, in: Orien. 45 (1981) 95-98.

Pöhlmann, H.G.: Rechtfertigung. Die gegenwärtige kontorverstheologische Problematik der Rechtfertigungslehre zwischen der evangelisch-lutherischen und der römisch-katholischen Kirche, Gütersloh 1971.

van de Pol, W.H.: Das reformatorische Christentum in phänomenologischer Betrachtung, Einsiedeln 1956.

Pottmeyer, H.J.: Der Heilige Geist und die Kirche. Von einer christomonistischen zu einer trinitarischen Ekklesiologie, in: Tutzinger Studien 1981/2, 45-55.

Ders.: Die zwiespältige Ekklesiologie des Zweiten Vaticanums - Ursache nachkonziliarer Konflikte, in: TThZ 92 (1983) 272-283.

Ders.: Kontinuität und Innovation in der Ekklesiologie des II. Vatikanums. Der Einfluß der I.Vatikanums auf die Ekklesiologie des II. Vatikanums und Neurezeption des I. Vatikanums im Lichte des II. Vatikanums, in: G.Alberigo/Y.Congar/H.J.Pottmeyer: Kirche im Wandel. Eine kritische Zwischenbilanz nach dem 2.Vatikanum, Düsseldorf 1982, 101-110.

Ders.: Vor einer neuen Phase der Rezeption des Vaticanum II, in: G.Alberigo/ J.P.Jossua/H.J.Pottmeyer (Hg.): Die Rezeption des Zweiten Vatikanischen Konzils, Düsseldorf 1986, 47-84.

Price, Th.: The concept of the church in the theologies of Rudolf Bultmann and Gerhard Ebeling, Boston 1966.

Pröpper, Th.: Erlösungsglaube und Freiheitsgeschichte. Eine Skizze zur Soteriologie, 2., wesentlich erweiterte Auflage, München 1988.

Puntel, L.B.: Zu den Begriffen »transzendental« und »kategorial« bei Karl Rahner, in: H.Vorgrimler (Hg.): Wagnis Theologie. Erfahrungen mit der Theologie Karl Rahners, Freiburg 1979, 189-198.

Raske, M.: Sakrament, Glaube, Liebe. Gerhard Ebelings Sakramentsverständnis - eine Herausforderung an die katholische Theologie (Koin. 11), Essen 1973.

Ratzinger, J.: Bemerkungen zur Frage der apostolischen Sukzession, in: K.Schuh (Hg.): Amt im Widerstreit, Berlin 1973, 37-45.

Ders.: Das neue Volk Gottes. Entwürfe zur Ekklesiologie, Düsseldorf 1969.

Ders.: Die Ekklesiologie des Zweiten Vatikanums, in: IkaZ 15 (1986) 41-51.

Ders.: Die Kirche als Heilssakrament, in: J.Reikerstorfer (Hg.): Zeit des Geistes. Zur heilsgeschichtlichen Herkunft der Kirche, Wien 1977, 71-90.

Ders.: Luther und die Einheit der Kirchen, in: IkaZ 12 (1983) 568-582.

Ders.: Rezension zu H.Küng: Rechtfertigung, in: ThR 54 (1958) 33-35.

Reetz, U.: Das Sakramentale in der Theologie Paul Tillichs (CThM 2), Stuttgart 1974.

Rendtorff, T.: Theologische Probleme der Volkskirche, in: Zur Sache. Kirchliche Aspekte heute 12/13: Volkskirche - Kirche der Zukunft?, Hamburg 1977, 104-131.

de Ridder, C.A.: Maria als Miterlöserin? Die Diskussion über die Mitwirkung der Mutter Gottes am Erlösungswerk Christi in der heutigen römisch-katholischen Theologie (KiKonf 5), Göttingen 1965.

Riedlinger, H.: Die Makellosigkeit der Kirche in den lateinischen Hoheliedkommentaren des Mittelalters (BGPhMA 38), Münster 1958.

Riesenhuber, K.: Der anonyme Christ nach Karl Rahner, in: ZKTh 86 (1964) 286-303.

Ringleben, J.: Gottes Sein, Handeln und Werden. Ein Beitrag zum Gespräch mit Wolfhart Pannenberg, in: J.Rohls/G.Wenz (Hg.): Vernunft des Glaubens. Wissenschaftliche Theologie und kirchliche Lehre (FS Wolfhart Pannenberg), Göttingen 1988, 457-487.

Roberts, L.: The Achievement of Karl Rahner, New York 1967.

van Roo, W.A.: Reflections on Karl Rahners »Kirche und Sakramente«, in: Gr.44 (1963) 465-500.

Rossi, J.R.: Towards a theology of ephapax: A comparison of the claims made for the Christ event by Paul Tillich and Gerhard Ebeling, Michigan 1969.

Rückert, H.: Vorträge und Aufsätze zur historischen Theologie, Tübingen 1972.

Ruh, U.: Wie von der Gnade reden? Neuere Entwicklungen in der katholischen Theologie, in: HerKorr 35 (1981) 572-577.

Ruhbach, G.: Theologie und Spiritualität. Beiträge zur Gestaltwerdung des christlichen Glaubens, Göttingen 1987.

Ruokanen, M.: Das Problem der Gnadenlehre in der Dogmatik Gerhard Ebelings, in: KuD 35 (1989) 2-22.

Ders.: Hermeneutics as an ecumenical method in the theology of Gerhard Ebeling (Publications of Luther-Agricola Society B.13), Helsinki 1982.

Saier, O.: »Communio« in der Lehre des Zweiten Vatikanischen Konzils. Eine rechtsbegriffliche Untersuchung (MThSt 32), München 1973.

Sartory, Th.: Das Mysterium der Kirche in reformatorischer Sicht, in: F.Holböck/Th.Sartory (Hg.): Mysterium Kirche in der Sicht der theologischen Disziplinen, Bd.II, Salzburg 1962, 927-1088.

Ders.: Die Gefahr der Kategorie des »Inkarnatorischen« für die Ekklesiologie, in: W.Bauer u.a. (Hg.): Ich glaube eine heilige Kirche (FS H.Asmussen), Stuttgart 1963, 64-79.

Ders.: Göttliches und Menschliches in der Kirche, in: US 10 (1955) 8-19.

Sauter, H.: Der Ursprung der Kirche aus Gottes Wort und Gottes Geist, in: W.Kern/H.J.Pottmeyer/M.Seckler (Hg.): Handbuch der Fundamentaltheologie III. Traktat Kirche, Freiburg 1986, 198-211.

Scheeben, J.M.: Handbuch der katholischen Dogmatik. Bd.VI/1: Erlösungslehre, hg. von C.Feckes, Freiburg ²1954.

Scheele, P.W.: Die Einheit vor uns. Zur ökumenischen Diskussion über die Modelle und Modalitäten der christlichen Einheit, in: Cath 34 (1980) 146-173.

Ders.: Ökumenismus fordert Hingabe. Gespräch mit Bischof Dr. P.W.Scheele, in: LM 21 (1982) 184-187.

Scheffczyk, L.: Aktuelle Aspekte des ökumenischen Dialogs über die Kirche, in: MThZ 25 (1974) 260-270.

Ders.: Christentum als Unmittelbarkeit zu Gott. Erwägungen zu Karl Rahners »Grundkurs des Glaubens«, in: IkaZ 6 (1977) 442-450.

Ders.: Von der Heilsmacht des Wortes. Grundzüge einer Theologie des Wortes, München 1966.

Schillebeeckx, E.: Christus, Sakrament der Gottesbegegnung, Mainz ²1965.

Ders.: Jesus. Die Geschichte von einem Lebenden, Freiburg ²1976.

Ders.: Sacramentum salutis, Leipzig 1973.

Schilson, A.: Christologie im Präsens. Kritische Sichtung neuerer Entwürfe, Freiburg 1974.

Ders.: Das Sakrament als Problem protestantischer Theologie, in: HerKorr 34 (1980) 133-138.

Schleiermacher, F.: Die praktische Theologie nach den Grundsätzen der evangelischen Kirche im Zusammenhang dargestellt. Literarischer Nachlaß VIII, hg. v. G.Reimer, Frankfurt/Main 1965.

Ders.: Werke III, hg. u. eingel. von O.Braun/J.Bauer, Aalen 1967 (Neudruck d. 2. Auflage Leipzig 1927-1928).

Schlette, H.R.: Kommunikation und Sakrament. Theologische Deutung der geistlichen Kommunion (QD 8), Freiburg 1959.

Schlüter, R.: Die »Grunddifferenz« zwischen den Konfessionen. Zur bisherigen römisch-katholischen Diskussion als Frage nach möglichen Motiven und Zielen, in: ÖR 36 (1987) 302-320.

Schmid, J.: Im Ausstrahl der Schönheit Gottes. Die Bedeutung der Analogie in »Herrlichkeit« bei Hans Urs von Balthasar (Münsterschwarzacher Studien 35), Münsterschwarzach 1982.

Schmidtchen, G.: Protestanten und Katholiken. Soziologische Analysen konfessioneller Kultur, Bern 1973.

Schmitz, J.: Das Christentum als Offenbarungsreligion im kirchlichen Bekenntnis, in: W.Kern/H.J.Pottmeyer/M.Seckler (Hg.): Handbuch der Fundamentaltheologie. Bd.II: Traktat Offenbarung, Freiburg 1985, 15-28.

Schmölders, W.: Inkarnatorische Struktur. Funktion und Relevanz eines Denkmodells in der Theologie von Karl Rahner, Innsbruck 1973.

Schneider, M.: »Unterscheidung der Geister«. Die ignatianischen Exerzitien in der Deutung von E.Przywara, K.Rahner und G.Fessard (Innsbrucker theologische Studien 11), Innsbruck 1983.

Schneider, Th.: Die dogmatische Begründung der Ekklesiologie nach dem Zweiten Vatikanischen Konzil. Dargestellt am Beilspiel der Rede von der Kirche als dem Sakrament des Heils für die Welt, in: H.Althaus (Hg.): Kirche. Ursprung und Gegenwart, Freiburg 1984, 79-118.

Ders.: Zeichen der Nähe Gottes. Grundriß der Sakramententheologie, Mainz ³1982.

Schütte, H.: Grunddifferenz zwischen evangelischer und katholischer Lehre, in: H.Waldenfels (Hg.): Theologie - Grund und Grenzen (FS H.Dolch), Paderborn 1982, 79-88.

Ders.: Noch vorhandene Kontroversen im lutherisch-katholischen Dialog und Wege zu ihrer Überwindung, in: KNA-ÖKI 1988/12, 5-7.

Ders.: Protestantismus. Sein Selbstverständnis und sein Ursprung gemäß der deutschsprachigen protestantischen Theologie der Gegenwart und eine kurze katholische Besinnung mit einem Geleitwort von Prof. Dr. E.Kinder, Essen [2]1967.

Ders.: Was ist das eigentlich Trennende? Der Unterschied im Verständnis und Wirken des Heiligen Geistes, in: KNA-ÖKI 1989/4, 5-8.

Ders.: Ziel: Kirchengemeinschaft. Zur ökumenischen Orientierung, Paderborn [2]1985.

Schulte, R.: Die Einzelsakramente als Ausgliederung des Wurzelsakramentes, in: MySal IV/2, 46-155.

Ders.: Die Wort-Sakrament-Problematik in der evangelischen und katholischen Theologie, in: Theologische Berichte 6, Zürich 1977, 81-122.

Ders.: Wie ist Gottes Wirken in Welt und Geschichte theologisch zu verstehen?, in: Th.Schneider/L.Ullrich (Hg.): Vorsehung und Handeln Gottes (QD 115), Freiburg 1988, 116-167.

Schupp, F.: Glaube, Kultur, Symbol. Versuch einer kritischen Theorie sakramentaler Praxis, Düsseldorf 1974.

Schwarzwäller, K.: Rechtfertigung und Ekklesiologie in den Schmalkaldischen Artikeln. Eine dogmatische Studie, in: Cath 35 (1989) 84-105.

Schwerdtfeger, N.: Gnade und Welt. Zum Grundgefüge von Karl Rahners Theorie der »anonymen Christen« (FThSt 123), Freiburg 1982.

Schwintek, M.: Die Kirche der Sünder. Eine kontroverstheologische Untersuchung zum Verhältnis von Kirche und Sünde (ThA 28), Berlin 1969.

Seckler, M.: Aufklärung und Offenbarung, in: CGG 21 (1980) 5-78.

Ders.: Der Begriff der Offenbarung, in: W.Kern/H.J.Pottmeyer/M.Seckler (Hg.): Handbuch der Fundamentaltheologie. Bd.II: Traktat Offenbarung, Freiburg 1985, 62-67.

Ders.: Zur Diskussion um das Offenbarungsverständnis Wolfhart Pannenbergs, in: MThZ 19 (1968) 132-134.

Seils, M.: Der Gedanke vom Zusammenwirken Gottes und des Menschen in Luthers Theologie, Berlin 1962.

Selvatico, P.: Glaubensgewißheit. Eine Untersuchung zur Theologie von Gerhard Ebeling (BÖT 12), Freiburg/Schweiz 1977.

Semmelroth, O.: Die Kirche als »sichtbare Gestalt der unsichtbaren Gnade«, in: Schol. 28 (1953) 23-29.

Ders.: Die Kirche als Sakrament des Heils, in: MySal IV/1, 309-356.

Ders.: Die Kirche als Ursakrament, Frankfurt/Main 1953.

Ders.: Die pastoralen Konsequenzen aus der Sakramentalität der Kirche, in: L.Scheffczyk/W.Dettloff/R.Heinzmann (Hg.): Wahrheit und Verkündigung (FS M.Schmaus) Bd.II, Paderborn 1967, 1489-1505.

Ders.: Die Selbstdarstellung der Kirche auf dem Zweiten Vatikanischen Konzil, in: ThAk 1 (1965) 53-73.

Ders.: Wirkendes Wort. Zur Theologie der Verkündigung, Frankfurt/Main 1962.

Senn, F.C. (Hg.): Protestant spiritual traditions, New York 1987.

Sesboüé, B.: Analyse catholique, in: Comité mixte catholique-protestant en France: Consensus oecuménique et différence fondamentale, Paris 1987, 83-90.

Ders.: Les sacrements de la foi. L'économie sacrementelle, célébration ecclésiale de la justification par la foi, in: MD 116 (1973) 89-121.

Ders.: Le contentieux sur la foi entre Églises séparées, in: Unité des Chrétiens 46 (1982) 14-21.

Ders.: Y a-t-il une différence séparatrice entre les ecclésiologies catholique et protestante?, in: NRTh 119 (1987) 3-29.

Skowronek, A.: Sakrament in der evangelischen Theologie der Gegenwart. Haupttypen der Sakramentsauffassung in der zeitgenössischen, vorwiegend deutschen evangelischen Theologie, München 1971.

Slenczka, R.: Gerechtfertigt vor Gott durch den Glauben an Jesus Christus. Das Verständnis der Rechtfertigung in der evangelischen Kirche und die Verständigung über die Rechtfertigung mit der römisch-katholischen Kirche, in: NZSTh 29 (1987) 294-316.

de Smedt, E.J.: Das Priestertum der Gläubigen, in: G.Baraúna (Hg.): De Ecclesia. Beiträge zur Konstitution »Über die Kirche« des Zweiten Vatikanischen Konzils Bd.I, Frankfurt/Main 1966, 380-392.

Smulders, P.: Die Kirche als Sakrament des Heils, in: G.Baraúna (Hg.): De Ecclesia. Beiträge zur Konstitution »Über die Kirche« des Zweiten Vatikanischen Konzils Bd.I, Frankfurt/Main 1966, 289-312.

Ders.: Die sakramental-kirchliche Struktur der christlichen Gnade, in: Bijdr.18 (1957) 333-341.

Sohm, R.: Kirchenrecht Bd. II: Katholisches Kirchenrecht, Leipzig 1928.

Speck, J.: Karl Rahners theologische Anthropologie. Eine Einführung (Schriften des deutschen Instituts für wissenschaftliche Pädagogik), München 1987.

Stählin, W.: Symbolon I. Vom gleichnishaften Denken, hg. von A.Köberle, Stuttgart 1958, 222-235.

Steiger, L.: Offenbarungsgeschichte und theologische Vernunft. Zur Theologie Wolfhart Pannenbergs, in: ZThK 59 (1962) 88-113.

Storck, H.: Das allgemeine Priestertum bei Luther, München 1953.

Subilia, V.: Die Rechtfertigung aus Glaube. Gestalt und Wirkung vom Neuen Testament bis heute (Göttinger theologische Lehrbücher), Göttingen 1981.

Theunissen, M.: Rezension Wolfhart Pannenberg: Gottesgedanke und menschliche Freiheit, in: PhR 20 (1974) 262-268.

Thielicke, H.: Der evangelische Glaube. Bd.III: Theologie des Geistes, Tübingen 1978.

Tillard, J.M.R.: Église et salut. Sur la sacramentalité de l'Église, in: NRTh 116 (1984) 658-685.

Ders.: Les sacrements de l'Église, in: B.Lauret/F.Refoulé (Hg.): Initiation à la pratique de la théologie. III: Dogmatique 2, Paris 1983, 385-466.

Ders.: Vers une nouvelle problématique de la »justification«, in: Irén. 55 (1982) 185-198.

Tillich, P.: Gesammelte Werke Bd.VII: Der Protestantismus als Kritik und Gestaltung, Stuttgart 1962.

Ders.: Gesammelte Werke Bd.X: Die religiöse Deutung der Gegenwart, Stuttgart 1969.

Ders.: Symbol und Wirklichkeit, Göttingen 1962.

Tinnefeldt, W.: Ekstasis der Liebe und Einfaltung des Glaubens. Eine Untersuchung zur Frage nach der Mitte und Einheit der christlichen Wahrheit bei Hans Urs von Balthasar, Mainz 1975.

Tossou, K.K.J.: Streben nach Vollendung. Zur Pneumatologie im Werk Hans Urs von Balthasars (FThSt 125), Freiburg 1983.

Trillhaas, W.: Rechtfertigungslehre unter neuen Voraussetzungen?, in: E.Wilkens (Hg.): Helsinki 1963. Beiträge zum theologischen Gespräch des Lutherischen Weltbundes, Berlin 1964, 91-116.

Tupper, E.F.: The theology of Wolfhart Pannenberg, Philadelphia 1973.

Urban, H.J./ Wagner, H.: Die konfessionellen Prinzipien: Grundübereinstimmung - Grunddissens, in: Dies. (Hg.): Handbuch der Ökumenik Bd.III/1, Paderborn 1987, 195-260.

Valeske, U.: Votum Ecclesiae. Bd.I: Das Ringen um die Kirche in der neueren römisch-katholischen Theologie. Dargestellt auf dem Hintergrund der evangelischen und ökumenischen Parallel-Entwicklung, München 1962.

Viering, F.: Christus und die Kirche in römisch-katholischer Sicht. Ekklesiologische Probleme zwischen dem ersten und zweiten Vatikanischen Konzil (KiKonf 1), Göttingen 1962.

Vischer, G.H.: Apostolischer Dienst. Fünfzig Jahre Diskussion über das kirchliche Amt in Glauben und Kirchenverfassung, Frankfurt/Main 1982.

Vischer, L.: Ökumenische Skizzen, Frankfurt/Main 1972.

Volk, H.: Die Kirche als Sakrament des Heils, in: W.Seidel (Hg.): Kirche - Ort des Heils. Grundlagen - Fragen - Perspektiven, Würzburg 1987, 33-68.

Ders.: Gnade und Person, in: J.Auer/H.Volk (Hg.): Theologie in Geschichte und Gegenwart (FS M.Schmaus), München 1967, 219-236.

Voss, G.: Katholische Spiritualität - ein ökumenisches Hindernis?, in: US 33 (1978) 199-210.

Ders.: Wachsendes Interesse an Spiritualität. Von einer notwendigen Dimension ökumenischer Theologie, in: P.Lengsfeld (Hg.): Ökumenische Theologie. Ein Arbeitsbuch, Stuttgart 1980, 338-354.

de Vries, J.: Art. »Kausalität«, philosophisch, in: LThK^2 VI, 96f.

Wagner, H.: Articulus stantis et cadentis: Die Rechtfertigung des Sünders, in: H.J.Urban/H.Wagner (Hg.): Handbuch der Ökumenik Bd.III/2, Paderborn 1987, 16-27.

Ders.: Das Amt vor dem Hintergrund der Diskussion um eine evangelisch-katholische Grunddiferenz, in: Cath 40 (1986) 39-58.

Ders.: Die Kirche als Communio, in: H.J.Urban/H.Wagner (Hg.): Handbuch der Ökumenik Bd.III/2, Paderborn 1987, 62-79.

Ders.: Theologie und Wirklichkeitserfahrung, in: ThQ 157 (1977) 255-264.

Warin, P.: Le chemin de la théologie chez Wolfhart Pannenberg, Rom 1981.

Weber, H.J.: Wort und Sakrament. Diskussionsstand und Anregung zu einer Neuinterpretation, in: MThZ 23 (1972) 241-274.

Weber, O.: Hermeneutik, in: H.Brunotte/O.Weber (Hg.): Kirchlich-theologisches Handwörterbuch, Göttingen 1962, 120-126.

Wehrle, P.: Die Bedeutung des Symbols für die religiöse Erziehung (Eichstätter Hochschulschriften 22), München 1980.

Weibel-Spirig, R.: Christus und die Kirche. Das ökumenische Gespräch über die Kirche, Zürich 1972.

Weimer, L.: »Die Lust an Gott und seiner Sache« oder Lassen sich Gnade und Freiheit, Glaube und Vernunft, Erlösung und Befreiung vereinbaren?, Freiburg 1981.

Weissgerber, H.: Die Frage nach der wahren Kirche. Eine Untersuchung zu den ekklesiologischen Problemen der ökumenischen Bewegung (Koin.2), Essen 1963.

Weissmahr, B.: Gottes Wirken in der Welt. Ein Diskussionsbeitrag zur Frage der Evolution und des Wunders (FTS 15), Frankfurt/Main 1973.

Werbick, J.: Die Aporetik des Ethischen und der christliche Glaube. Studien zur Fundamentaltheologie Gerhard Ebelings (BÖT 12), Paderborn 1976.

Ders.: Rechtfertigung des Sünders - Rechtfertigung Gottes. Thesen zur ökumenischen Diskussion um die Rechtfertigungslehre, in: KuD 27 (1981) 45-57.

Wiederkehr, D.: Die Kirche als Ort und Subjekt des Heilsgeschehens, in: M.Löhrer/Ch.Schütz/D.Wiederkehr (Hg.): MySal Ergänzungsband. Arbeitshilfen und Weiterführungen, Einsiedeln 1981, 251-263.

Witte, J.L.: Die Kirche, »Sacramentum unitatis« für die ganze Welt, in: G.Baraúna (Hg.): De Ecclesia. Beiträge zur Konstitution »Über die Kirche« des Zweiten Vatikanischen Konzils Bd.I, Frankfurt/Main 1966, 420-452.

Ders.: Einige Thesen zur Sakramentalität der Kirche, in: R.Groscurth (Hg.): Katholizität und Apostolizität. Theologische Studien einer gemeinsamen Arbeitsgruppe zwischen der Römisch-katholischen Kirche und dem Ökumenischen Rat der Kirchen, Göttingen 1977 (KuD Beiheft 2) 74-91.

Wolf, E.: Peregrinatio I. Studien zur reformatorischen Theologie und zum Kirchenproblem, München 1962.

Ders.: Peregrinatio II. Studien zur reformatorischen Theologie, zum Kirchenrecht und zur Sozialethik, München 1965.

Wong, H.P.: Logos symbol in the christology of Karl Rahner (Studi di teologica dogmatica 2, Rom 1984.

Zeller, D.: Zur Pragmatik der paulinischen Rechtfertigungslehre, in: ThPh 56 (1981) 204-217.

Zizioulas, E.: Die pneumatologische Dimension der Kirche, in: IkaZ 2 (1973) 133-147.

Personenverzeichnis

Studien zur systematischen und spirituellen Theologie. Herausgegeben von Gisbert Greshake, Medard Kehl und Werner Löser

Band 1: Manfred Scheuer: **Die Evangelischen Räte.** Strukturprinzip systematischer Theologie bei H. U. von Balthasar, K. Rahner, J. B. Metz und in der Theologie der Befreiung. 1990. 449 Seiten. ISBN 3-429-01296-1.

Band 2: Dagmar Heller: **Schriftauslegung und geistliche Erfahrung bei Bernhard von Clairvaux.** 1990. IX + 228 Seiten. ISBN 3-429-01332-1.

Band 3: Anneliese Herzig: **"Ordens-Christen".** Theologie des Ordenslebens in der Zeit nach dem zweiten Vatikanischen Konzil. 1991. 464 Seiten. ISBN 3-429-01369-0.

Band 4: Christoph Benke: **Unterscheidung der Geister bei Bernhard von Clairvaus.** 1991. XI + 320 Seiten. ISBN 3-429-01366-6.

Band 5: Sabine Pemsel-Maier: **Rechtfertigung durch Kirche?** Das Verhältnis von Kirche und Rechtfertigung in Entwürfen der neueren katholischen und evangelischen Theologie. 1991. XIV + 415 Seiten. ISBN 3-429-01399-2.